编委会

陈其人文集

第五卷

上册

陈其人 著

复旦大學出版社

陈其人

1924—2017

　　陈其人，广东新会人，著名的马克思主义政治经济学家、上海首批社科大师、上海市哲学社会科学"学术贡献奖"获得者、复旦大学国际关系与公共事务学院教授，一生致力于对《资本论》的深入研究和阐释以及对马克思主义政治经济学的传承和发展。

　　陈其人雕像于2023年11月13日在复旦大学文科楼和五教间的"国箴园"揭幕。

EXERCISE BOOK

Written by

CHUNG HWA BOOK Co., LTD.
SINGAPORE
中华书局有限公司製

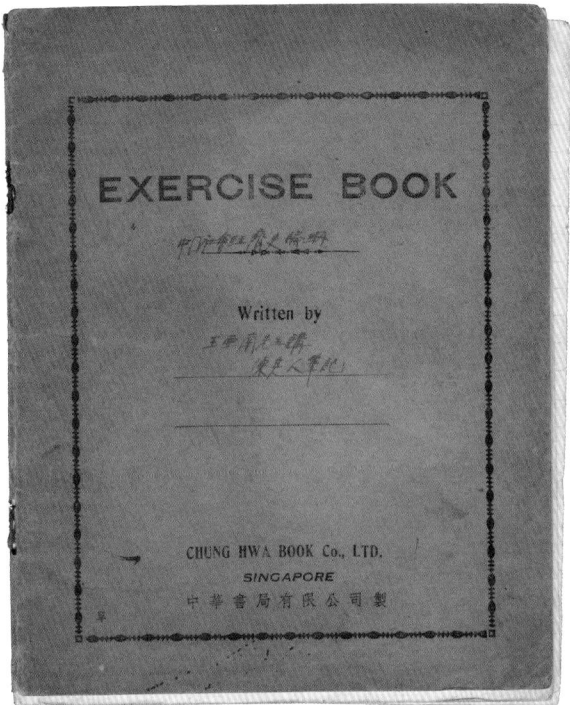

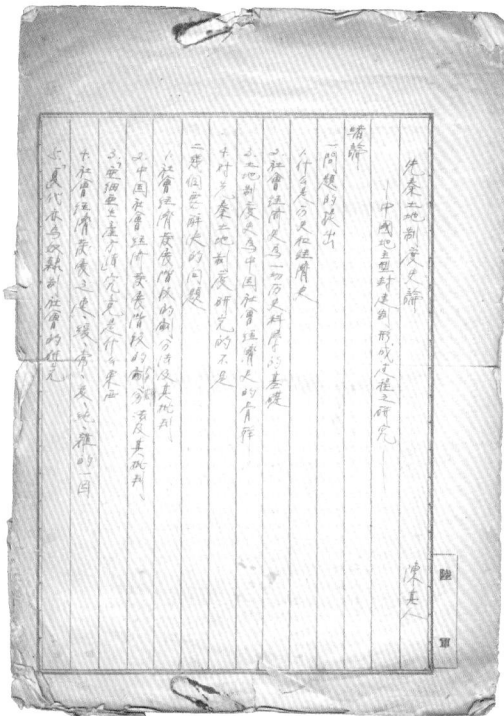

陈其人著《先秦土地制度史论——中国地主型封建制形成过程之研究》手稿

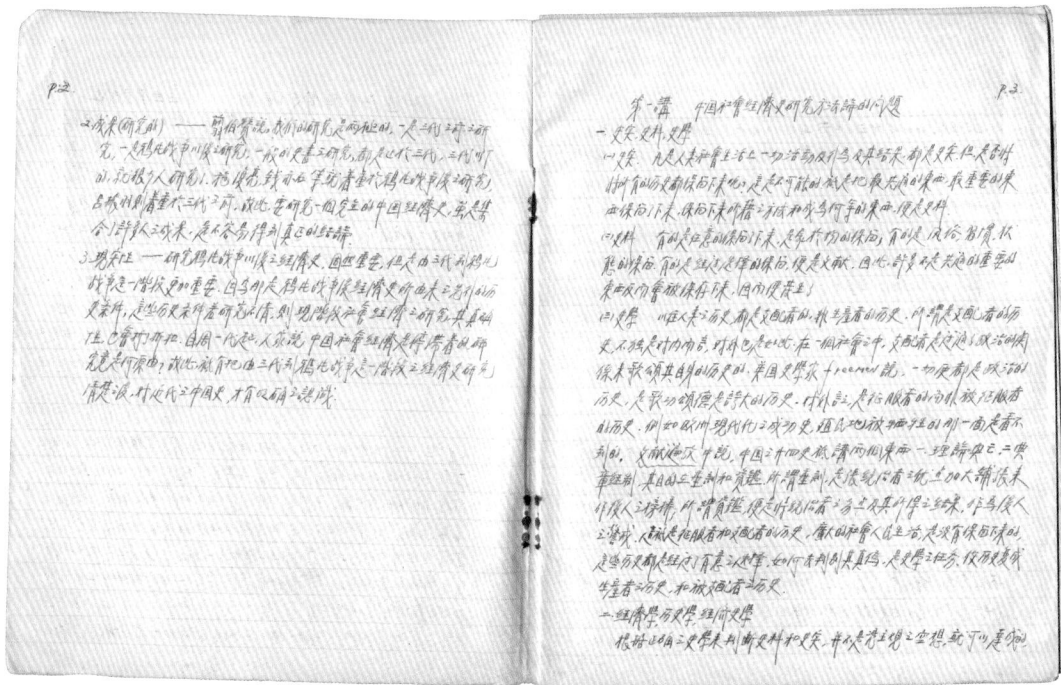

王亚南先生讲"中国社会经济史论纲"，陈其人笔记手稿

目 录

第一单元　平等观是商品生产关系的反映

马克思辩证地对待平等观与商品生产关系的关系，同时辩证地处理历史，又是要辩证的分析……

陈其人著《〈资本论〉中的政治学原理》手稿

殖民地与帝国主义理论（上册）

前　　言

陈其人教授出生于 1924 年 10 月 16 日,广东新会人,1943 年考取中山大学经济系,1947 年毕业,获法学士学位。1949 年 2 月到上海市洋泾中学工作,同年考入复旦大学经济研究所,1952 年 2 月进入复旦大学经济系任助教,1954 年晋升为讲师,1957 年至 1959 年在上海宝山县蕰溪乡参加劳动,1959 年回到复旦,任教于复旦附中。1962 年调入复旦大学政治系,1964 年复旦大学政治系改为复旦大学国际政治系,担任国际政治系讲师,1980 年晋升为副教授,1985 年任教授,1986 年起担任国际关系专业博士生导师,1994 年 12 月离休,2017 年 10 月 1 日在上海岳阳医院逝世,享年 94 岁。他先后担任复旦大学校务委员会委员和学位评定委员会委员、复旦大学国际政治系学术委员会主任、综合性大学《资本论》研究会理事、美国经济学会理事等。

陈其人教授学养深厚、著述等身,长期从事马克思主义政治经济学理论教学和研究,在经济学说史、古典经济学说、《资本论》、殖民地理论等学术领域多有建树,为我国马克思主义经济学理论的研究和发展作出了独创性的贡献。他胸怀天下,坚持"为穷人摆脱贫困而研究马克思主义经济学",几十年如一日,年逾 90 仍笔耕不辍。七十多年来,陈其人教授出版专著 24 部,发表论文 150 余篇。1984 年获得上海高等学校哲学社会科学研究优秀成果论文奖,1986 年获得上海市论文奖,专著《李嘉图经济理论研究》获得上海市第十届哲学社会科学优秀成果著作类三等奖,《卢森堡资本积累理论研究》获得上海市第八届邓小平理论研究和宣传优秀成果著作类三等奖。鉴于陈其人教授在马克思主义政治经济学理论研究方面的突出贡献,他于 2012 年荣获作为上海市哲学社会科学领域最高奖项的"学术贡献奖",2018 年荣获首批"上海社科大师"称号。

　　陈其人教授是著名的马克思主义政治经济学家、政治学家、《资本论》研究专家，长期从事帝国主义政治与经济、殖民地经济、南北经济关系的研究，其学术活动几乎涉及政治经济学的所有领域，尤其精通古典政治经济学和帝国主义理论。他的研究贡献主要有：批判斯密教条并指出它对西方经济理论的影响；对商品生产、货币价值和物价上涨问题提出独特的见解；对危机理论和战后危机周期性作出系统的分析；提出帝国主义是垄断资本主义的世界体系的理论；全面总结斯密-马克思-列宁的殖民地理论；明确界定世界经济学的研究对象和基本范畴——外部市场；研究再生产理论及其历史；研究马克思的亚细亚生产方式理论，并以此为指导研究东西方发展同中有异的原因——亚细亚生产方式的存在。

　　陈其人教授在大学时代，师从梅龚彬教授，并深受王亚南教授的影响。早在 1946 年，他就着手研究了亚细亚生产方式理论、中国先秦时期的土地制度、中国封建社会发展等理论问题。他继承和发展了王亚南的"地主型封建制理论"，对中国封建社会长期发展迟缓原因的解释得到学界认可，不仅在当时引起学术界的重视，即使今天也仍有学术价值。1954 年，他开始研究经济思想史，尤其是马克思政治经济学的主要理论渊源——英国古典经济学，在商品价值量、工资与物价的关系，货币理论等领域都取得令人瞩目的成果。1985 年，陈其人教授的研究专著《大卫·李嘉图》出版，得到学界很高评价。1962 年，转入国际政治系后，他曾集中研究过空想社会主义理论和政治思想史。1978 年，根据工作需要，陈其人教授着手研究帝国主义理论、殖民地理论和一般的世界经济理论问题。为深入研究帝国主义理论，他又把研究重点转入中国半封建半殖民地经济形态，力求在方法论方面有所建树。他独立建立的殖民地经济关系理论（尤其是国内殖民地理论），可以与七八十年代国际盛行的依附理论学派相关论述媲美。他先后出版了《帝国主义理论研究》《帝国主义经济政治概论》《殖民地的经济分析史和当代殖民主义》等多部专著。九十年代以来，在改革开放的新形势下，陈其人教授还关注并研究经济改革中出现的理论问题，如工资物价理论、货币理论、中国社会主义计划经济与商品经济的关系等。

　　陈其人教授从教四十余年，潜心教书育人，桃李满天下，先后荣获 1979 年复旦大学先进工作者、1980 年复旦大学优秀教学一等奖、1985 年复旦大学优秀工作者等奖项。他每年主动承担繁重的教学任务,为本科生开设"帝国主义政治和经济概论"等一系列课程。在教学中,他既坚持马列主义基本观点,又关注理论研究的新动向;既严密和细致地说明问题,又努力提供新的研究视角,授课效果好,深受学生欢迎,他的学生至今仍对此记忆犹新。在研究生教育方面,他特别注重培养学生的抽象思维和创新能力,尤其要求掌握马克思主义方法论,为国家为社会培养了一大批有创新能力、理论联系实际的优秀研究生。他十分重视扩展学生的基础知识、基础理论和研究能力,支持学生在学术上深入研究;他提倡学生多读书,要求学生研究问题要有理有据;他爱护学生、爱惜人才,注意发挥学生的特长,培养了很多硕士、博士研究生。这些研究生毕业后,无论在教书育人、学术研究、国家建设方面都作出贡献,取得很大成绩。

陈其人教授非常关心青年教师的成长。工作期间经常和年轻教师谈心,介绍自己的治学经验,在业务上支持鼓励,在生活上关心照顾,使他们能全身心投入工作。在青年教师准备新课时,给予他们诸多指点和帮助,使青年教师能尽快进入角色,更好地完成新承担的任务。

陈其人教授一生以教书育人、学术研究为己任。他淡泊名利、甘于奉献,为复旦大学马克思主义政治经济学、国际政治学教学、研究的发展作出巨大贡献;他热爱国家、追求真理,持之以恒地耕耘在马克思主义政治经济学研究领域;他关心学生、提携后进,为国家为社会培养了众多优秀人才。先生曾在古稀之年作一对联,堪为其人生写照:"执教著文中有我,吃饭穿衣外无他。"思考和学术,就是他的生命的全部。

陈其人教授是国务学院教师的楷模!他是大先生也!

2024 年是陈其人先生诞辰一百周年。复旦大学国际关系与公共事务学院于 2019 年立项《陈其人文集》编辑出版工作,成立了编委会。陈其人教授学术思想宏富,体系严密,作品时间跨度大,我们按照先生作品内容,按照主题分为八卷,较为完整地体现先生的政治经济学思想体系。复旦大学国际关系与公共事务学院多位教授全身心投入文集的编选、编校工作中,他们是:第一卷(《古典政治经济学与庸俗政治经济学批判》):周志成;第二卷

（《资本主义政治经济制度》）：陈晓原、陈周旺；第三卷（《马克思主义政治经济学》）：陈周旺、熊易寒；第四卷（《货币理论与价值理论》）：周志成、郑宇；第五卷（《殖民地与帝国主义理论》上、下）：殷之光；第六卷（《世界经济体系理论》）：张建新；第七卷（《世界经济发展与南北关系》）：苏长和、李瑞昌；第八卷（《社会主义经济制度》）：苏长和、陈玉刚、张骥。复旦大学副校长陈志敏一直关心文集的出版工作；陈其人先生子女在著作权授权上给予了很大方便；复旦大学出版社董事长严峰、副总经理王联合以及编辑邬红伟、朱枫、张鑫等，为文集出版作出了不可替代的贡献。我们对以上各位表示衷心的感谢。

复旦大学国际关系与公共事务学院

《陈其人文集》编委会

于 2024 年 9 月 10 日第四十个教师节

编 校 说 明

一、《陈其人文集》(全 8 卷)收录了陈其人教授各类已出版作品,并在此基础上对原作品进行了校订。具体编校工作之依据参见各部分辑封页说明。

二、全卷注释采用脚注形式,编者对原著文献引用统一进行校订处理(补齐、增加、规范化处理),部分文献因年代久远,现已无法查证,遂保留了原出版物中的注解。

三、若未特别注明,全卷所引马克思主义著作,译者均为中共中央马克思恩格斯列宁斯大林著作编译局。

四、为保证上下文内容的完整连贯,部分重复内容予以保留。

目　　录

上　　册

第三部分　殖民地和帝国主义研究

第四部分　世界经济·帝国主义与殖民地

第五部分　殖民地的经济分析史和当代殖民主义

下　册

第六部分　帝国主义经济与政治概论

第一部分

帝国主义的历史地位

（本部分内容根据蒋学模先生和陈其人先生著、新知识出版社 1956 年 7 月出版的《帝国主义的经济特征和历史地位》一书的"帝国主义的历史地位"校订刊印）

　　前面我们已经将帝国主义的五大经济特征研究过了。那时,我们只从"纯粹经济"的角度详细说明垄断是怎样产生的,并说明从垄断这个帝国主义的最基本的特征怎样产生出其他特征,以及说明剩余价值规律怎样适应垄断条件具体化为最大限度利润规律等。至于垄断统治在资本主义生产力和生产关系的相互关系中起什么作用,对资产阶级和无产阶级的阶级矛盾起什么作用,无产阶级在帝国主义时期的历史任务是什么等问题,还没有加以讨论。

　　根据马克思关于资本积累的学说,我们知道,随着资本主义的发展,资本主义生产关系日益成为生产力发展的障碍,资产阶级和无产阶级的阶级矛盾日益尖锐,社会主义必然代替资本主义,无产阶级是资本主义的掘墓人。但是,马克思揭露的关于资本积累的规律是一般的,在不同的历史条件下它发生作用的特点是不同的。现在我们从垄断统治这一历史条件出发来研究资本主义灭亡的必然性,并指出无产阶级应该怎样行动起来推翻帝国主义的统治。

一　帝国主义是资本主义的最后阶段

　　帝国主义是资本主义发展的一个阶段。从帝国主义五个经济特征的分析中可以看出:"帝国主义是作为一般资本主义基本特性的发展和直接继续而成长起来的。"①帝国主义是资本主义发展中的一个阶段。

　　大家知道,自由竞争是资本主义和生产资料私有制下商品生产的基本特性,在争夺利润的残酷竞争中,资本积累的进行和价值规律的自发作用,促使大生产排挤小生产,生产和资本的积聚达到了极高的程度,以致产生了各种形式的垄断组织。这就是说,资本主义发展到最高阶段时,由于它固有的经济规律的作用,它的基本特性已产生出和它相反对的东西:由自由竞争引起垄断。但垄断并不消灭竞争,而是存在于竞争之上,并且使竞争更加尖锐。

　　垄断资本主义没有、也不能消灭旧资本主义的基础。垄断资本主义不

①　《列宁选集》(第二卷),人民出版社 1972 年版,第 807 页。

仅和竞争相并存,而且还和资本主义前的经济形式结合起来。正如工场手工业是从普通的小生产的基础上产生出来的上层建筑物,并且不能消灭它的基础一样,帝国主义也是从旧资本主义的基础上产生出来的上层建筑物,并且也不能消灭它的基础;正如没有"纯粹的资本主义"一样,在现实世界中也没有"纯粹的帝国主义"。甚至在最发达的资本主义国家中,在轻工业、农业、商业等经济部门中除了垄断组织外,还有许多中小企业;多数农民也还经营着简单的商品经济。在殖民地落后国家中,帝国主义的压迫和资本主义前的剥削形式,特别是和封建剥削形式交织在一起。

既然帝国主义不能消灭旧资本主义的基础,资本主义的经济规律在帝国主义时期就依然发生作用,但它们的作用是由现代资本主义的基本经济规律来决定的,所以,其破坏力也就增大。如价值规律、剩余价值规律、竞争和生产无政府状态规律、资本主义积累的一般规律和经济危机等,都是如此。

既然资本主义发展到最高阶段时,自由竞争才被垄断代替,资本主义才变成帝国主义,所以,如果要下一个极简短的帝国主义的定义,那就要说帝国主义是资本主义的垄断阶段。列宁认为,这样的定义能包括最主要之点,即财政资本的垄断和财政资本将世界领土分割完毕后对殖民地的垄断。

这个简短的定义虽然能够方便地把主要之点归纳起来,但是,它并不能把现象全部发展上的一切复杂联系都概括起来。列宁认为,为了给帝国主义下一个比较完满的定义,其中就应包括五个经济特征,因为它们都是垄断在经济上的表现。总括起来,这个定义就是:"帝国主义是发展到垄断组织和金融资本的统治已经确立、资本输出具有特别重大的意义、国际托拉斯开始分割世界、最大的资本主义国家已把世界全部领土分割完毕这一阶段的资本主义。"[①]这个定义的基本思想是:帝国主义乃是资本主义发展的一个阶段。

从经济上看,认为帝国主义是资本主义的垄断阶段,这当然是正确的。但这还不够。列宁指出:"如果不仅注意到基本的、纯粹经济的概念(上述定义就只包括这些概念),而且注意到现阶段的资本主义在一般资本主义中所

---

① 《列宁选集》(第二卷),人民出版社1972年版,第808页。

占的历史地位,或者注意到帝国主义同工人运动中两个主要派别的关系,那就可以而且应当给帝国主义另外下一个定义。"①这就是说,如果从历史发展的角度或从政治的角度对帝国主义进行研究,从它与工人运动的关系这个角度来看,那就应当下另外一个定义了。这里所说的工人运动中两个主要倾向指的是马克思主义和机会主义的倾向。

列宁对帝国主义所下的全面定义,表达在几篇在国外印行的、反对机会主义的、直接指导工人运动的论文中。在与敌人进行战斗中,列宁给帝国主义下了这样一个尽量确切完备的定义:"帝国主义是资本主义的特殊历史阶段。这种特殊性有三种表现:第一,帝国主义是垄断的资本主义;第二,帝国主义是寄生的或腐化的资本主义;第三,帝国主义是垂死的资本主义。"②在这个完备的定义中,经济的和政治的考察密切地结合在一起。以后的分析表明,这种考察对于无产阶级在帝国主义时期决定自己的革命任务有着重大的关系。

垄断统治使资本主义基本矛盾极端尖锐化。列宁指出:"帝国主义就其经济实质来说,是垄断资本主义。这就决定了帝国主义的历史地位,因为在自由竞争的基础上、而且正是从自由竞争中成长起来的垄断,是从资本主义结构向更高级的社会经济结构的过渡。"③

帝国主义意味着生产事业、原料市场、银行和殖民地都被垄断起来。正是有了这些垄断的经济条件,国家机关才服从于垄断组织,垄断资本主义才能攫取最大限度的利润,作为资本主义基本经济规律的剩余价值规律才具体化为最大限度利润的规律。

现代资本主义的基本经济规律决定了资本主义基本矛盾的极端尖锐化。

垄断统治使资本主义生产社会化达到高级阶段。列宁指出,垄断企业的规模已经扩展得十分庞大,以精确估计巨量事实为根据,以占领原料产地、垄断原料生产和市场的方法,取得数千万人民所必需的占总额三分之二或四分之三的原料;以垄断交通运输业的方法,将这些原料转运到最便利

---

① 《列宁选集》(第二卷),人民出版社 1972 年版,第 808—809 页。
② 列宁:《论马克思恩格斯及马克思主义》,唯真译,人民出版社 1955 年版,第 295 页。
③ 《列宁选集》(第二卷),人民出版社 1972 年版,第 840 页。

的、有时是相距数千百里的生产地点；由一个中心来指挥由原料到制成品的生产程序；再由垄断组织按照垄断价格，在其销售市场范围内销售给千百万的消费者，以攫取最大限度的利润。这一切，显然是生产社会化的高级阶段。生产力已具有了高度的社会性质。

生产关系一定要适合生产力的性质，这是一般的经济规律。高度的生产社会化，要求生产资料公有制来和它相适应。然而，在帝国主义阶段，生产资料仍然为资本家所有，而且是一小撮垄断资本家私有了绝大部分的生产资料。生产社会化和生产资料资本主义所有制之间的矛盾，在帝国主义时期极度尖锐化了。垄断企业的庞大生产力要求无限扩大的市场，但是垄断价格和国民经济军事化的压迫，使本国大多数居民急剧地贫困和破产，国内市场容纳不下这样庞大的生产力；垄断组织以各种方法掠夺其他国家特别是落后国家的人民，也发生了同样的结果。高度的生产社会化，要求一个统一的机构来计划社会生产、交换、分配诸经济过程；但垄断组织却以生产无政府状态的加剧和竞争的尖锐化与之相对立。资本主义的生产力和生产关系必然要发生冲突，生产过剩的经济危机就是其表现。在帝国主义时期，经济危机的规模是空前的，一次危机往往就使资本主义生产后退十多年甚至数十年，破坏了巨量的产品、技术装备和劳动者的技能。陈旧了的生产关系严重地束缚住生产力的发展。

这一切表明，以公有制代替私有制的条件已经非常成熟了。垄断统治为社会主义革命准备了物质基础。在这时候，资本主义已进入它的最后阶段，生产关系一定要适合生产力性质的规律在为自己开辟道路，用人为的方法来保护资本主义私有制，虽然能延缓它被消灭的时间，但它终究还是要被消灭掉的。

对反列宁主义的帝国主义定义的批判。马克思主义的敌人——机会主义者从其资产阶级立场出发，反对列宁的帝国主义的定义。无产阶级叛徒考茨基反对列宁定义中的基本思想，即帝国主义是资本主义发展的一个阶段这个基本思想。

考茨基为了替帝国主义辩护和掩盖自己对社会主义的背叛，就制造各种各样的"理论"，否认帝国主义是现代资本主义，并把帝国主义说成是一种政策，即财政资本所"选定"的一种政策。

考茨基所下的定义是："帝国主义是高度发展的工业资本主义的产物，其内容就是每个工业资本主义民族力图征服和吞并愈来愈多的农业的区域，而不管那里住的是什么民族。"①

列宁指出，这个定义是根本要不得的。它任意地只拿出一个虽然对帝国主义的关系是极其重要的民族问题来，又不正确地单只把这个问题和兼并其他民族的那些国家内的工业资本连接起来，并且又不正确地把兼并农业区域这一点着重提出来。

列宁指出，从政治方面看，说帝国主义趋向于兼并，这虽然是对的，但很不完备。因为帝国主义在政治方面一般趋向于压迫和反动。从经济方面看，这个定义就根本错误了。帝国主义的特点不是工业资本而是财政资本的发展；是工业资本衰弱、财政资本发展特别迅速，才使殖民政策特别加剧起来；帝国主义的特点不只是要兼并农业区域，而且要兼并工业极发达的区域和兼并世界上任何一块土地，因为世界已经被分割完毕了，重新分割时不得不伸手于任何一块土地；即使这块土地还没有什么经济价值，但对于争夺世界霸权来说，占领了一块土地就能削弱对方，相对地增强自己。

考茨基的帝国主义定义的基本思想是错误的。他否认帝国主义是资本主义发展的一个历史阶段。因此，他就把帝国主义的政策和它的经济基础分割开来，把"兼并"解释为财政资本所"选定"的政策，好像财政资本不"选定""兼并"的政策而"选定"另外一种政策也是可能的。这样，正如列宁所说的，考茨基就必然认为："经济上的垄断是可以同政治上的非垄断、非暴力、非掠夺的行动方式相容的。"②这样，考茨基既然把政策这一上层建筑看成不是由经济基础决定的，自己就陷入唯心史观的泥坑中去了。正是这样，考茨基表面上"反对"托拉斯和银行的政策，但实际上丝毫也不触犯它的垄断经济基础，其结果就不是暴露资本主义的矛盾，而是加以掩饰，是用改良主义来代替马克思主义。

---

① 卡尔·考茨基：《帝国主义》，史集译，生活·读书·新知三联书店1964年版，第2页。
② 《列宁选集》（第二卷），人民出版社1972年版，第811页。

二　帝国主义是寄生的或腐朽的资本主义

帝国主义是垄断的资本主义。垄断统治在经济上就必然要产生寄生或腐朽的趋势，在政治上就必然要产生腐朽或反动的趋势。

技术普遍发展的日益困难。生产资料私有制下的任何垄断，必然引起技术发展停滞的趋向。垄断组织虽然暂时规定着保证攫取最大限度利润的垄断价格，但这就会使那些推动技术进步的原因相应地消失下去，在经济上就有可能以人工的方法来阻止技术的进步。大家知道，在自由竞争条件下，资本家为了攫取额外利润而发展了技术。然而，自从垄断产生后，技术发展就受到很大阻碍。例如，世界电器垄断组织把制造日光灯的专利权藏匿达20年之久，美国铁路没有实行电气化，主要原因就是害怕实行电气化会引起原有资本的贬值。化学垄断组织和石油垄断组织在很长时期内阻挠人造汽油和电木的制造，为的是害怕影响其垄断利润。垄断组织不仅妨碍了本生产部门的技术发展，而且也极力设法阻止其他会影响其垄断利润的生产部门的技术改进。例如，英国采煤垄断组织多年来阻挠运输业的电气化，美国火力发电垄断组织阻止利用廉价的水力来发电。

当然，我们不应该从绝对的意义上去了解技术发展的停滞，把它理解为技术发展的停止。垄断既然不能消灭竞争，反而使竞争更加尖锐，而竞争不可避免地会推进固定资本的更换过程。因此，在资本主义经济的个别部门和个别资本主义国家中，就可能有相对迅速的技术发展。列宁曾经明确地指出，在帝国主义时期，在个别国家和个别工业部门，各以多少不一的强度，时而表现为技术进步的趋势，时而表现为技术停滞的趋势。在资本主义发展的最初阶段，技术在国民经济各部门中都有过广泛的普遍的发展，但在资本主义的最后阶段，就不可能有那样的发展了。

大家知道，原子能的发现使人类有可能无限地扩展对自然界自发力量的控制，有可能大大提高生产力，以增加社会财富，有可能以最新的科学技术成就为社会谋福利。但是垄断组织却不肯把原子能用到和平的生产事业上去。美国垄断资本家的学术奴仆们断言，除非大量生产原子武器，利用原子能的动力设备在今后数十年内将是不可能的。1954 年 6 月,苏联第一个原子能工业电力站的建设成功,以及目前在工农业生产上、医疗事业上应用原子能已获得辉煌成就的事实,给资产阶级学术奴仆们的谬论以致命的打击。今天在原子能问题上展开了两条路线的斗争:一条是美国战争集团准备原子战争,把人类投入毁灭性灾难的道路;一条是苏联把原子能用于和平目的并实行国际合作,以促进人类文明全面发展的宽阔道路。帝国主义为什么不像苏联那样把原子能利用到动力设备及和平事业上去,而用来制造杀人武器呢? 这是因为在垄断资本主义条件下,如果利用原子能作为动力,一切的动力企业就会破产,其他各行业也要因改装原子动力设备而受到损失,这是垄断组织所不愿意的;如果用原子能制造杀人武器,就能靠国家的订货取得最大限度的利润。由此可见,垄断组织对科学技术的应用有着极大的限制,这一切都说明了垄断组织越来越不能利用科学技术来为和平事业服务了。

食利者阶层和非生产性消费的增长。垄断统治使垄断资本家和生产过程脱离了任何联系,企业的经营和管理交给了雇佣的技术人员和管理人员。垄断统治使巨量货币资本积聚于少数国家的手中,20 世纪初这种资本已达 1 000—1 500 亿法郎有价证券之巨。因此,专以"剪息票"为生的食利者阶层就增加起来。资本输出,即少数帝国主义国家向全世界的剥削,更使这种现象增强起来。如瑞士、法国和意大利的广大地区都变成这些食利者的消闲娱乐场所,他们的收入大部分用于挥霍。

与此相联系的,专门为这些食利者"服务"的非物质生产劳动者,如舞女、歌女、厨师、车夫、马夫、仆役等,就越来越多了。同属于非物质生产劳动者之增加的还有在流通过程中工作的商业店员和银行职员等。这样,物质生产劳动者就相对地,有的甚至是绝对地减少了。例如,美国全体有劳动能力的人口中,在物质生产部门工作的,1910 年为 43.9%,1920 年为 41.5%,1930 年为 35.5%,1940 年为 31.4%。非物质生产劳动者不但不创造国民收入,反而要消耗掉一部分国民收入。

纯粹流通费用的增加,也使国民收入中非生产性消费增加。在帝国主义时期,资本主义的基本矛盾进一步尖锐化,劳动大众贫困化的加深,使商品的销售更加困难,纯粹流通费用空前地增加。美国商品零售价格中有一半以上是纯粹的流通费用。为了争夺和欺骗顾客,美国 1951 年用于广告的费用达 65 亿美元,相当于美国政府用于教育及社会保险开支总数的 2.3 倍。

资本主义矛盾的极度尖锐化,促使国民收入用于积累的比重越来越小。例如,美国国民收入中的积累比重,在 1919—1928 年为 10%,而在 1929—1938 年仅为 2%。

国民收入中积累比重的减少和劳动者中物质生产劳动者比重的减少,使帝国主义国家国民收入增加得非常缓慢,有的国家按人口计算国民收入是下降的。美国国民收入每年平均增长速度在 19 世纪最后 30 年为 4.7%,1900—1919 年为 2.8%,1920—1938 年为 1%,1945—1952 年为 0.8%。

帝国主义国民经济军事化的增长,更使非生产性消费增加。这是因为军火按其物质内容来说,是既不能用于个人消费,也不能用于生产消费的。把物质资料用来生产军火,就等于把物质资料浪费掉,对社会生产不但没有好处,而且有很大害处。1952—1953 年,美国军费占了国民收入的五分之一。这样,国民收入用于军事消费的部分越多,扩大生产就必然要缩小,国民收入的增加就必然减少。这就是资本主义寄生性和腐朽性在经济上的鲜明标志。

工人运动中机会主义的社会根源。列宁指出,资本主义寄生腐朽的情形,也同样反映到工人运动中两个基本派别(社会主义与机会主义)上面来。

垄断资产阶级以其小部分的垄断利润,以各种各样的方法来收买和腐化工人阶级上层分子,这些被收买的人就是所谓工人贵族;一些非工人出身的无产阶级分子和意志薄弱的工人阶级上层分子,也最容易被收买。

列宁指出:"这个资产阶级化了的工人阶层即'工人贵族'阶层,这个按生活方式、工资数额和整个世界观说来已经完全市侩化了的工人阶层,是第二国际的主要支柱,现在则是资产阶级的主要社会支柱(不是军事支柱)。因为这是资产阶级在工人运动中的真正代理人,是资本家阶级的工人帮办(labor lieutenants of the capitalist class),是改良主义和沙文主义的真正传播者。"①这就是帝国主义分裂工人、培植工人运动中机会主义思想的社会

---

① 《列宁选集》(第二卷),人民出版社 1972 年版,第 736—737 页。

基础。

这些机会主义者披着工人的外衣，打着社会主义的招牌，而实质上是代表了资产阶级的利益，在工人运动中制造分裂活动，使工人运动离开了推翻资本主义的革命斗争。目前，许多国家的资产阶级之所以还能够继续掌握政权，这也是一个重要原因。

垄断资本主义压迫的加深和社会主义国家劳动人民过着幸福生活的事实，使资本主义国家内广大下层工人群众日益脱离了机会主义的影响。马克思主义工人政党的任务，就在于揭露机会主义的反动性，使工人群众摆脱它的影响，走上正确的革命斗争道路。

政治腐朽和反动的加强。列宁指出，垄断和财政寡头必然趋向于专制而不趋向于自由。有限的资产阶级民主是和垄断前的资本主义相适应的。但是，政治的全面反动却是帝国主义的特征。

帝国主义在政治上的极端反动性和侵略性，充分地表现在法西斯主义中。法西斯主义是最反动的财政寡头的公开恐怖专政，是资本主义腐朽的必然产物。它表明资产阶级已不能用国会制和资产阶级民主制的旧方法来实行统治，对内不得不用恐怖政策；它也表明资产阶级已不能用和平对外政策找到摆脱现状的出路，不得不采用战争政策。第二次世界大战中民主力量的胜利，粉碎了德、日、意等国的法西斯统治。但是，战后的美国却走上了法西斯的道路，并且极力复活德、日法西斯组织，使其成为它自己的工具。

当新兴的资产阶级反对封建统治的时候，曾经高唱过自由主义，在人民中间特别是在农民中间树立了自己的声望；当资本主义的发展要求形成一个独立的统一的国内市场的时候，资产阶级曾经举起过民族独立和民族主权的旗帜；但是，垄断资产阶级则极力扼杀民主与自由，他们侵略落后的国家和民族以取得最大限度的利润，他们把民主自由的旗帜和民族独立、民族主权的旗帜都抛弃了。

正因为资本主义已经这样腐朽，垄断资产阶级已经这样反动，因而他们失去了和人民的联系，大大地削弱了自己，工人阶级及其政党就有可能把农民、知识分子、受垄断资本压迫的中小资产阶级团结在自己的周围并进行斗争，这就有利于革命的胜利。

三　帝国主义是垂死的资本主义

帝国主义是垄断的资本主义。列宁指出："从资本主义中间生长出来的垄断已经是表示资本主义正在死亡，表示它开始过渡到社会主义。"[①]前面已经说过，从经济上看，垄断统治使资本主义的基本矛盾尖锐化，又为社会主义做好物质准备，资本主义正在死亡；下面将会说明，从政治上看，垄断统治使阶级力量对比发生了有利于无产阶级的变化，有利于无产阶级起来推翻资本主义。所以，列宁称帝国主义为垂死的资本主义，是无产阶级社会主义革命的前夜。

现代资本主义的基本经济规律使资本主义的矛盾达到顶点；这些矛盾达到极端，革命就开始了。这些矛盾最重要的有下面三个。

第一是劳动与资本间的矛盾。在垄断资本的统治下，垄断组织拥有莫大的势力并掌握了国家机关，用各种方法剥削本国大多数居民，使他们贫困破产，并通过国家机关实行国民经济军事化和发动侵略战争，以保证最大限度的资本主义利润；它们又剥夺了人民的民主权利，企图巩固垄断资本对人民的血腥统治。这样，资产阶级就更孤立了自己，无产阶级反对资本主义的斗争也就更加加强。无产阶级为要摆脱每况愈下的非人生活，就必须根据具体情况运用各种有效的方式进行斗争，以彻底地推翻资本的统治，这就是垄断资本主义在无产阶级面前提出来的问题。帝国主义把无产阶级引到革命。劳动农民在垄断资本的统治下日益破产贫困，帝国主义使他们接受无产阶级领导并参加革命。

结论是：资本主义国家内部的革命危机日益尖锐化，宗主国内部无产阶级战线上的爆发因素日益增长。

第二是极少数帝国主义国家与殖民地、附属国绝大多数人民间的矛盾。垄断资本以各种方法来奴役和掠夺其他国家的人民，把整个落后国家变为自己的殖民地和附属国，以保证最大限度的资本主义利润。可是，帝国主义

---

① 列宁：《论马克思恩格斯及马克思主义》，唯真译，人民出版社 1955 年版，第 295 页。

在奴役和掠夺这些落后国家时,不得不在那里敷设铁路,设立工厂,引起这些国家的资本主义发展,无产阶级和本地知识界也就出现了。但是,帝国主义和由帝国主义所支持的反动统治以及前资本主义经济势力的残存,残酷地剥削与压迫这些国家的人民,妨碍了这些国家的生产力的发展,引起人民的反抗。民族意识逐渐觉醒了,民族解放运动加强了。这个情况从根本上动摇了资本主义的阵地,把殖民地和附属国由帝国主义的后备力量变为无产阶级革命的后备力量。

结论是:殖民地国家的革命危机日益尖锐化,殖民地附属国战线上反帝国主义的因素日益增长。

第三是各财政资本集团间及帝国主义列强间争夺领土、原料产地、销售市场和投资场所的矛盾。各垄断资本集团已经把世界领土分割完毕了。但是资本主义发展是不平衡的,这必然引起帝国主义国家间的战争,战争使帝国主义国家彼此削弱,使资本主义阵地整个削弱,使无产阶级革命时机接近,使无产阶级革命成为立可实现的事情。

结论是:帝国主义战争使无产阶级革命和殖民地附属国民族解放运动易于结合起来,联合为一个世界革命战线,以反对世界帝国主义战线。

以上的结论可以归纳为一个总结论,这就是列宁所说的:帝国主义是社会主义革命的前夜。

列宁的这个结论具有非常重大的实践意义。垂死的资本主义并不等于说资本主义已经死亡了,只是说整个资本主义不是走上复兴,而是趋向死亡;整个资本主义不是向上发展而是往下衰落。但是,资本主义不会自行死亡。资本主义生产关系已经不适合于生产力的性质,"生产关系一定要适合生产力性质这一经济规律,早已在资本主义国家中为自己开辟道路。它之所以还没有给自己开辟出道路,还没有获得发生作用的广阔场所,是因为它遇到了社会上衰朽力量的极强烈的反抗"。[1] 因此,与这个规律有切身利害关系的无产阶级,必须组成足够的社会力量,最重要的就是组成占社会上绝大多数的工人阶级和农民的联盟,才足以克服衰朽阶级的反抗。垄断统治为无产阶级组成这种社会力量提供了条件。

---

[1]　斯大林:《苏联社会主义经济问题》,人民出版社1952年版,第6页。

在帝国主义时期,无产阶级反资本主义的斗争特别广泛地开展起来,殖民地附属国反帝国主义的解放运动增长起来,资本主义国家内的革命爆发日益接近了。

四 国家垄断资本主义

在帝国主义时期,国家机关服从于垄断组织。财政寡头不仅控制了资本主义的经济生活,而且直接控制了国家机关,国家的政策和国库就必然为他们的经济利益服务。垄断资本主义就逐渐变为国家垄断资本主义。

国家垄断资本主义是国家机关服从于垄断组织的产物。在这种条件下,垄断组织就利用国家来干涉国内经济,以保证它攫取最大限度的利润并巩固财政资本的专政。个别的企业、个别的部门和经济职能就在保留生产资料私有制统治的情况下转到国家手中。

在分析国际垄断联合分割世界时,我们已经看到财政寡头通过国家政策和国库残酷地剥削劳动人民的情形:为了保证以垄断价格在国内市场上出售商品而制订了高额关税政策;为了低价抛售商品夺取国外市场而制订了由国家补助输出奖励金政策等等。这就是说,国家机关在和平时期以其政策和国库帮助垄断组织把国内市场垄断起来,实行对外扩张,加重对劳动人民的剥削;在危机时期则帮助垄断组织以更残酷地掠夺工人和农民的方法来逃出难关。

战争格外地加速了财政寡头假手国家机关为私利的目的而干涉经济的倾向,加速了国家垄断资本主义的发展。因为保证垄断资本攫取最大限度利润的战争,需要用全国的生产机构、材料资源、劳动力和财政来支持。

第一次世界大战期间,国家垄断资本主义发展得很迅速,其中,以德国最明显。第二次世界大战期间,德、意、日法西斯国家的财政寡头直接掌握国家政权,他们强制关闭许多中小企业,迫使独立的企业服从于垄断组织;他们所发出的分配原料和劳动力以及指导生产的指令,具有国家法律的效力;国家机关的全部活动,首先就是要保证他们的最大限度利润。美、英等国也建立了专门的政府机关,实行经济动员,以满足战时需要。美国由国家举办了直接为战争服务的军火工厂。第二次世界大战后,英国工党政府在个别企业和个别生产部门实行资产阶级的国有化。

改良主义者把这种国家垄断资本主义说成是资本主义制度下的计划经济,说它可以消灭生产的无政府状态,消灭经济危机;英国工党右翼领袖把英国的资产阶级国有化说成是社会主义。

这种"理论"是十分错误和荒谬可笑的。资本主义生产过剩的经济危机,不仅是由生产无政府状态引起的,而且是由资本主义生产的无限扩大趋势和劳动大众购买力相对下降之间的矛盾引起的。国家垄断资本主义不但不能实行什么计划经济,消灭生产的无政府状态,恰恰相反,它只会加强竞争和生产的无政府状态,尤其加强对无产阶级和劳动农民的剥削,使资本主义生产和消费之间的矛盾进一步尖锐化,使经济危机更加深刻。

整个问题可以归结为:帝国主义国家机关不是什么超阶级的、似乎能够按照全体人民的需要而调整和计划国民经济的机关(在私有制的基础上不可能有这样的机关),而是垄断资本家的工具。它之"调整"经济是按照保证垄断资本的利益而牺牲劳动人民和中小资本家的原则来进行的。垄断资本家集团之间的矛盾是不可调和的,他们之间为争夺国家订货和津贴、为抬高价格以及为争夺国家机关内的势力展开了非常激烈的斗争。由此可见,国家垄断资本主义不但不能消灭垄断资本之间的竞争和生产的无政府状态,反而使它加强。

说资产阶级国家的国营企业和国有化企业是社会主义,也是荒谬的。这里同样不应忘记资本主义国家的阶级性。大家知道,英国工党政府的"国有化"政策,通常是将一些设备过时的、亏本的企业,对企业主给以优厚的补偿金"收归国有",而"国有"后依然由这些企业主主持一切。英国采煤业的"国有化"就是这样。煤矿主人不但完全保有自己的资本和收入,而且免除了对改良设备的投资。第二次世界大战时,美国垄断资本家估计到和平时期的损失,不愿开办军火工厂,而由国家举办。国家举办的军火工厂,前后使垄断资本家攫取 4 次巨额利润。国家为了创办军火工厂,向垄断资本家支付了巨额的公债利息;垄断资本家在承建军火工厂时,攫取了巨额利润;他们在设计工厂时,就已估计到和平时期的用途;建好的工厂由国家无偿地交给垄断资本家经营;战后以仅及造价十分之一的贱价卖给垄断资本家,只要稍加改造即可利用。由此可见,这些所谓的国营企业和国有化企业,实质上是以国库为垄断资本谋取最大限度的利润,一点社会主义的气味都没有。

既然国家垄断资本主义意味着国家对经济"干涉"的加强,对于建设社会主义来说就有重大意义了。列宁指出:"国家垄断资本主义是社会主义最完满的物质准备,是进到社会主义的门阶,是历史梯子上这样的一级,即从这一级到称为社会主义的那一级之间,是没有任何中间级段的。"①

既然国家垄断资本主义意味着垄断组织凭借国家权力的帮助提高了对无产阶级和农民的剥削,这就必然使无产阶级和其他劳动人民消灭资本主义的斗争加强起来。

五　帝国主义时期资本主义发展不平衡规律和社会主义可能在一个国家内首先胜利

在帝国主义时期,无产阶级社会主义革命是一个实践的问题了。列宁发现和论证了帝国主义时期资本主义经济和政治发展不平衡规律的作用,得出社会主义可能首先在一个国家内胜利的结论,并且以这个理论来指导第一次世界大战时非常迫切的社会主义革命运动。

发展不平衡是资本主义的绝对规律。经济上和政治上发展的不平衡是资本主义的绝对规律。在资本主义制度下,各个企业、各个部门和各个国家的发展是不平衡的,各个国家经济发展不平衡又成为政治发展不平衡的基础。

生产资料私有制是资本主义生产关系的基础,资本主义生产的目的是利润。私有制和追逐利润与竞争和生产的无政府状态是分不开的。资本主义的生产是由价值规律和生产过剩的经济危机来调节的。在这种条件下,平衡地发展是不可能的。

从个别企业说,在追逐利润的残酷竞争中,价值规律的自发作用使大企业战胜了中小企业,促使资本集中,危机更加加速了这个过程。大企业发展

---

① 《列宁文选》(第一卷),人民出版社1953年版,第130页。

得很快。

从各个部门来说，在追逐利润的残酷竞争中，价值规律的自发作用使资本大量流入获利较多的部门。这样，轻工业就首先发展起来，因为资本主义工业化是由市场迅速扩大引起的，轻工业获利最大。在此后的长期发展过程中，为了追逐额外利润，要使用更多的技术设备，才使重工业的发展超过了轻工业而居于首位。农业的发展由于有土地私有权的限制，大大落后于工业。

各个企业和各个部门发展的不平衡，是与各个资本主义家发展不平衡相联系的。资本主义各国经济发展的情况是：一些国家比较迅速，另一些国家则比较迟缓，一些国家超过了另一些国家。

发展不平衡规律在垄断时期的作用。发展不平衡规律用的形式及其相应的结果，在垄断前和垄断资本主义时期是相同的。

19世纪60—70年代是资本主义自由竞争的顶点。在这前，资本主义还走着上坡路，世界上还有大量未被占领的土地，企业比较分散，垄断还未出现。这时候，一部分国家超过其他国家是不必用跳跃、用军事冲突、用重新瓜分世界的方式来进行的，而可以用通常的方式来进行的。

随着垄断资本主义的产生，情形就改变了。

垄断统治本身加强了资本主义发展的不平衡。攫取最大度利润的规模宏大的企业有可能迅速地发展起来。争夺最大度利润的竞争，加大了资本主义各个部门发展速度的差别。新办的新兴工业部门发展得特别迅速，因为它们没有旧的固定资本更新的负担，并且享受了现有新技术的好处。这样，就加速了年轻的资本主义国家的发展，使它们在很短时间内走完了那些大资本主义国家数十年才经历完的技术发展阶段。资本输出加强了这种不平衡性。输出资本的国家经济发展缓慢了，输入了大量资本的国家经济发展加速了。

正是这样，下列4个主要资本主义国家在世界工业生产所占的地位经常发生变化，1860年是英、法、德、美，1870年已变成英、美、法、德了，1880年是美、英、德、法，20世纪头十年是：美、德、英、法。另外一个资本主义国家日本也迅速地追赶上来。

帝国主义时期经济发展的不平衡也造成政治发展的不平衡，即各国革命成熟的不平衡。革命成熟的前提是：各国阶级矛盾尖锐化和阶级斗争发展的程度、无产阶级的阶级觉悟水平、政治组织和革命决心以及无产阶级领导农民群众的能力。各国革命的成熟程度是不平衡的，因此，社会主义革命在大多数国家内同时胜利是不可能的。

列宁的关于社会主义可能首先在一个国家内胜利的理论，是以帝国主义时期资本主义发展不平衡规律理论为其基础的。

这样，社会主义的敌人托洛茨基匪徒首先反对发展不平衡规律的理论就不是偶然的了。

斯大林在与敌人作斗争时，创造性地发展了关于资本主义发展不平衡规律的理论。斯大林的主要贡献是：指出了托洛茨基的错误在于把帝国主义时期发展不平衡和资本主义国家发展水平的差别混为一谈；论证了资本主义国家发展水平的均衡乃是帝国主义时期发展不平衡性加强的条件之一。

托洛茨基否认帝国主义时期发展不平衡规律的特殊作用，认为资本主义发展不平衡性在 19 世纪比 20 世纪更加厉害。为什么 19 世纪社会主义没有可能在一国胜利，而 20 世纪有可能呢？列宁的理论岂不错误了？

斯大林指出："能不能说资本主义国家发展水平差别的减小和这些国家的日趋均衡是在减弱帝国主义时期发展不平衡规律的作用呢？不，不能这样说。这种发展水平上的差别是在加大还是缩小呢？无疑是在缩小。均衡化是在上升还是在下降呢？无疑是在上升。均衡化的上升是不是和帝国主义时期发展不平衡的加强相矛盾呢？不，不相矛盾。相反地，均衡化正是帝国主义时期发展不平衡作用可能加强的背景和基础。"[①]正因为落后国家在加速自己的发展并和先进国家取得均衡，才使它们之间的斗争尖锐起来，才造成一个国家超过另一个国家并排挤另一个国家的可能，从而为军事冲突、为个别国家无产阶级冲破这条战线创造前提。因此，均衡化是帝国主义时期发展不平衡性加强的条件之一。

社会主义在一国胜利的学说。 在发现和论证了帝国主义时期发展不平衡规律后，列宁得出结论说："社会主义可能首先在少数或且单独一个资本

---

① 《斯大林全集》（第九卷），人民出版社 1954 年版，第 94 页。

主义国家内获得胜利。这个国家内获得胜利的无产阶级既然剥夺了资本家,并在本国内组织了社会主义生产,就会起来反对其余的资本主义的世界,把其他各国被压迫阶级吸引到自己方面来,在这些国家中掀起武装起义来反对资本家,遇必要时,甚至用武力去反对各剥削阶级及其国家。"①

这样,列宁就以这个理论正确地指导了在第一次世界大战时非常急切的社会主义革命运动;以这个新的理论代替了马克思、恩格斯在垄断前资本主义条件下,关于社会主义革命必须在一切或大多数资本主义国家中同时发动才能胜利的旧理论。

大家知道,在马克思、恩格斯的年代里还没有垄断资本主义,资本主义相当平衡地沿着上升的路线发展,并且在它还没有占领的地区里扩展着,发展不平衡规律还不能充分地发生作用,因此,马克思、恩格斯的关于社会主义要在大多数国家中同时胜利的理论是正确的。如果不是这样,在广阔无比的领域内,当资产阶级社会还走上坡路时,一个小小角落里的革命就会被镇压下去。② 这个理论后来成为一切马克思主义者的指导准则。

然而,在新的历史条件下,当资本主义已经走下坡路、资本主义发展的不平衡必然引起世界规模的军事冲突时,在社会主义胜利的条件已经改变了的情况下,还死守着这个旧理论不放,认为马克思主义的理论可以不论时间、地点、条件而一律适用,那就是背叛马克思主义,出卖社会主义革命。

第二国际的机会主义者就是这样卑鄙的表面上死守着马克思的旧公式,实质上企图取消无产阶级革命的。因为帝国主义时期各资本主义国家革命成熟的不平衡性,社会主义革命在大多数国家中同时发动是不可能的。如果每一个国家的无产阶级都在等候着革命在一切国家中同时发动,自己却毫无动作,那就等于一般地取消了无产阶级革命。针对新的历史条件,列宁提出了新的理论,就及时地在思想上武装了无产阶级。列宁这一理论是马克思主义在新的历史条件下的发展,对无产阶级的解放事业有着不可磨灭的功绩。俄国工人阶级就是在这一理论指导下在一国首先夺得了政权的。

---

① 《列宁文选》(第一卷),人民出版社 1953 年版,第 904 页。
② 《斯大林全集》(第九卷),人民出版社 1954 年版,第 78—80 页。

不能因此认为只有列宁的理论是正确的,马克思、恩格斯的理论是错误的。两个理论都是正确的,它们适用于不同的历史条件。

列宁这个具有巨大实践意义的革命理论,一开始就遭遇到托洛茨基匪徒的反对。在俄国无产阶级已经夺取了政权,以无产阶级专政为工具并按照计划着手建设社会主义的时候,托洛茨基依然否认社会主义可能在一国胜利。他散播反革命的悲观论调,说什么如果一个国家内胜利了的革命,在最短期间内没有引起其他国家革命的胜利,那么,获得胜利的无产阶级甚至连政权也不能保持,"休想革命的俄罗斯在保守的欧洲面前站得住脚"。他认为,在这种情况下,无产阶级取得政权以后,不仅会和资产阶级发生敌对冲突,而且会和广大的农民群众发生"敌对冲突",只有在所谓的无产阶级世界革命的舞台上,这种矛盾才能求得解决。

斯大林揭露了这个"理论"的反革命本质,创造性地向前发展了列宁的关于社会主义可能在一个国家内胜利的理论。

托洛茨基的"理论"的反革命性在于:它不仅不相信农民按其经济地位来说,有接受社会主义的可能,而且也不相信无产阶级有领导农民的本事和能力。其实,无产阶级和农民之间没有什么"敌对冲突",无产阶级完全有可能以正确的政策领导农民,战胜资产阶级,建成社会主义。

斯大林的主要贡献是:把社会主义在一国胜利的问题区分为在一国建成完备的社会主义和社会主义最终胜利的问题。无产阶级能够克服工农矛盾,战胜本国的资产阶级,就能在一个国家内建成完备的社会主义,而毋须其他国家也发生无产阶级革命,但这还不是社会主义的最终胜利,即免除了资本主义包围的胜利。要取得这个胜利,就要战胜世界资产阶级。这就要靠世界无产阶级的共同努力,至少也要在几个主要资本主义国家内获得革命胜利才可做到。正是这样,在资本主义包围下建设社会主义的工农大众,就不得不加强警惕性。正是这样,在一国建设和建成完备的社会主义,就不能不是无产阶级革命在世界各国内取得胜利的助力。

苏联一国建成完备的社会主义,并推动了欧亚各人民民主国家的社会主义建设事业和推动了世界无产阶级革命事业的历史事实,证明了列宁主义的革命理论的无限正确和具有伟大的物质力量。

*   *   *

    列宁分析了帝国主义的历史地位,指出帝国主义是寄生的、腐朽的和垂死的资本主义,是资本主义发展的最高也是最后阶段。列宁在新的历史条件下发展了马克思主义,发现了帝国主义时期经济和政治发展不平衡的规律,建立了社会主义可能在一国胜利的理论,具体地指出了工人阶级革命斗争的道路,证明了帝国主义是社会主义革命的前夜。这就使得我们能够从本质上来认识帝国主义。在目前,尽管一些帝国主义分子张牙舞爪,疯狂叫嚣战争,实际上帝国主义已经腐朽透顶,不过是垂死挣扎的纸老虎。从我们对于帝国主义的认识中,就能使我们产生仇视、鄙视、蔑视帝国主义的情绪,坚定我们社会主义必然胜利、资本主义必然死亡的信念,并且还使我们能够动员和组织广大人民群众积极参加反对国内外的反动派、保卫和平、建设社会主义的斗争。

第二部分

帝国主义理论研究

（本部分内容根据陈其人先生著、上海人民出版社
1984 年 8 月出版的《帝国主义理论研究》一书校订刊印）

一 绪 论

作为宗主国奴役殖民地的世界体系的帝国主义,在不同的社会经济制度下存在过,它们有不同的本质。资产阶级思想家,由于缺乏历史观点,便不可能将历史上存在过的、本质不同的帝国主义加以区别,常常将大罗马帝国和大不列颠帝国相提并论,从而产生理论错误。只有把资本主义制度看成社会制度的一种历史形式,它本身处在发展、变化之中,才有可能看出现代帝国主义在本质上是资本主义的一个历史阶段。这是思想家以无产阶级世界观,对历史上种种帝国主义进行分析研究的结果。无产阶级的帝国主义理论不是凭空产生的,而是通过对资产阶级的帝国主义理论进行扬弃,再在新的基础上创立的。

列宁的帝国主义理论,标志着无产阶级帝国主义理论的创立。列宁对前人的帝国主义理论,从总体看是持否定态度的,从个别论点看则根据情况分别对待。列宁在新的基础上创立帝国主义理论时,运用了马克思研究资本主义经济的方法论和作为研究结果的经济理论。这样,列宁的帝国主义理论和马克思的资本主义经济理论,便是建立在同一方法论基础之上,并且贯串着相同的理论。

列宁以后,无产阶级帝国主义理论仍在发展。在这个过程中,斯大林作了许多贡献。其主要贡献是:在同论敌辩论时,捍卫列宁的理论;针对新的历史条件,提出新的理论和发展列宁的某些论点;根据列宁的理论体系,使某些论点完善化。斯大林的帝国主义理论从总体上说是正确的,但有些观点似乎还需要依据实践的检验,重新加以研究。

列宁的帝国主义理论,是无产阶级和被压迫民族进行革命斗争的武器,它必然受到资产阶级思想家的反对。他们的反对不仅无损于这个革命理论的光辉,反而证明它的伟大。

从列宁创立无产阶级帝国主义理论到现在已经 60 多年了,帝国主义的经济、政治情况有了很大的变化。如何在坚持列宁的帝国主义理论的基础上,对当代帝国主义经济与政治的基本问题作出新的理论概括,是马克思列宁主义理论工作者一项重大的战斗任务。

上述种种,便是本书的主要内容。

二 现代帝国主义的形成和现代帝国主义理论的产生

现代帝国主义,即与古代社会罗马帝国主义,中世纪的日耳曼、蒙古帝国主义,资本原始积累时期的葡萄牙、西班牙、荷兰、法兰西、英吉利帝国主义,以及资本主义自由竞争阶段的大不列颠帝国主义相区别的帝国主义,是19世纪80年代起,在自由竞争阶段已产生的帝国主义的基础上逐渐形成的。

1. 19世纪80年代以前,英国虽已事实上占有广大的殖民地,但又有人主张"解放"殖民地的经济原因

19世纪80年代以前,英国在资本原始积累时期实行殖民政策终于超过葡、西、荷、法诸国后,又在产业革命以及由产业革命引起的对外贸易和航运方面遥遥领先,成为"世界工场"。在这个经济基础上,英国事实上已成为一个帝国主义国家,其殖民地包括爱尔兰、北美、澳大利亚、新西兰、印度、南非,以及亚洲、非洲某些国家和地区和太平洋上某些国家和地区。但是,除了1801年成立了大不列颠及爱尔兰联合王国外,英国直到19世纪80年代以前,并没有将其事实上拥有的大量殖民地组成一个如像后来产生的大英帝国和英联邦那样的帝国。这就是说,19世纪80年代以前,英国虽是一个帝国主义国家,但还不是一个现代帝国主义国家。现代帝国主义尚未形成。

值得指出的是,19世纪80年代以前,在资本主义国家中,英国拥有的殖民地最多,但是,这时英国的经济学家和政治家,却是主张"解放"殖民地的。问题在于:直到这时为止,英国的工业生产、对外贸易和航运几乎没有竞争的对手。这样,它与其耗费大量军费和行政费用去占领殖民地,还不如放弃殖民地,让其脱离英国,然后由英国通过自由贸易来取得利润,更为有利。

例如,亚当·斯密在 1776 年出版的《国民财富的性质和原因的研究》中指出:"在现今的经营管理下,英国从统治殖民地毫无所得,只有损失。"①因此,他建议"英国自动放弃它对殖民地的一切统治权"。② 他相信,他的建议"若真的被采纳,那么英国不仅能立即摆脱掉殖民地平时每年的全部军事费用,而且可与殖民地订立商约,使英国能够有效地确保自由贸易……"③

在斯密以后,主张英国"解放"殖民地的重要思想家是边沁。他在 1793 年出版的《解放陛下的殖民地》中指出,占有殖民地,垄断对殖民地的贸易,这是不必要的;用于殖民地贸易中的资本,改用于其他领域,也能收到同样的效果。他在 1828 年为加拿大殖民地草拟请愿书,要求完全分立。其后,他又为澳大利亚殖民地草拟自治方案。

英国主张"解放"殖民地的重要政治家,是当时任财政大臣的迪斯雷利。1852 年,他曾经说过:"殖民地是吊在我们脖子上的石磨。"④

这些理论或政策主张,与其说是帝国主义理论,倒不如说是非帝国主义理论。"解放"殖民地,虽然如大经济学家斯密所说对英国发展自由贸易有利,如财政大臣迪斯雷利所看到的对英国财政有利,但当时并没有实行。其中的一个原因是,与殖民地有密切利害关系的官僚们反对这样做。与边沁同时代的老穆勒讽刺地说,英国的殖民地是在上下议院之外,对上层阶级进行救济的庞大的制度。

2. 19 世纪 80 年代后现代帝国主义的形成

上述情况,到 19 世纪 70 年代中便开始发生变化。第一个研究现代帝国主义的英国经济学家霍布森写道:"在 19 世纪的前 75 年中,……我们同大陆国家和殖民地自然地扩大商业,这些地区在主要制造工艺和运输业上,是远

---

① 亚当·斯密:《国民财富的性质和原因的研究》(下),郭大力、王亚南译,商务印书馆 1974 年版,第 186 页。
② 同上。
③ 同上书,第 187 页。
④ 列宁:《帝国主义是资本主义的最高阶段》,人民出版社 1964 年版,第 70 页。

远落后于我们的。只要英国实际上在某些重要工业品方面独占了世界市场，帝国主义就成为多余了。"①但是，从 19 世纪 70 年代中期开始，德国、美国、比利时赶了上来，成为英国的竞争对手。因此，从这时起，英国便不仅扩大其殖民地，而且把其占领的殖民地组成一个帝国，以扩大和巩固其占有殖民地的利益。1887 年，英国政府第一次召开殖民地会议。这是把殖民地和宗主国大不列颠组成一个帝国的开始。1911 年，殖民地会议改称帝国会议；1944 年，又改称英联邦总理会议。英帝国和英联邦都是现代帝国主义。

现代帝国主义首先在英国形成。与此相对应，在现实经济生活和政治生活中形成的现代帝国主义概念，也首先在英国产生。大概从 19 世纪 80 年代开始，英国人便把帝国主义一方面理解为一种将广大的殖民地同宗主国合并成一个统一国家的意图，另一方面理解为一种越来越扩大这个国家的意图。在大不列颠以外的其他国家中，所谓的帝国主义实际上只是指后一种意图，因为没有别的国家像英国有那么多形式上是独立的殖民地。这里的"帝国主义"一词，是"罗马帝国主义"一词在现代条件下的借用。

这种在实际生活中形成的现代帝国主义概念，同我们在后面阐述的列宁提出的现代帝国主义的概念当然是不同的，因为前者只是描绘现象，后者才是揭示本质。但是，前者一经产生，便盘踞了人们的头脑，以致在列宁提出科学的帝国主义概念的几十年后，人们仍然运用在实际生活中形成的帝国主义概念去研究历史，如将资本主义的侵略和垄断资本主义的侵略都说成帝国主义侵略。

这种在实际生活中形成的帝国主义概念，成为某些研究帝国主义的理论家的出发点。

3. 从资本输出的必要性来论述帝国主义是一种政策的理论——霍布森和希法亭的帝国主义理论

最早研究现代帝国主义的是霍布森。他在 1902 年出版的《帝国主义》中首先区分了殖民主义和帝国主义。他认为："一个国家向无人居住或人口稀少的国家移民，移民充分享有祖国的公民权利，或则建立近似祖国制度的地

---

① 约·阿·霍布森：《帝国主义》，纪明译，上海人民出版社 1960 年版，第 58—59 页。

方自治,并在祖国的最后支配之下,这种殖民主义可以认为是国家的纯粹扩张,即是国家的种族、语言和制度在领土上的扩大。"①他认为这是殖民主义。但是,"在殖民地与宗主国远隔的场合,历史上长此维持这种情况的殖民地是少有的。它们或则切断这种联系而另行建立国家,或则在主要方面完全保持政治上的束缚",在后一情况下,"帝国主义这一个名词至少是同殖民主义一样适用的"。② 这就是说,移民的殖民地,如果没有政治束缚便是殖民主义;如果有政治束缚才是帝国主义。此外还有一种殖民地,在这种殖民地里,按照母国的社会、政治习惯和法律而生活的少数移民,"对多数异邦的和隶属的人民进行政治和经济上的统治"。这种殖民地"显然是帝国主义精神的代表,而不是殖民主义精神的代表"。③ 这就是说,统治土著居民的殖民地也是帝国主义。

在霍布森看来,帝国主义的产生是由于在残酷的竞争中企业合并了,托拉斯产生了。托拉斯这种垄断企业,一方面使工业巨头"这个阶级收入的增长远远超过其奢侈生活的需要,于是自发的储蓄过程以空前的规模向前发展";另一方面使产量受到限制,从而"限制了能够有效使用的资本量"。④ 这种过多的储蓄要变成投资,便要夺取国外市场。

本来,夺取国外市场并没有必要去占领一个国家。19 世纪 80 年代以前的英国,它夺取国外市场并不意味着必须占领殖民地。但是,从这时起,几个工业国家都能自给,"大都建立关税壁垒以对付进口工业品,甚至英国也被迫回复到保护贸易以防卫自己"。⑤ 这些国家由于展开剧烈的竞争,它们便和最重要的市场建立特殊的政治关系。这些重要的市场便是殖民地,特殊的政治关系便是束缚和统治。这种束缚和统治殖民地的政策,便是帝国主义。

需要指出的是,霍布森并不认为帝国主义是由垄断直接产生的。他说:"并非工业的前进需要开发新的市场和投资场所,而是消费力的分配不当阻

---

① 约·阿·霍布森:《帝国主义》,纪明译,上海人民出版社 1960 年版,第 3 页。
② 同上。
③ 同上书,第 4 页。
④ 同上书,第 61 页。
⑤ 同上书,第 63 页。

碍了在国内吸收商品和资本。"①如果能够"让政治经济力量的倾向发生变动,把所有者的过剩收入或用于提高工人的工资,或用于向社会缴纳赋税,使它消费掉而不储蓄起来,这两种方法都将使消费的倾向高涨——也就没有必要去争取国外市场或国外投资场所了"。② 这就是说,在垄断形成的条件下,在收入分配中无产阶级占的份额太少,资产阶级占的份额太多,这就是帝国主义的经济根源。

希法亭也是从资本输出的必要来论述帝国主义的产生的。他在 1910 年出版的《金融资本》中指出:垄断意味着垄断利润,又意味着投资放慢,"在已经卡特尔化的工业里,这是因为限制生产是卡特尔的第一条措施;在没有卡特尔化的工业里,这是因为利润率的下降首先使人不敢继续投资。所以,一方面,用于积累的资本量迅速增加,而另一方面,它的投资可能性缩小。这个矛盾需要解决,也在资本输出中得到了解决"。③

现在的问题是,希法亭怎样说明卡特尔即垄断的产生。他认为:"资本主义工业的发展使银行业的积聚得到发展。积聚的银行体系本身是达到资本主义积聚的最高阶段即卡特尔和托拉斯的重要推动力。"④在他看来,工业卡特尔之所以能够产生,是由于积聚起来的银行贷放巨额货币资本给工业使用,而不是由于工业本身由竞争引起的集中的结果。这样,随着资本主义生产的发展,非生产阶级提交银行支配并通过银行提交工业家支配的货币数额便不断增加。工业家只有通过银行才能支配资本。对于工业家来说,银行代表这种资本的所有者。所以,他说:"工业对银行的依赖性是所有制关系的后果。……通过这种方式实际上变成了工业资本的银行资本,即货币形式的资本,我把它叫作金融资本。"⑤

关于这一点,他在 1915 年写的《历史的必然性和必然的政策》中有进一步的阐述。他说:"帝国主义是金融资本的世界政策,这种金融资本就是银行在其日益增长的监督下作为货币资本交给大工业支配而由大工业作为生

---

① 约·阿·霍布森:《帝国主义》,纪明译,上海人民出版社 1960 年版,第 69 页。
② 同上。
③ 《机会主义、修正主义资料选编》编译组:《第二国际修正主义者关于帝国主义的谬论》,生活·读书·新知三联书店 1976 年版,第 193—194 页。
④ 同上书,第 187—188 页。
⑤ 同上书,第 190 页。

产资本运用的资本。……在对外方面,它的首要目的是输出资本。这种资本输出必然要求对不发达地区实行政治统治;金融资本为此利用它所支配的国家政权。"①

这种资本输出,不是由一个国家进行的,而是几个国家在竞争中进行的,因此,他认为作为金融资本的政策的帝国主义要达到三个目的:(1)建立尽可能大的经济地区;(2)用关税来防止外国在这些地区进行竞争;(3)使这些地区变成民族垄断同盟经营的地区。

从以上描述可以看出,霍布森和希法亭都是从资本输出的必要性来论述帝国主义的产生的,这包含正确的因素。他们虽然认为垄断和资本输出有密切关系,但在霍布森看来,资本输出的必要是由于分配不当;在希法亭看来,工业垄断的产生是由于信贷关系。因此,帝国主义这种政策的根源不在于垄断,不在于生产,而在于分配和流通。而当输出资本时,如果没有竞争的对手,就没有必要统治殖民地和附属国,换句话说,帝国主义是输出资本遇到竞争时才实行的政策。

基于对帝国主义的产生原因的认识,他们都认为,随着垄断组织的竞争,一个垄断组织不仅可以囊括全国,而且可以囊括世界,这样,竞争没有了。帝国主义政策也就随之消灭,或者出现了霍布森说的帝国的联合,即其后考茨基杜撰的超帝国主义。他们的不同在于:在霍布森看来,帝国主义的产生既然是由于分配不当,那么对帝国主义的回答就应该是改善分配,提高劳动群众的消费,这是小资产阶级改良主义者的幻想;而此时还是马克思主义者的希法亭则明确表示,"无产阶级对财政资本的经济政策、对帝国主义的答复,不可能是自由贸易,而只能是社会主义"。② 但是对于什么是社会主义,如何到达社会主义,他的看法是错误的。这和他对工业垄断、对金融资本的产生的错误看法有密切关系。这在他后来的著作和活动中表现得很清楚。他认为,当一个总卡特尔囊括全国生产时,商品生产便消灭,计划生产代替自由竞争,这就是社会主义。而工业垄断企业,资本是由银行贷放的,活动是受银行控制的,因此,只要将银行资金加以计划和组织,全部国民经济就

① 《机会主义、修正主义资料选编》编译组:《第二国际修正主义者关于帝国主义的谬论》,生活·读书·新知三联书店 1976 年版,第 218 页。

② 列宁:《关于帝国主义的笔记》,载《列宁全集》(第三十九卷),人民出版社 1963 版,第 374 页。

自然而然地成为社会主义性质的了。这就是流通社会化的社会主义理论。

4. 从资本积累和社会资本再生产的实现条件来论述帝国主义是一种政策的理论——卢森堡和考茨基的帝国主义理论

卢森堡的帝国主义理论,是她的资本积累理论的必然结论。她在1912年出版的《资本积累论》中断言,马克思认为用于积累的剩余价值要分解为不变资本和可变资本,因而可以在资本主义社会生产两大部类的扩大再生产中得到实现,这是错误的;因为这样一来,"资本家们就成为一种为扩大生产而扩大生产的糊涂虫了"。[①] 其实,资本主义生产本来就是为了扩大生产而扩大生产的,因为资本主义生产是剩余价值生产,为了生产更多的剩余价值,就要扩大生产。在她看来,用于积累的剩余价值虽然分解为不变资本和可变资本,但是不能由资本家和工人来购买,而要由这两个阶级以外的经济成分和社会阶层来购买,也就是要由非资本主义的经济成分和社会阶层来购买。这样,代表用于积累的剩余价值的物质资料便出卖了,货币便流到进行积累的资本家手里。他们要用这货币购买用于扩大生产的新的生产资料和劳动力。她又认为,资本主义生产方式本身不能提供这些物质因素,因为它们增加得很慢,而资本积累的进行却很快。这些物质因素,即新的生产资料和新的劳动力,也要由资本主义以外的经济成分来提供。就是说,资本家要用它们给予的货币再向它们进行购买。这样,资本主义扩大再生产才能进行。因此,她的结论便是:"资本化的剩余价值……只有在资本主义外部,无条件地通过非资本主义生产的社会阶层及社会形态,才能找到购买者。"[②]"资本如果没有全地球的生产资料和劳动力,那是不成的。"[③]这样,卢森堡自己兜了一个圈子后,终于回到她驳斥过的"资本家们就成为一种为扩大生产而扩大生产的糊涂虫"这个出发点上来。

从这种理论出发,卢森堡提出她对国内市场、国外市场和国际贸易这些概念的独特看法:国内市场是资本主义的市场,资本主义生产是它自己的生

---

① 卢森堡:《资本积累论》,彭尘舜、吴纪先译,生活·读书·新知三联书店1959年版,第262页。

② 同上书,第283页。

③ 同上书,第288页。

产物的购买者及自身的生产要素的供应者,英国和德国的资本主义经济成分之间的交换,是国内市场;国外市场是吸收资本主义的剩余价值、供给资本以生产资料及劳动力的非资本主义社会环境,德国资本主义工业和德国农民之间的交换,是国外市场;国际贸易是资本主义生产形态与非资本主义生产形态之间的交换。

为了证明其理论是正确的,她认为马克思对资本原始积累的分析,恰好说明资本主义积累和扩大再生产,是要以非资本主义经济为其条件。在这里,她显然把从封建主义转变为资本主义的过程,和资本主义生产方式产生后的资本主义扩大再生产过程,这两种规律混淆了。资本主义是从封建主义发展而来的,但它一旦产生,就可以靠它自己的生产结构来进行积累,并且有更多的生产资料和劳动力进行扩大再生产。

卢森堡的帝国主义理论,就是这种资本积累理论的逻辑结论。如果世界上只有一个资本主义国家进行资本积累,那就由它囊括对非资本主义的国际贸易,这就不是帝国主义。但是,现在却同时有几个资本主义国家进行资本积累,彼此争夺资本积累的环境,这就产生了帝国主义。所以,她说:"帝国主义是一个政治名词,用来表达在争夺尚未被侵占的非资本主义环境的竞争中所进行的资本积累。"[①]

考茨基也是从社会资本扩大再生产的实现条件来论述帝国主义的产生的。他在1914年出版的《帝国主义》中认为,任何社会生产的进行,都要求各生产部门之间有某种比例性,这种比例性不仅存在于两大生产部类之间,而且存在于工业和农业之间。他认为,在资本主义制度下,农业生产落后于工业;其之所以如此,主要原因是农业生产和自然生长过程结合在一起,不能通过增加劳动来随心所欲地增加农业生产,此外,它还受到土地面积的限制。他指出了直到不久之前还存在着的资本主义农业生产落后于工业生产的事实,但是他对其原因的分析都是错误的,因为最重要的原因应该是土地私有权的存在,使提高农业技术所产生的超额利润,最终会成为级差地租而流到土地所有者的腰包里。在土地私有权存在的条件下,只有用国家财政

---

① 卢森堡:《资本积累论》,彭尘舜、吴纪先译,生活·读书·新知三联书店1959年版,第359页。

补助的办法,才能较快地发展农业生产。

考茨基认为,先进的资本主义国家为解决农业品供应不足的问题,最初是用自由贸易的办法。19 世纪 80 年代以前的英国,由于它在工业生产和航海外贸方面都在世界上居于优势,便实行自由贸易政策取得农业原料。但是,后来德、美、比赶上来了,它们和英国展开了剧烈的竞争,英国加以反击,首先实行帝国主义,其他各国也实行帝国主义。因此,在他看来,帝国主义和自由贸易一样,都是先进资本主义国家取得农产品的政策;或者说,帝国主义是取代自由贸易的另一种政策。这样,他便对帝国主义下了这样的定义:"帝国主义是高度发展的工业资本主义的产物。帝国主义就是每个工业资本主义民族力图征服和吞并愈来愈多的农业区域,而不管那里居住的是什么民族。"[1]

应当说,这个定义只部分地适合于垄断资本主义以前的资本原始积累时和其后资本主义自由竞争阶段的帝国主义,而不适合于垄断资本主义这个帝国主义。因为在垄断阶段前,资本主义国家实行殖民政策并成为帝国主义,主要是为了取得更多的金银,以便转化为资本;取得广大的市场,以便实现利润;取得更多的农产品,以便保证原料和粮食供应。马克思曾多次谈到这个时期有一种以种植园为特征的殖民地[2],它一开始就是为宗主国供应农产品的,所以我们说这个定义部分地适合。但对垄断资本主义这个帝国主义来说,它就不适合了,因为垄断资本主义之所以奴役殖民地,主要不是为了取得农产品,而是为了通过种种渠道攫取垄断利润。这个问题在后面将详细论述。

卢森堡和考茨基都是从社会资本进行扩大再生产的条件来论述帝国主义的产生的。他们都认为,在进行扩大再生产时,由于资本主义国家之间的剧烈竞争,才使它们实行了不同于自由贸易政策的帝国主义政策。但是,他们对待帝国主义的态度却是完全不同的;这是他们政治立场不同的反映。卢森堡虽然在理论上认为,随着资本积累的进行,资本主义会自动地崩溃,因而"帝国主义虽是延长资本主义寿命的历史方法,它也是带领资本主义走

---

① 卡尔·考茨基:《帝国主义》,史集译,生活·读书·新知三联书店 1964 年版,第 2 页。

② 《剩余价值理论》(第二册),载《马克思恩格斯全集》(第二十六卷第二册),人民出版社 1974 年版,第 339 页。

向迅速结束的一个可靠手段"①,但是她认为这个过程是非常缓慢的,因此便对无产阶级呼吁:"在正式到达这个资本自己创造的经济绝境之前,国际工人阶级起来反抗资本的统治已成为一件必要的事情了。"②反之,考茨基从其维护资本主义统治的立场出发,便将其帝国主义理论发展为超帝国主义理论。他说:"从纯粹经济的观点来看,资本主义不是不可能再经历一个新的阶段,也就是把卡特尔政策应用到对外政策上的超帝国主义阶段。"③这就是说,人们应当期待和迎接这样一个时代的到来,那时唯一的一个卡特尔不仅统治了一个国家,而且统治了世界,这样就犹如从前英国统治世界一样,现在这个卡特尔便以其政策统治世界——消灭竞争、消灭战争、确保和平。人们应当为其降生而祷告。

5. 从资本主义生产的发展来论述帝国主义是资本主义的一个发展阶段的理论——库诺和布哈林的帝国主义理论

同上述理论家把帝国主义仅仅看成一种政策相反,德国社会民主党领袖库诺把帝国主义看成资本主义的一个发展阶段。他在 1915 年出版的《党破产了吗?》中写道:"新的帝国主义的发展阶段同过去那些发展阶段例如大的机械工业的形成一样,也是一个从资本主义的新的、内部的、金融的生存条件中生长出来的发展时期,一个通向社会主义的必然的过渡阶段。这个阶段不过是前进了的、加强了的资本主义,现在在其中起主要作用的不再像从前那样是原来的工业资本,而是已经当权的金融资本。"④在这里,他接受了希法亭关于金融资本的理论,但是他和后者不同,不是把帝国主义看成金融资本实行的政策,而认为帝国主义是资本主义发展的一个阶段,在其中金融资本居于统治地位。在这个基础上,他不仅指出金融资本要对殖民地输出资本,而且指出它"今后也会以同样的方式迫切要求进一步吞并毗邻的外国边境地区……以及今后也会例如建立贸易垄断、工业垄断和金融垄断愈

---

① 卢森堡:《资本积累论》,彭尘舜、吴纪先译,生活·读书·新知三联书店 1959 年版,第 359 页。
② 同上书,第 376 页。
③ 约·阿·霍布森:《帝国主义》,纪明译,上海人民出版社 1960 年版,第 17—18 页。
④ 《机会主义、修正主义资料选编》编译组:《第二国际修正主义者关于帝国主义的谬论》,生活·读书·新知三联书店 1976 年版,第 311—312 页。

来愈把国内市场据为己有"。① 这样,他就把"扩张政策同新的帝国主义经济阶段"②区别开来,并且强调指出:"资本主义新阶段的最典型的特征不如说是,金融资本在使绝大部分大工业和大商业从属于它以后,在资本主义最发达的国家中逐渐取得统治,……成了资本主义经济生活的决定因素,而且日益要考虑它的特殊利益。"③这里,除了受到希法亭的影响,认为金融资本会使大工业从属于它外,库诺的其他观点都是正确的。

但是,这个基本上是正确的理论,却被库诺用来为维护金融资本的统治作辩护。他说,既然帝国主义是资本主义发展的一个阶段,有其历史必然性,我们就不能推翻它;这正如不能用行会的规章制度来阻止资本主义产生,用毁灭机器来推翻工业资本主义一样。为了替这种反动的政治立场辩护,他一方面说,"这根本不是说,工人阶级现在应当耐心地和不加反抗地忍受帝国主义的统治",另一方面又说,工人阶级要夺取政权,但要使"这个政权用于以下的目的:使经济发展的好处不仅对资本寡头政治有利,而且也由国家和工人分享愈来愈大的份额……"④这就是说,由于帝国主义有其必然性,工人阶级夺取了政权也要保存它,要以此为前提,使它变成"有利"于工人阶级。这样,帝国主义这个历史阶段便成为永恒阶段了。

布哈林的帝国主义理论,是上述几种帝国主义理论的综合和发展。他对于希法亭的理论,从总体上说是接受的,即把垄断看成排除了竞争,因而其趋势是国内单一垄断组织统治,以及把帝国主义看成金融资本的政策。1915年,他写成了《世界经济与帝国主义》,原是反对考茨基的"超帝国主义"论的,但是由于他把垄断看成完全排除了竞争的,实质上便和考茨基具有相同的看法。1925年,他出版了《帝国主义与资本积累》,原是反对卢森堡的资本积累理论的,但是由于同样的原因,他把垄断资本主义的世界经济看成一种有组织的平衡的经济,便堕入卢森堡犯的错误之中——殖民地消灭便意味着资本主义的崩溃。1920年,他出版的《过渡时期的经济》,从一个侧面反

---

① 《机会主义、修正主义资料选编》编译组:《第二国际修正主义者关于帝国主义的谬论》,生活·读书·新知三联书店1976年版,第315页。

② 同上书,第314页。

③ 同上书,第314—315页。

④ 同上书,第316页。

映了他的帝国主义理论。

他全部接受了希法亭关于垄断的理论,认为垄断的形成,使单一的垄断组织统治全部国民经济。他说:"孤立着的生产部门,用各种各样的方法,大规模地,有组织地,合并起来而成为单一的联合。金融资本,包括一国全体于其压榨之中。国民经济转化为巨大的综合的托拉斯。"①

他进一步认为,垄断资本有两种趋势:一种是资本的国际化趋势,即突破一个国家的界限,向外扩张,垄断资本主义的生产关系和其他的生产关系发生联系,并建立相应的交换关系,这种资本国际化的趋势形成世界经济;另一种是资本的国家化趋势,即在垄断资本扩张的地方,都形成或扩大为垄断资本主义国家统治的范围,因而这种资本的国家化实质上是资本的帝国化。很明显,这两种趋势是同一个过程的两种表现。

这样,他便考察帝国主义形成的历史过程。他说:在那些地方,一方面"(……因为特殊的历史关系,古时的自由贸易制度,还是大部分被维持着,他方面国土已是十分广大了),我们便看见与征服政策并行出现的一种倾向,倾向于集合国民的分散部分,融合殖民地与本国而形成被包围于共通的关税壁障之内的一个经济'帝国'。这就是英帝国主义的情形"。②

由此,他便对帝国主义下定义,认为它是金融资本的政策。他说:"经济领土的膨胀,把农业地带交给国家卡特尔,结果,就是把原料市场交给国家卡特尔,扩大投资领域和销售市场;关税政策,许可打败外国的竞争者获得剩余价值,运用倾销政策。这个体制的全部,都有利于独占的增大。这个金融资本的政策,就是帝国主义。"③但是,他认为,这种政策是历史性的,是历史地被限定了时间的,因为它"是使世界屈服于金融资本支配之下的东西,也就是以金融资本的生产关系代替前资本主义或资本主义生产关系的东西"。④ 正因为这样,他认为金融资本主义是一个历史时代或历史阶段。他说:"工业资本时代是资本主义的商业时代的继续,金融资本主义时代是工

---

① 布哈林:《世界经济与帝国主义》,杨伯恺译,辛垦书店1930年版,第201页。
② 同上书,第124—125页。
③ 同上书,第177页。
④ 同上书,第194页。

业资本主义时代的继续。"①布哈林的帝国主义理论,虽然深受希法亭的影响,认为帝国主义是金融资本的政策,但是他又突破了希法亭的限制,事实上认为帝国主义是一个历史阶段。

根据他的说明,单一垄断组织统治整个国民经济,使竞争和社会生产的无政府状态完全消灭,这样,便使"竞争几乎完全投入国外竞争领域中"。② 很明显,他这样说的目的在于反对考茨基的"超帝国主义"论。但是,这是没有说服力的,因为如果垄断真的能够完全消灭竞争,那么,国外和国内应该是同样的,它也能发展为单一垄断组织的完全统治——这就是考茨基的理论。

根据他的说明,资本的国际化即资本的帝国化趋势,使一个国家的垄断资本在扩大势力范围的过程中,把许多殖民地纳入帝国的范围。这样,殖民地的生产关系便被金融资本的生产关系所代替;因而,按照他的观点,整个帝国的经济都是有组织的、平衡的。在这种条件下,如果殖民地和宗主国的经济联系中断,平衡的经济便被破坏,资本主义经济体系便崩溃。这是从金融资本的生产关系是平衡的关系的理论,引导出来的资本主义崩溃论。资本主义的崩溃,在卢森堡看来,是由于非资本主义领域的消灭;在布哈林看来,是由于殖民地和宗主国经济联系的中断。

由于布哈林和希法亭一样,认为单一的垄断组织囊括全部生产之时,便是商品生产消灭之日(因为所有产品既然都属于一个所有者,就不成其为商品了),这样,他便认为,从垄断资本主义过渡到社会主义,商品就变成了产品而失去了自己的商品性质。这个问题后面还会谈到。

---

① 布哈林:《世界经济与帝国主义》,杨伯恺译,辛垦书店1930年版,第196页。
② 同上书,第210页。

三　列宁创立的无产阶级帝国主义理论在方法论上完成的伟大变革

从上面对现代帝国主义理论产生的叙述中，我们已看到，从 1902 年霍布森的《帝国主义》到 1914 年考茨基的《帝国主义》，其中间隔 12 年，在这段时间里，帝国主义研究从方法论和理论内容上说有了如下的变化。

如前所述，霍布森和希法亭虽然认为帝国主义这种政策和垄断有关，但深入分析一下便可以看出，霍布森事实上认为帝国主义是由于分配不当的结果；希法亭则认为，它是由于在流通中形成了由银行家所有、归工业家使用的金融资本的结果。这样，他们都离开了生产，而分别从分配和流通去研究帝国主义产生的原因。这种方法论的错误，使帝国主义理论具有重大缺陷，认为可以从分配和流通着手消灭帝国主义。

从理论内容上说，霍布森和希法亭都认为，帝国主义政策是由于垄断统治形成，从而必须输出资本产生的。这有他们正确的地方。但是输出资本为什么要实行帝国主义政策呢？希法亭认为，这是由于遇到剧烈的竞争的缘故。这就等于说，帝国主义是由生产的外部条件产生的；这些外部条件一旦发生变化，帝国主义便消灭。

和霍布森、希法亭不同，卢森堡和考茨基则撇开垄断，从生产出发研究帝国主义产生的原因，认为资本主义要实现扩大再生产，就要实行帝国主义政策。将帝国主义产生原因的研究，从分配和流通领域出发变为从生产领域出发，从方法论上说是正确的。但是，沿着这个方向前进时，他们又陷入新的错误，认为资本主义生产结构和生产条件本身不能为资本主义扩大再生产的实现提供条件，从而资本主义要向非资本主义领域扩张，即实行帝国主义政策。其实，单就生产结构而言，资本主义本身完全能够实现扩大再生产。这种理论错误使卢森堡逻辑地认为，帝国主义既然是资本积累的手段，那么,随着资本积累的进行,非资本主义环境都变为资本主义环境,它又成为促使资本主义自动走向灭亡的手段。

从理论内容上说,卢森堡和考茨基都离开垄断,离开资本输出,完全从积累和扩大再生产的实现条件来说明帝国主义的产生。但是,他们又认为,并非这个条件本身,而是由于几个资本主义国家争夺这个条件,才使帝国主义这个政策成为必要。这就是说,他们都认为,帝国主义是由生产的外部条件产生的。考茨基由此便认为,只要一个垄断组织统治全世界,帝国主义便消灭了。

我们可以看出,在这12年中,对帝国主义的研究,从方法论上说,虽然已经变为从生产领域出发,这是前进了一步,但同时又堕入新的错误,即在理论上认为资本主义不能由它本身的条件实现扩大再生产;从理论上说,则后退了一步,即离开了资本输出的必要,从一般的实现扩大再生产的条件,论述帝国主义的产生。而从资本主义的外部竞争条件来论述帝国主义的产生,则一直未变。

帝国主义研究从方法论上发生重大变革,在时间上看大约是在1915年,这就是把帝国主义看成资本主义的一个历史阶段,并以此为基础考察问题。这一年,库诺和布哈林都提出了帝国主义是一个历史阶段的理论。但是,如前所述,库诺把它用于辩护,就谈不上有什么科学的分析。列宁对他的批评是:"帝国主义是现代资本主义;资本主义的发展是不可避免的和进步的,所以帝国主义也是进步的,所以必须跪在帝国主义面前歌功颂德!"①布哈林由于认为垄断完全排除了竞争,由单一垄断组织统治国民经济,这样就使他对于垄断在资本主义这个历史阶段上,对资本主义基本矛盾的作用,不可能有科学的分析,无法说明代替帝国主义这个历史阶段的为什么必然是社会主义。

1. 列宁不是从分配和流通领域,而是从生产领域,不是从生产的外部条件,而是从生产的内部条件出发,去研究帝国主义的产生

详细地研究列宁关于帝国主义的著作便可以看出,他对于霍布森、希法

---

① 列宁:《帝国主义是资本主义的最高阶段》,人民出版社1964年版,第84页。

亭、卢森堡和考茨基的帝国主义理论,从总体上看是持否定态度的,只是在具体问题上,则视不同情况,对其中的一部分持肯定态度,并在其著作中加以吸收。例如,希法亭关于创业利润、资本掺水的说明,关于垄断统治在政治上必然走向反动的理论,霍布森关于帝国主义经济的寄生性的理论,列宁都是加以肯定的。但从方法论上看,列宁的帝国主义理论则和他们完全不同。

首先,列宁不是从分配领域或流通领域,而是从生产领域出发,去研究帝国主义产生的原因。我们不要以为,列宁的《帝国主义是资本主义的最高阶段》和霍布森的《帝国主义》、希法亭的《金融资本》,既然都研究了垄断企业和金融资本,那么他们的研究方法便是相同的,只是叙述方法不同——列宁从生产集中和垄断开始,霍布森从帝国主义的尺度开始,希法亭从货币的必要开始。不是的。从方法论说,霍布森是未经说明垄断怎样形成,便从垄断出发,认为它一方面使分配比从前更为不当,另一方面又使积累起来的利润用来投资遇到垄断的阻碍,这种过剩的资本便要输出,输出遇到剧烈的竞争,就要实行帝国主义政策。因此,在霍布森看来,帝国主义这种政策之所以产生,第一是分配不当,第二是各国竞争。这两者都同垄断资本主义生产的内部条件无关。希法亭的方法和霍布森大部分相同,不同的只是,他极力说明垄断形成的原因在于工业生产规模的庞大,其所以可能,是由于银行有巨额货币资本借给工业作为生产资本使用,而银行所以有巨额货币资本,则由于它集中了大量闲置的资本和收入,即由于流通的社会化。一旦说明了垄断的产生,他说明帝国主义这种政策产生的原因,就同霍布森完全一样。

列宁的方法论则与此不同。他认为帝国主义是垄断的资本主义,但垄断的产生不是由于流通的社会化,不是由货币引起的,而是由于生产中的竞争所形成的集中,在生产力发展到一定高度的条件下,便产生垄断,生产中的工业垄断,引起流通中的银行垄断,银行垄断又促使工业垄断进一步发展,于是,工业垄断资本和银行垄断资本相结合而成为金融资本。这样,列宁不仅说明垄断的产生在于生产,而且改造了希法亭的金融资本理论。认为金融资本不简单地是一种与工业资本、商业资本、银行资本相并列的资本形态,其本质如同土地所有者将土地租给农业资本家使用那样,是银行家将其资本贷给工业家使用,而是一种标志着资本主义生产关系发生部分质变的资本形态。这是因为,工业和银行垄断企业都是建立在股份公司的基础上的,而通过股票,大股东便可以控制小股东的资本,将它作为自己的资本来使用;而银行这个信用机构,又将全社会的闲置资本和收入集中起来,交给工业和银行垄断组织使用。这样,来自社会的资本却由一小撮垄断资本家使用。从前,资本家是根据其资本的大小,从社会的剩余价值中分割到相应的一份;现在,垄断资本家向社会征收的贡物大大地超过他拥有的资本权力。用列宁的话来说就是:这种生产资料的公共分配,"就其**内容**来说,决不是'公共'的,而是私人的,也就是说,是符合……大资本的利益的"。① 这样,列宁便将帝国主义产生的原因,从分配领域、流通领域转入生产领域,这在方法论上是一种根本性变革。

其次,列宁不是从生产的外部条件,而是从生产的内部条件出发,去研究帝国主义产生的原因。我们已经看到,卢森堡和考茨基不同于霍布森和希法亭,他们不是从分配领域或流通领域,而是从生产领域出发,去研究帝国主义产生的原因。但他们又同样错误地认为,资本主义生产条件本身不能为它的扩大再生产提供条件,因而要进行扩大再生产,资本主义就要向非资本主义领域扩张。当几个资本主义国家都这样做因而竞争剧烈时,彼此都要实行帝国主义政策。这样一来,除了资本积累和扩大再生产的理论是错误的以外,从方法论上看,这就等于说,帝国主义产生的原因不在于生产的内部条件,而在于生产的外部条件——竞争的剧烈。这是错误的。它必然导致帝国主义随着竞争消失而消灭的"超帝国主义论"。

列宁的方法论不是这样。他坚持是生产的内部条件使垄断资本主义必然同时就是帝国主义的方法论。在他看来,在生产集中基础上形成的垄断,使垄断企业攫取垄断利润,由于要攫取垄断利润,国内投资场所过于狭小,过剩资本便要输出到利润率通常较高的落后国家去,以此为基础,垄断资本家便组成国际性垄断同盟,在经济上瓜分世界,最后导致在领土上瓜分世界,并按新的经济力量不断重新瓜分——这样的垄断资本主义就是帝国主义。所以,列宁对帝国主义产生原因的分析,从方法论上说,归根到底,是由

---

① 列宁:《帝国主义是资本主义的最高阶段》,人民出版社 1964 年版,第 32 页。

于在生产上形成的垄断企业要攫取垄断利润。

2. 要继续研究列宁说的"规模巨大,造成了竞争的困难"的企业为什么要攫取垄断利润,以及垄断利润的实体为什么不仅仅是剩余价值这一方法论问题

列宁认为垄断企业要攫取垄断利润。但是,列宁写《帝国主义是资本主义的高级阶段》的目的,在于解决帝国主义战争的性质以及同无产阶级革命有关的问题,而不在于全面研究垄断利润。列宁说:"集中发展到一定阶段,可以说,就自然而然地走到垄断。因为几十个大型企业彼此之间容易成立协定;另一方面,正是企业的规模巨大,造成了竞争的困难,产生了垄断的趋势。"①深入分析一下便可以看出,这不是说明垄断企业为什么必须攫取垄断利润。"协定"应该包括两方面:一方面是限制产量,以适应市场需要,用恩格斯的话来说,便是"在每个国家里,一定部门的大工业家会联合成一个卡特尔,以便调节生产"②,但这不是说明垄断利润的必要性;另一方面是商订垄断价格,事实上确实是这样,但如认为以此可说明垄断利润的必要,那就等于用垄断利润的必要来说明它的必要了。企业规模巨大,当然造成竞争困难,但这并不能说明垄断利润的必要。如果说,由于竞争困难便能商订垄断价格,那也是以垄断价格的必要来说明它的组成部分——垄断利润的必要。总之,要继续研究这类庞大企业攫取垄断利润的必要性问题。

为了深入地研究这个问题,我们不妨看看马克思是怎样分析垄断利润的产生条件的。马克思分析过两种垄断利润。一种是由于垄断价格形成了,作为一种结果,垄断利润产生了。他举了这样的例子:有一种特殊的土壤,生产特别名贵的葡萄,由它制造特别名贵的葡萄酒,这种酒由于不能由资本来增加,因而它就以垄断价格出售,其高度取决于酒客的嗜酒程度及其支付能力,这样,作为垄断价格的结果,垄断利润产生了——在这个条件下,它转化为垄断地租。在这里,并不是酒商为了取得垄断价格而限制产量,相反,是由于产量受到自然条件的限制不能增加,才产生垄断价格和垄断利

---

① 列宁:《帝国主义是资本主义的最高阶段》,人民出版社 1964 年版,第 13 页。
② 马克思:《资本论》(第三卷),载《马克思恩格斯全集》(第二十五卷),人民出版社 1974 年版,第 495 页。

润。垄断企业的情况显然不是这样。另一种是由于要攫取垄断利润才能进行再生产，因此由它构成垄断价格。他举畜牧业地租为例。畜牧业的地租额取决于同它有相等质量的农业用地的地租额。但畜牧业资本的有机构成大大地高于农业资本的有机构成，因而畜产品的价值低于其生产价格，这样，为了缴纳地租，畜牧业产品的价格就由生产价格和上述农业地租额构成，这种价格实质上是垄断价格，其中包含的转化为地租的那部分利润，实质上是垄断利润。像这种由再生产条件决定的垄断利润，在垄断企业中是否存在，我们要进行研究。

　　垄断利润的必要性在方法论上还有一个问题。这就是，在解决了垄断企业必须攫取巨额超额利润（这还不是垄断利润）之后，还要说明后者为什么不能仅仅是垄断企业本身生产的剩余价值，而必须包括其他因素，只有这样，这巨额的超额利润才是真正的垄断利润，否则，它的实体始终是剩余价值，而不是垄断利润。我们可以用上述的两种地租来说明问题。假如那块畜牧业用地和最劣等的农业谷物耕地具有同样的质量，那么，谷物耕地的地租——绝对地租租额便决定畜牧业用地的地租额。畜牧业用地地租来源已如上述，谷物耕地地租来源又是什么呢？由于谷物业资本的有机构成较低，其产品价值高于生产价格，谷物按价值出售，其中超过生产价格的余额（超额利润）便转化为绝对地租。在这里，谷物耕地的绝对地租使谷物价格高于其生产价格，这和畜牧业用地的地租使畜牧业产品价格高于其生产价格相同。两者的不同在于：谷物的价格等于其价值，因而绝对地租就是谷物业产品中的剩余价值的一部分；畜牧业产品的价格高于其价值，因而畜牧业用地的地租是畜牧业产品中的剩余价值以外的其他价值。其所以有此不同，是由于谷物业资本的有机构成是低位的，畜牧业资本的有机构成是高位的。分析垄断企业攫取的垄断利润为什么不能以本企业生产的剩余价值为限时，也要从方法论上解决这个问题。

3. 解决上述问题的尝试

　　斯大林清楚地感到，上述问题首先要从方法论上加以解决。他在1952年出版的《苏联社会主义经济问题》中，从方法论上说明了一种生产方式的基本经济规律应该是怎样的一种经济规律后，谈到现代资本主义的基本经济规律时说:"现代资本主义即垄断资本主义不能满足于平均利润,何况这种平均利润由于资本有机构成的增高而有下降趋势。现代垄断资本主义所要求的不是平均利润,而是比较正常地实现扩大再生产所必需的最大限度的利润。"①英国经济学家米克对斯大林这段话的议论,只限于"最大限度利润"这个概念本身。他认为这对于要区别平均利润和最大限度利润是有用的,因为前者的实质就是工人创造的剩余价值,后者则还包括种种用超经济方法剥削得来的、有如重商主义时代所特有的那种让渡利润。② 他还指出:"'最大限度'这个字也许用得不妥当,因为一切资本家,不论是垄断的或非垄断的,都追求'最大限度'的利润……"③我支持米克的看法,并且认为应该用垄断利润来代替斯大林所使用的最大限度利润这个概念。可惜的是,米克并没有对斯大林提出的攫取垄断利润(斯大林所说的最大限度利润)是垄断资本主义"正常地实现扩大再生产所必需的"这个方法论问题加以重视。

美国经济学家斯威齐和巴兰注意到这个方法论问题。他们在 1968 年出版的《垄断资本》中写道:"经理部门相信,在今天迅速改变的技术情况和市场情况下,竞争能力,即使为了存在下去,也要求作出技术革新和重大发展方面的大量开支。……由于大家公认的理由,经理部门要使外部的资金供应减到最小限度,因此,这种支出的大部分资金必须由内部形成。"④在这里,斯威齐认为垄断企业在竞争的压力下,为了进行扩大再生产便要革新技术,便要支出大量资金,这是正确的。但是,他们并没有像米克那样,区别平均利润和垄断利润,因而就没有沿着这个方法论所指出的方向前进,没有说明为什么垄断企业生产的剩余价值还不能满足它进行技术革新的需要,因而要在它之外攫取更多的利润,即攫取垄断利润。如果垄断企业生产的剩余价值已能满足它进行扩大再生产的需要,这种剩余价值由于是本企业生产的,它就不是垄断利润,这样,垄断企业就没有必要攫取垄断利润了。

---

① 斯大林:《苏联社会主义经济问题》(下卷),人民出版社 1952 年版,第 567 页。
② 米克:《劳动价值学说的研究》,陈彪如译,商务印书馆 1963 年版,第 324 页。
③ 同上书,第 331 页注①。
④ 保罗·巴兰、保罗·斯威齐:《垄断资本:论美国的经济和社会秩序》,南开大学政治经济学系译,商务印书馆 1977 年版,第 30 页。

我谈谈自己的看法。我在 1957 年出版的《论资本主义基本经济规律及其在资本主义各个阶段中的具体形式》一书中说过:"垄断不仅不消灭竞争,反而使竞争更加尖锐。……在经济上进行竞争,归根到底就要提高劳动生产率和扩大生产,这就要把巨大的利润转化为资本。在尖锐的竞争下,巨大企业的固定资本的精神磨损十分迅速,这就要有巨大的投资来进行更新。在经济以外进行竞争,包括收买、恐吓和暴力破坏等,同样要有巨大的利润。但是,占统治地位的巨大企业的资本有机构成很高,平均利润率有显著的下降趋势,这样,垄断企业就不能满足于平均利润和带有不固定性质的、比平均利润稍为高一点的超额利润,而要求最大限度利润。"①现在,我还是坚持上述基本看法,除了应将最大限度利润改为垄断利润外,只有两点补充:第一,为了垄断新技术,也要有巨大的利润;第二,垄断企业不仅规模庞大,资本有机构成高,而且在一个生产部门中居于统治地位,其产品要占同类产品的大多数,这样,它的生产条件就成为生产这种产品的社会平均条件,它的商品个别价值决定这种商品的社会价值,商品按价值(或生产价格)出卖,它是得不到什么超额利润的。不仅这样,由于它的资本有机构成很高,使社会平均利润率的下降趋势加速,这样,它以同量资本得到的利润便要减小。支出增大,利润率降低,这是个矛盾。要解决这个矛盾,垄断企业就要攫取垄断利润,即除了本企业生产的剩余价值以外,再将其他的价值夺取过来,成为垄断利润。这是垄断资本主义扩大再生产的条件所决定的。

斯大林没有说明垄断利润(最大限度利润)的实体或来源,他只是在表述现代资本主义的基本经济规律时,指出垄断利润是用剥削本国大多数居民,奴役其他国家人民特别是落后国家人民的办法(他认为还有国民经济军事化)获得的。

米克阐述过这个问题。他说:"垄断权力的把持越来越同使用我们可以叫作的'超经济的'方法来获得和扩大利润联系在一起了。在这样一个世界里,还是假定利润的唯一来源是资本家雇佣工人的剩余劳动,在我看来,是

①　陈其人:《论资本主义基本经济规律及其在资本主义各个阶段中的具体形式》,上海人民出版社 1957 年版,第 36 页。

不合理的。"①他又说,这种利润"不仅来自剩余价值,而且还有其他一些来源"。② 为什么垄断利润的来源不能限于剩余价值(不单只是本垄断企业的剩余价值),米克没有说明。

我谈谈对这个问题的看法。前面说过,垄断企业因本企业工人生产的剩余价值不能满足它进行扩大再生产的要求,这就有必要将非垄断的资本主义企业的部分剩余价值攫取过来变为垄断利润,办法是低价收购其产品,高价向其供应生产资料。但是,这还不能完全解决问题。因为非垄断的资本主义企业的比重在减小,靠攫取它们的部分剩余价值来满足比重日益增大的垄断企业的要求,当然是不够的,何况要攫取非垄断的资本主义企业的部分剩余价值,就要让它们能够生存下去,就不能无止境地攫取。这就有必要把工人的部分劳动力价值攫取过来变成垄断利润,办法是以垄断价格出售消费品,而不相应地提高货币工资。然而这也是不够的,因为工人也要生存下去。这就有必要将小生产者部分收入和居民的部分收入攫取过来变成垄断利润,办法是对前者低价收购、高价出售,对后者以垄断价格出售消费品,以及利用国家政权,用税收和膨胀通货的办法,把他们的部分收入集中到国库里,再由国库以种种名义交给垄断企业,如此等等。这就是说,垄断资本主义进行扩大再生产,就必须攫取垄断利润,攫取垄断利润就必须对垄断资本统治下的世界居民进行剥削,垄断利润的来源和实体就必然不仅仅是剩余价值。从这个意义说,垄断资本主义就是对其统治下的居民进行剥削的世界体系。斯大林对现代资本主义基本经济规律的表述,从方法论上看,就说明垄断资本主义即现代资本主义是一个世界体系。

既然垄断利润的实体不仅仅是剩余价值,那么,作为资本主义基本经济规律的剩余价值规律,在垄断资本主义占统治地位的条件下,以哪一种形式发生作用,也就是剩余价值规律和垄断利润规律两者的关系,就成为一个在方法论上亟待解决的问题。关于这一点,斯大林曾说过:"剩余价值的规律是过于一般的规律,它没有涉及最高利润率的问题,而保证这种利润率却是垄断资本主义发展的条件。要弥补这个缺陷,就必须把剩余价值规律具体

①　米克:《劳动价值学说的研究》,陈彪如译,商务印书馆1963年版,第324页。
②　同上书,第331页。

化并加以发展,使之适应于垄断资本主义的条件……"①斯大林精确地从方法论上提出要把剩余价值规律具体化,把它发展起来适应于新的条件,但没有真正地把它具体化。

由于这样,就产生了重大的理论问题。米克就指出:"如果总利润(垄断利润——引者)与总剩余价值并不相等,那就真个不能再说,在垄断条件下可能发生的实际价格同生产价格偏离的限界,依然是根据第一卷[《资本论》(第一卷)——引者]的分析来确定的。这就是在当前条件下马克思价值学说的再应用问题所必须考虑的情况。"②米克自己并没有解决问题。

我谈谈我的看法。我在前面提到的 1957 年出版的那本书中说:"这个问题应该从这方面去寻求答案:垄断资本主义的产生,除了须具备资本主义产生的一般条件以外,还须具备何种特有的条件,从而资本主义剥削和垄断资本主义剥削,除了有共同的基础外还有哪些不同的特点。"③"垄断资本主义不是一种特殊的经济制度,而是垄断资本对它统治下的劳动人民进行剥削的世界体系。"④"既然对资本统治下的全部劳动的剥削、特别是落后国家人民的剥削,是垄断资本主义产生的条件,既然垄断资本主义是一种世界体系,那么,分析取得最大限度利润的办法和最大限度利润的泉源时,就当然不能把对前资本主义生产条件下的劳动的剥削这个因素抽掉。"⑤这样,就"应该适应于垄断资本主义的条件,把新的因素加到剩余价值规律中去,使它更确切地反映出垄断资本主义的本质,从而发展起来具体化为最大限度利润规律"。⑥ 这里除了将最大限度利润改为垄断利润外,其中的方法论我仍然坚持。需要补充的是,垄断资本主义的产生和发展条件,不仅是剥削非资本主义生产,而且也是剥削非垄断的资本主义生产。这在前面事实上已谈到了,后面还会谈到。

---

① 斯大林:《苏联社会主义经济问题》(下卷),人民出版社 1952 年版,第 567 页。
② 米克:《劳动价值学说的研究》,陈彪如译,商务印书馆 1963 年版,第 324—325 页。
③ 陈其人:《论资本主义基本经济规律及其在资本主义各个阶段中的具体形式》,上海人民出版社 1957 年版,第 44 页。
④ 同上书,第 46 页。
⑤ 同上。
⑥ 同上书,第 48 页。

四　列宁创立的无产阶级帝国主义理论在理论上作出的伟大贡献

列宁创立的无产阶级帝国主义理论在理论上作出的伟大贡献,是批判了认为帝国主义是一种政策的各种看法,提出了帝国主义是资本主义的一个历史阶段的理论。他之所以能够这样做,是由于他不仅坚持了正确的政治经济学方法论,认为在生产中形成了垄断,才使分配和流通发生相应的变化;而且他坚持了历史唯物主义,认为生产中的变化归根到底是由生产力的发展造成的。马克思认为,由于出现了像铁路这类庞大的企业,股份公司便在信用制度的基础上产生。列宁再在这基础上说明垄断企业和金融资本的产生,并由此使资本主义生产关系发生部分质变。这样,列宁便提出了资本主义已进入垄断阶段,垄断资本主义必然向外扩张,帝国主义就是资本主义的垄断阶段的理论。

在研究垄断资本主义的时候,列宁分析了垄断资本主义如何利用国家政权为自己攫取垄断利润。在这个基础上,他提出了国家垄断资本主义的理论,认为国家垄断资本主义是社会主义的入口,是国民经济的一种特殊形式。

垄断资本主义必然要对受其统治的人民进行剥削,并以此为其存在和发展的条件。垄断资本主义从一方面看是一个历史阶段,从另一方面看又是一个世界体系。列宁在创立无产阶级帝国主义理论中,在理论上作出的又一个伟大贡献,是批判了那种例如把大不列颠帝国看成和大罗马帝国同样性质的世界体系的理论,提出了帝国主义是垄断资本主义进行殖民压迫和金融扼制的世界体系的理论。

在研究作为一个世界体系的帝国主义时,列宁分析了帝国的构成,看到了殖民地事实上可以划分为国外殖民地和国内殖民地,同样,被压迫民族也可以划分为国外被压迫民族和国内被压迫民族，从而事实上提出了殖民地可以划分为国外殖民地和国内殖民地的理论。

1. 帝国主义是资本主义的一个历史阶段

在列宁提出帝国主义是资本主义的一个历史阶段之前，有些理论家已提到资本主义经济发展的阶段问题。例如，希法亭在其《金融资本》中，就提到金融资本"在经济发展的一个无限高得多的阶段上把社会生产的成果据为己有"。[①] 但是，他并没有真正认识到这一点，把这一点同他的理论在逻辑上联系起来。正因为这样，第二国际在 1912 年秋召开的克姆尼次和巴塞尔两次代表大会上，虽然正确地估计到即将爆发的帝国主义战争，但是并没有指出帝国主义是资本主义的一个历史阶段。其中，克姆尼次代表大会关于帝国主义的决议，也只是指出："无产阶级的任务是把发展到最高阶段的资本主义转变为社会主义"[②]，而没有指出这个最高阶段就是帝国主义。其所以如此，正如列宁所指出的，决议中所谈的"恐怕都没有超出这两位作者（霍布森和希法亭——引者）所叙述的，确切些说，所总结的那些思想范围"。[③] 考茨基也说，希法亭在 1910 年"用帝国主义这个词来表示政策的一种特殊类型，而不是表示一个'经济阶段'"。[④] 由此看来，苏联某些经济学家认为，希法亭的《金融资本》一书"承认现代资本主义的政治同经济中的变化有联系，并且把帝国主义看成资本主义的一个阶段"[⑤]，是没有根据的。

卢森堡也是这样。她在《资本积累论》中说："对于资本而言，积累的停顿意味着资本主义生产力的扩大发展的停止，同时，也意味着资本主义崩溃的客观历史必然性。这就是资本主义在其历史生命的最后阶段——帝国主义——所表现的矛盾行动的道理。"[⑥]但是，她同样没有真正认识到这一点，

[①]　《机会主义、修正主义资料选编》编译组：《第二国际修正主义者关于帝国主义的谬论》，生活·读书·新知三联书店 1976 年版，第 192 页。

[②]　列宁：《关于帝国主义的笔记》，载《列宁全集》（第三十九卷），人民出版社 1963 版，第651 页。

[③]　列宁：《帝国主义是资本主义的最高阶段》，人民出版社 1964 年版，第 11 页。

[④]　约·阿·霍布森：《帝国主义》，纪明译，上海人民出版社 1960 年版，第 26 页。

[⑤]　米·德拉基辽夫和格·鲁登科：《垄断资本主义》，国际关系研究所编译室译，世界知识出版社 1965 年版，第 275 页。

[⑥]　卢森堡：《资本积累论》，彭尘舜、吴纪先译，生活·读书·新知三联书店 1959 年版，第333 页。

把它同其理论在逻辑上联系起来。

前面提到,库诺和布哈林在 1915 年都提出了帝国主义是一个历史阶段的理论。列宁的《帝国主义是资本主义的最高阶段》是在 1916 年写成的。1980 年,在罗马举行的布哈林国际学术讨论会上,有的学者认为布哈林比列宁更早提出帝国主义是资本主义的一个历史阶段的理论,其根据可能就是上述文献。这个看法很难成立。事实上,列宁最迟在 1914 年 9 月写的《战争和俄国社会民主党》中,就已有"资本主义发展最新阶段即帝国主义阶段"①的提法。不过,我在这里无意争论这一理论的首创者到底是谁的问题。

如果说,列宁在上述著作中并没有把这一理论充分展开的话,那么,他在 1915 年 7—8 月写的《社会主义与战争》就不仅提出"帝国主义是资本主义发展的最高阶段,这个阶段只是在 20 世纪才达到"②的理论,而且加以全面阐述,其内容基本上已经包含他后来对帝国主义这个历史阶段所下的定义。这个时候,正是考茨基自诩是第一个,即从 1897 年起便开始研究帝国主义,并且坚持帝国主义只是一种政策,而不是资本主义的历史阶段的时候。列宁这样做,是向传统的权威理论的挑战。正因为这样,列宁看了布哈林在 1915 年写的、主要是反对考茨基的帝国主义理论的著作,即《世界经济与帝国主义》,便极为重视,并为其作序。序中写道:"布哈林这本书的科学意义特别在于:他考察了世界经济中有关帝国主义的基本事实,他把帝国主义看成一个整体,看成极其发达的资本主义的一定的发展阶段。"③

列宁在 1916 年春写成的《帝国主义是资本主义的最高阶段》,不仅提出了这个理论,而且以这个理论来统率全书。他指出:"帝国主义是发展到垄断组织和金融资本的统治已经确立、资本输出具有特别重大的意义、国际托拉斯开始分割世界、最大的资本主义国家已经把世界全部领土分割完毕这一阶段的资本主义。"④他认为,这个定义的基本思想是:帝国主义是资本主义的一个阶段。至于称它为垄断阶段、最高阶段,还是特殊阶段、最新阶段、

----

① 《列宁全集》(第二十一卷),人民出版社 1963 版,第 10、281 页。

② 同上。

③ 列宁:《给布哈林的小册子"世界经济和帝国主义"写的序言》,载《列宁全集》(第二十二卷),人民出版社 1958 年版,第 94 页。

④ 列宁:《帝国主义是资本主义的最高阶段》,人民出版社 1964 年版,第 80 页。

金融资本阶段,列宁认为这是次要的。他着重分析了这个阶段的实质,就是资本主义的自由竞争为垄断所代替。因此,就实质而言,帝国主义是资本主义的垄断阶段。

《帝国主义是资本主义的最高阶段》全书就是分析这个垄断阶段的。该书前六章指出,同资本主义自由竞争阶段相比,这个阶段有哪些经济特征;该书后四章,主要分析这个阶段上的生产力和生产关系的矛盾,从而得出了帝国主义的历史地位就是向社会主义过渡的科学论断。

列宁认为,垄断资本主义的垄断形式可以归结为金融资本对宗主国和海外殖民地的垄断两个方面。作为工业垄断资本和银行垄断资本相结合的金融资本,通过商品生产和商品交换中的各种形式的垄断性价格,以及非商品生产的金融财政欺诈和土地投机,以攫取垄断利润,攫取不到垄断利润的过剩资本便输出到殖民地去,并以此为基础在经济上垄断和在领土上占领海外殖民地,以攫取垄断利润。所以,向外侵略是垄断资本主义必然采取的政策。

如果说,大多数理论家由于世界观和政治立场的限制,无法理解和提出帝国主义是资本主义的历史阶段的话,那么,他们中的某些人(如希法亭),则对垄断资本作了详细的研究,考茨基对此是十分赞赏的。当然,这种脱离了垄断资本主义是一个历史阶段而对垄断资本进行的研究,不能不由于这种方法论的错误而使它受到很大的局限。但是,撇开这点不谈,希法亭和列宁对垄断资本的研究也有很大的不同。

这种不同可以归结为:在希法亭看来,垄断完全排除了竞争,因此,当垄断组织不仅在一个生产部门中产生,而且在许多生产部门中产生,当一个垄断组织囊括了整个国民经济时,原来的社会产品由于分别属于不同的所有者,所以便转化为商品,现在则由于同属于一个所有者,便不再转化为商品。商品生产消灭了,竞争和社会生产无政府状态也消灭了。垄断资本主义变成纯粹的垄断资本主义,变成有组织的资本主义,经济危机消灭了。其后,到了20年代,希法亭又把有组织的资本主义说成就是社会主义。考茨基完全接受了这种理论,把它发展为"超帝国主义"理论,即全世界由一个垄断组织统治,竞争消灭了,和平到来了,帝国主义消失了。

在列宁看来,垄断从竞争中产生,但是并不排除竞争,反而使竞争更为剧烈。这是因为,帝国主义既然是资本主义发展的一个阶段,而资本主义又是建立在私有制和商品生产的基础上的,那么,帝国主义就不能消灭私有制和商品生产,也不能消灭由此产生的竞争。在这个意义上,列宁曾多次称帝国主义为资本主义的上层建筑物,指出正如资本主义的工场手工业是从普通小生产的基础上产生出来的上层建筑物,并且不能消灭它的基础一样,帝国主义也是从旧资本主义的基础上产生出来的上层建筑物,并且也不能消灭它的基础。正如没有纯粹的资本主义一样,也没有纯粹的垄断资本主义。从实际上看,甚至在高度发展的垄断资本主义国家中,除了垄断企业外,还存在一些中小资本主义企业,在手工业和农业中,甚至还存在个体生产者;在海外殖民地和附属国,情况更是如此。根据斯大林所表述的垄断资本主义的剥削对象之一是本国大多数居民,根据前已说明的垄断资本主义要向非垄断的资本主义和非资本主义的经济成分攫取垄断利润,我们就可以了解,某些垄断资本主义国家为什么要制订法律来扶植这些经济成分,不让它们灭绝。总之,纯粹的垄断资本主义是没有的。

列宁在这个基础上对考茨基的"超帝国主义论"主要论点进行的批判,意义十分重大。列宁说:"如果把纯粹经济的观点看作'纯粹的'抽象概念,那么唯一可能得出的结论是:发展的趋势是走向垄断组织,因而也就是走向一个全世界的垄断组织,走向一个全世界的托拉斯。这是不容争辩的,不过也是毫无内容的,就好像说'发展的趋势'是走向在实验室里生产食物。在这一点上说来,'超帝国主义论'和'超农业论'同样都是胡说。"①"超农业论"的内容是什么? 它的错误在哪里? 为了对抗对于"土地报酬递减规律"的批判,英国庸俗经济学家西尼尔说:"如果它是错误的,那么,除了最好的土地之外,别的土地就没有人去耕种了;因为如果一个农场的收获量能够按投入的任何数量的追加劳动完全等比例地增加,那么,单独一个农场的产品就可以喂饱英国的全部人口了。"②但情况不是这样,可见这个"规律"是正确的。后来又发展为将一个农场办成最好的实验室来进行论证。它的错误在于:(1)撇开了追加劳动要以技术进步为前提这个条件,而技术进步便能促使产

---

① 列宁:《帝国主义是资本主义的最高阶段》,人民出版社 1964 年版,第 85 页。
② 季陶达:《资产阶级庸俗政治经济学选辑》,商务印书馆 1963 年版,第 173 页。

量递增;(2)撇开了运费问题而谈论办一个农场来养活英国全部人口。这是胡乱抽象的结果。"超帝国主义"论也是这样。列宁认为,它抽掉了阶级矛盾和民族矛盾使一个全世界的垄断组织尚未形成时,垄断统治便被消灭这个条件。此外,根据前面的分析,它也抽掉了垄断的存在要以非垄断的存在为前提这个条件。

在垄断资本主义阶段,资本主义生产关系和生产力之间的矛盾,到底比以前是缓和了还是严重了? 应该说,从发展看,垄断统治使矛盾更严重了,它使生产力高度社会化,而占有更加私人资本主义化,使生产扩大和消费相对落后之间的矛盾更为尖锐,从而使生产过剩的经济危机更为严重。正是这样,垄断资本主义必然要向社会主义过渡。希法亭的看法不是这样,他认为由于在国民经济中出现了一个囊括一切的总卡特尔,商品生产、竞争和生产的无政府状态以及经济危机便都消灭了。这样,就无法说明垄断资本主义向社会主义过渡的必然性。列宁对此进行批判:"所谓用卡特尔消除危机,这是拼命替资本主义粉饰的资产阶级经济学家的谎话。相反,在几个工业部门中形成的垄断,使整个资本主义生产所特有的混乱现象更加厉害,更加剧烈。"①在这里,列宁在批判纯粹垄断资本主义论的基础上进一步指出,尽管形成垄断的几个工业部门可以有计划化的因素,发展较快,但受其剥削的其他经济成分则不是这样,发展很慢,因而整个资本主义生产更为混乱,经济危机不能消灭。这对于批判资本主义可以全面计划化、经济危机因而消灭的种种谬论,具有重要的方法论的意义。

2. 国家垄断资本主义是社会主义的入口和国民经济的一种特殊形式

在资本主义的垄断阶段以前,资产阶级国家已经以生产资料所有者和政治上层建筑的身份,在经济上发生作用。作为这种经济关系和经济过程的理论反映,各种思想家分别提出了相应的经济范畴。

资产阶级国家以生产资料所有者的身份在经济上发生作用,是从资本主义初期——重商主义时期开始的。那时为了在贸易上奖出限入,往往由

---

① 列宁:《帝国主义是资本主义的最高阶段》,人民出版社 1964 年版,第 24 页。

国家兴办商船队和工场手工业。在产业革命前后,国家的这种作用显著增加了。亚当·斯密在谈到国家的三大作用之一时指出:"建设并维持某些公共事业及某些公共设施(其建设与维持绝不是为了任何个人或任何少数人的利益),这种事业与设施在由大社会经营时,其利润常能补偿所费而有余,但若由个人或少数人经营,就决不能补偿所费。"①这种事业和设施,后来就发展为市政事业,即电车、煤气、公共汽车、电力厂等。随着社会生产力的发展,正如恩格斯所指出的,有些企业(如铁路、电报、邮政)不是个人资本或股份资本所能经营的,而要由国家经营。此外,还有一些经济落后的资本主义国家,为了加速发展以便和先进的资本主义国家竞争,也由国家经营某些企业。以上这些国有或地方国有企业,是由于加速发展生产力和生产力的社会化所引起的。至于那些完全是为了增加财政收入和为了某些官僚的利益而办的国有企业,当然就不是这样。

资产阶级国家以政治上层建筑的身份对经济发生反作用,也是从重商主义时期开始的。这主要就是从财政上奖励输出限制输入。在自由竞争时期,正如斯密所说的,国家除了兴办一些公共事业外,在经济上应该什么也不管,只是在政治上为资产阶级的生产事业充当守卫人。但在经济落后国家,则需要由国家实行保护关税的政策,以促使其工业发展。及至资本主义矛盾日益暴露时,国家便要制定工资政策、劳动政策、货币政策、金融政策、财政政策等,以便调节矛盾,从根本上保护资产阶级的统治。国家对经济的反作用,随着这种矛盾的加剧而日益加强。

应该说,以上两方面事实上是结合在一起的。因此,思想家们便把这当作一种经济关系或一种经济过程,以一种经济范畴来反映它。

普法战争后,俾斯麦为了加速发展工业以便向外扩张,便由国家兴办了一些国有工业,特别是军火工业;为了对抗马克思主义和工人运动,便颁布了一系列的劳动法令和社会福利政策。德国的冒牌社会主义者——讲坛社会主义者把这些称为国家社会主义。与此相仿,19世纪末、20世纪初,英国一些目睹资本主义矛盾而又畏惧社会主义的知识分子——费边主义者把英

---

① 亚当·斯密:《国民财富的性质和原因的研究》(下),郭大力、王亚南译,商务印书馆1974年版,第253页。

国的市政事业称为市政社会主义。其后,德国国社党和英国工党分别以此为基础,提出其所谓的"社会主义纲领"。

在列宁看来,费边派的所谓市政社会主义,不是什么社会主义,他们这样宣扬的目的,在于"企图使社会忽视全部经济制度和整个国家结构的根本问题,而去注意地方自治的细小问题。在前一种问题方面,阶级矛盾最为尖锐;……在这方面,局部实现社会主义的市侩反动空想尤其没有实现的希望。于是便把注意力转移到地方性的小问题上面……"①

既然资产阶级出于反动政治的目的,把上述经济关系和经济过程称为社会主义是错误的,那么无产阶级应当称它为什么呢? 当时并没有解决这个问题。虽然根据恩格斯在《反杜林论》里面的基本思想,似乎可以把个人企业、股份公司和国有企业(指的是由生产力的社会化所产生的)分别称为私人资本主义、集团资本主义和国家资本主义,相应地把那些完全是为了官僚的利益而兴办的企业称为官僚资本主义,但是恩格斯毕竟没有这样称呼过。

资本主义发展为垄断资本主义,国家无论作为生产资料所有者,还是作为政治上层建筑,其经济作用都大大地加强了,作为它的理论反映的科学的经济范畴也必然要产生。

布哈林在《世界经济与帝国主义》中,以世界经济的形成为背景,不仅研究了帝国主义,而且研究了国家作为生产资料所有者以及作为政治上层建筑和一般垄断资本即金融资本的关系。他把这种经济关系和经济过程在理论上称为国家资本主义托拉斯,并且认为它是世界经济的构成部分。

布哈林认为,在单一的国家中,资本主义已经达到这样集中和有组织的程度,以致工业、金融和国家政权融合为一个单一的国家资本主义托拉斯;这个由整个国民经济构成的托拉斯,是以国家资本和金融资本为股东的,"这个构造,我们称为国家资本主义托拉斯"。② 认为整个国民经济会成为一个巨大的垄断组织,这事实上是希法亭的纯粹垄断资本主义论的复述;但是,认为这个垄断组织是以国家资本和金融资本为股东,并把它称为国家资

① 列宁:《社会民主党在俄国第一次革命中的土地纲领》,载《列宁全集》(第十三卷),人民出版社 1959 年版,第 335—336 页。
② 布哈林:《世界经济与帝国主义》,杨伯恺译,辛垦书店 1930 年版,第 201 页。

本主义托拉斯,这是布哈林的首创。他进一步又从经济结构方面加以说明:"综合的联合及银行组合总括全部国民生产,全部国民生产又形成诸产业的联合中心,这样转化而成国家资本主义托拉斯。"①这种囊括了整个国民经济的单一的国家资本主义托拉斯,在布哈林看来,内部竞争已消灭,只存在着外部竞争,即各个国家资本主义托拉斯之间的竞争;它们突破国家的范围,把非资本主义生产关系变成资本主义生产关系,把资本主义生产关系变成金融资本主义生产关系,并把这个范围置于自己的统治之下,由此就构成世界经济。

从上述可以看出,布哈林只研究了国家资本和金融资本相结合的经济关系,以及由此产生的国家作为政治上层建筑对这种经济关系的反作用,他把这两者合起来称为国家资本主义托拉斯,因此,它是国家资本和私人垄断资本经济和政治的结合体,是经济基础和上层建筑的结合体。至于那种国家作为生产资料所有者的经济关系,无论在垄断资本主义之前还是之后,以及那种由于国家作为政治上层建筑而产生的经济过程,他都没有运用抽象法分别予以研究,这样就无法彻底说清问题。

列宁是在布哈林以后研究这些问题的。在《帝国主义是资本主义的最高阶段》中,他以邮政机关和储金局在垄断资本主义条件下,如何将收集起来的存款交给银行资本巨头们支配为例,称这种经济关系为国家垄断。并指出:"在资本主义社会里,国家的垄断不过是提高和保证某个工业部门快要破产的百万富翁的收入的一种手段罢了。"②对于那种在垄断资本主义条件下,因生产社会化而产生的国有企业这种经济关系,如电报业,以及在垄断资本主义以前就因这种原因而产生的经济关系,如前面提到的一直存在着的公用事业,到底是不是国家垄断,列宁没有加以说明。

列宁全面研究上述问题是在 1917 年"二月革命"后,临时政府为了继续参加帝国主义战争,便加紧国家政权对经济进行干预的时候。详尽地研究了列宁有关的论述后,我觉得他交叉地使用三个经济范畴来说明问题。(1)国家资本主义。他说:在这次战争期间,垄断资本主义即帝国主义,"无

---

① 布哈林:《世界经济与帝国主义》,杨伯恺译,辛垦书店 1930 年版,第 203 页。
② 列宁:《帝国主义是资本主义的最高阶段》,人民出版社 1964 年版,第 33 页。

论在财政资本的更大程度的积聚方面，或者在向国家资本主义转变方面，都大大地前进了一步"。① 单从这里，还看不出这个范畴反映的内容是什么。此外，他说：我们"举一个最具体的国家资本主义的例子。大家都知道，这个例子就是德国。那里有现代大资本主义技术的'最新成就'，以及**服从于容克资产阶级帝国主义**的有计划的组织"。② 他又说："在资本主义国家中，国家资本主义为国家所承认并受国家监督，它有利于资产阶级和反对无产阶级。"③这里说的是，国家这个政治上层建筑的经济作用。（2）国家资本主义垄断。他说：资本主义大企业的垄断组织，如果成了"国家垄断组织，那就是说，由国家……来指导全部企业"。如果这个国家是由革命民主派掌握的，这样，国家垄断组织就要"为革命民主派的利益服务，**那就是实现社会主义的步骤。因为社会主义无非是从国家资本主义垄断向前迈进的第一步**"。④ 他又说："目前邮政是按国家**资本主义**垄断组织形式组成的一种经济。帝国主义逐渐把所有托拉斯都变为这种类型的组织。"⑤在这里，这个范畴既指在垄断资本主义条件下继续存在着的国有企业，又指国家监督下的垄断资本主义企业。（3）国家垄断资本主义。他说："工业国有化不仅在德国而且在英国也得到发展。……战争加速了资本主义的发展，……一般垄断已发展为国家垄断。"⑥他又说："垄断资本主义逐渐转变为国家垄断资本主义，由于情势所迫，许多国家实行了生产和分配的社会调节，其中，有些国家还采取了普遍劳动义务制。"⑦这个范畴和国家资本主义垄断完全相同。

　　从上述可以看出，在列宁看来，国家资本主义指的是垄断资本主义国家对经济的干预；国家资本主义垄断和国家垄断资本主义既包括这种干预，又包括垄断资本主义的国有企业。就是说，对于垄断资本主义国家作为生产资料所有者这种经济关系，以及它作为政治上层建筑发生的经济作用这种

---

　　① 列宁：《世界政治的转变》，载《列宁全集》（第二十三卷），人民出版社 1958 年版，第 274 页。

　　② 列宁：《论粮食税》，载《列宁全集》（第三十二卷），人民出版社 1958 年版，第 324 页。

　　③ 列宁：《论"左派"幼稚性和小资产积极性》，载《列宁选集》（第三卷），人民出版社 1972 年版，第 544 页。

　　④ 列宁：《大难临头，出路何在》，载《列宁选集》（第三卷），人民出版社 1972 年版，第 162、163 页。

　　⑤ 列宁：《国家与革命》，载《列宁选集》（第三卷），人民出版社 1972 年版，第 213 页。

　　⑥ 列宁：《俄国社会民主工党（布）第七次全国代表会议（四月代表会议）》，载《列宁全集》（第二十四卷），人民出版社 1957 年版，第 211 页。

　　⑦ 同上书，第 277 页。

经济过程,列宁并没有在经济范畴上加以区别。

列宁在这个问题上的重要贡献,不在于他提出了几个范畴,而在于他指出了国家垄断资本主义的历史地位,即它是社会主义的入口和无产阶级社会主义革命的完备的物质基础,指出它是国民经济的一种特殊形式。

关于"入口"和"物质基础",有关书籍和论文已有详细论述,这里不需再谈。我只指出,这个论断中所提到的国家垄断资本主义,指的是垄断资本主义国家的国有企业。关于"国民经济的一种特殊形式",我认为没有引起足够的重视;这个论断所提到的国家垄断资本主义,指的是垄断资本主义国家对经济的干预。

列宁说:"资本家为国防即为国家工作,这已经不是'纯'资本主义了(这是明显的事实),而是国民经济的一种特殊形式。纯资本主义是纯商品生产。商品生产是为不可知的自由市场工作的。为国防'工作'的资本家则完全不是为市场'工作',而是按照国家订货甚至往往是为了得到国家贷款而'工作'的。"[1]又说:"为'战争'服务的资本主义经济(直接或间接地同供应军需品有关的经济)是有系统的、取得法律保障的盗窃国库的行为。"[2]根据列宁前面的说明,这里指的显然是国家垄断资本主义。同在前面的论述一样,列宁论述这个问题时,是按照当时的历史条件——战争、国防、军需品——来谈的。把这些具体形式去掉,在这里谈论的国家垄断资本主义,指的便是由垄断资产阶级国家出钱为垄断资产阶级提供一个有保证的市场这种经济形式。

列宁为什么说国家垄断资本主义是国民经济的一种特殊形式呢? 因为它不是纯商品生产,纯商品生产的私人劳动要转化为社会劳动是很困难的,因为它是为不可知的市场进行生产的;国家垄断资本主义不是纯商品生产,它的私人劳动转化为社会劳动是有保证的,因为它的市场是有保证的,它的产品虽很可能堆积在国家的仓库里,或者由国家购买之后白白浪费掉(如武器),从这点说,私人劳动并没有最终转化为社会劳动,但从企业说,这种转化完成了,它的再生产得以继续进行。

从人类社会发展的历史来看,这种经济形式处于什么地位呢? 我认为

---

① 列宁:《实行社会主义还是揭露盗窃国库的行为?》,载《列宁全集》(第二十五卷),人民出版社 1958 年版,第 52—53 页。

② 列宁:《大难临头,出路何在》,载《列宁选集》(第三卷),人民出版社 1972 年版,第 331 页。

它处于从商品生产到产品生产过渡的阶段中,但它仍然是商品生产。我们知道,产品生产是单一的公有制建立后的社会生产形式,它的劳动直接就是社会劳动的一部分,私人劳动已经消灭。上述经济形式再向前发展一步,它的私人劳动会随着私有制的消灭而消灭,并且整个国民经济都是这种形式,那时,它就变成产品生产了,即直接根据社会的需要进行生产了。这里其实已经包含垄断资本主义条件下的计划化因素,经过无产阶级革命,便可以转化为社会主义的计划调节的物质基础。

在这些论述中,已经包含着列宁对国家垄断资本主义的本质的另一种极为深刻的看法,即它是垄断资产阶级国家对国民收入进行有利于垄断资本家的再分配的一种形式。这个问题我们留到后面再谈。

3. 帝国主义是一种世界体系

如果说,认识帝国主义是资本主义的一个历史阶段,要以无产阶级的世界观为前提,因而资产阶级思想家便不可能提出这种理论的话,那么,帝国主义这个世界体系由于是客观存在,是有目共睹的事实,正如前面已经说过的,资产阶级思想家不仅看到它,而且以它为研究对象探讨它产生的原因,从而提出各种各样的帝国主义理论。但是,由于缺乏历史观点,他们无法把新的帝国主义和老的帝国主义这两种世界体系,把新的殖民主义和老的殖民主义,加以区分。他们中间的某些人,虽然觉察到新老殖民主义有所不同,想将它们区分开来,但是往往只是看到现象,无法揭示本质。

霍布森极力地说明这种区别。他说:"被认为是一种政策的近代帝国主义的新奇之处,主要在于它为若干国家所采用。互相竞争的帝国这一观念,主要也是近代的事情。古代和中世纪帝国的根本概念,即是在霸权之下,用概括整个公认的世界的普遍名词,如罗马所用的罗马的和平这一名词那样,把国家联合起来。"[1]这就是说,古代和中世纪是一个帝国主义独霸当时的世界,现在则是几个帝国主义争霸世界。情况确是这样。原因却没有说明。原因应该是,在商品生产、资本主义经济,尤其是垄断资本主义经济规律的作用下,经济发展不平衡规律的作用有了新的特点。

---

[1] 约·阿·霍布森:《帝国主义》,纪明译,上海人民出版社 1960 年版,第 5 页。

霍布森在分析帝国主义的商业价值时,将新的帝国主义和资本主义初期的帝国主义相比,就英国而言,有如下特点:对外贸易的发展慢于国内贸易;在对外贸易中,同殖民地的贸易发展最慢;在对殖民地的贸易中,同热带殖民地的贸易发展最慢。他在分析帝国主义的经济寄生性时,看到英国的特点:来自对外投资的利息收入大于来自对外贸易的利润收入;前者的增长速度大于后者。霍布森在这里没有得出什么结论。这个结论应该是:现代帝国主义的特点在于,资本输出的重要性大于商品输出的重要性;资本主义经济发展不平衡,美、德、比与英发生剧烈的竞争;自由移民的殖民地的经济发展,比热带殖民地即奴役土著居民地快些,因为西欧资本主义国家将其生产关系移植到前者那里去。

舒尔采-格弗尼茨将霍布森列举的事实从理论上加以概括。他在其《二十世纪初的不列颠帝国主义和英国自由贸易》(1906 年)中说:"英国逐渐由工业国变成债权国了。虽然工业生产和工业品出口有了绝对的增加,但是,利息、股息和发行证券、担任中介、进行投机等方面的收入,在整个国民经济中的相对意义越来越大了。依我看来,这个事实正是帝国主义高涨的经济基础。债权人和债务人之间的关系,要比卖主和买主之间的关系更巩固些。"①他已注意到,在自由竞争或工业资本主义时代,英国这个工业国和其殖民地以及贸易对手的关系,是卖主和买主的关系;在金融资本统治时代,对外投资的利息收入大于对外贸易的利润收入,英国和其殖民地以及附属国的关系,是债权人和债务人的关系,这种关系比前一种关系巩固。这种分析比霍布森深刻些,但是还没有揭示出现代帝国主义与以前的帝国主义根本不同的本质。

考茨基从分析各个历史时期殖民政策的不同,来说明现代帝国主义的特点。他说:"那种为建立一个大帝国,一个世界帝国而作的努力也由此取得了帝国主义的称号;这种帝国的农业地区将广泛得足以吸收宗主国的剩余资本并且为宗主国的利益而利用这些资本。"②在这里,他重申其帝国主义的定义。但是,他又认为:"以工业资本和财政资本的互相结合以及资本输

---

① 列宁:《关于帝国主义的笔记》,载《列宁全集》(第三十九卷),人民出版社 1963 版,第497 页。
② 卡尔·考茨基:《民族国家、帝国主义国家和国家联盟》,叶至译,生活·读书·新知三联书店 1963 年版,第 21 页。

出的需要为标志的帝国主义倾向,决不是扩张努力的唯一原因。除此之外,还有其他较原始的倾向在起作用。"①哪些"较原始的倾向"呢? 一种是取得纳贡。他认为这是从有文字记载的历史开始,到英国在印度实行的税收制度、荷兰在印尼实行的徭役制度,都是一样的。但是,他又认为这主要是为了取得奢侈品,因而它对促进本国工业发展并没有起什么作用。第二种是取得更多的土地。从中世纪起到欧洲诸国对美洲的扩张,都属这一类。他认为欧洲人将自己的大庄园制度带到这些地区去,只会妨碍这些地区的经济发展。第三种是取得黄金和白银。"正是在黄金财富上面,人们特别明显地发现了新帝国主义的特征。"②但是,他又认为,不仅现代帝国主义,而且16 世纪的西班牙,都同样追逐过黄金,因而他又说:"从'黄金财富'这四个字的严格意义上来讲,它还不是帝国主义性质的。"③第四种是猎取奴隶。所谓"有利可图的奴隶交易使各国(包括德国人在内)在 16 和 17 世纪为了猎取人口和贩卖人口而占领非洲地方"。④

　　考茨基事实上将历史上不同的殖民主义都描绘出来了,这个问题我们将在后面予以论述。但是,他并没有将其安放在特定的社会发展阶段上,同这个社会的再生产的条件结合起来研究。他有时认为这种种殖民主义也是现代帝国主义所具有的,有时又认为对于现代帝国主义来说它不是主要的。这种模棱两可、捉摸不定的语言,是考茨基故意否定帝国主义是一个历史阶段、但又觉察到帝国主义确有其历史特点这种矛盾思想的反映。

　　虽然布哈林全面地论证了帝国主义是一种世界体系,但是由于他接受了希法亭关于帝国主义的定义,又使他不能明白无误地提出这个理论。关于这个问题,我们只要看看其《世界经济与帝国主义》的逻辑结构便很清楚。该书分四篇:(1)世界经济与资本国际化过程;(2)世界经济与资本国家化过程;(3)帝国主义即资本主义竞争的扩张的再生产;(4)世界经济之将来与帝国主义。在全书中,贯串着帝国主义是一种世界体系的思想。

---

　　① 　卡尔·考茨基:《民族国家、帝国主义国家和国家联盟》,叶至译,生活·读书·新知三联书店 1963 年版,第 21 页。
　　② 　同上书,第 24 页。
　　③ 　同上。
　　④ 　同上书,第 25 页。

由上述可以看出，正如他事实上已认识到帝国主义是一个历史阶段一样，布哈林已认识到帝国主义是一种世界体系，并且在这两方面都进行了分析；但是，布哈林并没有真正认识到这两点，因为希法亭的帝国主义定义俘虏了他。

列宁提出了帝国主义是一种世界体系的理论。他早在 1915 年写的《社会主义与战争》中就在提出帝国主义是一个历史阶段的同时，并以此为基础提出了帝国主义是一种世界体系的理论。他说："不建立民族国家，资本主义就不能推翻封建主义，然而，这些旧的民族国家现在已经阻碍资本主义的发展了。资本主义使积聚发展到这样的程度，以致整个工业部门都操纵在辛迪加、托拉斯和资本家亿万富翁的联合组织的手中，整个地球几乎都被这些'资本大王'瓜分完毕，他们或者占有殖民地，或者用财政资本千丝万缕地紧紧缠住其他国家。"①其后，在《帝国主义是资本主义的最高阶段》中，则明确指出："资本主义已成为少数'先进'国对世界上大多数居民施行殖民压迫和金融扼制的世界体系。"②列宁并且指出，这个世界体系在物质上是由铁路、轮船、电报、电话为基础的；在经济上是由金融密网为经纬的。

列宁分析了帝国主义这个世界体系和在它之前的种种帝国的区别。这种分析是集中在各个历史阶段的殖民政策有何不同这点上进行的。他在嘲笑把"大罗马和大不列颠"拿来相提并论时深刻地指出："殖民政策和帝国主义在资本主义最新阶段以前，甚至在资本主义以前就已经有了。……但是，'一般地'谈论帝国主义而忘记或忽视社会经济形态的根本区别，这样的议论必然变成最空洞的废话或吹嘘，……就是资本主义过去各阶段的资本主义殖民政策，同金融资本的殖民政策也是有重大差别的。"③他将这种差别归结为金融资本的殖民地具有的新作用，但他没有将以前的殖民政策的特点加以论述。

我认为，从实行殖民政策这点看，在古罗马（奴隶制帝国）为的是掠夺奴隶和满足奴隶主寄生生活的金银财宝以及各种奢侈品，如马克思所说："奴隶市场本身是靠战争、海上掠夺等才不断得到劳动力这一

---

① 列宁：《社会主义与战争》，载《列宁全集》（第二十一卷），人民出版社 1959 年版，第 281 页。
② 列宁：《帝国主义是资本主义的最高阶段》，人民出版社 1964 年版，第 7 页。
③ 同上书，第 74 页。

商品的"①；在中世纪封建帝国，为的是掠夺金银财宝和各种奢侈品。以上两者主要是为了取得使用价值。在资本原始积累时期，为的是掠夺价值的绝对代表——作为货币材料的黄金和白银，以便将其转变为资本。在资本主义自由竞争阶段，为的是扩大市场，以便将商品的价值实现为货币。以上四者，除了掠夺奴隶，都不是各该时期社会再生产所必须具备的条件。这些时期的社会再生产，从理论上说，不实行殖民政策，也是可以进行的，或者不过进行得慢一些罢了。如原始积累时期和自由竞争阶段，不实行殖民政策，资本主义的产生和发展便要慢些。帝国主义时期的殖民政策就不同了，它为的是攫取垄断利润，而没有垄断利润，正如前面说过的，垄断资本主义的再生产是不可能进行的。

　　在这里，我们便可以理解，为什么马克思在分析资本主义再生产时，把国外市场完全抽去；而列宁在研究帝国主义时，却把国外市场视为其存在的重要条件。问题应该是很清楚的，垄断资本主义既然是一个剥削其统治下的居民的世界体系，它就当然不可能没有国外市场。不错，列宁在其专门研究帝国主义的著作中说过："国内交换尤其是国际交换的发展，是资本主义具有代表性的特征。"②"在资本主义制度下，国内市场必然是同国外市场相联系的。"③应该怎样理解这个问题呢？列宁在经济理论战线上进行的重大斗争，第一仗就是批判那种认为俄国是个落后的资本主义国家，没有国外市场，因而资本主义不能发展，无产阶级不能壮大的谬论；其中最重要的著作就是《俄国资本主义的发展》，它的副题是《大工业国内市场的形成过程》。该书也谈到国外市场对于资本主义国家为什么是必要的。列宁认为，这决不是由社会产品的实现规律决定的，而是由下列事实决定的：(1)在资本主义产生前，已经有国外市场，它历史地留下来；(2)彼此为市场的生产部门，不可能平衡地发展，发展快的部门便要求国外市场；(3)资本主义是扩大再生产，各个工业部门的自然倾向是寻求国外市场。需要指出的是，这种国外市场，从其社会经济性质来看，尽管开始时不完全是资本主义的，但发展下

---

① 马克思：《资本论》(第二卷)，载《马克思恩格斯全集》(第二十四卷)，人民出版社1972年版，第539页。

② 列宁：《帝国主义是资本主义的最高阶段》，人民出版社1964年版，第55页。

③ 同上书，第60页。

去便变成完全是资本主义的了。这就等于说,资本主义市场就是各个生产部门之间和生产部门内部的交换,资本主义市场以资本主义生产为条件。

我们一方面说,帝国主义是资本主义的一个历史阶段;另一方面又说,资本主义并不需要其他经济成分为其存在和发展的条件,而作为一个世界体系的帝国主义却与此不同,它需要垄断资本主义以外的经济成分为其存在和发展的条件,这当中存在着的矛盾应该解决。前面说过,资本主义生产只以它本身为条件,垄断资本主义生产则要以资本主义生产为一般基础,再剥削非垄断资本主义的经济成分以攫取垄断利润,并以此为其存在和发展的条件。从这个意义上说,帝国主义这个世界体系就不单纯是资本主义的一个历史阶段——垄断阶段,而是加了新的因素的历史阶段,这个因素就是,资本主义发展为垄断资本主义必然要剥削非垄断资本主义经济成分这个条件。这同资本主义基本经济规律是剩余价值生产的规律,到垄断阶段它具体化为垄断利润规律时,便要加上新的因素是一样的。

在这里,有必要将列宁的帝国主义是一种世界体系的理论,同卢森堡的资本主义是一种世界体系的理论区分开来。在卢森堡看来,资本主义为了实现用于积累的剩余价值和取得扩大再生产所需的物质资料,都需要有非资本主义的经济成分,所谓"资本如果没有全地球的生产资料与劳动力,那是不成的"①,便是这个意思。她把资本主义经济之间的交换称为国内市场,将资本主义经济和非资本主义经济之间的交换称为国外市场②,因而认为"国际贸易一开始就是资本主义历史存在的首要条件"③;资本主义是生存在非资本主义之上的世界体系,随着后者的消灭,前者便自动崩溃。在列宁看来,垄断资本主义为了攫取垄断利润,便要有垄断资本主义以外的经济成分,因此,帝国主义是生存在后者之上的世界体系。我认为,如果后者确实消灭了,垄断利润的来源没有了,垄断资本主义就不成其为垄断资本主义,帝国主义就不成其为帝国主义了。但是,垄断利润有两个来源:国外殖民地和国内殖民地。如果国外殖民地不存在了,国内殖民地仍然存在,帝国主义

---

① 卢森堡:《资本积累论》,彭尘舜、吴纪先译,生活·读书·新知三联书店 1959 年版,第288 页。

② 同上书,第 290 页。

③ 同上书,第 283 页。

就仍然是帝国主义,而垄断资产阶级当然不会让国内殖民地消失的。

4. 殖民地可以划分为国外殖民地和国内殖民地

现代帝国主义的殖民地可以划分为国外的和国内的两种,这是由列宁首先提出来的。

斯密在研究殖民地问题时已经看到这一点,但是他并不理解它。他在研究古代希腊社会的殖民地时指出,希腊各邦的人民增加到本邦领土不能维持的时候,便分一部分出去,到意大利、西西里、小亚细亚及爱琴海各岛去殖民,这些大多是无主的土地。这是移民垦殖的殖民地,它事实上是母国的分枝,从这意义上说是国内殖民地。随着无主土地的消失,在经济活动区域较小的古代社会,它没有很大的发展。其后的罗马帝国的殖民地就不是这样。斯密指出,罗马的富豪为了安排贫困的自由民的生活,便在被征服的意大利各地建立殖民地。为了奴役被夺走了土地的土著居民,便要在殖民地设置守备队。随着罗马帝国不断地发动战争,征服的土地越来越多,它已不送自由民去建立殖民地,而是保持被征服地的生产关系,对土著居民进行剥削,取得贡物,使征服地成为殖民地。这是奴役土著的殖民地,是国外殖民地。

斯密又分析了文明国家(资本原始积累时期)的殖民地。他认为这时也有两种殖民地:一种是以美洲为代表的,即当欧洲殖民者踏上其土地时,当地土著居民处于狩猎阶段,地广人稀,生产力水平极低,殖民者便用赶走或剿灭土著的办法进行移民垦殖;另一种是以非洲和东印度为代表的,即当殖民者踏上其土地时,土著居民处于游牧和农耕阶段,人口较密,生产力水平较高,殖民者要剿灭他们是不可能的,因此便奴役土著,使这块土地变成殖民地。后者是国外殖民地,前者原来是国内殖民地,其后转为国外殖民地。其中的原因用斯密的话来说就是:这种殖民地最初建立时,商品生产并不发达,和母国没有什么利害冲突,母国便不予闻问,两者不以国与国的关系相对立;但是,到"此等殖民地已经建立,而且相当可观,足以引起母国政府的注意时,母国最初对它们颁布的一些条例,其目的总在于保证它独占此等殖民地的贸易,限制它们的市场,牺牲它们以扩大自己的市场"。① 这样,不管

① 亚当·斯密:《国民财富的性质和原因的研究》(下),郭大力、王亚南译,商务印书馆1974年版,第160页。

这种殖民地的政治制度如何,从经济上看,它已成为国外殖民地,其明显表现就是,它输到宗主国的商品要缴纳关税。

斯密虽然事实上看见国内殖民地的存在,但是并没有真正地认识它们,因为它们已转化为国外殖民地了。

马克思分析的殖民地,除了爱尔兰,由于它"仅仅是英格兰的一个被大海峡隔开的农业区,它为英格兰提供谷物、羊毛、牲畜、工业新兵和军事新兵"①,可以视为是国内殖民地外,都是国外殖民地。马克思把它区分为自由殖民地或真正殖民地和种植园殖民地两种。前者以美利坚合众国和澳大利亚为代表,其特征是开始时土地私有权并不存在,土地是自由的;后者大多是奴役土著的殖民地,其农业生产之所以具有种植园的特点,是因为它一开始就是为世界市场进行生产的,因此需要进行大农生产,但是缺乏足够数量的工资劳动者(因为土著居民多半是小农,不出卖劳动力),于是,殖民主义者便用政治力量抢夺他们的土地,并用强迫的办法使他们在农场进行劳动。美利坚合众国的南部,之所以也存在种植园,是由于种植棉花之类的作物需要特别多的劳动力,但自由殖民地则使工资劳动者很容易成为小农,不出卖劳动力,为了解决这个矛盾,便从非洲捕捉黑人,使其在北美变成奴隶。马克思分析的基本上是国外殖民地。

霍布森认为只有国外殖民地。像北美和澳大利亚这种马克思称为自由殖民地的,北美中的美国已独立,而加拿大和澳大利亚也走向国家主义,霍布森否认它们是殖民地。他只认为那种奴役土著的殖民地是殖民地。他说:"在殖民地国家有相当一部分人口包括英国移民在内,他们和家属都是遵照英国的社会、政治习惯和法律生活;在多数情况下,他们是少数人对多数异邦的和隶属的人民进行政治和经济上的统治……"②这自然就是国外殖民地了。

上面所说的都是西欧国家的殖民地。西欧各国是资本主义发达的国家,除了英国是个多民族国家,即由英吉利统治民族和爱尔兰被统治民族组成一个联合王国外,其余的都是单一民族国家,它们的殖民地都在国外,都

---

① 马克思:《资本论》(第一卷),载《马克思恩格斯全集》(第二十三卷),人民出版社1972年版,第769页。

② 约·阿·霍布森:《帝国主义》,纪明译,上海人民出版社1960年版,第4页。

是国外的被压迫民族。列宁最初研究的是东欧和东方这些资本主义落后的国家，它们不是单一民族国家，而是多民族国家。其所以如此，是因为当某一个社会共同体的资本主义生产已经相当发展，从而形成一个共同经济生活的区域，形成一个统一的市场，因而从共同体变成民族，并以其生活的区域为基础建立民族国家时，其周围的社会共同体尚未发展到这样的阶段，尚未形成民族，这样，它们就被已经形成民族的共同体所统治，成为被压迫民族，由压迫民族组成多民族国家。这种历史条件，是列宁能够将殖民地划分为国外殖民地和国内殖民地的依据。

　　列宁最初是在《俄国资本主义的发展》中提出这个问题的。他复述了马克思概括的殖民地的特征，即移民容易获得的未被占据的自由土地的存在（自由殖民地），和业已形成的世界分工、世界市场的存在，因而殖民地可以生产大量的农产品，以之交换现成的工业品（种植园殖民地）后，再根据这特征指出："在改革后时代中移民所居住的欧俄南部与东部边区，正是具有这些特点，从经济学上的意义说来，它们是中部欧俄的移民区，……移民区这个概念更可以应用于其他边区，例如高加索。"①他还根据《野蛮的巴什基里亚生活写照》的记载，说明移民者如何"把'肃清了''野蛮的'巴什基里亚人的土地变成'小麦工厂'"，并认为"这是殖民政策的组成部分，它足以与德国人在非洲任何地方的某些丰功伟绩媲美"。② 这种殖民地是国内殖民地。

　　列宁在《帝国主义是资本主义的最高阶段》这本书的序言中，事实上又谈到这个问题。列宁说，为了对付沙皇政府的书报检查，他不得不用伊索寓言式的语言来写作，为了说明俄国的问题，不得不用日本作为例子，但他相信："细心的读者不难用俄国代替日本，用芬兰、波兰、库尔兰、乌克兰、希瓦、布哈拉、爱斯兰和其他非大俄罗斯人居住的地区来代替朝鲜。"③在这里，朝鲜是日本的国外殖民地，而乌克兰等却是俄国的国内殖民地。

　　如果说，列宁在《俄国资本主义的发展》中提到的国内殖民地是移民垦

---

① 　列宁：《俄国资本主义发展》，载《列宁全集》（第三卷），人民出版社1959年版，第543页。其中的移民区，应译为殖民地；参见《列宁全集》（第三卷），人民出版社1959年版，第223页注①。以下均改为殖民地。

② 　同上书，第222—223页。

③ 　列宁：《帝国主义是资本主义的最高阶段》，人民出版社1964年版，第4页。

殖的殖民地,其中有的是在剿灭或赶走了土著居民,也就是在肃清了的土地上建立的,因而这种殖民地不一定涉及民族问题的话,那么,他在《帝国主义是资本主义的最高阶段》中提到的国内殖民地,则是建立在奴役非俄罗斯民族的基础之上的,因而已涉及民族问题,这就是说,被压迫民族居住地区就是殖民地。

由于国内被压迫民族问题和国内殖民地问题是联系在一起的,我便认为列宁事实上也论述了美国的国内殖民地问题。列宁不仅认为爱尔兰民族是被压迫民族,而且认为美国的黑人也是这样的民族。他说:"美国的居民只有 11.1% 是黑人……。我们应当把这些黑人列入被压迫的民族中去,因为他们在 1861—1865 年的国内战争中所争取到的并为共和国宪法所保证的平等,随着从 1860—1870 年的进步的、垄断前的资本主义转变为最新阶段的、反动的垄断资本主义(帝国主义),实际上在黑人的主要住区(南部)和许多方面,已愈来愈受到限制了。"①应该说,这样的地区和列宁提到的俄国国内非俄罗斯人居住的地区没有什么不同。

---

① 列宁:《统计学和社会学》,载《列宁全集》(第二十三卷),人民出版社 1958 年版,第 283 页。

五　列宁的帝国主义理论是马克思《资本论》的方法论和理论的运用和发展

马克思的《资本论》研究的是资本主义的产生、发展和灭亡的规律,详细点说就是:资本主义如何在封建社会里产生出来,然后经过有暴力在其中发生作用的资本原始积累过程而加速产生;如何追逐相对剩余价值,又从单纯协作、工场手工业发展为大机器工业,大机器工业的统治使资本主义自由竞争充分展开;在这基础上,随着剩余价值再转化为资本,生产关系逐渐妨碍生产力的发展,社会主义必然代替资本主义。马克思研究的资本主义生产方式的基本矛盾,是在自由竞争充分展开的基础上产生的。到自由竞争完全变成它的对立物——垄断统治——时,马克思和恩格斯都去世了。他们虽然看到这个趋势,但无法研究在这个基础上的资本主义生产方式基本矛盾的特点了。

在马克思、恩格斯以后,第一个研究垄断资本主义的马克思主义者是希法亭。他的《金融资本》的副题就是《资本主义最新发展的研究》。① 他在序言中表明,他的任务是继续马克思对资本主义的研究,对资本主义最新发展的经济现象给予科学的解释。某些资产阶级学者据此认为《金融资本》是《资本论》的续篇。这是不对的。尽管在写作此书时,如列宁所指出的,希法亭是个马克思主义者,这从其对帝国主义的政治立场上可以看出来,但已经"有某种把马克思主义和机会主义调和起来的倾向"。② 列宁指出,他的缺点是:(1)关于货币问题的理论错误;(2)忽视世界的瓜分;(3)忽视金融资本与

---

① 这个副题是我根据德文版原文翻译的,现有的译法我认为不妥。
② 列宁:《帝国主义是资本主义的最高阶段》,人民出版社1964年版,第11页。

寄生性的关系;(4)忽视帝国主义与机会主义的关系。在这里,我想谈谈他的方法论的错误。

《金融资本》全书贯串着流通决定论。该书一至四章谈的是理论问题,分别是货币与信用、资本动员·虚拟资本、金融资本与自由竞争的限制、金融资本与危机。第五章谈的是经济政策,即金融资本的经济政策。从流通决定论出发,他认为:纸币的"价值"取决于流通的商品的总价值;在流通中积聚起来的货币资本和货币收入成为银行资本;由银行积聚而由工业使用的资本便是金融资本;巨额的金融资本使工业形成垄断,工业垄断又促进银行垄断;经济危机的发生是由流通破坏、价格紊乱、比例失调造成的,而金融资本即垄断组织的统治使这一切归于消失。正是从这里出发,他后来便认为通过流通社会化,便可以进入社会主义。这是其错误的方法论所导致的错误政治观点。

我觉得,这种方法论的错误也是某些有影响的经济学家的毛病,因此有必要分析一下其历史根源。我认为,这是受到德国历史学派方法论的影响。德国历史学派分为旧历史学派和新历史学派。旧历史学派是英国古典学派的对立物。由于德国经济落后于英国,古典学派所揭示的经济规律及由此提出的自由贸易政策,德国不能接受,旧历史学派便提出德国所处的历史阶段与英国不同,从而提出种种划分经济发展阶段的标准。新历史学派是马克思主义的对立物。由于要反对马克思所阐述的社会发展规律的理论,它便接受旧历史学派的方法论,提出与马克思主义相对立的划分经济发展阶段的标准。旧历史学派的希尔德布兰德从流通出发,将社会经济的发展划分为自然经济、货币经济和信用经济三个阶段,这种方法论为新历史学派所接受。新历史学派划分社会经济发展阶段的标准,便是流通范围的变化。希尔德布兰德的方法论也影响了希法亭和某些经济学家。这个问题后面还会谈到。

由于方法论的错误,希法亭的《金融资本》虽然在具体经济问题上(如对垄断组织、创业利润和资本掺水等)进行过深入的研究,但作为一个总体来看,它并没有对垄断资本的统治使资本主义生产关系和生产力之间的矛盾产生哪些特点进行科学的分析,并由此得出正确的结论。因此,《金融资本》决不是《资本论》的续篇。

对垄断资本主义进行科学的分析,把马克思《资本论》中的方法论和有关理论运用来研究垄断资本主义,使资本主义的两个阶段——自由竞争阶段和垄断阶段——的研究建立在统一的方法论和同一的理论的基础上,这个任务历史地落到列宁的身上。

1.《帝国主义是资本主义的最高阶段》的主要内容、结构和方法

《帝国主义是资本主义的最高阶段》是列宁研究帝国主义的最重要的著作。它的主要内容、结构和方法都贯串着一个基本思想,即帝国主义是资本主义的最后阶段,它为过渡到更高的社会形态准备了最充分的条件。简单地说,它的主要内容是:自由竞争怎样产生垄断;资本主义的自由竞争阶段怎样进入垄断阶段;垄断统治怎样使生产社会化和私人资本主义占有之间的矛盾更为尖锐;垄断统治怎样妨碍着生产力的发展,从而为过渡到社会主义准备好条件。由此就决定了它的结构。除了序言、法文版和德文版序言和正文前面那段事实上也是序言外,全书分为两大部分:前六章研究垄断资本主义(帝国主义)的经济特征;后四章研究垄断资本主义(帝国主义)在人类社会发展史或资本主义发展史上所处的地位。由此也决定了它的方法。在前一部分,对垄断资本主义的生产关系进行横的解剖,与自由竞争的资本主义进行对比,是所谓的纯经济的分析;在后一部分,对垄断资本主义的生产关系在社会发展史上所处的地位进行分析,是纵的解剖,并由此得出垄断资本主义要过渡到社会主义、无产阶级要进行革命的政治结论。

再把这个问题推进一步。一至六章又可以分为两个小部分。其中,一至三章分析垄断在资本主义国家(宗主国)的形成和发展:第一章从自由竞争引起生产集中来论述垄断,因而和工业资本的关系较大;第二章从现代信用机构——银行来论述垄断,说明工业垄断是银行垄断的基础,以及后者对前者的影响,因而和银行资本的关系较大;第三章说明在垄断基础上,工业资本和银行资本融合为金融资本,并由此产生出金融寡头。在第一部分说明垄断的形成和发展当中,贯串着垄断意味着生产进一步社会化、占有却进一步私人化,资本不是分权了、民主化了,而是进一步集权了、集中化了这个极其重要的思想。

关于这个部分的结构和内容问题,有不同的理解。有些同志根据列宁

对帝国主义下的定义所包括的五个经济特征①,认为第一章谈的是第一个特征,第二、三章合起来谈的是第二个特征。我认为这可以商榷。在第一章的最后,列宁说:"垄断正是'资本主义发展的最新阶段'的最新成就。但是,如果我们不注意到银行的作用,那我们对现代垄断的实际的力量和意义的认识,就会是极不完备、极不充分和极其不足的。"②从这里可以看出,列宁认为,垄断不仅要从竞争的作用这方面看,也要从信用的作用这方面看,这和马克思所说的资本集中有竞争和信用两个杠杆是相同的。所以,我认为第一、二章合起来谈的是一个特征,即垄断的形成、发展和作用。

四至六章分析国内垄断必然导致国外垄断,殖民地就是这样产生或演变而来的。这个分析是从那些不能在国内取得垄断利润的过剩资本必然要输出到国外开始的。资本输出导致垄断组织在经济上分割世界。为了保证这种分割,最后便在领土上分割世界。世界领土已经被分割完毕。

七至十章是广义的历史地位。第七章谈帝国主义不是一种政策,而是资本主义的一个历史阶段,对帝国主义从经济上下了定义。第八章分析垄断资本主义的生产关系如何妨碍生产力的发展。第九章指出帝国主义既然是资本主义的一个阶段,对它的态度就不能要它回到自由竞争阶段,也不能幻想它会带来世界和平。第十章说明资本主义发展到帝国主义这一阶段,生产高度社会化,它必然要过渡到社会主义。这样就说明了帝国主义是垄断的、寄生的和垂死的资本主义。

过去,人们对第二部分内容的解释存在一些问题。主要有两点。一是对第八章《资本主义的寄生性和腐朽》的解释,多半集中在垄断统治和技术发展的关系这个问题上,并且往往强调技术发展有停滞的趋势这一面,而对第十章所提出的两种趋势,即还有迅速发展的趋势这一面注意不够。这当然是一种片面性。除此之外,还有另一种片面性,即对于寄生性和腐朽的其他表现,其中有无产阶级一部分成为工人贵族、资产阶级逐渐脱离生产过程成为靠"剪息票"为生的食利者、社会劳动越来越多的部分为食利者服务、国家的某些地区成为他们的消遣地区、宗主国寄生在海外殖民地上等,分析不

---

① 列宁:《帝国主义是资本主义的最高阶段》,人民出版社 1964 年版,第 80 页。
② 同上书,第 25 页。

够。二是对第十章《帝国主义的历史地位》的解释,其中有的地方有望文生义、简单化、庸俗化的缺点。我指的是对帝国主义是腐朽的资本主义和帝国主义是垂死的资本主义的解释。腐朽的原意,就是寄生的意思,从上述分析可以看出,帝国主义确实是寄生的。垂死的原意是过渡。列宁说得很清楚:"根据以上对帝国主义的经济实质的全部论述,必须说帝国主义是过渡的资本主义,或者更确切些说,是垂死的资本主义。"①列宁在《帝国主义和对帝国主义的态度》这一写作提纲中,更明白地标出:垂死的("过渡的")。因为从垄断统治使生产高度社会化这一角度看,它确实意味着向更高级社会形态的过渡。我们应该按列宁的原意来解释。这样,就不会出现"腐而不朽""垂而不死"这种不科学的说法了。

在这两个部分中,有三个地方批判考茨基的"超帝国主义论"。"超帝国主义论"的根本错误,是将垄断和竞争完全对立起来,用斗争的形式掩盖斗争的经济内容——分割世界。但是,为什么要放在三个地方进行批判?因为要与不同的内容相结合,从不同的角度加以批判。第一,在第五章《资本家同盟分割世界》中,列宁从垄断组织的斗争形式经常发生变化,但斗争的实质和内容始终不变的角度进行批判。② 第二,在第七章《帝国主义是资本主义的特殊阶段》中,列宁认为,说什么发展的趋势是走向"一个全世界的托拉斯",这是从纯粹的经济观点看问题而得出来的纯粹的抽象概念;但是,现实不是抽象,垄断的存在本身也不允许进行这样的抽象,因为它从竞争中产生,以竞争为存在条件,这样,垄断资本主义就不可能发展到超帝国主义阶段。③ 第三,在第九章《对帝国主义的批评》中,列宁认为,是使帝国主义所产生的种种矛盾更加尖锐,还是妄想缓和这些矛盾,这是对帝国主义的批判中的根本问题;考茨基的"超帝国主义论"就是散布帝国主义发展下去便可以消除矛盾的谬论,使"人们不去注意现代的尖锐矛盾和尖锐问题,而去注意某种所谓新的将来的'超帝国主义'的虚假前途"。④

---

① 列宁:《帝国主义是资本主义的最高阶段》,人民出版社 1964 年版,第 115 页。
② 同上书,第 67 页。
③ 同上书,第 85 页。
④ 同上书,108 页。

2. 列宁的帝国主义理论，从方法论上看，是马克思关于资本主义的发展是分为阶段的这一理论的运用

列宁的《帝国主义是资本主义的最高阶段》是马克思的《资本论》的续篇，无论是从方法论还是从理论上看，都是这样。

马克思不仅认为社会经济形态的发展可以划分为不同的生产方式，而且认为一种生产方式在其发展过程中也可以划分为不同的阶段。马克思写作《资本论》时，对原始社会还没有什么研究。后来，他读了摩尔根的《古代社会》并写下了札记，但是不久便去世了。恩格斯根据他的思想，写了《家庭、私有制和国家的起源》。该书根据摩尔根的材料和论点，把原始社会分为蒙昧时代和野蛮时代两大阶段。当时，马克思对奴隶制度的研究虽然集中在古典的奴隶制和亚细亚生产方式这种东方奴隶制的区分上，但他也简要地指出，前者的发展经过了为自身的需要而进行经营的家长制和为世界市场而进行经营的种植园两个阶段。① 他在《资本论》中研究了封建主义和资本主义生产方式的发展阶段。

马克思把封建主义生产方式的发展划分为领主封建主义和地主封建主义两个阶段。封建主义生产关系的基础都是封建主占有土地，但在前者那里，直接生产者是存在人身依附关系的、和领主相对立的是农奴；在后者那里，则摆脱了这种人身依附关系的、和地主相对立的是农民。其原因是随着生产力的发展，自然经济逐步被商品经济征服，封建主对生产者的剥削是榨取的地租，其形态逐渐地由劳动的变为实物的，再变为货币的。在劳动地租形态下，封建主一定要奴役生产者的人身，使其束缚在土地上，在鞭子下提供剩余劳动，这样，双方便结成领主和农奴的关系。马克思说："徭役劳动很少是由农奴制产生的，相反，农奴制倒多半是由徭役劳动产生的"②，便是这个道理。在实物地租形态下，这种对人身的奴役便开始发生松动。在货币地租形态下，则逐渐归于消失，生产者有可能"赎免交租的义务，转化为一个

---

① 马克思：《资本论》（第三卷），载《马克思恩格斯全集》（第二十五卷），人民出版社1974年版，第906页。

② 马克思：《资本论》（第一卷），载《马克思恩格斯全集》（第二十三卷），人民出版社1972年版，第265页。

对他所耕种的土地取得完全所有权的独立农民"。^① 这样，领主封建制便转化为地主封建制，随着这种经济基础的变化，相应地，其政治上层建筑也发生变化。

马克思认为，资本主义生产方式的发展是有阶段性的。这个思想在其价值转化为生产价格的理论中集中地表现出来。他说："商品按照它们的价值或接近于它们的价值进行的交换，比那种按照它们的生产价格进行的交换所要求的发展阶段要低得多。而按照它们的生产价格进行的交换，则需要资本主义的发展达到一定的高度。"^②我们知道，价值转化为生产价格，要以资本主义自由竞争充分展开为条件。一般说来，这是资本主义机器生产在国民经济中占了统治地位才形成的。马克思根据其相对剩余价值理论，认为它的生产使资本主义工业生产经历了简单协作、工场手工业和大机器工业三个时期。由于简单协作和工场手工业都是以手工劳动为技术基础，便不能有效地摧毁自然经济、小商品生产者和行会手工业，自由竞争不能充分展开，统一的国内市场尚未最终完成。这时，还不能说资本主义已进入自由竞争阶段。到了大机器工业时期，资本主义才进入这个阶段。这样，资本主义生产方式的发展便显示出其阶段性。

在写《俄国资本主义的发展》时，列宁便运用了马克思的方法论，把俄国封建主义生产方式的发展分为两大阶段，即徭役经济阶段和工役经济阶段。前者就是马克思所说的领主封建主义或农奴制度。在那里，生产者的人身被奴役，不能离开土地，要向领主提供劳动地租和徭役劳动，也就是说，生产者是农奴。后者原是俄国农奴解放后一般书籍论述俄国经济特点时所用的术语。这种经济形式的产生，是由于徭役经济虽然开始被破坏，但资本主义产生缓慢，不能很快地取代它，便产生一种工役经济和资本主义经济相结合的经济形式。所谓工役经济，指的是农民要用钱，要租地，便自带工具给地主耕地。这事实上是徭役经济的残余。从农民方面说，其人身是自由的，不是农奴，他用给地主耕地的办法取得货币或租到土地，以经营农民的个人经

---

① 马克思:《资本论》(第三卷)，载《马克思恩格斯全集》(第二十五卷)，人民出版社1974年版，第900页。

② 同上书，第197—198页。

济;从地主方面说,他不能从人身上奴役农民,便用付钱或借地的办法取得劳动力,以经营地主经济。所谓资本主义经济,指的是地主雇用工人,工人用地主的农具耕种地主的土地。上述两种制度在实际生活中以各种不同的方式交织在一起。但不管具体形式如何复杂,从俄国封建主义生产方式的发展来看,它经历了徭役经济(领主经济)和工役经济(地主经济)两大阶段。

列宁将资本主义划分为垄断前的和垄断的两大阶段,这是无须细说的。需要说明的是,像马克思将封建主义划分为领主封建主义和地主封建主义,并分别以劳动地租和货币地租为其主要特征来加以论述那样,列宁以什么来说明它呢? 垄断资本主义的五大经济特征当然是垄断前的资本主义所没有的,但是,这实质上并没有说明这两个阶段的生产关系有了哪些变化。如果从生产关系的变化看问题是正确的,那么,我认为在列宁看来,这种变化在于:在垄断前阶段,资本家是按照他拥有的资本的大小向工人索取贡物,在自由竞争充分展开的条件下,资产阶级在剩余价值的分割上实行"共产主义",用马克思的话来说就是,生产价格和平均利润是"资本主义的共产主义"①;在垄断阶段,垄断资本家向社会索取的贡物,远远大于他直接拥有的资本权力,资本主义的共产主义被破坏了,垄断利润取代了平均利润。

详细点说,这个过程是这样的:垄断企业是在股份公司的基础上产生的。马克思说过,在自由竞争的条件下,"不同的资本家在这里彼此只是作为一个股份公司的股东发生关系,在这个公司中,按每 100 资本均衡地分配一份利润"。② 现在不是这样了。拥有较多股票的大股东,可以控制股份公司的业务,并通过层层参与控制许多公司,通过股票的形式将社会上的资本和收入集中起来事实上由自己使用。经营顺利时,则以经理工资、董事薪金的名义,用划分普通股和优先股而付不同股息的办法③,获取巨额收入;经营不顺时,则因了解内情便及早出售股票,到小股东看到情况不佳而出售股票时,股票行市(价格)已一落千丈,损失全部由小股东负担。列宁指出:这就

---

① 马克思:《马克思 1868 年 4 月 30 日致恩格斯的信》,载《马克思恩格斯通信集》(第四卷),李季译,生活·读书·新知三联书店 1958 年版,第 55 页。
② 马克思:《资本论》(第三卷),《马克思恩格斯全集》(第二十五卷),人民出版社 1974 年版,第 177—178 页。
③ 这种划分法还有另一种重大作用,下面再谈。

是"为什么股份公司的董事会干起冒险勾当来,心里要比私人企业家轻松得多"[1]的原因,因为后者是用自己的资本去冒险的。

垄断资本家经营垄断企业,不仅可以通过商品生产和商品交换,以各种形式的垄断价格为工具攫取垄断利润;而且由于有了垄断利润,该企业发的股息便可能比利息率高,而股票行市取决于股息和银行利息率之比,这样,一个新创办的垄断企业的全部股票行市,便超过该企业的全部资本,其中的差额便成为开办人的创业利润。创业利润是在创办能够获得垄断利润、因而其股息可能比利息高的股份公司时产生的,是垄断前的资本主义所没有的。

此外,垄断的银行将集中起来的社会资本和社会收入交给垄断资本家使用,垄断资产阶级国家通过财政金融渠道给垄断资本家补助,所有这一切都使他们向社会索取的贡物大于他们直接拥有的资本权力。

在赞同马克思的社会经济形态的发展可以划分为不同的生产方式,每种生产方式的发展又可以划分为不同的阶段这一方法论的理论家中,有两种人。一种以列宁为代表。他们无论是划分不同的生产方式,还是划分一种生产方式的不同阶段,都运用马克思的同一种方法论,即以生产关系的变化来划分;另一种以波格丹诺夫为代表。他们划分社会形态,以流通为标准,在一个大的社会形态中又可以划分为不同的社会经济制度和经济形态,其划分有各种各样的标准。分析了波格丹诺夫的错误,便可以反过来说明列宁的正确。

与我们这里的讨论有关的波格丹诺夫的著作是《经济科学大纲》。它初版于1897年,其写作年代和列宁的《俄国资本主义的发展》相同。我们现在讨论的是1919年的作过重大修改的版本。此时是列宁的《帝国主义是资本主义的最高阶段》出版后两年。其所以有重大修改,如著者在序中所说,是由于"在这个时代,资本主义的新阶段——金融资本的支配——已完成,资本主义已经达到最高的形态"。[2] 因此,它的重大修改是增写了金融资本。

该书除序论外,分三篇:自给自足社会、商业社会和社会化的有组织的

---

① 列宁:《帝国主义是资本主义的最高阶段》,人民出版社1964年版,第44页。
② 波格丹诺夫:《经济科学大纲》,施存统译,大江书店1931年版,第1页。

社会。这种社会形态划分的标准就是商品流通的有无,也就是希尔德布兰德的方法论。他也运用马克思的五种生产方式的概念,但分别把它们安放在这三种社会形态中,其中,封建社会和原始共产主义同列在自给自足的社会中,而在历史上先于封建社会的奴隶制度,却同各种形式的资本主义(详见下述)列入商业社会中,社会主义就是社会化的有组织的社会。这样的安排,当然不能说明社会发展的规律。但这不是我们现在要谈的问题。

现在要谈的,是他怎样在方法论上处理帝国主义或金融资本主义。他把商业资本主义、工业资本主义和金融资本主义相提并论,认为是三个时代和三种资本形态,而帝国主义则是金融资本主义的政策。这种方法抹杀了资本主义有垄断前阶段和垄断阶段之分,使人无法理解帝国主义是资本主义的垄断阶段。从内容上看,他对金融资本主义的分析主要是重复了希法亭的论述。

我认为,河上肇的金融资本理论在方法论上主要是受波格丹诺夫的影响。他在京都大学讲授经济学 20 年,《经济学大纲》就是最后的讲稿,定稿于 1928 年。作者说,他原来教的是资产阶级经济学,但每教一次就修改一次观点,最后完全改为教马克思的经济学。他的《经济学大纲》就是对《资本论》的解释。事实也是这样。但是,对《资本论》不可能研究的帝国主义或金融资本的处理和解释,该书是不正确的。它是在《资本的总过程》中论述这个问题的。该篇内容包括利润及利润率、商业资本及商业利润、生息资本及利息,土地所有权及地租、金融资本。前四部分都是《资本论》处理的对象,只有金融资本是《资本论》以外的。该书把它和商业资本、生息资本、土地所有权相提并论,事实上把它看成资本的一种形态,是私有权的一种形态,并没有把它看成资本主义发展的一个阶段。波格丹诺夫有时还把商业资本、工业资本、金融资本不仅看作一种资本形态,而且是继起的历史时代,河上肇则完全把金融资本看成一种资本形态了。

3. 列宁的帝国主义理论,从理论上看,是马克思经济理论的发展

列宁不仅运用马克思的经济理论来研究帝国主义经济,而且把马克思经济理论加以发展。关于这个问题的内容很多,这里主要谈三个方面。

第一,从资本积累到垄断形成再到资本过剩这方面的理论。我们知道,

　　按照马克思的理论,资本积累会引起资本集中,资本集中是由竞争和信用引起的,在信用的基础上股份公司产生了。按照恩格斯的解释,股份公司产生的原因,是由于要解决个人资本积累不能在短时期内创办规模巨大的企业这个矛盾。列宁运用了这个理论来分析问题。

　　在股份公司的基础上为什么会形成垄断? 恩格斯的解释是,大工业"生产现在能以日益增长的速度增加,与此相反,这些增产的产品的市场的扩大却日益变慢";要解决这个矛盾,"在每个国家里,一定部门的大工业家会联合成一个卡特尔,以便调节生产"。① 因此,在恩格斯看来,垄断形成的原因和股份公司产生的原因相同,都是由于要相对解决生产社会化和资本主义私人占有之间的矛盾。

　　列宁对垄断形成的原因的解释稍有不同。列宁说:"集中发展到一定阶段,可以说,就自然而然地走到垄断。因为几十个大型企业彼此之间容易成立协定;另一方面,正是企业的规模巨大,造成了竞争的困难,产生了垄断的趋势。"②其中,"成立协定"包括恩格斯所说的"调节生产"以及规定垄断价格(对垄断价格问题,我在前面已提出看法);"规模巨大"要创办也有困难,它本身就有垄断的趋势——这是列宁提出的新看法。

　　列宁认为,垄断统治便会产生过剩资本。过剩资本这个概念的科学解释是马克思首先提出来的。马克思说:"只要增加以后的资本同增加以前的资本相比,只生产一样多甚至更少的剩余价值量,那就会发生资本的绝对生产过剩";"在这两个场合,一般利润率都会急剧地和突然地下降"。③ 其所以如此,马克思指出,不是由于生产力发展引起资本有机构成的提高,因为如果是这样,利润率不会急剧地下降,并且由于资本主义一直有此趋势,就不会产生一个特殊的资本绝对过剩问题;而是由于积累较为迅速,对劳动力的需求激增,工资提高,相应地可变资本增加,剩余价值量减少,利润率突然下降,这时,这部分原要用于积累的资本便不用于积累,成为过剩资本。列宁

---

　　① 　马克思:《资本论》(第三卷),载《马克思恩格斯全集》(第二十五卷),人民出版社1974年版,第495页。

　　② 　列宁:《帝国主义是资本主义的最高阶段》,人民出版社1964年版,第13页。

　　③ 　马克思:《资本论》(第三卷),载《马克思恩格斯全集》(第二十五卷),人民出版社1974年版,第280页。

根据这个思想,分析过剩的垄断资本。他说:20世纪开始时,"第一、所有资本主义发达的国家都有了资本家的垄断同盟;第二、少数积累了大量资本的最富的国家已经处于垄断地位。在先进的国家里出现了大量的'过剩资本'"。① 它的产生,当然不是由于工资的提高,使剩余价值量减少,而是由于垄断限制了产量,从而也限制了投资,在这个条件下,在垄断部门增加投资,便会增加产量,反而使价格下降,垄断利润率下降。增加投资,垄断利润率反而下降,这种资本便是过剩资本。

关于这个问题,还有一点需要说明。马克思曾多次指出,股份公司的资本虽然投在大的生产企业上,但在扣除了一切费用之后,只会提供或大或小的利息,即股息,因此,它不参加一般利润率的平均化过程,它提供的利润率低于平均利润率,这是对平均利润率下降趋势规律起反作用的一个因素。② 如果情况一直都是这样,那么,得不到垄断利润的资本亦即所谓的过剩资本,便根本不会产生了。我认为,马克思说的这种情况,只是一个巨大的股份公司如经营铁路的企业在刚创办时存在的,因为这类企业的固定资本十分庞大,预付资本总周转的时间很长,创办时要取得平均利润,生产价格必然大大高于价值,于竞争不利,这样便可以不参加平均利润的形成,以便降低价格,利于站稳脚跟,扩大阵地。一旦条件成熟,其扩大再生产成为必然时,它当然要在取得股息之外再取得企业收入,必然参加平均利润率的形成。它发展为垄断企业,如前所述,它的扩大再生产驱使它要攫取垄断利润。

马克思说:资本输往国外"这种情况之所以发生,并不是因为它在国内已经绝对不能使用。这种情况之所以发生,是因为它在国外能够按更高的利润率来使用"。③ 列宁在这个基础上提出了过剩的垄断资本要输出到落后国家去,以攫取垄断利润的问题。对于这个问题,我们不应简单地理解为落后国家的利润率比发达资本主义国家高些,而要理解为落后国家的利润率比垄断资本主义国家中非垄断的资本主义利润率高些。

---

① 列宁:《帝国主义是资本主义的最高阶段》,人民出版社1964年版,第55页。
② 马克思:《资本论》(第三卷),载《马克思恩格斯全集》(第二十五卷),人民出版社1974年版,第267—268页。
③ 同上书,第285页。

第二,发达资本主义国家把商品和资本输出到落后国家,这种贸易和投资的利润率较高的理论。这两种国家的差别的物质因素,是社会生产力水平不同。这种不同有两种表现。第一种是,就同一种商品来说,发达国家商品个别价值较低,落后国家的较高,这样,前者输到落后国家去卖,便可以获得超额利润。马克思说:"只要比较发达的国家的劳动在这里作为比重较高的劳动来实现,利润率就会提高,因为这种劳动没有被作为质量较高的劳动来支付报酬,却被当作质量较高的劳动来出售。"①就是这个意思。但是,这是超额利润,不是垄断利润。只要在这种商品的买卖中没有形成垄断,这种超额利润便会参加平均利润的形成,从而提高该国的平均利润率,换句话说,在这个条件下,国内贸易和国外贸易的利润率趋向于均等。因此,垄断资本的商品输出要以此为基础再形成垄断,这样,较高的利润率便只有它才能得到,超额利润便不参加平均利润的形成,从而成为垄断利润。这种利润率当然大大地高于国内非垄断的资本主义的利润率。如果输出的商品是落后国家所没有的,它以垄断价格出售,更是这样。

上述不同的第二种表现,是资本有机构成的水平不同。根据马克思的有关理论,资本有机构成平均水平较高,利润率便较低;反之,也就较高。马克思举了这么一个例子:假定一个欧洲国家的剩余价值率为 100%,一个亚洲国家则为 25%,因为生产力越高,剥削率也越高。再假定,前者资本的平均有机构成是 $84C+16V$,后者则是 $16C+84V$,这样,前者的产品价值为 $84C+16V+16M=116$,利润率为 16%,后者的产品价值为 $16C+84V+21M=121$,利润率为 21%。② 一般说来,在资本主义条件下,利息为利润一部分,利息率低于利润率,它由借贷资本的供求关系决定,而在零以上、利润率以下波动。这就说明,资本主义落后国家的利息率一般也较高。但现在的问题不仅仅是这样。问题还在于:资本主义落后国家的资本有机构成低,固定资本比重较小,所用资本和所费资本的差额较小,社会折旧基金较小,因此,长期借贷资本的供给也较小③,这样,当它因发展

① 马克思:《资本论》(第三卷),载《马克思恩格斯全集》(第二十五卷),人民出版社 1974 年版,第 264—265 页。

② 同上书,第 168—169 页。

③ 马克思:《剩余价值理论》(第二册),载《马克思恩格斯全集》(第二十六卷),人民出版社 1972 年版,第 548 页。马克思在这里指出,固定资本的折旧能形成一种基金,这种基金在没有大量固定资本的国家是不存在的。

资本主义工业而特别需要长期借贷资本时,利息率还因为这个特殊原因,比发达资本主义国家高。至于有些落后国家,还处在前资本主义阶段,高利贷资本在社会经济生活中起着很大作用,情况就更是这样。这个问题后面再谈。

列宁说:"在这些落后的国家里,利润通常都是很高的,因为那里资本少……"①对于这一点,不应简单地理解为发达资本主义国家的资本多,所以利润低,反之,落后国家的资本少,所以利润高,而应理解为前者的资本有机构成高,固定资本比重大,后者则相反。

关于这个问题,还有一点需要补充。由于垄断资本主义的形成,发达资本主义国家中的资本主义经济,有一部分剩余价值被垄断资本主义所掠夺,就这点看,其利润率更低。而输出到落后国家的过剩资本,由于是以垄断资本的身份发生作用的,还可按远远高于土著资本的利润率攫取垄断利润,它当然比国内非垄断资本的利润高。

列宁还指出,落后国家利润之所以较高,是由于那里"地价比较贱,工资低,原料也便宜"。② 为什么呢? 要回答这个问题,就要了解马克思关于殖民地经济的理论,它是马克思关于两种生息资本、两种地租、两种土地价格、两种小生产者以及两种价格构成理论的综合。

第三,关于殖民地经济的理论。马克思把资本主义的殖民地区分为两种:真正的或自由的殖民地和种植园殖民地。前者以北美、澳大利亚和新西兰为代表,后者以南美、亚洲和非洲为代表。它们和宗主国的区别以及它们两者的区别在于:前者是在空地上或腾出的空地上发展起来的,在相当长的时间里,在经济上不存在土地私有权。由于获得土地很容易,从宗主国输到那里去的资本的物质要素——生产资料和劳动力,就不容易转化为资本,因为工人很快便变成独立的小生产者,不出卖劳动力,与此相应,生产资料也就不能转化为资本。在这里不存在前资本主义生产关系,资本主义生产关系是从宗主国移植过来的,但在一段时间里,它发展得很慢。后者是在存在着前资本主义生产关系的被征服的土地上建立起来的,前资本主义的经济

---

① 列宁:《帝国主义是资本主义的最高阶段》,人民出版社 1964 年版,第 56 页。
② 同上。

规律在这里起着作用。资本主义的入侵,使它的生产有一部分是为世界市场而进行的,是为了满足宗主国对农产品的需要。因此,它需要进行大农场生产,但是土著居民大多是小农,不出卖劳动力,资本主义商品经济的入侵,虽然使小农破产,但其过程很慢,不能满足大农场生产所需要的大量劳动力,于是,由宗主国强占土地、强迫农民为其劳动的种植园经济便产生了。这种殖民地,由于存在着前资本主义生产关系,存在着前资本主义土地私有权,存在着外来资本主义的压迫,土著资本主义发展很慢。

　　怎样理解这些殖民地的工资比宗主国的低些呢? 马克思曾经分析过工资的国民差异问题。马克思认为,一个国家的资本主义生产越发达,其劳动生产率就越超过国际水平,因此,和那些落后国家相比,它在同一时间内所生产的同种商品便有较多的数量,便能实现为较多的货币额。马克思由此得出结论:"货币的相对价值在资本主义生产方式较发达的国家里,比在资本主义生产方式不太发达的国家里要小。"①这就是说,货币的购买力较低,物价水平较高。由于这样,"名义工资,即表现为货币的劳动力的等价物,在前一种国家会比在后一种国家高"。②

　　关于这个问题,很久以来,没有一致的结论。在这里,我谈谈个人看法。根据前面的说明,在国际贸易中,发达国家的劳动是作为较高级的劳动来实现更多的价值,用马克思的话来说就是:在这个领域,"一个国家的三个工作日也可能同另一个国家的一个工作日交换。价值规律在这里有了重大的变化。或者说,不同国家的工作日相互间的比例,可能像一个国家内熟练的、复杂的劳动同不熟练的、简单的劳动的比例一样"。③ 但这种劳动在国内并没有作为较高级的劳动而支付更多的工资,换句话说,它提供了更多的剩余价值,提供了更高的利润率。只要在这个领域中不存在着垄断,它便参加平均利润率的形成,从而提高了平均利润率。由这类商品构成的对外贸易在国民经济中的比重越大,平均利润率就越高,由它调节的国内价格水平就越

---

　　① 马克思:《资本论》(第一卷),载《马克思恩格斯全集》(第二十三卷),人民出版社1972年版,第614页。
　　② 同上。
　　③ 马克思:《剩余价值理论》(第三册),载《马克思恩格斯全集》(第二十六卷第三册),人民出版社1972年版,第112页。

高。这可以分为两方面来谈。那些用于出口的商品的价格提高到接近国外市场的价格的水平;至于那些非出口商品的价格,它们之所以不出口,是由于其价值远远高于国际市场中的平均价值,这样,它的由更高的平均利润调节的生产价格,便高于其他国家同类商品的国内价格。既然整个生产价格水平都提高了,货币购买力便下降,名义工资便比落后国家高。

马克思认为,上述国际市场价格形成的情况,只适用于工业品,不适用于农产品。撇开其他条件不谈,发达资本主义国家农产品价格也要比落后国家的高。为什么呢? 马克思指出:一个英国农业劳动者劳动一天生产的产品,和五个俄国农业劳动者劳动一天生产的产品相等,但使用的生产资料前者为十个劳动日的产品,后者为一个劳动日的产品,产品价值前者为十一个劳动日,后者为六个劳动日;如果俄国的土地比英国的土地更肥沃到这个地步,以至于只用十分之一的生产资料,就能够和那个使用十倍生产资料的英国人生产相等的产品,情况就是这样。他认为,发达资本主义国家"工资的较高的货币价格也可以用这种情况来说明"。①

但是,落后国工业中的名义工资较低,并不是真正的在单位成本价格中的工资较低。马克思在引用了资产阶级的材料后指出:"大陆的劳动,尽管工资较低,劳动时间也长得多,但是同产品相比较,还是比英国贵。……尽管工人从事过度劳动,夜以继日地干活,而报酬都微乎其微,但是俄国的工业品仍然只有在禁止外国货的情况下才能勉强站住脚。"②大陆和俄国的情况尚且如此,殖民地由于劳动生产率十分低下,当然更甚,所以,在这个条件下产生的低工资,不能促使资本输出。

工资还受劳动力供求关系的调节。从这点看,真正的或自由的殖民地,由于工资劳动者有一段时间容易变成独立生产者,劳动力长期供不应求,工资长期高于劳动力价值。又由于这种殖民地的大量移民来自欧洲资本主义宗主国,劳动者的消费水平受宗主国劳动者的影响,这样,加上劳动力供求关系的影响,其工资只会比宗主国高。

---

① 马克思:《剩余价值理论》(第二册),载《马克思恩格斯全集》(第二十六卷第二册),人民出版社 1972 年版,第 544 页。
② 马克思:《资本论》(第一卷),载《马克思恩格斯全集》(第二十三卷),人民出版社 1972 年版,第 615—616 页。

　　种植园殖民地的情况与此相反。在前资本主义剥削下,小生产者的生活水平原来就十分低下,现在又遭外国资本主义剥削,情况就更为悲惨,他们破产后,由于资本主义不发达,劳动力供大于求,劳动力的价值原来就十分低下,现在的工资更大大地低于它。

　　至于那些束缚在种植园中劳动的奴隶或苦力,就更不用说了,他们得到的根本不是资本主义的工资。马克思说:"投在殖民地等处的资本,它们能提供较高的利润率,是因为在那里,……由于使用奴隶和苦力等等,劳动的剥削程度也较高。"[①]在这里,这种剥削是在劳动力价值以下支付其价格,有的还是前资本主义的剥削。如果不是这样,资本主义越落后,剥削程度应越低。

　　怎样理解殖民地的地价比宗主国的低些呢? 地价以土地买卖为前提。买卖的当然不是土地本身,而是能够索取地租的土地私有权。不是劳动生产物的私有权,其所以具有价格的形式,是由于在存在着资本关系的社会条件下,人们必然把这种私有权带来的收入设想为一定资本额产生的收入,把这种收入资本化,便成为产生该收入的特权的价格,也就是说,地价是地租的资本化,其大小取决于 $\dfrac{地租}{利息率}$。

　　在资本主义宗主国,根据前面的说明,利息率当然比殖民地低;地租额又怎样呢? 根据马克思的说明,它要比殖民地的高。马克思把资本主义的正常地租,即一般的农业地租区分为级差地租和绝对地租两种。级差地租是农业资本之间的超过平均利润的余额,它分为第一形态和第二形态。随着资本主义农业生产的发展,耕种新的劣等地,级差地租的第一形态增加,在同一土地上增加投资,则级差地租的第二形态增加。而绝对地租就是农业资本和工业资本之间的超过平均利润的利润余额。由于农业资本的有机构成较低,同量资本投在农业中比投在工业中能推动较多的活劳动,生产较多的剩余价值,其中,超过平均利润的利润余额便转化为绝对地租。在过去一段很长的时间里,工农业资本的有机构成都在提高,但农业的提高得慢,两者的差距逐渐扩大,因而工农业间的利润差额扩大,绝对地租增加。建筑

　　① 　马克思:《资本论》(第三卷),载《马克思恩格斯全集》(第二十五卷),人民出版社 1974 年版,第 265 页。

地段地租以农业地租为基础,再根据该地段所带来的房租余额和利润余额而增加。

在真正的或自由的殖民地里,在一段很长的时间内,地价非常低下,如在美国,取得土地只需象征性地交点货币。其后,这种殖民地因资本主义农业不发达,地租额低,利息率虽略高于宗主国,但地价仍低些。

种植殖民地的情况有所不同。在这里,前资本主义经济规律在起作用,外国资本主义利用它原有的生产关系对它进行剥削。封建主义剥削的基础是地租剥削,在土地买卖(这是地价的前提)的条件下,地价便由 $\dfrac{\text{地租}}{\text{高利贷利息率}}$ 决定。这种地租虽然是全部剩余劳动或其转化形态,但比随着资本主义发展而增加(理由见上)的资本主义地租仍然是较小的,再加上高利贷的利息率高于资本主义的借贷资本的利息率,这种殖民地的地价就比资本主义的低些。土地自由买卖后,由于还没有资本主义农业,这种土地的地租便由高利贷利率来调节,即地租是购买土地的资本的利息。当利率提高时,地租便增加,其高度可以超过生产者的剩余劳动,这使地价增高,但高利率又使地价降低。由于这样,这种殖民地的地价仍比较低。

怎样理解殖民地的原料比宗主国的便宜些呢?落后国家除农业外,劳动生产率较低,工业产品,包括原料的价值应比宗主国的高些。这里说的便宜些,当然不是指反映价值的价格,而是由再生产条件决定的价格。马克思指出,在这两种殖民地里,小生产者比较多,对于他们来说,资本主义生产必须取得利润才能进行生产的条件是不存在的,他们进行生产是为了生活。因此,资本主义商品价值或生产价格的经济内容,便是 C+V+M;小生产者并不是这样,即如果竞争或垄断对其压力很大,其产品可以按 C+V 的价格出售,仅能糊口便可。一般的小生产者的商品价格都有此特点。土地产品,即粮食和农业原料,则在此基础上还有些特点。前面说过,自由的或真正的殖民地,在相当长时期内,在经济上不存在土地私有权,因此,在这种土地上从事生产的小农不要求绝对地租。我们知道,绝对地租是农产品价格高于生产价格的原因。由于不要求绝对地租,农产品价格便较低。种植园殖民地是存在土地私有权的,如果小农的土地是租佃的,绝对地租当然存在;如果土地是自有的,就不要求绝对地租了。这两种小农在价格上进行竞争,再加上外国资本主义的压力，农产品价格便很便宜。马克思说："要使这种拥有小块土地的农民能够耕种他的土地，……不必要像在正常资本主义生产方式下那样，使土地产品的市场价格提高到向他提供平均利润的程度，更不必提高到提供一个固定在地租形式上的超过平均利润的余额的程度。……这就是小块土地所有制占统治地位的国家的谷物价格所以低于资本主义生产方式的国家的原因之一。"①

综上所述，两种殖民地的地价都较低，真正的或自由的殖民地工资较高，但农产品价格却因不存在利润和绝对地租这两个因素而很低，种植园殖民地工资很低，农产品价格因不存在利润这个因素而较低。最后的结论就是：殖民地地价低，原料便宜，工资有的也低，由于这样，垄断资本主义国家的过剩资本便输出到那里去，以便攫取垄断利润。

股份公司和垄断组织产生后，是用马克思的经济理论去说明它，并在新的经济条件下发展马克思的经济理论，还是用这种新的经济现象来反对马克思的经济理论，从而在基本原理上"修正"马克思主义，这是两种截然不同的立场。列宁是前者的伟大代表，他从方法论和理论相结合上继承和发展马克思的政治经济学，创立了无产阶级的帝国主义理论。伯恩斯坦是后者的代表，他从基本理论上，即从劳动价值理论、剩余价值理论、资本积累理论和经济危机理论等方面，反对马克思，成为修正主义的老祖宗。帝国主义辩护士的许多谬论，都是从他那里贩来的。下面集中谈谈他怎样论述股份公司和垄断组织。

伯恩斯坦认为，股份公司的产生，证明马克思的资本积累理论是错误的。他说："股份公司的形态，对于因经营集中而发生的财产集中这一倾向，在非常显著的范围内起了反作用。这即是说，股份公司有可能使集中起来的资本广泛地分散，而且使各个资本家豪族对以工业企业集中为目的的资本的操纵落空。"②这就是所谓的资本民主化的理论。这种谬论的实质是：股份公司意味着生产进一步社会化，但是占有却不是更集中了，而是更分散

① 马克思：《资本论》（第三卷），载《马克思恩格斯全集》（第二十五卷），人民出版社1974年版，第908—909页。
② 伯恩斯坦：《社会主义的前提和社会民主党的任务》，舒贻上、杨凡等译，生活·读书·新知三联书店1958年版，第49页。

了,资本主义生产方式的基本矛盾缓和了。

这是和马克思关于信用的理论相矛盾的。马克思指出:"在股份制度内,已经存在着社会生产资料借以表现为个人财产的旧形式的对立面。"①就是说,出现了某种形式的"社会"或集团财产。但是,"这种转化并没有克服财富作为社会财富的性质和作为私人财富的性质之间的对立,而只是在新的形态上发展了这种对立"。② 就是说,这种集团财产说到底也是私人财产,所以,它没有克服这两者之间的矛盾;不仅没有克服,反而发展了这种矛盾。这是因为,正如银行这个信用机构虽然造成了生产资料使用社会化的形式,但其内容都有利于大资本家一样,股份公司也有利于大股东控制小股东的资本和收入。

列宁根据马克思的理论批判了这种谬论。他指出,只要占有 40% 的股票就能操纵股份公司的业务。现在这个百分比当然是更低了。列宁引用了德国金融资本家的话:"一英镑的股票是不列颠帝国主义的基础。"因为股票的票面额越小,买的人越多,这种小股东根本不参加股东大会,大股东便越容易控制,越能用别人的资本而不是用自己的资本来进行冒险。因此,股份公司事实上使占有更集中。

伯恩斯坦还认为:"以现在的进化情况来说,认为有产者的人数相对地或绝对地减少,怎么也是错误的。……不论绝对的或相对的,有产者的人数都在增加。"③在他看来,凡是握有股票的都是资本家,所以又说:"我在强调大小各阶级的资本家的增加时,是就一般人而言,不是就企业家说的。"④我们不能把为了保障生活购买一点股票的工资收入者和小生产者称为资本家,因为他们这样做是和储蓄一样的。"大小各阶级的资本家"这个概念是荒谬的。

伯恩斯坦认为,垄断组织能够防止经济危机。在他看来,"近代社会中的生产能力,较之对于为购买力所决定的生产物的实际的需要强大得多";

---

① 马克思:《资本论》(第三卷),载《马克思恩格斯全集》(第二十五卷),人民出版社 1974 年版,第 497 页。

② 同上。

③ 伯恩斯坦:《社会主义的前提和社会民主党的任务》,舒贻上、杨凡等译,生活·读书·新知三联书店 1958 年版,第 49—50 页。

④ 同上书,第 53 页。

"各种生产部门,常常由于这种不平衡,实际上生产出超过其使用额的某种一定货物……因而出现生产过剩的状态",而"在纠正这些弊害而采用的各种手段中,资本主义企业卡特尔就是一种"。① 从这里可以看出,他实质上把生产过剩的经济危机的原因归结为社会生产的无政府状态。

这是和马克思的经济危机理论相矛盾的。马克思明确指出:"一切真正的危机的最根本的原因,总不外乎群众的贫困和他们的有限的消费,资本主义生产却不顾这种情况而力图发展生产力,好像只有社会的绝对的消费能力才是生产力发展的界限。"②垄断企业攫取垄断利润,恰恰加深了这个矛盾。至于社会生产的无政府状态,即比例失调,只是局部危机的原因。马克思说:"局部危机可能由于**生产比例失调**而发生……,这种生产比例失调的一般形式之一可能是固定资本的生产过剩,或者另一方面,也可能是流动资本的生产过剩。"③

就这样,伯恩斯坦反对马克思的基本经济理论,为垄断资本主义辩护。他有关垄断资本主义的种种谬论,是现代垄断资本主义辩护士的思想源泉。

① 伯恩斯坦:《社会主义的前提和社会民主党的任务》,舒贻上、杨凡等译,生活·读书·新知三联书店 1958 年版,第 70—71 页。
② 马克思:《资本论》(第三卷),载《马克思恩格斯全集》(第二十五卷),人民出版社 1974 年版,第 548 页。
③ 马克思:《剩余价值理论》(第二册),载《马克思恩格斯全集》(第二十六卷第二册),人民出版社 1972 年版,第 595 页。

六　斯大林对列宁帝国主义
理论的解释和发展

　　列宁的帝国主义理论，如上所述，是对马克思的政治经济学方法论和理论的运用和发展，同时也是对其他重要经济学家某些理论，如霍布森对帝国主义寄生性的分析、希法亭对金融资本的分析的综合，当然，又是对某些错误理论，如对考茨基的帝国主义理论的批判，总之，它无疑地标志着无产阶级帝国主义理论的创立。

　　列宁没有结束无产阶级的帝国主义理论。在无产阶级立场上继续研究帝国主义的重要理论家，是斯大林。

　　斯大林对待列宁的帝国主义理论，从形式上看，是解释、捍卫和发展，其中有的是在和论敌展开斗争中提出的；从内容上看，可以分为以下几个方面。

1. 提出列宁帝国主义理论尚未提及的问题

　　前面说过，列宁把帝国主义看成资本主义的垄断阶段和资本主义对世界上大多数居民施行殖民压迫和金融扼制的世界体系。列宁对于前者如何使资本主义的基本矛盾更为尖锐作了深刻的分析；对于后者，虽然事实上已说明了垄断资本主义同国内大多数居民和殖民地附属国的矛盾，以及垄断资本主义集团和国家之间为争夺殖民地而发生的矛盾，但是并没有在理论上明确提出作为一种世界体系的帝国主义的主要矛盾。

　　斯大林提出了这个问题。他是在解释列宁为什么称帝国主义为"垂死的资本主义"时提出这个问题的。他认为帝国主义的主要矛盾是：劳动与资本之间的矛盾；金融资本集团之间以及垄断资本主义国家之间的矛盾；统治的"文明"民族与殖民地、附属国人民之间的矛盾。

　　斯大林认为，帝国主义的主要矛盾不只是资本主义生产关系和生产力的矛盾,而是包括了资本主义生产关系和其他较落后的生产关系的矛盾,这是符合列宁关于帝国主义是一种世界体系这个理论的方法论基础的,具有非常重大的意义。

当我们按照斯大林首倡的这一理论的方法论去认识问题时,就感到这一理论尚需完善。这就是劳动与资本之间的矛盾的问题。这一矛盾,是资本主义从产生到灭亡之前都一直存在的,是资本主义各个阶段都具有的。这样,它就不能表现帝国主义即垄断资本主义阶段的矛盾的特殊性。严格说来,这只是资本主义的矛盾,而不是垄断资本主义的矛盾。垄断资本主义的矛盾,从这方面说,应该是垄断资本主义和垄断资本主义以外的各种社会成分之间的矛盾,或者用前面使用过的概念说,就是垄断资本主义和国内殖民地的矛盾。

与这个问题有关的,是斯大林提出了现代资本主义即垄断资本主义的基本经济规律问题。马克思认为,剩余价值生产是资本主义生产方式的绝对规律,并详细地研究了这个规律在资本主义发展各个阶段上的具体形式和发生作用的特点。列宁既然认为帝国主义是资本主义的垄断阶段,那就应该同马克思一样,要详细研究这个规律在这个阶段发生作用的特点。但是,列宁的《帝国主义是资本主义的最高阶段》,由于只限于作"通俗的论述",便没有提出这个任务。斯大林提出了这个问题,并在这个过程中提出了基本经济规律的理论,这件事本身就有重大的意义。

前面曾经谈过斯大林关于现代资本主义基本经济规律的一些论述。现在再从帝国主义是一种世界体系和帝国主义的主要矛盾这个角度谈一谈。斯大林对这一规律作了如下的表述:"用剥削本国大多数居民并使他们破产和贫困的办法,用奴役和不断掠夺其他国家人民、特别是落后国家人民的办法,以及用旨在保证最高利润的战争和国民经济军事化的办法,来保证最大限度的资本主义利润。"[1]

如果说,规律和本质在认识论中具有同等的意义,那么,斯大林所表述的这一规律,确实揭示了帝国主义是一种世界体系,因为它表明垄断利润来自剥削本国大多数居民和其他落后国家的人民,同斯大林关于帝国主义主

---

[1]　斯大林:《苏联社会主义经济问题》(下卷),人民出版社 1952 年版,第 568 页。

要矛盾的分析,也是一致的。这就是说,斯大林的方法论是正确的。

当我们深入地研究斯大林关于现代资本主义基本经济规律的表述时,就可以看到,他揭示了垄断资本主义攫取垄断利润的特有办法,即战争和国民经济军事化的办法,这是垄断资本主义的剥削方法和其他经济成分的剥削方法的重大区别之一。我从前认为战争和国民经济军事化不是一种攫取垄断利润的办法或渠道①,经过 20 多年的反复认识,我认为自己错了。但是,当我肯定了这是一种攫取垄断利润的办法时,由于这种办法是要经过国家机器来实行的,因此就想到也有另一种由国家实行的办法,可以使垄断资本主义经济取得垄断利润的,这就是实行公共工程政策。斯大林没有提这一点,很可能是受到当时的历史条件(美国发动侵朝战争)的影响,因而强调战争和国民经济军事化的办法,而不提公共工程政策。由于强调这一点,以致将它和剥削本国大多数居民同样看成攫取垄断利润的办法,这就似乎显得不够严密,因为国民经济军事化(还有公共工程政策)本身就是剥削本国大多数居民的办法。

如何深刻地、全面地揭示垄断资本主义基本经济规律,是一项巨大的理论工作。我认为其内容应该包括两部分。其一,要说明垄断资本主义为什么要攫取垄断利润。对此,我前面已谈了个人看法。其二,要说明垄断资本主义如何去攫取垄断利润。对此,我认为可以分为两种渠道:在商品生产和商品交换中,以各种形式的垄断价格为工具,在非商品生产和非商品交换中,以各种带来收入的特权买卖为工具,这是经济渠道;非经济渠道则是各种形式的掠夺国库和以政治手段实行的通货膨胀。

斯大林认为,一种生产方式的基本经济规律,决定该生产方式的生产发展的一切主要方面和主要过程。因而他实质上提出了现代资本主义的基本经济规律,决定和支配在垄断资本主义条件下发生作用的其他经济规律,并使这些规律以基本经济规律为轴心结成一个有机体,从而决定垄断资本主义生产发展的一切主要方面和主要过程这样一个重大理论问题。

我们知道,马克思确实是这样做的。他认为剩余价值生产的规律,决定

---

① 陈其人:《论资本主义基本经济规律及其在资本主义各个阶段中的具体形式》,上海人民出版社 1957 年版,第 41 页。

了所有在资本主义制度下发生作用的经济规律的特点和形式。例如,商品生产所有权规律转变为资本主义占有规律,社会劳动生产率提高即由劳动力所推动的生产资料日益增加的规律表现为资本有机构成提高的规律,价值规律转化为生产价格规律,等等。所有这些规律,都以剩余价值生产的规律为轴心结成一个体系,并由此决定资本主义生产的一切主要方面和主要过程。

如何根据马克思主义经典作家关于基本经济规律的方法论的论述,在进一步完善斯大林对于垄断资本主义基本经济规律的表述的基础上,再说明在垄断资本主义条件下发生作用的其他经济规律都受这一基本经济规律的制约,这是一项伟大而艰巨的任务。

斯大林在列宁理论的基础上,阐述了垄断组织和国家机关的关系。关于国家垄断资本主义的实质,苏联经济学家大多沿用国家政权和垄断资本相结合或相融合的提法,对此斯大林有不同看法,认为结合"这个名词只是很肤浅和叙述式地表明垄断组织和国家机关的接近,可是没有揭示这种接近的经济意义。问题在于,这种接近的过程中所发生的不单是结合,而是国家机关服从于垄断组织"。①

我国经济学界对这个问题的认识,经历了一次反复。1952 年斯大林提出这个论点后,我们的同志普遍采用它来解释国家垄断资本主义的实质;近年来,则回过头来采用"相结合"的论点。我个人认为还是斯大林的论点正确。因为结合或融合,是表明两个因素相结合,变成你中有我,我中有你,如金融资本是工业资本和银行资本的融合或混合。这样,国家机关就变成仿佛不是垄断资本的工具,两者仿佛是平起平坐的。这个说法,确如斯大林所指出的,"没有揭示这种接近的经济意义"。"国家机关服从于垄断组织"的提法,便能消除这个缺点。

斯大林捍卫了列宁关于资本主义经济政治发展不平衡规律在帝国主义时期的作用的理论。根据这个规律的作用,列宁得出了社会主义可能首先在一个国家内获得胜利的结论。托洛茨基反对这些理论。他认为,资本主义发展的不平衡,在 19 世纪比 20 世纪更加厉害,为什么那时社会主义不可能在一国胜利,20 世纪反而有可能呢?

---

① 斯大林:《苏联社会主义经济问题》(下卷),人民出版社 1952 年版,第 571 页。

斯大林指出了托洛茨基的错误在于把帝国主义国家经济发展不平衡和它们的发展水平的差别混为一谈，论证了发展水平的均衡化乃是帝国主义经济发展不平衡性加强的条件之一。他说："能不能说资本主义国家发展水平差别的减小和这些国家的日趋均衡是在减弱帝国主义时期发展不平衡规律的作用呢？不，不能这样说。这种发展水平上的差别是在加大还是在缩小呢？无疑是在缩小。均衡化是在上升还是在下降呢？无疑是在上升。均衡化的上升是不是和帝国主义时期发展不平衡的加强相矛盾呢？不，不相矛盾。相反地，均衡化正是帝国主义时期发展不平衡作用可能加强的背景和基础。"[①]正因为落后国家加速自己的发展并和先进国家取得均衡，才使它们之间的斗争尖锐起来，才造成一个国家超过另一个国家并排挤另一个国家的可能，从而爆发帝国主义国家集团间的世界大战，为个别国家无产阶级冲破资本主义统治创造了条件。

2. 阐述列宁创立帝国主义理论时尚未产生的问题

列宁创立帝国主义理论时，两大帝国主义军事集团正在厮杀，无产阶级革命的条件日益成熟，但革命尚未发生；帝国主义这个世界体系的根基开始动摇，但体系尚未崩裂。到社会主义革命首先在俄国发生，帝国主义世界体系首先在俄国开始崩裂，从而一个资本主义在全世界开始灭亡、社会主义开始在全世界胜利的历史时期到来时，列宁不久便去世，来不及对这个刚刚开始的历史时期进行理论概括。他只能在十月革命的前夕，预示"资本主义已经发展到最高阶段（帝国主义），现在无产阶级革命的时代已经开始了"[②]；在十月革命之后，指出"帝国主义开辟了社会革命的纪元"。[③]

这个理论工作由斯大林担任下来。他把这个历史时期在理论上概括为资本主义总危机。他最初还是在列宁的论述的基础上指出：无产阶级在俄国胜利后，已开始了一个新时代，即世界革命的时代，无产阶级在各主要资本主

---

① 斯大林：《共产国际执行委员会第七次扩大全会》，载《斯大林全集》（第九卷），人民出版社1956年版，第94页。

② 列宁：《论修改党纲》，载《列宁全集》（第二十六卷），人民出版社1963版，第135页。

③ 列宁：《俄共（布）第七次代表大会》，载《列宁全集》（第二十七卷），人民出版社1963版，第119页。

义国家逐渐获得胜利的时代;后来便提出了资本主义总危机的理论。

1930 年,斯大林在苏共第十六次代表大会的政治报告中,结合当时震撼资本主义世界的经济危机,提出了资本主义总危机的理论。其中最重要的是:"资本主义已经不是唯一的和包罗万象的世界经济体系;除资本主义经济体系外,还存在着社会主义体系,它……显示出资本主义的腐朽性,动摇着资本主义的基础。"①按照这个说法,资本主义总危机是资本主义世界经济体系逐步崩溃、社会主义逐步胜利的历史时期,它是从第一次世界大战或俄国十月革命时开始的。

但是,其后在某些有影响的著作中说法稍有不同,认为战争原是资本主义总危机的反映,而战争本身又加剧了这个危机,削弱了世界资本主义。这变成先有资本主义总危机,第一次世界大战是其反映;然后又反过来,战争加剧总危机,即爆发俄国十月革命,资本主义世界体系开始崩溃。不错,斯大林在 1946 年总结第二次世界大战时曾经说过,"资本主义的世界经济体系包含着总危机和军事冲突的因素"。② 但是,包含着总危机的因素,指的就是帝国主义的矛盾必然引起军事冲突,从而使无产阶级革命爆发,这还是认为世界大战是总危机的开始,和认为大战是总危机的反映是不同的。正因为这样,斯大林才说:"资本主义世界经济体系第一次危机的结果引起了第一次世界大战,而第二次危机的结果就引起了第二次世界大战。"③同样很清楚,这里所说的资本主义世界经济体系的两次危机,指的是引起资本主义世界大战的那种危机,主要是生产过剩的经济危机,而不是资本主义世界体系开始崩溃的危机。

在一个长时期里,虽然对总危机的论述有些不同的理解,但是这个理论的倡导者斯大林本人一直坚持他首创时的说法。

我是坚持斯大林首创的世界资本主义体系总危机这一理论的。

我国经济学界的有些同志是坚持斯大林首创的这一理论的,但对它的理解,我认为值得商榷。有的同志认为,任何一种旧社会制度在世界上灭

---

① 《斯大林全集》(第十二卷),人民出版社 1956 年版,第 216 页。
② 斯大林:《在莫斯科市斯大林选区选举前的选民大会上的演说》,载《斯大林选集》(下卷),人民出版社 1979 年版,第 488 页。
③ 同上书,第 489 页。

亡,取代它的新社会制度在世界上胜利,都要经历漫长的历史过程;社会主义取代资本主义也是这样,这个取代的历史过程就是资本主义总危机(根据上述理由,最好改称世界资本主义体系总危机。下同)。这种说法从一方面看,是正确的,因为它确实是旧社会制度在全世界被新社会制度逐步代替的历史时期,这是任何其他两种新旧社会制度更替时都要经历的;从另一方面看,是不对的,因为其他社会制度的更替是自发进行的,新制度是在旧制度内自发地产生的,旧制度的崩溃开始时也是自发的,其后才用暴力加速它,而社会主义的产生和资本主义的崩溃都不是自发的,都是由无产阶级革命来促成的。这是它和以前的新旧制度交替的历史时期不同之处。如果不说明这一点,那么,按照逻辑,似乎也可以说奴隶制度总危机和封建主义总危机了。

对 1929 至 1933 年那次资本主义世界性经济危机为什么特别严重的分析,由于斯大林是把它放在资本主义总危机的条件下进行的,一向被认为是斯大林总危机理论的组成部分,并认为这种分析对于研究总危机时期的经济危机具有方法论的意义。在斯大林看来,总危机时期的条件之所以使这次危机极其严重并具有某些特点,是由于俄国脱离了资本主义世界体系,再加上帝国主义国家当时对苏联的政策,使资本主义的世界市场从广度说缩小了;第一次世界大战期间和战后初期,殖民地附属国的土著资本主义有了某种程度的发展,帝国主义国家多了一些竞争者。由于这样,资本主义的市场问题便特别严重,危机前便存在着企业开工不足和失业的现象,危机持续时间和生产下降幅度便特别长和特别大。空前严重的危机过去后,由于生产能力和市场容量之间的矛盾的调整过程十分缓慢,结果便出现了斯大林称为特种萧条的现象。我认为,斯大林的这个理论是在说明那次经济危机时发生的,用来说明那次危机也是正确的。但是,它并不具有普遍意义,不能像某些经济学家那样,把其后发生的企业开工不足和失业长期存在的现象也归结为总危机的条件造成的。斯大林分析其后的资本主义市场和再生产问题,也受到这个理论的影响。

随着社会主义制度的产生,就产生了社会主义国家和资本主义国家之间的矛盾,就产生了这对矛盾和资本主义国家之间的矛盾两者哪一种更为剧烈的问题。在列宁的晚年,这个问题事实上已经存在了,但列宁并没有提出这个问题。

斯大林是在论述资本主义国家间战争的不可避免性问题时,涉及这个问题的。他实际上否定了两种不同社会制度的国家之间的矛盾更为剧烈的说法,肯定了资本主义国家之间的战争不可避免性。他在后一问题上坚持了列宁的论点,并以第二次世界大战首先在资本主义国家之间爆发,然后才扩大为德苏战争来证明。斯大林提出这个问题,意义很重大。他的看法,我认为是正确的,对分析第二次世界大战后的国际关系问题具有重要的意义。

但是,斯大林的论述,有的地方似仍需完善。第一,他说:"有人说,资本主义和社会主义之间的矛盾比资本主义国家之间的矛盾更为剧烈。从理论上讲来,这当然是对的。"①为什么是对的,他没有说明。其实,从理论上讲,这个问题似乎还可以研究。因为社会主义国家虽然在维护世界和平、反对侵略和反对帝国主义战争方面,同垄断资本主义国家发生矛盾,但并没有在社会制度上同资本主义国家发生利益冲突。如果硬说社会主义国家的存在本身就在社会制度上同资本主义国家发生矛盾,因为前者要发展社会主义,后者要维护资本主义,那么矛盾的双方,应该是全世界的无产阶级和全世界的资产阶级,亦即在资本主义国家内部也存在着这对矛盾。第二,正确地叙述了第二次世界大战是怎样发生的之后,斯大林说:"可见,当时资本主义国家之间争夺市场的斗争以及它们想把自己的竞争者淹死的愿望,在实践上是比资本主义阵营和社会主义阵营之间的矛盾更为剧烈。"②这段话的意思当然是正确的。唯其正确,就和前一点相矛盾。当中的问题是:为什么"从理论上"讲是"是","在实践上"却是"非"呢? 第三,斯大林说:"对于资本主义说来,对苏联作战,即对社会主义国家作战,是比资本主义国家之间的战争更加危险,因为资本主义国家之间的战争所提出的问题,只是某些资本主义国家对其他资本主义国家取得优势的问题,而对苏联作战所一定要提出的问题,却是资本主义本身存亡的问题。"③如果从无产阶级要起来革命的角度看问题,资本主义国家之间作战和它们向苏联作战都存在这问题;如果不这样看问题,就无法解释资本主义本身为什么有存亡的问题。总之,论证的方法还要完善。

---

①　斯大林:《苏联社会主义经济问题》(下卷),人民出版社 1952 年版,第 564 页。

②　同上书,第 565 页。

③　同上书,第 564 页。

斯大林提出的第二次世界大战后统一的世界市场的瓦解、两个平行也是对立的世界市场的产生问题,是值得研究和讨论的。斯大林是根据当时存在着两大阵营及其对立的情况提出这个理论的。主要理由是帝国主义国家对社会主义国家实行经济封锁,以及社会主义国家内部的经济合作关系,使社会主义国家之间形成一个其原则不同于资本主义的世界市场。

首先应该指出,认为社会主义国家之间有一个不同于资本主义的世界市场的市场,这个理论的方法论基础是正确的。因为虽然凡是市场价值规律总要起作用,但资本主义世界市场还存在着尔虞我诈的关系,垄断高价、倾销低价在这里发生作用,社会主义世界市场则存在着互助合作的关系,不可能存在垄断高价和倾销低价。如果能将这两个市场的规律研究清楚,再分析它们之间的关系及其对两种社会经济制度的影响,那是有极其重要的意义的。但是,由于当时帝国主义国家对社会主义国家实行封锁禁运政策等的历史条件,斯大林过分强调两个市场的不同,以致认为两者不可能有往来。后来的实践证明,两个市场之间是有联系的,并不是完全隔绝的、相互平行的。商品生产和商品交换本身,必然冲破各种限制它发展的障碍,使不同性质的市场也发生联系。因此,斯大林认为有两个不同性质的世界市场是对的;但由此认为两者不发生联系,那就需要研究了。

斯大林在上述理论的基础上提出的对第二次世界大战后资本主义国家再生产发展趋势的看法,即认为其"生产的增长将在缩小的基础上进行"[①],从事实上看也需要研究。因为上述看法的根据在于:世界市场已经分裂,主要资本主义国家夺取世界资源的范围将会缩小,世界销售市场的条件将会恶化,这些国家的企业开工不足的现象将会增加。关于世界市场是否完全分裂的问题,我在上面已提出看法。这里即使假定有两个不相往来的世界市场,资本主义的再生产也不一定总是要在缩小的基础上进行。在这个条件下,资本主义的资源来源将受到影响,如果它们不能解决,其生产结构将要改组,有一段时间其产量将减小,再生产要在缩小的基础上进行。但改组完毕后,随着必然产生的资本有机构成的提高,生产量将增大,市场从深度上看扩大了,市场容量增大了,再生产不会在缩小的基础上、而在增大的基

---

① 斯大林:《苏联社会主义经济问题》(下卷),人民出版社 1952 年版,第 581 页。

础上进行。

看来,市场问题不仅仅有广度问题,而且也有深度问题。在确认世界市场分裂的前提下,如果把市场问题仅仅看成广度问题,就必然得出再生产将在缩小的基础上进行的结论。

实践证明,斯大林在第二次世界大战前曾经提出的世界资本主义体系总危机时期市场相对稳定的论点并未失效。如果说,在第一次世界大战后,由于俄国脱离了资本主义世界体系,资本主义世界市场虽然在广度上缩小了,但是经过一段时间,它在深度上便扩大了,因而在第二次世界大战前便出现了市场相对稳定的情况,那么,这同样也适用于第二次世界大战后。

3. 对列宁帝国主义理论某些论点的解释

前面谈到,斯大林之所以认为第二次世界大战后,资本主义世界市场的销售条件将会恶化、相对稳定的条件已经丧失、资本主义的生产增长将在缩小的基础上进行,似乎是由于把市场看成仅仅是一个广度问题,没有看到它同时也是一个深度问题。而这一点又同如何正确地解释列宁一个辩证的论点有关。列宁说:"如果以为这一(指帝国主义——引者)腐朽趋势排除了资本主义的迅速发展,那就错了。不,在帝国主义时代,个别工业部门,个别资产阶级阶层,个别国家,不同程度地时而表现出这种趋势,时而又表现出那种趋势。整个说来,资本主义的发展比从前要快得多……"[1]斯大林根据其对市场的理解,便推断说,由于第二次世界大战产生的新条件,列宁认为"资本主义的发展比从前要快得多"的论点已经失效。[2] 这个说法长期来对马克思主义经济学界有较大的影响,现在有必要从方法论上重新加以研究。

我认为,这个问题涉及对生产关系和生产力相适合和不相适合这个历史唯物主义的基本原理的理解。斯大林是伟大的马克思主义者,但由于种种局限,他对这个问题的理解,也有一个发展的过程。他曾经认为:生产关系和生产力要么完全适合,要么完全不适合;既适合又不适合,或者不适合会变成适合——暂时适合——是没有的。他在 1938 年写的《辩证唯物主义

---

① 列宁:《帝国主义是资本主义的最高阶段》,人民出版社 1964 年版,第 114 页。
② 斯大林:《苏联社会主义经济问题》(下卷),人民出版社 1952 年版,第 562 页。

和历史唯物主义》中，就持这种观点。他认为生产关系和生产力不相适合的实例，便是资本主义的生产过剩的经济危机。其实，危机虽然是这种不适合的表现，但危机同时又能使这两者暂时归于适合，像马克思所说的"危机永远只是现有矛盾的暂时的暴力的解决"。[①] 垄断的产生，一方面使资本主义生产关系和生产力的矛盾更为深化，另一方面又使局部和暂时地调节生产成为可能。斯大林当时认为生产关系和生产力完全适合的实例，便是苏联的国民经济，它没有经济危机和生产力破坏的情况。他的原意是要根据资本主义陷入 30 年代的经济危机时，苏联正进行有计划的社会主义建设这一事实，来说明社会主义制度的优越性。但话说过了头，那就不能避免形而上学之嫌。斯大林在其最后的著作《苏联社会主义经济问题》中，对这一问题的看法已经有了发展，认为资本主义生产关系曾经是完全适合生产力性质的，社会主义生产关系也会有落后于生产力发展的现象，不过"在社会主义制度下，通常不会弄到生产关系和生产力发生冲突，社会有可能及时使落后了的生产关系去适合生产力的性质"。[②] 但他并没有把这新的看法再推进一层，例如，他没有进一步考虑适合和不适合两者的辩证法，用它来研究具体问题，因而对第二次世界大战后垄断资本主义经济的某些分析，就不免与客观实际有所偏离。

---

① 马克思：《资本论》（第三卷），载《马克思恩格斯全集》（第二十五卷），人民出版社 1974 年版，第 278 页。

② 斯大林：《苏联社会主义经济问题》（下卷），人民出版社 1952 年版，第 577 页。

七 对反列宁主义的帝国主义理论的批判

列宁的帝国主义理论,是垄断资本统治下无产阶级进行社会主义革命和被压迫民族进行解放运动的重要武器,它必然遭到垄断资产阶级的反对。这种反对,从手法上看,如同资产阶级长时期来对待马克思的政治经济学那样,有两种:一种从方法论上反对,即以另一种方法分析垄断资本主义,得出有利于垄断资本统治的结论,但在理论上不同列宁的帝国主义理论交锋;一种从理论上反对,即在理论上交锋,反对列宁的论点。当然,这两种手法也可以交织在一起。从内容上看,有两种:一种把垄断资本主义说成不是垄断资本主义,它给人民带来的不是沉重的负担,而是美好的生活;一种把垄断资本主义说成就是社会主义,无产阶级社会主义革命是不必要的。这两种观点都将帝国主义对国外殖民地的剥削、侵略和统治,说成开发落后国家,帮助其人民过上幸福生活。从营垒上看,也有两种:一种是公开的垄断资产阶级思想家,他们为垄断资本主义辩护,不使用马克思列宁主义的语言;一种是工人运动中、社会民主党中的垄断资产阶级的代理人,他们使用马克思列宁主义的语言反对列宁的帝国主义理论。这两者实质上是一样的,它们往往同流合污。

1. 可调节的资本主义论

这种论调把垄断资本主义说成可以调节、管理的资本主义,其目的在于说明,自从 20 世纪 30 年代经济危机中国家加强干预经济后,经济危机便可以避免了。在这次危机中,劳动人民所受的苦难空前深重,阶级矛盾非常尖锐,危机过去后,人们害怕它的重演,垄断资产阶级为了安抚人心,它的思想家便提出了这种理论。从问题的提法就可以看出,这种论调显然认为,生产过剩的经济危机,是由社会生产的无政府状态造成的国民经济比例失调引起的;现在不仅垄断组织在调节生产,而且国家也在全国范围内,通过计划并以财政、金融政策为杠杆来调节生产,社会生产的无政府状态和经济危机便从此消失。这显然是错误的。因为生产过剩的经济危机的根源,不仅在于社会生产的无政府状态,更在于剩余价值生产中生产有无限扩大的趋势和消费相对下降这对矛盾。这对矛盾,在垄断资产阶级国家干预经济的条件下只会加深。因此,经济危机不可能消灭,只可能改变形态。这是它的根本错误。至于社会生产的无政府状态是否真的消失了,那是另一个问题。

这种论调虽然在20世纪30年代萌芽,在第二次世界大战后的初期逐渐泛滥,但其理论基础早就产生了,这就是希法亭和布哈林的有组织的资本主义论。

前面说过,希法亭在其《金融资本》中认为,卡特尔化的结果会导致一个总的卡特尔的产生。我认为这是纯粹垄断资本主义论,是错误的。在这基础上,他又认为,随着总的卡特尔的产生,"整个资本主义生产由一个主管机构有意识地加以调整,这个机构决定一切生产领域的生产规模。……随着生产的无政府状态的消失,物的外观消失了,商品的价值对象性消失了,从而货币消失了。卡特尔分配产品。物质的生产要素被再生产,并且被用于新的生产。新产品中的一部分分配给工人阶级和知识分子,其余部分归卡特尔随意使用"。但是,这时他还认为,"这是得到有意识调整的对抗形态的社会。……这种对抗是分配的对抗"。① 认为对抗只是分配的对抗,而不首先是生产的对抗——一小撮垄断资本家占有生产资料,无产阶级丧失生产资料,这当然是错误的。但是,这不是我们现在要论述的问题。

1927年5月,希法亭在《社会民主党在共和国中的任务》中,进一步把上述论调发展为有组织的资本主义即社会主义论。他说:"我们目前正处在这样的资本主义阶段,……就是从各种力量的自由比赛的经济达到了有组织的经济。"②这种经济,尽管是"有组织的",可是,按照他前述的看法,仍然是对抗的、资本主义的经济。现在,他不这样看了,他认为"有组织的资本主义实际上意味着在原则上用有计划生产的社会主义原则来代替自由竞争的资本主义原则"。③ 认为计划生产就是社会主义,这当然是错误的。但更为严

① 《机会主义、修正主义资料选编》编译组:《第二国际修正主义者关于帝国主义的谬论》,生活·读书·新知三联书店1976年版,第194页。
② 同上书,第221页。
③ 同上书,第225页。

重的错误是:这种计划生产要受到社会的自觉的影响,即国家的影响,而他认为这两者是矛盾的,即"资本主义经济组织在一方、国家组织在另一方就明显地对立起来了"①,这样就要由一个民主国家来代替资本家组织领导经济,这就是社会主义。其实,垄断资本主义的国家就是垄断资产阶级的工具,两者之间丝毫不是对立的。至于说民主国家领导经济,不管其如何民主,只要生产资料仍然掌握在垄断资产阶级的手里,其经济就仍然是垄断资本主义经济。离开了生产资料的社会化这个基础,其他任何环节的社会化,都不是社会主义。

布哈林也认为垄断资本主义是有组织的资本主义。在垄断与竞争的关系这个问题上,他完全接受了希法亭的观点。所以,他说:"现代资本主义的结构是这样的,即集体资本主义组织(国家资本主义托拉斯)是经济的主体。财政资本消灭了大资本主义国家内部的生产无政府状态。"②但是,和希法亭不同的是,他认为这不仅是由于垄断,而且是由于垄断和政权相结合,即国家资本主义托拉斯产生的结果。他说:"资本主义的'国民经济'从不合理的制度转变为合理的组织,从无主体的经济转变为经济的主体。这种转变是由财政资本的发展以及资产阶级经济组织和政治组织的结合造成的。"③

布哈林同样认为,有组织的资本主义意味着商品生产的消灭。他说:"只有在生产无政府状态的基础上存在着经常的而不是偶然的社会联系,商品才会是一个普遍的范畴。因此,当生产过程的不合理性消失的时候,而当自觉的社会调节者出来代替自发势力的时候,商品就变成了产品而失去了自己的商品性质。"④从这里可以看出,布哈林和希法亭虽然同样认为,有组织的资本主义意味着商品生产的消灭,但是两者的方法论不同:后者从出现一个单一的卡特尔,即生产资料归一个垄断组织所有的角度去论证;前者从社会生产的无政府状态消失,劳动的交换成为直接的交换的角度去论证。应该说,假如整个国民经济都由一个卡特尔所囊括,或由国家资本主义托拉

① 《机会主义、修正主义资料选编》编译组:《社会民主党在共和国中的任务》,载《第二国际修正主义者关于帝国主义的谬论》,生活·读书·新知三联书店 1976 年版,第 225 页。

② 列宁:《对布哈林〈过渡时期的经济〉一书的评论》,人民出版社 1958 年版,第 4 页。

③ 同上书,第 5 页。

④ 同上书,第 50 页。

斯所囊括,那么真的可以说商品生产是消失了。正因为这样,列宁在评论布哈林这个论点时是这样说的:"对! 不确切:不是变成'产品',而是另一种说法。例如变成一种不经过市场而供社会消费的产品。"①列宁的这种看法,和我在前面提到的列宁的另一种说法,即国家垄断资本主义是国民经济的一种特殊形式,在这种形式下,资本家完全不是为市场生产,是相同的。我认为,希法亭等在这个问题上的错误,不在于认为有组织的资本主义使商品生产消失,而在于把垄断和竞争完全对立起来,并且认为有纯粹的垄断资本主义,然后断言它可以消灭经济危机。

可调节的资本主义论,就是资产阶级经济学家在新的历史条件下,用资产阶级经济学的语言,对有组织的资本主义论进行加工的产物。他们论调不一,用语各异,但有一个共同点,就是认为国家干预经济便能消除矛盾。可调节的资本主义论,是我们归纳出来的。凯恩斯主义是其中一种流传最广的派别。

20 世纪 30 年代的经济危机,使资本主义社会发生了大震荡,资产阶级经济学家不得不承认资本主义社会存在着矛盾,不得不承认自由放任不能解决这矛盾,不得不根据垄断资产阶级国家在大危机中实行的反危机措施将其理论化,这就是可调节的资本主义论产生的历史背景。

这种理论的主要内容可以归结如下:(1)否认垄断资本主义国家是垄断资产阶级的工具;(2)主张国家干预经济,主要渠道是财政金融措施,或膨胀政策和收缩政策,并以此为基础制订种种经济计划;(3)认为通过这些措施,资本主义的总供给和总需求便可以达到均衡,消灭经济危机;(4)承认资本主义经济达到均衡时,不能完全消灭失业,只能达到充分就业,所谓充分就业,如果撇开种种定义不谈,指的就是失业人数不超过全体工人的一定的比率,比如 4% 的状态。它用这种手法,反对列宁关于垄断统治必然加深资本主义的基本矛盾并使经济危机更为深刻的理论。

这当然是错误的。首先,可调节的范围不可能包括全部国民经济,非垄断的资本主义经济和非资本主义经济,严格说来不包括在这个范围内,而这部分经济如前所述,是垄断资本主义存在的条件,在国民经济中占有一定的

① 列宁:《对布哈林〈过渡时期的经济〉一书的评论》,人民出版社 1958 年版,第 50 页。

比重。调节范围,主要是垄断资本主义,尤其是国家垄断资本主义,在这个范围内,国家的干预或调节,起着显著作用,但是,也不能消除矛盾。由于垄断资本集团之间存在着竞争,它们在争夺国家最高职位上进行斗争,随着这种职位易人,国家干预的主要内容也起变化,因此,在这个范围内,从短时期看,是有计划的,从长时期看,则是混乱的,矛盾并没有消除。

其次,也是最重要的,这种调节不能消灭经济危机。马克思指出:"一切真正的危机的最根本的原因,总不外乎群众的贫困和他们的有限的消费,资本主义生产却不顾这种情况而力图发展生产力。"①国家的干预恰恰加深了这个矛盾,因为国家垄断资本主义的财政金融措施的实质,就是掠夺劳动人民的部分收入,来为垄断资本家提供一个有保证的市场,实现其垄断利润。

我认为,要批判可调节的资本主义能消灭经济危机,便要区别普遍的生产过剩的经济危机和局部的经济危机,前者是由生产发展和消费相对落后的矛盾引起的,后者是由生产混乱引起的。如果认为前者是由生产混乱引起的,便会得出国家干预可以防止普遍的经济危机的错误结论。

那么,垄断资产阶级国家干预经济,就对经济危机不起丝毫作用吗?我认为,是起作用的,但不是消灭危机,而是使危机的表现形式发生变化。

生产过剩的经济危机,一方面是资本主义生产和消费之间的矛盾的爆发,另一方面又是这个矛盾的暂时的解决。危机破坏生产力,拉生产的后腿,使生产和消费在较低的水平上恢复均衡,再生产在这个基础上继续进行。国家干预恰好麻痹了危机能暂时解决矛盾的作用,从而使危机的表现形式发生变化。

我简略地谈一谈这问题。假设危机发生了,国家通过财政金融政策进行干预:由国家增加固定资本投资、收购垄断企业的过剩产品、对垄断企业发放贷款,这样,过剩的生产力没有得到淘汰,生产下降不多,便在较高水平上与消费恢复均衡,生产恢复不久,便又同消费发生矛盾而下降,如此循环进行。由此便产生了这些新现象:危机时生产下降不大,固定资本投资减少不大,高涨时也有闲置的生产设备,也有失业工人。可调节的资本主义论,

---

① 马克思:《资本论》(第三卷),载《马克思恩格斯全集》(第二十五卷),人民出版社1974年版,第548页。

之所以千方百计为长期失业的现象进行辩护,杜撰"充分就业"并不意味着人人就业的理论,其原因就在这里。这就是说,对资本主义经济的调节,不能消灭它的基本矛盾,不能消灭由此产生的经济危机,但是可以使一个集中爆发的危机分散开来进行,实质上是使经济危机慢性化、长期化。

2. 非垄断资本主义论

这种论调包括两种内容。第一,把垄断资本主义说成不是垄断的资本主义,认为和自由竞争的资本主义没有什么不同。它产生在垄断形成的时候,以后有所发展,主要是资产阶级经济学家马歇尔、张伯伦、罗宾逊夫人等提出来的。第二,在上述基础上,进一步认为垄断资本主义就是社会主义。它产生在 20 世纪 30 年代经济危机发生、两种社会制度的对比非常鲜明的时候,以后有所发展。持有这种观点的思想家很多,我选择英国工党理论家斯特拉彻为代表。他的理论,除了受到马歇尔关于垄断的理论的影响,还深受英国费边派的影响。

马歇尔将垄断定义为只有一个供给者的状态。这个定义的实质,在于抹杀垄断统治的存在。因为只有一个供给者,只适用于其生产条件不能再创造的产品,例如艺术品、古董、由特殊泉水和特殊农产品酿成的名酒,等等。这些垄断商品在垄断统治产生之前和以后都存在着,而垄断统治形成后垄断企业生产的多半是工业品,这种产品一般说来不止一个供给者。

这种理论的目的,在于为垄断价格辩护,认为它对消费者有利。第一,既然垄断意味着一个生产者囊括市场,它便可以使生产量适应销售量,并根据下述原则,使总利润成为最大的前提下,确定单位商品的售价:单位商品售价增高虽然增加利润,但使销售量降低,从而使产量降低,产量降低使单位成本增加,单位商品利润减少,销售量过分降低使总利润降低。在这种计算下,他认为单位商品售价不可能很高。第二,他从供求论出发,认为产品价格由供给价格和需求价格相均衡来决定。而垄断企业规模大,生产成本低,由它构成的供给价格比自由竞争时要低些,因此,由供给价格和需求价格相均衡决定的价格,也比自由竞争时低些。这种理论是错误的,因为垄断不消灭竞争,垄断价格不是这样决定的。当竞争激烈时,价格便低些,甚至出现低于生产成本的倾销价格;当打倒其竞争对手,左右市场的力量增大时,价格便提得很高,大大高于价值。一般情况是,垄断价格高于价值,这是攫取垄断利润所必需的。而在自由竞争条件下,价格一般等于价值或生产价格。

张伯伦和罗宾逊夫人的所谓垄断经济学,从马歇尔关于垄断的定义出发,认为产生垄断的原因是产品的差别,这种差别可以由产品本身的技术特点、包装,销售时的服务、地点来决定。这就抹杀了自由竞争和垄断统治的区别,可以把任何一个生产者和出售者都说成垄断者。这也否认了垄断利润的存在,因为这时的所谓垄断利润其实不是垄断利润,而是具有相对流动性的超额利润。问题很清楚,按照他们对垄断的说明,作为垄断的原因的产品差别具有相对流动性,由这种差别攫取的利润只能是超额利润。

在上述理论的基础上,便产生了各种各样的抗衡力量论。其中的一个重要内容就是把工会说成垄断组织。这种论调认为,工会是劳动的唯一供给者,因而可以和雇主的组织相抗衡,彼此可以保护自己的利益,或者可以均分利益。

费边派的理论是19世纪80年代产生在英国的一种资产阶级思想,是英国工党的理论基础。80年代的英国,工人运动和马克思主义的传播迅速发展,资产阶级害怕革命,便散布这种思潮。费边派是资产阶级知识分子的"社会主义者"。为了对抗从这时起在英国再度兴起的工人运动,他们便认为19世纪的经济史,乃是一种几乎毫无间断的社会主义的发展史,资本主义已经"滑进"社会主义,他们的任务在于加速它。其所以如此,是因为社会主义是民主主义不可避免的结果,随着民主主义"政治解放运动的发展,生产手段的私人占有已经在这一方面或那一方面不断地受到管理、限制和废除"。[①] 他们认为,作为民主主义的三个产物:工厂立法意味着为了劳动者的利益而把资本家的利润削减;利息地租社会化意味着将课自利息地租的捐税用来办公共事业;市政事业就是地方公营的社会主义企业:这三者表明资本主义已经"滑进"社会主义。

我们清楚地看到,费边派将资本主义说成社会主义的手法是:将资产阶

---

① 萧伯纳主编《费边论丛》,袁绩藩、朱应庚、赵宗煜译,生活·读书·新知三联书店1958年版,第81—82页。

级的国家看成代表人民的利益的,然后将资本主义的工厂立法、捐税制度和市政企业(地方政府经营的公用事业),也说成社会主义性质的。

斯特拉彻在其重要著作《现代资本主义》(1956 年)中,将马歇尔关于垄断的定义和费边派的理论结合起来,并以此为基础向前发展,把现代资本主义说成社会主义。

他根据马歇尔的定义,认为现代资本主义根本不存在垄断,因为它的"主要工业中还没有一种工业已经为一个包罗万象的企业独家经营的"。① 尽管他否认垄断的存在,但在现代资本主义社会内,却明显地存在着卡特尔、辛迪加、托拉斯和康采恩等企业。这些庞大企业不是垄断企业,那又是什么呢? 他说,这是"单位大而少的经济"。② 这个范畴不仅否认垄断的存在,而且使人看不到资本主义矛盾的发展,它只意味着资本主义经济单位数量的变化。但是,垄断企业并不因人们不称它为垄断企业而称为别的东西就不存在了。他还极力证明这些"单位大而少的经济"是不能起任何垄断作用的。原因是工会组织"能以相当真实的讲价力量和雇主的组合相抗衡"。③ 这就等于说,工会这种受垄断资本主义国家统治的工人群众组织,竟然和托拉斯等企业性质相同,彼此势均力敌,谁也不能损害对方。

斯特拉彻复述了可调节的资本主义论,并且认为调节的方法主要就是财政金融政策;然后在这个基础上,他又复述了希法亭的论调,认为这就是社会主义。他说,这样的经济政策"是可以称之为社会主义的——就它们含有政府方面对于经济事务较前有更大程度的干涉和指导而论"。④ 恩格斯曾经讽刺性地说过,如果任何一种国有化都是社会主义,那么,拿破仑和梅特涅也应该算入社会主义创始人之列了。我们也可以说,如果任何一种国家调节或指导都是社会主义,那么,重商主义也就是社会主义了。

如果说,斯特拉彻将垄断资产阶级国家对经济进行干预说成社会主义,但他并没有说明这种干预所遵循的原则是什么,因而这只能说明它具有社会主义的形式的话,那么,他下面的分析则是企图证明现代资本主义从内容

① 约翰·斯特拉彻:《现代资本主义》,姚曾廙等译,上海人民出版社 1960 年版,第 17 页。
② 同上书,第 12 页。
③ 同上书,第 24 页。
④ 同上书,第 241 页。

上必然发展为社会主义。

　　他是从现代资本主义的政治上层建筑和经济基础之间的矛盾必须解决来论证这个问题的。他认为这个矛盾是："我们的政治生活趋向权力普及，而我们的经济生活则趋向权力集中。"①这个命题，对他来说，是自相矛盾的；在我看来，则是荒谬的。我们知道，资产阶级思想家都认为现代资本主义社会中的股份公司使资本权力分散，以下我们将看到，斯特拉彻也是这样看的。既然这样，政治生活和经济生活两者都是权力分散，哪里会有矛盾呢？在他看来，资本民主化是事实，但这并不妨碍这些"单位大而少的经济"要有专人来管理，这就是经济生活中的权力集中。因此根据他的臆想，这对矛盾是：资本主义经济要有人来管理，现代民主制则提出要按照人民的利益来管理；斗争的结果是，民主制保持下去，"必然会将最后阶段资本主义消灭"②，它变为社会主义。这当然是荒谬的。从根本上说，资产阶级民主制是资产阶级专政的手段，是为经济基础服务的，垄断资产阶级在经济上的统治，必然导致在政治上的统治，这两者也是一致的；垄断资产阶级国家调节经济的原则是，通过财政金融政策，为垄断资本家提供垄断利润。

　　让我们看一看他的社会主义的公式，就可以知道这是一种什么样的社会主义了。这个公式是：当前的工业技术＋建立在这种技术上的生活水平＋国民总产品的合理分配，包括对股票所有权和股息收入的保证＋全民民主的权力普及。③实现这种社会主义的目的，他也说得很清楚："当前社会必须改造，……唯一能最后击败共产主义的方法就是以民主的手段来实现这种不可避免的改造。"④这里，他的所谓"社会主义"的实质不是昭然若揭了吗！

3. 混合经济制度论

　　混合经济论或混合经济制度论和有组织的资本主义论有相同的方法论基础，这就是不问社会制度如何，认为任何形式的，包括资本主义的国有化、

---

　　①　约翰·斯特拉彻：《现代资本主义》，姚曾廙等译，上海人民出版社1960年版，第188页。

　　②　同上书，第266页。

　　③　同上书，第310页。

　　④　同上书，第290页。

社会化和计划化,甚至在特殊条件下,例如在战争条件下国家对经济实行统制,都是社会主义,也就是把国家资本主义和国家垄断资本主义说成社会主义。它们的不同在于:前者认为这种社会化、计划化经济,亦即社会主义经济,只是一部分,和它并存的还有非计划化的市场经济,亦即资本主义经济,因此,现代社会是一种混合的经济制度;后者认为现代资本主义经济,已由一个单一的垄断组织所囊括,全部国民经济都是计划化的,都是社会主义。但我们不要认为混合经济制度论较为现实,因为它毕竟还承认现代社会中还存在着资本主义经济,还不是社会主义社会。不是的。混合经济制度论者运用同样的方法论,不仅把社会主义国家在一定条件下存在的资本主义经济看成资本主义,而且把它们在不同条件下产生的市场调节看成资本主义,用以和计划经济亦即社会主义相对立,把社会主义社会也说成混合经济制度。这样一来,垄断资本主义和社会主义就成为相同的东西了。

我认为,从实质上看,这种论调产生于19世纪80年代的俾斯麦德国。前面说过,俾斯麦为了迅速发展德国落后的工业,便经营了一些国有企业,尤其是铁路;为了对抗马克思主义和把工人运动引入歧途,便实行社会保险一类的社会政策。当时的德国新历史学派中一些在大学讲课的教授,把这些措施称为国家社会主义,他们由此获得讲坛社会主义者的称号。这样,一方面有社会主义,一方面有资本主义,不就是混合经济吗?其后,在第一次世界大战期间,资本主义国家为了战争的需要,办了一些国有企业,并对经济进行统制,依照同样的理由,资产阶级经济学者也把这些措施称为社会主义。30年代经济危机时,在大西洋此岸的美国,罗斯福大搞"新政",实行经济计划化,将资产阶级称为社会主义,英国著名历史学家威尔斯访问苏联时,面对斯大林说,罗斯福实行的"计划经济"就是社会主义;在大西洋彼岸的德国,希特勒打着俾斯麦的破旗,实行国家社会主义,即国民经济军事化。"社会主义"一时满天飞。不过,直到此时,资产阶级经济学家还没有正式提出混合经济制度论。

第二次世界大战时,资本主义国家加强了对经济的控制,有的还办了较多的国有企业。战后,美国杜鲁门总统在罗斯福新政的基础上,于1946年签署《公平就业法》;英国工党将铁路、煤矿收归国有,并实行所谓的"从摇篮到坟墓"都有保证的社会政策;法国政府将沦陷区的敌产收归国有。这些措施在资产阶级思想家看来,便是社会主义的发展。于是,以美国经济学家汉森为代表的混合经济制度论便正式产生。此后,这种论调随着情况变化而发展。

在资产阶级思想家看来,和在资本主义国家中产生出社会主义经济一样,在社会主义国家中也产生出资本主义经济来,虽然前者是从资本主义产生社会主义,后者是从社会主义产生资本主义,但是结果是一样的:混合经济制度。如果说,他们在苏联新经济政策时期看到的资本主义,确实是资本主义,但随着苏联社会主义建设的开展,它便归于消灭,因而他们感到失望的话,那么,他们以后便把社会主义国家,其中包括我国,为了更好地发展经济,在经济管理体制改革中所实行的、确实不包含资本主义因素的市场调节,也称为资本主义经济。这样一来,社会主义社会中的计划经济和市场调节便成为混合经济,社会主义和垄断资本主义便没有区别了。在他们看来,资本主义是从右到左地走向混合经济制度,社会主义是从左到右地走向混合经济制度,两者殊途同归。

混合经济制度论者人数很多,论点大同小异,从基本理论看,其错误如下。

第一,不管他们使用的名词如何不同,他们实质上都认为,混合经济制度就是资本主义经济和社会主义经济,或其表现市场经济和计划经济,能够长期互不干扰地并存。这样,他们就应该以对资本主义和社会主义加以质的规定为前提,然后才能说混合经济是这两者的长期并存。但是,这两种经济的质的规定,恰恰说明这两者是不能长期并存的,是不能构成混合经济制度的。我们都知道,社会主义是资本主义生产方式矛盾发展的产物,两者是不能并存的。我们也知道被资产阶级思想家错误地称为资本主义的社会主义市场调节,它不可能同计划经济永远并存。我们的最高目标是共产主义,共产主义实行各尽所能、按需分配的原则,那时商品生产业已消亡,市场调节是不存在的。

第二,如果他们狡辩说,他们说的混合经济制度指的并不是两种或多种经济成分长期互不干扰地并存,而是它们在一定时期内并存,这也是不能成立的。这是因为,自从原始社会解体后,在奴隶社会、封建社会、资本主义社会、从资本主义到社会主义的过渡时期中,都不同程度地存在着性质不同的多种经济成分或两种经济成分。如果硬把这称为混合经济制度,那么这也是自古皆然,不能说明任何问题。但值得指出的是,即使按照这种说法,也只能说,从资本主义到社会主义的过渡时期,由于确实存在着资本主义经济成分和社会主义经济成分,因此是他们所说的混合经济。可是,过渡时期一旦结束,社会主义社会从总体上和本质特征上说,根本不存在资本主义经济;过渡时期尚未到来,资本主义社会根本不存在社会主义经济,因此,无论如何,不能将社会主义社会和资本主义社会说成同样包含着资本主义经济和社会主义经济的混合经济制度。至于处在初级发展阶段的社会主义社会实行以社会主义公有制经济为主体的多种经济形式,那就更是同所谓的混合经济风马牛不相及了。

第三,所谓混合经济这种论调实质上认为,资本主义经济和社会主义经济,推而广之,多种经济成分同时并存时,没有哪一种是起主导作用的。其实,这种作用属于最能发展生产力的那种经济成分,并以政策反映出来。这就是为什么资本主义社会虽然事实上存在着多种经济成分,但资本主义经济总对其他经济成分起主导作用,因而它就成为资本主义社会;过渡时期虽然存在着多种经济成分,但社会主义经济总对其他经济成分起主导作用,因而它就成为向社会主义过渡的历史时期的缘故。这就是说,所谓的混合经济制度是不存在的。

这种论调的要害,是把垄断资本主义和国家垄断资本主义说成社会主义。我们认为,这些经济成分确实是具有社会化和计划化的因素,但它们仍然是以生产资料私有制,即集体资本家所有制和总合资本家所有制为基础的,因而是资本主义经济。它们只是为社会主义经济的产生准备了充分的条件。列宁说,垄断资本主义是资本主义结构向更高级的社会经济结构的过渡,其含义便是如此。它决不是说,这个过渡既有资本主义,又有社会主义。

混合经济论,目前在西方大肆泛滥。来我国交流学术的西方经济学家大多宣传这种观点,对我国某些大学生是有影响的。这些西方经济学家认为,西方的"计划经济"和市场经济同我国的计划经济和市场调节没有什么区别,都是混合经济;有的甚至认为,这两者都是从封建主义这根藤上结出来的两只酷似的瓜。其错误前面已谈过,现不重复。值得指出的是,有的青年学生在研究不同制度的社会经济问题时,采用了一种错误的比较研究法,即将相似的现象罗列起来，便认为它们的本质是相同的，而不是透过相似的现象揭示其不同的本质。这也是混合经济论能够流传的原因之一。这种错误的比较研究法在其他研究领域中也存在，如在国际政治研究中，撇开社会制度不同，谈什么大国平衡；在人口问题研究中，只谈粮食和人口的平衡。这样必然产生错误的认识，应引起注意。

4. 生产军火和印刷纸币是国民经济的理想形式论

这种论调从实质上看，是凯恩斯为国家垄断资本主义辩护的理论体系中的重要内容。前面说过，列宁在第一次世界大战中，当国家垄断资本主义刚产生并且还是一个暂时现象时，便深刻地指出：它是国民经济的一种特殊形式，是为可知的市场而生产的；其经济内容则是取得法律保障的盗窃国库。列宁的这个极其重要思想的后一部分，即对国家垄断资本主义的经济内容的揭示，以瓦尔加为代表的经济学家极为重视，事实上把它看成国家垄断资本主义的实质。资产阶级思想家同样留意观察这个经济现象。特别是在 20 世纪 30 年代的经济危机中，国家垄断资本主义已开始成为经常现象，并在经济政策上反映了它的要求以后，他们便对此加以理论概括。其中，站在资产阶级立场上，以资产阶级经济学的语言，概括得最为深刻的便是凯恩斯。我认为，凯恩斯的国家垄断资本主义理论主要有两个方面，并都是和列宁的理论针锋相对的。

第一，凯恩斯认为，对于社会生产来说，最理想的产品是不能供人类消费之用的产品，只有这样，生产才能不断发展。他说："上古埃及可称双重幸运，因为埃及有两种活动（建筑金字塔与搜索贵金属），其产物不能作人类消费之用，故不嫌其太多。一定是由于这个缘故，上古埃及才如此之富。中古则造教堂，做道场。造两个金字塔，做两场道场，其利倍于一个金字塔，一场道场。但在伦敦和约克之间造两条铁路则不然。"[1]因为铁路与人类消费有关，数量多了，便过剩了。只有那些与人类消费无关的产品，再多也不嫌其多。

凯恩斯为什么这样说呢？根据列宁关于国家垄断资本主义的生产是为可知的市场而生产的理论，我们便知道，国家垄断资本主义的产生，是在维

---

① 凯恩斯：《就业、利息与货币通论》，徐毓枏译，商务印书馆 1963 年版，第 111 页。

持资本主义私有制的条件下,妄想解决它的市场问题。市场问题之所以发生,商品价值的实现之所以成问题,最重要的原因并不是生产的盲目性,而是生产扩大和消费相对落后之间的矛盾。由于这个矛盾,消费资料生产必然过剩,相应地,生产消费资料的生产资料也必然过剩,生产生产资料的生产资料也必然过剩。因此,从资本家的立场看,生产的产品最好与个人消费无关,这样,它就没有市场问题,或其市场不受消费狭小的限制,商品实现不成问题。从全社会看,生产的产品当然不能都是这样的;生产这样的产品,最后也不能解决生产和消费的矛盾。但凯恩斯认为,它是理想的形式。

我认为,这就是凯恩斯从一个方面所理解的国家垄断资本主义。他多次强调,生产的产品最好与个人消费无关。在这个前提下,最理想的是生产金银货币,因为它既与个人消费无关,又没有市场问题。但是,金银矿已经被开采得差不多了,要随意扩大生产是很困难的,于是,他又认为可以生产军火,因为它和生产金银是相同的,即与个人消费无关,市场也不成问题。如果这也有困难,那就建设公共工程,即建造大电站、交通设施,因为它们与个人消费没有直接关系,是国家出钱建造的。这些理论,其实就是凯恩斯对在 30 年代经济危机中美国和德国大力培植国家垄断资本主义的理论概括。撇开生产金银货币这个不容易实行的问题不谈,生产军火是德国国家垄断资本主义的形态,搞公共工程则是美国国家垄断资本主义的形态。

撇开形态不谈,以上三者都是为可知的市场而生产,其私人劳动转化为社会劳动是有保证的。生产金银货币的私人劳动,它无须经过交换便是社会劳动,当然不存在市场问题。生产军火和建造公共工程的私人劳动,由于这些产品是由国家包买,其市场可知而不成问题,因此,转化为社会劳动也是有保证的。

第二次世界大战后,国家垄断资本主义在实践上有了新的发展,那就是由国家出钱生产宇航工具和改造国土。这实质上是公共工程和军火生产的发展,在理论上不需另加解释。但有一种确实是新的,在理论上需要解释的,那就是国家预算中的社会福利开支大大增加,所谓的福利国家开始出现。

我认为这也是国家垄断资本主义的一种形态。它形式上与个人消费有关,好像和前面说过的完全不同,其实却是相同的。因为社会福利费用是由国家保证要用于个人消费的,虽然消费行为的担当者是个人,其实质却是国家消费。因此,生产构成社会福利的物质资料的资本家,其市场是有保证的,私人劳动转化为社会劳动也是有保证的,和军火生产没有实质的不同。

但是,这个新形态的出现却使凯恩斯主义遭到了新的问题。因为按照它的传统说法,由国家兴办公共工程和生产军火,便是国家用增加投资的办法来解决投资需求不足的矛盾和防治经济危机。其所以这样做,是由于人们存在消费倾向下降的心理规律,它造成消费需求不足,引起经济危机。因此,在心理规律不能改变的前提下,便用增加国家投资的办法来补消费需求不足的缺陷,来防治经济危机。现在,在实践中产生了用国家的力量来增加个人消费的新问题,这就要求有新的理论来解释。左派凯恩斯主义便应运而生。他们叫嚷着要为人民着想,装着向马克思主义靠拢,主张增加国家社会福利费用的支出,从增加消费需求方面来防治经济危机,实质上仍然是为国家垄断资本主义辩护。

第二,凯恩斯认为,应不断地生产货币,如果不能随意增加金银货币的生产,那就印刷纸币,这样生产便能发展。他说:"假设货币可以像农作物一样生长,或像汽车一样制造,则不景气可以避免或减少;盖在此种情形下,当其他资产之价格(用货币计算)下降时,劳力可转向生产货币。"[1]

凯恩斯这样说,不仅如前面说过的,由于货币没有市场问题,而且还由于随着生产发展,供给增加,需求减少,其他产品的价格会下落,但金银货币供给不易增加,需求不易减少,因而其价格不会降低。这样,既无市场问题,价格又不会降低,生产货币便能促使生产发展。遗憾的是,可开采的金银已经不多了,"劳力之可以转而从事采金者,其最大量亦微小不足道"。[2] 既然不能随意增加金银的生产,那就转而生产金银货币的代表——纸币。

凯恩斯说:"假设财政部以旧瓶装满钞票,然后以此旧瓶,选择适宜深度,埋于废弃不用的煤矿中,再用垃圾把煤矿塞满,然后把产钞区域之开采权租与私人,出租以后,即不再问闻,让私人企业把这些钞票再挖出来。如果能够这样办,失业问题就没有了;而且影响所及,社会之真实所得与资本

---

① 凯恩斯:《就业、利息与货币通论》,徐毓枬译,商务印书馆 1963 年版,第 194 页。
② 同上。

财富,大概要比现在大许多。"①

这就是由政府造成纸币矿,租给私人资本家开采,他在产品——纸币——中扣除掉租费、挖掘工具、工资等成本后,余下的产品从实物上看就是利润,根本没有市场问题。在这样做的时候,其他部门如与生产挖掘工具有关的生产也能发展。可惜的是,这个好主意会被斥为疯人行为,无法实行。

由于金银生产不能随意增加,开采纸币矿又有困难,要让资本家发展生产,就要由国家包买其产品,上述军火产品和公共工程都是由国家包买的。不仅如此,在这样做时,还要保证银行利息率低于资本家的利润率,让资本家有纯利润可得。要做到这两点,就要增加国家预算开支,增加中央银行的货币供应量。而国家要做到随意增减货币供应量,这在实行金本位条件下是不可能的,因此,一定要用纸币代替金币。

凯恩斯说:"历来所以认为黄金特别适于作价格标准者,就因为黄金之供给缺乏弹性;现在我们知道,正因为有这种特征,所以困难丛生。"②因此,他便认为:"唯一补救之道,只有要公众相信:纸币也是货币,而由政府来统制纸币工厂,换句话说,由政府来统制中央银行。"③这就是垄断资本主义国家实行通货膨胀政策的理论根据。上述那种为可知的市场而生产的经济,要以通货膨胀为其经济支柱。

我认为,这就是凯恩斯从另一方面所理解的国家垄断资本主义。通货膨胀是凯恩斯主义用来防治经济危机的重要药方。通货膨胀或超过流通商品所需要的金量增加纸币供应量,对生产有时能起促进作用,在凯恩斯看来,是由于它能增加有效需求。然而这是错误的,因为有效需求不能由此凭空增加。

通货膨胀以及由它支持的经济的实质,就垄断资本家来说,就是列宁所说的有法律保障的盗窃国库。这就是说,通过通货膨胀,工资劳动者的货币工资虽然增加,但是实际工资还是降低了,降低的部分集中在国库,就是多

---

① 凯恩斯:《就业、利息与货币通论》,徐毓枬译,商务印书馆1963年版,第110页。
② 同上书,第198页。
③ 同上。

供应的那部分货币量,然后用这些货币来包买资本家的产品,并对其进行种种财政补助。说到底,这就是使国民收入的再分配有利于垄断资本家的国家垄断资本主义。

5. 人民资本主义论

垄断企业是以股份公司为基础的。在股份公司变成垄断企业的条件下,表面看来,资本所有权不是集中了,而是分散了,凡是握有股票的人即股东,都是资本家,甚至某些没有财产的人,只要善于经营,也能成为资本家,真是成为资本家的机会对人人来说都是平等的,管理股份公司的,已经不是资本家或股东,而是由股东大会产生的董事会聘请的经理,他们具有专业知识,是高级工资劳动者,是为企业本身的利益而工作的;这样,国民收入的分配就变成有利于工人,而不利于资本家。垄断资本主义就这样被说成人民资本主义。这种论调产生于19世纪末和20世纪初,第二次世界大战后大肆泛滥。按照逻辑程序,它包括资本民主化论、经理制度论、收入革命论三大部分。

在谈到现代信用制度的时候,马克思指出:一个没有财产但精明强干、稳重可靠、经营有方的人,通过信用也能成为资本家,这是资产阶级辩护士们所赞叹不已的事情;但是,这种情况虽然把一系列不受现有资本家欢迎的幸运儿召唤到资本战场上来,可是它巩固了资本本身的统治,扩大了它的基础,使它能够从社会下层不断地得到新的力量来补充自己。马克思认为,这和中世纪天主教会的情况完全一样。当时,天主教会不分阶层,不分出身,不分财产,在人民中间挑选优秀人物来建立其教会等级制度,以此作为巩固教会统治和压迫俗人的一个主要手段。马克思根据上述两种分析,得出一个重要结论:"一个统治阶级越能把被统治阶级中的最杰出的人物吸收进来,它的统治就越巩固,越险恶。"①就现代股份公司而言,资产阶级就是通过它用种种民主的办法,从被统治阶级中挑选杰出的人物,将其吸收进来,以巩固自己的统治。我们可以从这个角度来剖析人民资本主义论的实质。

---

① 马克思:《资本论》(第三卷),载《马克思恩格斯全集》(第二十五卷),人民出版社1974年版,第679页。

　　资本民主化论的基础,就是在前面谈过的伯恩斯坦的有关理论。我已经指出,正是通过股份公司这种形式,大资本家即大股东可以控制和支配小股东的资本和收入,可以干冒险的事业,失败时却不受损失,因此,这不是资本的民主化,而是资本的集中化。现在要在这个基础上进一步指出,在股份公司发展为垄断企业的条件下,一些没有财产的人可以凭空获得巨额收入,并牢固地控制企业,这从表面上看,资本主义经济对一切人来说都是民主的,有金钱的买股票,成为资本家;有能力的办企业,也成为资本家。其实,正是通过这种形式,垄断资本主义的统治越是牢固,资本不是民主化了,而是更集中化了。

　　在垄断的股份公司形式下,创办人可以凭空获得巨额的创业利润。垄断企业和非垄断企业的不同,在于它能获得垄断利润。这样,创业的股票分到的股息,就可能比银行存款得到的利息高得多。根据前面说过的股票行市 $= \dfrac{\text{股票股息}}{\text{银行利息率}}$ 的公式,股票行市就高于股票面值。例如,股票面值为 1 000 元,预计股息为 10%,即 100 元,银行利息率为 5%,这样,股票行市便为 2 000 元。当然,年终分配到的股息到底是不是 10%,只是一种预计,多少有些风险,因此,股票行市的计算就要加上风险的因素,比如,它和银行利息率合起来是 7%,这样,股票行市便为 1 400 元,其中,超过根据创办企业时的资本额而发行的股票 1 000 元的余额,即 400 元便是创业利润。这是任何一个新创办的(或由小企业合并的)垄断企业都能获得的。

　　一个没有财产,但精明强干、会做生意的人,怎么能凭空获得巨额的创业利润呢? 如果他看准开办某股份公司能获得垄断利润,他便向别人或银行借进开办的全部资本,比如 1 000 万元,并发行 1 000 万元的股票,归他所有。企业开办后,他出售股票,如上所述,股票行市总额为 1 400 万元。他归还借款 1 000 万元(还要另加上利息)外,余下的 400 万元(应扣除上述利息)便成为创办人的创业利润。很明显,他是由于创办了垄断的股份公司,能够得到垄断利润,股票股息高于银行利息,股票行市总额高于股票面值总额即创办资本总额,才得到创业利润的。当然,他为了控制这个企业,就不出售全部股票,而留下比如 300 万元,这些股票实质上也是创业利润,是凭空产生的。

上述办法虽然能产生创业利润,但很可能发生意外。因为上述股票如果全部按同样的条件分配股息,万一企业由于新办或其他原因,一段时间内不能分配较高的股息,股票行市便下降,创办人用出售股票的办法不足偿还1 000万元借款,这样,企业便要落在债权人的手里。于是,便出现了两种股票:优先股和普通股。优先股按开办资本总额1 000万元发行,并按票面面值出售,股息定为7%左右。根据上述,企业只要有70万元作为股息,分给1 000万元股票,人们便愿意购买这只股票(根据前面的例子,则要有股息100万元)。普通股则归创办人所有,其目的在于控制企业,在获利不是很多时,它可以不分配或少分配股息。如果说,掌握了30%的股票便可以控制一个股份公司,那么,这些普通股便可以定为430万元,因为这时的股票市值总额是1 430万元,430万元是其30%。很清楚,这些普通股是凭空产生的,它是创业利润。随着企业获取的垄断利润越来越多,优先股仍按7%分配股息,余下的日益增多的利润,便成为普通股的股息。

以上分析说明,垄断的股份公司比一般的股份公司更能加强资本的统治和资本的集中,它能凭空地产生创业利润,产生垄断资本家,这些人最初可能是没有财产的,但由于他们加入统治阶级的行列,更有利于资本主义的统治。资本民主化的实质就是这样。

资本民主化论认为,在股份公司的形式下,人人都可以成为资本家。经理制度论或管理制度论则在这个基础上进一步认为,在这个形式下,管理企业的不是资本家,不是股东,而是具有专业知识的经理和技术专家,他们不是资本家,是为了企业的利益而工作的,对社会即全体人民是有利的。这种理论最初是第一次世界大战后美国经济学家范布仑提出来的,不久,右翼社会民主党人、奥地利的连纳也同声附和,第二次世界大战后大肆泛滥。

不管在哪一种社会形态下,任何社会化的生产都存在组织社会劳动,以便协调地进行生产这样的社会职能。单人划船不需要指挥,一艘大轮船必须有船长。恩格斯称这种职能为权威。资本主义生产是社会化的大生产,当然要有这种权威。但是资本主义生产是建立在阶级对抗的基础上的,凡是存在阶级对抗的地方,就需要有统治或压迫。在资本主义条件下,权威和统治、压迫结合在一起。马克思说,资本主义的管理就其内容来说是二重的,就其形式来说则是专制的;"资本家所以是资本家,并不是因为他是工业的领导人,相反,他所以成为工业的司令官,因为他是资本家"。①

随着资本主义生产社会化的发展和企业规模的扩大,资本家就将这种具有二重性质的管理工作交给一些具有专业知识的人员来做。这样,随着股份公司的产生,担任这种管理工作的就不是股东,而是某些经济专家和技术专家,即所谓的经理。马克思说:"与信用事业一起发展的股份企业,一般地说也有一种趋势,就是使这种管理劳动作为一种职能越来越同自有资本或借入资本的所有权相分离。"②很明显,不管如何分离,这种职能并不因此而发生根本性质的改变。尽管资本家自己不管理企业,委托别人管理,企业的资本主义性质却不会因此而改变。经理制度论的根本错误,就在于用这种分离来否定股份公司的资本主义性质。

经理不是资本家,而是企业家,为了发展企业,他会和资本家作对:这是经理制度论者常用的论据。这是错误的。有些经理即使不是资本家,甚至原来是毫无财产的人,但是,第一,他受的学校教育和社会教育使他成为一个被大股东看中的人,即成为一个资产阶级忠实的代理人;第二,他是由大股东组成的董事会任命的,如果违反了大股东的利益,他便被解职。说到底,这也是大资产阶级作为一个统治阶级,从被统治阶级中挑选人才,把他吸收到自己的阶级中来,以加强自己的统治的方法。这和资产阶级通过选举制度,可以从被统治阶级中物色人才,把他吸收到自己的阶级中来,以加强自己的统治是一样的。

资产阶级经济学家,在拿独立的农民和手工业者的生产,同以奴隶制为基础的种植园经济作比较时,把后者所特有的监督劳动看作非生产费用,这时,他们是看到了奴隶制的管理劳动的社会特性的。与此相反,他们考察资产阶级的生产方式时,却把从社会化生产中产生的管理职能,同从这一过程的阶级对抗性质中产生的监督职能混为一谈。股份公司产生后,他们考察股份公司时,更利用了在股份公司中存在着的财产资本和职能资本的分离,认为作为财产资本家的股东,甚至是大股东,在本质上不管理企业,而

---

① 马克思:《资本论》(第一卷),载《马克思恩格斯全集》(第二十三卷),人民出版社1972年版,第369页。

② 马克思:《资本论》(第三卷),载《马克思恩格斯全集》(第二十五卷),人民出版社1974年版,第436页。

作为职能资本使用者的由董事会任命的经理,在本质上不把企业作为资本主义的企业来管理。这就是抹杀了资本主义管理的阶级对抗性的一面,强调资本主义管理的生产社会化的一面。这就是经理制度论的错误的方法论。

收入革命论,如果将其炮制者玩弄的统计手法,比如计算利润时将税收去掉,计算工资时却不去掉等等撇开不谈,那么它的理论错误就是:将股份公司的董事、监事的报酬以及经理、副经理等资本家代理人的收入,和一般工人的工资同等看待,由此得出资本主义国民收入的分配变得越来越有利于工人的辩护结论。从这一点上看,收入革命论是经理制度论的逻辑结论。

为了深入地分析问题,我认为有必要将董事、监事这些实际上并不参加管理工作的人的报酬,和经理这些参加管理的人的收入分开来谈。前面说过,经理担任的就是原来资本家自己担任的管理工作。我认为,资本家的管理既然是二重性的,从其是社会化的生产所必需这点看,其劳动是资本主义商品生产所必需的,是创造价值的,在这个限度内,从事这些工作的资本家的这部分收入是他自己的劳动创造的,是他自己支付给自己的工资,也就是不具有剥削意义的那种管理劳动的工资。从资本家的管理是社会化生产中存在着的阶级对抗关系所必需这点看,其"劳动"只是为了进行剥削和统治,是不创造价值的,资本家作为剥削者的收入就不是他为了进行剥削所耗费的"劳动"创造的,而是被他剥削的工人的剩余劳动创造的,也就是剩余价值或其转化形态利润。资本家的管理劳动,具有二重性质,这种劳动不能按这种二重性质作量的分割,因此,这两种性质不同的收入是结合在一起的。这种资本家如果是自有资本并独资经营,这种收入就表现为利润;如果是借入资本并独资经营,利润就在借贷资本家和生产资本家之间进行分割,变为利息和企业收入,企业收入中包括生产资本家的管理劳动的工资;如果是合股经营的股东,企业管理工作不由股东而由经理担任,利润就分割为股息和企业收入,经理的工资(还有董事、监事的报酬)由企业收入开支,其中既有其管理劳动创造的价值,也有是剥削工人而来的剩余价值。因此,从社会的角度看,经理的工资中一部分是工资,一部分是剩余价值;虽然从经理个人看,它们都是工资。收入革命论的炮制者将经理的工资和工人的工资同等看待,将两者加在一起,用以证明国民收入的分配发生了不利于资本家的革命,这是十分错误的。

现在的问题是:经理的工资是从原来属于生产资本家的企业收入中支付的,而企业收入既有剩余价值的一部分,又有资本家的不具有剥削意义的那种管理劳动所创造的价值,那么,怎样能够说明他们的工资不可能仅仅是其劳动创造的价值,而必然包括工人创造的剩余价值?我们只要指出,经理的工资和工人的工资不同,它并不完全由劳动力价值决定,而主要取决于企业经营的好坏、企业收入的多少。具有同等劳动熟练程度的经理,工资差别却往往很大,从这一点便可以了解它具有犒赏性质,主要来自剩余价值。

对经理的工资的经济性质问题,我认为有两种错误看法。一种是完全抹杀它的一部分是经理的劳动创造的。其根源是完全否认资本家的管理劳动具有二重性,这是不对的。马克思说,只要资本家的劳动"不只限于剥削别人劳动这个职能;从而,只要这种劳动是由作为社会劳动的劳动的形式引起,由许多人为达到共同结果而形成的结合和协作引起,它就同资本完全无关……"①既然这样,这种劳动就是创造价值的,由这职能得到的收入就是劳动创造的。在资本主义制度下的工人合作工厂,社会主义制度下的企业,其经理的劳动只是为了进行社会化的生产,在这个条件下,他们的工资当然是其劳动创造的。只有统一地坚持这两种工资理论,我们才能解释只是参加管理工作,但不参加物质生产劳动的资本家,在社会主义革命后,仍然只是参加管理工作,为什么可以变成自食其力的社会主义劳动者。

另一种看法认为,它全部是经理的劳动创造的。其错误的根源有两方面:其一,在股份公司的条件下,企业利润中属于股息的部分表现为资本的产物,企业利润超过股息的余额则表现为经理的劳动的产物;其二,在上述基础上,这余额的一部分分给实际上不担任管理工作的董事、监事,另一部分分给担任管理工作的经理,这就使人更加认为经理的工资全部是其劳动创造的。

---

① 马克思:《资本论》(第三卷),载《马克思恩格斯全集》(第二十五卷),人民出版社 1974 年版,第 435 页。

董事、监事的"劳动"和经理劳动的不同,它没有二重性。马克思说:"对这些董事和监事来说,管理和监督实际上不过是掠夺股东、发财致富的一个借口而已。"①因此,他们得到的报酬全部来自剩余价值,这是十分清楚的。

以上我们从股份公司的角度来谈问题,指出董事、监事的报酬以及经理的工资的经济性质。从资本主义社会看,完全为剥削阶级寄生生活服务的仆役、舞女、歌女、妓女等的工资收入,其来源也是剩余价值,虽然从个人看它是工资。

这样,只要把上述各种收入按从社会看的经济性质分类,所谓的国民收入中工资的比重日益增大的谎言,即收入革命论,就一戳即破。

6. 非殖民地化论

这种论调认为,资本主义母国对于殖民地就是帮助其发展,使其成为母国一样的国家独立存在,或和母国结成联盟并共同发展。其实质就是掩盖帝国主义宗主国对殖民地的剥削和统治。

这种理论的基础,是霍布森的帝国联合论和考茨基的国家联盟论。按照霍布森的理论,英帝国的联合要分为三步走:第一步,大不列颠和爱尔兰、加拿大、西印度群岛、澳大利亚、新西兰等联合。我们知道,当时这些殖民地除爱尔兰外,都是移民殖民地,资本主义发展较为迅速;第二步,再扩大范围,和锡兰、印度等联合;第三步,和半独立国家埃及、阿富汗等联合。当时后两者都是奴役土著的殖民地。按照考茨基的理论,不列颠国家联盟有两大支柱:一是三大农业殖民地,即加拿大、澳大利亚和南非。他认为严格说来,它们已不是殖民地而是独立国家;二是东印度。他们两人都认为,这种帝国联合和国家联盟产生了,殖民地就再也不是殖民地了。这就是最初的非殖民地化理论。

其后,这种理论就发展为两个变种。一种是,将英帝国或英联邦的成员国都说成已经不是殖民地了,联合王国和它们的关系再也不由外交部管理,

① 马克思:《资本论》(第三卷),载《马克思恩格斯全集》(第二十五卷),人民出版社1974年版,第438页。

而由联邦事务部管理。在我看来,这只是形式上变了,实质上没有变,正如成立了大不列颠及爱尔兰联合王国后,爱尔兰的殖民地实质并没有变,只不过由国外殖民地变为国内殖民地一样。另一种是,以美利坚合众国早已独立,加拿大、新西兰、澳大利亚等后来也变成独立国家,现在它们都已发展为发达的资本主义国家为例,说明所有资本主义母国都帮助殖民地发展为先进的独立国家,美、加、澳、新的今天,就是殖民地国家的明天。

这种论调是错误的。首先,正如前面已说过的,我们要区分两种殖民地:一种是自由移民的殖民地,这是宗主国在空地或被腾空的土地上,将母国的生产关系移植过去,资本主义在这里是生根的,如英国之对原来的美、加、澳、新,等到后者的资本主义发展起来,从而和英国发生矛盾时,英国已经不能限制其发展了,这样,加、澳、新等虽然是英联邦的成员国,但已经不是殖民地了;一种是奴役土著的殖民地,宗主国是在维持其原有的生产关系的基础上对它进行剥削的,宗主国的资本主义并不在这里生根,只是由于要剥削它,就不能不办一些铁路、码头之类的资本主义企业,又由于自然经济的破坏,土著的资本主义也有一些发展,但是宗主国对这种资本主义是限制其发展的。因此,这种殖民地不可能像前一种殖民地那样,在联邦帝国的范围内发展为独立的国家,变成不是殖民地。其次,即使是那些现在确实已经成为独立国家的原先殖民地,其取得独立也不是由于宗主国的帮助,而是由于向宗主国进行斗争的结果。美利坚合众国的独立是经过斗争取得的,加、澳、新成为经济独立的国家也是经过斗争的。应该说,英联邦这个组织便是要将其成员国束缚住的。道理很清楚,资本主义国家当然不可能主动扶植一个与它相竞争的对手。

许多帝国主义思想家传播这种非殖民地化论。例如,为了证明日本帝国主义发动侵华战争,变中国为日本的殖民地是进步的,是帮助中国社会加速自己的发展,日本帝国主义学者秋泽修二在其《东洋哲学史》和《中国社会构成》中便贩卖这种理论。他认为中国社会发展具有停滞性,要打破这种停滞性,只有期待外力的推动,日本对华发动的战争就起了这种推动的作用。在抗日战争时的40年代初期,这种反动理论遭到我国进步社会科学工作者的有力批判。

中国封建社会经历的时间比西欧的长许多,这是事实,是应该研究的。

斯密认为,这是中国的法律制度决定的。马克思认为,这是亚细亚生产方式决定的。关于马克思所谈的亚细亚生产方式指的究竟是什么,学者们有不同的看法。我的粗浅看法是:亚洲各国的奴隶社会中还存在着大量原始社会的公社组织,它使社会发展迟缓。马克思说:"这些自给自足的公社不断地按照同一种形式把自己再生产出来,当它们偶然遭到破坏时,会在同一个地点以同一名称再建立起来,这种公社的简单的生产机体,为揭示下面这个秘密提供了一把钥匙:亚洲各国不断瓦解、不断重建和经常改朝换代,与此截然相反,亚洲的社会却没有变化。这种社会的基本经济要素的结构,不为政治领域中的风暴所触动。"①

　　秋泽修二曲解了马克思的论述,并将其用于自己的辩护的目的。马克思明明说过,在这些公社中,"变成商品的只是剩余的产品,而且有一部分到了国家手中才变成商品,从远古以来就有一定量的产品作为实物地租流入国家手中"。② 既然有商品交换,它就必然逐步发展,瓦解自然经济,促进生产力发展,只是由于公社大量存在,这个过程就十分缓慢。所以,马克思的论述说的只是亚洲各国经济发展缓慢,因而在较长的时间内没有引起社会制度的根本变化,但是,前者的发展终归是要引起后者的变化的;否则,马克思尤其是恩格斯详细论述的原始公社瓦解和奴隶制的产生便无法理解了。从马克思的论述中,不应当得出亚洲各国历史发展已经停止的结论,更不能得出只有外力才能打破这种停止的结论。秋泽修二不是这样,他认为中国的商业、工业、农业,全部经济生活都被这种"社会的基本经济要素的结构"钉死了,不能动弹,中国社会是个不能孕育胎儿的石女,要打破这个局面,只有靠外力的作用。这种论调事实上认为,日本从九一八开始对中国发动的"圣战"便起了这种作用。日本是为了"帮助"中国人民建立"皇道乐土",和同种同文的日本"共存共荣",才不惜牺牲,从事这场"圣战"的。这真是强盗的逻辑!

　　这种反动理论,甚至将日本侵华战争,比作中国历史上的武王革命中的周灭殷的战争。它的意思是说,既然中国进步历史学家认为,周灭殷的战争

---

　　① 马克思:《资本论》(第一卷),载《马克思恩格斯全集》(第二十三卷),人民出版社 1972 年版,第 396—397 页。

　　② 同上书,第 395—396 页。

是正义的、进步的，那么，他们也应承认日本对华战争也是正义的、进步的。这是在历史唯物主义外衣掩盖下贩卖帝国主义的私货。

第一，它显然认为，在周灭殷的战争后建立的新社会制度是外力，并且是暴力创造的。这当然是错误的。西周是奴隶制还是封建制，这是一个正在研究的学术问题。但撇开这点不谈，有两个问题是清楚的。其一，周族原来就是殷灭夏的夏族回到西北后繁衍下来的一个分支，受殷的统治，后来周族经济发展起来，推翻殷的统治，因此这是内部革命，不是外力作用。其二，周灭殷后建立新的社会制度，是根据殷已形成的新的经济因素和周自己的经济因素，将这两者结合起来而产生的。暴力只能加速或延缓一种社会制度的产生，不能创造一种社会制度。日本对中国发动的战争，就是妨碍中国资本主义发展的侵略战争。

第二，在上述错误前提下，这种谬论鼓吹者之所以选择周灭殷的战争，而不选择例如五胡乱华的战争，其主要着眼点在于：前者是由一种先进的生产方式为了使落后的生产方式发展为先进的生产方式而发动的战争，后者就不是这样。这就是说，日本的生产方式比中国的先进，它发动"圣战"就是为了使中国的生产方式从落后的变成先进的。这同样是强盗逻辑。周族的生产方式的社会性质问题，也是一个正在研究的学术问题。撇开这点不谈，周灭殷的战争其所以是正义的、进步的，是由于它促进了新的社会制度的产生，促进了生产力的发展。日本的侵华战争其所以是反动的，这是由于日本的生产方式在社会发展的阶段上虽然较中国先进，但它发动战争不是要摧毁中国的封建制度，解放和发展生产力，而是要和其劲敌英美帝国主义相争夺，排除它们，独霸中国，把整个中国变成它的殖民地，然后在这个基础上和中国的封建主义相结合，维持旧的生产关系，攫取垄断利润。

这种非殖民地化理论，恰恰是殖民地化理论。

再如，美国学者罗斯托的经济成长阶段论，也是一种非殖民地化论。他的《经济成长阶段论》(1960年)的副题是《非共产党宣言》。他把社会发展划分为五个阶段：传统社会、为发动创造前提条件阶段、发动阶段、成熟阶段、高额群众消费阶段。在这里，没有必要介绍其划分阶段的标准的细节，我们只要指出，它既以生产工具、又以消费程度为标准，是连历史学派的方法论都不如的，因为历史学派诸子，从每个人来说，其划分标准虽然不是生产方式,而是其他因素,但仍然是一元论的。必须指出的是,在罗斯托看来,像美国这类发达资本主义国家已进入高额群众消费阶段,苏联处于成熟阶段,我国、印度、土耳其、阿根廷等则处在发动阶段;从传统社会发展为现代社会的重要动力原是民族主义,现在则由于已经进入"先进社会"的国家入侵落后国家,给它们带来了新的思想感情,它们才有可能从传统社会发展为先进社会。这就是说,最初的先进社会是自己从传统社会发展而来的;而现在的传统社会只有靠先进社会去开发,才能发展为先进社会。其实,因果关系应该是:现在的传统社会由于有了先进社会的压迫,便不能发展为先进社会;只有推翻这种压迫,它才能发展为先进社会。

7. 反对列宁的资本输出理论的种种观点

1969—1970 年,在英国牛津大学举行有关帝国主义理论的讨论会上,出现了反对列宁的资本输出理论的观点。我们有必要对其加以分析。

哈里·马格多夫(美国激进派经济学家,《每月评论》的主编之一)的第一个观点是:资本输出的原因,不是列宁所说的资本过剩,而是资本主义本身就是一个世界制度,正如资本主义需要进行国际贸易一样,它也需要输出资本。他举了这样的历史事实:在商业资本主义时代,欧洲资本开始在美洲和亚洲经营种植园与矿山,在产业革命时期,落后国家缺乏资金购买欧洲国家出口的商品,因此向欧洲国家借款购买,以此来证明这时的资本输出不是由于资本过剩。

我认为这是不对的,是对资本输出和资本过剩这些经济范畴的误解。他的所谓商业资本主义时代,与我们所说的资本原始积累时期相当。这时的欧洲资本向美洲这种自由移民殖民地流入,由于后者还是一块空地,资本的这种流入实质上等于资本主义向无人地区扩大自己活动的地盘,犹如美国内战前后开拓西部,发展其资本主义一样,不应理解为资本输出。到美洲已经产生了资本主义,欧洲资本再也不是向空地上流入时,这才是资本输出。亚洲的情况与此不同,它不是一块空地,有前资本主义经济存在着。根据我们前面的分析,其高利贷利息率比资本主义国家的利润率和利息率都高些,这似乎是欧洲国家向这里输出资本的原因。但现在的问题不在这里,而是在于马格多夫强调的欧洲资本输到美洲和亚洲来经营种植园(和矿山)。根据我们前面的分析,种植园使用的不是自由雇佣劳动者,而是没有人身自由的奴隶和苦力,其工资特别低廉,因此种植园的利润特别高。如果欧洲资本在国内继续投资,不但得不到这么高的利润,反而引起利润率的下降,这部分资本便是过剩资本,便输出到利润高的国家去。所谓资本过剩,当然是相对于利润来说的。就这点说,垄断前的资本主义也是有资本输出的,但是商品输出才是主要的。这就是说,资本输出的原因不在于资本主义是个世界制度这件事本身,而在于资本过剩。

产业革命时期,欧洲国家借钱给落后国家购买它输出的商品,这不是输出资本。因为这里借贷的是用于购买的货币,而不是用于生利的资本。一般说来,货币借贷是随着商品交换而产生的。这里说的情况应该是这样:落后国家向欧洲国家购买工业品,到定期支付时,缺乏支付手段,所欠货款便转变成借款,然后再定期还债付息。这种由国际贸易差额引起的借贷关系,不应理解为资本输出和资本输入的关系。马格多夫之所以从这方面把资本输出和国际贸易联系起来,是由于他混淆了资本借贷和货币借贷。应该说,这两者是容易混淆的,因为它们的外观相同,在正常情况下,利息率也相同。但在理论上加以区分却是很容易的。试看经济危机时候人们由于缺乏支付手段而进行的借贷,应该是货币借贷而不是资本借贷,因为它用来还债而不是用来牟利。正因为这样,这时的利息率便反常地高于利润率。

哈里·马格多夫的第二个观点是:资本输出的原因,不是由于输出国的利润率低于输入国,即使在相反的情况下,也会发生资本输出。他举了两个例子:购买国外的债券,其利息低于国内工业的利润;生产某种产品,国内的利润率为20%,继续投资可能降为15%,在国外生产则为18%,这样,就输出资本到国外生产。因此,在这里起作用的是边际利润率。

这同样是错误的。第一例,拿公债利息和工业利润相比,是犯了把不同的范畴来相比的错误。工业利润包含利息和企业收入,一般说来是比公债利息高的。应该用工业股票的股息和国外公债的利息比,但要考虑前者利率不固定,有风险这个因素起作用,后者则是固定的,没有风险。第二例,边际利润率云云在说明过剩资本产生的原因时,正如我们在前面说明马克思对过剩资本的产生原因进行分析时说过的一样,是自有之义,只是有些人把它理解错了。马格多夫把它指出来当然是很好的,但这不能说明资本不是从利润率低的地方流向利润高的地方。

第三,马格多夫对资本主义利润率有下降趋势的规律是否符合实际情况表示怀疑。现在也有一些马克思主义政治经济学的研究者持此观点。如果利润率没有下降的趋势,资本主义国家利润率便不会比落后国家低,就不会输出资本。所以,这种论点实质上也是违反列宁的资本输出理论的。我谈谈个人看法。

马克思在谈到对利润率下降趋势规律起反作用的六个原因之一时指出:"对外贸易一方面使不变资本的要素变得便宜,一方面使可变资本转化成的必要生活资料变得便宜,它具有提高利润率的作用,因为它使剩余价值率提高,使不变资本的价值降低。"[1]这是因为,落后国家和殖民地的个体生产者生产的农产品原料和粮食较为便宜。其原因前面已谈过了。垄断资本主义产生后,它在对外贸易中,以垄断高价出售产品,以垄断低价购买原料和粮食,这样,资本主义的利润率在统计上便出现不下降甚至上升的现象。但是,这是由于没有剔除价格因素而造成的,并且也是资本流向利润高的地方的结果。因此,不应该用这个现象来反对列宁关于资本输出的理论。

---

① 马克思:《资本论》(第三卷),载《马克思恩格斯全集》(第二十五卷),人民出版社1974年版,第264页。

八　关于如何发展列宁的
帝国主义理论的问题

　　列宁提出的帝国主义理论,标志着无产阶级帝国主义理论的创立。列宁所创立的帝国主义理论,是全世界无产阶级的强大的思想武器,它的基本原理今天仍然闪烁着灿烂的光辉。当然,随着革命实践的发展,列宁的帝国主义理论也在不断地丰富和发展。斯大林对列宁帝国主义理论的发展主要有两方面:第一,提出了垄断资本主义基本经济规律的理论,以及与其有关的垄断利润必要性的理论等;第二,随着经济、政治条件的变化,提出列宁没有提出的理论,如提出了关于资本主义总危机的理论等。我们要像斯大林那样,认真学习、研究列宁的帝国主义理论,结合当前革命实践的实际,努力研究新的情况,提出新的问题。

1. 列宁的帝国主义理论中最重要的部分

　　当前,研究列宁帝国主义理论的著作很多,就我看到过的几本来说,如果把从某一方面研究帝国主义的著作,如美国激进派经济学家斯威齐等人的《垄断资本》除外,对帝国主义作综合研究的著作有四种类型。第一,把列宁的《帝国主义是资本主义的最高阶段》的主要内容,和斯大林提出的资本主义总危机理论结合起来,即从帝国主义的经济特征、帝国主义的历史地位和资本主义总危机三部分,来概括帝国主义研究的全部内容。这以40年代末、50年代初在苏联流传很广的那套政治经济学教材(共十六个分册)为代表,其后在苏联经济研究所主编的《政治经济学教科书》中定型。我国的同一类书深受其影响。第二,实质上是按照上述三部分来写,但在次序和形式上有变化,并且对垄断资本统治下的各物质生产部门、财政信用制度以及对国家垄断资本主义加强分析。这以苏联伊诺泽姆采夫主编的《现代垄断资本主义政治经济学》为代表。第三,分别着重研究上述第一和第三部分。前者以苏联德拉基辽夫、鲁登科的《垄断资本主义》为代表,这本书的副题就叫《帝国主义基本特征概论》;后者以苏联瓦尔加的《帝国主义经济与政治基本问题》(出过两版)为代表,它着重叙述帝国主义灭亡的历史过程。瓦尔加的《二十世纪的资本主义》着重研究的也是这个历史过程。第四,不仅研究垄断资本主义,而且在这个基础上扩大到研究某些国际经济关系,如国际贸易和国际金融,等等。这以罗马尼亚的阿波斯托尔主编的《当代资本主义》为代表。

应该说,这些著作内容都很充实,有的在理论上有特点,例如,德拉基辽夫的《垄断资本主义》关于两类殖民地的提法,以及对它的再生产的特点的分析;瓦尔加的《二十世纪的资本主义》关于国家垄断资本主义的实质,是通过国家来对国民收入作有利于垄断资本的再分配的分析,等等,是很有启发性的,我从中获益很大。但是,我认为这些著作,从其结构来说,会妨碍对帝国主义的研究,因此是有缺点的。

首先,拿前三类著作来看,其结构基本上就是经济特征、历史地位、资本主义总危机三大部分,或者是其中之一。看来,当前在帝国主义的理论研究中,这种形式、结构如果不予以突破,内容便无法更加丰富。例如,在这种结构束缚下,垄断资本主义的政治上层建筑、垄断资本主义的世界帝国,等等,便被排除在研究的范围之外。

这三类著作有一种倾向,那就是着重研究帝国主义五大经济特征在当代的表现。这虽然可以加深对于垄断资本的统治具有哪些特点的认识,是有一定意义的。但是,如果仅仅限于描绘这些特征,而不进一步分析垄断统治对生产力和生产关系的矛盾的作用,如列宁已做的那样,那么其意义就不是很大的。因为仅仅描绘特征,而不通过这些特征来分析生产关系,人们对这种生产关系的认识,便只是表象的而不是本质的。

目前出现一种现象,就是将列宁所论述的帝国主义五大经济特征看成一个固定的格式,拿着它去套当代帝国主义经济中的问题,或者反过来说,将垄断资本主义的经济现象嵌进这个格式中,因此有必要谈一谈这个问题。大家知道,马克思曾经指出,资本主义生产方式的特征有两点:其一是商品生产普遍化;其二是剩余价值生产。这确实是资本主义生产区别于其他生产的特征。

但光是这样说，认识还是表象的。因此，马克思便由此转入研究生产关系，说明这两点都是由于劳动力成为商品而产生的。这样，人们便对它有了本质的认识。列宁在《俄国资本主义的发展》中研究俄国封建主义第一阶段——徭役经济——的特征时，指出有四点：自然经济的统治、直接生产者被束缚在土地上、领主对生产者的人身奴役、技术状态墨守成规。但列宁没有停留在表象的描述上，而是分析了产生这些特征的生产关系，这就是由于商品生产不发达，领主剥削的是劳役地租，这就要强迫农奴在土地上并在强制下劳动。至于列宁怎样从帝国主义五大经济特征的论述开始，深入地分析了垄断资本主义如何使生产力和生产关系的矛盾更为尖锐，前面事实上已谈过，这里就不谈了。所以，描述帝国主义的经济特征并不是目的，通过它来分析生产关系才是目的。在这样做时，不必局限于已有的格式。

对于帝国主义历史地位的研究，没有受到应有的重视。有些研究只停留在帝国主义是腐朽的、垂死的资本主义的论述上；并且如前所述，在研究中出现片面性、简单化和庸俗化的现象。对于国家垄断资本主义的研究，有的只是介绍情况，关于它的本质究竟是什么，没有进行深入认真的分析。列宁认为，国家垄断资本主义是国民经济的一种特殊形式。这一重要论点没有引起应有的重视。有的研究战后帝国主义经济的著作，将国家垄断资本主义放在经济特征中进行研究，这反映了对国家垄断资本主义特殊的历史地位缺乏深入的认识。

对于资本主义总危机的研究是重视的，但不是把它作为一个理论问题来研究，而是作为一个历史过程来叙述，到目前为止，把这个过程划分为两个阶段或三个阶段。这种历史叙述法同分析经济特征、历史地位的逻辑论证法是不协调的。在这种方法支配下，资本主义总危机中应有的重要理论问题，如资本主义国家之间的矛盾与资本主义制度和社会主义制度之间的矛盾哪一种矛盾更为尖锐，垄断资本主义国家如何处理垄断资本主义国家之间、帝国主义国家和殖民地附属国之间、垄断资本主义国家和社会主义国家之间这三对矛盾等问题，便得不到重视。

其次，拿后一类著作来看，我觉得它事实上将帝国主义理论研究扩大为部分的国际经济关系或世界经济的研究，也就是将政治经济学的内容扩大为包括部分的部门经济学或其他经济学。政治经济学的任务，是说明各个不同历史阶段的生产、交换和分配的规律；部门经济学的任务，是说明这些规律在国民经济各部门的具体表现或具体形式。一般说来，前者不直接为国民经济服务，后者才直接为国民经济服务。把部门经济各学科的任务加到政治经济学上，是不恰当的，其结果是削弱了政治经济学的理论研究。拿我们现在的问题说，便是削弱了帝国主义的理论研究，这是得不偿失的。

既不能将帝国主义的研究束缚在经济特征、历史地位、资本主义总危机的格式中，又不能将它扩大到包括部分的部门经济学科的研究范围，要很好地解决这个矛盾是不容易的。它要求我们正确地回答：列宁帝国主义理论中哪些是最重要的，而且必须坚持这些理论。

我认为，列宁帝国主义理论中最重要的是这三部分：第一，帝国主义是资本主义发展的一个历史阶段，即垄断阶段。这是客观存在的理论反映，是列宁帝国主义理论的基础，也是区别于其他理论的主要之点；第二，帝国主义是垄断资本主义的世界体系。这是垄断资本必然要剥削全世界的结果；第三，帝国主义是向社会主义过渡的资本主义，其中的国家垄断资本主义是社会主义的入口。

当然，在坚持这些理论时，也要解决列宁在提出这些理论时没有谈到的问题。这样，我们便可以以此为基础，根据新的经济和政治条件，提出一些新的理论问题供大家讨论，以便设想出一个研究帝国主义的提纲。

2. 坚持帝国主义是一个历史阶段的论点，要解决的几个理论问题

前面谈到，资本主义以前的几种生产方式都可以划分为两个发展阶段：原始社会的蒙昧时代和野蛮时代；奴隶社会的家长制生产和种植园生产；封建社会的领主经济和地主经济。前一阶段发展为后一阶段，是生产力发展的结果。随着生产力的发展，生产关系发生部分质变，以适应和推进生产力的发展。到生产关系又严重地妨碍生产力的发展，生产关系再也不能在原来的质的基础上发生部分的质变，而必须发生根本的质变，从旧质突变为新质时，新的生产关系便代替旧的生产关系。然后，新的生产关系又在这个基础上发生新的部分质变。由此可以看出，一个生产方式的后一阶段开始时是促进生产力的发展的，正如前一阶段开始时所发生的作用一样，只是到了后来，它才妨

碍生产力的发展,才被新的更能促进生产力发展的生产关系所代替。

由此就产生一个重要理论问题:资本主义从自由竞争阶段进入垄断阶段,开始时是妨碍还是促进生产力的发展? 按照目前的一般看法,似乎是妨碍生产力的发展的。这样,就产生这个问题:以前的生产方式的后一阶段,开始时都能促进生产力的发展,为什么唯独垄断资本主义阶段不能起这作用? 因此,我认为这是一个亟待解决的理论问题。

要解决这个问题,就要说明自由竞争发展为垄断的原因究竟是什么。前面曾经谈到恩格斯和列宁对这个问题说法的异同。根据恩格斯的分析,垄断的产生是由于要解决生产社会化和私人资本主义占有的矛盾,生产同种商品的企业便组成卡特尔,以便调节生产,这是起着促进生产力发展的作用的。然后在这个基础上,根据斯大林关于垄断利润的必要性是由于垄断资本主义企业要进行扩大再生产的说明,就可以理解,垄断企业制订垄断价格以攫取垄断利润这个经济过程,是和生产发展联系在一起的。从这方面看,垄断价格的产生并不就意味着妨碍技术改进。当然,由于垄断价格的产生,它便有可能妨碍技术改进,尤其是,它使劳动力的部分价值转化为垄断利润,使生产和消费之间的矛盾深化,这更是妨碍生产力的发展的。这就是说,垄断的产生起初有利于生产力的发展,经过一段时间,它又妨碍生产力的发展。这种分析同垄断资本主义生产发展的实际情况相符合。从 19 世纪 70 年代到第一次世界大战这段时间,垄断资本主义生产发展迅速。在这段时间中发生的科技突破,由于垄断资本主义实行扩大再生产,便从可能的生产力变为现实的生产力,即实现第二次产业革命。从第一次世界大战到第二次世界大战,垄断资本主义生产发展缓慢。第二次世界大战后,新的科技突破由于同样原因促使第三次产业革命发生,生产发展迅速。到 60 年代中期,又发生变化。

根据列宁的分析,垄断的产生是由于集中发展到一定阶段,几十个大型企业容易成立协定,以及企业规模巨大,造成了竞争的困难。我们曾经指出,协定的内容有二:其一,调节产量,以适应市场的需要,这和恩格斯的分析相同;其二,制定垄断价格,以攫取垄断利润。这样,攫取垄断利润似乎就不是进行扩大再生产的条件,垄断价格的产生就与扩大再生产无关,纯粹是为了攫取垄断利润。这就从某一方面切断了垄断利润和垄断价格与生产发展的联系。列宁又说："既然规定了(虽然是暂时地)垄断价格,那么,技术进步、因而也是其他一切进步的动因和前进的动因,也就在相当程度上消失了……"①这里明确地把垄断价格归结为妨碍技术进步。列宁后来又提出,为了提高利润,垄断价格还是能促进技术发展。人们在对上述理论的理解中,往往容易将垄断价格的产生和扩大再生产割裂开来,并将垄断价格的存在和技术进步看成有两种不同的关系,而又没有办法说明在何种情况下发生何种关系,这样,在理论上便很容易产生一种偏向,认为垄断统治、垄断资本主义阶段从本质上就是妨碍生产力的发展的。因此,为了很好地分析资本主义从自由竞争阶段发展为垄断阶段生产关系对生产力的反作用问题,就有必要深入地分析恩格斯和列宁关于垄断产生的理论。

肯定帝国主义是资本主义发展的一个历史阶段,即垄断阶段,还要解决一个重大理论问题,这就是资本主义的基本经济规律在垄断阶段以哪一种形式发生作用。作为这个问题的前提,又有两个问题:其一,剩余价值规律作为资本主义的基本经济规律,为什么不能直接表现出来,而要通过某种形式才能表现出来? 关于这一点,马克思说得很清楚,剩余价值本身是抽象的、纯粹的,它要具体地表现为企业收入、利息和地租;其二,在自由竞争阶段,它以哪种形式表现出来? 人们说它以平均利润规律的形式表现出来,我同意这种看法。因为平均利润就是在具有中等条件的资本家之间分配的剩余价值。它再在职能资本家和财产资本家之间进行分配,分割为企业收入和利息。在农业中,超过平均利润的剩余价值余额便转化为地租。级差地租是农业资本之间的利润余额,绝对地租是农业和工业资本之间的利润余额。

剩余价值规律在垄断阶段以哪一种形式发生作用呢? 现在一般都根据斯大林的提法,认为它以最大限度利润或垄断利润规律的形式发生作用。撇开这个规律的表述问题,我是同意这种看法的。根据这个规律,便可以说明,正如前面已经说过的,垄断资本主义为什么必须是一种世界体系,新办的垄断企业为什么能凭空获得创业利润,以及其他类似的垄断资本主义所特有的现象和范畴。但问题并不是到此就全部解决了。其一,既然垄断利

---

① 列宁:《帝国主义是资本主义的最高阶段》,人民出版社 1964 年版,第 90 页。

润规律是剩余价值规律的表现形式,那为什么垄断利润的实体不能和平均利润的实体一样仅仅是剩余价值,而是包括剩余价值以外的因素?关于这个问题,我在后面再谈。其二,垄断利润规律的作用意味着,整个垄断资本统治的世界都受其支配。垄断企业获得垄断利润是没有问题的,问题在于非垄断企业(包括垄断部门中的局外企业和非垄断部门)获得的利润有没有平均化的趋势,如果有,平均利润规律在其中是否存在,与此相应,生产价格是否存在。经济学家对此的看法分歧很大。我的看法是:非垄断企业的利润有平均化的趋势,但马克思所说的那个平均利润规律和生产价格已不存在,因为它是自由竞争的产物。自由竞争受到破坏,使非垄断企业获得的利润少于这些非垄断企业劳动者所创造的剩余价值,其平均价格(不是生产价格)的总额少于其价值总额。所以,在这个条件下还说什么垄断价格仍以生产价格为基础,是一种错误的说法。因为在这个条件下,生产价格是不存在的。

这里我没有涉及剩余价值规律、平均利润规律、垄断利润规律的表述问题。认为后两者是前者的表现形式,就必然涉及这三者如何统一表述的问题。随着研究的深入,这问题必然被提出来。

3. 坚持帝国主义是一种世界体系的论点,要解决的几个理论问题

前面说过,垄断资本主义进行扩大再生产,要以攫取垄断利润为条件;而垄断利润要来自非垄断的资本主义经济成分和非资本主义经济成分。这就是说,垄断资本主义经济的存在和发展,要以剥削其他经济为条件;帝国主义这个世界体系包含垄断资本主义和被其剥削的其他经济成分。在这里存在一个深刻的理论问题:一种生产方式(或一种经济成分)要以另一种生产方式(或一种经济成分)为其存在和发展的条件,从历史唯物主义的角度看,是正确的吗?

按照一般的说法,当然认为这是错误的。因为按照历史唯物主义的原理,一种新的生产方式从旧的生产方式中自发地(社会主义不是自发地)产生出来后,它就可以独自存在和发展,其社会再生产的实现条件,它本身可以提供,不必依存于其他生产方式。我们还批判过卢森堡的资本积累要以

非资本主义经济的存在为条件的理论。但是,深入地分析一下,有些生产方式确实要以其他生产方式的存在为其存在和发展的条件。

例如,我认为奴隶制度就是这样。它是在原始社会瓦解过程中产生的。由于生产力的发展,在原始公社里出现了剩余生产物和私有制,在战争中抓到的俘虏就再也不杀掉而变为奴隶,贫富分化中的债务人也变为奴隶。奴隶制度就是这样产生的。在奴隶制度下,剩余生产物虽已存在,但数量很少,如果让奴隶成立家庭、繁殖后代,剩余生产物就更少,所以,奴隶制度一般不用这种方法再生产劳动力,而用掠夺、捕捉的办法取得奴隶。马克思说:"奴隶市场本身是靠战争、海上掠夺等才不断得到劳动力这一商品的,这种掠夺又不是以流通过程为媒介,而是要通过直接的肉体强制,对别人的劳动力实行实物占有。"①甚至当美国还存在奴隶制度的时候,在当时的生产力水平下,虽然有些州已成为专门繁殖奴隶的地区②,但是还不能满足需要,还要从非洲捕捉黑人来充实奴隶市场。这说明奴隶制度要以其他生产方式为其存在和发展的条件。从历史上看,希腊和罗马的奴隶多数来自战争中的俘虏,随着奴隶来源的日益枯竭,奴隶制度便衰落下去。如前面多次讲到的,垄断资本主义经济也是以其他经济的存在为其存在和发展的条件的。

从事实上看,资本主义是从封建主义制度下的小生产发展而来的。在它的发展过程中,资本主义经济也和其他经济成分发生经济联系,进行商品交换。因此,资本主义似乎也要以其他生产方式的存在为前提。卢森堡就是这样看的,其错误前面已谈过。发生这种错误的原因,与屈从于事实、缺乏抽象力有关。我们只要正确地运用抽象法,便可以将某些干扰因素予以舍象,便可以看出资本主义生产方式本身能提供它的再生产条件:剩余价值、增加的生产资料和消费资料、增加的劳动力。

但是,历史唯物主义似乎也应该解决一种生产方式要以其他生产方式为其存在和发展条件这一重要理论问题。

帝国主义是一种世界体系,垄断利润的来源不能仅仅是垄断企业生产的剩余价值,这两者是联系在一起的。说明垄断利润的来源并不困难,我们

---

① 马克思:《资本论》(第二卷),载《马克思恩格斯全集》(第二十四卷),人民出版社 1972 年版,第 539 页。

② 马克思:《北美内战》,载《马克思恩格斯全集》(第十五卷),人民出版社 1965 年版,第 353 页。

已经说明过了。问题是要说明垄断利润的来源既然不仅仅是剩余价值,那为什么又说垄断资本主义的基本经济规律是剩余价值规律的具体化?问题的实质是规律能否发展?斯大林说,"必须把剩余价值规律具体化,把它发展起来适应于垄断资本主义的条件",这种提法我们应如何理解?

我认为,政治经济学的规律是可以发展的。例如,价值规律可以发展为生产价格规律。这种发展不是研究者的主观臆想,而是条件变化的结果。由于有了自由竞争和剩余价值生产这样的条件,资本要均等地分配剩余价值,价值规律便发展为生产价格规律。这种发展不是价值规律自身的发展,而是在新的条件下,价值规律和新的因素相结合而产生的发展。剩余价值规律的具体化或发展为垄断资本主义的基本经济规律,也是它和新的因素相结合的结果。这个新的因素就是:垄断资本主义和一般的资本主义不同,它的形成要以剥削垄断资本主义以外的经济成分为条件。正是这样,剩余价值便发展为垄断利润,垄断利润的来源便不仅仅是剩余价值。

辩证唯物主义似乎应该解决事物的规律在和新的因素结合下可以发展为另一种规律这一重要理论问题。

我们知道,苏联理论界有人把那些没有国外殖民地的垄断资本主义国家称为没有殖民帝国的帝国主义。美国的马格多夫则把它称为没有殖民地的帝国主义。列宁认为帝国主义是一种世界体系,它必然是有殖民地的。我在前面指出,垄断资本主义必定要攫取垄断利润,而提供垄断利润(不是一般利润或剩余价值)的经济成分便是殖民地,它可以划分为国外的和国内的两种。因此,我认为凡是垄断资本主义都是有殖民地的。这两种提法的分歧要解决。

很明显,没有殖民帝国的帝国主义的提法把殖民地看成一个政治概念,而不是一个政治经济学的概念,因而便认为只有那些丧失了主权的国家才是殖民地。

我认为把殖民地看成一个政治概念,是无法把殖民地的产生和发展以及古代殖民地和现代殖民地解释清楚的。只有把它看成一个政治经济学概念,才能说明其含义随着社会经济条件不同而发展,才能把不同历史条件下的殖民地区别开来。这样,便可以看到现代殖民地的最重要特点是提供垄断利润。从这点出发,殖民地当然可以划分为国外的和国内的。垄断资本主义在国内还是在国外、在统治民族中还是在被统治民族中攫取垄断利润,并没有什么质的不同。既然这样,为什么不能提国内殖民地呢?

当然,殖民地的含义究竟是什么是一个值得进一步研究的问题。

4. 坚持国家垄断资本主义是社会主义的入口的论点,进一步探讨几个理论问题

前面在叙述列宁的国家垄断资本主义理论时,我曾指出,列宁交叉使用国家资本主义、国家资本主义垄断、国家垄断资本主义三个范畴,实质上提出了国家垄断资本主义的本质的看法,同时认为它是国民经济的一种特殊形式,但没有引起人们的重视。现在,围绕国家垄断资本主义是社会主义的入口这个论点,将上述问题综合为三点谈一谈。

第一,关于国家垄断资本主义的本质问题。我认为应该将国家资本主义垄断和国家垄断资本主义两个范畴合并为国家垄断资本主义一个范畴,然后在这个基础上将它和国家资本主义相区别。国家资本主义这个范畴现虽有多种含义,但它作为经济关系的理论反映,从其产生的历史来看,指的应该是由于生产社会化而由资产阶级国家经营的国有企业。按照同样道理,国家垄断资本主义指的应该是垄断资产阶级国家为之服务的垄断资本主义,也就是国家机关服从于垄断组织的产物。

但问题就发生在这里。一般说来,不利用国家机关为其服务的私人垄断资本主义是没有的。最明显的例子就是,垄断企业要通过国家采取对其商品实行保护关税政策,才能控制国内市场,以垄断价格出售商品。所以,如果认为国家机关一般地为之服务的垄断资本主义就是国家垄断资本主义,就没有私人垄断资本主义和国家垄断资本主义之分了。我认为,控制国家机关,使国民收入的再分配对其有利的垄断资本主义,便是国家垄断资本主义。这种再分配形式多种多样,国家奖励、补贴、购买以及为此目的而经营的国有企业等都是,也就是列宁所说的得到法律保障的盗窃国库行为。根据列宁的思想,瓦尔加认为,国家垄断资本主义的实质,是通过国家来对国民收入作有利于垄断资本的再分配[①],这个定义是正确的。

---

① 瓦尔加:《二十世纪的资本主义》,沈永、金作善译,生活·读书·新知三联书店 1962 年版,第 92 页。

从这一点看,要确定一种经济形式是不是国家垄断资本主义,就不能从形式本身看,而要从内容或所起的作用看。例如,国有企业如果确是由生产社会化产生的,那就是国家资本主义;如果确实是由满足垄断资本家的要求而产生的,那就是国家垄断资本主义。第二次世界大战后,英国将垄断资本家经营的铁路、煤矿等收归国有,就不是由生产社会化产生的。这种国有企业是国家垄断资本主义。

第二,关于国家垄断资本主义是国民经济的一种特殊形式的问题。前面说过,列宁认为,国家垄断资本主义意味着垄断资本家不是为不可知的市场,而是为国家、为得到国库资金而工作的,这个市场是有保证的,这是国民经济的一种特殊形式。这种看法是和对国家垄断资本主义的本质的看法相联系的。因为国家对国民收入通过某种计划进行有利于垄断资本的再分配,便意味着为垄断资本提供一个可靠的市场。这不仅使垄断企业的私人劳动能有保证地实现为社会劳动,而且使其在这个过程中攫取更多的社会劳动——垄断利润。我在前面谈到,这种国民经济形式是商品生产向产品生产的过渡中的商品生产。

现进一步谈谈这个问题。商品生产的基本矛盾,是私人劳动和社会劳动的矛盾。这就是商品在进入市场前,耗费在商品上的劳动的具体形态是否为社会承认,即这种商品是否为社会需要,以及耗费在商品上的劳动时间的长短能为社会承认多少,都是不知道的。为了解决这个矛盾,人们设想了许多方案,其中,实行过而归于失败的有空想社会主义者欧文的劳动交换市场。其要点是:生产者把商品带到市场,由专家鉴定生产这种商品的社会必要劳动时间应该是多少,发给生产者一张凭证——劳动货币,后者用这张凭证领取其他商品,耗费在这些商品上的社会必要劳动时间要和劳动货币所写明的劳动时间相等。这种办法不能解决商品的使用价值是否为别人所需要的问题。因此,计算社会必要劳动时间再精确,也不能保证所有商品都能交换,结果是大批商品积压下来,劳动交换市场破产。劳动货币不能解决商品生产的基本矛盾,这是它必然破产的根本原因。但是,除此之外,还有一个原因,那就是它的开办者不可能有无穷的购买力,一方面,把积压的商品包下来;另一方面,在劳动交换市场以外购买本市场需要的商品,以解决生产者遇到的矛盾。

国家垄断资本主义这种国民经济的特殊形式则与此不同。它虽然同样不能解决商品生产的私人劳动和社会劳动的矛盾，但它能够凭借国家政治力量，取得能够包买垄断资本家需要由国家购买的商品的购买力。这样，从垄断资本家看，其垄断企业的私人劳动实现为社会劳动是有保证的，虽然从社会看，私人劳动并没有全部最终实现为社会劳动。这也就是这种国民经济形式不能清除普遍的经济危机的原因。

从商品生产最终要发展为产品生产这个角度看问题，这种国民经济形式在其中居于什么地位是值得研究的。我们知道，资本主义是商品生产制度，一切产品都成为商品；共产主义是产品生产，产品不经过市场而进入消费。从前者变为后者，不是一个晚上便能完成的，它有过渡形态。这个过渡形态，在社会主义生产中，表现为既有经过市场进入消费的商品生产，也有不经过市场或者经过有保证的市场进入消费的另一种商品生产，即已经含有并逐渐扩大的产品生产因素的商品生产。我认为，它和国家垄断资本主义是国民经济的一种特殊形式有某种关系。

第三，关于垄断资本主义阶段的经济和社会主义经济之间的关系问题。根据前面的分析，我们可以把国家垄断资本主义这种国民经济的特殊形式看成资本主义的计划化因素，它和市场经济相结合，组成垄断资本主义国家的经济。前面说过，目前，社会主义国家（如我国）在经济管理体制的改革中，正在按照计划经济为主、市场调节为辅的原则发展社会主义经济。这就发生一个理论问题：垄断资本主义经济和社会主义经济之间的关系到底怎样？

阿波斯托尔在其主编的《当代资本主义》中谈论到这个问题。他说："在进行'社会主义最完备的物质准备'的条件下，两种社会制度的某些技术和经济因素可能具有类似点，但这只是职能上的相似，而不是因果关系上的类似。"[①]认为两者职能相似当然是正确的。因为两种制度都有些产品不需要经过市场或经过有保证的市场便能进入消费，也有些产品要经过无保证的市场才能进入消费，尽管这两种相同的现象各有不同的本质。但是认为这

---

① 阿波斯托尔：《当代资本主义》，陆象淦、刘开铭译，生活·读书·新知三联书店 1979 年版，第 305 页。

仅仅是职能上的相似而不是因果关系上的类似,就不一定正确了。

我认为,这个论点是根据社会主义国家建设的历史,而不是根据生产关系发展的规律提出来的;前者由于走过一段曲折的道路,根据这个历史事实提出来的论点就可能不正确。

前面说过,列宁根据第一次世界大战期间俄国国家垄断资本主义有了一定程度的发展这一事实,提出它是国民经济的一种特殊形式的论点;列宁并且认为,国家政权由革命民主派掌握了,国民经济的这种形式便是实现社会主义的步骤。从这里可以看出,垄断资本主义的计划化因素和社会主义的计划经济之间存在因果或历史关系。后来由于帝国主义的武装干涉,俄国实行军事共产主义,事实上消灭了商品生产和货币经济,当然就无法利用帝俄留下来的计划化因素。俄国军事共产主义的影响非常深远。苏联在一段很长时间内实行的计划经济,事实上也是在消灭商品生产、否认价值规律的作用的基础上进行的。它和垄断资本主义国家的计划化因素不仅目的不同(这是理所当然的),而且手段也不同。苏联这种做法,对其后的社会主义国家有很大影响。这也就是苏联经济学家为什么能够提出改造过的价值规律这种错误论点的历史环境。在这种条件下,要人们认识到社会主义的计划经济和垄断资本主义的计划化因素有因果关系当然是不可能的。

走了一段弯路之后,社会主义国家才在尊重经济规律尤其是尊重价值规律的基础上,改进计划经济的工作,并开始重视一定范围内的市场调节。很明显,这时的计划经济和市场调节是从社会主义国家内产生出来的,人们从中当然看不到它和垄断资本主义的计划化因素和市场经济有什么因果关系。

如果我们不从已有的历史事实,而从经济关系的发展规律看问题,探讨一下一个具有发达的国家垄断资本主义经济的国家发生社会主义革命后可能产生的情况,就会认识到,垄断资本主义国家已有的计划化因素和市场经济,其中的机构、渠道、杠杆、方法等都是可以利用的。随着社会主义革命的进行,这个问题会有正确的答案。

第三部分

殖民地和帝国主义研究

（本部分内容根据陈其人先生著、复旦大学出版社
2003 年 6 月出版的《陈其人文集——政治科学卷》一书的
"殖民地和帝国主义研究"校订刊印）

引　言

　　殖民地早在奴隶制社会就产生了。古希腊的殖民地主要是移民垦殖的殖民地；古罗马的殖民地主要是奴役土著的殖民地。这两种殖民地一直保留下来。垄断资本主义殖民地的主要作用是提供垄断利润。垄断资本主义必须获取垄断利润，其再生产才能进行；而垄断利润不能由垄断资本主义本身提供，它只能来自非垄断经济成分。我认为提供垄断利润的非垄断经济成分，就构成垄断资本主义的殖民地。它可分为国外的和国内的。殖民地原来是独立存在的，同宗主国或母国并不在政治上连在一起。这就是马克思虽然研究了英国在北美和东方的殖民地，但是只提出殖民地理论，而没有帝国主义理论的缘故。这种情况到 19 世纪 70—80 年代开始发生变化：英国为了保卫其殖民地，便将它们纳入自己的版图，其他殖民国家也纷纷仿效，现代帝国主义就是这样产生的。殖民地还可以分为经济殖民地和政治殖民地，前者同主权无关。战后政治殖民地多数获得独立，并不意味着殖民体系的真正瓦解，因为经济殖民地还大量存在。

　　由于垄断资本主义必须获取垄断利润，而它又只能来自非垄断经济成分，这样，前者就构成卢森堡所说的世界体系。垄断资本主义又必须表现为帝国主义。由于这样，帝国主义就成为垄断资本主义的世界体系。这种世界体系观，是基于分析一种经济成分的再生产的条件是否由其他经济成分提供，而不是将一种经济成分事实上和其他经济成分有联系予以记录，却不问后者是否为前者的再生产提供必须的条件。前一世界体系是分析本质，后一世界体系是记录现象。

　　这里特别提出《世界体系论的否定与肯定：卢森堡的〈资本积累论〉研究》这篇文章。这当然不是说该文章写得如何好，而是说该文研究的卢森堡的理论（尽管是错误的）具有深刻性，其方法论具有启发性。苏共最著名理论家之一布哈林,对于卢森堡为帝国主义下的定义:"帝国主义是一个政治名词,用来表达在争夺尚未被侵占的非资本主义环境的竞争中所进行的资本积累的"①,不是一下就看懂的。他起初以为帝国主义侵占这些未被侵占的环境,原因是阻力小。后来才知道,卢森堡之所以强调未被侵占的环境,是由于已被侵占的环境会资本主义化,因此它本身已经存在一个积累问题,只有侵占尚未被侵占的环境,按照卢森堡的理论,才能为资本积累提供条件。应该指出,卢森堡研究资本积累,即研究帝国主义,是运用抽象法,层层深入,确实引人入胜;但是研究殖民地,则运用记录法,只是将肉眼所见到的记录下来,而肉眼能看到的就是政治殖民地,经济殖民地不是肉眼所能看到的,一定要靠分析。卢森堡由于缺乏经济殖民地的概念,对殖民地的一般分析就显得很浅薄了。

卢森堡理论的难懂,竟然使其著作的英译本编者所写的绪言包含着对原著的误解;说什么"她是把对'第三'市场的剥削而不是把对工资劳动的剥削作为资本主义的推动力。根据这个前提,那就意味着,先进资本主义的工资劳动者不再处于被剥削的地位,而同资本家阶级一起成了联合的剥削者"!② 我真不知道这位编者是否读懂了卢森堡的论著? 她何时何处说过资本积累意味着对"第三者"(工人和资本家以外的社会阶层,如农民)的剥削? 更不用说是工人和资本家联合起来对"第三"市场的剥削了! 她只是说,用于积累的剩余价值不能在只有工人和资本家两大阶级的条件下实现,而要靠第三者来实现,实现的进行是要等价交换的。这对"第三者"何来剥削? 所以,她只认为生产剩余价值的是工人(剥削工人),实现剩余价值的是"第三者"。仅此而已! 中译本编者的话显然参考了英译本绪言。但是,它不仅读不懂卢森堡的论著,也读不懂英译本的绪言,竟然将绪言中的"第三"市场看作就是第三世界,并推进一步,因此说:资本积累就"意味着先进资本主义国家工人阶级不再处于被剥削的地位而同资本家阶级一起成了剥削者,至

---

① 罗莎·卢森堡:《资本积累论》,彭尘舜、吴纪先译,生活·读书·新知三联书店 1959 年版,第 359 页。

② 罗莎·卢森堡、尼·布哈林:《帝国主义与资本积累》,柴金如、梁丙添、戴永保译,黑龙江人民出版社 1982 年版,第 40 页。

少是分享对第三世界的剥削……"①这一错误就更为严重了！要知道，第三世界也有资本主义经济，它本身也要积累，怎能成为其他资本主义经济的积累环境呢？为译本写序言而不理解原书的主要论点，这在翻译史上是罕见的！

　　垄断资本主义是资本主义发展的一个阶段，它和自由竞争阶段同属资本主义。因此，研究这两个阶段的政治经济学，应该有统一的理论体系和方法论。现在的情况不是这样。这要求我们要努力建立这种新的政治经济学。

---

① 　罗莎·卢森堡、尼·布哈林：《帝国主义与资本积累》，柴金如、梁丙添、戴永保译，黑龙江人民出版社 1982 年版，第 4 页。

一、资本主义殖民地及其理论的发展①

殖民地是一个历史范畴,随着社会经济的发展,它的经济内容在变化。因此,作为一个经济范畴,它的含义也在变化。写作本文的目的,在于说明资本主义殖民地及其理论的产生和演变,并进而说明当代资本主义国外殖民地的几种形式。

1. 资本主义初期的两种殖民地

资本主义初期有两种不同的殖民地,即以新大陆为主体的北美、澳大利亚、新西兰这些以移民垦殖为特征的殖民地,和以东印度为代表的亚、非、拉某些国家和地区这些以奴役土著为特征的殖民地。

马克思科学地说明了殖民地产生的原因。他认为这是资本主义工业发展特别是产业革命造成的。因为在这个过程中,"一种和机器生产中心相适应的国际分工产生了,它使地球的一部分成为主要从事农业的生产地区,以服务于另一部分主要从事工业的生产地区",而"大工业国工人的不断'过剩',大大地促进了国外移民和把外国变成殖民地,变成宗主国的原料产地"。②

有一种看法认为,世界分为工业国和农业国是由暴力造成的。我不同意这种看法。因为这是经济规律作用的结果,暴力只是加速它和巩固它。我们知道,资本主义生产中的技术变革先在工业中进行,在农业中的全面进行要晚得多。只要这种技术变革尚未在农业中全面展开,资本主义国家就

---

① 本手稿约写于 20 世纪 80—90 年代。
② 《马克思恩格斯全集》(第二十三卷),人民出版社 1972 年版,第 494—495 页。

在其工业品变得日益便宜时,农产品则相反地变得日益昂贵,而尚未发生产业革命的落后国家就不是这样。

亚当·斯密最先注意到这个现象。他指出,富国投在土地上的劳动与费用较多,生产量较多;但是,"这样较大的生产量,很少在比例上大大超过所花的较大的劳动量和费用"。[①] 可是,他对此没有解释。马克思科学地说明了这个问题。他说:"资本主义生产使它汇集在各大中心的城市人口越来越占优势",这样一来,它就破坏着"人和土地之间的物质变换,也就是以衣食形式消费掉的土地的组成部分不能回到土地,从而破坏土地持久肥力的永恒的自然条件"。[②] 这样,为了恢复土地肥力,例如在当时的英国,便只好到海岛上去挖鸟粪,运回来施肥,这要耗费大量劳动。落后国的情况就不是这样。由于这个原因,先进国和落后国相比,工业品变得便宜时农产品却昂贵。就这样,世界便划分为工业国和农业国。

既然工业国的工业品便宜,农业国的农产品便宜,在自由竞争的条件下,两者等价交换,谁也不剥削谁,那么,为什么前者会成为宗主国,后者成为殖民地,形成前者剥削后者的关系呢? 不错,正如下面会谈到的,殖民地最初的含义就是在无主的土地上移民垦殖,不含有被剥削的内容,但是其后不久,即在垄断资本主义产生之前,殖民地已经成为被剥削的对象了,其原因何在呢?

让我们进一步研究工农业产品等价交换的问题。我们知道,在自由竞争的条件下,价值转化为生产价格。资本有机构成高的商品,生产价格高于价值;资本有机构成低的商品,生产价格低于价值。工业品一般属于前者,农产品一般属于后者。这样,两者按生产价格交换,价值是不等的,前者剥削后者。这是前者成为富国、后者成为贫国的一个原因。此外,在农业国存在为数众多的个体农民,他们进行再生产的条件,用资本主义的经济概念来表示,就是只要取得 $c+v,m$ 在竞争激烈时可以放弃,即只求糊口、不要赢利,这样,农产品的价格就更低于生产价格。其后,垄断资本主义产生了,宗主国以垄断高价出售工业品,以垄断低价购买农业国的农产品和初级产品,

---

① 亚当·斯密:《国民财富的性质和原因的研究》(上卷),郭大力、王亚南译,商务印书馆1972年版,第7页。

② 《马克思恩格斯全集》(第二十三卷),人民出版社1972年版,第552页。

殖民地受的剥削就更为严重了。

马克思还说明了资本主义两种殖民地形成的条件。他称移民垦殖殖民地为真正的、自由的殖民地,它的产生是由于欧洲殖民者到新大陆等地时,这些土地还没有被人占有,还没有受土地私有权的支配,土地还是自由的。他称奴役土著殖民地为种植园殖民地,它的产生是由于欧洲殖民者到印度等地时,这些土地已被具有较高生产力的人占有,土地私有权已产生,他们便在原有的生产关系的基础上奴役当地人民。这些殖民地的农业生产,有的之所以采取种植园的形式,是由于工业国需要大量农产品,但有的殖民地存在的却是自然经济和商品率很低的个体经济,不能满足要求,而让它们自发地分化出大农业生产来将是十分缓慢的过程。这样,以暴力为手段,剥夺大量个体生产者,强夺大片土地,强制丧失土地的劳动者从事奴隶劳动的大农业生产,种植园便产生了。美国南部存在过将非洲黑人作为奴隶,生产欧洲工业国所需要的棉花和烟草的种植园,其原因是工人容易获得土地,成为个体生产者。

奴役土著殖民地一开始就是国外殖民地,这是清楚的。但移民垦殖殖民地一开始只是一块垦殖的土地,是母国的分枝,并不含有受剥削、压迫的内容。其后,这种殖民地的商品生产发展了,和母国的竞争加剧,情况便发生变化,例如,英国就对北美颁发了一系列有关航海、贸易的限制性条例。从这时起,这种殖民地就变成国外殖民地了。因为这些条例的实质在于否定这些移民具有母国公民同样的权利,把他们排除在母国公民之外。

2. 两种殖民地再生产条件的不同

资本主义两种殖民地的再生产条件是不同的,再加上母国或宗主国对它们实行的独占政策也不同,因而它们的发展情况就不同。

移民垦殖殖民地再生产的条件,最主要的是它的生产关系是母国资本主义生产关系的延伸,母国的资本主义在这里是生根的,殖民者在这里是安家,而不是出门,他们几乎是在空地上经营资本主义的,没有前资本主义生产关系的束缚,因此,资本主义发展较奴役土著殖民地快些。

但是,这里的资本主义发展有一段时间相当缓慢。其原因是,有一段时间在这里获得土地极其容易,因为土地是无主的、自由的,只要在经济上象征性地交点费用,在法律上便占有土地。这样,当母国的资产阶级把生产资料和劳动力当作资本的物质要素,输到这些殖民地后,工资劳动者很快就变成个体生产者,同母国的个体生产者变成工资劳动者的情况相反。殖民经济学家威克菲尔德说,皮尔先生把生产资料、生活资料、劳动力都带到澳洲去,但到了目的地,他竟连一个替他铺床和打水的仆人也没有了。这样,只要工资劳动者变成个体生产者的过程不结束,资本主义就不能迅速发展。为此,威克菲尔德建议,要用立法手段提高地价,减缓工资劳动者成为个体生产者的过程。

其后,这个过程是结束了,是法律以外的经济力量使它结束的。马克思以北美为例加以说明。一方面,逐年涌向美洲的巨大人流在美国东部停滞下来,因为从欧洲来的移民浪潮迅速把人们抛到东部的劳动市场上,而向西部去的移民浪潮又来不及把人们冲走;另一方面,美国南北战争的结果造成了巨额的国债,以及随之而来的沉重的赋税,产生了卑鄙的金融贵族,使极大一部分的公有土地滥送给经营铁路、矿山等投机公司,工资劳动者再不可能"自由地"获得土地了。

母国对这种殖民地虽然实行独占性的政策,但多半是航海和贸易上的,在生产上没有实行如像东印度公司实行的那种独占政策,这也是移民垦殖殖民地经济发展较快的一个原因。

奴役土著殖民地再生产的条件,最主要的是它的生产关系不是宗主国资本主义生产关系的延伸,宗主国的资本主义生产关系在这里并不生根,殖民者在这里总的说来是出门,不是安家。当然,为了进行剥削,就要有物质手段,殖民者在这里就不得不经营一些资本主义企业,尤其是交通业和金融业,但绝不是为了发展资本主义。这种殖民地不仅受外国资本主义的压迫,而且受前资本主义的束缚,受这两者相勾结进行的剥削,经济发展当然缓慢。东印度公司之类的独占组织,又妨碍生产的发展。

如果这种殖民地有资本主义生产,在一般情况下的典型形态是工场手工业,这有两个原因:其一,个体生产者经不起外国资本主义的压迫,纷纷破产,劳动力供给多,资本主义不发达,劳动力需要少,工资特别低廉,资本家便多用手工劳动;其二,工场手工业固定资本小,便于随时改变投资方向,利于同外国资本主义周旋。这种殖民地农业生产的特征是:种植园大农业生产和个体农民的小农生产并存,而向着单一生产某种农作物的方向发展。由于这样,这种殖民地的经济就更加依赖宗主国。

3. 资本主义的国内殖民地

关于资本主义的殖民地,人们长期以来看到的只是西欧资本主义的海外殖民地,即国外殖民地。马克思研究资本主义经济时,是以西欧资本主义国家为主,尤其是以英国为主的。这样,除了他多次提到的爱尔兰外,他提到的殖民地也是这些国家的海外殖民地。由于这个原因,一提到殖民地,人们便自然而然地想到国外殖民地。

但是,除了国外殖民地,还有国内殖民地。① 作为一种事实,资本主义的含有奴役之意的国内殖民地最初是由列宁提出来的。同马克思研究的主要是先进的资本主义国家的经济关系不同,列宁最初研究的主要是落后的资本主义国家——俄国——的经济关系。落后的资本主义国家的一个特点是,当一个共同体或民族的资本主义发展到一定阶段,从而要求建立以地域即市场为基础的民族国家时,其周围的共同体尚未发展到资本主义阶段,尚未形成民族和建立民族国家,这样,这个先进民族便统治那些落后的共同体,并在这个基础上建立多民族国家。俄国就是这样。俄国还有一个特点,就是幅员广阔,边疆未开垦的土地很多。这就是列宁提出国内殖民地这一事实的历史条件。

列宁根据马克思的殖民地理论,针对俄国的情况指出:"因为俄国的边区有足够闲地可供移民开垦,所以,俄国处于特别有利的情况。不必说亚俄,就是欧俄也有这样的地区……"②他还认为,"殖民地这个概念更可以应用于其他边区,例如高加索"。③ 他并且根据烈美佐夫写的《野蛮的巴什基里

---

① 国内殖民地这个概念,最初是由英国伟大的空想社会主义者欧文提出来的。
② 《列宁全集》(第三卷),人民出版社 1959 年版,第 545—546 页。
③ 同上书,第 543 页。

亚生活写照》指出:"该书生动地描写了'移民者'如何砍伐造船木材,把'肃清了''野蛮的'巴什基里亚人的土地变成'小麦工厂'",认为"这是殖民政策的组成部分,它足以与德国人在非洲任何地方的某些丰功伟绩媲美"。① 其实,这种在俄国版图内实行的殖民政策,和英国人以及其他西欧人在北美实行的殖民政策,即先剿灭印第安人,然后在腾空的土地上进行垦殖,也可以相媲美。北美是英国的殖民地,巴什基里亚人的居住地是俄罗斯人的殖民地——国内殖民地。

列宁在《帝国主义是资本主义的最高阶段》这本书的序言中,事实上又谈到这问题。

其实,国外殖民地和国内殖民地是可以相互转化的。例如,爱尔兰早就是英国的殖民地——国外殖民地。1801 年,大不列颠及爱尔兰联合王国成立,爱尔兰和大不列颠一样,都是联合王国的组成部分。但是,正如马克思所指出的,"爱尔兰仅仅是英格兰的一个被大海峡隔开的农业区,它为英格兰提供着谷物,羊毛,牲畜,工业新兵和军事新兵"②,就是说,它仍是殖民地,或者说由国外的变成国内的殖民地。后来,1948 年爱尔兰南部获得政治独立,但独立后仍然是英国的殖民地,或者说由国内的变成国外的殖民地。为什么独立后,有的国家仍为殖民地,这个问题下面再谈。

在列宁以后,苏联经济学家瓦尔加明确地提出美国国内存在着殖民地这一事实。1953 年,他说:"仍有封建残余和处于半奴隶状态中的黑种人口的美国南部,是殖民地剥削的典型地区";"美国大陆中西部的采矿地区在颇大的程度上遭受着殖民剥削";"蒙大拿州实际上是全能的安纳康达铜矿公司的殖民地。"③我国学者陈翰笙也说:"美国东部的财团……就压迫中西部各地,把这些地方看作它们的殖民地。"④这里说的国内殖民地,有的是少数民族聚居地,有的是地区。

其后,国内殖民地理论的发展,随着资本主义经济的发展以及少数民族

---

① 《列宁全集》(第三卷),人民出版社 1964 年版,第 222—223 页注 3。
② 马克思:《资本论》(第一卷),人民出版社 1975 年版,第 769 页。
③ 瓦尔加:《帝国主义经济与政治基本问题》,王济庚译,人民出版社 1954 年版,第 124、126 页。
④ 陈翰笙:《美国垄断资本》,世界知识出版社 1955 年版,第 59 页。

聚居地濒于消灭便有了质的变化,即国内殖民地再也不同土地相联系,而只同被垄断资本剥削的对象相联系。美国黑人运动理论家奥得尔说:一个民族可以在它世世代代居住的领土上被殖民化,也可以被殖民当局从他们传统居住的领土上强迫迁走,在新的领土环境中加以殖民化;要说明什么是殖民问题,具有决定意义的是殖民统治的组织机构所起的作用,领土仅仅是人们把历史上发展起来的阶级剥削的机构组成一种压迫体系的场所而已。①正是这样,阿瓦林就明确指出:"黑人、墨西哥人、印第安人,以及其他的美国的少数民族,包括侨民,是美国财政大王的国内殖民地。"②

要了解殖民地含义这种质的变化,就要了解在垄断资本主义条件下殖民地作用的变化。

4. 殖民地作用和含义的变化

前垄断资本主义的殖民地即国外殖民地,是宗主国的粮食和其他农产品的供给地和宗主国工业品的销售市场这种作用,在垄断资本主义阶段虽然仍然存在,但其相对地位由于另一种作用的产生和加强而降低。这另一种作用就是为宗主国提供垄断利润。落后国家之所以能够为垄断资本主义提供垄断利润,是由于它经济落后,生产力水平低,资本有机构成低,因而利润率反而高,利息率随之也高;此外,土地价格低,农产品价格也低,工资一般也低(移民垦殖殖民地例外)。这样,垄断资本无论以生产资本还是以借贷资本的形式输出到这里,都能得到较高的利润率和利息率。这些较高的利润和利息,由于是垄断资本得到的,它们就不参加垄断资本主义国家中一般资本主义利润率的形成,这样,它们就成为垄断利润。

垄断资本主义攫取垄断利润的对象,殖民地——根据上面的分析是国外殖民地,只是其中之一,另外一种是国内的资本主义经济成分、个体生产

---

① 罗伯特·L.艾伦:《美国黑人在觉醒中》,上海市五·七干校六连翻译组译,上海人民出版社1976年版,第7—9页。

② 弗·雅·阿瓦林:《殖民体系的瓦解》,水茵、正楷、金青等译,世界知识出版社1959年版,第32页。

者和一般居民,这些经济成员和社会成分都受垄断资本主义的剥削。垄断资本主义的剥削对象,从本质上说,国外的和国内的都是一样的,何况如上所述,它们可以相互转化,这样,把它们统称为殖民地应该说是可以的。

让我们进一步探讨这个问题。现在不从国外、国内殖民地转化,而从宗主国本身看,如果说,垄断资本主义的剥削对象是被压迫的少数民族,如俄国的波兰人、美国的黑人,连同他们的聚居地,可以称为国内殖民地,当这种单一民族的聚居地,由于商品经济的发展而逐渐消失,这种流散各地的被压迫民族,如在英国本土的爱尔兰人,仍可称为国内殖民地,那么,同他们没有质的区别的其他经济成分和社会成员,应该也可以称为国内殖民地。否则,便等于把殖民地只看成一个政治地理概念和被压迫民族的概念了。但是,殖民地演变的历史已经说明,开始的时候,它和垦殖土地、征服土地和奴役异族相联系,其后就不是这样,它只是一种经济成分对另一种经济成分和另一种社会成分的剥削和被剥削关系,同征服土地和奴役异族不一定相联系。

前面说过,列宁认为高加索是俄国的国内殖民地,瓦尔加、陈翰笙等认为美国某些地区是美国东部财团的国内殖民地,将其论点推进一步,便可看出垄断资本主义在其统治的世界体系内进行剥削的对象都是殖民地。这样,奥得尔的殖民地可以同领土相脱离,阿瓦林的美国少数民族是美国国内殖民地的论点便可以成立。如果碍于习惯,难以接受,那么,称为殖民对象也未尝不可。

5. 两种国外殖民地的演变不同

资本主义初期的两种国外殖民地,在垄断资本主义时期的发展是不同的。现在看得很清楚,移民垦殖殖民地都发展为发达的资本主义国家,奴役土著殖民地则成为发展中国家,其中有的是民族独立国家,其资本主义水平很低下;有的是社会主义国家,其生产力水平也较低下。

前面曾从生产关系对生产力的作用的角度,说明移民垦殖殖民地的发展较快。如果再从政治上层建筑的作用来看,情况就更明显。一般说来,移民垦殖殖民地并不存在由母国占领其土地,并由武装力量来维持这种占领的情况。母国对它的统治主要是经济上的控制,它在政治上的反映也大都以经济政策为限,直接的政治暴力一般较少。这样,母国和它的关系大体上是先进的资本主义和落后的资本主义的关系。它们摆脱母国的束缚而成为一个独立国家,除美国是用战争解决问题外,其他的加、澳、新,都不是这样。19世纪下半期,尤其是20世纪初,由于母国对它们输出资本,其后又加上第一次世界大战爆发,它们的资本主义经济有了迅速的发展,资产阶级力量增强,经过斗争,它们取得了自治领的地位,这又给经济发展带来有利的条件。这样,经过第二次世界大战到战后初期,它们已经完成了工业化,从经济关系上看,已经不是殖民地了。虽然它们中的加拿大,直至1982年春天,英王到该国巡视时,才在政治上宣布结束其殖民地的历史。

奴役土著殖民地的情况就不同了。在一段很长的时间里,它的土地是被宗主国占领的,或者说,它最终全部沦为殖民地的过程,就是其土地逐渐被占领的过程,并由宗主国的武装力量来维持这种占领。此外,还有一批殖民官吏在政治上进行统治,一批传教士在精神上进行统治,并结合当地前资本主义政治上层建筑进行统治。殖民者对土著的剥削,在经济剥削的基础上较多地使用政治暴力。这样,宗主国和它的关系实质上是征服民族和被征服民族的关系。它的资本主义发展很缓慢,资产阶级力量很弱,宗主国的统治力量较强,民族解放运动屡遭失败。大体上在第一次世界大战期间,它的民族资本主义才有较快的发展,反对外国资本主义统治的斗争加强,但战后以来,外国垄断资本主义又加强对它的统治。直至第二次世界大战后,由于整个国际形势发生了巨大变化,这些殖民地中的多数才在政治上获得独立,有的是经过民族解放战争获得的,有的是经过其他斗争方法获得的;有的成为社会主义国家,有的成为民族独立国家,土地被占领的殖民地不多了。

在获得政治独立的国家中,大多数在经济上仍受原来的或新的宗主国的控制,尚未解决国家工业化这个战略问题,连一个现代工业的基础都没有,仍然以其农业生产或劳动密集的生产为原来的或新的宗主国的工业生产或资本密集的生产服务,又不能以政治力量来解决这两种产品交换中的不等价交换的问题,这样,它们实质上就仍然是殖民地。

关于这两种殖民地演变的不同,共产国际第二次代表大会的文件有所论述,它指出:"必须将下列两种殖民地区别开来:一种是资本主义国家用来作为它们剩余人口的殖民区的殖民地,从而也就成为他们的资本主义体系的延续……另一种是帝国主义者首先用来作为销售市场、原料产地和投资场所而进行剥削的殖民地。这种区别不仅有历史意义,而且有重大的经济和政治意义。"①历史已经证明,这个分析是正确的。

6. 当代资本主义国外殖民地的几种形式

当代垄断资本主义的国外殖民地有以下三种形式。

第一,土地被占领、主权被剥夺的殖民地。这就是原来的奴役土著殖民地,现在虽已为数不多,但并没有完全消灭。我们知道,占有奴役土著殖民地最多的国家是英国和法国,第二次世界大战后,民族解放运动高涨,它们被迫承认一些殖民地独立,但独立后仍是殖民地,这个问题留在下面再谈。那些没有独立的当然仍然是奴役土著殖民地。现在要指出的是,有的已经独立的殖民地,对其土著民族来说,仍然是土地被占领、主权被剥夺的殖民地。南非共和国的土著就存在这个问题。南非的土著是非洲黑人,占南非总人口的 3/4,白人约占 1/7,混血种人约占 1/10,其余的是亚洲裔。1961 年,南非国民党政府退出英联邦,改名南非共和国。目前,南非的白人政府实行种族隔离法,将居民分为白种人、有色人和土著人,分区加以隔离,并规定非白种人必须随身携带十多种证件,证件不齐的就予以逮捕,再"租给"矿山主和农场主,从事强制劳动。因此,在南非共和国内,土著和有色人并没有结束奴役土著殖民地人民的命运。

第二,经济被控制、被渗透的殖民地。这类殖民地和上述的不同,仅在于土地不被占领,形式上是主权国家,但在经济上则完全被垄断资本主义国家控制。这类殖民地在第一次世界大战前便存在,如被称为商业殖民地的阿根廷便是。列宁指出,阿根廷在金融上这样依赖于英国,以致实质上成为英国的附属国,说的就是这个意思。第二次世界大战后,绝大多数民族独立

---

① 《共产国际文件》,莫斯科 1933 年俄文版,第 838 页。

国家在生产、金融、财政、商业、航运上仍受垄断资本主义国家控制,在经济上仍然是殖民地。

第三,由旧的国际分工和经济秩序所束缚的殖民地。这种殖民地和上述两者的不同在于土地不被占领,是主权国家,经济也没有单独被某一垄断资本主义国家所控制,但它在国际分工中仍然处于生产以手工劳动为主的产品的地位,以此来为处于生产以使用机器为主的产品的另一方服务。根据已经分析过的原理,这是前者以大量劳动和后者的小量劳动相交换,这就是垄断资本主义进行剥削的最一般的基础,即撇开垄断价格、价格剪刀差、货币金融压迫不谈剥削。

目前谈论的南北关系,其中关于南北的划分标准虽有不同的说法,但有一点实质上是相同的:"北"是工业化国家,绝大多数是垄断资本主义国家;"南"过去是或者现在大多数是殖民地,大多数没有完成工业化。南北关系的实质,就是由旧的国际分工和经济秩序所维持着的不等量劳动交换。它不是反对垄断价格、价格剪刀差等就能解决的,因为即使这些消灭了,双方产品按生产价格交换,仍然是价值不等的交换。要解决这个问题,就要从改变旧的国际分工做起,即从农业国实现工业化做起。

如果说殖民地的第一种形式已基本消灭,第二、三种形式取代了它,那么,这就意味着新的殖民主义取代了老的殖民主义,新的殖民主义正在发展。

二、斯密的殖民地理论及其对马克思和列宁的影响[①]

斯密是第一个从经济理论上对殖民地予以详尽研究的经济学家。他指出有两种殖民地：一种是母国在海外的空地或被腾空的土地上移民垦殖的地区，这实质上是母国的分枝，是国内殖民地，其后随着压迫和奴役的产生和加剧，就变成受奴役的殖民地，并且变成国外殖民地；另一种一开始就是奴役异族人的国外殖民地。他的殖民地理论，对马克思的殖民地理论，其中包括资本主义有两种不同的殖民地的理论，有很大的影响。恩格斯在此基础上指出，这两种殖民地的发展前途是不同的。他们的理论对列宁有很大的影响。列宁在创造性地从政治上提出世界已划分为殖民地占有国家和殖民地国家的理论的同时，又以俄国为例，实质上提出了垄断资本主义国家内部被统治的少数民族聚居地和落后的农业地区是受垄断资本剥削的国内殖民地，它同国外殖民地没有本质的不同的理论。

〔一〕

斯密认为，古代社会有两种殖民地：一种是古代希腊的社会各邦，像蜜蜂分封一样，将部分居民移到地中海沿岸和岛屿上的荒地去殖民，这是移民垦殖的殖民地。它实质上是母国的一块飞地，是国内殖民地；另一种是古代罗马社会征服许多国家的土地，奴役其居民，这是奴役土著的殖民地。它一开始便存在着统治和被统治的关系。

斯密认为，近代社会也有两种与上述相类似的殖民地。这就是以西印度为代表的移民垦殖的殖民地，和以东印度为代表的奴役土著的殖民地。

---

① 原载高崧等编《马克思主义来源研究论丛》（第七辑），商务印书馆 1987 年版。

两种有所不同,他认为是由于欧洲殖民者踏上这两种土地时,土地主人的生产力水平不同。他说:"非洲或东印度最野蛮的民族都是游牧民族,连好望角的土人也是游牧民族。但美洲各地的土人,除了墨西哥及秘鲁,只是狩猎民族。同样肥沃和同等面积的土地,所能维持的游牧人数与狩猎人数相差很大。所以,在非洲及东印度,要想驱逐土人,并把欧洲殖民地推广至土人居住的大部分地方,那就比较困难。"①这种分析是正确的。

殖民地经济的主要特点是为母国或宗主国经营农业。斯密以美洲为例,说明其原因是土地容易获得且地价低廉,这一分析不适用于东方国家,因而有片面性;也没有将斯密本人首创的"在农业方面,富国劳动生产力未必都比贫国劳动生产力大得多,至少不像制造业方面一般情况那样大得多"②这个极其宝贵的思想,应用到对殖民地经济的分析上,这是十分可惜的。这一点后面还要谈到。

斯密还论述了近代社会两种不同殖民地的经济关系和发展道路。首先,奴役土著的殖民地的物质生产劳动者不是欧洲人,而是当地的土人。其所以如此,他认为是由于:"生长在欧洲温带的人民的体格,据说,不能在西印度的炎日下从事挖土劳动。"③这里论述的虽然是西印度,但其适用性显然不限于西印度。许多西方经济学家都有此看法。这是一种种族偏见。日本发动太平洋战争时,曾将关在集中营里的白人放在田野里劳动数年,他们完全胜任,这说明斯密的上述论点是错误的。

其次,在移民垦殖殖民地上,荒地和土人被赶走而腾空出来的土地很多,获得土地容易,工资劳动者容易变成独立生产者。这些殖民者多半经营个体农业,资本主义工业发展极其缓慢,它以农产品交换欧洲国家的工业品。有一段时间,欧洲国家和这些殖民地的矛盾并不严重。后来,当这些殖民地已经发展得相当可观时,和欧洲国家的矛盾就日益严重,这时后者就对它们加以种种限制,因而,它实质上已成为被压迫的国外殖民地。这和欧洲国家对奴役土著的殖民地从一开始就加以压制和统治是不相同的。

---

① 亚当·斯密:《国民财富的性质和原因的研究》(下卷),郭大力、王亚南译,商务印书馆1974年版,第203页。
② 同上书,第7—8页。
③ 同上书,第157页。

最后,欧洲国家后来才对移民垦殖殖民地实行的独占,和它一开始就对奴役土著殖民地实行的独占,这两种独占的作用是不相同的。前一种独占,是由一个欧洲国家排除其他国家,对其殖民地的贸易和航运实行独占,以获取较高的利润,而对该殖民地的生产基本上不实行独占;英国对其北美殖民地后来实行的政策,就是这样。后一种独占,是由一个欧洲国家在其殖民地上创立独占公司来进行的,它不仅不允许其他国家染指其殖民地,而且对殖民地的生产和贸易都加以独占,如英国的东印度公司,它有时命令农民掘翻罂粟良田以栽种稻米或其他谷物,有时却又命令农民掘翻栽种稻米或其他谷物的良田以栽种罂粟,其对生产发展的障碍当然甚于前一种独占。

经过这样的分析,斯密便认为,移民垦殖殖民地的发展比奴役土著殖民地快些。

值得指出的是,英国是拥有殖民地最多的国家,但从产业革命开始到19世纪中叶,英国的重要经济学家和政治家却是主张"解放"殖民地的。所谓"解放"殖民地,就是英国不在经济上独占殖民地。在所有这些人中,斯密的"解放"殖民地理论最为深刻,并和他的整个理论体系连在一起。现简述如下。

第一,原来各国都可以与英国的殖民地进行贸易,这种贸易所需的资本由各国分担;现在由英国独占,所需的资本由英国单独负担。这种增大的资本,只能从英国经营其他事业的资本中抽调;这种抽调的资本,首先是英国对欧洲其他各国贸易的资本。这样,英国对其殖民地的贸易增加了,对欧洲的贸易却减少了。总起来看,这只是贸易方向的改变,贸易总量没有增加。他认为,英国自从航海条例订立以来,殖民地贸易不断增加,而其他许多国外贸易部门,尤其是对欧洲其他各国的国外贸易,却不断凋落,其真正原因即在于此。

第二,原先由全部欧洲资本供给殖民地的商品和购买殖民地的商品,现在改由英国一国资本来担任,因而,英国便提高商品出售价格,降低商品购买价格,在这个领域内提高利润率,但由于内外贸易间、贸易和产业间都存在着自由竞争,这种较高的利润率便参加平均利润率的形成,从而提高英国的平均利润率。与此相反,其他各国由于不能经营英国殖民地的贸易,资本竞争加强,平均利润率下降。斯密认为利润是构成自然价格的因素。因此,英国商品的自然价格由此上升,欧洲其他各国商品的自然价格由此下降。这样一来,由于自然价格高,英国国内市场缩小,并在与其他各国争夺国外市场时居于劣势地位,这归根到底对英国产业发展不利。这个理论分析存在很多问题,留在下面再谈。

第三,英国独占殖民地贸易,使英国资本的周转时间延长了,对维持本国生产性劳动发生不利的影响。这有两层意思:首先,英国资本有一部分从对欧洲的贸易转入对殖民地的贸易,周转时间无疑是延长了;而殖民地缺少资金,对英国商品的支付多采取延期支付的办法,周转时间也延长了。其次,英国虽然独占殖民地的贸易,但有的商品(如烟草)英国销售不了,再卖到欧洲大陆各国,周转时间也长了。斯密认为,资本周转时间长了,同量资本所能维持的生产性劳动便少了。因而,英国独占殖民地贸易,对维持生产性的劳动不利。

据此,斯密认为:"在现今的经营管理下,英国从统治殖民地毫无所得,只有损失。"他相信,他的"解放"殖民地的建议,"若真的被采纳,那么英国不仅能立即摆脱殖民地平时每年的全部军事费用,而且可能与殖民地订立商约,使英国能够有效地确保自由贸易"。[①] 就这样,斯密的殖民地理论便和他的自由贸易政策理论联系起来。

斯密之所以主张"解放"殖民地,是因为英国的工业、外贸、航运都居世界首位,没有竞争对手,这样,它与其耗费巨额行政管理费用和军事占领费用去独占殖民地,倒不如不实行这种独占,而通过自由贸易获得更多的利益来得合算些。斯密的主张未能实现,这是因为,正如老穆勒讽刺地指出的,殖民地是在上议院和下议院之外对上层阶级进行"救济"的庞大制度。

斯密的殖民地理论,在其后的资产阶级经济学家那里没有得到发展。庸俗经济学家萨伊除了反刍斯密的语言外,别无创造,是不待言的;即使是斯密的后继者古典经济学家李嘉图,在殖民地贸易能提高母国的利润率这个问题上同斯密也有所争论,但李嘉图是错误的。李嘉图一贯地从其价值分解为利润和工资,从而利润率提高只能由工资下降引起的原理出发去分

---

① 亚当·斯密:《国民财富的性质和原因的研究》(下卷),郭大力、王亚南译,商务印书馆1974年版,第186页。

析问题,因此认为,除非从殖民地进口的是廉价的粮食,否则,利润纵使暂时提高,但竞争将使其降到原来的水平。

马克思对此评论说,斯密认为英国的平均利润率由于有利的独占殖民地贸易而提高,这是正确的;李嘉图则是错误的。但是,马克思认为,英国对殖民地的贸易之所以有较高的利润率,是由于英国和生产条件较为不利的国家生产的商品竞争,英国的商品在殖民地市场能实现一个更大的价值和超额利润,英国的"劳动没有被作为质量较高的劳动来支付报酬,却被作为质量较高的劳动来出售"①,这个较高的利润率使英国的平均利润率提高,这个更大的价值又使英国商品的总生产价格提高。斯密不从商品能实现更大的价值,而从竞争加强去说明利润率的提高已经是错误的了,还以此去说明自然价格(生产价格)的增大就错上加错了。因为总生产价格不因竞争引起的平均利润的变动而变动。

空想社会主义者欧文从其组织共产主义公社的观点出发,接受了斯密的理论,将其作为一种试验而建设的共产主义公社称为国内殖民地。

〔二〕

马克思是从他那个时代的特征,即产业革命在有的国家已经完成,在有的国家正在进行,来分析殖民地问题的。他认为,随着产业革命的进行,世界便分为工业国和农业国,前者成为宗主国,后者成为殖民地。他说,产业革命使"一种和机器生产中心相适应的新的国际分工产生了,它使地球的一部分成为主要从事农业的生产地区,以服务于另一部分主要从事工业的生产地区";而"大工业国工人的不断'过剩',大大促进了国外移民和把外国变成殖民地、变成宗主国的原料产地"。②

产业革命之所以使世界分为工业国和农业国,在马克思看来是由于:第一,工业国以其廉价的工业品打倒落后国的手工业品;第二,工业国的农产品在产业革命的技术方面只在工业生产领域中进行时,变成比落后国的农产品昂贵些。在这里,马克思发挥了斯密关于落后国农业劳动生产力反而

---

① 马克思:《资本论》(第三卷),人民出版社 1975 年版,第 264—265 页。
② 马克思:《资本论》(第一卷),人民出版社 1975 年版,第 494—495 页。

较高的宝贵思想,指出产业革命的进行,大工业城市的兴起,"破坏着人和土地之间的物质变换,也就是使人以衣食形式消费掉的土地的组成部分不能回到土地,从而破坏土地持久肥力的永恒的自然条件"①,为了恢复土地肥力,便要耗费大量劳动,如从遥远的地方挖掘海鸟粪并运回来肥田,落后国就不是这样,这是在一定条件下工业化国家农产品价值较高的原因。这就是世界分为工业国和农业国的经济原因。

　　既然工业国的工业品便宜,落后国(农业国)的农产品也便宜,两者相交换,马克思为什么认为后者是殖民地呢?这是因为按照马克思的理论,在这个条件下,必然存在农业国以大量劳动同工业国小量劳动相交换,即富国剥削贫国的关系。我们知道,在社会生产中,农业部门资本的有机构成较低,其产品的生产价格低于价值,工业部门资本的有机构成较高,其产品的生产价格高于价值,即使在那些存在土地私有权的农业生产中,由于私有权要求绝对地租,农产品的价格便要在生产价格上加上绝对地租,但这个价格最高才等于价值,这样,这两种产品按相等的价格交换,两者的价值就不等,即工业国以小量劳动交换农业国的大量劳动。尽管农业国会从中得到利益,因为如果自己生产工业品,所花的劳动暂时要多些,但是还是被剥削了。这是宗主国剥削殖民地的最一般的经济基础。正因为这样,1866年,马克思还说美国经济发展本身就是欧洲特别是英国大工业的产物,它仍然应当看作欧洲的殖民地;1890年,恩格斯对这段话加注时仍然说,尽管从那时以来,美国发展成世界第二工业国,但其殖民地的性质并没有因此完全失掉。② 爱尔兰早在12世纪就是英国的国外殖民地,1801年与大不列颠两者组成联合王国,但是马克思认为,"今天的爱尔兰仅仅是英格兰的一个被大海峡隔开的农业区,它为英格兰提供着谷物,羊毛,牲畜,工业新兵和军事新兵"③,这就是殖民地的经济特征。因此,爱尔兰实质上是联合王国的内部殖民地,即国内殖民地。这是按照马克思的理论得到的结论,虽然他本人没有这样说。

　　上述交换与一国内部资本构成不同的部门间的交换不同,因为在一国内部,总生产价格等于总价值,所以,投下的劳动和得到的价值相等,各部门

---

① 马克思:《资本论》(第一卷),人民出版社1975年版,第552页。
② 同上书,第495页,注234。
③ 同上书,第769页。

多得和少得的价值刚好抵消。

马克思的理论是对李嘉图理论的片面性的修正。李嘉图无视产业革命对国际分工的作用,完全从比较成本理论去说明英国应该生产金属制品,美国和波兰应该种植谷物。他虽然看到在国际贸易中,甲国 100 个劳动日可以和乙国 80 个劳动日相交换,但他又认为这是同国内贸易完全不同的,并且无法以劳动价值理论来解释,因为他混淆了生产价格和价值,看不到这两者可能有偏离。李嘉图的思想其实是这样:当他说,一国内部的商品交换只能是等量劳动交换时,此时交换依以进行的两种商品的相同价格,是以同一的平均利润率调节的生产价格,它们分别和各该商品的价值一般是不等的,但他认为这个生产价格是价值,因而认为是等量劳动交换;当他说,两国间的交换可能是不等量劳动交换时,此时交换依以进行的两种商品的相同价格,是以两国不同的平均利润率调节的生产价格,它们和各该商品的价值一般也是不等的,但他将不同的平均利润率牢牢记住,便突出地认为,这个生产价格是不等于各该商品的价值的,因而便认为是不等量劳动交换。

马克思接受斯密的提法,指出资本主义有两种殖民地。一种是本来意义的殖民地,即前面提到的移民垦殖殖民地,例如,北美、澳大利亚、新西兰等。这里从事农业的大部分殖民者开始时并不是资产阶级,其生产也不是资本主义生产,而是主要为了满足自身生活需要的个体生产者,他们把剩余部分卖掉,以换取运入殖民地的工业品。其后资本主义才发展起来。

第二种是以种植园为特征的殖民地,它是在奴役土著殖民地的基础上发展起来的,如亚、非、拉美多数国家和地区。这里一开始就是为了做买卖,为了世界市场而生产,它存在着资本主义生产。但是只是形式上的,因为种植园的强制劳动排除了自由雇佣劳动,即排除了资本主义生产的基础本身。

这种殖民地为什么出现种植园这种具有资本主义大农业生产的形式,而其内容却是强制劳动的经济关系呢?因为它本来存在的是前资本主义生产,即自然经济和小商品生产,不能满足资本主义宗主国需要大量农产品的要求,而让其自发地两极分化并长出资本主义大农业来,将是一个十分缓慢的过程。因此,以暴力剥夺生产者的土地并强制他们劳动的种植园,便成为一种最合适的经济关系。这就是说,这种殖民地虽然多半在热带和亚热带,种植园中的体力劳动者之所以不是白人而是土著民族,并不是由于生长在温带的白人不能在那里从事体力劳动,而是由于只有剥夺居民土地并逼其就地劳动,才能适应世界市场的需要。

本来,移民垦殖殖民地也存在大量小商品生产,也应该有这个问题。但是,随着欧洲资本主义的发展和这种殖民地本身政治经济情况的变化,问题会自行解决。以美国为例来说明。一方面,欧洲的过剩人口涌向东部劳动市场,而向西部的移民浪潮又来不及把他们冲走,这样,就有相当的劳动力在东部沉积下来;另一方面,美国南北战争后,绝大部分公有土地被滥送给经营铁路、矿山的投机公司,可以自由地获得土地的时代过去了。在这个条件下,资本主义生产便迅速发展了。

马克思分析了这两种殖民地的发展前途。如上所述,一旦移民垦殖殖民地的移民不再易于获得土地,独立生产者不易形成,从欧洲输入的资本就能真正地成为资本在这里发展起来。奴役土著殖民地的情况不是这样。这有两方面的原因:一方面,以种植园为特征的这种新产生的经济关系,以及相应的其他政治经济关系,是妨碍生产发展的;另一方面,以农业和手工业相结合为特征的原有的个体经济,以及在东方社会大量存在的原始公社组织,即所谓的亚细亚生产方式,这些妨碍资本主义商品经济发展的因素的消灭是很缓慢的。由于外来的和原有的因素,以及这两者相结合的作用,奴役土著殖民地的资本主义当然发展得很缓慢。

恩格斯根据马克思关于资本主义两种殖民地的分析,指出:"依我看,殖民地,即欧洲人占据的土地——加拿大、好望角和澳大利亚,都会独立的;而只有那些被征服的土著人居住的土地——印度、阿尔及利亚以及荷兰、葡萄牙、西班牙的领地,无产阶级不得不暂时接过来,并且尽快地引导它们走向独立。"①殖民地以后的发展,证明恩格斯的预言是正确的。

斯密、马克思和恩格斯关于资本主义两种殖民地的理论,在其后的资产阶级经济学家那里不可能得到发展。意大利著名经济学家洛里亚只在名称上改变一下,称移民垦殖殖民地为"商业"帝国主义的对象,称奴役土著殖民地为"经济"帝国主义的对象。霍布森称殖民地为殖民主义,认为在其发展中一部分会成为民族主义,再成为国家主义,即独立成为民族国家,其余的仍为殖

---

① 转引自《列宁全集》(第三十九卷),人民出版社 1959 年版,第 759 页。

民地。民族国家又分为两种：一种为美、加、澳、新；另一种为南非，各有特点——这不过是恩格斯的理论的复述。

〔三〕

列宁的殖民地理论是以斯密和马克思的殖民地理论为基础的。

列宁对殖民地理论的重要贡献，是根据他所处的时代的特征，在政治上提出殖民地国家的理论，并在这个基础上认为垄断资本主义（帝国主义），是宗主国对殖民地施行压迫的世界体系。列宁所处的时代的特征，就是垄断资本主义国家已将世界领土瓜分完毕，并重新进行瓜分，因而全世界的国家就分为两大基本类型：一方是奴役其他国家的宗主国；另一方是被奴役的、丧失主权的殖民地国家，现代帝国主义就是这两者的经济关系在政治上的表现。这就是说，资本主义国家奴役殖民地这种关系，在资本主义原始积累和自由竞争时期就已存在，但这时的殖民地是各自存在的，并没有在政治上和母国或宗主国连在一起，还没有出现如像罗马帝国和日耳曼帝国那种在政治上连在一起的帝国主义。这就是为什么马克思虽然研究了英国和它的殖民地如北美和印度，但是他只提出殖民主义而没有提出帝国主义，以及他认为鸦片战争是商业战争的历史原因。但是，自 19 世纪 80 年代开始，情况发生变化。随着垄断资本主义的产生和其他国家追上英国，并和英国展开剧烈的竞争，英国首先将其殖民地和本土在政治上连起来，这就是 1887 年的殖民地会议。它是英帝国的雏形。现代帝国主义从此产生。经过列宁的改造，帝国主义便被用来命名一种经济成分，即垄断资本主义。列宁认为它是"极少数'先进'国对世界上大多数居民施行殖民压迫和金融扼制的世界体系"。[①]

列宁对殖民地的另一个重要贡献，是他从政治经济学方面论证垄断资本主义国家存在着国内殖民地。他在 1899 年出版的《俄国资本主义的发展》中写道[②]，根据马克思的意见，政治经济学上的殖民地的基本特征如下：(1)"土地还没有被人占有，还没有受土地所有权的支配"[③]；(2)"几乎全部人

---

① 列宁：《帝国主义是资本主义的最高阶段》，人民出版社 1964 年版，第 7 页。
② 《列宁全集》（第三卷），人民出版社 1959 年版，第 543 页。
③ 马克思：《资本论》（第三卷），人民出版社 1975 年版，第 852 页。

口都从事农业,特别是从事大宗农产品的生产,他们只能用这种产品来交换工业品……这一点,从一开始就把以现代世界市场为基础的殖民地国家,同以前的特别是古代的殖民地国家区别开来"。①

列宁根据马克思的理论,并根据斯密实质上具有的国内殖民地的思想,将俄国国内的殖民地分为两类:一类是被统治的少数民族聚居的农业地区;另一类是统治民族移民聚居的农业地区。关于前者,他根据《野蛮的巴什基里亚生活写照》指出,该书"生动地描写了'移民者'如何砍伐造船木材,把'肃清了''野蛮的'巴什基里亚人的土地变成'小麦工厂'。这是殖民政策的组成部分,它足以与德国人在非洲任何地方的某些丰功伟绩媲美"。② 正是根据这个思想,列宁后来在《帝国主义是资本主义的最高阶段》中便认为,俄国非俄罗斯人(少数民族)聚居的地区是俄国国内的殖民地。关于后者,他说:"在改革后时代中移民所居住的欧俄南部与东部边区,正是具有这些特点,从经济学上的意义说来,它们是中部欧俄的移民地……殖民地这个概念更可以应用于其他边区,例如高加索。"③列宁提出的这种殖民地实质上是国内殖民地。这是一个值得注意的理论问题。

列宁能够提出马克思实质上已具有,但没有明确提出的国内殖民地理论是有原因的。马克思在研究资本主义生产关系时,主要以发达资本主义国家尤其是以英国为对象,这些国家除了英国的爱尔兰民族是被压迫民族外(爱尔兰这个实质上的殖民地又和不列颠组成联合王国),其他发达国家都是单一民族国家,没有被统治民族,所有这些国家的殖民地(爱尔兰除外)都在海外,因此,马克思的注意力集中在这些国外殖民地上。列宁则不同,他最初研究资本主义生产关系时是以经济落后的俄国为对象的,经济落后使一些共同体形成民族并成立资本主义民族国家时,其周围的共同体尚未发展到这个水平,这样便组成统治民族奴役被统治民族的多民族国家。此外,俄国幅员广阔,未开发的土地多。这些便是列宁能提出国内殖民地理论的历史背景。

在列宁以后,国内殖民地理论有了发展。其中值得注意的首先是瓦尔

---

① 马克思:《资本论》(第三卷),人民出版社 1975 年版,第 755 页。
② 《列宁全集》(第三卷),人民出版社 1959 年版,第 223 页注。
③ 同上书,第 543 页。

加。他在 1951 年写成的《帝国主义经济与政治基本问题》中指出：由于美国资本主义剥削所谓有色人种的廉价劳动力，就"使美国资本可能在本土对劳动者进行殖民剥削，这种剥削到今天还存在于个别地区内"，而"仍有封建残余和处于半奴隶状态中的黑色人种的美国南部，是殖民地剥削的典型地区"。[①] 他并且认为，美国中西部的采矿地区也遭受殖民剥削，因为当地资本主义企业产生的剩余价值主要流向美国东部，那里住着矿井的主人。[②] 依据同样的道理，他认为蒙大拿州实际上是安纳康达铜矿公司的殖民地。[③] 这里说的国内殖民地是指地区，有的并且是少数民族聚居的地区。后来，阿瓦林在《殖民体系的瓦解》中指出："黑人、墨西哥人、印第安人，以及美国的其他少数民族，包括侨民，是美国财政大王的国内殖民地。"[④]这里说的国内殖民地不是地区，而是少数民族。这是因为，随着资本主义的发展，单一民族聚居地消失了，但少数民族仍受殖民剥削。陈翰笙在其《美国垄断资本》中指出："工业榨取农业的利益原是资本主义的本色。美国东部的财团因此一向就压迫中西部各地，把这些地方看作他们的殖民地。"[⑤]这里说的国内殖民地不一定是被压迫的少数民族，而是同一统治民族中那些到新开拓的农业区去的移民。

　　美国黑人运动中的理论家关于国内殖民地的论述，以及由此提出的殖民地的含义问题，是值得注意的。卡迈克尔说，美国黑人是第三世界的一部分，他们构成美国国内的一个殖民地。奥得尔说，一个民族可以在它世世代代居住的领土上被殖民化，也可以被殖民当局从他们传统居住的领土上强迫迁走，在新的领土环境中加以殖民化；要说明什么是殖民问题，具有决定意义的是殖民统治的组织机构所起的作用，领土仅仅是人们把历史上发展起来的超阶级剥削的机构组成一种压迫体系的场所而已。

　　历史的发展已证明斯密—马克思、恩格斯—列宁的殖民地理论是正

① 瓦尔加：《帝国主义经济与政治基本问题》，王济庚译，人民出版社 1954 年版，第 124 页。

② 同上。

③ 同上书，第 126 页。

④ 弗·雅·阿瓦林：《殖民体系的瓦解》，水茵、正楷、金青等译，世界知识出版社 1959 年版，第 32 页。

⑤ 陈翰笙：《美国垄断资本》，世界知识出版社 1955 年版，第 59 页。

确的。

资本主义的两种殖民地的发展确实是不同的。当移民垦殖殖民地无论从政治上还是经济上都已经不再是殖民地时，那些奴役土著的殖民地多数在政治上虽已获得独立，但还有一个从经济上最后结束殖民地命运的问题。在政治上已获得独立的殖民地国家，只有利用政治条件，敢于和善于同帝国主义斗争，利用帝国主义的矛盾，以自力更生为主，加速实现国家的现代化，包括工业化，摆脱向帝国主义国家完全提供农业原料和初级产品的地位，才能最终结束殖民地的历史。

垄断资本主义国家内部确实存在着国内殖民地，这就是被统治民族压迫、剥削、统治的少数民族，来自殖民地的季节性和流动性的工人，被发达经济地区从经济上政治上剥削和压迫的落后地区；即使那些在政治上虽已获得独立，但被原宗主国以帝国、联邦、共同体的政治形式包摄在内的民族独立国家，从其在经济上受控制和剥削的情况来看，和垄断资本主义国家内部的国内殖民地毫无二致，也是各种形式的现代殖民帝国的国内殖民地。这说明无论是从全世界看还是从一个国家看，无产阶级的解放斗争和被压迫民族的解放斗争在本质上是联系在一起的。

三、现代殖民帝国的产生和发展

本文试图以新的观点和方法研究现代殖民帝国,认为以某种政治形式表现出来的殖民帝国包含一定的经济内容,然后以此为基础,说明它的产生、变化和基本形式,指出它在当前是帝国主义国家变国外殖民地为帝国的一部分,即推行世界主义的工具。

1. 现代殖民帝国的经济内容①

以某种政治形式表现出来的现代殖民帝国包含一定的经济内容。这就是,垄断资本主义由于要攫取垄断利润,就要剥削和统治为它提供垄断利润的资本主义经济、前资本主义经济以及与它们相联系的社会成分,这种统治既包括宗主国的,也包括殖民地国家的非垄断资本主义经济。现代殖民帝国这种经济内容是随着资本主义经济的发展而形成的。

资本主义产生的最一般的经济条件,是商品流通要有一定程度的发展,因为只有这样,商品生产者才能分化,破产的个体生产者才能在一定的历史条件下变成出卖劳动力的工人,资本主义才能产生。马克思曾详尽地研究了在个体生产者中如何产生出商人,商人如何变成包买商,包买商如何变成资本家。② 他指出:"较多的工人在同一时间、同一空间(或者说同一劳动场所),为了生产同种商品,在同一资本家指挥下工作,这在历史上和逻辑上都是资本主义生产的起点。"③暴力能够加速资本主义的产生,但不能创造资本

---

① 原载《当代法学研究》1995 年,复旦大学法学院主办。
② 马克思:《资本论》(第三卷),人民出版社 1975 年版,第 373 页。
③ 马克思:《资本论》(第一卷),人民出版社 1975 年版,第 358 页。

主义的生产方式。

发展到一定高度的商品流通，就构成一个市场。这个市场从经济的社会性质来说，最初是属于小商品经济的，是个体生产者之间进行交换。资本主义商品生产从小商品生产中产生后，便有三种商品流通：第一，小商品经济内部的交换；第二，小商品经济和资本主义经济之间的交换；第三，资本主义经济内部的交换。由于随着资本主义生产的发展，小商品生产趋于消灭，也由于我们研究的需要，我们只研究后两种商品交换或流通。这两种交换的性质是不同的，两种经济成分的交换，对每一种经济成分来说，都构成它的外部市场，资本主义经济内部的交换构成它的内部市场。

资本主义生产从小商品生产中产生后，它自身就可以发展，而不必与小商品生产发生联系，即不需要外部市场，因为它的再生产条件本身就能提供，它可以向深度即提高资本有机构成的方向发展。当然，它是从小商品生产中产生出来的，因此，同后者在历史上发生联系。但这种联系并不是它进行再生产必不可少的条件，何况在这种联系中，小商品生产最终也会变成资本主义生产，到那时，资本主义生产就当然地以本身的存在为条件了。

垄断资本主义与此不同。我们知道，垄断利润只能来自垄断企业以外的资本主义经济和前资本主义经济①，这样，它的再生产条件就必须有一个和这些经济成分相交换的外部市场，并要垄断或统治这个市场。从经济上看，这个外部市场中的国家界限的意义是不大的。垄断资本主义对外部市场的统治和剥削，就是现代殖民帝国的最基本、最一般的经济内容。

这种单纯包含经济内容的殖民帝国，由于存在的是经济关系，它并不立即就表现在一定的政治形式上，不表现为殖民帝国。因此，人们不易了解其实质。只有当它反映在一定的政治形式上并形成殖民帝国时，人们才清楚地看到这种帝国的关系，才产生帝国主义这个概念。

宗主国剥削殖民地这种经济关系早就产生了，但由于政治上的殖民帝

---

① 垄断资本主义经济攫取垄断利润的必要性，以及垄断利润只能来自其他的经济成分，这是研究帝国主义的重要理论和方法论问题。从 1957 年起至今，我都坚持这种观点。参见陈其人：《论资本主义基本经济规律》，上海人民出版社 1957 年版，第 36 页；陈其人：《关于垄断利润的必要性和来源的探讨》，《世界经济文汇》1983 年第 2 期，第 9—14 页；陈其人：《帝国主义理论研究》，上海人民出版社 1984 年版，第 34 页；陈其人：《帝国主义经济与政治概论》，复旦大学出版社 1986 年版，第 10—11 页。

国尚未产生,这时就只有殖民主义,而没有帝国主义。从殖民地到殖民帝国,从殖民主义到帝国主义,是一个历史过程。殖民帝国是随着垄断资本的产生而产生的。

2. 英国曾主张"解放"殖民地的经济原因

19 世纪 80 年代以前,现代殖民帝国尚未产生。当时,西欧有很多国家从资本主义原始积累时期便开始实行殖民主义,拥有许多殖民地,如英、葡、西、法、荷、比等国。但是,它们的殖民地一个一个地存在在那里,并没有和宗主国在政治上联在一起,组成殖民帝国。即使拥有殖民地最多的英国,也是这样。我们知道,英国资本主义萌芽晚于地中海沿岸的一些国家,但其后由于其地理位置的优越,在资本原始积累时期,它在实行殖民主义方面终于超过葡、西、法诸国,后来又在产业革命和由它引起的对外贸易、航海运输方面遥遥领先,成为所谓的"世界工厂"。在这基础上,到 19 世纪 60 年代英国实行自由贸易的鼎盛期,它在经济上已成为一个最大的殖民主义国家,其殖民地包括爱尔兰、北美、澳大利亚、新西兰、印度、南非、亚洲和非洲其他国家和地区,以及太平洋上某些国家和地区。但是,除了 1801 年英国将爱尔兰划入其统治范围,组成大不列颠及爱尔兰联合王国这个实质上的殖民帝国外,直到 19 世纪 80 年代,英国并没有将其拥有的广大的殖民地,组成一个如像后来的大英帝国或大英联邦那样的殖民帝国。这就是说,政治上的殖民帝国尚未产生。这就是马克思虽然提到宗主国和殖民地,但没有提到帝国主义的原因。

值得指出的是,这时的英国虽然拥有殖民地最多,但是,它的经济学家和政治家却是主张"解放"殖民地的。所谓"解放"殖民地,就是英国不独占殖民地的贸易,殖民地便等于从英国的束缚中"解放"出来。其经济原因说到底就是:直到 19 世纪 80 年代以前,英国的工业、外贸、海运都几乎没有竞争的对手。这样,它与其支出大量的军费和行政费去独占殖民地,还不如放弃这种独占,由英国通过自由贸易来取得利润更为有利。

3. 英国首先把国外殖民地和宗主国联在一起，殖民帝国开始产生

英国在工业、外贸、海运方面都居于没有竞争对手的这种局面，大概从19世纪70年代开始便发生变化。第一个研究帝国主义的经济学家霍布森这样描述这个过程：在19世纪前75年中，英国能够这样做而毫无困难。因为它同大陆国家和殖民地自然地扩大商业，这些地区在主要制造业和运输业上是远远落后于英国的。只要英国实际上在某些重要工业品方面独占了世界市场，把殖民地和宗主国在政治上联在一起这样的殖民帝国便是多余的了。但是，1870年后，英国这种优势大大削弱，德国、美国、比利时发展甚速。它们侵入英国的旧市场和属地，迫使英国采取有力的措施获得新的市场，这种新市场主要在热带地方，当地居民对于英国的商品有日益增长的需要。英国的竞争者也为了同一的目的争夺和并吞领土。一旦并吞了，就中止英国同这些地方的贸易。为了迫使新市场的主人同英国谈判，英国就运用外交和武力。经验证明，获得和开发这些市场的最安全办法，是建立"保护地"或进行并吞。殖民帝国就这样首先以英帝国的形式产生。19世纪80年代，英国开始举行殖民地会议，就是英帝国主义的开始。

在列宁以前研究帝国主义的经济学家，除了布哈林，都是从发达资本主义国家之间的竞争去解释帝国主义或殖民帝国的产生的。霍布森强调的是争夺市场，比他晚一点的考茨基强调的是争夺农业地区。这是错误的。他们都把资本主义国家必然要夺取殖民地，即帝国主义产生的经济原因，错误地同资本主义宗主国和殖民地在政治上联在一起，即同帝国主义采取殖民帝国的政治形式的原因等同起来了。

他们认为，西欧几个早已占有垦殖殖民地的帝国主义国家，其后在政治形式上也成为殖民帝国，如法国殖民帝国，其原因也是由于竞争。

现在要说明的是，他们怎样说明美国这个原先的移民垦殖殖民地发展为帝国主义或殖民帝国。

霍布森认为，这也是由于竞争。他说，在19世纪的最后几年，美国工业

品的输出增加了三倍。本来,美国能在欧洲找到出路,但欧洲国家大部分能自给,并建立保护关税以对付工业品的进口。这就迫使美国大工业家和金融家到中国、太平洋和南美洲寻求最有利的机会,而德国、英国等又同美国在这里展开竞争,驱使它们都重视同市场建立特殊的政治关系。古巴、菲律宾和夏威夷,就这样成为美国参加盛大宴会前为了刺激食欲的小吃。美帝国主义或殖民帝国由此产生。这也是错误的。美国有众多的个体生产者,有广阔的国内市场。当东部的资本主义迅速发展起来时,西部还是一块等候开拓的地方;美国又有发达的农业,很久以来都为英国提供原料和粮食。这样,用争夺市场和农业地域来解释美帝国主义的产生,就更错误了。

前面说过,帝国主义一定要表现为殖民帝国的形式,才有可能被人们所认识。从这点看,具有殖民帝国形式的帝国主义的产生,是由于19世纪最后30年,以内燃机的产生为特征的第二次产业革命,促进生产力的发展,使自由竞争发展为垄断;由于攫取垄断利润,垄断资本主义便加紧输出资本,它们之间的矛盾就尖锐化,就有必要将其殖民地组成殖民帝国来维护其利益。因此,垄断的产生是帝国主义产生的原因,帝国主义采取殖民帝国的形式是由于竞争的加剧。

殖民帝国的形成,西欧资本主义国家和美国各有特点。西欧尤其是英国原来就有许多殖民地,垄断产生后,便把原来的殖民地和宗主国组成殖民帝国,并极力扩大。美国是后起的资本主义国家,原来没有什么殖民地,形成垄断后,便从其他国家手中夺抢殖民地,组成殖民帝国。

4. 现代殖民帝国的基本形式

垄断资本主义的宗主国和殖民地在政治上连在一起的形式有多种,最基本的是帝国、联邦、共同体以及种种条约和协定。

帝国是殖民帝国的最初形式。这就是历史上最早产生的大英帝国。它一直是一个比较松散的组织。1887年,英国政府第一次举行的殖民地会议就是英帝国的雏形。1911年改名为帝国会议。1944年又改称英联邦总理会议。英帝国或英联邦,除英国外,包括两种不同的成员国,一种是移民垦殖殖民地,如加拿大、澳大利亚、新西兰;另一种是奴役土著殖民地,如印度、锡兰、南非等。前者在政治上的特点,是取得自治领的地位。

英帝国的发展大致可分为三个阶段。19世纪末至20世纪30年代经济危机为第一阶段。在这个阶段,它以剥削加拿大、澳大利亚、南非、印度这些农业国为主要支柱,一般实行自由贸易政策。30年代经济危机至第二次世界大战结束为第二阶段。30年代的经济危机,使英国和英帝国成员国都受到很大的打击。英国为了自身的利益,于1931年以英帝国为基础,组成英镑集团,帝国内部贸易和信用要用英镑结算,成员国的货币和英镑保持固定的汇率,成员国的黄金和外汇储备存放在英国,作为英镑集团的共同储备;于1937年制订特惠关税制,规定英国与英帝国成员国之间在贸易方面相互给予优惠待遇,对非成员国则采用较高的税率。英国就用这种政策,把它的殖民地国家束缚住。第二次世界大战后至今是第三阶段。这个阶段的主要特点是,英帝国或英联邦逐步走向衰落。原来的殖民地国家,有的因经济发展了,如加拿大,在经济上再也不是殖民地了;有的在政治上独立了,促使经济发展,英国日益难以驾驭。但是,英国仍然想通过英联邦的形式维护其利益,仍然想用英镑区和特惠关税制来拴住英联邦的成员国,可是在美国和西欧其余国家的压力下,英国不得不逐步退让。

联邦和共同体是殖民帝国的发展形式。这就是法兰西联邦及其演变法兰西共同体,它们都是由宪法确定的。法国对其殖民地原来实行直接统治的政策。第二次世界大战后,许多殖民地要求独立,法国一方面加以镇压,另一方面搞"非殖民地化"。所谓"非殖民地化",就是让这些殖民地和法国本土组成联邦或共同体,它们的地位在形式上和法国本土一样。1946年,法国第四共和国宪法规定:"法兰西联邦由包括法国本土及海外各省与属地之法兰西共和国与各成员国家及地区组成之。"构成法兰西共和国的海外各省与属地是殖民地;构成法兰西联邦的各成员国家及地区也是殖民地;但它们又在形式上同法国本土地位平等,似乎再也不是殖民地。这些政策不能麻痹殖民地人民要求真正独立的斗志。于是,法国又炮制海外领地"根本法",给它们以半自治的地位,对联邦作了修饰。1958年,法国第五共和国宪法规定,法兰西联邦改称法兰西共同体,参加共同体的成员国可以成为共和国,政府总理由当地人担任,但对外政策、国防、货币、共同的财政经济政策、司法监督等,都属于共同体的职能。法国总统就是共同体的总统。

很清楚,联邦、共同体和帝国一样,是殖民帝国的不同形式。

美国在资本主义发展的过程中,连抢带买地兼并了许多土地,划入版图。在成为垄断资本主义国家的初期,美国便抢得菲律宾、夏威夷、古巴等地,现在菲、古独立了,夏威夷成为美国一个州,波多黎各这个领地又酝酿着成为一个州。表面看来,美国除了占有或共同占有太平洋上一些岛屿外,殖民地不多,好像不是一个具有"殖民帝国"特点的帝国主义。其实不然。第二次世界大战后的初期,美国以其金元威力,建立金元帝国主义,在这个基础上,通过在国外驻军、建立军事基地、订立双边和多边政治和军事条约或协定,至今仍然把许多国家置于其经济、政治统治之下,这是美国殖民帝国的特点。

第二次世界大战后,一些战败国如日本和德国,在战前和战争中夺得的国外殖民地都丧失了。从政治上看,它们没有国外殖民地。根据这一点,苏联经济学界提出一种所谓"没有'殖民帝国'的帝国主义"理论,美国经济学家也提出一种所谓"没有殖民地的帝国主义"理论。这些理论只有从政治的角度看问题才是正确的。但完全从政治的角度看,不从经济的角度看,就是不全面的,意义不大的。因为政治上的殖民帝国,是为垄断资本攫取垄断利润服务的。我们应当看到,随着日本和德国的经济恢复和发展,其垄断资本主义势力迅速向外扩张,经济大国的地位,要求政治大国的地位与之相适应。这样,日、德政治上的殖民帝国的出现将是可能的。目前,日本正在加紧控制东南亚,德国则以所谓没有"殖民史"相标榜,让对方接受援助,以此为诱饵,向外扩张。

5. 殖民帝国是帝国主义变国外殖民地为帝国的一部分, 推行世界主义的政治工具

宗主国和国外殖民地,原是两个不同的国家,处理两国之间的关系,原来分别属于这两国外交部的职权。在殖民帝国的政治形式下,这种关系变了,外交部再也不管这种事务,而由另一种机构管理。外交问题变成是帝

国、联邦、共同体内部的问题了。例如，原移民垦殖殖民地成为英联邦成员国即自治领后，英国在各自治领派有总督作为英王的代表，以英王的名义在各自治领行使权力；设有高级专员作为政府的代表，直辖于联邦关系部。各自治领也在伦敦驻有高级专员。这就是说，彼此不以国与国的关系相处，大家都成为帝国或联邦中的一部分。第二次世界大战后，一些被奴役的土著殖民地独立后，也成为英联邦成员国，同上述自治领的地位相同。英联邦宣言规定，"英联邦是独立主权国家的志愿联合组织，每个国家都对其政府负责"，所有成员国的公民都是英国的臣民或英联邦公民。英联邦总理定期举行会议；成员国之间彼此互派高级专员而不派大使，设立英联邦秘书处，以协助成员国之间进行"磋商和合作"。这样，在英联邦这个政治形式的掩盖下，殖民地和宗主国的对立就看不出来了。

法兰西联邦和其后的法兰西共同体也是这样。按照宪法规定，法兰西联邦各成员国，"不分种族及宗教，在权利及义务上一律平等"，但实际上法国本土仍像从前那样，保持着统治地位。法兰西共同体的各成员国，可以是具有主权的共和国，共同体执行委员会由法国政府总理、成员国政府首脑和负责共同体事务的各部部长组成，由法国总统担任主席。执行委员会的职责是"组织共同体各成员国之间政府方面和行政管理方面的合作"，实际上一切均按总统的决定行事。

从上述可以看出，殖民帝国这一政治形式，并没有改变垄断资本主义宗主国奴役国外殖民地这种关系，但是，它却使这种国外殖民地在帝国、联邦、共同体等形式下，变成国内殖民地，在形式上又表现为不是殖民地，而是和宗主国一样，平等地是帝国、联邦、共同体的一个组成部分。垄断资产阶级的思想家就以此为依据，宣传"非殖民地化"论，借以麻痹国外殖民地反对帝国主义统治的斗志，这是一种巧妙的统治方法。

殖民帝国作为一种政治组织，实质上是反对民族国家主权的，但形式上却承认民族主权和国家主权。我们知道，随着资本主义的产生，民族就要求以统一国内市场、共同经济生活为地理基础，建立民族国家。这种权利就是民族主权。国家主权从这方面看，同民族主权有密切的联系，即国家对外有独立权，主权不受侵犯、不可转让、不能分割。殖民帝国恰恰就是宗主国对殖民地的民族主权和国家主权的侵犯。因为不管帝国、联邦、共同体的组成原则怎样标榜平等、民主，一般的成员国总要服从宗主国，尤其是服从宗主国的最高统治者。如果我们将殖民帝国同多民族的资本主义国家作一比较，问题就很清楚了。在多民族的资本主义国家里，统治民族是侵犯和剥夺被统治民族的主权，即独立为国家的权利的；殖民帝国不过是在垄断资本主义条件下的多民族国家的扩大，宗主国在这种形式下，也侵犯殖民地国家和民族的主权。但从形式上看，好像不存在这个问题。因为殖民地已构成帝国、联邦、共同体的一部分，不存在独立为一个国家的问题。

从这个方面看，殖民帝国又是形式上维护民族主义，实质上推行世界主义的工具。因为在这种形式下，殖民地国家虽然具有民族国家的形式，但宗主国对其进行经济剥削，犹如没有国家界限一样，这恰恰是垄断资本主义所要求的世界主义。

殖民帝国发展的最高点，按照资产阶级理论家的说法，就是全世界置于一个庞大的垄断组织之中，其政治形式可以称为国家联盟、超国家组织等，这样，所谓罗马帝国式的世界和平便产生了。这就是垄断资产阶级所要求的世界主义，即由一个庞大的垄断组织或垄断资本主义国家来统治全世界，把除它以外的民族和国家主权都剥夺殆尽。

四、从马克思和列宁的殖民地理论看 战后帝国主义和殖民地问题①

第二次世界大战后,帝国主义的殖民体系瓦解,原来的殖民地国家绝大多数已经独立。这样,人们便对战后帝国主义和殖民地问题产生种种看法,主要的看法有:所谓殖民地,就是土地被占领、主权已丧失的国家,它们已经独立,就再也不是殖民地了;帝国主义仍然存在,但由于殖民地已不存在,帝国主义就成为没有殖民"帝国"的帝国主义;帝国主义国家对原来的殖民地国家,即现在已经独立的国家,不仅不再实行殖民政策,而且对它们加以援助,促其发展,以便相互依存,共同发展,例如,欧洲经济共同体的联系国制度便是这样。总之,在他们看来,列宁的帝国主义和殖民地的关系的理论,似乎已不适合战后的情况了。应该说,这是一个极为重要的理论问题和实际问题。它的实质就是,第三世界的人民应当怎样看待垄断资本主义即帝国主义国家。为了较深入地解决这些问题,有必要从马克思和列宁的殖民地理论谈起。

1. 马克思和列宁关于殖民地的分析

马克思将当时的殖民地分为两种。一种是真正的殖民地②,如北美、澳大利亚和新西兰。这种殖民地的形成有两个阶段。首先,欧洲殖民者踏上这些土地时,对生产力极其低下的土人加以掠夺、驱逐、剿灭,在空地或被腾

---

① 原载《经济研究》编辑部:《论当代帝国主义》,上海人民出版社 1982 年版。
② 马克思:《剩余价值学说史》(第二卷),郭大力译,人民出版社 1972 年版,第 338 页。

空的土地上进行移民垦殖；其次，欧洲移民带来母国的资本主义生产关系，但由于有一段时间获得土地极其容易，工资劳动者容易变成独立生产者，资本主义发展缓慢，同母国的矛盾不大，母国便任其自生自灭，到它的资本主义发展起来了，同母国的矛盾加深，从这时起，母国便从各方面压迫它，以便维持母国从它那里获得的利益，这样，它便完全成为殖民地。

第二种是种植园殖民地①，如南美、非洲、亚洲某些国家和地区。欧洲殖民者踏上这些土地时，土地主人的生产力比较高，用上述办法对付他们是不可能的。因此，殖民者便采取另外的办法，即利用原有的生产关系对其进行剥削。这种殖民地所以具有种植园的特点，是因为资本主义国家需要大量的农业原料和粮食，需要它进行大农生产，但它存在的却是自然经济或小商品生产，不能满足需要，而让其自然分化出大农生产来，将是十分缓慢的。这样，以强夺土地、强制劳动为特征的种植园便产生了。

从上述可以看出，真正的殖民地其所以是殖民地，土地是否被占领不是决定性的条件；主权是否丧失也不是决定性的条件——从某一点看，这些殖民地原来只是母国的分支，不涉及主权问题。当然，从英国对北美殖民地颁布的一系列的《贸易与航海条例》(1660—1672 年)来看，由于它保证了英国对殖民地的剥削，也可以说是侵犯了殖民地人民的主权。但是，即使这样，这也不是决定性的条件。美国独立后 90 年即 1866 年，马克思根据它还要向英国输出棉花和谷物，指出它"仍然应当看作欧洲的殖民地"；甚至到 1890 年，恩格斯还认为它虽已成为世界第二工业国，但因上述原因，其"殖民地性质并没有……完全失掉"。② 为什么主要输出农产品就是殖民地，这个问题下面再谈。

种植园殖民地其所以是殖民地，土地被占领、主权被侵犯，当然是决定性的条件。但这只是从殖民者经营种植园来说的。就这种殖民地最终全部沦为殖民地来说，上述条件并不是决定性的。马克思对英国使印度全部沦为其殖民地的分析，说明了这一点。英国东印度公司于 1600 年成立，"拥有茶叶贸易、同中国的贸易和对欧洲往来的货运的垄断权"③；1608 年便以商

---

① 马克思：《剩余价值学说史》(第二卷)，郭大力译，人民出版社 1972 年版，第 339 页。
② 马克思：《资本论》(第一卷)，人民出版社 1975 年版，第 495 页，注 234。
③ 同上书，第 820—821 页。

业势力完全征服了印度,并垄断了东南亚各地的贸易,从经济上看,已经使印度成为殖民地。但那时候,东印度公司在印度还没有拥有政治统治权,英国也还没有从领土上占领印度。

马克思对爱尔兰的分析,更说明主权是否丧失并不是构成是否殖民地的决定性条件。早在 12 世纪,爱尔兰就已经成为英国的殖民地;1801 年,英国和它组成大不列颠和爱尔兰联合王国,从政治形式看,爱尔兰和英格兰、苏格兰、威尔士一样,是联合王国的一部分,不是殖民地了。但是,马克思指出,它"仅仅是英格兰的一个被大海峡隔开的农业区,它为英格兰提供着谷物,羊毛,牲畜,工业新兵和军事新兵"。① 下面将指出,从经济上看,爱尔兰就是殖民地。

马克思详尽地分析了殖民地的经济关系,但是,并没有提出帝国主义的理论。这是因为,当时的资本主义处于自由竞争阶段,世界上还有土地可供资本主义强国分割;占有殖民地最多的英国,还没有把它们和英国本土在政治上联结起来,组成像罗马帝国那样的现代帝国即殖民帝国。

上述情况在 19 世纪 80 年代发生变化。首先,从 70 年代起,有些国家赶上英国,同英国展开激烈的竞争;其次,继之而来的垄断形成使这种竞争更为激烈。为了自己的利益,英国首先在政治上将其殖民地和本土联在一起,这就是英国在 80 年代召开的殖民地会议,殖民帝国从此产生。以后又以大英帝国、联邦的形式出现。与此同时,各帝国主义国家把世界领土第一次分割完毕。

列宁创立的帝国主义理论包括垄断资本主义理论和殖民地理论两个有机部分。列宁的殖民地理论可以区分为三部分。第一,历史条件不同,帝国主义及其实行的殖民政策是不相同的。他说:"'一般地'谈论帝国主义而忘记或忽视社会经济形态的根本区别,这样的议论必然会变成最空洞的废话或吹嘘,就像把《大罗马和大不列颠》拿来相提并论那样。就是资本主义过去各阶段的资本主义殖民政策,同金融资本的殖民政策也是有重大差别的。"②第二,金融资本的殖民政策,说到底是为了取得垄断利润,这样,垄断

---

① 马克思:《资本论》(第一卷),人民出版社 1975 年版,第 769 页。
② 列宁:《帝国主义是资本主义的最高阶段》,人民出版社 1964 年版,第 74 页。

"资本主义已成为极少数'先进'国对世界上大多数居民施行殖民压迫和金融扼制的世界体系"。[①] 就是说,现代帝国主义这个世界体系是由垄断资本主义和殖民地构成的。第三,由于先进国的争夺,世界被分割完毕了。因此,典型的国家形式是殖民地占有国家和殖民地国家两大类。殖民地国家是土地被占领、主权已丧失的国家。

值得注意的是,列宁是从国家形式的角度来区分这两大类国家的。但他并没有认为,从经济的意义上说,只有土地被占领、主权已丧失的,才是殖民地。他在《俄国资本主义的发展》一书中,根据马克思对殖民地的研究,从政治经济学的意义上指出殖民地[②]这个概念的基本特征:第一,移民容易获得的未被占据的闲地的存在,也就是马克思所说的,"这些土地还没有被人占有,还没有受土地所有权的支配"。[③] 这里指的是真正的殖民地。第二,业已形成的世界分工、世界市场的存在,因而殖民地可以专门生产大量农产品,用以交换现成的工业品,也就是马克思所说的,"现代殖民地是通过世界市场现成地得到在另外的情况下必须由他们自己制造的那些产品,如衣服、工具等等"。[④] 这里指的不但包括后来发展起来的真正殖民地,而且包括一开始就为世界市场而生产的种植园殖民地。至于专门生产大量农产品,用以交换现成的工业品,从政治经济学看为什么是殖民地,这个问题下面再谈。

不仅这样,列宁还认为,那些在政治上、形式上虽然独立,但在金融上却处于附属地位的,实质上也是殖民地,即附属国。列宁认为,在现代条件下,除了占有殖民地国家和殖民地国家这两类典型国家形式外,还有各种形式的附属国。他认为当时的阿根廷就是这样。资产阶级经济学家认为南美,特别是阿根廷,在金融上这样依赖于伦敦,几乎可以说成了英国的商业殖民地。列宁是同意这种看法的,只是把商业殖民地称为附属国。

我们将马克思的两种殖民地理论,和列宁的世界分为宗主国与殖民地国家,因而垄断资本主义国家成为殖民帝国的理论结合起来,就可以看出:

---

① 列宁:《帝国主义是资本主义的最高阶段》,人民出版社 1964 年版,第 7 页。
② 《列宁全集》(第三卷),人民出版社 1959 年版,第 543 页。
③ 马克思:《资本论》(第三卷),人民出版社 1975 年版,第 852 页。
④ 同上书,第 755 页。

在经济上,真正的殖民地的资本主义发展,因为没有前资本主义的束缚,以及母国的资本主义在那里已经生根,所以比种植园殖民地快些,当前者在经济上已退出殖民地地位时,后者在经济上仍是殖民地;在殖民帝国的政治组成上,例如在大英帝国中,前者是自治领,而自治领和不列颠是"英帝国内的自治共同体,地位平等,在它们的内政或外交事务各方面并不从属,但共同一致效忠英王"(1926年帝国会议宣言,即贝尔福宣言),后者的政治地位就不是这样。

2. 马克思和列宁关于先进国剥削殖民地的分析

先进的资本主义国家对落后国家和地区进行剥削,使后者变成殖民地,最根本的原因是这两者经济发展程度或生产力发展水平有重大的差别。其他经济、政治原因只是在这个基础上加深这种剥削。

根据马克思的分析,这种剥削有两种途径。一种是对外贸易。商品在世界市场上的价值,由进入世界市场的商品生产时所必需的劳动时间决定。先进的国家劳动生产率较高,其商品在世界市场上的价值高于国内价值,按世界市场的价值出售便得到超额利润。落后国家的情况就相反。在自由竞争条件下,价值转化为生产价格。商品在世界市场上的生产价格,由进入世界市场的商品的平均生产成本和世界市场的平均利润构成。这样,先进国出口高位资本有机构成的产品,如机器,其在世界市场的生产价格便因两重原因高于其国内价值:(1)在国内市场,因是高位资本有机构成的产品,其生产价格高于价值;(2)在世界市场,因是劳动生产率较高的企业的产品,其生产价格又高于国内生产价格。反之,落后国家出口低位资本有机构成的产品,如粮食,其在世界市场上的生产价格便因两重原因低于其国内价值,将上述分析倒过来便可理解。在自由竞争条件下,商品在世界市场上是按生产价格进行交换的。这样,先进国便得到超额利润,落后国便损失部分利润。这类出口产品在国民经济中占的比重越大,分别得到的利润和带来的损失就越大;当英国一国成为世界工厂时,单凭这一点它便得到巨大的利润。从经济内容看,先进国以其工业产品如机器,和落后国农产品如粮食相交换,是小量劳动和大量劳动相交换,是不等价交换。马克思说:"一国的三个劳动日可以和别一国的一个劳动日相交换。……在这个场合,富国会剥削贫国,纵然……贫国也会由交换得到利益。"①因为贫国如果自己生产机器,花的劳动还要多些。上述情况可以表解如下:

表 3-1　高位资本有机构成先进国家和低位资本有机构成落后国家:平均利润与生产价格的差别

先进国家					落后国家				
资本	剩余价值	价值	平均利润	生产价格	资本	剩余价值	价值	平均利润	生产价格
Ⅰ $90c+10v$	10	110	20	120	甲 $70c+30v$	30	130	40	140
Ⅱ $80c+20v$	20	120	20	120	乙 $60c+40v$	40	140	40	140
Ⅲ $70c+30v$	30	130	20	120	丙 $50c+50v$	50	150	40	140

我们看到,先进国资本Ⅰ的产品如机器,生产价格高于价值,落后国资本丙的产品如粮食,生产价格低于价值;机器和粮食按生产价格交换,便要1.166 单位和 1 单位交换,即 128.66 价值或劳动和 150 价值或劳动交换。再加上国家越先进,产品的个别价值越低;国家越落后,产品的个别价值越高。这便出现前者以一个劳动日和后者三个劳动日交换的情况。这就是资本主义国家剥削落后国家并使其成为殖民地的最一般的经济条件。

先进国剥削落后国的另一种途径是输出资本。马克思指出,资本输出的发生,并不是因为它在国内已经绝对不能使用,而是因为它在国外能按更高的利润率来使用。落后国的利润率和利息率较高,也是由于经济落后。根据马克思的论述,可分五方面来谈。

第一,落后国如有资本主义生产,其资本有机构成必然较低,虽然有较低的剩余价值率,却有较高的利润率。② 利润率较高,受其调节的资本主义利息率也较高。落后国的资本主义长期借贷利息率特别高,也由于经济落后,不变资本中的固定资本比重小,社会折旧基金小③,能用于借贷的时间

---

① 马克思:《剩余价值学说史》(第三卷),郭大力译,人民出版社 1978 年版,第 111—112 页。
② 马克思:《资本论》(第三卷),人民出版社 1975 年版,第 168—169 页。
③ 马克思:《剩余价值学说史》(第二卷),郭大力译,人民出版社 1972 年版,第 556 页。

短,而落后国在外资的压迫下,要发展资本主义便需要长期贷款,由于供求关系,这种利息率便特别高。

第二,在存在大量前资本主义经济的落后国家,有两种古老的资本形态,即商业资本和高利贷资本,商业利润率受高利贷利息率支配。在这里,高利贷利息率不受根本不存在的资本主义利润率的限制,只受借钱者的挥霍需要(对地主贵族而言)和活命需要(对个体生产者而言)的限制,它必然大大高于现代利息率。这种利息率又决定前资本主义的商业资本的利润率。外国资本投在这里,再通过买办资本,以高利贷资本和商业资本或两者相结合的形式,攫取高额的利润和利息。

第三,落后国的地价较低。在真正的殖民地,有一段时间土地是无主的,在经济上几乎无所花费,在法律上便占有土地。在其他落后国家,如有地价问题,便意味着土地已能买卖。地价是资本化的地租,其高度取决于地租和利息率之比。落后国的利息率较高,这是其地价较低的一个原因。另一个原因是其地租也较低。这种落后国有两种社会性质不同的地租。一种是农村中的前资本主义地租,它原是全部剩余劳动,但在土地买卖条件下,便转化为购买土地的资本的利息,改由高利贷利息率调节了。这时,地租可以侵吞必要劳动,但仍比先进国的地租低。其所以如此,因为后者增加较快。这是因为,直到第二次世界大战前,先进国的农业资本有机构成绝对地落后于工业资本的有机构成,农业资本由此产生的较多的剩余价值便转化为绝对地租,随着农业生产集约化的进行,投在一块土地上的资本越多,绝对地租就越多。另一种是城市中的资本主义地租。这种建筑地段地租以农业地租为基础,再加上工商业因其所在地不同而获得的超额利润。这个基础在落后国是较低的。

第四,落后国家的工资水平各不相同。真正殖民地的工人是母国的移民,其生活水平以母国的为基础,再加上有一段时间独立生产者多,劳动力需求大于供给,因而工资水平较高,其他落后国的工资水平是较低的,因为资本主义不发达,劳动力再生产的费用低,独立生产者破产多,资本主义生产吸收不了那么多,劳动力供给大于需要。至于种植园,劳动者的"工资"当然就更低了。

第五,农产品价格低廉。落后国家的个体农民多,他们耕种土地,不必像资本主义农业那样,要农产品的价格至少要包含平均利润;在真正的殖民地中,由于土地属于个体农民,农产品价格甚至可以不包含绝对地租。换句话说,资本主义的商品价值即 $c+v+m$,其中的 m,在竞争的压力下,个体农民可以不要。他们仅要求糊口,不要求积累。这就是小块土地所有制占统治地位的国家,农产品价格低于资本主义国家的重要原因。在最不利条件下劳动的农民,其一部分价值还要白白地送给先进的资本主义国家。

在垄断资本主义条件下,列宁根据马克思的分析指出:那些在国内攫取不到垄断利润的过剩资本,"会输出国外,输出到落后的国家去,以提高利润。在这些落后的国家里,利润通常都是很高的,因为那里资本少,地价比较贱,工资低,原料也便宜"。[1] 加上这些资本以垄断高价出卖产品,以垄断低价购买原料,利润就更高,就成为垄断利润。

列宁对这个问题的主要贡献是:指出商品输出是自由竞争的资本主义的特征,资本输出是垄断资本主义的特征;在垄断价格和垄断利润理论的基础上,指出在垄断资本主义阶段,资本输出是增加商品输出的手段,这样,垄断资本就在这过程中,"从一头牛身上剥下两张皮来:第一张皮是从贷款取得的利润,第二张皮是在同一笔贷款用来购买……产品……时取得的利润"。[2]

列宁指出,在输出资本时,先进国即债权人利用其优势的地位,总要占便宜:获得贸易条件上的让步,开设煤站,建设港口,租让地产,定购武器,以便多得垄断利润,并从经济、政治、军事上控制落后国家,使其变为殖民地国家,以最后保障其经济利益。

3. 民族独立国家,虽是主权国家,但多数仍受控制

随着经济、政治条件的变化,资本主义的殖民政策也在变化。

第二次世界大战后,原有的殖民体系已经瓦解,除从中产生的社会

---

[1] 列宁:《帝国主义是资本主义的最高阶段》,人民出版社 1964 年版,第 56 页。
[2] 同上书,第 106—107 页。

主义国家外,还产生了许多民族独立国家;土地被占领、主权被剥夺的殖民地国家已经不多了。此外,真正的殖民地,如加拿大、澳大利亚、新西兰,已继美国之后成为独立国家,也应该是原有殖民体系瓦解的内容。面对这种形势,帝国主义国家便采取新的政策,对除社会主义国家外的原殖民地国家,用种种政治形式,如联邦、共同体之类,同宗主国组成新的殖民帝国。

这里以英、法这两个原来最大的殖民帝国,在战后如何不断地改变统治形式,以维持其殖民帝国的地位为例,来加以说明。英国对其属下的真正殖民地国家给予自治领的政治地位,已见上述。战后,印度等殖民地国家获得独立,也成为英联邦成员国,同上述自治领享有同等的地位。1950 年年初,印度成为共和国,但是仍然留在英联邦内,英王已不再是其国王,而是联邦的元首。其后,巴基斯坦等殖民地国家相继宣布成为共和国,并援印度之例,继续留在英联邦内。英联邦成员国中包括两种经济发展水平不同的国家,联邦的作用在于协助成员国之间进行磋商和合作。根据我们在前面的分析,只要这些落后的国家没有根本改变其经济结构和外贸结构,这种"磋商和合作"便只能是维持和加深英国对它们的剥削。因此,英联邦这种政治形式是一种新的殖民帝国。

战后,英国对其最早的一块殖民地——爱尔兰——的统治形式的变化,很值得我们注意。前面提到 1801 年成立的大不列颠和爱尔兰联合王国,这种变化显然没有使爱尔兰摆脱其殖民地的地位,或者可以这样说,它使爱尔兰从国外殖民地变为国内殖民地。爱尔兰的殖民地地位没有改变,表现为爱尔兰民族独立运动连绵不断。1948 年,爱尔兰南部独立,联合王国改称大不列颠和北爱尔兰联合王国。但是,北爱尔兰和整个爱尔兰的殖民地地位并没有改变。

法国的情况也是这样。面临战后民族解放运动不断高涨的形势,法国除疯狂镇压外,还实行"非殖民地化"的政策。这就是 1946 年第四共和国的宪法,把原先对殖民地的直接统治改为法兰西联邦的形式;其后,1958 年第五共和国的宪法又将法兰西联邦改为法兰西共同体。以为这样一来,殖民地也就"非殖民地化"了。第四共和国宪法规定:"法兰西联邦由包括法国本土及海外各省与属地之法兰西共和国与各成员国家及地区组成之。"这样,法国的海外省和属地便和法国本土一样,成为法兰西共和国的一部分,如同爱尔兰和大不列颠成为联合王国的一部分一样,实质上是从国外殖民地变为国内殖民地;各成员国和法兰西共和国组成的法兰西联邦,如同英联邦一样,也是一种殖民帝国。第五共和国宪法规定,参加共同体的成员国,可以成为共和国,政府总理由当地人担任,但"对外政策、国防、货币、共同的财政经济政策以及有关战略物资的政策"等,都由共同体决定。根据上述分析便可以了解,从经济上看,法国和其他的共同体成员,实质上存在宗主国剥削殖民地的关系。

由此可见,仅仅从帝国主义的殖民政策、统治殖民地的形式的变化,便认为原来的殖民地都"非殖民地化"了,出现了所谓的"没有殖民帝国的帝国主义",这种看法即使从统治形式来说也是错误的。如果进一步从经济内容来说,那就更是错误的。

当然,在各种形式的殖民帝国中,宗主国以外的各成员国的政治、经济地位是各不相同的。其中的趋势是,原来属于真正殖民地的国家,资本主义经济发展较快,与宗主国斗争的力量就较大,其政治地位提高得也就较快;反之,属于种植园殖民地的国家,情况就不是这样。这里以英帝国或联邦的成员国加拿大为例加以分析。它于 1926 年和 1931 年便取得外交和立法独立自主权,但是,不仅在政治上仍是殖民地,有英国派的总督作为英王的代表,并以英王的名义在此行使权力;而且在经济上仍然是农产品和工业原料的生产国,因而也是受剥削的殖民地。它的经济地位发生变化,是在第二次世界大战时开始的。现在它已成为资本主义世界七大工业国家之一,在经济上已经不是殖民地国家了。但在政治上,直至 1982 年春天,英国女王巡视加拿大,宣布结束其殖民地历史前,它仍是殖民地,虽然这种殖民地已经不具有实质的意义了。加拿大这个例子告诉我们,要真正摆脱殖民地的地位,重要的是完成工业化。

从殖民帝国形式的变化中,可以得出这样的结论:对于那些原来属于种植园殖民地国家的人民来说,要深刻地认识到,他们和真正殖民地国家的人民有不同之处,不要因为自己的国家已经和宗主国一起构成帝国或联邦,便以为不是殖民地人民了,非殖民地化了,从而就放松了反对垄断资本主义的斗争。

4. 多数民族独立国家从经济上看仍是殖民地

殖民地国家独立后,政治上有一个反对垄断资本主义控制的问题,经济上有一个反对垄断资本主义剥削的问题。在这里存在复杂的、尖锐的斗争。从获得独立的国家说,一般说来,在经济上不能长期、完全切断同垄断资本主义国家的联系,在这个条件下,如果对垄断资本主义没有正确的认识,不去利用它们之间的矛盾,主要在自力更生的基础上实现国家工业化,改变国民经济的结构、改变对外贸易的结构;而是像以往那样,全部出口农产品,进口工业品,这样,根据我们前面的分析,即使撇开垄断价格问题不谈,它还是以大量的劳动和先进国的小量劳动相交换,从经济上看,仍然是殖民地。从垄断资本主义国家来说,则是适应新的形势,改变过去那种以占领土地、强制劳动为特征的剥削政策,采用新的以经济渗透、国际分工为特征的剥削政策,以模糊独立国家对它的本质的认识。从事实上看,大多数民族独立国家,由于政治上和经济上的原因,至今还没有实现工业化,甚至连现代工业的基础都没有建立起来,其被剥削的殖民地地位至今尚未完全改变。

目前,垄断资本主义国家对殖民地剥削的主要途径,仍然是资本输出和对外贸易。只是由于战后政治、经济出现新的情况,它们就具有新的特点。下面分别予以论述。

垄断资本主义国家通过资本输出来剥削殖民地,控制殖民地的经济,是多种多样的。这里仅以战后迅速发展的一种新形式——跨国公司——为例,加以分析。跨国公司是垄断财团所属或控制的大垄断企业,通过直接投资,在国外设立分支机构或子公司,形成一个国际垄断组织,以攫取垄断利润。例如,1970年,美国对亚非拉发展中国家投资的利润率为21%,而国内投资的利润率只为9%。属于美国洛克菲勒财团的埃克森石油公司,是世界第二大的跨国公司,它在几十个国家里拥有原油开采权、设有炼油厂、开设几百个子公司,被称为"看不见的帝国"。有四分之一的跨国公司,设立在殖民地和原殖民地国家和地区里。比利时、法国、英国开设在上述国家和地区的跨国公司中,以开设在非洲的为最多,这显然与其原来的殖民统治和投资基础有很大的关系。跨国公司控制它们的经济命脉,使它们在经济上不能独立,形成单一经济,沦为部件加工厂和装配车间,严重地依赖垄断资本主义国家;影响他们的财政收入,一些石油输出国的财政收入,主要来自西方国家在当地开设的石油公司;干涉它们的内政外交政策,甚至改变它们的政府,许多国家的政变与跨国公司的阴谋活动有关。有些跨国公司及其直接控制的地区,是名副其实的"国中之国"或殖民地。

由于这样,1973 年联合国秘书处在 1973 年发表的《世界发展中的多国公司》的调查报告中不得不承认:"就某种意义说,基地在外国的多国公司的各种各样的营业活动,以及它们对东道国广泛深入的影响,可以看作对国家主权的一种挑战"。这就是说,跨国公司是垄断资本主义国家实行殖民政策的重要工具。

垄断资本主义国家通过对外贸易来剥削殖民地,主要有两种形式。第一,极力维持原有的以工业产品(主要是工具)和初级产品(主要是原料)交换的局面。战后以来,民族独立国家的工业虽然有了程度不同的发展,但仍未改变主要是出口原料、进口工具的局面。据统计,1968—1977 年,在亚非拉 150 个国家和地区中,出口石油为主的有 19 个,出口矿产品为主的有 22 个,出口农业原料为主的有 22 个,出口粮油食品为主的有 89 个。这些都是低位资本有机构成的产品,其生产价格低于价值,和那种高位资本有机构成的产品交换,其内容就是大量劳动和小量劳动相交换。只有加速工业化,增加工业品的出口,减少其进口,才能改变这种局面。第二,在上述基础上,极力提高工业产品的价格,压低初级产品的价格,使垄断高价和垄断低价之间的差额扩大。多数民族独立国家由于在政治上和经济上还没有完全摆脱垄断资本主义国家对其控制,就不能不接受这种不合理的价格。据统计,如以 1963 年的价格指数为 100,初级产品的价格指数从 1952 年的 115 下降到 1971 年的 112,工业制成品的价格指数从 1952 年的 95 上升到 1971 年的 124。就因这一点,在 1951—1971 年的 20 年中,发展中国家损失 1 223 亿美元。

1974 年召开的第六届联合国研究原料和发展问题特别会议,以及其后有关会议的召开,经过斗争,对改善上述国际贸易的不平等状况虽起一些作用,但并没有根本解决问题。现以初级产品的价格问题为例加以分析。其中的商品综合方案旨在建立初级产品的国际储存,以调节其价格;价格指数化旨在建立初级产品和工业制品之间的比价,以消除两者价格差额的扩大。这些要求即使能够达到,也只能使民族独立国家的外贸条件不至日益恶化,不等价交换不至日益扩大,而不能解决初级产品和工业制品的交换,其本身就是以大量劳动和小量劳动相交换这个问题。

现在,垄断资本主义国家正在宣传一种理论,用以巩固事实上存在的,或者说从历史上遗留下来的国际分工;这就是工业化的垄断资本主义国家,分工生产高、精、尖产品或资本密集的产品;落后的发展中国家,分工生产耗费劳动多、原料多、污染严重的产品或劳动密集的产品。为了使这种理论为落后国家所接受,又制造一种落后国家自己不能也不必实现工业化的理论,其目的在于妄图使落后国家永远处于殖民地的地位。因为在这个条件下,第一,必然出现马克思说的富国以一个劳动日便可以和贫国三个劳动日交换的情况;第二,垄断资本主义国家生产的是最新的技术和武器,发展中国家要依赖它,这样,它就不仅可以继续控制这些国家,并且可以在这个基础上以垄断高价出售产品,以垄断低价购买产品,增加剥削。这样,富国的一个劳动日就可以和贫国的四五个劳动日交换。虽然在交换中,如前所述,贫国会得到某些利益,因为它自己生产这种产品花的劳动必然更多些,但是它还是遭受剥削。所以,这个条件如不改变,贫国人民同样劳动,尽管其享有的消费资料绝对量可以增加,但只能是富国人民享有的若干分之一。

目前,欧洲经济共同体与原来基本上是共同体的某些成员国的殖民地国家,通过缔结《洛美协定》,双方发生经济联系,其内容使一些人发生疑惑,认为这是列宁的帝国主义理论不能解释的。协定的主要内容是:共同体接受对方的产品,免税、不限量、不要求互惠;共同体提供一笔基金,用以在原料跌价的情况下补偿对方的损失;共同体在五年内向对方提供总额为 39.9 亿欧洲计算单位的经济援助。其实,根据列宁的有关论述,这个问题是完全可以解释的。这就是欧洲经济共同体在和美国、日本、苏联的扩张主义展开激烈的竞争,实行新的殖民政策时,被迫提出的较优条件,让别人接受,这和垄断组织倾销商品时其出售条件也较优一样。但不管怎样,共同体成员国是工业化的垄断资本主义国家,对方是落后国家,即使原料不跌价,即使交换是按照市场上的正常价格或平均价格进行,垄断高价和低价都不存在,按照前面的分析,双方的交换也是不等价的,还是大量劳动和小量劳动相交换。

与上述情况相似的,还有 1979 年 11 月日本大平政府作为"国策"提出来的"太平洋经济圈设想"。这里不拟涉及这个设想的详细内容,单就现在的日本是一个仅次于美国的经济大国,其工业产品的三分之一出口,其重要资源的 80%—90%靠进口,经济圈的参加国可包括太平洋沿岸的先进国和落后国来看,这个设想的经济实质还是先进国以小量劳动和落后国以大量劳动相交换。设想中的先进国有美国和日本,但美国正在和苏联扩张主义争夺欧洲,其经济势力范围主要在拉美和中东,在亚太地区美国的经济力量远逊于日本,日本目前在经济上已控制了东南亚国家联盟。这样,这个设想如变成现实,所谓的经济圈不过是在新条件下的日本的经济殖民帝国罢了。

当然,落后国家如果善于斗争,坚持斗争,也可以利用各个垄断资本主义国家之间、各个国际垄断同盟之间的矛盾,发展民族经济,加速工业化,最终从经济上消灭以大量劳动交换小量劳动的剥削关系。这样,便能在经济上摆脱殖民地的地位,如像以前某些殖民地国家经历过的那样。但这不是垄断资本主义国家主动帮助的结果,而是民族独立国家坚持斗争的结果。垄断资本主义国家绝对不可能主动把殖民地国家扶植为自己的竞争对手。

从上述可以得出结论:根据马克思和列宁对殖民地的研究,从土地是否被占领、主权是否丧失来看一个国家是不是殖民地是不够的,重要的是从经济关系上看。第二次世界大战后获得独立的大多数民族独立国家,从经济关系上看仍是垄断资本主义国家的殖民地。它们要经过斗争,发展民族经济,实现国家的工业化,才能最终脱离殖民地的地位。垄断资本主义攫取垄断利润的本性,决定它不可能真正帮助落后国家发展经济。马克思和列宁的殖民地理论并没有过时。

五、政治经济学帝国主义部分理论体系探索^①

1. 关于方法论

政治经济学的对象是生产关系。按照《资本论》的体系,生产关系可以分为生产、流通、分配这三个方面。政治经济学的垄断前资本主义部分,在逻辑上严密完整,这是我们学习时深深感受到的。目前,政治经济学的帝国主义部分没有按照生产、流通、分配关系来论述,也没有以某一规律为中心构成帝国主义经济规律体系。政治经济学的这两个部分本来是研究资本主义生产关系发展的两个阶段的,因此,我认为这两部分的理论体系应该建立在同一方法论的基础上。

马克思对资本主义生产关系变化的研究,是通过两个方面来进行的:(1)生产力的发展,使相对剩余价值生产经历了简单协作、工场手工业和机器工业时期,大机器工业迅速地摧毁了个体经济和行会制度,使自由资本主义在国民经济中居于统治地位;(2)机器工业生产的发展,使私人资本主义发展到集团资本主义,再发展到国家资本主义。这种社会化形式是资本主义生产关系到社会主义生产关系的过渡形态。马克思已经看到这个过渡点会表现为在一定生产部门中造成的垄断。^②

资本主义从自由竞争发展到垄断统治这个事实,向马克思主义经济学家提出了一个方法论问题,这就是对垄断统治的研究,是像马克思研究自由

---

① 原载《经济研究》1982 年第 5 期。
② 马克思:《资本论》(第 3 卷),人民出版社 1975 年版,第 496 页。

竞争阶段时期那样，从生产、流通和分配三方面来研究呢，还是将自由竞争和垄断统治统一起来，在分析资本主义的生产、流通和分配三方面时，分别从自由竞争到垄断统治一一加以研究？这是两种不同的方法论。前者可谓阶段法，后者可谓方面法。两种尝试都有。

在列宁以前第一个研究资本主义垄断统治的是希法亭，他用的基本上是阶段法。他的《金融资本论》的副题就是"对资本主义最新发展的研究"。① 他认为他的著作是马克思《资本论》的续篇。但是，贯串在《金融资本论》中的是流通决定论，其集中表现是：金融资本是在流通中产生的，是为银行家所有、工业家所用的资本。因此，虽然在个别论点上他有贡献，但作为一个总体看，他的著作有很大的缺点，不能成为《资本论》的续篇。

列宁的《帝国主义是资本主义的最高阶段》用的是阶段法。它对垄断资本主义研究的最重要贡献在于，批判了把帝国主义看成一种政策的看法，提出了帝国主义是资本主义的一个发展阶段的理论。该书前六章与自由竞争的资本主义相比，指出垄断统治的资本主义有哪些特征；后四章将垄断统治看成一个历史阶段，分析其生产关系和生产力的矛盾，得出垄断统治是向社会主义过渡的科学结论。但列宁写作此书的目的，不是全面研究垄断资本主义的生产关系，而是说明当时的帝国主义战争，并且只限于"通俗的论述"。列宁并不认为它是《资本论》的续篇。

在列宁以后，政治经济学中研究帝国主义的，有两本发生过重大影响的著作。一本是波格丹诺夫的《经济科学大纲》。这是一本广义的政治经济学。他首先根据商品流通的有无和组织社会劳动的方法，将人类社会的历史划分为"自给自足社会""商业社会"和"社会化的有组织社会"三种形态。在他的"商业社会"中，奴隶制度之后的各种形式的资本主义是：商业资本主义、工业资本主义和金融资本主义，帝国主义则是金融资本主义的政策。他在工业资本主义中，既谈了资本主义的生产，又谈了它的分配；而在金融资本主义中，则以流通为基础，谈了信用、股份公司、垄断、银行对工业的支配、银行资本与工业资本相融合成为金融资本。因此，就帝国主义或金融资本主义的

---

① 现在的中译本为《资本主义发展的最新阶段》，可能不妥，因为希法亭并不认为金融资本是一个阶段，而认为帝国主义只是金融资本的一种政策；从语言上看，原文并无阶级之意。

研究而言,他用的既是阶段法,又是方面法。

另一本是河上肇的《经济学大纲》,这是一本解释《资本论》的著作。他是在第四篇"资本的总过程"中研究金融资本的。他把金融资本列在商业资本、借贷资本、土地所有权之后,把这四者和产业资本一样,看成资本主义的几种所有权,与这些所有权相应,分别有各种收入。他用的不是阶段法,而是方面法。尽管他认为资本主义发展到最高阶段时,自由竞争会发展为它的对立物——垄断,但他并没有研究这个阶段,他只是把金融资本作为一种资本形态来研究。

苏联经济学界把帝国主义作为政治经济学的一个部分来研究时,基本上将资本主义分成自由竞争和垄断统治两个阶段,而在后一阶段中研究帝国主义。从这方面看,用的是阶段法。在帝国主义这部分的研究中,基本上用的是列宁的《帝国主义是资本主义的最高阶段》的论述,即帝国主义的经济特征和帝国主义的历史地位这两部分,然后根据历史的发展,加上散见于斯大林各种著作中的资本主义总危机理论,并随着总危机的发展而增添其内容。总之,帝国主义理论的结构由经济特征、历史地位、总危机构成,这可称为三分法。我认为三分法有很大的缺点:首先,它很不恰当地把列宁的不同于《资本论》的体系写出来的著作,却从体系上把它看成《资本论》的续篇,因而分别将这两者的基本内容作为说明资本主义两个阶段的内容。这样,这种说明就不是建立在统一的体系上的,显得不协调。其次,撇开资本主义总危机这个理论本身还存在问题不谈,把总危机列在经济特征和历史地位之后,用三分法来概括帝国主义的研究,除了上述的体系不一问题外,这个三分法本身也是有问题的。经济特征和历史地位用的是逻辑分析法,总危机用的是历史叙述法,两者也是不协调的。由此引起的问题就是,将日新月异的垄断资本主义经济问题硬塞进这三部分,或反过来,用这三部分去框住对垄断资本主义经济问题的研究。

我国经济学界对帝国主义的研究受苏联的影响很大。

根据前面的分析,我认为在设想政治经济学帝国主义部分的理论体系时,应该不用三分法。但究竟应该用阶段法还是用方面法,或者两者并用而以一法为基础?其中以哪一法为基础?对这个问题,我觉得颇难解决。我曾经设想过两法并用而以方面法为基础,这就好比《资本论》(第一卷)的最后在分析资本积累时,研究它如何产生垄断,但这时尚未说明利润率下降趋势的规律,便无法说明垄断利润的必要性,而缺乏这种说明,便只能说明生产集中,而不能真正说明垄断的形成;在《资本论》(第二卷)的最后,或按照相应的内容,分别研究资本的循环和周转如何发展为垄断资本的循环和周转,社会资本的再生产如何发展为垄断资本的再生产,并要说明垄断资本再生产的实现条件,按照我现在的认识,这是无法解决的问题;在《资本论》(第三卷)的最后,或按照相应的内容,分别研究垄断资本攫取垄断利润的渠道和工具,即各种形式的垄断价格,从虚拟资本的运动中形成的创业利润和资本掺水、土地投机等,但这还不是垄断利润的全部来源。《资本论》全部理论体系的展开,完全是建立在资产阶级同无产阶级相互对立(土地所有者的收入是从资产阶级那里分来的)上,这是正确的方法论。但这样一来,要说明垄断利润的全部来源就不可能了,这就决定了两法并用而以方面法为基础是非常困难的。因此,我便两法并用而以阶段法为基础,来探索帝国主义的理论体系。

2. 关于理论体系

我建议将帝国主义的理论体系分为三大部分。

甲　垄断资本主义的经济关系

1) 垄断资本主义的产生

生产无政府状态的发展与生产资料资本主义所有制的矛盾,使托拉斯一类的组织产生。根据恩格斯在《资本论》(第三卷)第二十七章中写的插话,在进一步说明它们必须攫取垄断利润后,就可以清楚地看出它们是垄断组织。

列宁认为,"集中发展到一定阶段,可以说,就自然而然地走到垄断"。[①] 他的分析和恩格斯的分析略有不同,我倾向于恩格斯的分析。

托拉斯一类的组织为什么必须攫取垄断利润,对于这个可以说是帝国

---

① 列宁:《帝国主义是资本主义的最高阶段》,人民出版社 1964 年版,第 13 页。

主义理论中的核心问题,至今似乎没有得到科学的说明。有的经济学家引用马克思在《剩余价值学说史》中的这段话来说明,这就是:"资本主义生产的永恒目的,是用最小限度的垫付资本,生产最大限度的剩余价值或剩余产品。"①这是很不够的,因为这里说的是剩余价值而不是垄断利润,并且这适用于任何时候的资本主义生产,不能说明垄断资本主义区别于一般资本主义的特点。我们应该以经济条件来说明垄断利润的必要性。马克思曾经分析过两种垄断利润产生的经济条件:一种是由于有了垄断价格,作为一种结果,垄断利润产生了;另一种是由于进行生产,作为一种原因,垄断利润产生了。我们应该遵照马克思的方法论,从经济条件来说明托拉斯一类的组织为什么要攫取垄断利润。

这个问题,列宁没有论述,斯大林明显地感觉到这是一个极其重要的问题,他提出了解决问题的方向。他说:"现代资本主义即垄断资本主义不能满足于平均利润,何况这种平均利润由于资本有机构成的增高而有下降的趋势。现代垄断资本主义所要求的不是平均利润,而是比较正常地实现扩大再生产所必需的最大限度的利润。"②我认为,斯大林提出的攫取垄断利润(应该用垄断利润这个概念来代替最大限度利润的概念)是现代资本主义正常地实现扩大再生产所必需的论点,方向是正确的,可是他没有具体论证。

我的看法是:托拉斯之类的企业是庞大的企业,其产品在本生产部门中占绝大多数,其生产条件成为平均的生产条件,其商品个别价值决定该商品的社会价值,其商品如按价值(或生产价格)出售,它就只得到平均利润,得不到超额利润,而这个平均利润相对于垫支总资本来说,还会迅速减少,因为这类企业的资本有机构成很高,导致社会平均利润率迅速下降,这是一方面。另一方面,竞争迫使这类企业提高生产力,扩大生产,但又要按市场需要调节生产,就必然有一部分设备闲置起来,或生产过剩的产品在国外市场上低价倾销,其中的损失不能由根据市场需要而生产的那部分商品按价值(或生产价格)出售获得的利润来弥补;此外,由于企业规模宏大而又要进行竞争,固定资本无形磨损厉害,企业耗费巨大,收买新发明而加以垄断,以及

---

① 马克思:《剩余价值学说史》(第二卷),郭大力译,人民出版社1972年版,第634页。
② 斯大林:《苏联社会主义经济问题》,载《斯大林选集》(下卷),人民出版社1979年版,第567页。

在经济外进行竞争,也是如此。利润率下降而必须的弥补和开支却巨大,这就是生产条件形成的矛盾。这个矛盾的解决,就是向其他经济成分和社会阶层夺取其部分收入,归己所有。这就是垄断利润的必要性。而这类企业在经济上所居的地位,又使它获取垄断利润成为可能。

垄断企业有各种形式。

从垄断利润的必要性的分析中可以看出,它是从受垄断企业统治的其他经济成分和社会阶层那里来的,这就是说,垄断资本主义的存在,要以非垄断的资本主义和个体生产者的存在为前提。因而,垄断资本主义这个资本主义的历史阶段本身就是一种世界体系。

2) 垄断企业通过经济渠道攫取垄断利润——垄断资本主义的流通

垄断利润不可能在垄断企业内部(在垄断企业的生产过程中)产生,因为垄断企业生产的只能是剩余价值。垄断利润是在流通中对已有的价值和收入加以掠夺而产生的,垄断企业之多得部分,是其他经济成分和社会阶层之丧失部分。

垄断企业在商品交换中以各种形式的垄断价格攫取垄断利润。垄断价格是一种特殊的市场价格。垄断价格的产生是由于要攫取垄断利润,而垄断利润的必要是由于垄断企业要进行扩大再生产。因此,不能一提垄断价格,就认为它必定妨碍技术发展,要作具体分析。

垄断企业在私有权收入的资本化中攫取垄断利润。由于垄断企业攫取到垄断利润,其股票利息高于银行利息,股票行市(价格)便高于其面值,创办垄断企业的人便可以从出卖股票中得到创业利润,这是一种垄断利润。垄断的商业、服务业集中地区,地租很高。由于土地价格很高,土地投机者获得的收入也是一种垄断利润。

3) 垄断资本主义生产的总过程

垄断利润的攫取使各阶级、各阶层之间的关系发生变化。

非垄断的资本主义企业和非垄断的资本主义生产部门的利润有平均化的趋势。

作为"资本主义的共产主义"的生产价格,相应地,作为全社会统一的利润率即平均利润率,退出历史舞台。

垄断资本家向社会取得的贡物,大大地超过直接拥有的资本权力。

垄断资产阶级脱离生产过程,成为寄生者。

垄断利润的产生,使生产和消费的矛盾更为尖锐,从这方面妨碍生产的发展。

过剩的垄断资本之所以向落后国家输出,是由于落后国家的利润率比较高,这要从工资、原料和粮食价格、土地价格等方面加以说明。

4)垄断企业通过政权再分配国民收入攫取垄断利润——国家垄断资本主义

在垄断资本主义条件下,因生产发展和消费相对落后而产生的销售困难,使垄断资产阶级用政权来解决市场问题,攫取垄断利润,国家垄断资本主义因而产生。

国家垄断资本主义是掌握国家政权的垄断资本家,通过国家政权再分配国民收入以攫取垄断利润这样一种经济关系。

通货膨胀是国家垄断资本主义的经济支柱。通货膨胀对各阶级、各阶层的影响是不同的。

国家垄断资本主义经济的形式有多种:国家购买产品、国家财政补贴、国家信贷优惠。由国家购买的产品,其中属于军需品的,用于国家消费;属于生产资料的,由国家用来办公共工程和国营企业(这种由于包买过剩的生产资料而兴办的国营企业,与由于生产力社会化而产生的国营企业,形式相同,起因和经济性质不同,前者是国家垄断资本主义,后者是国家资本主义);属于消费资料的,虽不一定完全由国家直接购买,有的是经国家财政支出而由个人购买的,都可称为社会福利,以上三者又可用于对外军事"援助"和经济"援助"。

国家垄断资本主义中的商品生产,是一种不为市场或为有保证的市场而生产的国民经济形式。就这一点而言,它有利于生产的发展。

国家垄断资本主义使生产和消费的矛盾加深,妨碍生产的发展。

国家垄断资本主义使资本主义生产总过程的社会化和计划化因素,在资本主义生产关系内达到顶点,它意味着资本主义向社会主义过渡的客观条件成熟。

5)垄断资本主义的基本经济规律

垄断利润的实体不仅仅是剩余价值。

垄断资本主义必须是一个包括垄断资本主义和被其攫取垄断利润的经济成分、社会成分的世界体系,这就是现代帝国主义。

一个待命名的经济范畴:反映垄断资本主义攫取垄断利润这种经济关系的经济范畴,应该称为什么。殖民地这个范畴,如果按通常的理解那样,便只能反映在国外攫取垄断利润这种经济关系,不能反映在国内攫取垄断利润这种经济关系。

作为资本主义的基本经济规律的剩余价值规律,在垄断资本主义阶段的具体表现形式是垄断利润规律。

一方面说垄断利润规律是剩余价值规律在垄断阶段的具体表现形式,另一方面又说垄断利润的实体不仅仅是剩余价值:这两者之间的矛盾应如何解决。

我认为,要增加新的经济条件,剩余价值规律才能具体化为垄断利润规律。这个条件是:垄断资本主义和一般资本主义不同,它要以非资本主义的经济成分向它提供垄断利润为其存在的前提。

乙 垄断资本主义与殖民地的经济关系

6) 垄断资本主义以前的殖民地

古代希腊奴隶社会的移民殖民地——国内殖民地,不包含奴役之意。

古代罗马奴隶社会的征服殖民地——罗马帝国的殖民地,从国外殖民地变成帝国的一个部分,即国内殖民地。

奴隶社会实行殖民政策,是为了取得奢侈品和奴隶。

中世纪日耳曼帝国和蒙古帝国的征服殖民地。封建社会实行殖民政策,是为了取得贡赋和奢侈品。

资本主义初期的两种殖民地——自由移民的殖民地及其从国内殖民地转变为国外殖民地、种植园殖民地。这两种殖民地社会再生产的特点:利息率、利润率较高,农产品价格低,土地价格低;自由移民殖民地的工资高,种植园殖民地的工资低。

资本主义初期实行殖民政策,是为了取得黄金、白银、市场和农产品。

资本主义多民族国家的国内殖民地——被统治民族的聚居地成为国内殖民地。俄国的少数民族和美国黑人民族的聚居地区是俄国和美国的国内殖民地。

资本主义商品生产和商品交换的发展,使民族逐渐混居,单一民族聚居地趋于消灭,国内殖民地再也不能和地区相联系,但仍和被统治民族相联系。

7）垄断资本主义的殖民地

垄断资本主义的剥削对象有国内的和国外的,实质上是一样的,它们可以相互转化。这种情况,可以从爱尔兰同大不列颠组成联合王国,南部爱尔兰又从联合王国独立出来这件事上看得很清楚。垄断资本剥削垄断利润这种经济关系可否称为殖民地,其中,反映从国内攫取垄断利润的经济范畴可否称为国内殖民地。殖民地演变到现在,它已和地区、民族相脱离,留下的只是一种经济关系这种实质。从统治形式看,它可以分为国内的和国外的两种。

垄断资本主义以前的殖民地,除奴隶社会的殖民地是奴隶的来源,因而和奴隶社会的再生产有本质联系外,其余的殖民地同各种社会的再生产没有本质联系,垄断资本主义的殖民地则同垄断资本主义的再生产有本质联系。

当代国外殖民地的几种形式:土地被占领的国外殖民地及它通过帝国、联邦、共同体的形式,转化为国内殖民地;经济被控制、渗透的国外殖民地;由不合理的国际分工和经济秩序所巩固的国外殖民地。

丙　帝国主义世界体系的基本矛盾及其逐步崩溃

8）帝国主义的基本矛盾及其逐步崩溃

作为一个世界体系的帝国主义的基本矛盾,和垄断资本主义的基本经济规律所包含的内容是一致的。

资本主义发展不平衡的规律使帝国主义战争不可避免,使无产阶级的社会主义革命有可能在一个国家内获得胜利。无产阶级革命胜利,使国内被压迫民族和国内殖民地获得解放,但有两种发展前途,以俄国为例:乌克兰成为社会主义国家,芬兰和波兰成为资本主义国家;使受该国政治统治的国外被压迫民族和国外殖民地获得解放,也有两种发展前途。

民族解放运动的胜利,使国外被压迫民族和国外殖民地获得解放,但有两种发展前途,一种是社会主义国家,一种是民族独立国家,后者仍有可能成为新形式的殖民地。

9）资本主义垄断阶段向共产主义第一阶段的过渡

国家资本主义和国家垄断资本主义是这种过渡的首要物质基础，私人垄断资本主义是这种过渡的第二位物质基础，私人资本主义是这种过渡的一般物质基础。

国家资本主义和国家垄断资本主义中的国营企业，随着无产阶级政权的建立，便变成社会主义国营企业。

私人垄断资本主义的股份公司，其中，属于垄断资本家即大股东的股票，要无条件地社会化；属于中、小资本家、一般工资收入者即小股东的股票，可以用购买的办法实行社会化。经过这种社会化，私人垄断资本主义企业便变成社会主义国营企业。

私人资本主义企业的社会化，也可以用赎买的办法。

个体经济社会化的办法是自愿联合——集体化。

共产主义第一阶段的生产，首先是日益占主导地位的不需要市场的，或其市场是有保证的计划生产；其次是日益居从属地位的需要市场的，或其市场是没有保证的非计划生产。垄断资本主义的计划化因素和市场经济，其中的组织、杠杆、渠道，共产主义第一阶段的生产都可以利用。

共产主义生产关系取代资本主义生产关系要以无产阶级夺取政权为前提。

六、试以《资本论》等著作为基础建立帝国主义理论[①]

从 19 世纪 80 年代起,在人们的政治生活中,出现一个新的词:帝国主义。当时,其含义是:极力扩大一个国家的版图;对英国来说,还有把已有的殖民地纳入自己的版图的意思。随着这种"帝国主义"的发展,列强之间的战争越来越成为不可避免的现象。于是,不同世界观和政治背景的理论家就开始研究帝国主义的问题。20 世纪开始的 20 年间,出版了一批这类著作:霍布森的《帝国主义》、希法亭的《金融资本》、卢森堡的《资本积累》、考茨基的《帝国主义》和《民族国家、帝国主义国家和国家联盟》、列宁的《帝国主义是资本主义的最高阶段》(以下简称《帝国主义论》)和布哈林的《世界经济和帝国主义》,等等。有些论著,相互交锋,激烈讨论,使人想起恰好 100 年前,即 19 世纪开始的 20 多年,萨伊、李嘉图、穆勒为一方,马尔萨斯、西斯蒙第为另一方,就经济危机的可能性发生的激烈争论。这对于促进理论的发展是大有好处的。

必须指出的是:参与讨论帝国主义问题的理论家,对决定人类发展前途的帝国主义实质的看法,以及对它们之间必然发生的战争的性质的看法,是各不相同的。霍布森认为,帝国主义的向外扩张,是分配不公,即工业巨头的收入远远超过其奢侈的消费,而投资又受到垄断的限制的产物,解决办法是在不改变生产关系的条件下改变分配。希法亭认为,帝国主义是金融资本采取的政策,金融资本则是银行家所有而借给工业家使用的资本,因此,只要将最大的银行收归社会所有,一切问题就能解决。卢森堡认为,资本积累需要靠非资本主义环境来实现,随着资本积累的进行,非资本主义环境也

---

① 本手稿写于 2002 年 6 月。

资本主义化,它也需要非资本主义环境来实现积累,这样发展到最后,资本主义由于不能实现积累就自动灭亡;帝国主义就是争夺尚未被占领的非资本主义环境:这一方面使资本能够积累,因而延长资本主义的寿命,另一方面则由于它使被占领的环境因进行资本积累而资本主义化,到全世界都资本主义化了,就再也没有资本积累的环境了,因而又促使资本主义灭亡;但是,她毕竟是一只革命之鹰,并不认为无产阶级就应该坐等资本主义的自动灭亡,而是相反地号召无产阶级要起来推翻它,她为此献出了自己的生命。考茨基认为,资本主义的农业落后于工业,为了取得农产品,有两种政策:自由贸易和帝国主义,各适用于不同的条件,帝国主义是取代自由贸易的另一种取得农产品的政策;随着这种政策的实行,全世界就会由一个帝国统治,即组成国家联盟或超级帝国主义,这时就如像由一个罗马帝国统治世界就出现世界和平那样,也出现世界和平。列宁写作《帝国主义论》的主要任务就是批判这些错误的理论,这一紧迫的任务不容许他作详细的理论研究,而只能是"通俗的论述"。列宁认为,帝国主义是资本主义发展的最高阶段,它们之间的矛盾必然爆发战争,它是无产阶级社会主义革命的前夜。布哈林认为,帝国主义是金融资本采取的扩张政策,它一方面使世界经济国际化,另一方面使世界经济民族化或国家化,即在经济扩张时,又把势力范围纳入自己的版图;帝国主义是一种世界经济,同时又是一个历史阶段,但又认为它是一种意识形态;总之,认识不是很明确。1914 年至 1918 年的帝国主义战争,在帝国主义战争中社会主义俄国的诞生:历史已经证明列宁的帝国主义理论是正确的。

由于列宁写作《帝国主义论》的目的不是写教科书,而是说明当时已经发生的帝国主义国家之间的战争的性质,并且仅作"通俗的论述",就是说,它和马克思的《资本论》不同,不能认为它是《资本论》的续篇,(《金融资本》深受德国历史学派以流通方式划分社会发展阶段的影响,认为德国的发展阶段不同于英国,以此来对抗英国古典学派主张实行的自由贸易政策,而主张实行保护政策,使德国不受外力的影响,独立地实现工业化:《金融资本》深受这种方法论的影响,全书贯串流通决定论,从流通分析入手,将流通放在生产之上,并以为流通社会化就必定是生产也社会化;这使它不可能是《资本论》的续篇)不能像对待《资本论》那样,依照其框架就可以编写政治经济学教科书。但苏联长期以来是这样做的,其教科书框架对我们的影响很大。对此,我在20年前就提出异议和建议。① 我认为,要建立帝国主义理论,有许多工作要做。主要的就是要以《资本论》和《帝国主义论》为基础,再吸收一些正确的理论,依照《资本论》的体系,建立帝国主义理论。以下是一些初步设想。

〔一〕

帝国主义最一般的基础是垄断。垄断产生的原因是什么? 马克思用辩证法分析资本主义生产方式的自我扬弃时,就指出垄断必然产生,但是没有详细的论述。恩格斯在《资本论》(第三卷)中的插话有所说明,但是和列宁的说明不同。恩格斯说:"历来受人称赞的自由竞争已经日暮途穷,必然要自行宣告明显的可耻破产。这种破产表现在:在每个国家里,一定部门的大工业家会联合成立一个卡特尔,以便调节生产。⋯⋯但是生产社会化的这个形式还嫌不足。各个公司的利益的对立,过于频繁地破坏了它,并恢复了竞争。因此,在有些部门,只要生产发展的程度允许的话,就把该工业部门的全部生产,集中成为一个大股份公司,实行统一领导。在美国,这个办法已经多次实行;在欧洲,到现在为止,最大的一个实例是联合制碱托拉斯。"②列宁的说法与此不同。他说:"自由竞争引起生产集中,而生产集中发展到一定程度,就会引起垄断。"③现在流行的政治经济学教科书只是提一下诸如托拉斯、卡特尔、康采恩一类的名称,以为就说明它们是垄断企业了。我认为这是不对的,因为这些名称并不能表明它们是垄断企业。例如,托拉斯(Trust)就是信托,并不含有垄断之意。我认为,必须将参加卡特尔的企业和组成托拉斯的企业为何要取得垄断利润的原因说清楚,才能说它们是垄断企业;否则,它们就只是庞大的企业。从1956年开始,我在不同场合多次谈论这类庞大的企业取得超过平均利润的利润,即垄断利润的必要性和来源问题。④ 现在没有新的看法,就不再论述了。

①　陈其人:《政治经济学帝国主义部分理论体系探索》,《经济研究》1982年第5期。
②　马克思:《资本论》(第三卷),人民出版社1975年版,第495页。
③　列宁:《帝国主义是资本主义的最高阶段》,人民出版社1964年版,第16页。
④　参见陈其人:《剩余价值规律及其在资本主义发展各个阶段上的具体形式》,《复旦学报》1956年第1期,第111—133页;陈其人:《帝国主义理论研究》,上海人民出版社1984年版;陈其人:《帝国主义经济与政治概论》,复旦大学出版社1986年版。

恩格斯的说明是符合辩证法的,就是说社会生产的无政府状态和资本主义个别企业生产有组织性的矛盾,必然使一些企业参加卡特尔和组成托拉斯,它们的生产是具有计划性的。列宁则直接认为它们是垄断企业。20年前,我就说我倾向于恩格斯的分析。[1] 我现在还是这样看。因为应该从资本主义生产本身的矛盾,说明资本主义生产发生阶段性的变化。当然,这还只是从计划化必然代替无政府主义的角度来说明卡特尔一类组织的产生,还没有说明这就是垄断组织。要说明它们是垄断组织,还必须说明这些组织必然还要攫取非本企业生产的利润,本企业才能进行再生产的原因,只有这样做了,才是真正说明了垄断的产生。

卡特尔化和托拉斯化既然意味着计划化,就必然限制投资,多余的资本就是过剩的资本。我们知道,资本总是流向利润率高的地方。因此,就发生资本输出。关于垄断资本主义向落后国家输出资本的原因,列宁的说明是:"在这些落后国家里,利润通常都是很高的,因为那里资本少,地价比较贱,工资低,原料也便宜。"[2]这就是说,落后国家的利润率比发达国家的高。为什么?前人的解释各不相同。斯密认为,经济越发达,资本就越多,竞争就越厉害,卖价就越要降低,因此利润率就降低;这是不对的,因为甲的卖价就是乙的买价,反之亦然;因此,要降价就必然卖价和买价一起降,这不会使利润率降低。李嘉图认为,经济越发达,耕种的土地就越差,对土地递增的投资的生产率就越降低,因此,粮食的价格就越来越贵,货币工资就越来越高,在工人的劳动创造的价值中,分解为工资的部分就越来越大,余下的利润部分就越来越小;这同样是不对的,因为耕种土地不一定是从优到劣,对土地的递增投资要以技术提高为条件,在此条件下,其生产率不会递减。马克思认为,利润率之所以有下降的趋势,是由于生产力的发展,技术水平的提高,导致资本的有机构成提高。他在《资本论》(第三卷)中举了这样的例子:假定在一个欧洲国家,剩余价值率为100%;在一个亚洲国家,剩余价值率为25%。再假定这个欧洲国家的资本平均构成是$84c+16v$,这个亚洲国家,资本的平均构成是$16c+84v$。这个假定是合理的,因为欧、亚虽然都有资本主

---

① 陈其人:《政治经济学帝国主义部分理论体系探索》,《经济研究》1982 年第 5 期,第 50 页。
② 列宁:《帝国主义是资本主义的最高阶段》,人民出版社 1964 年版,第 56 页。

义生产,但前者的技术水平,即生产力水平较高,因而资本有机构成和剩余价值率也较高,后者则相反。在这个条件下,在欧洲国家,产品价值$=84c+16v+16m=116$,利润率为$16\div(84+16)=16\%$;在亚洲国家,产品价值$=16c+84v+21m=121$,利润率为$21\div(16+84)=21\%$。因此,亚洲国家的利润率比欧洲国家高 25％ 以上,尽管前者的剩余价值率只有后者的$1/4$。[①] 假如列宁能用这个例子,就能更好地说明发达国家要向落后国家输出资本的原因了。

落后国家的原料为什么也便宜,列宁没有解释,而《资本论》(第三卷)是有很深刻的分析的。这就是:落后国家的个体生产者较多,他们的产品的价值虽然可以像资本主义的产品价值那样分解为$c+v+m$,但是在外国资本的压力下,他们只要收回$c+v$即可,m只好奉送,就是说,他们只求温饱、不求积累。由于这样,落后国家的农产品和其他原料的价格就显得很便宜,这是价格低于价值的结果,而不是劳动生产率特别高或土地特别肥沃的缘故。[②]

垄断资本主义输出资本的对象国构成其外部市场。外部市场和内部市场是罗莎·卢森堡在《资本积累论》中首创的理论:外部市场和内部市场的划分不是以国家疆界为准,而是以经济成分相同与否为准的;也就是说,即使是跨越国界的资本主义经济成分的交换,例如,德国的资本主义成分和英国的资本主义成分交换,这是内部市场;而不同经济成分的交换,即使是在一国内部的,例如,德国资本主义成分和德国小农的交换却构成外部市场。从这一点看,资本从发达国家输出到落后国家,就构成外部市场。列宁在《帝国主义论》中没有提出这问题,而他在此前的《俄国资本主义的发展》中尽管不很精确,却提出不以国家疆界为准划分国内市场和国外市场。[③] 可惜的是,他后来没有将这一极其重要的思想加以发展。

《资本论》(第三卷)中有一段话事实上是谈论这个问题的。这就是:"在16 世纪和 17 世纪,由于地理上的发现而在商业上发生的并迅速促进了商人资本发展的大革命……如果在 16 世纪,部分地说直到 17 世纪,商业的突然

---

① 马克思:《资本论》(第三卷),人民出版社 1975 年版,第 169 页。
② 同上书,第 909 页。
③ 《列宁全集》(第三卷),人民出版社 1959 年版,第 544—545 页。

扩大和**新世界市场**的形成,对旧生产方式的衰落和资本主义生产方式的勃兴,产生过非常重大的影响,那么,相反地,这种情况是在已经形成的资本主义生产方式的基础上发生的。**世界市场**本身形成这个生产方式的基础。"①这里的**新世界市场**指的就是欧洲资本主义因海路大通而导致的和新大陆以及亚、非等非资本主义的交换,而**世界市场**指的就是地中海沿岸地区的跨越国界的资本主义交换。世界市场之所以成为资本主义生产方式的基础,是由于资本主义是商品生产制度,商品有冲破国家疆界进行交换的天性。我认为,列宁如果注意到《资本论》(第三卷)的这段论述,他是会大大地运用,以完成由他初步提出的但需要完善的国内市场和国外市场的理论的。

值得指出的是,有些经济学家并不理解列宁的资本输出理论,以为资本只要离开国界,就是资本输出,而不问它是否向落后国流去。研究战后资本流动的经济学家,就将战后发达国家之间的资本流动理解为资本输出,以至得出这样的结论:列宁的资本输出理论已经过时,因为战后资本主义国家之间的"资本输出"量,大于资本主义国家向落后国家的资本输出量。

〔二〕

《帝国主义论》的写作,特别运用了两本著作:霍布森的《帝国主义》(1902年)和希法亭的《金融资本》(1910年)。关于后者,列宁说:"虽然作者在货币问题上犯了错误②,并且有某种把马克思主义同机会主义调和起来的倾向,但是这本书对'资本主义发展的最新阶段'③(希法亭这本书的副标题)作了一个极有价值的理论分析。"④《列宁全集》(第三十九卷)收有列宁读此书时写下的笔记:"资本输出='为了在国外生产剩余价值的价值的输出'。"⑤希法亭认为:"这里的根本问题是,剩余价值仍然留归国内支配。例

---

① 马克思:《资本论》(第三卷),人民出版社1975年版,第371—372页。

② 我试图分析其错误。见陈其人:《希法亭不是发展而是从根本反对马克思的货币理论》,《当代经济研究》1996年第6期。

③ "资本主义发展的最新阶段"是俄译的错误。因为从理论上看,希法亭并不认为"金融资本"是资本主义发展的一个阶段,而只是一种所有权形态;与此相应,帝国主义就是金融资本采取的政策。对这个译名,我在20年前的那篇文章里已经提出不同的看法。现在,《金融资本》的中译本已出版,它将此译为"资本主义最新发展的研究",这就对了。

④ 列宁:《帝国主义是资本主义的最高阶段》,人民出版社1964年版,第11页。

⑤ 《列宁全集》(第三十九卷),人民出版社1959年版,第373页。

如,如果一个德国资本家带着他的资本移居加拿大,在那里进行生产,不再回归故里,这就意味着德国资本的损失,意味着资本脱离原国籍。这不是资本输出,而是资本转移。"①我认为,这一重要思想列宁是应该吸收的。它暗含着这样的思想:输出资本以攫取垄断利润,是输出资本的垄断资本进行再生产的必要条件。这同我对垄断利润的必要性及其来源的认识是相同的。

〔三〕

布哈林的《世界经济和帝国主义》初稿于 1915 年,初版于 1918 年,两者相隔数年,原因不详,很可能是他不像列宁写《帝国主义论》那样,没有用"可恶的伊索寓言式的语言"来写作,以致无法通过俄国沙皇的出版检查。布哈林对世界经济的定义是:"世界经济是全世界范围的生产关系和与之相适应的交换关系的体系。"②这个定义和现在编写的世界经济教科书所暗含的世界经济的定义不同。现在流行的世界经济教材,其内容就是各国经济情况简介和世界性经济问题论述。《世界经济和帝国主义》共四篇:"世界经济和资本的国际化过程""世界经济和资本的民族(或国家)化过程""帝国主义是资本主义竞争的扩大规模的再生产"和"帝国主义和世界经济的未来":这四篇着重研究由定义所界定的世界经济的形成和发展。《帝国主义论》初稿于1916 年,初版于 1917 年。它强调"帝国主义是资本主义的特殊阶段"。③《帝国主义论》的写作,无疑是参考了《世界经济和帝国主义》手稿的内容的,这从《帝国主义论》的有关论述可以看出来,例如,它提到垄断条件下银行的新作用时说:"一方面是银行资本和工业资本日益融合起来,或者用尼·伊·布哈林很中肯的说法,日益混合生长了……"④值得注意的是,《世界经济和帝国主义》出版时的序言是列宁写的。序言指出:"布哈林这本书的科学意义特别在于:他考察了世界经济中有关帝国主义的基本事实,他把帝国主义看成一个整体,看成极其发达的资本主义的一定的发展阶段。"⑤强调帝国主

---

① 鲁道夫·希法亭:《金融资本》,福民等译,商务印书馆 1994 年版,第 360 页。
② 布哈林:《世界经济和帝国主义》,蒯兆德译,中国社会科学出版社 1983 年版,第 8 页。
③ 列宁:《帝国主义是资本主义的最高阶段》,人民出版社 1964 年版,第 79 页。
④ 同上书,第 38 页。
⑤ 布哈林:《世界经济和帝国主义》,蒯兆德译,中国社会科学出版社 1983 年版,第 2 页。

义是一个历史阶段,这是和《帝国主义论》明确指出"帝国主义是资本主义发展的最高阶段"这一思想相符合的;尽管布哈林深受希法亭的影响,强调帝国主义只是金融资本采取的政策。[①] 同样值得注意的是,列宁在《帝国主义论》法文版和德文版的序言中,则强调帝国主义是一种世界体系:"资本主义已成为极少数'先进'国对世界上大多数居民施行殖民压迫和金融扼制的世界体系"[②];尽管他在全书中强调帝国主义是资本主义的历史阶段。我的意思是说:这两本书互相影响,重要理论事实上相同;用图表表示的殖民地领土,从格式到内容也完全相同。[③]

让我们进一步研究资本主义成为对世界大多数居民施行殖民压迫和金融扼制的世界体系问题。列宁认为,这个世界体系在物质上是由铁路、轮船、电报、电话等为基础的;在经济上是以金融密网为经纬的。

我认为,一种经济成分其再生产的条件要其他经济成分提供就成为世界体系:这种思想是罗莎·卢森堡首创的,她认为资本主义就是这样。在她看来,第一,资本主义用于积累,即用来进行扩大再生产的剩余价值,在只有资本家和工人这两个阶级的纯资本主义社会中是不可能实现的,它的实现只有靠资本家和工人以外的"第三者",即个体生产者;第二,用来进行扩大再生产的追加物质资料和劳动力,资本主义生产本身无法供应,要靠"第三者"提供。就是说,资本主义要进行扩大再生产,就要同"第三者"进行两次交换:第一,向它出卖体现剩余价值的商品;第二,向它购买追加的物质资料和劳动力。因此,她认为:"资本如果没有全地球的生产资料与劳动力,那是不成的";因此,"国际贸易,一开始就是资本主义历史存在的首要条件"。[④] 在她看来,这里的国际贸易就构成国外市场,即不同经济成分的交换,也就是我前面说的外部市场,以区别于国内市场,即相同经济成分的交换,也就是我前面说的内部市场。在她看来,一种经济成分不能独立存在,不能以自己为条件进行扩大再生产,该经济成分就是一种世界体系。因此,

---

① 布哈林:《世界经济和帝国主义》,蒯兆德译,中国社会科学出版社 1983 年版,第 84 页脚注。
② 列宁:《帝国主义是资本主义的最高阶段》,人民出版社 1964 年版,第 7 页。
③ 同上书,第 72 页;布哈林:《世界经济和帝国主义》,蒯兆德译,中国社会科学出版社 1983 年版,第 63 页。
④ 罗莎·卢森堡:《资本积累论》,彭尘舜、吴纪先译,生活·读书·新知三联书店 1959 年版,第 283、288 页。

世界体系指的不是一种经济成分事实上与国外有联系,而是其再生产条件要由其他经济成分提供;不是一种对于现象的记录,而是一种关于本质的分析。从这一点看,我认为奴隶制度就是一种世界体系,因为奴隶的劳动生产率太低,奴隶劳动力的再生产,就不是让奴隶组织家庭、繁殖后代来进行,而是捕捉其他经济成分的成年人来补充。美国南北战争前,奴隶也是靠从非洲捕捉黑人而得到补充的。

我认为,卢森堡的资本积累理论从理论上看是错误的,因为马克思的社会资本再生产理论已经表明,资本主义自身是可以实现扩大再生产的,不必靠"第三者",这是完全正确的;但从方法论看,则能启发人,因为运用其方法就可以看到,垄断资本主义(不是一般的资本主义)确实是要其他经济成分提供垄断利润才能进行扩大再生产。因此,垄断资本主义就是一种世界体系。

我再认为,如果这样认识世界体系,那么,哈里·马格多夫和伊曼纽尔·沃勒斯坦的资本主义(不只是垄断资本主义)世界体系论就站不住脚了,因为它们只是将现象记录下来。

在上述基础上,我进一步认为,帝国主义是垄断资本主义的世界体系。当殖民地是一个一个地存在着的时候,像罗马帝国,即将各个殖民地纳入罗马的版图那样的帝国主义,就不会产生,这就是为什么马克思研究了英国对西印度和东印度的统治、研究了英国的殖民主义,但是没有提出帝国主义理论的原因,因为那时英国是让其殖民地一个一个地存在着的,没有在政治上组成如像罗马帝国那样的英帝国。但是 19 世纪 70 年代,情况开始发生变化:许多发达国家赶上英国,和英国争夺殖民地,英国进行反击,为了确保其殖民地,就把它们和英国本土联结起来,组成大英帝国,使它们成为政治殖民地。这个转折点就是 19 世纪 80 年代召开的英国殖民地会议,它是英帝国的雏形。于是,如像古罗马帝国那样的帝国又在现代的条件下出现。这就是现代帝国主义的产生。所以,我认为现代帝国主义就是垄断资本主义的世界体系。

〔四〕

《资本论》关于经济殖民地和国内殖民地的思想,列宁在《俄国资本主义的发展》中加以挖掘并发展了。马克思认为,政治上取得独立后的美国,在他研究其经济关系的时候,"从经济上来说……仍然是欧洲的殖民地"。① 原因是:"美国的经济发展本身就是欧洲特别是英国大工业的产物。目前(1866年)的美国,仍然应当看作欧洲的殖民地。"②他以美国和印度为例,说明美国输到大不列颠的棉花多于印度。24年后,即1890年,恩格斯在《资本论》(第4版)中在这里加注说:"从那时以来,美国发展成为世界第二工业大国,但它的殖民地性质并没有因此完全消失掉。"③

列宁挖掘和整理了马克思的经济殖民地思想,提出政治经济学上的殖民地概念,认为它有两大特征:(1)土地还没有被人占有,还没有受土地私有权的支配;(2)几乎全部人口都从事农业,特别是从事大宗农产品的生产,他们只能用这种产品来交换工业品,这一点从一开始就把以现代市场为基础的殖民地国家,同以前的特别是古代的殖民地国家区别开来。④ 经济殖民地和政治殖民地(殖民国家)的根本区别在于主权是否存在。

用大宗的农产品交换工业品,为什么就是经济殖民地呢?根据马克思散见于各处的论述,我认为其原因可能是:那时的农产品是资本有机构成低的产品,其生产价格低于价值;工业品则是资本有机构成高的产品,其生产价格高于价值,两者虽按生产价格交换,但在相等的生产价格的背后,则是农产品以大量劳动交换工业品的小量劳动,就是农业地区受到剥削,尽管它在交换中也得到利益,因为如果农业地区在条件尚未具备时就自己生产工业品,花的劳动必然还要多些。这种经济殖民地在垄断资本主义条件下,当然保留下来。

从经济殖民地就很容易引出国内殖民地这个概念。同经济殖民地一样,国内殖民地不涉及主权问题。马克思研究了美国各州谷物生产和谷物在各州之间的输入和输出,看到密歇根州在开始的时候,几乎全部人口都从事大宗农产品生产,以换取工业品,具备经济殖民地的特征。但这是在一国内部以农产品交换工业品,因而这种经济殖民地就是国内殖民地。这种

---

① 马克思:《资本论》(第一卷),人民出版社1975年版,第833页,注253。
② 同上书,第494页,注234。
③ 马克思:《资本论》(第一卷),人民出版社1975年版,第494页,注234。
④ 《列宁全集》(第三卷),人民出版社1959年版,第543页。

国内殖民地,在垄断资本主义条件下,同样保留下来。《帝国主义论》也论述国内殖民地。

这里应该指出:经济殖民地的概念,并没有运用到《帝国主义论》中;《帝国主义论》中的殖民地概念指的只是殖民地国家,即政治殖民地。因而就有"半殖民地(波斯、中国、土耳其)"①之说。这指的是还部分拥有主权的国家。如果运用经济殖民地的概念,这些就都是经济殖民地了。

我想如果《帝国主义论》运用并确立了经济殖民地的概念,大多数马克思主义经济学家就不会囿于联合国大会关于给予殖民地国家和人民独立的宣言,以及由于原殖民地国家获得独立,以为政治殖民地的消灭,它们已经拥有主权,就是殖民地一般的消灭,就不会有那么多马克思主义经济学家认为再也不存在帝国主义了,也不会有哈里·马格多夫的"没有殖民地的帝国主义"的悖论了。

所有这些理论,列宁都是了解的,有的还是他自己论述过的,他所以没有运用,我以为是《帝国主义论》只限于"通俗的论述",不宜谈过多的理论问题。我认为,这是十分遗憾的。

---

① 列宁:《帝国主义是资本主义的最高阶段》,人民出版社 1964 年版,第 72 页。

七、论帝国主义是垄断资本主义的世界体系①

关于帝国主义的本质问题,70多年前就发生过争论。列宁关于帝国主义是资本主义的最高阶段的论断使争论暂告一段落。第二次世界大战后,争论再度发生,由于各种原因,这一争论迄今尚未结束。本文试图从一种经济成分进行再生产的必要条件这一角度,结合理论家对帝国主义的认识历史以及当前实际情况,提出帝国主义是垄断资本主义的世界体系的看法。

1. 一种经济成分成为世界体系所需的条件

我这里说的一种经济成分成为世界体系,指的是这种经济成分进行再生产的必要条件,有一部分不是它本身提供的,而要由其他经济成分和社会成分来提供,即它的存在要以其他经济成分和社会成分的存在为前提。

我们知道,在人类社会的发展过程中,多种经济成分并存的情况是经常的。例如,奴隶制经济与非奴隶制经济并存,封建制经济与非封建制经济并存等。这些并存的经济成分之间是存在联系的,但并不是所有联系都是作为联系一方的经济成分进行再生产的必要条件。

考茨基在其研究帝国主义的著作之一,即《民族国家、帝国主义国家和国家联盟》中,详细地记叙了一种社会制度或一种经济成分,同另一种社会制度或经济成分发生联系——他称为扩张倾向——的情况。他认为任何

---

① 原载《光明日报》1989年4月10日。

社会生产都要求各生产部门之间存在一定的比例性，这种比例性也存在于工业和农业之间，资本主义越发展，农业就越落后于工业，先进的资本主义工业国就要向落后的农业国家和地区取得工业原料和粮食，当英国一国独霸世界时，它用自由贸易政策达到这一目的；当多国起来和英国竞争时，它们都用帝国主义政策达到这一目的。

考茨基的叙述虽然详细，但是并不全面，他没有提到奴隶制社会要从其他经济成分用暴力取得奴隶。在考察近代奴隶制时，他是从贸易的角度说明奴隶的来源的，这样一来，古代奴隶制社会的奴隶来源问题，就在其视野之外了。考茨基也没有提到金融资本或垄断资本主义经济，要从其他经济成分和社会成分取得垄断利润，因为他的思想里不存在这类问题。最重要的是，他没有将这些对外扩张同各种社会制度或经济成分的再生产联系起来加以考察，说明那些对外扩张是实现再生产的必要条件。

列宁说："'一般地'谈论帝国主义而忘记或忽视社会经济形态的根本区别，这样的议论必然会变成最空洞的废话或吹嘘，就像把"大罗马和大不列颠"拿来相提并论那样。"①我认为，将不同社会经济形态的帝国主义，即通常所说的对外扩张政策加以区别，最重要的就是将它们在各社会经济形态的再生产中发生的作用加以研究。

在人类历史上，取得奴隶以及在某种条件下取得土地，是奴隶制社会进行再生产的必要条件。奴隶制社会的劳动生产率非常低下，剩余生产物很少，奴隶主一般不采用让大量奴隶成立家庭生育小奴隶的办法来取得劳动力，而采用捉捕、掳掠其他经济成分的劳动力，使其成为奴隶的办法来达到这个目的。在奴隶劳动以社会劳动形态出现的罗马奴隶制，这是明显的事实。美国南部曾在现代条件下实行奴隶制，尽管有些州是专门豢养奴隶的地带，还是不能完全解决奴隶的来源问题，而要从非洲捕捉黑人来充实奴隶市场。至于东方社会的奴隶制社会，由于存在一个马克思称之为亚细亚生产方式的问题，即氏族公社大量存在，有的整个氏族公社成为奴隶，这里的奴隶劳动就不以社会劳动的形态出现，奴隶的再生产问题与上述不同，也较为复杂，这里不予论述。

---

① 《列宁选集》(第二卷)，人民出版社 1972 年版，第 802 页。

美国南部的现代奴隶制,经营的是供应英国工业需要的烟叶和棉花,这两者是需要精心耕种的经济作物,但奴隶劳动又使精心耕种成为不可能,因此,这种耕种就成为掠夺性的,很快就把地力耗尽。所以,这种现代奴隶制经济必须从其他经济成分那里夺取土地,才能进行再生产。

基于上述分析,我认为奴隶制经济和封建制经济不同,它的存在要以其他经济成分的存在为前提,它是历史上首先产生的世界体系。

2.资本主义经济不是一种世界体系

资本主义经济的存在,要以其他经济成分的存在为前提,即资本主义是一种世界体系,这一理论首先是卢森堡提出来的。这一理论从内容看是错误的,但其方法论即认为有的经济成分要以其他经济成分的存在为前提,却启发我去思考问题。

社会资本扩大再生产理论的基础,是社会产品如何实现的理论。马克思认为,物质资料生产分为生产资料和消费资料两大部类,资本主义扩大再生产能在两大部类间的交换以及每一部类内的交换中实现,而不必以同其他经济成分的交换作为实现的条件。对此,卢森堡提出批评:第一,第一部类扩大再生产是为了满足自己扩大生产和第二部类扩大生产的需要,第二部类扩大再生产又是为了满足自己扩大再生产和第一部类扩大生产的需要,这是循环论证。这样一来,资本家就成为为了扩大生产而扩大生产的糊涂虫了;第二,马克思的图式没有反映资本有机构成的提高,而资本有机构成事实上是提高的,这样一来,生产资料就不足;第三,马克思的图式没有表明追加劳动力的来源。

由此卢森堡就认为,资本主义的本质是扩大再生产,即要将一部分剩余价值转化为资本,这部分剩余价值不能由资本家和工人来实现,而要由他们之外的"第三者"(如个体生产者)来实现。资本家将用于扩大再生产的剩余价值卖给"第三者",从他那里取得货币,这是第一次交换,它的结果是剩余价值的实现,但还不是扩大再生产的实现,因为资本家还要购买追加的生产资料和劳动力。所以,他又要将那些货币向"第三者"购买生产资料和劳动力,这是第二次交换,它的结果才是扩大再生产的实现。因此,卢森堡认为,资本主义的存在要以非资本主义的存在为前提,资本主义是一种世界体系。帝国主义指的是争夺未被占领的"第三者"。

我认为上述是错误的。我们看得很清楚,经过上述两次交换,卢森堡还是回到资本家是为了扩大生产而扩大生产的糊涂虫这点上来;个体生产者会分化长出资本主义来,到全部都资本主义化时,资本主义就以它自身为存在条件了。卢森堡的错误理论导致了资本主义自动崩溃的错误政治结论。

那么,资本主义事实上为什么要同非资本主义的"第三者"交换,并争夺这个外部市场呢? 列宁指出,这是由于:第一,资本主义是从个体经济中长出来的,它和后者存在历史的联系,当后者慢慢地都变成资本主义时,资本主义就以自己为市场了;第二,资本主义存在生产的无政府状态,生产过多的某些部门就从外部市场找出路,如果没有外部市场,这些部门就用降价销售的办法来解决矛盾;第三,资本主义存在生产无限扩大的趋势和消费相对落后的矛盾,它使所有部门都生产过剩,即发生普遍危机,这就要从外部市场找出路,即转嫁危机,如找到出路,危机就轻些,否则就重些,但资本主义再生产仍能进行,因为普遍危机既是资本主义矛盾的爆发,又是矛盾的暂时解决,危机意味着破坏生产,使生产下降,这就能暂时解决生产和消费的矛盾,使生产得以继续进行。 由此可见,资本主义再生产并不需要非资本主义的存在为必要条件。

卢森堡的理论虽然错误,但其中包含的方法论确实能够发人深思。第一,她首先提出有的经济成分是不能单独存在的这一论点是对传统观念的挑战;第二,她从交换双方经济成分是否相同来区分市场,抛掉国家的政治界限,认为德国资本主义工业和英国资本主义工业之间的交换是内部市场,德国资本主义工业和德国个体农民之间的交换是外部市场。资本主义没有外部市场是不行的。

3. 垄断资本主义是世界体系并表现为帝国主义

运用卢森堡这种方法来研究垄断资本主义,我认为它要攫取垄断利润,而垄断利润只能来自前资本主义经济、资本主义经济以及与其相应的社会成分,攫取垄断利润的重要方法是低价购买、高价出卖,这就是说,垄断利润来自外部市场,垄断资本主义经济的存在要以其他经济成分的存在为前提。我的理由是:垄断企业是庞大的企业,由其组成的垄断组织生产的商品在本生产部门中占绝大多数,它们的生产条件作为一个总体看,构成平均条件,其商品如按价值或生产价格出售,就只能得到平均利润,得不到超额利润。当然,垄断组织内不同的垄断企业的条件不完全相同,在它们之间会有不同的超额利润,但这样一来,中等和较差的垄断企业是得不到超额利润的,而庞大的垄断企业由于资本的有机构成高,导致社会平均利润率迅速下降,这是一方面。另一方面,竞争迫使垄断企业提高生产力,但垄断又要按市场需要调节生产,这就有一部分设备闲置起来,或生产过剩的产品在国外低价倾销,其中的损失不能由根据市场需要生产的那部分商品按价值或生产价格出售获得的利润来弥补。此外,企业规模巨大而又进行竞争,固定资本精神磨损厉害,企业耗费巨大,收买新发明而加以垄断,以及在经济领域外进行竞争,也是如此。平均利润率下降迅速而必须的弥补和开支却巨大,这是生产条件形成的矛盾。要解决这个矛盾,就需要垄断企业向其他经济成分和社会成分夺取其部分收入并归为己有。这就是垄断利润的必要来源。

认为垄断资本主义经济是一种世界体系的重要理论家首先是布哈林。他在 1915 年写成、于 1918 年出版的《世界经济和帝国主义》中,说明了垄断的金融资本向非垄断资本扩张的必然性,事实上阐述了帝国主义的经济实质。但他并没有意识到这一点。因为他仍受当时流行观念的束缚,认为帝国主义既是一种政策,同时也可以是一种意识形态,如同自由主义既是一种政策,同时也可以是一种意识形态一样。帝国主义适用于金融资本时期。自由主义适用于产业资本时期。

列宁认为帝国主义是一种世界体系。他说:"资本主义已成为极少数'先进'国对世界上大多数居民施行殖民压迫和金融扼制的世界体系"。这里列宁事实上是在将帝国主义置于资本主义垄断阶段的基础上,将其当作一种世界体系来研究的,这表现为他研究资本输出、垄断同盟在经济上分割世界、列强在领土上分割世界等问题上。

我认为帝国主义是垄断资本主义的世界体系,同考茨基和卢森堡对帝国主义的看法是不同的。在我看来,他们的看法是错误的。考茨基认为帝国主义是代替自由贸易取得农产品和粮食的另一种政策,这就必然认为帝国主义只限于征服农业国家和地区,而事实上帝国主义是要征服任何国家和地区的,包括工业国家,这只有用攫取垄断利润及以此为目的全球战略才能解释,更何况资本主义并不是必然不能生产足够的农产品和粮食的。卢森堡将帝国主义看成为了实现扩大再生产而对未被占领的"第三者"的争夺,这就必然认为,帝国主义扩张只是为了实现剩余价值和取得生产要素,而和剥削无关,并且将争夺资本主义和再争夺被占领的"第三者"排除在帝国主义之外。

现在的问题是,垄断资本主义经济这个世界体系为什么表现为帝国主义? 我们知道,古代罗马帝国是帝国主义,拿破仑第一发动战争,扩大了法国的版图,人们称之为帝国主义,但英国在自由贸易极盛期,拥有许多海外殖民地,人们当时并不称之为帝国主义,马克思研究了宗主国英国和它的殖民地印度,但并没有称英国为帝国主义国家,没有把英国发动的鸦片战争称为帝国主义侵略战争,而称为商业战争。我们现在使用的"帝国主义"一词,大概是 19 世纪 80 年代末重新出现的。考茨基在其 1915 年出版的《帝国主义》中指出,大约一个世代(generation,30 年为一世代)以来,英国人把帝国主义一方面理解为把巨大的殖民地国家的所有部分同宗主国合并成一个统一国家的意图,另一方面理解为越来越扩大这个国家的意图。在其他国家,所谓的帝国主义实际上只是指后一种意图,因为没有别的国家像英国那样拥有独立的殖民地。

第一个研究帝国主义的英国经济学家霍布森在其 1902 年出版的《帝国主义》中,叙述了现代帝国主义概念产生的条件。他指出,为了进行贸易和投资,并没有必要去占领一个国家,并将其划入本国的版图。当英国一国在工业生产、航海外贸上都没有竞争的对手时,她虽然有许多殖民地,但它们是各自存在着,并没有在政治上和宗主国联结在一起,组成如像罗马帝国和拿破仑帝国那样的帝国,只要情况是这样,就只有殖民主义,而没有帝国主义。不仅如此,在此条件下,英国经济学家亚当·斯密和财政大臣迪斯雷利还主张英国在经济上"解放"殖民地,以节省管理费用。但是,其后许多国家慢慢赶上英国,和英国展开激烈的竞争,这样,英国首先就将其殖民地在政治上和本国连在一起,组成大英帝国。因此,霍布森进一步指出,为了经济上的效果,增加的土地必须归入本国的版图;这个运动直到 19 世纪 80 年代中期才突飞猛进地发展起来。这就是说,只有殖民帝国形成了,垄断资本主义世界经济体系才表现为帝国主义。

霍布森是从历史事实说明现代帝国主义政策的产生的,这就是从 19 世纪 70 年代开始,主要列强占有的殖民地显著增加,并逐渐开始将殖民地和宗主国在政治上连在一起。但他没有指出其中的经济原因。这个原因是垄断资本主义从 70 年代初期产生,资本输出成为重要问题,列强之间的竞争激烈。

第二次世界大战后,绝大多数丧失主权的殖民地国家获得独立,其中的极少数成为无产阶级领导的社会主义国家,大多数成为资产阶级、封建地主等领导的民族独立国家,原来的殖民帝国已经崩溃。在这个条件下,帝国主义是否存在? 我认为仍然存在,因为垄断资本主义是一种世界体系的本质没有变,只是殖民帝国的形式发生变化。民族独立国家,由于领导阶级是剥削阶级,总的说来对外不能断绝对国际垄断资产阶级的依赖,对内也就不能制定一条正确的国家工业化的路线,经济仍然十分落后,又不能利用国家主权,在价格、关税、金融、税制等方面同国际垄断资本主义作斗争,无法逐步减少被它们攫取的垄断利润,由于这样,第二次世界大战结束以来,富国和贫国的差距不是缩小了,而是扩大了。原来的殖民帝国虽然崩溃了,但我认为新的殖民帝国又在产生,例如,原来的英帝国发展为现在的英联邦,法兰西及其殖民地在战后成为法兰西联邦,现在则变成法兰西共同体,美国以条约为工具,将一些国家拴住,日本发起成立环太平洋共同体,等等。此外,我要特别指出,垄断资本主义世界体系攫取垄断利润的对象,也包括垄断资本主义国家内部的非垄断资本主义经济成分和社会成分,它们受剥削的质相同,只是从目前看受剥削的量低于国外的。

八、关于资本主义总危机的几个问题[①]

随着社会主义制度的产生,许多新现象就在世界经济与政治领域中不断出现。与此相应,不少理论家也提出了一些对这些现象进行理论概括的概念和范畴。资本主义总危机就是其中之一。"资本主义总危机"一词,最初是由马克思主义经济学家对第一次世界大战后资本主义国家首次发生的经济危机进行分析时提出来的。其后,它的含义随着世界经济情况的变化而有所发展。斯大林在1930年根据对资本主义总危机已有的各种说法,选择其中的一种加以肯定和阐述;其后又以资本主义总危机为背景,在详尽地分析了1929—1933年的经济危机的基础上,论说了资本主义总危机的发展阶段。根据他的解释,资本主义总危机便成为列宁主义的帝国主义理论的组成部分;资本主义总危机也成为政治经济学的重要范畴。但是,这个范畴从诞生时起,马克思主义经济学家对它的理解就不尽相同,不仅如此,斯大林本人对它的解释也前后相异。在如此情况下,政治经济学研习者对它当然产生各种看法,甚至有的由此怀疑列宁主义的帝国主义理论。

写作本文的目的,就是试图指出这个范畴的含义如何从发展到混乱,并分析其原因;然后提出本人对这个范畴的含义的理解,以及对其应该如何命名的看法;最后说明研究这一理论的重要意义。

1. 资本主义总危机这一范畴的含义从发展到混乱的表现

苏联经济学家瓦尔加根据第一次世界大战后经济危机和经济周期的特

---

① 原载《世界经济研究》1986 年第 8 期。

点,经过认识的深化,提出了资本主义总危机这一范畴。他认为,1921年的经济危机不是通常的那种生产过剩的经济危机,而是具有这样一些特征的经济危机,即资本主义长期受危机支配,因而进入了最后阶段。他说:"危机变得越来越长和越来越深刻;越来越多的国家被拖入普遍衰退之中;工人阶级的革命运动把资本主义推进日益频繁的危机,直到最后经过长期的斗争社会革命终于取得胜利为止。"①在他看来,长期的经济危机的产生原因,在于俄国革命使资本主义的世界市场在广度上缩小了。1921年的经济危机过去以后,资本主义经济进入马克思主义经济学家称为相对稳定的时期。在瓦尔加看来,这个时期仍然是危机时期或衰退时期,它不可能带来经济高涨。因此,他将这样的危机时期称为资本主义总危机,意即不会带来经济高涨的长期危机。根据他对经济危机和无产阶级革命的关系的分析,他就将资本主义总危机和资本主义最后阶段或最后时期相提并论。他说:"危机时期是指资本主义社会的一种普遍状况,这时生产力已经发展到在这种社会形式中所能达到的大致是最高的水平;……资产阶级的统治在客观上有可能被推翻,建立无产阶级专政的斗争在客观上有可能取得胜利。……危机时期并不意味着夺取政权的企图无论何时何地总有成功的可能。……因此,为了说明危机时期是个漫长的时期,我也用了'衰退时期'这个名词来形容这个时期。"②既然在瓦尔加看来,战后出现的经济危机其所以是长期的危机即总危机,原因是俄国发生了社会主义革命,使资本主义的世界市场缩小了,而他认为这个危机的结果又会导致资本主义的进一步崩溃;那么,他这时就已经存在着由于资本主义总危机的出现,一方面资本主义制度在全世界就可以消灭,另一方面社会主义制度在全世界就可以产生的初步想法了。

斯大林根据当时已有的关于资本主义总危机的种种说法,逐步提出了他对资本主义总危机的看法。1927年,斯大林说:"如果可以认为1920年至1921年在各资本主义国家发生的引起内部紊乱和外部关系破裂的暂时的战后经济危机已经过去,并接着来了一个局部稳定时期,那么,由于十月革命

---

① See Eugen Varga. *Die Krise Der Kapitalistischen Weltwirtschaft* (German Edition). Hamburg: Kessinger Publishing, LLC, 1921.

② See Eugen Varga. *Die Krise des Kapitalismus und ihre Politischen Folgen*. Frankfurt, 1969.

胜利和苏联脱离世界资本主义体系而形成的资本主义的总的和根本的危机不仅没有过去,反而日益加深,使世界资本主义生存的基础本身发生动摇。"①这里说的总的和根本的危机,指的当然不是一般的经济危机,而是由于第一个社会主义国家的产生,一方面使资本主义的世界市场缩小,从而使资本主义在经济危机过去后只能进入局部稳定的时期;另一方面在资本主义经济不能进入高涨时期的条件下,社会主义存在的本身就使资本主义国家有可能发生无产阶级革命;总之,使资本主义的生存基础发生动摇。这一理论同瓦尔加的"衰退时期"和"最后阶段"说实质上相同。1930 年,斯大林在分析当时爆发的震撼整个资本主义世界的经济危机时,对资本主义总危机作了定义性的说明。斯大林说:这次经济危机是在资本主义总危机的基础上发展起来的。接着他作了四点说明,其中有两点说明在资本主义总危机的基础上发生的经济危机所具有的特点,另两点说明资本主义总危机本身,这两点是:(1)"资本主义已经不是唯一的和包罗万象的世界经济体系;除资本主义经济体系外,还存在着社会主义体系……它的存在这一事实本身,就显示了资本主义的腐朽性,动摇着资本主义的基础。"这就是说,资本主义制度发生了危机。(2)"帝国主义战争和苏联革命的胜利动摇了帝国主义在殖民地和附属国的基石……"②这对垄断资本主义的存在当然是一种威胁,此外,有的殖民地和附属国在民族解放斗争中获得胜利后,还有可能走上社会主义的道路。总之,这两点都涉及资本主义制度的崩溃。因此,可以这样说,斯大林对资本主义总危机的定义是:资本主义总危机是资本主义在全世界逐步崩溃、社会主义在全世界逐步胜利的历史时期。

在资本主义总危机这一范畴的含义,随着世界经济情况的发展而逐步明确的同时,对这个范畴的理解也产生了混乱。最明显的例子是 1938 年出版的《苏联共产党(布)历史简明教程》(以下简称《教程》)。它说:"战争原是资本主义总危机的反映,而这战争本身又加剧了这个危机,削弱了资本主义世界。"③按照斯大林

---

① 《斯大林在联共(布)第十五次代表大会上的政治报告》,载《斯大林全集》(第十卷),人民出版社 1954 年版,第 243 页。

② 《斯大林在联共(布)第十六次代表大会上的政治报告》,载《斯大林全集》(第十二卷),人民出版社 1954 年版,第 216 页。

③ 联共(布)中央特设委员会编《苏联共产党(布)简明历史教程》,莫斯科外文出版社 1953 年版,第 224 页。

的定义,资本主义总危机是从第一次世界大战中俄国发生十月革命时开始的;按照《教程》的说明,则恰恰相反,第一次世界大战是由资本主义总危机引起的,尽管战争又反过来加剧了总危机,促使俄国发生革命。因此,《教程》所说的引起第一次世界大战的资本主义总危机,同斯大林下定义的从第一次世界大战开始的资本主义总危机,严格地说是两种含义不同的资本主义总危机。

斯大林和《教程》对资本主义总危机的含义理解不同,从而对它和资本主义世界大战的因果关系的理解不同,还可以从斯大林其后对两次世界大战发生的原因,以及两次大战和资本主义总危机的关系的分析中明显地看出来。关于大战发生的原因,斯大林说:"资本主义世界经济体系第一次危机的结果引起了第一次世界大战,而第二次危机的结果就引起了第二次世界大战。"①这里的资本主义世界经济体系危机,说的不是资本主义总危机,而是主要资本主义国家同时发生的经济危机,即世界性经济危机。关于大战和资本主义总危机的关系,斯大林说:"世界资本主义体系的总危机,是在第一次世界大战时期,特别是在苏联脱离资本主义体系之后开始的。这是总危机的第一阶段。在第二次世界大战时期,特别是在欧洲和亚洲的各人民民主国家脱离资本主义体系之后,展开了总危机的第二阶段。"②这里的世界资本主义体系总危机和资本主义总危机是同义语(这一点在后文还要有所说明)。这里的分析同《教程》对总危机的分析完全不同,而同斯大林对资本主义总危机下定义时涉及的两点,即资本主义制度本身和帝国主义对殖民地、附属国的统治都发生动摇,则完全相符。

由于对资本主义总危机的含义的理解存在着分歧,苏联经济学家曾向斯大林请教。斯大林回答说:"世界资本主义的总危机是否仅仅是政治危机或仅仅是经济危机呢?二者都不是。它是世界资本主义体系的总危机,是既包括经济也包括政治的全面危机。"③应该说,斯大林自从1930年对资本

———————————

① 斯大林:《在莫斯科市斯大林选区选举前的选民大会上的演说》,载《斯大林选集》(下卷),人民出版社1979年版,第489页。
② 斯大林:《苏联社会主义经济问题》,载《斯大林选集》(下卷),人民出版社1979年版,第581页。
③ 同上书,第582页。

主义总危机下了定义之后，直到此事之前，他除了有时称资本主义总危机为世界资本主义体系总危机外，始终遵守他的定义，认为总危机是资本主义制度的危机；作为一个范畴，它不包括资本主义的经济危机。在答复苏联经济学家的提问时则不同，它除了政治危机或政权危机外，还包括经济危机，并且把这两种危机称为"全面危机"。这样就开始了对这一范畴含义理解的混乱，为以后对这一范畴的理解扩大化提供了条件。

对这一范畴的理解加以扩大化的代表人物是瓦尔加。1957年，他在《帝国主义经济与政治基本问题》一书中说：资本主义总危机"包括了资产阶级社会制度的一切方面——基础与上层建筑：经济、内政与外交、劳资之间的斗争、战争力量与和平力量之间的斗争、资产阶级意识形态"。① 但他没有说明怎样从以前的认识发展为上引的这种认识。

在我国，对资本主义总危机的理解大概有四种：(1)在世界范围内资本主义崩溃、社会主义胜利的历史过程；(2)经济危机和政治危机；(3)社会制度所有方面再加上道德方面的危机；(4)认为这一范畴不能说明问题，而否认其存在的价值。

2. 资本主义总危机这一范畴的确切含义和正名问题

在谈到我个人对资本主义总危机这个范畴的含义的理解之前，有必要先谈一谈对它的含义的理解发生混乱的原因。

原来，马克思主义经济学家所理解的总危机，就是马克思所说的区别于局部危机的全面生产过剩的经济危机，即普遍危机。马克思用来表达这种危机的语词，可以理解为总危机、全面危机、普遍危机、一般危机，总之，是和局部危机不相同的经济危机。② 由于这种经济危机是资本主义特有的，马克思用不着在它的前面加上"资本主义"这个定语。后来，瓦尔加和斯大林将

① 瓦尔加：《帝国主义经济与政治基本问题》，陈用仪等译，生活·读书·新知三联书店1958年版，第1页。
② 马克思没有提出中间危机的概念，这个概念是恩格斯提出来的。因此，在马克思的经济危机理论中，只有两种危机：局部危机和普遍危机或总危机、全面危机、一般危机。

总危机的含义,从说明第一次世界大战后发生的具有长期性特点的生产过剩的经济危机,发展为说明一种资本主义崩溃、社会主义胜利的历史时期时,虽然在它前面冠以"资本主义"的定语,以便与原来单纯地指经济危机的总危机相区别,但是有许多重要经济学家还是将资本主义的总危机理解为区别于局部危机的经济危机。

这里举一个著名的例子。1928 年,即斯大林最初提出资本主义总的和根本的危机这个范畴的后一年,共产国际在讨论纲领时,还是按照马克思说的总危机(普遍危机)去理解这时新出现的资本主义总危机这个范畴的。该年,布哈林在共产国际第六次代表大会上的工作报告中就有这两段:(1)"资本主义总危机在继续,而且在发展,虽然现在危机的形式有所不同。"(2)在讨论中,有的同志"建议用另一种表述来说明我们纲领中关于资本主义总危机的提法。这些意见的实质可以归结为:提出'总的生产过剩'来削弱或取消比例失调的因素(因为比例失调导致的只能是局部危机——引者)"。① 这里的资本主义总危机指的只能是生产过剩的危机,即总危机或普遍危机。

斯大林在提出资本主义总危机这个范畴并对其下了定义之后,有时仍然按马克思使用的总危机(普遍危机)的含义,去使用总危机(不是资本主义总危机)这一范畴。1946 年,他说:"资本主义的世界经济体系包含总危机和军事冲突的因素,因此,现代世界资本主义并不是平稳地均衡地向前发展,而是经历着危机和战祸的。"②这里的总危机指的是生产过剩的危机,即普遍危机。

以上两个例子说明,即使冠以"资本主义"的定语,许多经济学家并不将资本主义总危机理解为资本主义崩溃、社会主义胜利的历史时期,而把它理解为生产过剩的经济危机,即普遍危机。前面提到的《教程》之所以说"战争原是资本主义总危机的反映"的原因,就在这里。

这里要指出的是,当时,苏联重要的理论家(包括经济学家)用以表达资本主义崩溃的特点的范畴,不是资本主义总危机,而是资本主义体系总危机。也是在 1930 年,布哈林在共产国际的会议上说:"对目前形势的分析和

---

① 《布哈林文选》(下册),人民出版社 1981 年版,第 376、388 页。
② 斯大林:《在莫斯科市斯大林选区选举前的选民大会上的演说》,载《斯大林选集》(下卷),人民出版社 1979 年版,第 488 页。

对资本主义体系总危机的分析是同总的论述作为资本主义体系本身矛盾再生产的结果的崩溃相联系的。"他又说："不应当把资本主义和资本主义体系的总危机设想成这样：资本主义几乎在一切国家或者在大多数国家都正在垮台。"①这里包含有资本主义崩溃、社会主义胜利是一个历史时期的意思，同斯大林在1930年对资本主义总危机的解释基本相同。前面曾经提到，斯大林有时也用世界资本主义体系总危机这个范畴，当作资本主义总危机来使用。

将资本主义总危机同生产过剩的经济危机即普遍危机相混淆的原因，已经说清楚了。现在的问题是：斯大林自己原来并没有这种混淆，为什么后来苏联经济学家向他请教时，他却发生了混淆，认为资本主义总危机既包括了经济，也包括了政治的全面危机呢？我个人认为，这时的斯大林由于受到了当时种种说法的影响，因此就不自觉地同他在1930年下的定义相矛盾，认为资本主义总危机是包括经济危机等在内的全面危机。应该说，这种由理论家提出的科学范畴，理论家本人对其解释前后不一致的情况，在科学史上不是没有先例的。②

至于瓦尔加等人对资本主义总危机含义的扩大化解释，则是出于对斯大林说的"全面危机"的随意解释。

不言而喻，我本人是坚持斯大林1930年所下定义的基本思想的，即资本主义总危机是资本主义逐步崩溃、社会主义逐步胜利的历史时期。因为这是第一次世界大战后的新的经济现象，要有相应的范畴来反映。在这里有一点要指出的，就是不能将问题简单地理解为这只是指旧的资本主义在消灭，新的社会主义在产生；因为如果是这样，那么按照逻辑，也可以说有封建主义和奴隶制度的总危机了，因为它们在产生时，也分别有新旧社会制度的

---

① 《布哈林文选》下册，人民出版社1981年版，第376、386页。

② 例如，古典经济学的伟大代表李嘉图就是这样。他一方面正确地指出，斯密放弃了生产商品投下的劳动决定商品的价值的主张，而提出交换商品支配的劳动（这个劳动包括具有平均率的工资、利润和地租）决定商品价值的主张是错误的，因为价值不是由这三种收入构成的；另一方面又错误地认为，斯密说的由具有平均率的工资、利润和地租构成的自然价格等于价值的原理是正确的。他并不觉得他这两种说法之间有任何矛盾。其所以如此，正如马克思所指出的，是由于斯密"用'自然价格'把李嘉图引入迷途"。[《马克思恩格斯全集》（第二十六卷第二册），人民出版社1956年版，第241页]

消长。问题在于：社会主义不能自发产生，它的产生要以无产阶级夺取政权为前提，因而夺取政权之日就是资本主义总危机这个历史时期的开始；而这是以前的历史所没有的。

我不同意将它定义为包括经济危机和政治危机在内的全面危机，其理由在于除了这个定义和上述定义自相矛盾外，还在于：科学研究要以区分研究对象为前提，将这两种危机结合在一起加以研究，严格说来这并不是政治经济学的任务；因此，这个范畴如果这样来解释，就不是政治经济学的范畴了。

基于同样的理由，我也不同意对这个范畴加以扩大化的解释。

最后我还要指出，"资本主义总危机"一词是借用"总危机"即普遍危机这一旧词来表达新的内容的，这容易引起并且事实上也已引起混乱，因此有必要来一次正名，这就是根据已有的做法，用世界资本主义体系总危机这一范畴来代替"资本主义总危机"的提法。

3. 研究资本主义总危机的重要意义

社会主义——共产主义终将在全世界战胜资本主义，这是社会发展的客观规律。世界无产阶级的历史使命就是要发挥主观能动性，促使这个规律的早日实现。正是从这里可以看出，研究资本主义总危机具有十分重要的意义。

首先，研究资本主义总危机有利于共产主义事业。前面说过，资本主义总危机的发展已经历了两个阶段，它们都与世界大战相联系。由此就产生一个问题，即是否一定要爆发第三次世界大战，资本主义总危机才能发展到第三阶段。这里先要指出，如果爆发世界大战，无产阶级并不畏惧，因为在战争中现代资本主义这个剥削制度可能被消灭。但是，资本主义是一切剥削制度中最能发展生产力和积累社会财富的制度，因此，如能不经过世界大战便能消灭资本主义，以便更好地利用这些财富来建设社会主义——共产主义，那就当然更好。

帝国主义国家争夺世界霸权是世界大战的根源。两次世界大战就是这样爆发的。目前的情况虽然很复杂，这原理仍然适用。这样就产生一个问题：在帝国主义战争根源还存在的条件下，无产阶级和其他被剥削、被压迫的人民，有没有可能结成一种社会力量，以便推迟或者阻止战争的爆发。这样，我们就有必要分析一下两次世界大战爆发的社会条件。在第一次世界大战前，只有 1912 年召开的两次国际社会民主党会议分析过即将爆发的帝国主义战争的问题，但是各国垄断资产阶级煽动资产阶级爱国主义，宣传祖国利益受到威胁的滥调。当时，除俄国布尔什维克党和少数几个社会民主党领袖（如卢森堡等人）提出变帝国主义战争为国内革命战争，并使本国资产阶级政府在帝国主义战争中失败的正确路线外，其余绝大多数社会民主党及其领袖也在宣传祖国利益受到威胁的滥调。帝国主义国家的内部情况如此，殖民地和附属国也没有一种足以制止帝国主义发动战争的社会力量，这样，战争便爆发了。在第二次世界大战前，已发生日本侵略中国东北，意大利侵略阿比西尼亚，和以英、法同德、意的矛盾为背景的西班牙内战，人民对于帝国主义发动大战的警惕是有的。共产国际曾指出法西斯国家发动战争的危险，并一般地谈到这场战争的帝国主义性质，号召共产党应和广大人民结成反法西斯主义的人民阵线，这是正确的。但由于当时的特殊条件，共产国际并没有把反法西斯的反对资本主义制度的关系讲清楚，并且没有严格地按照列宁的理论，即认为战争的性质不决定于谁开始进攻，而决定于哪个阶级进行战争；而只认为法西斯国家是侵略国，从而掩盖了战争的帝国主义性质。正如时任共产国际总书记季米特洛夫后来所指出的，在这样的条件下，第二国际的领导便可以宣传"这个战争带有反法西斯的性质，以欺骗群众，以帮助资产阶级把民众驱上战场"。① 苏联和中国共产党虽然指出，即将发生的是帝国主义战争的交战的双方都是为了掠夺，但不能制止帝国主义发动战争。这样，战争便爆发了。

因此，现在的重要问题是要结成一种足以推迟或者制止帝国主义发动战争的社会力量。应该说，经过努力这是能够办到的。现在，社会主义国家反对争夺世界霸权的战争，并揭露发动这种战争的阴谋；以民族独立国家为主体的不结盟运动，也反对帝国主义战争和侵略。这样，便有可能打乱帝国

---

① 《季米特洛夫文集》，解放社 1950 年版，第 382—383 页。

主义国家发动战争的战略部署,推迟战争的爆发。最重要的是,垄断资本主义国家的人民要识破帝国主义的宣传,相信无产阶级政党能够制定一条正确路线,以实现社会主义来反对帝国主义战争。如果能够这样,世界人民便有可能在维护世界和平的条件下进入社会主义——共产主义。

其次,研究资本主义总危机也有利于确信列宁关于帝国主义是垂死的资本主义这一科学论断。对列宁这论断持否定态度的种种说法,其产生原因有两个:一是不了解垂死资本主义的含义就是向社会主义过渡的资本主义,而把它理解为立即死亡的资本主义;二是在上述基础上对资本主义总危机的确切含义理解不正确,认为按此含义不能说明资本主义立即死亡,因此主张取消资本主义总危机的提法(其逻辑结论应该也要取消帝国主义是垂死的资本主义的提法)。[①] 在这里我们主要分析第二点。之所以有此看法,是由于只抓住斯大林最后对资本主义总危机下的定义,即它是既包括经济又包括政治的全面危机;而这个定义在我看来是不确切的,并和斯大林 1930 年下的定义相矛盾的。由于这个定义不确切,这就难怪有的同志提出这样的疑问:当前,资本主义国家并没有进入岌岌可危的政治危机;资本主义国家虽有经济危机,但这是周期发生的,并没有什么总危机。这是由于含义不确切而引起的不必要的误解。按照确切的含义去观察世界形势,就会确信列宁的这个科学论断了。

---

① 石今:《关于当代资本主义经济若干理论问题的讨论综述》,《经济研究》1984 年第 7 期,第 81 页。

九、发达资本主义国家尚未发展为社会主义国家的原因[①]

社会主义必然取代资本主义。这是由资本主义生产方式基本矛盾的发展,即这一矛盾必须解决社会生产才能继续发展这一规律决定的。取代的决定性条件,是发生无产阶级革命、建立无产阶级政权、以政权改造资本主义和创建社会主义。从抽象理论看,发达的资本主义其基本矛盾是最尖锐的,理应最先发生无产阶级革命,最早创建社会主义。但是,实际却不是这样,最早创建社会主义的是落后的国家。本文的目的,是试图说明发达资本主义国家尚未能发展为社会主义国家的原因。

1. 社会主义取代资本主义的条件

马克思在《政治经济学批判》序言中首创的历史唯物论认为,社会生产力决定与其相适应的生产关系,前者发展到一定阶段便和后者发生矛盾,后者便由生产力的发展形式变成生产力的桎梏,这时,社会革命的时代就到来了。所以,无论哪一种社会形态,在它们所能容纳的全部生产力发挥出来以前,是决不会灭亡的;而新的更高的生产关系,在它存在的物质条件在旧社会里成熟以前,是决不会出现的。马克思在《资本论》中更加深入地分析了资本主义生产关系的部分质变或自我扬弃。根据这些理论,我认为:资本主义生产关系的部分质变,最初是由生产力的发展引起的,并能促进生产力的发展,其后才妨碍生产力的发展,因而又促使生产关系进一步发生部分质

---

① 本手稿约写于 1986 年。

变,这种部分质变会发展到顶点,生产力就要求它发生根本质变——发生社会主义革命,社会主义制度就取代资本主义制度;当生产力的发展要求资本主义生产关系发生有可能发生的部分质变,而这种部分质变并未发生时,也可能发生社会主义革命;革命如果成功,资本主义生产关系仍要经历部分质变,为社会主义准备了充分的物质条件时,才被社会主义最后取代。资本主义生产关系的部分质变是在无产阶级专政下完成还是在资本主义制度下进行,是有所不同的。第一,它是政权认识了事物发展的客观规律性,发挥主观能动性对事物的发展加以影响;第二,它在逐渐消灭阶级对抗的基础上进行,不会因阶级利益不同而引起社会冲突。

社会主义的产生要以无产阶级取得政权为前提,因为资产阶级政权保护着资本主义生产关系,社会主义生产关系不能自发产生。资本主义国家的政体经过发展,到目前为止,最好的形式是民主共和制,它的构成部分如议会制度、选举制度、两党制、多党制,尤其是第二次世界大战后,在两党制或多党制的构成中,往往有一个名义上是代表工人的工党、社会党和社会民主党,这是最适合资本主义商品生产和货币经济中的平等和竞争原则的,生活在这种制度下的一般劳动人民,如果不经过马克思主义的教育,就不容易认识这种政体的阶级实质,容易认为只要通过选举就能达到改造社会的目的,这恰恰能保护资本主义生产关系。这是民主共和制的国家较之君主制国家,民主国家较之法西斯主义国家,难发生社会主义革命的一个原因。

无产阶级要取得政权,就要在阶级力量对比上压倒资产阶级。一般说来,随着资本主义的发展,无产阶级就成为一个越来越强大的阶级。其力量超过资产阶级。但是,资本主义的发展使一国在世界上处于垄断地位和垄断企业产生,资产阶级由此取得垄断利润,就有可能使一国无产阶级或无产阶级中的上层分子资产阶级化,在共产主义运动中产生错误的路线,使无产阶级取得政权成为不可能。

此外,无产阶级取得政权要有一定的时机,如发生经济危机、政治危机;巩固取得的政权要有一定的条件,如世界上的资产阶级矛盾重重、力量削弱,等等。

2. 资本主义生产关系的部分质变和社会主义成熟的条件

资本主义生产方式基本矛盾之一,我认为是生产力的迅速发展和资本个人积累缓慢之间的矛盾。因为靠资本家个人进行资本积累,就几乎无法兴办具有社会规模的巨大企业。这个问题到产业革命发生后就更为尖锐,因为像铁路这样的巨大企业,靠个人积累资本是无法修建的。信用和建立在信用基础上的股份公司的产生,就能解决这个矛盾,这是资本主义生产关系部分质变的开始。因为信用是运用社会资本,股份公司是用社会资本兴办的,它对私人资本是形式上的否定。有些规模巨大的企业,有些会影响资产阶级内部关系的企业(如动力企业的收费标准),股份公司无法或不宜兴办,就用国家资本来办,这也是生产关系的部分质变。所有这些,在资本主义的发生和发展初期就产生了,解决了矛盾,因此,因这个问题而发生社会主义革命的事例是没有的。

资本主义生产方式还有两个基本矛盾,根据恩格斯的说明,这就是全社会生产的无政府状态和个别工厂生产的组织化之间的矛盾,以及无产阶级和资产阶级之间的矛盾。在我看来,前者会导致局部的经济危机,后者亦即生产有无限扩大的趋势和消费相对落后之间的矛盾,因为资产阶级要剥削剩余价值,无产阶级的消费就落后于生产的增长,这会导致普遍的生产过剩的经济危机。只要资本主义生产关系没有发生根本质变,这两种矛盾就不会彻底消灭。但是,随着资本主义生产的发展,在物质条件具备时,正如下面将指出的,生产关系逐步发生局部质变,相对解决这个矛盾却是可能的。当这种局部质变尚未发生,局部的和普遍的经济危机破坏社会生产,使工人失业挨饿时,一些从理性出发分析社会问题的思想家,就提出种种建设新社会的方案,工人就屡次起义,冲击资本主义制度,他们都想立即用社会主义取代资本主义,但无一不归于失败。

这些思想家就是空想社会主义者。欧文、圣西门、傅立叶是最伟大的代表。欧文曾在北美的移民地上进行完全消灭剥削和私有制,实行计划生产的共产主义试验,以失败告终。1831 年和 1834 年,法国里昂工人两次起义,第二次曾提出"建立共和国"的政治要求；1836 年至 1848 年，英国工人掀起了宪章运动，曾出现过三次高潮，列宁称之为世界上第一次广泛的、真正群众性的、政治性的无产阶级革命运动；1844 年，德国西里西亚工人举行起义，直接反对私有财产和剥削，马克思认为，它是意识到无产阶级的本质的：所有这些起义和斗争，都失败了。

在这里有必要谈论一下 1871 年的巴黎公社革命，如果胜利了，无产阶级政权巩固下来了，法国的资本主义生产关系是否就可以无须经过进一步的部分质变，立即被社会主义取代。法国大体上在 19 世纪 60 年代完成了产业革命，比英国约晚了半个世纪；1836 年，发生了从英国开始而波及各主要资本主义国家的世界性经济危机，这表明资本主义生产关系作为一个总体来看，已经妨碍生产力的发展了；1857 年的世界性经济危机，对法国的打击很大：这是巴黎公社革命的经济条件。它的导火线则是法国在由它发动的普法战争中失利，国防政府变成卖国政府。它的失败原因，是领导机构的指导思想和革命策略的错误。我们假设，没有这些主观上的错误，在上述时机下，无产阶级夺取并巩固了政权，资本主义是否马上就可以由政权来消灭？我认为不能马上消灭。因为这时的法国，资本主义工业生产的集中程度还很低，并没有达到 19 世纪 70 年代恩格斯在《反杜林论》所指出的可以由社会掌握生产资料的程度，——当时，只有英国达到这程度。这样，对为数众多的资本主义中小企业，就要在政权的指导下，让其进一步发生质变后才能由社会主义取代。其后，经济落后的国家发生社会主义革命时，就是这样做的。

这里我撇开了直到 1894 年恩格斯写《法德农民问题》时，法国还大量存在的个体农民经济如何由社会主义取代这个问题不谈，因为这不是本论文的直接对象。这个问题的实质是：拥有土地和其他生产资料的个体农民，能否直接实现生产资料的社会化或集体化，这就是农民的生产资料（包括土地）的社会化，能否不经过按生产资料分配收入（如像按资本分配利润）的阶段就直接社会化？

巴黎公社失败后，无产阶级社会主义革命运动处于低潮长达三四十年，以致在 1873 年发生垄断资本主义产生前最深刻的经济危机时，无产阶级也没有起来冲击资本主义制度。

1873 年的危机表明,资本主义生产关系已严重地束缚生产力的发展,无论无产阶级是否夺取了政权,它都要发生部分质变。这就是恩格斯所说的:"历来受人称赞的自由竞争已经日暮途穷",这表现在,"在每个国家里,一定部门的大工业家会联合成一个卡特尔,以便调节生产"。① 也就是在一定部门内,在股份公司的基础上形成垄断企业,使资本主义生产关系继续发生部分质变,以便调节生产,相对地解决生产的无政府状态问题。

垄断资本主义的产生,最初是促进生产力发展的。垄断资本主义国家的迅速发展,使它们的技术水平逐渐接近而瓜分世界的矛盾加深,这就导致第一次世界大战的爆发。1907 年发生的经济危机是战争爆发的催化剂。经济危机是生产力和生产关系的矛盾发生冲突的表现,而世界大战削弱了各个垄断资本主义国家的力量,原是各国无产阶级进行社会主义革命的好时机。但是,事实上发生革命的,是那些经济落后和实行君主立宪制度,而在战争中又失利或战败的国家,如俄、德、匈等国。其中,只有俄国是成功的。原因除了上述条件外,最重要的是,俄国布尔塞维克党正确地执行了在帝国主义战争中无产阶级政党应当执行的路线,即变帝国主义战争为国内战争,而不是号召无产阶级为祖国的利益而战。

俄国十月革命后,曾立即按共产主义原则进行生产和分配,消灭商品生产和资本主义,这就是战时共产主义。后来列宁认为,实际生活指出这是错误的。于是,就改为实行新经济政策,通过国家资本主义到社会主义,再到共产主义。

垄断企业必须取得垄断利润,而垄断利润只能来自一般资本主义企业的部分剩余价值、个体生产者的部分收入、一般消费者和居民的部分收入,这又促使资本主义生产和消费之间的矛盾深化,这是 1929—1933 年发生的震撼资本主义世界的经济危机的一个原因。资本主义生产关系又要发生进一步的部分质变。在危机前后,有些垄断资本主义国家实行法西斯主义,事实上废除议会制度、选举制度,取缔共产党,使无产阶级一时不能起来冲击资本主义制度。在危机中,垄断资本主义发展为国家垄断资本主义,其实质是由国家出钱购买垄断资本家的产品,相对地解决由生产和消费之间的矛

---

① 《马克思恩格斯全集》(第二十五卷),人民出版社 1974 年版,第 495 页,恩格斯写的插话。

盾而产生的市场问题。这在美国，是以罗斯福实行的以公共工程为核心的"新政"为特征；在德国，则以希特勒实行的国民经济军事化为特征。

1938 年的经济危机，促使第二次世界大战的爆发。这次战争，从参战的法西斯主义国家和民主国家双方来说，都是帝国主义战争。其后，由于前苏联和中国参战，并和民主国家结成盟国，反对法西斯主义国家，因此，对盟国来说，战争就具有反法西斯主义的性质。世界大战原是无产阶级起来冲击资本主义制度的好时机，但由于第三国际没有提出一条从反对法西斯主义到进行社会主义革命的路线，这就正如时任第三国际总书记季米特洛夫后来总结的那样：第二国际的领导，便可以宣传"这个战争带有反法西斯的性质，以欺骗群众，以帮助资产阶级把民众驱上战场"[1]，为保卫资本主义的民主制度而战。这样一来，垄断资本主义国家内部并没有发生社会主义革命。

在战争末期和战后，有些国家的无产阶级夺取了政权，成为社会主义国家。它们是被压迫的殖民地半殖民地。战败的法西斯主义国家、君主制国家，绝大多数是经济落后的。它们的资本主义（不是垄断资本主义）生产关系也是经过部分质变之后，才由社会主义取代的。

3. 部分质变顶点的国家垄断资本主义总的说来仍在促进生产力的发展

国家垄断资本主义在第二次世界大战中和战后迅速发展。列宁认为，它的生产是国民经济的一种特殊形式[2]，因为它的市场是已知的、有计划的；它是社会主义的人口，只要无产阶级夺取了政权，它就完成根本变质，成为社会主义经济了。从这点上看，它是资本主义生产关系部分质变的顶点。

在资本主义生产关系的范围内，国家垄断资本主义部分地和相对地解决资本主义生产方式的基本矛盾。第一，它和个人资本主义、集团（股份）资本主义和私人垄断资本主义不同，生产总过程是由国家来调节的，国家在这

---

[1] 《季米特洛夫文集》，解放社 1950 年版，第 382—383 页。

[2] 列宁：《实行社会主义还是揭露盗窃国库行为？》，载《列宁全集》（第二十五卷），人民出版社 1955 年版，第 52—53 页。

里形式上是代表社会的,实质上是一部分垄断资产阶级的工具。它使生产、流通、分配这三个再生产环节,都成为社会化程度最高的,范围最广的。第二,这种社会化不是自发地通过生产无政府状态形成的,而是通过国家计划形成的。私人垄断资本主义已经产生了计划化的因素,国家垄断资本主义则使它发展到资本主义生产关系所能容纳的顶点。当然,计划化只是组织社会生产的一种方法,其内容则要取决于生产关系及其政治上层建筑(国家的性质)。在国家垄断资本主义的条件下,计划化这种方法要达到的目的,是满足掌握政权的那部分垄断资本家的要求。正因为这样,垄断资本家追逐垄断利润,又使资本主义生产与消费的矛盾逐渐加深,而随着追逐利润所发生的争夺国家职位的斗争,以及重要人员的变动,都使计划的内容发生变化,这恰恰又从某一方面加剧生产的无政府状态。

国家垄断资本主义的重要经济内容,就是国家对私人垄断资本主义企业实行产品包买、财政赠与和信贷优惠,最重要的是产品包买。产品中属于生产资料的,用来兴办企业和公共工程;属于军需品的,用于国家消费;有些消费品直接地或间接地也是国家包买的,用来搞福利,以上三者如用不完,则用于对外"援助"。由于国家包买,这些产品的市场便是可知的、有保证的,它是国民经济的一种特殊形式,因为在这里,也仅仅在这里,生产商品的私人劳动从企业看是能够有保证地转化为社会劳动的,但从社会看就不一定是这样,因为有些产品既没有进入个人消费,也没有进入生产消费,而白白地浪费了,如一些军火就是这样。

很明显,国家垄断资本主义要以废除金本位制度、实行纸币本位制度为其经济支柱。因为只有这样,国家才能用印刷纸币的方法获得源源不断的购买力,来实行产品包买等政策。这就不可避免地导致程度不一的通货膨胀,通货膨胀又使资本主义生产和消费之间的矛盾加深。正因为这样,产品包买等政策只能使普遍的生产过剩的经济危机发生形态的变化,而不能使它消灭。

第二次世界大战后,国家垄断资本主义推动生产力发展的势力虽已过去,但其作用并未丧失。

战后国家垄断资本主义的发展,是同第三次科技革命结合在一起的。就垄断资本主义国家来说,第二次世界大战本身就是国家垄断资本主义的实践。在战争中，由国家财政力量支持的、用于军事生产的科学技术发明了。战争之后，这些科学技术除继续用于军事生产外，又用于民用生产，并由国家财政支持，得到发展。一系列新兴工业部门产生，许多生产部门更新固定资本，使用新材料，农业生产工业化，有的国家第一次出现农业资本的有机构成高于工业资本的有机构成。这样，由于垄断资本主义国家对一系列社会主义国家实行封锁禁运政策，世界资本主义市场的广度曾一度缩小，但其深度由于上述原因却在加深，整个市场容量在增加，生产在周期性波动中发展。

战后，资本主义生产发展的周期性仍然存在，但没有发生过如像20世纪30年代危机那样严重的危机，也没有因而爆发大战。原因除市场和30年代不同（那时没有由新的技术变革导致的市场深度加深）外，是由于：第一，国家对产品分期分批地包买；第二，国家不受利润率高低的限制，在生产下降时仍可投资；第三，国家降低利率，对面临困难的大垄断企业予以信贷优惠。危机不严重，就不会引起资本主义大战。

国家垄断资本主义促进生产力发展的第一个势头，到20世纪70年代初发生滞胀时已经过去。我个人认为，滞胀是由实行国家垄断资本主义导致的纸币流通量急剧过多造成的。60年代中期，美国侵越战争升级、登陆月球、实行"伟大的社会计划"（这些都是国家垄断资本主义实践）促使货币发行量急剧增加，即通货膨胀程度突增，一方面使物价剧涨，另一方面使人民的消费力大大落后于生产增长，使危机发生；危机使供过于求，本应使物价下降，但急剧的通货膨胀使纸币的购买力剧跌，它使物价上涨，其程度大于供过于求导致的物价下降，于是就出现了危机时物价反而上涨的滞胀。滞胀中即使有新技术发明，也不可能转化为现实的生产力。国家垄断资本主义产生的矛盾，已开始妨碍生产力的发展。

滞胀中的通货膨胀持续了十多年才降低。这是用减少国家投资和福利支出、提高利息率、减少纸币发行量的方法达到的。由于这样，经济发展也就放慢。但是，一有新的技术突破，投资增加，情况就会发生变化。

现在，资本主义仍在发展的原因是国家垄断资本主义总的说来仍能发展生产力。即使将来这种作用消失了，但只要下面论述的原因仍然存在，无产阶级不起来推翻资本主义，它就不会自动灭亡。

4. 政体的演变对无产阶级革命的影响

由资本主义生产关系所产生和制约的国家机器，是维护这个生产关系的。这个国家在形式上是代表全社会的，本来就使人不易认清其阶级实质，而它的政体的演变则更进一步掩盖这种实质，使没有受过马克思主义教育的无产阶级认识不到，要改变资本主义生产关系，就要打碎这个国家机器。

民主共和制被恩格斯认为是发展到最高的政体，被列宁认为是资产阶级所能采取的最好的政治外壳；因为它比君主立宪制更适合于商品、货币、资本这些天生平等派的要求，这些平等的内容是自由竞争、等价交换、按资分配。在货币和资本关系的基础上产生的信用制度和股份公司，能在政治上巩固资本主义制度。马克思深刻地指出，在这个条件下，"一个没有财产但精明强干、稳重可靠、经营有方的人，通过这种方式也能成为资本家"，"这种情况虽然不断地把一系列不受现有资本家欢迎的新的幸运骑士召唤到战场上来，但能巩固资本本身的统治"，因为"一个统治阶级越能把被统治阶级中最杰出的人物吸收进来，它的统治就越巩固，越险恶"。① 民主共和制能更好地起这种作用。在这里，总统、议员以及有些法官是在竞选中由选民投票产生的，恰如商品生产者在市场上竞争，由购买者选择购买他们的商品一样。这些政治人物，不论是哪个阶级出身的，由于从小到大受资产阶级思想的熏陶，受资产阶级的学校教育，思想一般是资产阶级的，他们当选了，便能代表资产阶级利益，保护资本主义生产关系。如果有几个贫寒之人当选，则更能给劳动人民带来幻想。正是这样，恩格斯认为，通过普选制资产阶级能更好地实现其统治。

君主立宪制就不完全是这样。君主是世袭的，不符合商品经济中的平等主义和竞争原则。这就无怪乎有些工人运动是以建立民主共和国为目的的。

从都存在选举制度和议会制度这一点看，民主共和制和君主立宪制有

---

① 《马克思恩格斯全集》(第二十五卷)，人民出版社 1974 年版，第 679 页。

共同之处,这就是实行民主主义。在这个条件下,必然存在着两党制或多党制,因为在资产阶级看来,政党不过是选举团体,这也是符合商品经济中的竞争原则的。最初的两党制或多党制是由资产阶级政党构成的,它们的纲领可以不同,竞选时相互指责,但维护资本主义制度都是相同的,选民看纲领投票,犹如看广告购货物一样。正如列宁所指出的,这种两党制本身是阻止真正的社会主义政党产生的重要工具。因为两党既是对立的,按照逻辑,其中一个就似乎是代表工人的。这是白劳德解散本来就不强大的美国共产党,要原来的党员自由地选择民主党和共和党的一个原因。当然,社会主义政党毕竟是要产生的;美国共产党也恢复了。

如果说,资本主义处在自由竞争阶段时,民主主义及其构成因素议会制度、选举制度、两党制和多党制是适合生产关系的要求的,那么,当资本主义进入垄断阶段,它们就变成不符合要求的了。因为垄断资本主义的产生,就要获取垄断利润,就使资产阶级不能"共"剩余价值之"产",使无产阶级受的剥削加深,所以,一小撮垄断资本家要独揽政权,而当无产阶级利用民主主义的构成因素对垄断资本主义统治不利时,无论从哪一方面说,民主主义已不利于垄断资本主义,法西斯主义要取代它。但是,法西斯主义是不符合商品货币关系中的平等原则的,最容易引起人民的反对,因此,只有在紧急关头时才实行。

从这里可以看出,民主主义和法西斯主义都是资产阶级的统治方法,它适合于不同的经济条件。一个无产阶级政党,当法西斯主义猖獗时,提出反法西斯主义的口号是应当的,但要善于将它和社会主义革命的关系讲清楚,否则,就变成保卫民主主义即保卫资本主义了。我想这是第二次世界大战中一些发达的资本主义民主国家没有发生社会主义革命的一个原因。

一小撮垄断资本家在不是阶级斗争的紧急关头,一方面要保持民主主义,另一方面又要维护资本主义制度,最好的办法就是将原来的两党制或多党制加以刷新,即将其改组成有资产阶级的工人政党参加的两党制或多党制。这样一来,由资产阶级的政党和名义上的无产阶级政党竞选,就似乎更符合商品经济的平等主义和自由竞争的原则。这是最巧妙的保护资本主义的方法。

产生资产阶级工人政党的土壤,在自由竞争阶段就存在了。1882年,恩格斯曾指出,英国工人对殖民政策的想法,"和他们对一般政策的想法一样。……这里没有工人政党,有的只是保守党和自由激进党人,而工人十分安然地同他们共享英国的殖民地垄断权和英国在世界上的垄断权"。① 垄断资本主义产生后,这样的政党就产生了或蜕变出来了,我认为这就是工党、社会党和社会民主党,它们具有群众基础,同老的资产阶级政党构成新的两党制或多党制。由于条件变化和需要,它们有时或较长期执政,实行"社会主义"的国有化政策和福利政策;由于同样的原因,它们下台后,改由老的资产阶级政党执政,实行非国有化政策:这两者都是有利于垄断资产阶级的,其实质是国家垄断资本主义。

应该指出,一些社会主义国家由于民主与法治不健全,如像前苏联在20世纪30年代发生的、在英美民主国家不可能发生的破坏民主与法治的肃反扩大化,以及我国的"文化大革命",也反过来使资本主义制度下的人民追求民主主义。

5. 经济生活的变化对无产阶级革命的影响

人们的社会存在决定人们的意识。如果一个国家的无产阶级的经济生活,或者无产阶级中上层分子的经济生活资产阶级化了,那么,他们的社会主义革命意识就会衰退,其中的领导人就会提出错误的路线。在一定的历史条件下,这是可能发生的。

最早发生这个现象的,是成为世界工厂时的英国。前面曾经谈到,它这时对世界工业生产和殖民地都居于垄断地位,由此得到的垄断利润,可以用一部分来提高英国无产阶级的生活水平,使其资产阶级化。早在1858年,恩格斯就指出:"英国无产阶级实际上日益资产阶级化了……对一个剥削全世界的民族来说,这在某种程度上是有道理的。"②由于这样,英国工人便同意资产阶级政党的政策,这在前面已经谈过了。

---

① 《马克思恩格斯全集》(第三十五卷),人民出版社1971年版,第353页。
② 《马克思恩格斯全集》(第二十九卷),人民出版社1972年版,第344—345页。

从 19 世纪 70 年代中期开始,有些资本主义国家赶上英国,也从这时开始,垄断资本主义逐渐产生,这样,英国一国垄断世界、独得垄断利润的局面结束了,但各国垄断资产阶级得到垄断利润,仍能使在工人运动中居于重要地位的无产阶级的上层分子资产阶级化,使他们在运动中提出错误的路线。这种情况事实上一直延续到现在。

美国这个当前最发达的资本主义国家,为什么其社会主义运动一直都是落后的?美国最初是块移民垦殖殖民地,从欧洲移去的工人很容易获得土地,成为个体生产者。这个过程不结束,就不可能有具有群众基础的工人政党和社会主义运动。19 世纪 60 年代南北战争后不久,这个过程结束了。其后,1886 年芝加哥工人大罢工被镇压,工人就组织强大的工会——劳联。但此时美国已形成了垄断资本主义,无产阶级的上层分子资产阶级化,劳联领袖就是这样的人。1935 年,罗斯福"新政"时期成立的另一强大工会——产联也是这样。1955 年,劳联和产联合并,成为美国最大的工人组织,还是这样。美国的无产阶级政党缺乏广泛的群众基础,原因也在这里。[①]

西欧发达资本主义国家的情况原来与美国不同。它们曾经有过强大的社会主义运动和无产阶级政党。但垄断资本主义产生后,依照上述原因,情况就发生了变化。由于殖民地给这些国家提供源源不断的垄断利润,以致第二国际的某些领袖竟然说,社会主义不能没有殖民政策,表面理由是殖民政策传播文明,真实原因是没有殖民地,西欧工人的生活将降低到东方人的水平!在这种思想指导下,就不可能有什么真正的社会主义革命。

第二次世界大战后,绝大多数殖民地国家成为拥有主权的民族独立国家,但是,仍然要提供垄断利润给发达的资本主义国家,使后者仍然有可能以此使其无产阶级的生活水平提得更高。在这里值得我们重视的问题是,即使撇开垄断因素不谈,也就是在一般的条件下,发达国家以其高、精、尖的工业品,同发展中国家的农产品或初级产品按相等的生产价格交换,也是前者以小量劳动和后者的大量劳动交换,因为工业品的资本有机构成高,其生产价格高于价值,初级产品的资本有机构成低,其生产价格低于价值。这就

---

① 美国共产党主席福斯特也说:"在美国没有工党,工人也没有自己的其他群众性的政治组织。如果参加政治活动的话,他们绝大多数是跟着同样为垄断资本家所操纵的两个老牌资产阶级政党的。"见威廉·福斯特:《给毛泽东同志的信》,《红旗》1959 年第 3 期。

是马克思所揭示的："一国的三个劳动日可以和别一国的一个劳动日相交换。……在这个场合，富国会剥削贫国，纵然……贫国也会由交换得到利益。"[①]在被剥削中竟会得到利益，是因为贫国"由此得到的商品比它自己所能生产的更便宜"。[②] 在这里，对贫国来说，就有一个目前利益和长远利益如何安排的问题。如果它不努力实现工业化，长久购买富国的高、精、尖产品，那么，富国投下一份国民劳动，就能实现三份国民收入，贫国则相反；单凭这一点，前者国民的生活就比后者的高两倍。这也是构成富国搞福利国家的物质基础的因素之一。

这里需要提出的是，战后出现的资本主义福利国家和资本主义社会中间阶级化论所起的作用。我认为，福利主义是国家垄断资本所需要的，因为这是由国家预算出一部分钱，为生产消费资料的资本主义企业提供一个有保证的市场，使这些企业得以生存，才能向垄断资本主义提供垄断利润。所谓中间阶级化是指，无产阶级和资产阶级都越来越少，而它们之间的阶级却越来越大，因此，无产阶级社会主义革命失去了社会基础。这种论调的错误在于：将无产阶级的阶级构成的变化，即随着资本主义发展，以脑力劳动为主的无产者比重的增加，说成是中间阶级的增加，而只将那些比重在减少的以体力劳动为主的无产者看成无产阶级。那些被称为中间阶级的，因工资较高、生活稳定，也不自觉地认为确是中间阶级，置身于无产阶级之外。这样一来，无产阶级的阶级意识便变弱了，力量也削弱了。

在震撼资本主义世界的 20 世纪 30 年代大危机中，一方面资本主义制度下的工人在饥饿线上挣扎，另一方面前苏联开始实行计划经济，消灭失业，两相对照，无产阶级的阶级意识是很强的。但是，第二次世界大战后，如上所述，资本主义经济在发展，而社会主义经济建设却经历着曲折的道路。社会主义人民的生活水平和资本主义人民生活水平的差距拉大了，这也对资本主义制度下无产阶级的革命性发生消极影响。

按上所述，是否能说：发达国家的无产阶级再也不会起来革命，社会主

---

① 马克思：《剩余价值学说史》（第三十二卷），郭大力译，人民出版社 1972 年版，第 111—112 页。
② 《马克思恩格斯全集》（第二十五卷），人民出版社 1974 年版，第 265 页。

义再也不取代资本主义了呢？当然不能。因为民族独立国家有少数已实现工业化,其余的也在努力这样做,这将减少和终于切断发达国家大部分垄断利润的来源;社会主义国家正在改革经济体制,健全民主与法治:这客观上将使发达国家的内部矛盾加深,在这个基础上,真正的无产阶级政党加强工作,这样,无产阶级进行社会主义革命终将发生。民族独立国家虽有两种发展前途,但如像一些落后国家经历过的那样,最终也会发展为社会主义国家。总之,马克思的理论是正确的。

十、卢森堡的资本积累、帝国主义和军国主义理论[①]

——兼评《反批判》英、中文版编者的有关解释

社会资本的扩大再生产即资本积累,在只有资产阶级和无产阶级的条件下能否实现,一直是个有争论的问题。卢森堡认为,要将剩余价值实现为货币后再转化为生产要素,就要在上述两大阶级之外存在某种"第三者";争夺作为积累环境的"第三者",就是帝国主义;军国主义对实现积累有重要作用。她的《资本积累论》(1913 年)和《资本积累——一个反批判》(1921 年)阐述的就是这些理论。布哈林的《帝国主义与资本积累》(1925 年)对其进行了尖锐批评。

《反批判》和《帝国主义与资本积累》的英译本被编成一本书,英文版编者绪言对卢森堡积累理论的根本理解同我的理解不同,中文版编者的话重复其观点,对此也作评论。

1. 批判马克思的资本积累理论

资本积累问题争论的发展,就我们研究的角度看,可以分为两大阶段,两段的划分以接受和抛弃斯密教条为界。

第一阶段争论的双方都接受斯密教条,即认为资本主义商品的价值最终全部分解为收入,不分解为资本,因此只看到个人消费,而忽视生产消费。在忽视生产消费这个共同错误的基础上,认为不需要"第三者"社会资本也能实现再生产的,有李嘉图、萨伊、老穆勒等。他们分别主张生产等于消费、

---

① 本手稿约写于 20 世纪 90 年代。

产品开拓自己的市场、供给等于需要；认为需要"第三者"才能实现再生产的，有马尔萨斯、西斯蒙第等。马尔萨斯认为，利润（剩余价值）是由贵卖产生的，但资本家既购买又出卖，相互报复，大家贵卖，利润就不能产生；对工人贵卖，工资只能购买部分产品，余下的产品就是利润，不能实现；只有对地主、僧侣、官吏等"第三者"贵卖，由于他们只购买不出卖，只消费不生产，用特权取得地租、赋税，作为源源不断的购买力，利润才能实现。但这就等于资本家将部分剩余价值交地租和赋税，再用贵卖的办法将其取回，这不能产生剩余价值。西斯蒙第认为，今年的产品由去年的收入来购买，但今年生产大于去年收入，不能全部实现，这就要由"第三者"即个体生产者来实现，但他们又在破产。解决的办法只有减缓积累，即扩大再生产放慢进行。争论双方除西斯蒙第外，其实只是实现问题，没有涉及积累。

马克思总结了第一阶段的争论，批判了斯密教条，指出前人看不到的生产资料再生产和生产消费的作用，论证了无须"第三者"，资本积累是可以实现的。这样，第二阶段争论的特点就是批评马克思的再生产理论，认为即使肯定不变资本的存在，考虑生产消费的作用，资本积累如果没有"第三者"还是不能实现的。持这种看法的最重要的理论家是罗莎·卢森堡。她的资本积累、帝国主义和军国主义理论，是在反对马克思的社会资本扩大再生产理论的基础上建立起来的。

卢森堡认为，马克思这一理论的错误在于：（1）兜圈子式的循环论证。第一部类扩大生产，为的是满足自己和第二部类扩大生产的需要；第二部类扩大生产，为的又是满足自己和第一部类扩大生产时增加工人的需要，这样一来，"资本家们就成为一种为了扩大生产而扩大生产的糊涂虫了"。[1]（2）同马克思论证的资本主义生产和消费之间存在着矛盾[2]，因而使再生产过程经常中断这一理论相互矛盾。（3）没有考虑劳动生产力，即资本有机构成和剩余价值率的提高。[3] 考虑了这些因素，就会产生生产资料不足，而消费资料则过剩的现象。[4]（4）没有表明产业后备军的存在。[5] 这样一来，工

---

① 罗莎·卢森堡：《资本积累论》，彭尘舜、吴纪先译，生活·读书·新知三联书店 1959 年版，第 262 页。

② 同上书，第 269 页。

③ 同上书，第 263 页。

④ 同上书，第 365 页。

⑤ 同上书，第 285 页。

人的自然繁殖,无论在时间上还是在数量上,都不能和资本积累的要求相适应。(5)没有解决为了剩余价值的实现所需要的追加的货币来源问题。①

这些责难表明,卢森堡并不了解马克思的理论。社会资本的扩大再生产,是竞争的压力迫使各个资本家都要努力扩大生产的结果。社会资本扩大再生产所需要的实现条件,只是表明必须具备一定的比例,扩大再生产才能实现,不是说资本主义时刻都具备这种条件。恰恰相反,资本主义的矛盾,使它的扩大再生产常常是在破坏中实现的。在资本有机构成提高的条件下,社会资本扩大再生产的实现,如后来列宁所分析的那样,也是需要一定的比例的,这比例同样可由资本主义生产本身提供。卢森堡一方面强调资本有机构成提高,会造成生产资料不足;另一方面又强调再生产图式不包含产业后备军,会造成劳动力不足。这表明她既忽视资本主义矛盾会产生产业后备军,又陷入自己制造的矛盾中,因为有机构成提高就减少劳动力需求。至于扩大再生产的实现,需要更多的货币,这并不是由于剩余价值的实现所引起的,在没有剩余价值生产,而社会商品生产的总价格在增大的地方,也有这个问题。问题的答案也由马克思提供了。这就是信用制度的日益发达,货币流通速度加快,货币由贮藏形态到流通形态的转化②,而货币之所以能被贮藏,那是因为它直接是社会劳动,是绝对的价值,能若干世纪地积累下来③,而由它实现其价值的商品几乎全部是最近生产出来的。此外,作为货币材料的贵金属也在不断地生产。由于这些原因,在一段情况下,一个社会日益增大的商品总价格,是有足够的货币(包括信用货币)来实现的。④

①　罗莎·卢森堡:《资本积累论》,彭尘舜、吴纪先译,生活·读书·新知三联书店 1959 年版,第 234 页。

②　《马克思恩格斯全集》(第二十四卷),人民出版社 1974 年版,第 383 页。

③　同上书,第 537 页。作为贵金属的金和银,一方面是最理想的货币材料,另一方面又是最理想的装潢华丽、炫耀即表现美的物质材料,人们在满足了生产和生活的必需后,也可以用美的形式来积累财富。它和货币积累可以相互转化,它也可以调节货币流通。参见马克思:《政治经济学批判》,徐坚译,人民出版社 1955 年版,论贵金属部分。

④　有一种看法认为,在 20 世纪 30 年代的大危机中,各国废除金本位制度,是由于黄金数量不足,不能实现日益增大的商品总价格。我认为这是不对的。如果黄金数量确实不足,那就可以发展信用货币来弥补。在正常条件下,应是这样。当然,在这次经济危机中也发生了信用危机,信用货币无法代替金银货币。但因此而废除金本位制度的原因就不在于黄金不足,而在于对付经济危机了。在我看来,对付危机的最好方法是实行国家垄断资本主义,而废除金本位制度,实行通货膨胀政策,就是国家垄断资本主义的经济支柱。

2. 资本积累要以"第三者"的存在为条件

卢森堡认为,资本积累有两层内容:首先是用于积累的剩余价值实现为货币;然后是这些货币转化为生产要素。这部分剩余价值物质化在生产资料和消费资料中,资本家将它们卖给"第三者",并从中取得货币。但这只是资本积累的第一步,即剩余价值资本化部分已实现为货币,可是这些货币还没有转化为生产资本,还不能从物质形态上实现扩大再生产。因此,资本家还要将这货币向"第三者"购买生产资料和劳动力(她在前面分析的生产资料和劳动力不足问题,已为这一购买准备好条件)。这样,经过资本家和"第三者"之间的两次交换,资本主义扩大再生产才能实现。

这分析从理论上看完全是错误的。首先,没有孤立的剩余价值实现问题,剩余价值是在价值的实现中实现的。其次,卢森堡曾指责马克思的扩大再生产公式是循环论证,在这个公式中,资本家们是为了扩大生产而扩大生产的糊涂虫,但她的解决办法,即上述的两次交换,导致的结果是一样的。她兜了圈子后,还是回到马克思的公式上来。这正如马克思所指出的,在社会资本再生产问题上,将国外贸易拉进来只起干扰作用,对问题的解决毫无裨益。

值得注意的是卢森堡对资本家和"第三者"之间的交换的看法。她说,剩余价值向价值形态的转化,以及这种价值形态再向生产资本形态的转化,"这两者都是资本主义生产与周围非资本主义世界之间的交易。所以,从剩余价值的实现及不变资本物质要素的取得两方面来看,国际贸易一开始就是资本主义历史存在的首要条件"。[①] 从社会资本扩大再生产的实现条件来看,国际贸易并不是条件;但从历史事实来看,资本主义确实需要国际贸易,这个矛盾应如何解决,留在下面再谈。

卢森堡继续将其看法上升为理论。根据上述分析,她在理论家中第一个指出,在各种经济形态中,资本主义是"第一个自己不能单独存在的经济形态,它需要其他经济形态作为传导体和滋生场所"。[②] 根据社会资本扩大

---

① 罗莎·卢森堡:《资本积累论》,彭尘舜、吴纪先译,生活·读书·新知三联书店 1959 年版,第 283 页。
② 同上书,第 376 页。

再生产的实现条件来看,这个理论是错误的,但启发人们去思考问题。根据上述分析,她又指出,"应该修正内部市场和外部市场这两个概念……内外市场在资本主义的发展过程中,确实起着很大的但完全不同的作用。可是,它们并不是政治地理上的概念,而是社会经济学的概念";"国内市场是资本主义的市场,资本主义生产是它自己的生产物购买者及其自身生产要素的供应者。国外市场是吸收资本主义的生产物并供给资本以生产要素及劳动力的非资本主义的社会环境"。① 同样道理,对国外市场作用的分析是错误的,但是从资本主义内部交换和资本主义同非资本主义之间的交换来区分国内市场和国外市场,也是能启发人们去思考问题的。

列宁首先提出这个问题:"国内市场与国外市场的界限在什么地方呢?采用国家的政治界限,那是太机械的解决办法,而且这是否是解决办法呢?如果中亚细亚是国内市场,而波斯是国外市场,那么把希瓦与布哈拉列在哪一类呢? 如果西伯利亚是国内市场,中国是国外市场,那么把满洲列在哪一类呢?"②,如果按国家政治界限来区分国内和国外,显然是无法理解的。卢森堡使用的国内和国外市场的概念,是受到列宁的启发的。在列宁之前,马克思和恩格斯对由于地理大发现而造成的欧洲资本主义国家,同非资本主义国家或地区的交换,分别称为新的世界市场和世界贸易,以区别于资本主义国家间的交换所造成的世界市场和国际贸易。③

列宁认为,资本主义需要国外市场,不是由于社会资本实现扩大再生产,尤其不是由于剩余价值的实现,而是由于:(1)资本主义只是广阔发展的商品流通的结果。就是说,简单商品生产发展到一定高度就分化出资本主义商品生产,这个过程会继续。资本主义产生后,除内部进行交换外,仍和简单商品经济进行交换,这就是国外(外部)市场。(2)社会资本再生产的实现,要求各生产部门之间有一定的比例性,它经常遭到破坏,这也驱使资本主义寻求外部市场。(3)资本主义生产的本质是扩大再生产,它的进行使自然经济和简单商品经济变成资本主义经济,这个过程就构成外部市场。④ 从

---

① 罗莎·卢森堡:《资本积累论》,彭尘舜、吴纪先译,生活·读书·新知三联书店 1959 年版,第 209—290 页。
② 《列宁全集》(第三卷),人民出版社 1955 年版,第 544—545 页。
③ 《马克思恩格斯全集》(第二十五卷),人民出版社 1974 年版,第 372 页;《马克思恩格斯全集》(第二十卷),人民出版社 1971 年版,第 115 页。
④ 《列宁全集》(第三卷),人民出版社 1955 年版,第 44—45 页。

这里可以看出,如果没有或没有足够的外部市场,资本主义再生产就要经历着局部危机和普遍危机,即在破坏中进行,但仍能进行。

3. 争夺尚未被占领的"第三者"就是帝国主义

卢森堡认为,实现资本积累所需的"第三者",可以是被征服的自然经济、简单商品经济(包括个体农民),理由前面已谈过了。此外,还有国际借款和军国主义。这里谈国际借款。

国际借款对资本积累的作用是:资本主义国家把非资本主义阶层的货币变成资本:将货币资本购买国营企业生产的铁路材料和军需品,即货币资本变成生产资本;把生产资本以贷款形式移入落后国家,后者偿还时再加上利息。这个过程的经济内容是:资本主义用国内"第三者"的货币,购买体现在铁路材料和军需品上的剩余价值,再将其卖给国外"第三者"。

经过这样的说明,她就开始论述什么是帝国主义和殖民地了。她认为资本积累"涉及资本主义与非资本主义生产方式之间的关系,而这些关系是开始在国际舞台上出现的"。[1] 这个过程的一方面就是帝国主义。她说:"帝国主义是一个政治名词,用来表达在争夺尚未被侵占的非资本主义环境的竞争中所进行的资本积累。"[2]这个定义是错误的,因为帝国主义的争夺是为了攫取垄断利润,而不是为了实现已生产出来的剩余价值;由于这样,帝国主义争夺的是一切环境,而不仅仅是尚未被侵占的非资本主义环境。很明显,错误的帝国主义定义是由错误的资本积累理论引起的,两者有非常密切的逻辑联系。

布哈林第一次批判卢森堡时,并不了解这种逻辑联系。他说:"人们一般还是习惯地只把征服殖民地看作帝国主义。这个根本错误的观念在从前曾找到一点理由,即由于资产阶级遵循阻力最小的路线,因而倾向于用夺取那些阻力较小的、未被占领的土地的办法,来扩大其领土。"[3]以此来批判卢森堡是错误的。她之所以强调争夺尚未被侵占的非资本主义环境,并非由

---

① 罗莎·卢森堡:《资本积累论》,彭尘舜、吴纪先译,生活·读书·新知三联书店 1959 年版,第 364 页。

② 同上书,第 359 页。

③ 布哈林:《世界经济和帝国主义》,蒯兆德译,中国社会科学出版社 1983 年版,第 94 页。

于那里阻力小,而是:(1)资本主义环境本身就要求一个积累环境,因而无助于积累;(2)已被侵占的非资本主义环境会逐渐资本主义化,它将要求一个积累环境,因而也无助于积累。

布哈林第二次批判卢森堡时,情况有所不同。他说:"由于她忽略了寻求史大利润这个因素,她就把一切都归之为实现的可能性这个简单的公式。资本主义为什么需要一个非资本主义的环境呢,是为了实现在资本主义经济范围内实现不了的剩余价值。这样,实现问题就同更大的利润问题分开了,从而同剥削非资本主义经济形式的问题也分开了。"[1]这些批判是正确的。以后我们将看到,《帝国主义与资本积累》英、中文版编者的看法与此相反。

布哈林进一步用实例批判卢森堡。他以法国1923—1924年对鲁尔区的占领为例指出,在卢森堡看来,这不是帝国主义,因为不存在非资本主义环境,鲁尔区(Ruhr)被法国占领前已属于帝国主义所有。卢森堡的定义同现实相矛盾。

卢森堡认为,资本积累的过程在国际舞台上的另一方面就是殖民地的形成;殖民地是"殖民政策、国际借款制度势力范围政策和战争"[2]的产物。本来,根据她的资本积累理论,作为积累的必要条件的"第三者"既可以是国内的,又可以是国外的,其经济作用相同;她并且抛开国家政治疆界,将它们统称为国外市场或外部市场,总之,是同一个经济范畴。但当她谈到殖民地时,虽然认为这是资本积累的产物,认为殖民地的作用是实现资本积累,但"第三者"之成为殖民地,除了这些一般条件外,还要有特殊条件,即资本主义和"第三者"的关系是要在国际舞台上出现的,也就是导入一个非经济因素——国家的政治疆界和暴力。接着而来的,就是政治因素的国际借款制度势力范围政策和战争(后两者就是军国主义)。这样,她就强调政治或暴力在殖民地形成中的作用。她说:"在这里是完全赤裸裸地暴露出公开的暴力、欺诈、压迫和掠夺。"[3]

她当然知道,暴力是受经济制约的,劫夺证券投机国和劫夺游牧民族的

---

[1] 罗莎·卢森堡、尼·布哈林:《帝国主义与资本积累》,柴金如、梁丙添、戴永保译,黑龙江人民出版社1982年版,第263页。

[2] 罗莎·卢森堡:《资本积累论》,彭尘舜、吴纪先译,生活·读书·新知三联书店1959年版,第364页。

[3] 同上。

方法是不同的。因此,她努力找寻其中的经济规律。但是,她承认:"要想从这些乱纷纷的政治上暴力和权利的掠夺中,探求出经济过程的严密规律,那是需要费一点气力的。"①应该说,要从经济规律说明暴力的特点;如果相反从暴力本身探求经济规律,即使费尽气力,也是找不到的。

可以看出,卢森堡缺乏经济殖民地的概念,她将殖民地看成只是丧失主权的殖民地国家。经济殖民地这个范畴是马克思根据他那时的情况提出来的。他说:"美国的经济发展本身就是欧洲特别是英国大工业的产物。目前(1866 年)的美国,仍然应当看作欧洲的殖民地。"②殖民地国家一般说来是由经济殖民地发展而来的,因为要巩固地控制经济殖民地,就有必要占领其土地,剥夺其主权。因此,它的大量产生是 19 世纪最后的 30 年,因为这时垄断资本主义已在领土地将世界瓜分完毕。

卢森堡由于缺乏经济殖民地的概念,也就不了解经济殖民地可以分为国内的和国外的。国内经济殖民地的概念是由列宁提出的。他接受了马克思的经济殖民地理论后指出,在俄国国内就有这样的殖民地。③ 他更指出对这种国内经济殖民地也是使用暴力的,例如,俄罗斯对巴什基里亚实行的殖民政策。④

由于缺乏这些概念,她就不可能根据其资本积累理论称积累环境(不分国内外)为经济殖民地;不可能指出其中的国外经济殖民地发展为殖民地国家。

这样,我们就可以看到,她研究帝国主义和殖民地的指导理论相同,方法论却不同。她从积累理论出发,研究帝国主义时,进行抽象,将不符合这个理论的扩张、侵略,排除在帝国主义之外;研究殖民地时,屈从于殖民地国家的事实,离开这个理论,舍弃抽象,从事实本身——国家政治疆界、政治、暴力来说明殖民地。阅读她的帝国主义理论时,人们有强烈的逻辑感受;阅读殖民地理论时,这种感受没有了。

---

① 罗莎·卢森堡:《资本积累论》,彭尘舜、吴纪先译,生活·读书·新知三联书店 1959 年版,第 364 页。

② 马克思:《资本论》(第一卷),人民出版社 1975 年版,第 495 页,注 234。

③ 列宁:《俄国资本主义的发展》,载《列宁全集》(第三卷),人民出版社 1959 年版,第 222—223、545—546 页。

④ 同上书,第 222—223 页注 3。

4. 作为积累方法的军国主义及其
对战后经济发展的作用问题

卢森堡认为,军国主义或军火生产其所以是积累的重要方法,因为它是由国家支出支持的,而国家支出则由税收来弥补。关于税收,她着重的不是直接税,因为它不能转嫁,而是能转嫁的间接税。资本主义企业交了间接税,商品价格相应提高,工人货币工资不变,实际工资降低,国家用税收收入购买资本家的剩余价值(军火)。这里的错误,除了认为剩余价值可以单独实现外,就是用劫夺工人劳动力价值的一部分来购买剩余价值,这种关系只要我们将税收这个环节去掉,便清清楚楚。但这是违反经济规律的要求的,因为一方的剩余价值要由他方的不足价值来实现。更重要的,如果这能实现剩余价值,那也不是由"第三者"来实现,同卢森堡的理论体系相矛盾。

农民购买这些商品也纳税,它可以用来购买资本家的剩余价值(军火)。资本家得到货币后,再向农民购买实现扩大再生产所需的生产资料和劳动力,情形和从前说的一样。资本家用农民交的税来购买,这等于资本家低于价值向农民购买,低于价值的部分就是农民纳的税,用它来购买资本家的剩余价值(军火)——这同样是违反经济规律的要求的。但有一点是符合卢森堡的理论体系的:农民是"第三者"。

在卢森堡的资本积累理论体系中,军国主义占有特别重要的地位。首先,它既能促进资本积累的进行,又能构成资本积累本身。她说:资本主义世界越来越激烈的竞争,促使"资本越来越多地利用军国主义作为一个对外政策的补充,借以占有非资本主义国家和非资本主义社会的生产资料和劳动力。这种军国主义在资本主义国家里同样地产生作用,那就是把购买力从非资本主义阶层转移出来"[1],就是这个意思。其次,她完全了解,作为资本积累环境的"第三者",即自然经济会发展为商品经济,商品经济会发展为资本主义经济,这样,随着资本积累的进行,资本积累环境会消灭。到这时,如不实行军国主义,资本主义将因不能积累而灭亡。她说:"其他一切为资

---

[1] 罗莎·卢森堡:《资本积累论》,彭尘舜、吴纪先译,生活·读书·新知三联书店 1959 年版,第 376 页。

本扩大市场和建立活动基地的企图是依存于资本控制之外的历史、社会和政治因素,而军需生产代表这样一个领域:它的有规则的累进的扩大,似乎主要是决定于资本本身。"①这就是说,只要资本主义存在,军国主义就可以被用来进行资本积累。其实,农民也会消灭的,这时实行军国主义就是劫夺工人劳动力的部分价值,来实现工人生产而被资本家占有的剩余价值了。正因为军国主义在资本积累中具有如此重大的作用,所以她认为这就是现今帝国主义政策的经济根源,它对资本主义经济发展将起重大作用。

第二次世界大战结束以来,世界资本主义经济有很大的发展,其所以如此,军事和政府开支起了相当大的作用。这是事实。但是,《帝国主义与资本积累》的编者肯尼思·塔尔巴克对这个事实加以理论分析时,却认为这是因为军火生产能实现剩余价值,并说:"卢森堡是第一个看到军火生产中所固有的实现剩余价值和吸收剩余资本的可能性的人。然而,她只活到能够看到这个过程的最初的、用今天的标准来看微小的结果。斯特恩堡则活到能够抓住这些方法提供给资本家的强有力的可能性以及这些方法可以给资本主义结构带来的变化。"②斯特恩堡是联邦德国经济学家,塔尔巴克认为他在1946年写的《日益迫近的危机》中作的预言,同卢森堡的理论相同,其中关于军火生产能实现剩余价值并推动经济发展的思想是正确的,可以用来说明战后资本主义经济的发展,我认为这是错误的。

我认为,在垄断资本主义条件下,国家干预经济的作用,是用财政政策和金融政策的手段再分配国民收入,使国家用这种政治力量掌握源源不断的、巨大的购买力,以搞备战经济和公共工程的形式,按垄断价格向垄断企业购买军备物资和各种物质资料,在为垄断资本主义企业提供一个有保证的市场的同时,为其提供巨额的垄断利润。这里所说的财政政策,就是有利于垄断资本的预算收入和支出的政策;金融政策我强调的是,废除金本位制后,滥发纸币,膨胀通货,使一般居民的收入打折扣的政策。由于这样,国家就如马尔萨斯看到的地主一样,用政治力量拥有购买力。这个有保证的市场,对垄断企业来说,能使其生产商品的私人劳动转化为社会劳动,即实现

---

① 罗莎·卢森堡:《资本积累论》,彭尘舜、吴纪先译,生活·读书·新知三联书店1959年版,第376页。

② 罗莎·卢森堡、尼·布哈林:《帝国主义与资本积累》,柴金如、梁丙添、戴永保译,黑龙江人民出版社1982年版,第301页。

商品的全部价值(并不只是剩余价值),并在这个过程中能从"第三者"那里攫取垄断利润。当然,这并不能解决资本主义生产方式的基本矛盾。就商品生产制度的基本矛盾——私人劳动要转化为社会劳动——来说,只是那些出售商品给国家的企业解决了,其他的企业和生产者没有解决,并且前一个矛盾不过由企业转到国家或社会,没有全部最终解决;就资本主义生产和消费的矛盾来说,由于"第三者"要提供垄断利润,就更为深刻了。但是,由于国家可以分期分批地购买,原来要爆发的较大的经济危机就有可能化为若干个小危机,资本主义经济发展,就不像从前那样大起大落,而较为平稳。这就是我对国家干预经济的实质和作用的看法。[①]

在塔尔巴克看来,战后世界资本主义经济的迅速发展,证实了卢森堡的理论和斯特恩堡的预言。斯特恩堡指出:在所有资本主义国家中,纳粹德国是唯一真正"消除"了1929年危机的国家。这是用"备战经济"来做到的。他还指出:"在可预见的未来将会发生比1929年危机的规模更大的危机,除非采取某些措施来防止它";"国家必须以一种前所未闻的规模进行干预";这种干预可能以"'进步'和'反动'的方式发生"。[②] 这里所说的"反动",就是从纳粹德国开始的、现在仍然存在的"备战经济"、军火生产;"进步"就是斯特恩堡没有提到的、同纳粹德国同时开始的美国的"公共工程",这种"公共工程"在第二次世界大战后确实大量发展,并有新的形式:宇航工具、人造岛屿、海上城市、海上机场等。"备战经济"和"公共工程"的经济实质相同,它们都由国家支出来支持,它们在资本主义经济发展中确实起了很大的作用。但如上所述,这绝不是由于它们能实现剩余价值。

5. 评对卢森堡资本积累理论的解释

《反批判》英文版编者绪言对卢森堡资本积累理论的解释,被中文版的"编者的话"所重复。这种解释值得商榷,有两个问题。

第一,如本文第一部分所示,卢森堡对马克思扩大再生产图式的批判共

---

① 陈其人:《帝国主义经济与政治概论》,复旦大学出版社1986年版,第85—86页。

② 罗莎·卢森堡、尼·布哈林:《帝国主义与资本积累》,柴金如、梁丙添、戴永保译,黑龙江人民出版社1982年版,第300页。

五个方面,其中的第三方面认为,它没有考虑资本有机构成的提高。考虑了这个因素,就会出现生产资料不足而消费资料过剩的现象。英文版编者提到这一点①;此外,在分析了资本有机构成提高之后,又特别强调:"只是考虑这些因素之后,卢森堡才得出结论,剩余将在第二部类中出现。"②中文版编者也谈到第二部类产生剩余,但是没有谈资本有机构成的提高,而独特地认为这些剩余工人无力吸收。③ 在资本有机构成提高的条件下,社会资本怎样实现扩大再生产,如上所述,后来由列宁作了补充说明,指出在资本主义条件下如何按比例地实现。当然,从事实看经常不能完全实现,但这绝不仅仅是剩余价值,尤其不是第二部类的剩余价值,而是两大部类商品的价值不能完全实现,这就是前面所说的普遍的生产过剩的经济危机,它是由生产迅速发展和消费相对落后之间的矛盾引起的,有机构成提高使矛盾深化。

英文版编者根据有机构成提高这一点,便认为,"这意味着,对资本家阶级来说,要实现他们的全部剩余价值,就必须在两个阶级的体系以外寻求市场"④;中文版编者持同样观点。⑤ 这不符合卢森堡的原意。她的原意是:与资本有机构成提高与否无关,资本主义无法实现用于积累的剩余价值。

在《反批判》中,她明确指出,资本主义商品中有第三部分,它不用于更新已消耗的生产资料,也不用于工人和资本家的消费,它是用于资本化即积累的剩余价值,谁需要它们呢?⑥ 它们"在资本家之间进行交换,以再次扩大生产……是不是可以呢"? 这是为"生产商品而生产商品,从资本的观点来看,这是十分荒谬的"⑦;因此,它的购买者只能是"第三者"。这才是卢森堡资本积累理论的要点。

第二,英文版编者根据由"第三者"实现剩余价值的理论,得出这样的结论:"卢森堡把'第三'市场('第三者'——引者)当作这个过程中这样一个极为重要的因素,就把资本主义积累的基础来自剩余劳动生产的东西,改变为

① 罗莎·卢森堡、尼·布哈林:《帝国主义与资本积累》,柴金如、梁丙添、戴永保译,黑龙江人民出版社 1982 年版,第 29 页。

② 同上书,第 37—38 页。

③ 同上书,第 3 页。

④ 同上书,第 29 页。

⑤ 同上书,第 3 页。

⑥ 同上书,第 63 页。

⑦ 同上书,第 65 页。

一种从外部来源吸取其主要营养的过程。换句话说,她是把对'第三'市场的剥削而不是把对工资劳动者的剥削作为资本主义的推动力"。① 接下来就是资本家和二人是联合的剥削者,无产阶级再也不是革命的阶级,等等。② 中文版编者重复了这些看法。③

我实在不明白编者们怎么会将根本不是卢森堡的思想说成是她的,并且由此引出对卢森堡简直是污蔑的政治性论断。我们记得很清楚:按照她的理论,剩余价值是资本主义的工人生产的,但要由"第三者"来实现,在这里理论上是等价交换的,怎么可能产生不是剥削工人而是剥削"第三者"的结论呢? 布哈林不是明确地指出,卢森堡将实现问题同剥削非资本主义的问题分开来吗?

为了进一步说明问题,我们还是让卢森堡自己来说吧。她说:资本家和"第三者"的交换,"只限于等价物的交换,并停留在商品交换的限度内。在这里,至少在形式上和平、财产和平等占支配地位。至于在资本积累的过程中,所有权如何变为对他人财产的掠夺,商品交换如何变为剥削,平等如何变为阶级支配,这些问题有待于科学分析上锐利的辩证法才能加以阐明"。④ 她提出这问题明显地是受到马克思的启发;马克思分析了在资本积累过程中:"以商品生产和商品流通为基础的占有规律或私有权规律,通过它本身内在的、不可避免的辩证法转变为自己的直接对立物。"⑤但是,按照卢森堡的剩余价值实现理论,她是无法说明这种转变的。正因为这样,布哈林才批评她无法说明剥削。

对我的这些意见,不知英、中文版编者有何看法?

---

① 罗莎·卢森堡、尼·布哈林:《帝国主义与资本积累》,柴金如、梁丙添、戴永保译,黑龙江人民出版社 1982 年版,第 40 页。
② 同上。
③ 同上书,第 4 页。
④ 罗莎·卢森堡:《资本积累论》,彭尘舜、吴纪先译,生活·读书·新知三联书店 1959 年版,第 364 页。
⑤ 马克思:《资本论》(第一卷),人民出版社 1975 年版,第 640 页。

第四部分

世界经济·帝国主义与殖民地

（本部分内容根据陈其人先生著、复旦大学出版社2005 年 3 月出版的《陈其人文集——经济学争鸣与拾遗卷》一书的"第五部分：世界经济·帝国主义与殖民地"校订刊印）

世界经济的定义来自布哈林,外部市场的概念来自卢森堡,这两者有联系。世界体系的概念来自卢森堡,它与现在流行的世界体系论不同。马克思关于发达国家和落后国家的交换是大量劳动和小量劳动的交换的思想来自李嘉图。

帝国主义与殖民地理论的全部论述建立在垄断资本要攫取垄断利润这一点上。牢固地提供这种利润的就是殖民地,它可以分为国内的和国外的。帝国主义就是垄断资本主义的世界体系,帝国主义理论要发展。

一、论不能独自存在的经济成分和何谓世界体系①

(一) 卢森堡资本积累理论的精华和启迪

1959 年,罗莎·卢森堡的《资本积累论》(1912)中译本出版,我第一次阅读时就引起极大的震动。这有两个原因:其一,她在书中明确地提出资本主义经济是不能自己独自存在的,要以另一种经济成分的存在作为它存在的条件,这种看法同我已经接受的历史唯物论不完全相同,按照历史唯物论的公式,历史上继起的经济形态或社会形态,从前一经济形态或社会形态中产生(社会主义和共产主义社会例外)以后,就独自存在,不以其他经济形态或社会形态的存在为其存在的条件;因此,她是在向传统的历史唯物论挑战;其二,1956 年,我在一篇拙作中论述垄断资本主义经济必须攫取垄断利润,而垄断利润又只能来自非垄断经济成分和非垄断经济成分中的社会成员,明眼人一看就知道,我事实上是认为垄断资本主义经济是不能独自存在的,当时,这是极其大胆的提法;因此,一读《资本积累论》,知道卢森堡在方法论上(不是理论上)早已有此看法,这就为我壮了胆。就在那一时刻,我就暗下决心:要研究卢森堡资本积累理论中的方法论,并以其为基础进行理论创新。

罗莎·卢森堡的资本积累理论可以分为理论和方法论两方面进行研究。理论方面是错误的,因为她认为纯粹的资本主义社会只有资本家和工

---

① 约写于 2002 年。

人两个阶级,剩余价值的积累不能靠这两者来实现,而要靠非资本主义的第三者——主要是个体生产者——来实现。因此,资本主义是不能独自存在的经济形态,即它要由资本主义的外部市场来实现其剩余价值。她称这种经济形态为世界体系。由此,她又提出不以国家政治疆界为划分标准的资本主义内部和外部市场。其实,马克思的扩大再生产理论表明,在只有资本家和工人的条件下,资本积累完全是可以实现的。值得注意的是,在错误的理论中包含的方法论却具有极大的启发性。因为这等于说:有的经济成分是不能独自存在的,要以其他经济成分的存在为其存在的条件。我认为,奴隶制经济和垄断资本主义经济,就是不能独自存在的。因为奴隶制经济要从非奴隶制经济成分攫取劳动力,垄断资本主义经济要从非垄断资本主义经济成分攫取垄断利润,才能够进行扩大再生产。这一方法论可以启发我们建立新的理论体系。可惜的是,这一方法论自从布哈林去世后,就再也没有引起注意。现在,以美国社会学家伊曼纽尔·沃勒斯坦教授为代表的世界体系论者,只是将资本主义经济事实上同其他经济发生的联系记录下来而已,同卢森堡的世界体系理论是从再生产的实现条件加以分析相比,有质的不同,也略逊一筹。

由卢森堡首创的世界体系论是十分重要的。正如布哈林所说,她仅仅提出一种经济成分要以另一种经济成分为其存在的前提,从方法论看,就是极大的贡献。布哈林在《世界经济和帝国主义》(1915 年完稿,1918 年出版)中,对世界经济的定义如下:世界经济是全世界范围内的生产关系和与之相适应的交换关系的体系;就是说,是空间上并存的不同生产关系和与其相适应的不同交换关系的体系;这是正确的,也是与现在流行的世界经济课本,其实是各国经济概况和世界性经济问题总汇,根本不同的。我认为布哈林的定义无疑是金子,总有一天要发光的,而它就有卢森堡思想的痕迹。

卢森堡的论著引导我写一本著作:一方面评介再生产理论史,这可以分为三个阶段:一、坎蒂隆和魁奈,他们看到再生产中的不变资本(C)的存在,并以农业部门为社会生产的基础,去说明其他经济部门的规模;二、斯密比他们倒退:认为 C 不断分解为 V+M,否定 C 的存在,从而认为 C+V+M=V+M,即提出所谓的斯密教条,这就无法说明再生产的进行,他唯一比魁奈进步的地方是:将生产劳动扩大到一切物质生产部门,并且使固定资本概念不限于农业部门;三、马克思批判斯密教条的错误,指出其所以否认 C 的存在的原因,建立正确的扩大再生产理论。但是,在建立再生产理论时,马克思虽然在《资本论》(第三卷)中,用文字说明是农业中生产食物的部门,决定社会生产的其他部门,然而并没有在《资本论》(第二卷)中说明再生产的两大部类要以农业生产为基础,并在图式中表示出来,以至认为:社会生产两大部类的规模可以相互决定。我们在说明再生产的图式时,要设法补这个不足。

卢森堡完全理解马克思的再生产理论。但是,她认为按照马克思的说明,第一部类扩大再生产是为了第二部类的扩大再生产,同样,第二部类的扩大再生产又是为了第一部类的扩大再生产:这样一来,资本家就成了为了扩大再生产而扩大再生产的糊涂虫了。其实,资本家就是为了生产而生产的。这就是说,卢森堡的资本积累理论是错误的。

卢森堡根据自己的资本积累理论评介再生产理论的三次大论战:西斯蒙第等人对李嘉图等人、洛贝尔图斯对基尔希曼、沃龙佐夫对巴拉诺夫斯基等人。

另一方面,比前一思路更为重要的是:以世界体系方法论为指导,展开一系列属于理论创新的研究。这就是说,卢森堡的资本积累理论中包含的方法论具有启发性。在这个启发下,我的理论创新研究已有下列成果:

——论外部市场范畴形成的过程及其含义的质的变化;

——论外部市场在资本主义发展不同阶段上的作用;

——论世界经济学的研究对象;

——论垄断资本主义的国外殖民地和国内殖民地;

——论帝国主义是垄断资本主义的世界体系。

(二)论奴隶制是不能独自存在的经济成分,是一种世界体系

历史和现实中确实有的生产方式和经济形态是不能独自存在的。历史上的奴隶制,不论是古代的还是现代的,从奴隶来源看,都是不能独自存在的经济成分。在古代社会,奴隶这种劳动力来自其他经济成分的个别的成人,就是古典的奴隶制;来自集体的成人,就是东方的奴隶制,也就是最初的贡纳制。

埃及经济学家萨米尔·阿明说:"贡纳生产方式是最常见的接替公社方式的一种形式;这是一个规律。这个生产方式的特点是公社的继续存在与它又被国家所否定这两者之间的矛盾;而且,由于这种情况,占有剩余产品的上层阶级和政治上占统治地位的阶级混淆起来(经济上的剥削者和政治上的统治者是同一的——引者)。这种情况就不可能把生产关系简化为法定的财产关系,而使我们不得不把生产关系从它全面、原始意义上来视为从生产组织中产生的一种社会关系。这种生产方式有时被不精确地称为'亚细亚生产方式'。"①

除了前面提到的古代奴隶制以外,美国南北战争前,南部的现代奴隶制也是这样。在那里,大多经营种植园,种植棉花和烟草,但是奴役性的劳动,使奴隶很快死亡,急速要补充,这使奴隶对劳动没有兴趣,地力很快就耗尽,再不适宜种植棉花和烟草,因此,在当时的生产力水平低下的条件下,美国南部有几个州只好成为专门繁殖奴隶的地区,但是还不能满足奴隶劳动力的需求,还要继续从非洲捕捉黑人来充实奴隶市场。

以上说明:奴隶制是用另一种经济成分的劳动力与生产资料结合起来进行生产的,这是不能独自存在的经济成分或生产方式;是我所理解的一种世界体系。

二、试论世界经济学的基本范畴——外部市场②

一门严密的学科,不仅要有明确的研究对象,而且必须形成与研究对象在逻辑上相一致的科学范畴。目前仍在建立中的世界经济学在这方面还有待提高。例如,认为世界经济学的对象是世界范围内现存诸生产方式相互间的关系及其发展和运动的规律,着重研究不同生产关系之间的关系及与其相适应的交换关系。我同意这种看法。但是,在这个前提下,有的教材却把国际贸易学中体现各个国家之间交换的"世界市场"作为世界经济学的一

---

① 萨米尔·阿明:《不平等的发展》,高铦译,商务印书馆1990年版,第5页。
② 陈其人、刘百鸣:《试论世界经济学的基本范畴——外部市场》,《世界经济研究》1985年第4期,第3—7页。

个范畴。这样,研究的对象就和科学范畴发生了矛盾。本文试图用构成诸生产关系之间交换的"外部市场"取代世界经济学中的"世界市场",并且说明这种"外部市场"在资本主义发展不同阶段中的不同作用。

(一)

"外部市场"思想的形成和发展经历了一个历史过程。

在经济理论中最早提出外部市场思想的是法国古典经济学的完成者、小资产阶级政治经济学创始人西斯蒙第(1773—1842)。他接受了斯密教条,不懂得商品中所包含的劳动二重性,把社会总产物全部分解为工资、利润和地租三种收入,而没有留下补偿社会不变资本的价值部分,他在1819年出版的《政治经济学新原理或论财富同人口的关系》一书中认为,今年的产品是由去年的收入购买的,当今年的生产超过了去年的收入时,一部分产品就得不到实现。因此,资本积累的实现就要取决于小生产这个"第三者"。

西斯蒙第把同小生产的交换看作资本主义产品实现的条件,因此可以说,他实质上已提出了外部市场的思想,因为资本主义和小生产的交换不同于资本主义内部的交换和小生产内部的交换。

但是,西斯蒙第的理论是错误的。他由于受斯密教条的影响,就把实现问题仅仅看作由个人消费决定的,而不知除此之外,生产资料的补偿也发生作用。因此,他虽然正确地区分了两种不同经济性质的交换市场,但他却错误地把外部市场的存在看作资本主义再生产实现的条件。其实,从再生产的实现条件来说,资本主义不需要外部市场。

西斯蒙第的理论被马尔萨斯所剽窃。马尔萨斯认为,资本家的产品之所以能实现,并使资本家从中获利,是由于在资本家和工人之外存在一个"第三者",他们只消费、不生产,只购买、不出卖,他们的购买力是从政治权力中得到的,这个"第三者"就是僧侣,贵族和官吏——他们的片面购买对资本主义来说也是外部市场。

马克思批判前人错误的实现论,并在这个基础上提出了资本主义内部市场和外部市场的理论,后者他有时称为新的世界市场,这就是欧洲资本主义和非欧洲前资本主义交换而构成的外部市场,以区别于由超越国家界限的资本主义经济交换而构成的世界市场(内部市场)。马克思先指出,在

16 世纪和 17 世纪,由于地理大发现而导致的"商业的突然扩大和新世界市场的形成,对旧生产方式的衰落和资本主义方式的勃兴,产生过非常重大的影响,……这种情况是在已经形成的资本主义生产方式的基础上发生的"。接着,马克思又说:"世界市场本身形成这个生产方式的基础。"①显然,这两个市场范畴反映了不同的经济内涵:新世界市场是指不仅超越国界的,而且是资本主义和非资本主义经济成分之间的交换。它是在资本主义生产方式的基础上产生的,它产生的历史条件是由地理大发现而发生的欧洲资本主义和美洲、亚洲、非洲的交换;其后,产业革命使一种和机器生产中心相适应的新的国际分工产生了,它使地球的一部分成为主要从事农业的生产地区,以服务于另一部分从事工业的生产地区②,则更使这个新世界市场进一步扩大。世界市场则是指超越国界的资本主义交换,它是资本主义生产方式的基础,它产生的历史条件主要是地中海沿岸资本主义国家之间的经济交换。

19 世纪末,列宁提出了以经济成分划分市场的思想。列宁认为,采用国家的政治界限来划分市场是太机械的办法。列宁指出,"如果中亚细亚是国内市场,而波斯是国外市场,那么把满洲放在哪一类呢?"③后一问题显然不能从政治界限的角度来解决。

以后,列宁还将这一思想用于研究帝国主义经济。列宁将垄断经济作为一方,将非垄断经济作为另一方,揭示了帝国主义不仅是资本主义的垄断阶段,而且是垄断资本主义经济剥削其统治的非垄断经济的世界体系。列宁并且认为,这种非垄断经济成分不仅存在于国外,同样也存在于国内。

但是,列宁没有明确提出,从垄断资本主义经济这一方看它和非垄断经济另一方的交换就构成外部市场,而一般地称这种交换为"国外市场"。例如,列宁在指出国内交换尤其是国际交换是资本主义具有代表性的特征之后,接着说,到 19 世纪中叶,英国实行自由贸易,企图成为"世界工厂","由它供给各国成品,这些国家则供给它原料作为交换"。④ 这里谈的实质上是外部市场,但列宁仍称为国外市场。由于这样,有些经济学家对列宁的思想产

---

① 马克思:《资本论》(第三卷),人民出版社 1975 年版,第 371—372 页。
② 马克思:《资本论》(第一卷),人民出版社 1975 年版,第 494—495 页。
③ 《列宁全集》(第三卷),人民出版社 1959 年版,第 547 页。
④ 列宁:《帝国主义是资本主义的最高阶段》,人民出版社 1974 年版,第 55 页。

生了误解,他们不是从列宁理论的经济内容出发,而是从用语形式,即从国家界限出发来理解国外市场,这一点对列宁资本输出理论的误解尤其明显,他们更多地强调国家的政治界限,而不是从经济内容上着眼,因而认为列宁的资本输出理论已不适用战后,因为战后发达资本主义国家之间的资本流动总数大于它们向落后国家的资本输出总数。

应该说,明确提出外部市场这一范畴的是卢森堡(1871—1919)。她在1912年所著的《资本积累》一书中,在其错误的资本积累论(认为资本积累不能在工人或资本家中实现,而要靠在此之外的"第三者"——小商品生产者等,只有这些"第三者"的存在,资本主义再生产才能得以实现)的基础上,提出了外部市场这一范畴。卢森堡从经济上将市场分为两种:在内部市场中,"资本主义生产的是它自己的生产物的购买者及其自身要素的供应者";外部市场则是"吸收资本主义的生产物并供给资本以生产要素及劳动力的非资本主义环境"。① 她认为,德国与英国在相互交换上主要构成了内部市场,而德国工业与德国农民间的交换,表现为外部市场的关系。卢森堡明确指出,这是"第三"市场(外部市场并不一定是外国或海外市场,因为在资本主义发展到很近期以前,在本国往往可以找到这种市场)。卢森堡在这个基础上指出,资本主义国家进行积累,争夺尚未被征服的"第三者",这就是帝国主义。

卢森堡的理论是有缺点的。因为,第一,她认为资本积累要以外部市场的存在为条件;第二,她只是笼统地谈论外部市场,而不区分不同时期的外部市场对资本主义有不同的作用;第三,她认为帝国主义的实质是争夺资本积累所必需的环境,这就等于认为,帝国主义争夺殖民地只是为了实现剩余价值,而不是攫取垄断利润。

然而,这些缺点并不影响她对外部市场理论的贡献,她不仅首次提出外部市场这一范畴,而且还指出资本主义国内也存在这种市场。在这里,地域和疆界已不具有重要意义。如果说卢森堡认为外部市场是资本主义积累的必要条件这种看法是错误的,那么,我们扬弃她的外部市场理论,即认为外

---

① 罗莎·卢森堡、尼·布哈林:《帝国主义与资本积累》,柴金如、梁丙添、戴永保译,黑龙江人民出版社1982年版,第20页。

部市场是垄断资本主义攫取垄断利润,从而是垄断资本主义存在和发展的条件,则是完全正确的,因为根据劳动价值论,垄断利润只能来自外部市场。

20世纪70年代以来,一些激进经济学家提出的"外围"概念实质上也是一种外部市场理论。他们把发达资本主义国家作为一方,称为"中心"(center),而把一些发展中国家称为"外围"(periphery)。这些概念在揭示发达国家与发展中国家剥削与被剥削关系的同时,也否认了"外围"与"中心"在经济性质上的一致性,这就等于说"中心"与"外围"的交换构成外部市场。

考察了"外部市场"思想或范畴发展的历史,批判地吸取了诸位经济学家理论的合理成分之后,我认为,如果认为世界经济学是研究各种不同的生产关系之间的关系的学科,就应该明确地指出,不同生产关系的交换应有一种特有范畴来反映,这范畴不应称为"世界市场",而应称为"外部市场"。目前,在世界经济学中使用的"世界市场"一词,指的多半是不同国家之间的交换,这其实是国际贸易学的范畴。

(二)

外部市场在资本主义发展的不同阶段有着不同的作用,从这里也可以看出资本主义发展的阶段性。

马克思以前的经济学家对资本主义自由竞争时期外部市场的作用曾有过不同程度的论述,尽管有的是无意识地涉及这一问题。

重农学派为正确地理解这一问题奠定了基础。重农学派的主要代表魁奈用他的《经济表》分析了资本主义的再生产过程。他以社会上普遍实行的大规模的租地农业经济为前提,而将小农经济予以舍弃,这就从理论上说明,资本主义再生产从抽象的意义上说是可以不需要资本主义经济成分之外的非资本主义经济的,如小农经济。这是对外部市场理论的首要贡献,说明外部市场在资本主义自由竞争时期并不具有重要意义。

当然,重农学派的理论存在严重的错误,由于当时法国工业中的资本主义发展还极其微弱,农业在国民经济中占据优势地位,这种情况使重农学派仅仅把农业看成唯一的生产部门;又由于没有科学的价值论,重农学派把"纯产品"看成一种天赐。尽管这样,重农学派对于外部市场作用的理论贡献是不能否认的。

英国古典学派关于国际分工的理论也从一个侧面论证了外部市场在资本主义自由竞争时期的这种作用。亚当·斯密在《国民财富的性质和原因的研究》中指出:正像国内每个生产部门内部和彼此存在着分工、这种分工的发展能够提高劳动生产率一样,国际上不同地域之间也存在着分工,这种国际分工通过自由贸易也能促进各国劳动生产率的提高。斯密所说的由国际分工而引起的交换,实际上指的是工业品和原料或消费品的交换,即资本主义与非资本主义的交换。这样,斯密实质上并没有把这种交换看成资本主义生产所必不可少的前提,只不过认为这是促进生产力提高的一种条件。应该说,这正确地反映了资本主义发展的客观事实。

但是,由于时代和斯密本人的局限性,他还不能科学地说明资本主义再生产的实现条件,进而逻辑地证明外部市场在自由竞争时期对资本主义再生产的非决定性作用。

马克思再生产理论的创立,第一次科学地说明了外部市场自由竞争时期与资本主义再生产没有本质的联系。

马克思首先详细而深刻地分析和批判了魁奈、斯密等经济学家关于社会资本再生产的理论。马克思在《1861—1863 年〈资本论〉手稿》中,在指出魁奈的缺点错误的同时,指出他的功绩在于曾尝试地把资本的全部生产过程表现为再生产过程,并且把生产过程和流通过程结合起来,由此考察了资本和收入之间、农业和工业之间的交换。马克思指出,斯密对再生产过程的分析较重农学派大为退步。因为斯密把商品价值分解为工资、利润和地租三种收入,甚至认为它们共同构成价值,以致丢掉了不变资本的价值,这就使斯密不能解释社会资本再生产的实现问题。

马克思在批判和吸收前人理论的基础上,提出了他自己的再生产理论,马克思把社会生产分为消费资料和生产资料两大部类。同时,把商品价值明确地分为 C+V+M,不仅说明了两大部类之间和它们内部的各部分价值补偿是怎样进行的,而且还说明它们的实物补偿是如何进行的。这样,马克思阐明了资本主义再生产和扩大再生产的运动规律和实现条件,说明资本主义再生产可以没有外部市场,而通过两大部类各自内部和它们之间的交换得以实现。

马克思还指出,资本主义再生产是在它的矛盾不断爆发为周期性危机的进程中实现的。这样,马克思既批判了西斯蒙第断言资本积累没有"第三者"便不能实现的所谓"第三者论",又批判了萨伊否认资本主义矛盾的实现论,即"销路说"。

因此,从资本主义自由竞争时期社会再生产的实现条件来看,外部市场的存在并不具有决定性的作用。

与资本主义自由竞争时期不同,资本主义进入垄断阶段以后,外部市场的作用发生了很大的变化,这种变化主要是由于垄断资本主义再生产条件的变化引起的。

列宁在《帝国主义是资本主义的最高阶段》一书中研究了垄断资本主义再生产条件的这种变化。他指出,随着生产条件的集中,垄断自然而然地代替了自由竞争而居主导地位。但是,自由竞争转向垄断阶段之后,并不排斥竞争,而是在更高程度上的竞争。由于竞争的激烈,资本主义的平均利润已不能满足垄断资本的需要。垄断的统治使国内出现了大量的过剩资本,而此时落后国的利率高、地价低、原材料便宜,垄断资本的输出就具有特别重要的意义,殖民地作为帝国主义国家的原料产地。商品市场的投资场所的作用就更加重要,它业已成为帝国主义赖以生存的重要基础。

斯大林把帝国主义扩大再生产的条件同帝国主义攫取垄断利润(他称之为最大限度的利润)联系起来。他在《苏联社会主义经济问题》一书中指出,现代资本主义(垄断资本主义)已不能满足于平均利润,何况这种平均利润的资本有机构成的提高有下降的趋势,现代资本主义所要求的不是平均利润,而是比较正确的实现扩大再生产所必需的最大限度的利润。① 这里,斯大林正确地表达了这样一种思想,即垄断资本主义攫取垄断利润并非出于主观的剥削愿望,而是再生产条件发生变化的这种客观要求。

以后,美国激进派经济学家保罗·斯威齐进一步证实了帝国主义再生产条件的这种变化。他在《垄断资本》一书中同意这种观念:"在今天迅速改变的技术情况和市场情况下,竞争能力,即便是为了存在下去,也要求作出技术革新和重大发展方面的大量开发,既然通过合并来发展是碰运气的事情,并且常常是不可能的,那么,大量的并且多少是继续不断的投资支出就

---

① 《斯大林选集》(下册),人民出版社 1979 年版,第 597 页。

是必不可少的了,……大量的日益增长的利润不但是非常重要的直接目的,而且是一种手段。"①可见,斯威齐是依据战后垄断资本主义技术迅速发展的情况,说明了垄断资本取得垄断利润的客观必然的。

根据马克思的劳动价值论,垄断利润不可能是垄断产业本身产生的,也不可能从垄断企业之间的交换中产生。列宁指出,垄断利润是垄断资本家利用其垄断地位获取的"超过全世界一般的、正常的资本主义利润的额外利润"。② 因此,垄断利润一般要大于剩余价值,它不仅包括从非垄断的中小企业中分割来的一部分剩余价值(用 A 表示),而且还包括从个体农业和手工业者那里掠夺来的一部分价值(用 B 表示),以及由于高价出售商品从本国消费者所得到的工资额中榨取的一部分价值(用 C 表示)和运用资本输出等形式从国外获得的高额利润(用 D 表示),简言之,垄断利润由垄断企业的剩余价值＋A＋B＋C＋D 构成。

这样,我们就不难看出,这种提供垄断利润的外部市场不仅仅提高或促进垄断资本主义生产力的发展,而且构成帝国主义赖以生存的基础。

因此,具有同一性的一切非垄断经济成分,即不仅垄断资本主义国家内部,而且这些国家外部的非垄断经济成分应该联合起来,共同反对垄断资本的剥削。这是由垄断资本主义经济规律所决定的。

三、论外部市场及其对两种资本主义的不同意义③

政治经济学的研究对象是生产关系,而不是以国家为界限的经济活动。根据这个方法论要求,我认为有必要在国内市场和世界市场这些已有的范畴外,创立内部市场和外部市场的新范畴。从资本主义政治经济学看,前者指的是资本主义生产两大部类各自内部和两大部类之间的交换,后者指的是资本主义经济和其他经济,首先是前资本主义经济之间的交换。这种不

---

① 保罗·巴兰、保罗·斯威齐:《垄断资本:论美国的经济和社会秩序》,南开大学政治经济学系译,商务印书馆 1977 年版,第 30 页。
② 《列宁选集》(第三卷),人民出版社 1972 年版,第 892 页。
③ 约写于 1993 年。

以国家界限而以生产关系来划分的市场,最初是罗莎·卢森堡提出来的。尽管我们不同意她的资本积累理论,尽管她仍然使用国内市场和国外市场的名词,但她不以国家而以生产关系来划分市场的方法论,却值得我们高度重视。研究了外部市场这个范畴后,我认为,它不是一般或自由资本主义经济存在和发展的前提条件,而是形成垄断的资本主义经济存在和发展的前提条件。由于外部市场对这两者的意义不同,我认为,经济科学应该考虑一些方法论问题。以下我们分别予以论述。

(一)卢森堡首创的外部市场理论及其运用上的错误

卢森堡首先提出内部市场和外部市场这两个概念。她认为,这两个概念在关于资本积累问题的争论中是很重要的;它们不是政治地理上的概念,而是社会经济学的概念;从资本主义生产的观点看,国内市场是资本主义的市场,资本主义生产是它自己的生产物的购买者及其自身的生产要素的供应者,国外市场是吸收资本主义的生产物并供给资本以生产要素及劳动力的非资本主义社会环境;从经济的观点上看,"德国与英国在相互交换商品上,主要构成了国内市场。但德国工业与德国农民间的交换,就德国的资本上看,表现为国外市场的关系"。① 我认为,卢森堡这种从生产关系来区分内外市场的思想是正确的。

她在这个基础上进一步认为:"内外市场在资本主义发展过程中,确实起着很大的但完全不同的作用。"②这也是正确的。但是,她由此认为,没有外部市场,资本积累就不能实现,资本主义扩大再生产就不能进行;而随着资本积累的进行,资本主义生产范围扩大,外部市场就变为内部市场,此时,资本积累就不能实现,资本主义就自动崩溃。这种看法却是完全错误的。

这种错误看法的产生,是由于她不了解资本主义这个生产机构,必然使资本家是为了再生产而扩大再生产,从而就反对马克思的资本积累理论。马克思认为,资本积累即用于扩大再生产的剩余价值,其物质构成中的生产资料用于两大生产部类的扩大再生产,消费资料则用于两大生产部类扩大

① 罗莎·卢森堡:《资本积累论》,彭尘舜、吴纪先译,生活·读书·新知三联书店1959年版,第290页。

② 同上书,第289页。

再生产时追加工人的个人消费,这是正确的。但是卢森堡认为,这样一来,资本家就成为一种为了扩大生产而扩大生产的糊涂虫了,而这似乎是违反资本家的本性的。

因此,她认为,剩余价值中扣除了资本家的消费后,余下用于积累的部分不能由工人来消费。这样一来,它在资本主义内部就无法实现。它一定要由资本家和工人以外的"第三者",最重要的是个体生产者,要由资本主义以外的经济成分,最重要的是前资本主义经济来实现。这样,她就认为,资本主义由于要进行积累,导致外部市场消灭,它就不能存在和发展。

她认为,资本积累过程包含两次交换过程:第一次,资本主义经济向非资本主义经济出售用于积累的剩余价值的物质担当者,并由此得到货币;第二次,资本主义经济再以货币向非资本主义经济购买它没有的和不足的生产资料、消费资料和劳动力,以便实现扩大再生产。这两次交换构成外部市场。由此,她得出结论:"从剩余价值的实现及不变资本物质要素的取得两方面来看,国际贸易一开始就是资本主义历史存在的首要条件。因为国际贸易在实际的情况下基本上是资本主义生产形态与非资本主义生产形态之间的交易。"①并且认为,资本主义生产必然是一种世界体系,因为"资本如果没有全地球的生产资料与劳动力,那是不成的"。② 这样,一方的资本积累便使另一方的前资本主义经济蜕变成资本主义经济,全地球的生产资料和劳动力都成为资本的要素后,资本主义由于没有"第三者",没有非资本主义经济,没有外部市场,便自动崩溃。

这当然是错误的。因为资本积累虽然事实上是在内外市场中实现的,但根据马克思的资本积累理论,它可以在内部实现。在卢森堡的论述中,我们看到,她虽然批评马克思,认为马克思的资本积累理论是错误地把资本家看成一种为了扩大生产而扩大生产的糊涂虫,但是,她自己的资本积累理论在两种交换中兜了个圈子后,仍然是把资本家看成这种糊涂虫的,因为用于积累的剩余价值的一部分仍然不是由资本家消费的,而是由别人消费的。

在卢森堡看来,资本主义从个体经济中产生出来后,再榨取后者,并在

---

① 罗莎·卢森堡:《资本积累论》,彭尘舜、吴纪先译,生活·读书·新知三联书店1959年版,第283—284页。

② 同上书,第288页。

促使后者消灭的基础上发展自己的历史过程,即相当于马克思所论述的资本原始积累过程,这个资本主义产生的历史条件,倒成为资本主义存在和发展的一般条件。因此,一旦资本原始积累完成,资本主义也就灭亡。

这同样是错误的。资本主义是从个体经济中产生出来的,但它一旦产生,从理论上说,它本身可以独立存在和发展,而不需要以个体经济为其存在和发展的条件,虽然对个体经济的榨取会促进它的扩大和发展。

这就是说,资本主义经济不需要外部市场为其存在和发展的条件。虽然它是存在外部市场的,但这并不是其再生产不可或缺的条件。至于它为什么存在外部市场,这留到下面再谈。

(二) 外部市场并非一般资本主义存在和发展的条件

让我们进一步研究外部市场和一般资本主义经济的关系。

首先要指出,资本主义的产生是和发展到一定程度的商品交换(市场)有关的。这是因为,资本主义产生的决定性条件是劳动力成为商品,而劳动力成为商品是在一定历史条件下,商品交换使个体生产者两极分化的结果;政治力量只能加速这个过程。这种商品交换或市场,原来当然不是资本主义性质的,是在资本主义内部和外部市场这些范畴以外的。资本主义产生后,从资本主义这方面看,就有在资本主义内部进行交换的内部市场,和在资本主义和前资本主义、主要是个体经济之间进行交换的外部市场。这两种市场长期存在,直到前资本主义经济全部消灭,便只有一种内部市场(与尚待说明其产生的社会主义进行交换的外部市场暂置不说)。前面已经说过,资本主义再生产完全可以通过内部市场来实现。

当我们这样论述时,涉及两个重大理论问题。

第一,如何理解马克思这一段被人们多次引用的话:"如果在 16 世纪,部分地说直到 17 世纪,商业的突然扩大和新世界市场的形成,对旧生产方式的衰落和资本主义生产方式的勃兴,产生过非常重大的影响,那么,相反的,这种情况是在已经形成的资本主义生产方式的基础上发生的。世界市场本身形成这个生产方式的基础。"①这段话包含似乎是自相矛盾的两个命题:一个

---

① 马克思:《资本论》(第三卷),人民出版社 1975 年版,第 372 页。

是以资本主义生产方式为基础的新世界市场,促使旧生产方式的衰落和资本主义生产方式兴起;另一个是世界市场是资本主义生产方式的基础。不同的经济学家对此有过不同的解释。我认为,由于世界市场这个概念是以国家界限来划分市场的,没有反映市场的社会经济性质,与国外市场这个概念相同,这就很难清楚地说明问题,而又和马克思的再生产理论不发生矛盾。就这段话第一个命题并结合经济史的事实来说,那就是,资本主义最初是在地中海沿岸的国家中产生的,它的发展促使发现美洲新大陆和通往东方的新航道,新的世界市场形成,又促使资本主义生产方式发展。这里说的世界市场,是资本主义经济和国外前资本主义经济进行的交换。这样理解既符合历史事实,也与马克思的资本原始积累理论相一致。就这段话第二个命题来说,如果将其中说的世界市场也理解为资本主义经济和国外前资本主义经济进行的交换,那么,虽然事实上存在这种情况,但是,从发展看,前资本主义经济会发展为资本主义,也就等于说,资本主义生产方式以内部交换的世界市场为基础,此时的世界市场的含义便和上述的不同。此外,如将构成资本主义生产方式基础的世界市场,理解为资本主义经济和国外前资本主义经济进行的交换,那么,就和马克思的再生产理论相矛盾,也和卢森堡的理论划不清界限。

如果从内部市场和外部市场这个范畴看问题,似乎是很清楚的,那就是两种世界市场指的都是国外市场,但第一种指的是资本主义经济和前资本主义经济的交换,是促进资本主义发展的外部市场,第二种就其发展趋势来说,指的则是各国资本主义经济之间的交换,只要存在这种内部市场,资本主义便能存在和发展。

第二,如何从内部、外部市场这个范畴理解列宁这一理论:资本积累的实现不需要国外市场;资本主义国家却不能没有国外市场。根据列宁的理论,前一种国外市场是外部市场,这应该是清楚的;后一种国外市场则有不同的含义,这事实上涉及内外市场对一般资本主义经济的不同作用。现依照列宁的论述,分析如下:列宁认为,资本主义需要国外市场,原因有三。1.资本主义只是广阔发展的,超越国家界限的商品交换的结果,这就是前面说过的资本主义产生的条件,这种国外市场是外部市场,并且是封建主义就存在的国外市场的延续;2.资本主义生产的无政府状态,使资本主义寻求国外市场,以建立各生产部门的比例性,这种国外市场的发展趋势是内部市场;3.资本主义扩大再生产,使资本主义争夺国外市场,以发展自己,击败对方,这种国外市场的发展趋势也是内部市场。所以,总起来说,随着资本主义经济的发展,前资本主义经济的消灭,资本主义需要的国外市场,就由资本主义经济之间的交换构成,它是内部市场。

资本主义经济靠内部市场,即资本主义靠自身的条件便能存在和发展,这个理论具有十分重大的意义。列宁从事理论斗争的第一仗,就是以它来反对俄国民粹派的谬论。民粹派认为,资本主义扩大再生产的进行需要国外(外部)市场,俄国是后起的资本主义国家,国外市场已被先进的资本主义国家所占领,因此,资本主义在俄国不能发展,无产阶级不能壮大。列宁批驳了这种谬论,认为资本主义可以靠国内(内部)市场而发展,资本主义的农业和资本主义的工业可以并步发展,写下了其副题为《大工业国内市场形成的过程》的重要著作《俄国资本主义的发展》。

(三) 外部市场乃是垄断资本主义存在和发展的条件

同前面的论述不同,外部市场是垄断资本主义经济存在和发展的条件。和垄断资本主义相应的外部市场和内部市场,分别指的是垄断资本主义经济和其他经济之间进行的交换,以及和垄断资本主义经济内部进行的交换。

众所周知,垄断资本主义经济要攫取垄断利润。关于垄断利润的来源有多种说法,其中有的认为就是垄断企业生产的。如果确是这样,垄断资本主义便和一般资本主义那样,不需要外部市场便能存在和发展。但我认为这种说法是不对的。其理由如下:1.垄断企业的劳动生产率高,产品个别价值低于社会价值,产品按社会价值出卖,得到的超额利润具有经常性,这就是垄断利润。这种说法很难成立。这是因为,企业在一个生产部门中能形成垄断,其产品必定在该部门中占大多数,这样,其生产条件就成为平均生产条件,个别价值等于社会价值,超额利润是不存在的。当然,一个生产部门通常不止一个垄断企业,而有两三个垄断企业,它们之间的劳动生产率不同,较高的是有超额利润的,但这不是垄断利润,因为垄断企业中劳动生产率较低的,不存在这种超额利润,但也要有垄断利润。2.垄断的生产部门妨碍资本自由流入,利润率平均化的过程中断,该部门中较多的剩余价值被垄断起来,成为垄断利润。这说法已假定了垄断部门生产的剩余价值比平均利润多,因而又假定了垄断部门是资本有机构成低的、资本周转速度快的部门,因为只有这样,其资本在一年中推动的活劳动才是最多的,才生产高于平均利润的剩余价值。这个假定不符合实际。因为最初的垄断部门恰恰是资本有机构成高的、资本周转速度慢的重工业部门。

我认为,垄断利润不是在生产中产生的,不是由垄断企业内部产生的,而是在流通中产生的,是由垄断企业对其他的经济成分生产的价值和剩余价值加以掠夺而产生的。掠夺的方法,最根本的是在商品交换中,以垄断高价出卖产品,以垄断低价购买产品,其他攫取垄断利润的方法,如金融投机和土地投机等,是在上述方法的基础上产生的。因此,外部市场是垄断资本主义经济存在和发展的条件。

垄断资本主义企业向下列对象攫取垄断利润:1.一般资本主义企业。垄断企业用垄断高价出售生产资料和垄断低价购买生产资料的办法,使资本主义企业的部分剩余价值变成垄断利润;用垄断高价出售消费资料,使一般资本主义企业支付的工资增大,也能起这个作用。但是,只是向一般资本主义企业攫取垄断利润是不够的,因为垄断企业的比重在增大,一般资本主义企业的比重在缩小,更何况要攫取后者的部分剩余价值,便要让它能存在,不能攫取无度。2.个体经济。垄断企业用垄断高价出卖生产资料和消费资料,和垄断低价购买生产资料的办法,使个体生产者的部分收入变成垄断利润。这是最重要的两种对象,包括国内的和国外的。垄断资本主义企业通过国家政权再分配国民收入,以攫取垄断利润,其来源也是其他的经济成分和社会阶层。这样,垄断资本主义经济的存在本身,就是它对其他经济成分的剥削。正是从这个意义上,垄断资本主义是对其统治下的其他经济成分进行剥削的世界体系,是区别于古代罗马帝国的现代帝国主义。

因此,卢森堡认为一般资本主义是资本主义与非资本主义相交换的世界体系,从理论上看是错误的;而列宁认为垄断资本主义是"极少数'先进'国对世界上大多数居民施行殖民压迫和金融扼制的世界体系"①,从理论上看则是正确的。

---

① 列宁:《帝国主义是资本主义的最高阶段》,人民出版社 1974 年版,第 7 页。

从这里可以看出，由希法亭在其《金融资本论》中首创的纯粹垄断资本主义论，即认为随着垄断的发展，非垄断资本主义经济全部消灭，整个国民经济由一个垄断企业所囊括，全部产品同属一个所有者，不仅外部市场消灭，而且内部市场也消灭，这种理论是完全错误的。因为这样一来，垄断资本主义经济就不能通过外部市场攫取垄断利润，它就不成其为垄断资本主义了。所以，不仅实际上没有纯粹垄断资本主义，而且理论上也不可能有纯粹垄断资本主义。

因此，用这样的方法批评纯粹垄断资本主义论是很不够的；这就是，虽然从发展趋势看，一个垄断组织可以囊括全部国民经济，甚至全世界的生产，但是，在它尚未走到这一步时，阶级矛盾和民族矛盾的尖锐化就已经使它消灭。很明显，这并没有从垄断资本主义是对其他经济成分进行剥削，因而它一定要有外部市场这一方法论来进行批判，因而不能彻底解决问题。

由此产生了两个重大理论问题。第一个问题是：垄断资本主义经济要以外部市场为其存在和发展条件，这就等于说，一种经济成分或生产方式，要以另一种经济成分和生产方式为其存在和发展条件，这符合历史唯物主义的基本原理吗？这确实是一个新的问题。在我看来，这个问题不仅研究垄断资本主义经济要解决，研究奴隶经济也要解决。奴隶这种劳动力的再生产，是奴隶制生产方式存在和发展的条件，奴隶制的生产力非常低下，剩余生产物极少，一般不用繁殖奴隶的办法来再生产劳动力。从理论上说，这种成为奴隶的俘虏，是非奴隶制经济成分的成员。这就是以另一种经济成分的存在，为一种经济成分存在和发展条件的例子。进一步研究外部市场和垄断资本主义经济的关系，有助于这个理论问题的解决。

第二个问题是：外部市场发展的趋势和垄断资本主义经济的关系。如果垄断资本主义的外部市场都消灭了，或者说，都成为一般的资本主义外部市场了，那么，垄断利润的来源就没有了，垄断资本主义经济就成为一般资本主义经济了。发展的规律不可能是这样。从政治地理看，外部市场有国外、国内之分。随着政治、经济情况的变化，国外的外部市场会发展为非垄断资本主义的外部市场，即它再不向垄断资本主义提供垄断利润。但国内的外部市场不是这样。垄断资本主义的政权会维护它，即扶植资本主义经济和个体经济,使其不致消灭殆尽,而向垄断资本主义提供垄断利润。

第二个问题的另一个侧面是:第二次世界大战后,某些垄断资本主义国家已经全部丧失了国外殖民地,它是垄断资本主义国家,但是,能否称为帝国主义国家呢? 为了解决这个矛盾,苏联经济学界有"没有殖民帝国的帝国主义"之说,这是从政治关系来看待帝国主义。如果从经济关系看,只要是垄断资本主义,就必然有外部市场,就是剥削其他经济成分的帝国主义。就目前看,国外殖民地大多数在政治上已独立,但从经济上看,它们中多数仍是垄断资本主义的外部市场;即使这种外部市场将来会改变性质,国内的外部市场仍然存在,只要这个前提条件存在,垄断资本主义就是剥削其他经济成分的世界体系,就是帝国主义。

(四) 由外部市场这个范畴引起的几个方法论问题

根据上述对外部市场的论述,我认为经济科学有些问题需要解决。这里主要谈三点。

第一,关于政治经济学资本主义部分。按照目前的体系,这部分是由资本主义阶段和垄断资本主义阶段构成的。在资本主义阶段中,论述资本主义再生产时,明确提出了市场的概念,即两大部类内部和两大部类之间的交换构成市场。资本主义经济和前资本主义经济之间的交换构成的市场,在整个资本主义阶段的论述中都是予以舍象的;只是在资本原始积累,即资本主义产生的历史的分析中,涉及这种市场。但在垄断资本主义阶段的论述中,几乎没有一个地方能够不谈垄断资本主义经济和其他经济成分的交换,即外部市场,举凡资本输出、殖民地,都离不开这个问题。总之,这两个阶段的分析有不同的方法论,其集中表现就是外部市场对它们具有不同的作用。对于这个问题,我们应该有明确的认识。

与这个问题有关的是,列宁在论述资本输出时说:"国内交换尤其是国际交换的发展,是资本主义的具有代表性的特征"[1];在论述资本家同盟分割世界时又说,"在资本主义制度下,国内市场必然是同国外市场相联系的"[2];

---

[1] 列宁:《帝国主义是资本主义的最高阶段》,人民出版社 1964 年版,第 55 页。
[2] 同上书,第 60 页。

但是,我们分析资本主义阶段时,并没有涉及国外市场,在分析再生产时,甚至指出要把国外市场这个扰乱因素舍象,这样做无疑是必要的,那么,列宁为什么那样说,并且把其对垄断资本主义的分析同国外市场紧密地联系在一起? 要解决这个问题,就要指出国外市场如果从经济内容看,可以分为内部和外部市场两种,其中的外部市场,对一般资本主义和垄断资本主义,具有不同的意义。

第二,关于世界经济这门学科。这门新建的学科有不同的教材,结构大同小异,这就是既论述世界上各主要国家或不同社会性质的国家类型的经济情况,又论述它们之间的经济关系,即商品、货币、资本、劳力在国家之间的流动,以及国际分工,论述这种国际经济关系时,必然要论述市场——按照目前的说法是世界市场。这种市场是按国家界限来划分的。这样,它就和国际贸易这门学科研究的对象基本相同。由于这个原因以及其他原因,世界经济这门学科中论述国际经济关系的部分,便和某些学科的内容大部分相同,削弱了世界经济这门学科的质量。这个问题急需解决。

这是一个非常复杂的问题,要解决它是非常困难的。这里只就我们的论题谈一谈看法。这门课能否不谈国际贸易,不从国家与国家之间的,即使是不同社会性质的国家之间的经济关系来研究国际贸易,而谈垄断资本主义的内部市场和外部市场,其中最本质的是,垄断资本主义通过前者实现垄断利润,通过后者攫取垄断利润,前者存在着垄断资本主义之间的斗争,后者既存在着垄断资本主义之间的斗争,又存在着它们和其他经济成分的斗争,这几种斗争之间存在着复杂的关系,是否能这样谈,以便闯出一条新路? 这里没有提社会主义经济的产生对这个外部市场的作用,因为这个问题前面没有涉及,需要专门加以研究。

第三,关于世界经济学这门倡建中的学科。有一种看法认为,世界经济学的对象是包括世界全体的生产关系以及与这种生产关系相适应的交换关系。这就是说,和政治经济学的对象是生产关系及其历史发展的规律不同,世界经济学的对象是同时存在世界上的全体生产关系以及与其相适应的交换关系。其实,全体生产关系是无法研究的,只能研究各种不同的生产关系,而这是政治经济学的对象。因此,世界经济学的对象应该是同时存在世界上的各种生产关系之间的关系,以及与这些生产关系相适应的交换关系,而后者主要以前者为基础。这样,同时存在的生产关系之间的交换,即市场问题,在世界经济学中应占有重要的地位。

同时存在世界上的各种生产关系不相互隔绝而发生联系,从历史看,是从资本主义生产关系和前资本主义生产关系的同时存在开始的,其后是垄断资本主义、一般资本主义和前资本主义生产关系的同时存在,现在则再增加社会主义生产关系。在这个历史过程中,各种生产关系之间的关系及市场是变化着的,不能简单地概括为一个世界市场。从前面的论述可以看出,这里经历着资本主义的外部市场、垄断资本主义的外部市场的变化,至于新产生的社会主义的外部市场问题,那是更待研究的。

现在的世界经济学教材虽然正确地提出了上述的世界经济学的对象,但没有严格地按照由对象产生的方法论要求,而受已有范畴的束缚,谈论缺乏社会经济内容的世界市场或国际市场,这应该是理论逻辑不严密的表现。这个问题需要解决。

四、马克思对世界市场上价值规律的研究 及其现实意义[①]

马克思对世界市场上的价值规律作过详尽的研究。他的研究表明,发达的资本主义国家同落后的国家交换商品,撇开其他条件不谈,即使是等价交换,其内容也是前者以小量劳动交换后者的大量劳动,前者剥削后者。这对于理解当前发达资本主义国家和大多数发展中国家间的纯经济关系,对于后者制定发展战略,都有重大意义。

(一)

根据马克思的劳动价值学说,决定商品价值的社会必要劳动时间,是在社会正常生产条件下,在社会平均的劳动熟练程度和劳动强度下,生产某种

---

① 陈其人:《马克思对世界市场上价值规律的研究及其现实意义》,《复旦学报》1983 年第 1 期,第 8—14 页。

使用价值所需的劳动时间。国家不同,这些条件就不同。进入世界市场的商品,会使这些条件形成平均条件,由平均条件决定商品在世界市场上的价值。越是发达的资本主义国家,这些条件就越在世界平均条件以上,它在同一时间内生产的同一种商品的较大的量就表现为较大的国际价值;越是落后的国家,情况就越相反。这个原理也适用于国内生产价格转化为国际生产价格。

这样,发达资本主义国家出口这些商品,其对外贸易的利润率便会提高,因生产这种商品的"劳动没有被作为质量较高的劳动来支付报酬,却被作为质量较高的劳动来出售"。① 但是,只要在对外贸易这个领域中没有形成垄断,这个较高的利润率便会参加该国平均利润率的形成,从而使内外利润率平均化,并提高平均利润率。反之,落后国家如果形成了资本主义生产,出口这种商品,情况就相反。

这种平均利润率的变化和生产价格的关系如何,值得研究。我们知道,平均利润率的变化,如果是由于在新形成的价值中工资和剩余价值所占的比重发生变化而引起的,那么,总生产价格还是不变,因为它等于总价值,而总价值不因其中的工资和剩余价值所占的比重发生变化而变化。但是这种平均利润率的变化是由对外贸易,也就是商品因世界市场上国际价值高于或低于国内价值而引起的,由这种平均利润率调节的总生产价格相应发生变化:平均利润率提高了,总生产价格增大;平均利润率降低了,总生产价格缩小。

如果一个国家的出口商品在国民经济中占的比重很大,就这一点说,其平均利润率便受到很大的影响。若它是发达的资本主义国家,如像 19 世纪中叶的英国是个所谓的世界工厂,出口的工业品在国民经济中占的比重很大,其平均利润率便由此而大为提高,或抵消由于资本有机构成提高而引起的平均利润率的下降;若它是落后国家,如当时的印度,出口主要是由手工生产的棉织品,其国内价值高于主要由英国棉织品调节的国际价值,情况就相反。

现在经济学界正在讨论在国际贸易中是否存在"价值转移"的问题。我

---

① 马克思:《资本论》(第三卷),人民出版社 1975 年版,第 264—265 页。

认为就同种商品来说,如上述的棉织品,不存在这个问题。因为价值决定的原理说明,正如在国内市场上商品社会价值不由商品个别价值决定一样,在世界市场上商品国际价值也不由商品国内价值决定。既然价值是这样决定的,那就当然不存在"价值转移"。

由对外贸易的有利或不利条件引起一国平均利润率和总生产价格的变动,又影响该国货币工资和总利润量的变动。发达资本主义国家总生产价格的提高,其中包括消费资料的生产价格的提高,这就使工人的货币工资提高。由于货币工资提高,如果其他条件不变,总利润量便相应地减少。这样,平均利润率会下降,但不会下降到原来的水平,因为平均利润率由于有利的对外贸易而提高时,由此增大的平均利润是加到全部商品的生产价格中的,并使全部商品的生产价格提高,现在平均利润率降低,是工人所消费的那部分商品的生产价格提高引起的工资提高,因此,后者导致的总利润量的减少,必然小于前者形成的总利润量的增加,从而平均利润率仍高于原来的水平。上述情况,即有利的对外贸易使平均利润率从 20% 提高为 30% 时,生产价格的变动情况可表解如下。

表 4-1　平均利润率与生产价格的变动情况

部门	不变资本（C）	可变资本（V）	剩余价值（M）	价值	平均利润率	生产价格	新平均利润率	新的平均利润	新的生产价格
Ⅰ	90	10	10	110	20%	120	30%	33	130
Ⅱ	80	20	20	120	20%	120	30%	33	130
Ⅲ	70	30	30	130	20%	120	30%	33	130
总计	240	60	60	360	—	360	—	—	360

总货币工资因消费资料生产提高了 1/12,便从 60 提高为 65
总平均利润便从 90 减为 85,由此形成新的平均利润率的情况
总不变资本:240　　总可变资本:60　　总平均利润:85　　平均利润率:27.86%

落后国家的情况与此相反。此外,有些落后国家存在着大量前资本主义的农业生产,消费资料价格受平均利润率变动的影响较小,这里不予论述。

货币工资的提高和平均利润率的相应下降,虽然不会引起已经形成的总的生产价格的变动,但会引起不同生产部门的商品生产价格的变动。我

们知道,高位资本有机构成的商品,如重工业产品,其生产价格高于价值;中位资本有机构成的商品,如纺织业品,其生产价格等于价值;低位资本有机构成的商品,如农产品,其生产价格低于价值。工资提高和平均利润率下降,从生产成本和平均利润两个方面影响这些部门商品的生产价格,使前述第一种商品的生产价格降低,但仍高于价值;使第二种商品的生产价格不变,仍等于价值;使第三种商品的生产价格提高,但仍低于价值。[①] 这个原理,也适用于资本周转速度慢的、中等的和快的生产部门的商品生产价格的变化。

这就意味着,如果发达资本主义国家出口资本有机构成既高、资本周转又慢的产品,如轮船、飞机,同落后国家资本有机构成既低、资本周转又快的产品,如花边、草帽相交换,即使按生产价格交换,已是以小量劳动交换大量劳动。

(二)

马克思认为,越是发达的资本主义国家,其劳动平均熟练程度和强度越高,其商品的国内价值低于国际价值,按国际价值(或国际生产价格)出售,便能取得额外利润,从而提高该国的平均利润率。但他认为,这主要是对工业品来说的,对资本主义的农产品而言,就不一定是这样。他说:"就工业品来说,大家知道,拿英国比如说同俄国相比,100 万人生产的产品,不仅数量多得多,而且产品价值也大得多,虽然英国的单位商品便宜得多。但就农业来说,看来在资本主义发达的国家和比较不发达的国家之间就不存在这样的关系。落后国家的产品比资本主义发达的国家的产品便宜。"[②]现在的情况,一般说来已经不是这样。因为第二次世界大战前,发达资本主义国家的农业生产已从工场手工业阶段进入大机器生产阶段;第二次世界大战后,第三次科技革命已经影响其农业生产,使其农产品价值一般比落后国家的低些。就是在马克思提出这个理论时,他也认为发达国家由于较多地使用先进的农业工具,生产农产品耗费的活劳动便较少,即单位农产品价值中的新价值较小。

---

① 马克思:《资本论》(第三卷),人民出版社 1975 年版,第 224—225 页。

② 马克思:《剩余价值理论》(第二卷),人民出版社 1975 年版,第 542 页。

但是,单位农产品的旧价值即生产资料的价值就不是这样。马克思指出,在英国有大批的人从事农业生产各种要素的生产和运输,而在俄国就没有。这样,"无论如何,有一部分不变资本的价值加入英国土地耕种者的产品的价值,却没有这样一部分不变资本的价值加入俄国土地耕种者的产品的价值"。① 假定这部分不变资本的价值等于 10 个人的一日劳动,这不变资本由一个英国农业工人来推动,这样,英国的这种农产品的价值就等于 $10+1=11$ 个劳动日。如果同量的农产品要 5 个俄国农业工人才能生产出来,但他们使用的不变资本只等于一个人的一日劳动,那么,俄国的这种农产品的价值就等于 $1+5=6$ 个劳动日,比英国的农产品价值低。

马克思认为整个问题应归结为:如果俄国的土地比英国肥沃,以致不使用不变资本或只使用十分之一的不变资本生产出来的农产品,就和英国使用十倍的不变资本生产出来的一样多,那么,同量的农产品价值,英国和俄国的比率将是 11∶6。他说:"只要英国人比俄国人使用较少的直接劳动而使用较多的不变资本,并且,只要这种不变资本……没有把劳动生产率提高到足以抵消俄国土壤的自然肥力的程度,英国谷物的价格和价值较高的情况就会始终存在。"②

我认为这里包含马克思一个深刻的思想,即随着资本主义的发展,大工业和大城市兴起,使农业耕地的自然肥力降低。他说:"资本主义生产使它汇集在各大中心的城市人口越来越占优势。这样一来,它一方面聚集着社会的历史动力,另一方面又破坏着人和土地之间的物质变换,也就是使人以衣食形式消费掉的土地的组成部分不能回到土地,从而破坏土地持久肥力的永恒的自然条件"。③ 因此,为了提高土地的肥力,便要多使用生产资料,其中就包括化学肥料,它的制造和运输都要耗费许多劳动。当农业资本家用这种方法提高土地肥力时,由于土地私有权的存在,如果土地不属于农业资本家所有,他就必须在租约有效期间尽量榨取土地的肥力,"在一定时期内提高土地肥力的任何进步,同时也是破坏土地肥力持久源泉的进

---

① 马克思:《剩余价值理论》(第二卷),人民出版社 1975 年版,第 543 页。
② 同上。
③ 马克思:《资本论》(第一卷),人民出版社 1975 年版,第 552 页。

步"。① 这样,资本主义越发达,用来提高土地肥力而使用的生产资料就越多。

因此,只要条件没有变化,越是发达的资本主义国家,其农产品的国内价值就越高于其国际价值,反之,落后的资本主义国家,其农产品的国内价值就低于其国际价值。

落后国家还有一个前资本主义的农业生产问题。这里的生产者多半是个体农民。他们的劳动生产率很低,其农产品的个别价值高于农产品的国内社会价值。但是,个体生产者的再生产条件,用资本主义范畴来表示,那就是只要取得产品价值中的 C+V 便可,在遇到竞争时,产品价值中的 M 可以被全部放弃或部分放弃。这样,他也可以按国内资本主义生产的农产品的同样条件,甚至更劣的条件,进入世界市场。

(三)

我认为,马克思是根据上述原理,而不是根据李嘉图的比较生产成本原理,来解释世界分为工业国和农业国这个事实的。他指出:随着产业革命的进行,"一种和机器生产中心相适应的国际分工产生了,它使地球的一部分成为主要从事农业的生产地区,以服务于另一部分主要从事工业的生产地区。"其所以如此,是由于"机器产品的便宜和交通运输业的变革……摧毁国外市场的手工业商品,迫使这些市场变成它的原料产地"。② 这就是说,美洲新大陆和通往东方新航道的发现,虽然扩大了世界市场,但是并没有产生工业国和农业国这样的国际分工。世界市场的扩大,促使产业革命的发生,大的工业城市也随之产生。根据上述分析,在这些条件下,同种工业产品,大工业生产的比手工业生产的便宜,英国的棉布打败印度的棉布;同种农业产品,在多数情况下,先进工业国生产的比落后国生产的昂贵,英国的谷物被美国和波兰的谷物打败;工业国和农业国的国际分工由此产生。

主要从事工业生产的国家以其工业品,同主要从事农业和其他原料生产的国家的产品交换,其经济内容如何,也就是说,这两类产品在世界市场上交

---

① 马克思:《资本论》(第一卷),人民出版社 1975 年版,第 552—553 页。
② 同上书,第 494—495 页。

换时,价值规律如何发生作用,这是一个极其重大的理论问题和实际问题。

李嘉图首先提出世界市场上价值规律的作用问题,认为它和国内交换是等量劳动交换不同,在国家之间的交换可能是不等量劳动交换。他说,"支配一个国家中商品相对价值的法则不能支配两国或更多国家相互交换的商品的相对价值"。①

他是从国际贸易中的比较生产成本理论来说明这个问题的。根据这个理论,各国应该分工生产比较生产成本低的商品,然后相互交换,这样对大家都有利。他假设生产毛呢和葡萄酒各一单位,英国所需劳动各为 100 日和 120 日,葡萄牙则各为 90 日和 80 日。就两种商品的绝对生产成本而言,英国都高于葡萄牙。但英国毛呢的比较生产成本较低,因为 100/90＜120/80,英国生产毛呢有利;葡萄牙葡萄酒的比较生产成本较低,因为 90/100＞80/120,葡萄牙生产葡萄酒有利。分工生产前,英国和葡萄牙共生产毛呢和葡萄酒各两单位;分工生产后,英国可生产 2.2 单位毛呢,葡萄牙可生产 2.125 单位葡萄酒,合起来看,产量增加,然后相互交换,对彼此都有利。他认为"正是这一原理,决定葡萄酒应在法国和葡萄牙酿制,谷物应在美国和波兰种植,金属制品及其他商品则应在英国制造"。② 根据这个原理,是不能说明随着产业革命的进行,世界为什么分为工业国和农业国的,因为不可能前者比较生产成本低的只是工业品,后者比较生产成本低的只是农产品和其他原料。这个问题,只有用马克思的上述原理才能解释。

现在要说明的是,要用多少毛呢交换多少葡萄酒。李嘉图认为,要用 100 劳动日生产的毛呢和 80 劳动日生产的葡萄酒交换。他认为这种不等劳动的交换,在一国之内是不可能的,在国家之间是可能的,其原因"只要我们想到资本由一国转移到另一国以寻找更为有利的用途是怎样困难,而在同一国家中资本必然会十分容易地从一省转移到另一省,情形就很清楚了"。③

---

① 大卫·李嘉图:《政治经济学及赋税原理》,郭大力、王亚南译,商务印书馆 1962 年版,第 112 页。
② 同上书,第 113 页。
③ 同上书,第 114 页。

李嘉图显然没有清楚地回答问题。从他谈到资本在国家之间转移困难,在一国之内转移容易来看,他谈的实际上是国家之间的利润率不等,国家之内的利润率均等。国家之间的利润率不等,在李嘉图看来,是资本主义生产越发展,耕种的土地越劣,或在同一土地上增加投资的生产率越低,因而粮食价值越高,货币工资增加,利润率越低,与此相反,资本主义生产不发达,利润率较高,而资本在国家之间转移困难,使这些不等的利润率不能趋向于均等。从利润率来考察商品交换中所包含的劳动大小问题,就等于说商品是按生产价格(他称为自然价格)交换的。我们知道,李嘉图是混淆了生产价格和价值的。这样,他就不能将劳动价值学说贯彻到底,有时就将生产价格的形成条件,即除劳动外,资本构成和周转时间不同,以及由工资变动引起的利润率变动,都看成形成价值的原因。因此,他认为在国内必然是等量劳动交换,那是指按这种生产价格交换,它等于只由劳动形成的价值,而不是指由许多条件形成的生产价格,如果从后者看,生产价格相等的商品包含的劳动倒不一定相等。他认为在国家之间可能是不等量劳动交换,那又是指按这种生产价格交换,它由许多条件形成,其中最重要的是不等的利润率,而不是指等于价值的那种生产价格,只有从这种生产价格看,才可能是真正的不等量劳动交换。李嘉图始终未能从生产价格和价值的偏离去说明问题。

马克思论述李嘉图这个理论时指出,一国的三个劳动日可以和别一国的一个劳动日相交换,价值规律在这里有重要的修正。① 但是,马克思没有具体论证这个问题。有些经济学家对这问题的论述似乎还可以商榷。他们多半从发达的资本主义国家相对于落后国家而言,其劳动熟练程度和强度要高些,即本文开始时介绍的那个论点来说明问题。我认为,从这点看,并不存在不等量劳动的交换,也不能说明价值规律有重要的修正;因为这种情况也存在于国内交换,但国内交换却不存在价值规律的修正问题。我认为,应该根据马克思的生产价格理论,即生产价格和价值可能有偏离的理论来说明问题。前面说过,资本有机构成高的产品,生产价格高于价值;资本有机构成低的产品,生产价格低于价值,这样,两者交换便是小量劳动和大量

---

① 马克思:《剩余价值理论》(第三卷),人民出版社 1975 年版,第 112 页。

劳动交换。用这个原理来说明以工业生产为主和以农业生产为主的国家的交换,情况如表 4-2、表 4-3 所示。

表 4-2　工业国家:不同资本有机构成下生产价格与价值关系

资本	剩余价值率	剩余价值	价值	平均利润	生产价格
A 90C＋10V	100％	10	110	20	120
B 80C＋20V	100％	20	120	20	120
C 70C＋30V	100％	30	130	20	120

表 4-3　农业国家:不同资本有机构成下生产价格与价值关系

资本	剩余价值率	剩余价值	价值	平均利润	生产价格
Ⅰ 70C＋30V	60％	18	118	24	124
Ⅱ 60C＋40V	60％	24	124	24	124
Ⅲ 50C＋50V	60％	30	130	24	124

马克思的政治经济学告诉我们:工业国的资本有机构成高,剩余价值率高,利润率低,农业国则相反。这两大类国家,资本有机构成高的 A 和Ⅰ,其生产价格高于价值;资本有机构成低的 C 和Ⅲ,其生产价格低于价值;资本有机构成中等的 B 和Ⅱ,其生产价格等于价值。从表可以看出:同样是 100 的投入,其生产价格在工业国都是 120,在农业国都是 124。两国交换,前者 1 单位产品就换后者 0.967 741 9 单位。A 是重工业产品,它同Ⅲ相交换,Ⅲ 是农产品,1 单位 A 的价值是 100,它换取 0.967 741 9 单位Ⅲ,这样,后者的价值则是:$130 \times 0.967\ 741\ 9 = 125.806\ 44$。因而,在按相等生产价格交换的背后,工业国是以较小的价值即劳动换取农产国的较大的劳动。就是说:前者投入的国民劳动小,实现的国民价值大;后者则相反。这就是我根据马克思的有关理论,对由他提出的富国剥削贫国的解释。这也是富国和贫国即使在等价交换之下,其发展差距也要扩大的最根本的原因。

以上仅就资本的有机构成不同来分析。如果加上资本周转时间不同的因素,即假设资本 A 既是资本有机构成高又是资本周转时间长的部门,其产品(如轮船和飞机)的生产价格高于价值的程度更大,资本Ⅲ既是资本有机构成低同时又是资本周转时间短的部门,其产品(如花边和草帽)的生产价格低于价值的程度更大,两者交换,则必然是更小量的劳动和更大量的劳动相交换。某些发达资本主义国家同落后国家之间的交换的纯经济内容,基本上是这样。

我认为,只有在上述情况下,即两个国家的不同商品,其中一种的生产价格高于价值,另一种的生产价格低于价值,两者交换,才存在"价值转移"。这就是在价值规律发生作用的基础上的剥削和被剥削关系,是价值规律的重要修正。

要指出的是,上述的交换关系也存在于资本主义国家内部,那为什么马克思并不认为它也是价值规律的修正呢? 这是因为,在一国之内,损失和得利会相互抵消,投下的劳动和形成的价值相等;在国家之间不是这样,甲国大量出口生产价格高于价值的商品,大量进口生产价格低于价值的商品,乙国恰好相反,即使是等价交换,前者得到的价值也大于它投下的劳动,后者得到的价值也小于它投下的劳动,单就这点而言,发展下去就使前者越富,后者越穷,两者的差距逐渐拉大。马克思指出,在这种场合下,富国会剥削贫国,虽然贫国由交换得到利益,因为如果它自己生产那些商品,在一段时间内花的劳动必然更多些,价格更高昂。

(四)

当前,发达资本主义国家和大多数发展中国家,即没有完成工业化,甚至连现代工业的基础都没有的国家之间的纯经济关系,就是以工业品特别是生产工具与初级产品特别是农业与矿业原料相交换,即以小量劳动和大量劳动相交换的关系。

发展中国家为了改变这种国际经济秩序,或历史遗留下来的国际分工,已付出了极大的努力并进行了艰苦的斗争。但是应该说,并没有从根本上改变这种关系。例如,在1974年召开的第六届联合国研究原料和发展问题特别会议以及其后召开的有关会议上,经过发展中国家的斗争,对于改善上述国际贸易中的不平等状况虽有作用,但不能从根本上解决问题。现以初级产品的价格为例予以说明。会议提出的商品综合方案,旨在建立初级产品的国际储存,以调节其价格;价格指数化,旨在建立初级产品和工业品之间的比价,以消除两者价格差距的扩大。这些即使能做到,也只能使发展中国家的外贸条件不致日益恶化,这当然是很好的,但仍不能改变这种贸易关系本身就是大量劳动和小量劳动相交换的实质。要从根本上改变这种关系,发展中国家一般都要努力实现国家工业化,从改变国民经济结构到改变外贸结构,改变主要出口农、矿原料、进口生产工具的格局。

发展中国家实现工业化是要付出代价的。因为它生产某些从前是进口的工业品,开时花的劳动要多些,价格也高些。但只有这样,才能从根本上改变以大量劳动交换小量劳动的经济关系。否则,发展中国家保持原来的国民经济结构,即使努力提高劳动生产率,由于发达资本主义国家也在提高劳动生产率,这样,前者以农产品、矿产品同后者的工业品交换,仍然是以大量劳动同小量劳动交换,贫国和富国的对立就无法消除。

在发展中国家努力实现工业化这种形势下,某些发达资本主义国家为了自身利益,力图在新的历史条件下维持原有的国际分工,便提出由北半球的国家分工生产资本和知识密集的产品,南半球的国家分工生产劳动密集的产品,然后两者交换。对于这种南北分工论,我们应该运用马克思的生产价格和价值的偏离理论加以批判,指出其实质是妄图巩固发达资本主义国家以小量劳动交换落后国家的大量劳动这种关系。

应该指出,我国目前有一种理论是不利于批判南北分工论的。这种理论认为,在国际贸易中,不等量劳动的交换只存在于如像重商主义时代的贱买贵卖,以及在垄断资本主义条件下的以垄断高价出卖、以垄断低价购买这样的关系中,此外,就没有不等量劳动交换了。这就是说,因劳动生产率不同,各国同种商品虽然存在国内价值或生产价格同国际价值或生产价格的偏离,但商品在世界市场上是按国际价值或国际生产价格交换的,而国际价值或生产价格是由国际平均的生产条件决定的,所以不存在不等量劳动的交换。

我认为,这种理论只有在一定的前提下才是正确的。这就是说,它说的是同种商品在世界市场上形成国际价值或国际生产价格。如果说交换,那就是同种商品交换,而同种商品交换是没有意义的。不同种商品,由于各自的生产价格不一定等于其价值,按生产价格交换,就可能是不等的价值即不等的劳动进行交换了。这种理论没有涉及这方面的问题。因此,它虽然谈到生产价格问题,但始终未能从生产价格和价值的偏离,去谈两种发展水平不同的国家的不同商品进行交换,就可能是不等量劳动的交换。

这种理论无视产业革命以来世界分为工业国和农业国这个事实,而在那里论述没有历史特点的国际贸易,并仅从这一点去论述国际贸易中的价值规律的作用。我认为,我们应该抓住世界至今实质上仍然分为工业国和农业国这个实际,着力研究工业品和初级产品的交换,并以马克思的生产价格和价值有偏离的理论为指导进行分析,这样就可以看到,国际贸易中除了垄断高价和垄断低价这些因素外,还确实存在着不等量劳动的交换。

按照这种理论去做,发展中国家除了反对垄断高价和垄断低价以外,就是努力提高本国生产各种商品的劳动生产率,以便使其国内价值或生产价格低于其国际价值或生产价格。但这无助于变落后国家为先进的工业化国家。只要工业化国家也在提高劳动生产率,两国不同商品的交换仍然是不等量劳动交换,贫国、富国的对立无法消灭。当然,发展中国家要提高劳动生产率,便要使用精良的工具,这似乎也能促使它工业化。但这不是这种理论本身提出的要求。按照这种理论,为了提高劳动生产率,进口精良工具并且永远如此,也是可以的,因为进口比自己生产开始时还便宜些。这样,就无法攻破南北分工论,就只好接受历史上遗留下来的国际分工,贫国人民花三份劳动只能得到一份物质资料,富国人民花一份劳动便能得到三份物质资料,这是我们都不愿意看到的局面。

五、两大类国家基本关系的政治经济学[①]

(一) 发达国家和落后国家的交换

最近,国家经贸委主任李荣融说:我们要用100亿条裤子,才能换一架波音飞机。这表明我们是贸易大国,但不是强国,是喜中有忧的表白。[②] 但是,他没有说明其中的道理。

---

① 约写于2003年。
② 陈其人:《两大类国家基本关系的政治经济学》,《解放日报》2002年12月19日第2版。

其实,李嘉图在1817年就已经说过:在外贸中,100个劳动日可以同80个劳动日交换。50年后,马克思谈到李嘉图的有关论述时说:"损失和利得在一国之内会互相抵消。但在国家之间不是如此。甚至李嘉图的理论也认为……一国的3个劳动日可以和别一国的1个劳动日相交换。价值规律在这里有重要的修正。不同国家劳动日的关系,能够像一国之内熟练的复杂的劳动和简单的劳动的关系一样。在这个场合,富国会剥削贫国,纵然贫国也会……由交换得到利益。"①加着重号的字表明马克思关于发达国家和落后国家进行贸易双方都得益的"双赢"观。

应该指出,很多论者解释过马克思的这一段论述,但是在我看来大多是离开了马克思的原意的。例如,有人认为工业国与农业国交换中的价格问题,就是复杂劳动和简单劳动交换的关系。诚然,是存在这样的内容。但这并不能说明富国剥削贫国,因为一国之内也有这样的交换,可是马克思并不认为是剥削,因为他认为在形成价值的时候,复杂劳动要成为倍加的简单劳动,这既然是形成价值的内容,当然就谈不上什么剥削了。何况这种解释与马克思谈到的李嘉图的理论即价值规律在这里有重要的修正,以及贫国也会在交换中得到利益等无关。我们必须按照马克思的原意来解释这段论述。

情况是这样:将贸易壁垒去掉(参加WTO的理想境界就是这样),整个世界就是一个股份公司,等量资本就得到同样数量的利润,即平均利润,而不问这些资本中分别有多少是用来购买生产资料(C)和雇佣工人(V)的。这就是说平均利润规律在全世界起作用。这样,商品就不按价值而按生产成本(C+V)加上平均利润(P),即按生产价格(C+V+P)出售。按照劳动价值理论,只有劳动才创造价值包括剩余价值。这样,雇佣工人多的,生产剩余价值就多,但是要被其他资本分掉一部分,即商品的价值高于生产价格,也就是自己得到的平均利润小于自己生产的剩余价值;使用机器多的,则相反。两者按生产价格交换,就等于前者以大量劳动交换后者的小量劳动。我们知道,落后国家生产的产品是使用的劳动力较多,就要送一部分剩余价值给发达国家。

---

① 马克思:《剩余价值学说史》(第三卷),郭大力译,人民出版社1978年版,第111—112页。

李嘉图的混淆包含着极其宝贵的思想:在自然价格相等时,劳动即价值可能是不等的。这对马克思有很大的启发。马克思首先指出包括李嘉图在内的英国古典派都混淆了价值和自然价格;然后将后者称为生产价格,它由生产成本(C＋V)加平均利润(P)构成,而价值则分解为 C、V、M(剩余价值);认为虽然总生产价格和总价值是相等的(因为总平均利润和总剩余价值相等),但个别生产价格和价值在大多数情况下是不等的,资本有机构成高的和资本周转时间长的部门,其商品的生产价格高于价值,与此相反的部门则相反;只有那些这两者合起来居于社会的中等水平的部门,其商品的生产价格才与价值永远相等(这样的商品就是李嘉图孜孜以求的不变的价值尺度),即不因工资率的变化(由此引起生产成本变化)和利润率的变化而变化,因为它的居中条件使它分配到的利润等于它所生产的剩余价值。上述原理可表解如下(资本周转时间没有在表中反映,但道理和资本有机构成相同:周转快,一年中周转次数多,等于一年中使用的 V 总量大,即等于资本有机构成低;反之,就相反)。

那么,又应怎样理解在交换中贫国也得到利益呢? 也就是如何理解马克思说的:"对有商品输入和输出的国家来说⋯⋯这种国家所付出的实物形式的物化劳动多于它所得到的,但是它由此得到的商品比它自己所能生产的更便宜。"[1]这里说的同样是外贸"双赢"观。这是因为,如果农业国不以农产品去交换工业国的高、精、尖工业品,而在不具备技术条件时自己去生产,开始时花的劳动必然比用生产农产品去交换这些工业品的办法所花的劳动还要多些。这就有一个长远利益和目前利益应如何结合的问题。这是每个落后国在实现工业化和现代化时都遇到的发展战略问题。

(二)发展中国家在国际交换中的地位

以上是一些抽象的分析,现在这基础上进一步分析战后发展中国家在国际交换中所处的地位。总的说来就是:发展中国家比以前多出口一种工业品,其生产价格高于价值。但是,他们从发达国家进口的,无论是高、精、尖的工业品,还是粮食之类的农产品,其生产价格都是高于价值的(高、精、

---

① 马克思:《资本论》(第三卷),人民出版社 1975 年版,第 265 页。

尖产品的垄断价格问题存而不论）。这是一般的规律。由此结成的关系，各国到底如何，那是要具体分析的。

至于发展中国家中的新兴工业化国家和地区，向其余的发展中国家输出工业品，以换取对方的初级产品，当然得到绝对的利益。因为前者的资本有机构成高于后者，在国际平均利润率规律的作用下，按生产价格交换，新兴工业化国家和地区得益。

论述到这里，我有必要介绍法国（原籍希腊）激进经济学家伊曼纽尔的有关理论。同阿明和刘易斯一样，伊曼纽尔也以国际存在资本自由流动，从而存在平均利润率规律作为分析问题的前提。他按照经济水平，将国家分为两大类，他们交换商品的经济内容，可以表解如下。

表 4-4　发达国家和落后国家交换商品的经济内容

国家类别	所用不变资本	所费不变资本	可变资本	剩余价值	价值	生产成本	平均利润率	平均利润	生产价格
发达国家	180	50	60	60	170	110	0.333	80	190
落后国家	60	50	60	60	170	110	0.333	40	150
两国合计	240	100	120	120	340	——	——	120	340

此表同前面的表的不同在于：两大类国家有同一的平均利润率，不变资本分为所用的和所费的（这是不变资本中的固定资本的特点，即固定资本全部在使用，部分在消耗或折旧），其差额是发达国家的较大，一个国家内部不再分为不同的生产部门，或者说将一个国家视为一个生产部门，这样，两大类国家所费的不变资本，所用的可变资本和剩余价值，亦即商品的价值完全相同，但所用的不变资本不同，一为 180，另一为 60，但要根据所用的不变资本加上可变资本计算平均利润，因此，尽管两种商品的价值相同，而所用不变资本多的，即发达国家的商品，生产价格高于价值，落后国家的则相反。两者交换，在生产价格相等的背后，价值或劳动量却是不等的。其实，这也是资本有机构成不同所导致的。

伊曼纽尔称这种交换为广义的不平等交换。此外，还有狭义的不平等交换。我根据他的基本思想，而作一点技术上的修改，现表解如下。

表4-5 发达国家和落后国家交换商品的经济内容(包括广义和狭义的不平等交换)

国家类别	所用不变资本	所费不变资本	新创造价值分解为		价值	生产成本	平均利润率	平均利润	生产价格
			可变资本	剩余价值					
发达国家	140	50	100	20	170	150	0.30	72	222
落后国家	140	50	20	100	170	70	0.30	48	118
两国合计	240	100	120	120	340	—	—	120	340

骤然看来,这个表似乎是不可理解的。主要问题是:为什么发达国家的资本有机构成反而比落后国家的低些? 因为从比值看,140∶100低于140∶20,但根据以前讲过的原理,就可以理解这个表的深刻社会意义和经济内容。伊曼纽尔认为,此表表明,落后国有的工业,使用的技术设备同发达国家一样,即所用和所费不变资本都相同,创造的价值也相同,但这价值分解为可变资本和剩余价值却不相同,这说明落后国家利用先进的现代化的技术,但远远得不到现代化的享受(低工资)。其结果,在国际生产价格形成中,落后国的一部分剩余价值就送给发达国家了。这情况,随着发达国家向落后国家输出生产资本,例如跨国公司的子公司,就地生产高技术的产品而日益严重。

六、殖民地和帝国主义[①]

我们知道,社会科学中一种新理论的产生一般说来离不开两个条件:实际情况和思想渊源。从历史事实看,殖民地的产生早于帝国主义。早在奴隶社会,殖民地就产生了。古希腊的殖民地只是移民垦殖殖民地,它其实是母国的分支,不存在奴役和被奴役的关系;古罗马的殖民地则是征服土著殖民地,已经存在奴役和被奴役的关系了。中世纪也有殖民地,如日耳曼帝国和蒙古帝国的殖民地;英国对爱尔兰的统治,始自12世纪;海道打通后,殖民地就更多了。值得注意的是,在资本原始积累时期,英国占有的殖民地最多,但是,其经济学家却主张"解放"殖民地,即不必对殖民地加以政治统治,

---

① 约写于2003年。

因为这时的英国,其工业和贸易都处于无竞争者的地位,与其花费大量费用去统治殖民地,倒不如省下这笔费用,任其存在,从贸易中得到的利益反而更多一些。斯密就是如此主张的。但是,行不通,原因是遭到殖民地官员、当时被称为"第三院"(上议院和下议院之外的势力集团)议员的强烈反对。到19世纪70年代,许多国家已经赶上英国,并和英国展开激烈的竞争。为了反击,1887年英国政府召开殖民地会议,1911年改称帝国会议;英国将其国外殖民地和本土在政治上连在一起,即将明白存在的国外殖民地纳入版图(成为国内殖民地),这样就犹如将爱尔兰和不列颠组成联合王国,在联合王国内,爱尔兰就似乎不是殖民地一样,这些国外殖民地和联合王国组成大英帝国,在帝国内,原来的国外殖民地也就似乎不是殖民地了。这样,其他国家就不能染指其殖民地了。与此相应,在经济政治生活中,就出现"帝国主义"这样一个名词;英国人把它一方面理解为将广大的殖民地合并成一个统一大国家的意图;另一方面理解为越来越扩大这个国家的意图。在大不列颠以外的其他国家,所谓帝国主义实际上只是指后一种意图,因为没有别的国家像英国有那么多形式上是独立的殖民地。这里的"帝国主义"一词,是"罗马帝国主义"一词在现代条件下的借用。这是当时的实际情况。

思想渊源则是:第二国际的重要领袖和理论权威考茨基是最早研究帝国主义和殖民地的。1898年,他在《民族国家、帝国主义国家和国家联盟》中就说:随着商品生产的发展,就出现一种旨在取得黄金的殖民政策。因为"那种在任何情况下都意味着权力和财富的商品,当然引起最强烈的扩张要求,因为人人都可以用得着它,人人都可以取得它,谁也不会嫌它太多,这种货币就是钱币、黄金和白银"。[①] 这是商业资本时期或不如说是资本原始积累时期的殖民政策。工业资本"从一开始就显示出与商业资本和财政资本完全不同的趋向。它倾向于国际和平,倾向于用议会和民主制度来限制绝对的国家权力。它一直是反对食品和原料关税的。它往往甚至把工业税看成一种教育性质的税收,看成工业落后的结果,这种落后应该随着经济的发

---

① 考茨基:《民族国家、帝国主义国家和国家联盟》,叶至译,生活·读书·新知三联书店1973年版,第24页。

展而消失"。① 这不外乎是说,工业资本倾向于自由贸易,它用这种政策可以向落后国家取得粮食和其他农产品,而不必实行殖民政策和占有殖民地。财政资本就不是这样。它的第一个特征是财政资本国家化,即拥有托拉斯和大银行的资本家掌握政权,工业资本时期的议会和民主制度的地位下降;它的第二个特征是,出口的不是仅仅供外国用于消费的商品,而是用来充作资本的商品即生产资料,也就是输出资本。这样,就可以限制落后国家发展工业,而保留其农业国的地位,以便供应工业国所需的粮食和其他农产品。他还以英国为例,考察殖民帝国构成中的殖民地。不列颠殖民帝国有两根支柱:一是三大农业殖民地,即加拿大、南非、澳大利亚;二是印度。

第二位重要理论家就是英国经济学家、改良主义者霍布森。他在1902年出版的《帝国主义》中首先区分殖民主义和帝国主义:移民垦殖殖民地如果没有政治束缚,就是殖民主义;如果有政治束缚,则是帝国主义;奴役土著殖民地也是帝国主义。他认为,帝国主义的产生是由于在残酷的竞争中,托拉斯一类的垄断企业产生,它一方面使工业巨头获取巨额的利润,即使是奢侈地消费也花不完;另一方面使投资受到限制,多余的资本便向外输出。由于遇到激烈的竞争,便要占领殖民地并组成殖民帝国。他认为:问题的解决就是要调整分配。保留垄断资本主义而妄想改良分配,这当然是幻想。这在方法论上就是不改变生产,而改变分配。这在逻辑上是不通的。

第三位理论家是希法亭。他在1910年出版的《金融资本》中认为帝国主义是金融资本所采取的政策。金融资本是归垄断的银行家所有而由垄断的工业家使用的资本;是所有权和使用权相分离的结果。垄断意味着垄断利润的攫取,从而使投资放慢,这就要资本输出。"因此,金融资本的政策就有三个目的:第一,建立尽可能大的经济区;第二,通过关税壁垒排除外国竞争;因而,第三,把这一经济区变成为民族垄断联盟的开发地区。"这个政策对英国而言,就要"通过保护关税把英国同它的殖民地联合起来"。②

殖民地的思想渊源比帝国主义更早些,更丰富些。因为如前所说:先有

---

① 考茨基:《民族国家、帝国主义国家和国家联盟》,叶至译,生活·读书·新知三联书店1973年版,第19—20页。

② 鲁道夫·希法亭:《金融资本》,福民等译,商务印书馆1994年版,第22页。

殖民地,后有帝国主义。撇开马克思以前的不谈,马克思论述的殖民地,除了北美和印度外,还有其他国家的。特别值得指出的是:美国是1776年开始独立的,90年后,马克思在1867年出版的《资本论》(第一卷)中认为,从经济上来说,当时的美国仍然是欧洲的殖民地。过了24年,恩格斯在《资本论》(第一卷)中加注说:美国还是殖民地。① 这说明在马克思和恩格斯看来,主权是否存在,与是否属于殖民地,是没有必然的联系的。具有主权的殖民地,就是经济殖民地;丧失主权的殖民地,就是政治殖民地,即殖民地国家。除此之外,还有国内殖民地。国内殖民地这一概念的确立,要以认识经济殖民地为前提。因为国内殖民地也与是否具有主权无关。国内殖民地最初是由列宁提出来的。其历史背景就是俄国是多民族国家,而且幅员广阔,这样,在旧俄时期,俄罗斯民族就在经济上压迫非俄罗斯民族,因此,非俄罗斯民族的聚居地就成为国内殖民地。列宁说:"殖民地这个概念更可以应用于其他边区,例如高加索。俄罗斯在经济上'征服'这个地方,比政治上要迟得多。"②如果说,尽管卢森堡批判俄国民粹派的错误,而她的资本积累理论的最基本之点,即认为在资本主义社会的两大阶级中,积累是无法实现的这一思想,则显然是受到民粹派的影响的,那么,她的帝国主义和殖民地理论则不受前人理论的影响,它全部是独创的;"在思想巨人的肩膀上攀登"这一科学史的发展规律,对她来说似乎是不适用的。如果说,前人都有由于争夺势力范围激烈,就以国家名义争夺殖民地,并建立殖民帝国这一思想,那么,卢森堡的有关理论,似乎是受其影响的。其实不然,因为竞争激烈云云,是血淋淋的事实:美西战争、南非战争、八国联军之役,这是用感官都能解决的问题,她何须思想家的影响,才有此认识? 这些,只要我们看一看她的帝国主义定义就会清楚的。定义如下:"帝国主义是一个政治名词,用来表达在争夺尚未被侵占的非资本主义环境的竞争中所进行的资本积累的。"③这个定义哪里有一点前人理论的痕迹? 这个定义的含义很深,连苏共最著名的马克思主义理论家、《世界经济和帝国主义》的作者布哈林,第一次就没有读懂

---

① 马克思:《资本论》(第一卷),人民出版社1975年版,第495页注234。
② 《列宁全集》(第三卷),人民出版社1959年版,第545—546页。
③ 罗莎·卢森堡:《资本积累论》,彭尘舜、吴纪先译,生活·读书·新知三联书店1959年版,第359页。

它。他认为定义之所以强调争夺非资本主义环境,是由于它的阻力小。不是的。这个定义同她的资本积累理论有着密切的逻辑联系。第一,资本积累要依靠非资本主义环境;第二,这个环境必须是尚未被侵占的,因为一旦被侵占了,按照前面的说明,这个环境本身逐渐地也会资本主义化,它自己也要求非资本主义环境以作积累之用。因此,上面所说的美西战争和南非战争,在卢森堡看来是不是属于帝国主义行为,还要在分析菲律宾和夏威夷的经济是否属于资本主义性质后才能作出决定。八国联军争夺中国之役,则肯定是属于帝国主义性质的了,因为此时中国还处于非资本主义阶段。按照这一定义,德国和法国争夺鲁尔工业区,因为该地区已经资本主义化了,它自己也要寻找非资本主义环境来实现其剩余价值,所以,如果为此目的两国交战,就被卢森堡看成不是帝国主义战争。这当然是不符合实际的。很显然,按照卢森堡的说法,这些非资本主义环境因接纳积累而资本主义化。这样,随着积累的进行,全部非资本主义环境都会资本主义化,到那时,由于都是资本主义了,就再也没有非资本主义环境了,资本从此就不能积累,就要灭亡。所以她说:"帝国主义虽然是延长资本主义寿命的历史方法,它也是带领资本主义走向迅速结束的一个可靠手段。"①

根据卢森堡的积累理论,国内的和国外的非资本主义环境对实现剩余价值都能起同样的作用。因此,如果说国外的这种环境是殖民地的话,国内的这种环境也应是殖民地。这样,殖民地理论的方法论才是统一的。但是,由于卢森堡囿于实际或缺乏抽象力,认为殖民地只能是在国际舞台上出现的,只能是政治殖民地,反过来说,也就是由于经济殖民地概念的阙如,她就认为只存在丧失主权的国外殖民地或殖民地国家,而不存在经济殖民地,因而也不存在国内殖民地,因为这两者都不涉及国家主权问题。这一点,她比列宁后退了。

从上述分析我们可以清楚地看到,卢森堡的帝国主义和殖民地理论的方法论是二元的:前者用的是抽象法,层层理论分析,然后得出结论;后者用的则是记录法,只能根据经验,将看到的事实记录下来,而所能看到的就是

① 罗莎·卢森堡:《资本积累论》,彭尘舜、吴纪先译,生活·读书·新知三联书店 1959 年版,第 359 页。

政治上的暴力,因而,就只有政治殖民地的概念。经济殖民地是要通过分析经济关系才能认识的,她试图从暴力中进行分析,但是白花力气,终于失败。其实,这个问题是可以由理论来解决的。她不是说过英国资本如何逐渐控制埃及,而于1882年才占领埃及吗?从占领日起,埃及丧失主权了,成为政治殖民地了;但是,占领的目的应该是确保英国的经济利益,而这种利益是占领前就已经存在的,这就是经济殖民地。占领之前和之后,这种关系都是存在的。只要这种关系没有改变,经济殖民地的性质就依然不变。政治殖民地是经济殖民地在政治上的表现。

七、对《论战后美国经济危机与经济周期的性质》一文的质疑[①]

从20世纪60年代初期起,我就注意阅读吴大琨同志有关战后美国经济危机的文章,心里一直存在不少疑问;现在阅读了他在《世界经济》1979年第11期上发表的《论战后美国经济危机与经济周期的性质》之后,这些疑问加深了。为了研讨经济危机的原因和探索战后美国经济周期变化的原因,我将这些疑问和我对问题的看法提出来,向吴大琨同志请教。

(一) 关于普遍的生产过剩的经济危机的原因问题

根据我的理解,吴大琨同志事实上是把生产的无政府状态或生产中的比例失调,看成普遍的生产过剩的经济危机的原因。尽管他有时也说资本主义生产方式的基本矛盾是这种经济危机的原因,尽管他也说资本主义生产方式的基本矛盾有两种表现,即个别企业生产的组织性与整个社会生产的无政府状态之间的矛盾,以及资本主义生产能力的巨大增长和劳动群众有支付能力的需求相对缩小之间的矛盾,但是他分析问题时,事实上认为前一种矛盾是普遍危机的主要原因,后一种矛盾是极其次要的原因。

---

① 陈其人:《对〈论战后美国经济危机与经济周期的性质〉一文质疑》,《世界经济》1980年第6期,第19—24页。

　　吴大琨同志的这种认识,在 20 世纪 60 年代初期的文章中表现得很突出。例如,他说:"我们实在很难不把生产的无政府状态作为造成资本主义经济周期的主要原因。"①在《论战后美国经济危机与经济周期的性质》(以下简称《性质》)中事实上还是坚持这种看法。他先说:"社会资本的简单再生产只有在这种条件下才有可能:即在一批资本家那里所有的应当从自然形态上恢复起来的固定资本总额要能等于在另一批资本家那里所有的货币形态上的固定资本折旧总额。"②但由于资本主义生产存在着基本矛盾,这个条件是经常遭到破坏的。然后他假设说:"如果有一年,有大量的企业应当有固定资本更新而得不到更新(当然更谈不到扩大),那就会在社会上立刻出现,一方面是无法用于生产上的剩余的固定资本要素,而另一方面是找不到销路的消费品,也就是说,出现了生产过剩的经济危机。"③我们知道,固定资本是第一部类生产的生产资料的一部分,消费资料是第二部类生产的,根据马克思关于两大部类中相应的部分进行交换的原理,固定资本应当更新而不更新,便会产生固定资本和消费资料的过剩,这是当然的。问题在于吴大琨同志怎样解释为什么有大量的企业同时不更新固定资本。

　　如果我对吴大琨同志的论点没有误解,我便认为这和马克思关于普遍的生产过剩的经济危机的原因的分析是不一致的。马克思明确地说过:"一切真正的危机的最根本原因,总不外乎群众的贫困和他们的有限的消费,资本主义生产却不顾这种情况而力图发展生产力,好像只有社会的绝对消费能力才是生产力发展的界限。"④为什么这是最根本的原因呢? 因为资本主义生产的目的是攫取剩余价值,这样,在生产发展的同时,工人的消费便相对下降,于是一部分消费资料成为过剩的,一部分生产消费资料的生产资料也成为过剩的,一部分生产生产资料的生产资料也成为过剩的,这就是普遍的生产过剩的经济危机。这就是马克思所说的,"如果现在生产过剩的,不只是棉布,而且是麻织品、丝织品和毛织品,我们就可以明白,怎么这少数重

---

　　① 吴大琨:《关于固定资本更新和战后美国经济周期缩短问题的讨论——答宋则行同志》,《经济研究》1962 年第 8 期,第 40 页。

　　② 吴大琨:《论战后美国经济危机与经济周期的性质》,《世界经济》1979 年第 11 期,第 28 页。

　　③ 同上。

　　④ 《马克思恩格斯全集》(第二十五卷),人民出版社 1974 年版,第 548 页。

要物品的生产过剩,竟会在整个市场上或多或少引起全面的(相对的)生产过剩"。①

因固定资本没有及时更新(原因尚待说明),因而固定资本成为过剩的,影响所及,消费资料也成为过剩的:这是吴大琨同志对普遍危机的原因的分析。工人的消费落后于生产的发展,因而消费资料成为过剩的,影响所及,生产消费资料的生产资料和生产生产资料的生产资料也都成为过剩的:这就是我对马克思分析的普遍危机原因的认识。

前面说过,吴大琨同志尚未说明大量企业到期不更新固定资本的原因是什么。他可能说,是消费能力的降低,因而和我的认识没有分歧。他在《性质》中这样说过:1969 年,美国"各工业部门尽管还在增加固定资本的投资,但毕竟由于社会消费力的低落,已不能全面开工……"②接着便引起固定资本更新和扩大的减少,便发生经济危机。这里虽然也提到社会消费力的降低,但对固定资本投资的减少是经济危机的原因还是它的结果,我们彼此的看法还是有分歧的。在吴大琨同志看来,消费能力的低落要通过使固定资本投资的减少,才使固定资本和消费资料成为过剩的,才使危机发生,在这里,固定资本投资减少是危机的原因;在我看来,消费能力的低落要通过消费资料和生产资料的过剩,即已经发生危机,才使固定资本投资减少,才使危机深化,在这里,固定资本投资减少是危机的结果。

在《性质》中,有几个地方把固定资本投资的减少看成危机的直接原因③,而没有像在前面分析他的认识时那样,尽量把固定资本投资的减少和消费能力的降低联系起来。这事实上就等于用生产无政府状态引起的生产比例失调看成危机的原因。前面说过,20 世纪 60 年代初期以来,吴大琨同志一直在坚持这个看法。但是,单纯从生产的无政府状态,从固定资本没有及时更新出发,就只能说明危机的可能性,不能说明危机的必然性;只能说明局部的生产过剩的经济危机,不能说明普遍的生产过剩的经济危机,因为没有一个统一的原因使大量企业同时不更新固定资本,或者说,就只能用商

① 马克思:《剩余价值学说史》(第二卷),郭大力译,人民出版社 1978 年版,第 605 页。
② 吴大琨:《论战后美国经济危机与经济周期的性质》,《世界经济》1979 年第 11 期,第 24 页。
③ 同上文,第 25 页。

品的买和卖相脱节这个危机现象本身来说明危机的发生原因,不能说明商品买和卖相脱节的原因。用吴大琨同志的例子说,就是生产资料没有人买,所以消费资料就不能卖,但这是危机这个现象本身,而不是危机发生的原因。

吴大琨同志说:"固定资本在价值上的补偿及其自然形态上的补偿不一致"①是普遍生产危机的原因。这种说法就是比例失调是危机的原因这种观点的具体表现。关于这一点,马克思这一段话是值得我们深思的:"固定资本和流动资本生产的不平衡,是经济学家们在说明危机时惯用的根据之一。"②马克思这个讽刺话,主要是针对李嘉图、萨伊和老穆勒的,他们只承认局部危机,否认普遍危机,并且用生产的不平衡来说明局部危机。我觉得吴大琨同志的"不一致"论,说明的也是局部危机。如果吴大琨同志觉得不是这样,认为它可以说明普遍危机,那么马克思这段话就更清楚了:"局部的危机,能由不平衡的生产生出……这种不平衡生产的一般形式,可以是固定资本的生产过剩,也可以是流动资本的生产过剩。"③

(二)关于应当如何解释马克思提出的固定资本的更新是周期性危机的物质基础的问题

根据我的理解,吴大琨同志是这样解释的,即固定资本到了应当更新的时间却没有更新,便发生经济危机,原因前面已经说过了。在《性质》中,他指出有大量的企业应当有固定资本更新而得不到更新,便出现生产过剩的经济危机之后,接着说:"固定资本更新的周期之所以会成为周期性的经济危机的'物质基础',道理就在这里。"④这就是说,假定固定资本平均10年更新一次,这样,当10年前更新固定资本时,这种更新促使第一部类生产发展,增加工人就业,再促使第二部类生产发展,增加工人就业……生产便逐渐由上升达到高涨。但是10年后的现在,由于没有说明的原因,到期应当更新的固定资本没有更新,并且是"大量的企业"没有及时更新,这样,一方面

---

① 吴大琨:《论战后美国经济危机与经济周期的性质》,《世界经济》1979年第11期,第23页。

② 《马克思恩格斯全集》(第二十四卷),人民出版社1972年版,第527页。

③ 马克思:《剩余价值学说史》(第二卷),郭大力译,人民出版社1978年版,第602页。

④ 吴大琨:《论战后美国经济危机与经济周期的性质》,《世界经济》1979年第11期,第23页。

有固定资本的过剩,另一方面又有消费资料的过剩,经济危机便由此发生。周期性危机的时间和固定资本更新的时间似乎是这样相扣着的:10 年前,固定资本更新使生产走向高涨;10 年后,应当更新的固定资本没有更新使生产走向危机。

假使我没有歪曲吴大琨同志的解释,他对周期性危机的物质基础的解释和对经济危机的原因的解释是完全一样的,都是由于应当更新的固定资本没有更新。对经济危机的原因的解释,我是有疑问和不同看法的,前面已谈过了;对周期性危机的物质基础作这样的解释,我也是有疑问和不同看法的。

我按照吴大琨同志的解释提问题。现在由于到期应当更新的固定资本没有更新,经济危机发生了,从这时开始,资本主义的生产怎样能够爬出危机,走向萧条,复苏,到达高涨,而又重新陷入危机,并且从这次危机的发生到下次危机的发生的时间,即周期性危机的间隔时间和固定资本更新的时间(比方说 10 年)相一致呢?

大家知道,危机时期即生产下降阶段,销售困难、生产下降,工人失业、价格下降,到一定的时候,存货便大体销售完毕,生产下降到最低点,危机便转入萧条,萧条本身没有经济力量使生产走向复苏和高涨,这种经济力量只能是在危机转入萧条前后的大量和集中的固定资本的更新和扩大。但是,按照吴大琨同志的解释,就或者不能解释这时何以有大规模的固定资本的更新和扩大,因为固定资本早就应当更新了,或者虽然能够说明这时需要有固定资本的更新和扩大,因为市场情况不再恶化下去了,但是这样一来,就不能说固定资本更新的时间和发生周期性危机的间隔时间是一致的。这是因为,按照吴大琨同志的解释,10 年前更新的固定资本,由于 10 年到期没有及时更新,便发生危机,但是危机刚发生是不可能就更新固定资本的,大体上要等市场情况不再恶化才更新固定资本,这批新的固定资本要到 10 年后不更新,才使新的经济危机发生。这样,周期性危机间隔的时间就包括:(1)因固定资本没有及时更新而发生的前一次经济危机中的生产下降时间;(2)生产下降结束前后更新和扩大的固定资本将来所需的更新时间,因为它到期不更新才发生下一次经济危机。总之,发生周期性危机的间隔时间等于生产下降时间加固定资本更新时间。这同吴大琨同志的危机周期时间决定于固定资本更新时间的看法,显然是不一致的。

现在谈一谈我对马克思关于固定资本更新是周期性危机的物质基础这个原理的理解。马克思是在《资本论》(第二卷)第 9 章中阐述这个原理的。其中有一段话最为重要,吴大琨同志在《性质》一文中引用了其中的前一部分①,没有引用后一部分,但这部分对于理解马克思的这个原理是十分重要的。在这里,马克思说:"虽然资本投下的时期是极不相同和极不一致的,但危机总是大规模新投资的起点。因此,就整个社会考察,危机又或多或少是下一个周转周期的新的物质基础。"②这就是说,在危机阶段中,由于市场情况恶化,资本家之间的你死我活的竞争更为剧烈,价格低廉是取得胜利的重要手段。为此目的,资本家除了恶化劳动条件、降低工资加深剥削工人外,还要革新技术,更新和扩大固定资本。这种投资大体上是在危机转入萧条的前后,集中地大规模地进行的。这样,就能促使生产从萧条走向复苏,从复苏走向高涨。在这个过程中,生产在发展,劳动群众的消费落后于它,于是,新的危机又发生。这次危机又引起新的集中的大规模的投资,于是,又使生产逐渐走向高涨……如此周期重演。这是我对马克思的原理的解释。

关于周期性危机的间隔时间长短和固定资本更新的时间长短两者的关系问题,我认为只能说两者有关,不能说两者完全相等,更不能说前者由后者决定。这是因为,在这次危机阶段结束前后大规模进行的固定资本投资,是可以使生产逐渐达到高涨的,但是这个过程如果已超过 10 年(假定这是固定资本更新的时间)尚未发生新的危机,在这个过程中进行的固定资本更新就不能说明周期性危机的间隔时间长短了,只有这个过程不到 10 年,便又发生新的危机,这样当 10 年到期固定资本需要更新,而市场条件又不再恶化,有可能进行大规模固定资本投资时,只有这样,大规模的固定资本投资才能使生产逐渐走向高涨。只有在这个条件下,固定资本更新的时间长短和周期性危机的间隔时间长短才发生关系。所以,历史上周期性危机的间隔时间长短和固定资本更新时间的长短并不是刚好一致的。

---

① 吴大琨:《论战后美国经济危机与经济周期的性质》,《世界经济》1979 年第 11 期,第 20 页。
② 《马克思恩格斯全集》(第二十四卷),人民出版社 1972 年版,第 207 页。

（三）关于美国实行加速折旧法的企业，其固定资本于 5 年内便在价值形态上补偿完毕，这是不是战后美国经济周期缩短的原因的问题

我和一些同志研读吴大琨同志的《性质》一文，并联系到他 20 世纪 60 年代初期以来发表的有关文章，有这样一个印象，即吴大琨同志似乎是这样论证战后美国周期性危机间隔时间的长短的：由于实行加速折旧法，美国某些企业固定资本的折旧期限减缩为 5 年，由此决定美国固定资本更新的时间减缩为平均 5 年，由此决定美国周期性危机的间隔时间减缩为 5 年。吴大琨同志说："由于战后美国的固定资本更新周期已经缩短，美国的经济周期也就随之缩短。"①对此，我是有疑问的。

首先，正如一些同志指出的那样，美国并非所有或绝大多数企业实行加速折旧法，即使实行这法令的企业，它们虽然在 5 年内以折旧费用的形式把固定资本的价值收取回来了，但它们不一定在 5 年到期时就购买新的固定资本，因为它们的固定资本仍然可以使用，继续使用这些不花钱的固定资本是很合算的。因此，不应该把固定资本加速折旧的时间完全等同于固定资本更新的时间。退后一步说，某些企业可能在 5 年内更新固定资本，但由于原有的固定资本在物质上仍然可以使用，它可以作为旧设备出卖，其他企业可以使用它。从使用它的企业来说，固定资本是更新了，但从社会看，这些固定资本并没有更新。这就不能说美国固定资本更新的时间减缩为平均 5 年。

其次，即使美国固定资本更新的时间已减缩为 5 年，按照吴大琨同志的解释，也不能预测出美国周期性危机的间隔时间为 5 年。他说："美国的战后第 5 次经济危机以后，由于已经失去战争的刺激，经济周期就恢复到正常的平均 5 年一次的情况。在 1974—1975 年发生了战后最严重的第 6 次经济危机，1979 年发生了战后第 7 次经济危机。"②1979 年是否发生了危机，目前国内外有不同的看法，我不谈这个问题。我要提出的是，1974—1975 年的经济危机，按照吴大琨同志的主张，应该是由于 1973 年或 1974 年年初没有更新

---

① 吴大琨：《论战后美国经济危机与经济周期的性质》，《世界经济》1979 年第 11 期，第 23 页。
② 同上书，第 24 页。

固定资本而发生的。这些固定资本什么时候才更新呢？他没有回答这个问题。看来应该是在 1975 年危机阶段结束前后。那么，从这时开始使用的固定资本，理应要到 5 年之后的 1980 年才需要更新，只是由于猜测的原因，它到时将不更新，才使危机发生。这样，发生危机的年份应是 1980 年，而不是 1979 年。表面看来，这只相差一年，好像问题不大。不，问题很大。它说明一方面认为固定资本更新时间决定周期性危机间隔时间，另一方面又认为固定资本到期不更新便使经济危机发生这两者在原理上是自相矛盾的。分别用这两种方法推算出来的时间不可能是相同的，周期性危机的间隔时间大于固定资本更新的时间。

还有一些自相矛盾的地方。1977 年 11 月，吴大琨同志预测战后美国第 7 次危机何时到来时说："战后美国的经济周期，已由于固定资本更新周期的缩短而缩短……（战后美国经济）平均的上升期只有 33 个月。本次美国经济的上升，至今已超过 30 个月，从明年开始，迟至 1979—1980 年，就会有大量的企业因到期未能增加足够的固定资本投资而促使美国生产下降，发生危机"[1]，根据平均的上升期，即根据过去的情况，预测今后何时发生危机，这是一回事。根据这一点，危机应于 1978 年年初发生，根据固定资本未能按时更新和扩大来说明危机何时发生，是另一回事。根据这一点，危机应于 1980 年（1975 年危机过后进行更新的固定资本将需要的更新时间）发生。这两者也是矛盾的。

那么，战后美国固定资本更新时间（把是否缩短问题暂置勿论）和周期性危机的间隔时间有没有关系呢？我认为，由于战后美国国家垄断资本主义的作用加强，国家在经济危机即生产下降阶段时，可以直接进行固定资本投资，也可以通过私人垄断资本进行固定资本投资，使固定资本更新是周期性危机的物质基础这种作用大大削弱，使固定资本更新时间和周期性危机的间隔时间大体上没有关系。大家知道，固定资本的特点是一次购买、多年使用，从一个企业看，多年才购买一次。从全社会看，如果多数企业集中在一年大规模地更新固定资本，它对生产的促进作用就是很大的；反之，如果每年更新的固定资本的数量相差不多，它对生产的促进作用就每年都一样，

---

① 吴大琨：《论战后美国经济危机与经济周期的性质》，《世界经济》1979 年第 11 期，第 25 页。

谈不上有很大的作用。正因为这样,马克思在分析固定资本更新是周期性危机的物质基础时,特别指出危机总是大规模新投资的起点。由于国家加紧干预经济,战后美国出现了危机阶段固定资本投资减少甚小,投资分散在各年进行的情况,这种固定资本投资的分散性和经常性,同以前在危机结束前后进行集中的大规模的投资相比,其对生产的促进作用大为降低。因此,固定资本更新成为周期性危机的物质基础这种作用大大降低,固定资本更新时间和周期性危机间隔时间大体上没有关系。

那么,战后美国周期性危机的间隔时间缩短(我认为是缩短了)的原因何在呢? 我认为战后美国固定资本运动的新特点对战后美国周期性危机间隔时间的缩短有很大的作用。我们知道,普遍的生产过剩的经济危机,一方面是资本主义生产有无限扩大的趋势和劳动人民消费相对落后之间的矛盾的爆发,另一方面又是这种矛盾的暂时的强制的解决,它是用破坏生产力、使生产倒退的办法,来使生产和消费在低下的水平上暂时恢复均衡,再使生产得以继续发展的。但是,国家垄断资本主义的作用,在很大程度上却是保护过剩的生产力,主要是过剩的固定资本。国家通过信用膨胀挽救那些濒于破产的大企业,它们便可以不把技术设备当作废钢铁卖掉;国家通过加工订货,甚至进行投资,使固定资本反而增大起来。由于这样,固定资本破坏得不够,便出现了危机时期生产下降幅度不大的现象,危机对于解决生产扩大和消费落后之间的矛盾的作用便削弱了,生产在水平较高的基础上恢复发展。由于水平较高,很快又同落后的消费发生矛盾,危机再次发生。这就是战后美国周期性危机间隔时间缩短的一个重要原因。

我这种说法,其着重点是资本主义生产扩大和消费落后的矛盾加剧,不涉及固定资本更新时间的变化,这是有理论根据的。马克思在由他校订的法文版《资本论》(第一卷)第 23 章《资本主义积累的一般规律》中插入了一段话,其中说道:"根据我们以上阐述的资本主义生产的各个规律,必须得出这样的结论……周期的时间将逐渐缩短。"[1]在这里,马克思还没有说到固定资本更新时间的问题,便根据揭示资本主义生产方式矛盾的规律,得出周期性

---

① 《马克思恩格斯全集》(第二十三卷),人民出版社 1972 年版,第 695 页,编者注。

危机的间隔时间将逐渐缩短的结论。

吴大琨同志说,他运用上述方法,预测战后美国第6、第7次危机的到来及发展情况已经得到证实。前面说过,目前美国是否发生第7次危机,尚有争论,但从第5次到第6次危机的时间间隔确实是6年,这似乎证明吴大琨同志的方法是正确的。但我认为,这可能是一种巧合,以后可能失灵。如何正确预测美国何时发生经济危机,这是一个具有重大理论意义和现实意义的问题,亟须世界经济研究工作者研讨。

八、关于垄断价格和垄断利润的一些问题[①]

在这篇论文中,我对这三个问题加以探讨:(一)垄断价格的本质;(二)垄断价格的高度;(三)垄断利润的形成。希望得到大家的批评和指正。

(一)

垄断价格是垄断资本主义的重要经济范畴,因为它在保证垄断资本攫取垄断利润中有特别重大的作用。但是,在政治经济学的教学和研究中,对这个范畴的阐述是很不够的。教科书和一般教材没有说明它的本质,某些论文和小册子在说明它的本质时,有些问题还值得商榷。

没有人明显地主张:垄断价格和市场价格是不同的价格范畴,垄断价格和生产价格是同一类型的价格范畴。但是,某些教材、小册子和论文的作者,却常常把垄断价格和市场价格对立起来,把垄断价格和生产价格并列起来,这样就容易使人认为前两者是不同的价格范畴,后两者是同一类型的价格范畴。前者例如,朱剑农同志就有"受垄断价格所决定的市场价格"[②]这样极其模糊的说法;后者例如,许多作者都喜欢和生产价格相比拟地说明垄断价格的构成:生产价格等于生产费用加平均利润,垄断价

---

① 陈其人:《关于垄断价格和垄断利润的一些问题》,《学术月刊》1957年第6期,第44—49页。
② 朱剑农:《价值及价值规律在各种社会制度下的作用》,湖北人民出版社1956年版,第27页。

格等于生产费用加垄断利润。一般作者对垄断价格的本质都没有正面的分析。

敏捷里松对垄断价格的本质作了这样的分析:"垄断价格不像生产价格那样是价值新的变形。这种价格是具体的价格,是市场价格的一种,而不是价格的内部规律。"[1]这个见解是正确的。大家知道,价值是由生产商品所耗费的社会必要劳动量决定的,生产价格是它的变形。所以,价值和生产价格的形成,只与生产过程中所耗费的劳动量有关,而与供求状况的变动无关。或者可以这样说,价值和生产价格的形成,是在供求均等的假设下,以生产过程中耗费的劳动量来说明。[2] 市场价格却与此不同:它根据市场供求状况的变动,环绕着价值或生产价格而上下波动。所以,市场价格的形成不仅与生产商品所耗费的劳动量有关,而且与供求状况的变动有关。这就是说,生产价格和市场价格是不同类型的价格范畴,因为它们形成的规律是不同的。垄断价格是一种特殊的市场价格,它经常高于价值以上。大家知道,垄断企业的商品也是以市场价格出卖的,但这种市场价格在价值上下波动的幅度较自由竞争时更为厉害。当垄断企业用价格战的办法打倒其竞争者时,它往往落在生产费用以下;当垄断企业较为巩固地垄断市场时,它便大大地高于价值。后一种情况较为经常,因为垄断企业的特点,就是它能用缩小产量、大量储存商品、通过国家机关垄断国内市场等办法,人为地造成紧张的供求关系,经常把商品的价格抬高至价值以上。这样的市场价格就是垄断价格。所以,不应该把垄断价格和市场价格对立起来,因为垄断价格就是经常高于价值的市场价格。

朱剑农同志认为,有低廉的垄断价格,也有高昂的垄断价格,前者是垄断企业在价值以下购买农业原料和粮食的价格,后者是垄断企业在农业区在价值以上销售工业品的价格。[3] "低廉的垄断价格"的说法是错误的,因为这种说法把垄断价格和垄断企业规定的购买价格混为一谈。同时,这种说

---

[1]　勒・敏捷里松:《论帝国主义基本经济规律的几个方面》,《经济译丛》1955 年第 10 期,第 109 页。

[2]　列宁:《市场理论问题述评・再论实现论问题》,麦园、方钢译,人民出版社 1956 年版,第 16 页。

[3]　朱剑农:《价值及价值规律在各种社会制度下的作用》,湖北人民出版社 1956 年版,第 26 页。

法和朱剑农同志的垄断价格等于生产费用加垄断利润的说法也是矛盾的。

敏捷里松虽然正确地说明了垄断价格的本质，但他又错误地认为："垄断价格同价值和生产价格之间的差额无论有多大，生产价格仍然是它的基础，是它最低的界限。垄断价格的概念离开了生产价格就不明确。"①认为生产价格在垄断时期依然存在，实质上是把生产价格看成不是经济过程在理论上的反映，而是研究者思维的结果。所以，我也不同意《政治经济学教科书》的这种说法："在帝国主义时代，垄断化的部门的商品主要是按照超过生产价格并能保证垄断高额利润的垄断价格出售的，而非垄断化的部门的商品往往是按低于生产价格的价格出售的，因此，企业主也就不能获得平均利润。"②既然垄断部门的商品价格主要是高于"生产价格"的，非垄断部门的商品价格往往是低于"生产价格"的，这就是说，剩余价值均等地在各部门之间进行分配的经济过程消失了，在这个条件下除非把生产价格理解为研究者假想的结果，就不可能有什么反映经济过程的生产价格。所以，在帝国主义时代，垄断价格的基础和最低界限，如自由竞争以前的垄断价格一样，是价值而不是不存在的生产价格。

以上我说明了垄断价格是经常高于价值的市场价格。但不能由此认为垄断价格和任何一种非垄断的具体的市场价格只有量的不同，即只有与价值相背离的程度的不同。不是的。垄断价格和一般的市场价格所反映的生产关系是不同的。

经济范畴是生产关系在理论上的反映。生产价格这个范畴是资产阶级在共同剥削无产阶级之间的平等关系在理论上的反映，因为各个生产部门的资本家对他们所剥削的剩余价值按资本进行平均分配，就使剩余价值转化为平均利润，价值转化为生产价格。市场价格（一般的）这个范畴是全体商品生产者和商品购买者之间的平等关系在理论上的反映，因为市场价格是在价值或生产价格的基础上，由全体商品生产者和商品购买者之间的自由竞争、平等议价的结果。垄断价格这个范畴是在经济生活中居于垄断地位的垄断资本家和一般购买者之间的不平等关系，即垄断资本家对全体劳

---

① 勒·敏捷里松：《论帝国主义基本经济规律的几个方面》，《经济译丛》1955 年第 10 期，第 109 页。

② 苏联科学院经济研究所编《政治经济学教科书》（上册），人民出版社 1956 年版，第 259 页。

动人民的剥削加深,和垄断资本家与非垄断资本家在剥削无产阶级中的不平等关系在理论上的反映,因为垄断价格,正如下面会分析到的,是由一般劳动者的收入、工人的实际工资和非垄断部门资本家的剩余价值的扣除来支付的。所以,垄断价格又是垄断资本家在经济生活中所居的垄断地位在理论上的反映。

(二)

关于垄断价格的高度,教科书和一般教材没有论述,而某些论文的论述是有问题的。

有些作者认为,垄断利润必须通过垄断价格来实现。[①] 这种说法是片面的,因为垄断资本攫取垄断利润的途径有两大类:通过商品生产、商品交换和不通过商品生产、商品交换的金融活动,后者当然与垄断价格无关。由于垄断资本主义的一般基础依然是商品生产,所以,垄断价格在保证垄断资本攫取垄断利润的过程中就有特别重大的作用,但不能由此认为垄断利润必须通过垄断价格来实现。

在以垄断价格为手段来攫取垄断利润的限度内,关于垄断价格的高度问题,也就是垄断利润的限度问题,一般作者都是从下面这个角度来考察的。

关于垄断价格高度的决定,李嘉图早就在混同了价值和价格的条件下正确地指出:"有些商品的价值,单由稀少性决定……价值变动,全然按照欲得者之资力与欲望。"[②]马克思的劳动价值学说当然比李嘉图科学万倍,但单就垄断价格高度的决定这一点而言,他的说明和李嘉图是相同的:"这种价格只由购买者的购买欲望和支付能力决定,而与一般生产价格或生产物价值决定的价格无关。"[③]我认为,马克思的说明只适合于完全排除了竞争的、只有一个供给者的商品,如不能再生产出来的古董、艺术品等。这个说明显

---

① 魏壎、谷书堂:《价值规律在资本主义各个阶段中的作用及其表现形式》,上海人民出版社1956年版,第34页;伍丹戈:《最大限度的利润与垄断价格问题》,《经济周报》1953年第27期,第9页。

② 大卫·李嘉图:《政治经济学及赋税原理》,郭大力、王亚南译,商务印书馆1962年版,第2页。

③ 马克思:《资本论》(第三卷),郭大力、王亚南译,人民出版社1953年版,第1011页。

然不适用于垄断资本主义企业生产的商品。

马歇尔及其门徒,以马歇尔的价值论即均衡价格论为基础,再从他们对垄断状态的理解出发,说明垄断价格的高度由这原理决定:单位商品价格增高虽然会增加利润,但会引起需求即销售量降低,销售量降低引起生产量降低,而生产量降低引起单位商品的成本增高,销售量过分降低会使总利润降低。根据这个原理,成本和价格运动情况如下表。

表 4-6 成本和价格运动情况

单价	销售量 (生产规模)	不以生产规模 为转移的成本	以生产规模 为转移的成本	总成本	总收益	总利润
3	4 200	10 000	2 100	12 100	12 600	+500
4	4 000	10 000	2 000	12 000	16 000	+4 000
5	3 600	10 000	1 800	11 800	18 000	+6 200
6	3 000	10 000	1 500	11 500	18 000	+6 500
7	2 100	10 000	1 050	11 050	14 700	+3 650
8	1 000	10 000	500	10 500	8 000	-2 500

按上述原理计算,垄断价格的高度为 6。因为由它所决定的销售量(生产量)所提供的总收益和所耗费的总成本之间的差额,即总利润是最大的。

伍丹戈同志对垄断价格高度的决定的说明,实质上和上述的相同。他说:"这是取决于两种更具体的因素:一种是售价大小和利润多寡的关系,另一种是售价大小和销路多寡的关系;前者是正比例的关系,后者是反比例的关系。而这两种关系又是相互矛盾的,垄断资本家就在这种相互矛盾的复杂关系之中,计算某一种商品的销售量和某一种商品的售价可以获得最大限度的利润,就以这种可以获得最大限度利润的售价作为垄断价格。"[①]伍丹戈同志主观上认为,这是马克思垄断价格理论的具体说明。我认为这是不对的。因为马克思的理论并不涉及销售量和总利润量的问题。

马歇尔辈的垄断价格理论是为垄断资本辩护的。他们认为垄断价格对消费者是有利的。第一,垄断价格不可能很高;第二,垄断企业规模大,成本低,因而垄断价格可能比自由竞争时由边际成本和边际效用相均衡决定的

---

① 伍丹戈:《最大限度的利润与垄断价格问题》,《经济周报》1953 年第 27 期,第 10 页。

价格还要低些。这种理论是错误的。

第一,这种理论的前提是垄断排斥了竞争,是销售量和生产量相等,因为只有这样,囊括了市场的垄断者才能以这种方法来计算价格和垄断利润的关系;马歇尔自己就认为垄断指的就是只有一个供给者的状态。这实质上就是把垄断资本主义看成纯粹的垄断资本主义和有组织的资本主义,这是错误的。

第二,这种理论如果不是把垄断资本主义看成纯粹的垄断资本主义和有组织的资本主义,就必然是对垄断价格的研究作了不正确的抽象,即在理论上假设有纯粹的垄断资本主义;假设垄断排斥了竞争,假设销售量和生产量相等,即如同研究价值和生产价格那样,完全把市场上经常变动的因素抽去。这种抽象法当然是错误的。因为研究的对象是作为一种特殊市场价格的垄断价格,而市场价格的本质就决定了不能离开市场上经常变动的因素去说明它的高度(当然也不能离开价值)。

第三,这种理论和垄断价格形成的实际情况是不同的。垄断企业总是借助国家机关把国内市场垄断起来,尽管商品销售很少、“剩余”商品很多,也极力提高价格以攫取垄断利润。在国内市场中,竞争如果较为激烈,垄断价格就会低些(有时会低于价值甚至低于生产费用,但这就不是垄断价格了),竞争如果不很激烈,垄断价格就会高些;在国内市场销售不掉的产品,则以部分垄断利润和国库资金作为补贴,低价向外倾销,待打倒其对手后再极力提高价格。上述的过程会反复地进行,这就必然推翻了种种计算垄断价格高度的原理。

因此,我认为,任何用计算的方法来说明垄断价格的企图,不论动机如何,其方法论总是错误的。

(三)

关于垄断利润的形成,有些理论问题需要探讨。这个问题和垄断利润的来源有关。

垄断利润的来源,除了剩余价值和部分的劳动力价值(这些是最重要的)以外,还包括无产阶级以外的一般居民和消费者的部分收入,以及小生产者的部分收入。当垄断企业以垄断价格出售商品给小生产者和消费者,并以低于价值的价格收购小生产者的商品时；当垄断企业通过国家预算以税收和增发货币的办法夺取人民的收入时，小生产者、消费者和一般居民的部分收入就形成归垄断资本家所有的垄断利润，这是很明显的事实，不必论述。需要论述的是：垄断企业怎样不仅占有本企业的全部剩余价值，并占有非垄断企业的部分剩余价值（与自由竞争时剩余价值在各部门资本之间进行平均分配不同）和劳动力部分价值？换句话说，非垄断企业的部分剩余价值和一切劳动力的部分价值怎样形成为垄断利润？

马克思已在基本原理上解决了这个问题。他指出，垄断价格虽然高在价值或生产价格以上，但价值和剩余价值的界限仍不会因此废止："如果有独占价格的商品，会加到劳动者的必要消费去，那就只要劳动者照旧得到他的劳动力的价值，它就会把工资提高，并由此把剩余价值减少。那也可能会把工资压到劳动力的价值以下，但这种情形要在工资在它的物理最低限界的时候才会发生。在这些场合，独占价格将由实际工资……的扣除和其他资本家的利润的扣除来支付。"[①]一般教材对这个原理没有解释，一些论文对这个原理的解释不能令人满意。

魏埙、谷书堂两同志在解释这个原理时，把实际工资的扣除和其他资本家利润的扣除分成两个过程来阐述。他们认为，实际工资的扣除就是劳动力的价格低于价值，从而增加了剩余价值。[②] 这种解释是很笼统的，因为没有明确指出扣除的是一般工人的工资还是垄断企业工人的工资。而从"相应地增加了剩余价值"一句看来，指的似乎是垄断企业工人的工资。如果是这样，正如下面会说到的，就不全面了。

在解释垄断利润怎样由其他资本家的利润的扣除来支付时，魏、谷两同志写道："……一般的垄断部门，主要是生产生产资料的垄断部门，它们以高昂的垄断价格出售产品给一般非垄断部门，提高了非垄断部门的生产费用，但非垄断部门又不能按照垄断价格或者比垄断价格稍低的价格出卖它的商品，于是，这些非垄断部门资本家所得到的剩余价值或利润就减少了，就被

---

① 马克思：《资本论》（第三卷），郭大力、王亚南译，人民出版社1953年版，第1129页。

② 魏埙、谷书堂：《价值规律在资本主义各个阶段中的作用及其表现形式》，上海人民出版社1956年版，第35—36页。

转移到垄断部门资本家的手中去了。"①

这个解释是不够清楚的。首先,它谈的是垄断部门和非垄断部门,而不是垄断企业和非垄断企业。不同部门生产的商品是不同的,这样,人们就很难了解:既然非垄断部门的生产费用由于以垄断价格购买生产资料而增高了,它的出售价格为什么不能相应地提高呢? 如果能够,垄断价格归根到底就由购买者支付了。其次,既然非垄断部门是没有形成垄断的部门,又怎样谈得上"不能按照垄断价格或者比垄断价格稍低的价格出卖它的商品"呢? 由于概念模糊,问题就很难说得清楚了。

魏、谷两同志所说的非垄断部门也许是非垄断企业。后者除了包括前者外,还包括垄断部门中没有加入垄断组织的局外企业。那么,能不能以上述理由来说明垄断部门中的局外企业的部分剩余价值转到垄断企业中去呢? 在垄断部门中,局外企业常常要以垄断价格向垄断企业购买生产资料,而垄断企业的特点是垄断了生产资料尤其是原料的来源,这样,前者的生产费用就比后者的高得多,而前者最多才能以后者相同的垄断价格出卖商品(因为生产的是相同的商品),这样,前者的利润当然就比后者的小得多。但这还不能证明垄断部门中的局外企业的部分剩余价值已转到它购买生产资料的垄断企业中去了。因为这还不能证明它获得的利润一定比它应该获得的利润少些。如果不少些,或者刚好相等,那就根本不发生转移与否的问题;如果少些,才发生这问题。但即使在这种情况下,我们还应考虑到垄断部门中的局外企业和非垄断部门之间的自由竞争,使它们的利润率趋向于平均的问题。这样,如果有部分剩余价值转化为垄断利润的事情发生,这些剩余价值是所有非垄断企业产生的,而不单纯是垄断部门中的局外企业产生的。

这种情况虽然能说明非垄断企业的部分剩余价值怎样转变为垄断利润,但还没有说明问题的全部。况且这并不是解释马克思的原理的,因为马克思认为,垄断价格由实际工资和其他资本家的利润的扣除来支付,是一个经济过程。

伍丹戈同志谈到垄断利润为什么是非垄断企业利润和劳动力价值的扣

---

① 魏埙、谷书堂:《价值规律在资本主义各个阶段中的作用及其表现形式》,上海人民出版社1956年版,第36页。

除的问题。① 他谈到垄断价格对生产价格的影响：以垄断价格购买生产资料而使非垄断商品的生产费用增高，假如平均利润的数额不变，非垄断商品的生产价格必然提高；假如不能提高价格，那么，这将是平均利润的降低，生产价格不变，但内容起了变化。② 伍丹戈同志也认为，非垄断商品的价格是会因此而上涨，但总慢于垄断商品的价格；而且有时表面看来，非垄断商品的价格是上涨的，但它还是低于价值，因为货币的购买力下降了。这样，非垄断资本家的部分剩余价值就成为垄断利润。如果非垄断商品的价格仍和价值相等，必然就是劳动力的价格降到价值以下，部分实际工资成为垄断利润。

这种解释是有道理的，但也有不够的地方，没有说明非垄断商品的价格为什么不能按照生产费用的增高而增高。没有这种说明，就必然有一个漏洞：假如相应地增高，非垄断企业的剩余价值就不会转化为垄断利润了。

我认为，以上两种解释都把注意力集中在垄断企业以垄断价格出售生产资料、非垄断企业的生产费用因而增高上，这虽反映了实际情况，但只用这一点来解释非垄断企业的部分剩余价值变成垄断利润则是很不够的。如上所述，这一点除了能解释垄断部门中的局外企业不能按照生产费用的增高而相应地提高价格，因而有时非垄断企业全体的部分剩余价值会转化为垄断利润外，不能解释非垄断部门为什么不能相应地提高价格而使部分剩余价值转化为垄断利润。因为非垄断部门和垄断部门生产的是不同的商品，它既然以垄断价格购买生产资料而增高了生产费用，从理论上说，它也必然相应地提高出售价格，这样，它占有的剩余价值就依然不变，而由商品的最后消费者承担这种涨价的损失，即支付垄断利润。

我认为，应该根据马克思所说的"如果有独占价格的商品，会加到劳动者的必要的消费去"来解释。除了军火和奢侈品③外，其余的以垄断价格出售的商品，都会或多或少、直接间接地加在工人的必要消费中。这样，工人

---

① 伍丹戈：《最大限度的利润与垄断价格问题》，《经济周报》1953年第27期，第11页。
② 我认为这里所谈的是对平均价格的影响。因为垄断时期没有生产价格。
③ 在这种场合下，军火和奢侈品的垄断价格将由它们的购买者支付。

的生活费用就增高了。如果工人的实际工资不变,货币工资就应随着生活费用的增高而相应地增高,这就意味着工人的必要劳动时间相应地增加,剩余劳动时间从而剩余价值相应地减缩。这种情况对全体垄断企业的剩余价值来说实际上没有变化,因为这等于垄断企业抬高价格把商品卖给工人,但又相应地增加工人的货币工资;但对非垄断企业来说就不同了,因为工人的实际工资不变,货币工资提高了,货币工资的提高部分,就是非垄断企业的剩余价值减小的部分,也就是垄断企业多得的部分。这样,垄断利润就由非垄断企业的部分剩余价值来支付。这种情况实际上是不存在的,因为工人的货币工资的增加不会等于生活费用的增加。如果工人的货币工资完全不增加,垄断利润就完全由工人的部分实际工资的扣除来支付。但这只在一定的限界内存在,因为实际工资的下降不能超过物理的限界,否则,劳动者就不能生存了。所以,可能的情况是:由于垄断价格的影响,工人的生活费用增高了,货币工资虽然不能相等地增高,但也有一些增高,也就是说,实际工资还是下降了。这样,非垄断企业工人的货币工资增高的部分,就是非垄断企业剩余价值转变为垄断利润的部分;全体工人实际工资下降的部分,就是由实际工资的扣除而转变为垄断利润的部分。这是同一个经济过程所形成的。

人们也许会问:既然非垄断部门的生产费用由于以垄断价格购买生产资料而增高了,但它可以相应地增高价格而使购买者负担这种损失,那为什么非垄断部门工人的货币工资增高了,它不能同样相应地增高价格,也使购买者负担这种损失呢?

人们之所以产生这个问题,是由于对劳动价值理论和生产价格理论的了解不彻底。大家知道,生产资料的价值既是价值的组成部分,也是生产价格的组成部分;工资则只是生产价格的组成部分,而不是价值的组成部分。所以,生产资料的价值增高了,价值和生产价格都会增高;但工资增高了,价值不会变动,生产价格虽然会发生变动,可是变动的方向各个生产部门不同。因为工资增高,意味着剩余价值减小,其他条件不变,平均利润率就会下降,这样,资本有机构成高的部门的生产价格将降低,资本有机构成低的部门的生产价格则增高,资本有机构成居中的部门的生产价格不变(仍和价值相等)。这是一般的原理。将这个原理用来解释我们的问题当然要有若干修正。但从这个原理就可以看出,那种认为非垄断部门工人的工资增高了,价值或"生产价格"①也会随着增高的看法是不对的。

九、关于垄断利润的必要性及其来源的探讨②

正如资本主义生产的实质是剩余价值生产一样,垄断资本主义生产的实质是垄断利润的生产。但是,同对剩余价值的研究相比,对垄断利润的研究是很不够的。这主要表现为:对于卡特尔一类的企业为什么不能仅限于攫取剩余价值或其转化形态平均利润,而要攫取垄断利润,以及垄断利润的来源问题,都还缺少科学的、符合马克思的理论的分析。这个问题解决不好,对垄断资本主义条件下的阶级关系,以及垄断资本主义和殖民地的关系,都不可能有正确的认识。本文试图根据马克思的有关论述,对垄断资本主义生产的实质问题谈些看法。

(一)

资本主义生产方式的基本矛盾表现之一是:个别企业的生产是有组织的,全社会的生产却是无政府状态的。这个矛盾是靠价值规律的自发作用来调节的。价值规律则在竞争中贯彻其作用。竞争不可避免地使部分企业破产,部分企业致富。这种情况随着生产力的发展和资本集中的进行,便会使一个生产部门内的企业联合起来,组成卡特尔,调节生产,以便适应市场需要,减少生产的无政府状态。恩格斯在《资本论》(第三卷)的插话中指出:"历来受人称赞的自由竞争已经日暮途穷,必然要自行宣告明显的可耻破产。这种破产表现在:在每个国家里,一定部门的大工业家会联合成一个卡特尔,以便调节生产。"③这里要指出的是,恩格斯并没有就此认为卡特尔一

---

① 这里的生产价格之所以打了双引号,是因为我认为垄断时期没有生产价格这个范畴。

② 陈其人:《关于垄断利润的必要性及其来源的探讨》,《世界经济文汇》1982年第2期,第9—14页。

③ 《马克思恩格斯全集》(第二十五卷),人民出版社1974年版,第495页。

类的企业要攫取垄断利润。

列宁分析了垄断的生产,他说:"集中发展到一定阶段,可以说,就自然而然地走到垄断。因为几十个大型企业彼此之间容易成立协定。另一方面,正是企业的规模巨大,造成了竞争的困难,产生了垄断的趋势。"①这里所说的协定的一个内容就是恩格斯所说的调节生产,以适应市场需要;另一个内容应是垄断价格和垄断利润,但也没有说明卡特尔一类的企业为什么要制定垄断价格,为什么要攫取垄断利润。

在探讨这个问题之前,先要解决一个问题,这就是马克思多次提到的,股份资本提供的利润率低于平均利润率,而又不参加利润率平均化的问题。他认为这是阻止平均利润率下降趋势的一个因素。我们知道,卡特尔一类的企业是在股份公司的基础上产生的,如果它连平均利润都可以不要,那就当然谈不上攫取垄断利润了。我认为,马克思说的情况只有股份公司初办时的情况。这种企业的资本有机构成高,生产价格高于价值,商品按生产价格出卖,对竞争不利,比如,铁路一开始就按生产价格收费,便可能竞争不过马车,因此,它便按价值收费,得到的利润少于平均利润,只能拿股息,没有什么积累。但当它站稳脚跟,打倒对手,并且需要进行扩大再生产时,这个生产条件就使它非获得平均利润不可。否则,它就不可能生存下去。

卡特尔一类的企业为什么必须攫取垄断利润,对于这个可以说是帝国主义理论中的核心问题,至今似乎没有得到科学的说明。有的经济学家引用马克思在《剩余价值学说史》中的一段话来说明,这就是:"资本主义生产的永恒目的,是用最小的垫付资本生产最大限度的剩余价值或剩余产品。"②这是很不够的,因为这里说的是剩余价值而不是垄断利润,因此,不能说明垄断资本主义区别于一般资本主义的特点。

我们应该以经济条件来说明垄断利润的必要性。马克思分析过两种垄断利润产生的经济条件。一种是由于有了垄断价格,作为一种结果,垄断利润产生了。例如,用从特殊土壤中栽培的葡萄酿制的葡萄酒,由于不能用其他办法再生产,它便以垄断价格(其高度取决于购买者的嗜酒程度和支付能

---

①　列宁:《帝国主义是资本主义的最高阶段》,人民出版社 1964 年版,第 13 页。
②　马克思:《剩余价值学说史》(第二卷),郭大力译,人民出版社 1978 年版,第 634 页。

力)出售,作为一种结果,垄断利润产生了,它转化为垄断地租。另一种是由于进行某种生产,作为一种原因,垄断利润产生了。例如,畜牧业用地要交纳地租,地租额的基础由具有同样质量的农业耕地地租额决定。但畜牧业资本的有机构成很高,其产品生产价格本来就高于价值,现在要在生产价格上加上一个地租,这样,畜产品的价格就是不仅高于价值,而且高于生产价格的垄断价格。其中的垄断利润就转化为地租。很明显,经营畜牧业就要交纳地租,这个生产条件是原因,垄断利润从而垄断价格是结果。

斯大林明显地感到,应该从生产条件来说明垄断利润的必要。他说:"现代资本主义即垄断资本主义不能满足于平均利润,何况这种平均利润由于资本有机构成的增高而有下降的趋势。现代资本主义所要求的不是平均利润,而是比较正常地实现扩大再生产所必需的最大限度利润。"[①]我认为,斯大林提出的攫取垄断利润(应该用垄断利润这个概念来取代最大限度利润的概念)是垄断资本主义实现扩大再生产所必需的论点,方向是正确的,只是没有具体论证。

关于这个问题,我在1957年曾经提出看法。[②] 经过长时期的反复考虑,我仍然坚持当时的认识方向,只是需要作一些补充。我的看法如下:卡特尔一类的企业是庞大的企业,其产品在本生产部门中占绝大多数,其生产条件成为平均的生产条件,其商品个别价值决定该商品的社会价值,如按价值(或生产价格)出售,它就只得到平均利润,得不到超额利润;而这个平均利润相对于垫付总资本来说还会迅速减少,因为这类企业资本的有机构成很高,导致平均利润率迅速下降。这是一方面。另一方面,竞争迫使这类企业提高生产力,扩大生产,但又按市场需要调节生产,就必然有一部分设备搁置起来,或生产过剩的产品在国外市场上低价倾销,其中的损失不能由根据市场需要而生产的那部分商品按价值(或生产价格)出售获得的利润来弥补。此外,由于企业规模巨大而又要进行竞争,固定资本的精神磨损厉害,企业耗费巨大;收买新发明而加以垄断,以及在经济外进行竞争,也是如此。

---

① 斯大林:《苏联社会主义经济问题》,载《斯大林选集》(下集),人民出版社1979年版,第567页。

② 陈其人:《论资本主义基本经济规律及其在资本主义各个发展阶段上的具体形式》,上海人民出版社1957年版,第36页。

利润下降而必须的弥补和开支却巨大,这就是生产条件形成的矛盾。这个矛盾的解决,就是卡特尔一类企业向其他经济成分和社会阶层夺取其部分收入并归为己有,这就是垄断利润的必要性。而这类企业在经济上所居的地位,又使它攫取垄断利润成为可能。

只有科学地说明了卡特尔一类企业攫取垄断的必要性,我们才能从经济上说明它们是垄断企业。

(二)

垄断企业必须攫取垄断利润,但垄断利润超过平均利润,不可能从垄断企业本身生产出来。

有一种看法认为,垄断企业的产生意味着资本不能自由地流入这个生产部门,这样,只要垄断企业按等于价值的价格出卖产品,便能得到超过平均利润的巨额利润。如果是这样,这个价格从理论上说就不是垄断价格。但是,用这种办法实际上得到的是垄断利润。因为上述看法假定了价值是高于生产价格的。我们知道,只有低位资本有机构成的产品,如农业和手工业的产品,其价值才是高于生产价格的。高位资本有机构成的产品,如重工业的产品,其价值则是低于生产价格的。因此,这种看法从原理上看是错误的;从事实看等于认为只有农业和手工业才能形成垄断,因而可以用等于价值的价格出售产品,攫取垄断利润,这也是错误的。

另一种看法认为,垄断企业可以经营各种产业,生产多种产品,由此节省运输费用、降低生产成本,比起那种生产一种产品的企业来,其利润要高得多,这就是说垄断企业自己生产垄断利润。这也是错误的。因为这实质上是将垄断企业之间的超额利润看成垄断利润本身。垄断企业各不相同,生产一种产品的、经营又较差的垄断企业,其垄断利润显然不能用这个方法来说明。

还有一种看法认为,和在国内市场上不同,垄断企业的产品在世界市场上可以实现自己生产的垄断利润。我们分两种情况来谈。一是发达国家为一方,发展中国家为另一方,将双方内部因各国劳动生产率的差别而产生的差额利润略去,前者出口因高位资本有机构成而生产价格高价值的重工业品,进口后者因低位资本有机构成而生产价格低于价值的农产品。这样,前者便以小量劳动交换后者的大量劳动。但前者并没有因此实现垄断利润，因为它是按生产价格交换的。当然，前者由于进口便宜的原料和粮食，由此能提高一般利润率，但这是惠及所有资本主义企业的，垄断利润不能由此实现。二是某一发达国家的劳动生产率在世界平均水平以上，其产品在世界市场上便能实现超额利润。在自由竞争条件下，这些超额利润要参加平均利润率的形成，并提高该国的平均利润率。要使它成为垄断利润，就必须使它不为其他企业分沾。垄断企业的产生使其成为可能。仅仅从这点看，垄断利润才是垄断企业生产的。但这显然不适用于不出口的垄断商品。因此，这不能被看成垄断利润的一般来源。

垄断利润既然不能由垄断企业本身生产出来，它就只能从其他经济成分和社会阶层那里挖取而来。从这方面看，垄断利润的一个来源，是非垄断的资本主义的部分剩余价值。但是，只有这一个来源是不够的。因为随着垄断资本主义的发展，垄断企业的比重增大，非垄断的资本主义企业的比重降低，靠攫取后者的部分剩余价值来满足前者所需要的巨大资金是困难的。更何况要攫取它们的部分剩余价值，便要让它们能勉强地生存下去，这就不能过多地攫取它们的剩余价值。这就是说，当作一个总体来看，垄断向非垄断资本主义攫取部分剩余价值，客观上有一个经济界限。垄断利润的另一个来源，是工人的部分劳动力价值。根据同样的道理，它也有客观上的经济界限。垄断利润的第三个来源，是小生产者和一般居民的部分收入，这也是有客观上的经济界限的。

垄断价格是垄断企业攫取垄断利润的重要工具。垄断企业在商品交换中低价购买一般资本主义企业和小生产者的产品，分别将他们的部分剩余价值和收入转化为垄断利润，这是清楚的。垄断企业还以高价出售产品的办法，向其购买者攫取垄断利润，其中的情况较为复杂，垄断利润的来源问题要加以分析。

垄断企业向一般购买者出售的产品有两种：生产资料和消费资料。生产资料的购买者是一般资本家和小生产者。他们以垄断高价购买了生产资料，生产成本增加了，出售价格似乎也可以相应地提高。但是，这里有两种情况要加以区别：第一，如果他们生产的产品和垄断企业的产品相同，垄断企业制定的价格便是这种产品价格的最高界限，但是，其生产成本比垄断企业高,其获得的利润比垄断企业少;第二,如果他们生产的产品和垄断企业的产品不同,其增大的生产成本便全部转移到价格中去,它获得的利润比上述情况的可能多些。但由于他们相互之间存在竞争,竞争会引起购买价格和出售价格的变动,从而使其利润和收入在降低的条件下趋于平均。这样一来,这个阶层和阶级便被垄断企业剥削了。

消费资料的购买者主要有三种人:小生产者、一般资本家和工人。前两者以垄断高价购买商品,其收入和剩余价值的一部分便转化为垄断利润。工人以垄断高价购买消费资料,如果其货币工资不增加,工人的部分劳动力价值便转化为垄断利润。垄断价格高于价值的部分,就是劳动力价值丧失的部分。但在这个条件下,完全不增加工人的货币工资是不可能的。如果货币工资的增加和垄断价格高于价值的部分相等,那么,货币工资的增加部分,即垄断价格高于价值的部分或垄断企业得到的垄断利润,便是一般资本家丧失的部分剩余价值。在多数情况下,货币工资的增加是落后于垄断价格的增大的,这样,货币工资增加的部分,便是一般资本家丧失的那部分剩余价值;其增加落后于垄断价格的部分,便是工人丧失的那部分劳动力价值。

对于这种关系,马克思作过深刻的分析。他说:"某些商品的垄断价格,不过是把其他商品生产者的一部分利润转移到具有垄断价格的商品上。剩余价值在不同生产部门之间的分配会间接地受到局部的干扰,但这种干扰不会改变这个剩余价值本身的界限。如果这种具有垄断价格的商品进入工人的必要的消费,那么,在工人照旧得到他的劳动力的价值的情况下,这种商品就会提高工资,并从而减少剩余价值。它也可能把工资压到劳动力的价值以下,但只是工资要高于身体最低限度。这时,垄断价格就要通过对实际工资……的扣除和对其他资本家的利润的扣除来支付。"①

有的人不这样理解问题。他们认为,既然一般资本家以垄断高价购买生产资料,增加了生产成本,他们也能提高价格,那么他们支付给工人的货币工资,因工人以垄断高价购买消费资料而增加,这也是增加了生产成本,理应也能提高价格。如果能够这样,一般资本家的剩余价值是不会因此而

---

① 《马克思恩格斯全集》(第二十五卷),人民出版社1974年版,第973—974页。

减少,即变成垄断利润的。

这种看法是不对的。其所以不对,这是由于:生产资料的价值既构成生产成本,也构成价值,它的增加既使生产成本增加,又使价值或价格增加;而工资只构成生产成本,不构成价值,它的增加只能使生产成本增加,不能使价值或价格增加,它增加了,利润便相应地减少了。

我们设想一下由于货币工资增加,一般资本家便相应地提高价格的情况。对于生产生活必需品的资本家来说,此时必然有一部分产品销售不掉,价格因此要降下来。因为工人增加的货币工资部分等于垄断价格提高的部分,一般必需品的销售便不受影响,但由于一般资本家因此要提价,工人便只能以其货币工资买到原来要买的所有必需品的一部分,一部分过剩,价格便要降下来。根据基本原理,生产奢侈品和生产资料的资本家也不能因此提高价格。

垄断企业要向一般资本主义企业和小生产者攫取垄断利润,但如果剥削过度,一般资本主义企业和小生产者都被消灭了,前者也就不可能存在和发展。这就是为什么没有纯粹的垄断资本主义,以及垄断资本主义国家为什么要实行扶植中小生产者政策的原因。

(三)

按照马克思的理论,分析了垄断企业攫取垄断利润的必要性和垄断利润的来源,即分析了垄断资本主义生产的实质后,便可以看出,垄断资本主义是剥削受其统治的世界的体系,它的存在要以其他经济成分的存在为前提。正是这样,列宁便指出:"资本主义已成为极少数'先进国'对世界上大多数居民施行殖民压迫和金融所扼制的世界体系。"[1]斯大林也认为,垄断利润来自剥削本国大多数居民以及掠夺其他国家特别是发展中国家的人民。这就是说,从遭受垄断资本主义剥削来说,垄断资本主义国家的大多数居民和发展中国家的人民没有质的不同,他们应联合起来,反对垄断资本主义的统治。

由于垄断资本主义剥削本国的大多数居民,无产阶级受的剥削加深了,

---

[1] 列宁:《帝国主义是资本主义的最高阶段》,人民出版社 1964 年版,第 7 页。

一般的资产阶级的部分剩余价值被转化为垄断利润,资产阶级内部的平等关系部分地被破坏了,被马克思称为"资本主义的共产主义"的生产价格退出历史舞台。垄断利润的攫取,一方面使垄断资本主义的生产力有可能迅速发展,另一方面使全社会的生产和消费的矛盾尖锐,妨碍生产力的发展,这促使社会主义产生的物质条件成熟。在社会主义革命中,无产阶级有可能争取本国的大多数居民用不同的方法消灭垄断资本主义和一般资本主义。

垄断资本主义剥削发展中国家主要有三条渠道。一是国际贸易。发达国家以高位资本有机构成的产品,和发展中国家低位资本有机构成的产品交换,其本身就是小量劳动和大量劳动的交换。在垄断资本主义条件下,前者以垄断高价出售,后者以垄断低价出售,并不断地扩大两者间的差距,问题就更为严重。二是输出生产资本。发展中国家的资本有机构成一般较低,利润率本来就较高。由于存在大量的个体生产者,其产品价格可以仅等于 C+V,相当于 M 的部分在压力下可以不要,因此,原料和一般农产品的价格低下。工资和土地的价格也较低。这样,垄断资本在这里经营企业的利润率当然很高。如果以垄断高价出售产品,利润率就更高了。三是输出借贷资本。发展中国家的利润率高,受其调节的利息率当然也高。这些国家要发展资本主义,便要取得长期贷款,但它本身由于固定资本少,能够用于长期借贷的社会折旧基金少,这样,长期借贷的利息率便特别高。垄断资本可以在这里攫取高额利息。

垄断资产阶级采取加强对外剥削,减轻对内剥削的办法来缓和国内阶级矛盾,以巩固其后方。19 世纪中叶,英国资产阶级就用过这种政策。马克思和恩格斯对此进行了研究,指出英国由于占有广大的殖民地,又是"世界工厂",实质上是剥削全世界,由此获得巨额利润,使英国无产阶级实际上日益资产阶级化了,以致英国工人十分安然地同资产阶级共享英国的殖民地垄断权和工业生产垄断权。自从 19 世纪 70 年代开始,德、美、法等国赶上英国,英国的这种特权在垄断资本主义的基础上为几个帝国主义强国所共享,像英国从前那样整个无产阶级资产阶级化是不可能了。但是,从国外取得的巨额垄断利润,使一部分无产阶级的上层分子资产阶级化却是可能的,并已经成为事实。这对于垄断资本主义国家的无产阶级进行社会主义革命,以及同发展中国家人民联合起来进行反对垄断资本主义统治的斗争,妨碍极大。

第二次世界大战后,绝大多数殖民地国家在政治上已获得独立,从而就有可能进而取得经济独立,即实现国家工业化和现代化,逐步缩小同发达资本主义国家的差距,减少乃至断绝向它们提供垄断利润。在这种形势下,种种不利于发展中国家实现工业的论调产生了,其中有所谓南北分工论,即由北半球工业化国家分工生产资本、知识密集的产品,南半球发展中国家分工生产劳动密集的产品,两者交换。作为这种理论的实践,有欧洲共同体和它的联系国之间的种种协定,还有由日本提出的环太平洋圈设想等。撇开其他条件不谈,仅就欧洲共同体的联系国制度以及日本的环太平洋圈设想而言,其内部一方是高度发达的工业化国家,另一方是发展中国家,双方交换的本身就是小量劳动和大量劳动的交换,这种交换是由垄断资本主义进行的,它就能由此攫取垄断利润。如果发展中国家不善于利用发达资本主义国家之间的矛盾加速实现工业化,那就要源源不断地提供垄断利润。

只要发展中国家善于斗争,利用发达资本主义国家之间的矛盾,在自力更生的基础上实现工业化,逐步消灭垄断利润的国外来源,发达资本主义国家的内部矛盾就要加剧,因为垄断资本主义要加强攫取垄断利润,必将有利于无产阶级团结一切可以团结的力量,反对垄断资本主义的统治,实现无产阶级革命。

在垄断资本主义存在的条件下,发展中国家进行政治、经济斗争,实现工业化,便能逐步缩小乃至消灭发达资本主义国家垄断利润的国外来源。发达资本主义国家内部的无产阶级、个体生产者和一般资产阶级,无论怎样进行经济斗争,都不可能从根本上消灭垄断利润的国内来源,因为有垄断资产阶级的政权保护它。因此,垄断资本主义不会因发展中国家都实现了工业化而消灭,只有无产阶级夺取了政权,它才能消灭。

十、帝国主义论理论问题再思考[①]

《当代经济研究》2002 年第 1 期刊登的于光远的《读〈资本论〉杂记三

---

① 约写于 2002 年中。

则》、第4期刊登的奚兆永的《读〈"资本论"杂记三则〉一文质疑》，这两篇文章对列宁的《帝国主义是资本主义的最高阶段》（以下简称《帝国主义论》）是否运用了《资本论》（第三卷）的有关理论有不同的看法。研读了这两篇文章，我想了很多：首先，列宁写作《帝国主义论》的目的不是写教科书，而是说明当时已经发生的帝国主义国家之间的战争的性质，因而仅作"通俗的论述"，就是说，它和马克思的《资本论》不同，不能认为它是《资本论》的续篇，不能像对待《资本论》那样，依照其框架就可以编写政治经济学教科书。但苏联长期以来是这样做的，其教科书的框架对我们影响很大。对此，我在20年前就提出异议和建议①；其次，列宁写作《帝国主义论》时，当然看到并运用了《资本论》（第三卷），但是，是否应该运用的都运用了？还有些重要著作，例如：希法亭的《金融资本》、布哈林的《世界经济和帝国主义》，前者列宁已经运用了许多，后者列宁读过原稿并为之作序：这两本重要著作，是否还有可以运用的理论？此外，列宁自己以前写的《俄国资本主义的发展》，归纳和重申了马克思在《资本论》中论述的经济殖民地或政治经济学的殖民地，以及国内殖民地，《帝国主义论》是否仍应运用？这是本文要探索的。由于20年前已经思考过同类问题，因此，现在是再思考。

（一）《资本论》（第三卷）有哪些应该吸收的理论？

列宁写作《帝国主义论》无疑地是看过《资本论》（第三卷）的。这是不应该讨论的问题。应该讨论的问题是：《资本论》（第三卷）还有哪些应该吸收而没有吸收的理论？我认为有以下3方面。

1. 垄断产生的原因是什么？恩格斯在《资本论》（第三卷）中的插话的说明和列宁的说明是不同的。恩格斯说："历来受人称赞的自由竞争已经日暮途穷，必然要自行宣告明显的可耻破产。这种破产表现在：在每个国家里，一定部门的大工业家会联合成立一个卡特尔，以便调节生产。……但是生产社会化的这个形式还嫌不足。各个公司的利益的对立，过于频繁地破坏了它，并恢复了竞争。因此，在有些部门，只要生产发展的程度允许，就把该

---

① 陈其人：《政治经济学帝国主义部分理论体系探索》，《经济研究》1982年第5期，第48—54页。

工业部门的全部生产集中成为一个大股份公司,实行统一领导。在美国,这个办法已经多次实行;在欧洲,到现在为止,最大的一个实例是联合制碱托拉斯。"①列宁的说法与此不同。他说:"自由竞争引起生产集中,而生产集中发展到一定程度,就会引起垄断。"②现在流行的政治经济学教科书只是提一下诸如托拉斯、卡特尔、康采恩(Trust、Cartel、Konzem)一类名称,以为就说明它们是垄断企业了。我认为这是不对的。因为,这些名称并不能表明它们是垄断企业。例如,托拉斯就是信托,并不含有垄断之意。我认为,必须将参加卡特尔的企业和组成托拉斯的企业,为何要取得垄断利润的原因说清楚,才能说它们是垄断企业;否则它们就只是庞大的企业。从 1956 年开始,我在不同场合,多次谈论这类庞大企业取得垄断利润的必要性和来源问题。③ 现在没有新的看法,就不再论述了。

恩格斯的说明是符合辩证法的,就是说社会生产的无政府状态和资本主义个别企业生产有组织性的矛盾,必然使一些企业参加卡特尔和组成托拉斯,它们的生产是具有计划性的。列宁则直接认为它们是垄断企业。20年前,我就说,我倾向于恩格斯的分析。④ 我现在还是这样看。因为应该从资本主义生产本身的矛盾说明资本主义生产发生阶段性的变化。当然,这还只是从计划化必然代替无政府主义的角度来说明卡特尔一类组织的产生,还没有说明这就是垄断组织。要说明它们是垄断组织,还必须说明这些组织必然要攫取非本企业生产的利润,本企业才能进行再生产的原因,只有这样做了,才是真正说明了垄断的产生。

2. 垄断资本主义向落后国家输出资本的原因。列宁的说明是:"在这些落后国家里,利润通常都是很高的,因为那里资本少,地价比较贱,工资低,原料也便宜。"⑤我们知道,资本总是流向利润率高的地方的。因此,这里就暗含着这样的前提:落后国家的利润率比发达国家的高。为什么? 前人的

---

① 马克思:《资本论》(第三卷),人民出版社 1975 年版,第 495 页。
② 列宁:《帝国主义是资本主义的最高阶段》,人民出版社 1964 年版,第 16 页。
③ 陈其人:《剩余价值规律及其在资本主义发展各个阶段上的具体形式》,《复旦学报》1956 年版第 1 期,第 111—120 页;陈其人:《帝国主义理论研究》,上海人民出版社 1984 年版;陈其人:《帝国主义经济与政治概论》,复旦大学出版社 1986 年版。
④ 陈其人:《政治经济学帝国主义部分理论体系探索》,《经济研究》1982 年第 5 期,第 50 页。
⑤ 列宁:《帝国主义是资本主义的最高阶段》,人民出版社 1964 年版,第 56 页。

解释各不相同。斯密认为,经济越发达资本就越多,竞争就越厉害,卖价就越要降低,因此,利润率就降低;这是不对的,因为甲的卖价就是乙的买价,反之亦然。因此,要降价就卖价和买价一起降,这不会使利润率降低。李嘉图认为,经济越发达耕种的土地就越差,对土地递增的投资的生产率就越降低,因此,粮食的价格就越来越贵,货币工资就越来越高,在工人的劳动创造的价值中,分解为工资的部分就越来越大,余下的利润部分就越来越小;这同样是不对的,因为耕种土地不一定是从优到劣,对土地的递增投资,要以技术提高为条件,在此条件下,其生产率不会递减。马克思认为,利润率有下降的趋势,是由于生产力的发展,技术水平的提高,导致资本有机构成的提高。他在《资本论》(第三卷)中举了这样的例子:假定在一个欧洲国家,剩余价值率为 100%;在一个亚洲国家,剩余价值率为 25%。再假定在这个欧洲国家,资本的平均构成是 84C+16V;在这个亚洲国家,资本的平均构成是 16C+84V。这个假定是合理的,因为欧、亚虽然都有资本主义生产,但前者的生产力水平较高,因而资本的有机构成和剩余价值率也较高,后者则相反。在这个条件下,在欧洲国家,产品价值=84C+16V+16M=116,利润率为 16÷(84+16)=16%;在亚洲国家,产品价值=16C+84V+21M=121,利润率为 21÷(16+84)=21%。因此,亚洲国家的利润率比欧洲国家高 25% 以上,尽管前者的剩余价值率只有后者的 1/4。[①] 假如列宁能用这个例子,就能更好地说明发达国家要向落后国家输出资本以获取更高的利润了。

落后国家的原料为什么也便宜,列宁没有解释,而《资本论》(第三卷)是有很深刻的分析的。这就是:落后国家的个体生产者较多,他们的产品价值虽然可以像资本主义的产品价值那样,分解为 C+V+M,但是在外国资本的压力下,他们只要收回 C+V 即可,M 只好奉送,就是说,他们只求温饱,不求积累。由于这样,落后国家的农产品和其他原料的价格就显得很便宜,这是价格低于价值的结果,而不是劳动生产率特别高或土地特别肥沃的缘故。[②]

3. 外部市场问题。垄断资本主义输出资本的对象国构成其外部市场。

---

① 马克思:《资本论》(第三卷),人民出版社 1975 年版,第 169 页。
② 同上。

外部市场和内部市场是罗莎·卢森堡在《资本积累论》中首创的理论:外部市场和内部市场的划分不是以国家疆界为准,而是以经济成分相同与否为准的;也就是说,即使是跨越国界的资本主义经济成分的交换,例如,德国的资本主义成分和英国的资本主义成分交换,这是内部市场,而即使在一国内部的不同经济成分的交换,例如,德国资本主义成分和德国小农的交换却构成外部市场。从这一点看,资本从发达国家输出到落后国家,就构成外部市场。列宁在《帝国主义论》中没有提出这个问题,而他在此前的《俄国资本主义的发展》中,尽管不很精确,却提出不以国家疆界为准划分国内市场和国外市场的问题。① 可惜的是,他后来没有将这一极其重要的思想加以发展。

《资本论》(第三卷)中有一段论述事实上是谈论这个问题的。这就是:"在16世纪和17世纪,由于地理上的发现而在商业上发生的并迅速促进了商人资本发展的大革命……如果在16世纪,部分地说直到17世纪,商业的突然扩大和新世界市场的形成,对旧生产方式的衰落和资本主义生产方式的勃兴,产生过非常重大的影响,那么,相反的,这种情况是在已经形成的资本主义生产方式的基础上发生的。世界市场本身形成这个生产方式的基础。"②这里的新世界市场指的就是欧洲资本主义因海路大通而导致的和新大陆以及亚、非等非资本主义的交换,而世界市场指的就是地中海沿岸地区的跨越国界的资本主义交换。世界市场其所以成为资本主义生产方式的基础,是由于资本主义是商品生产制度,商品有冲破国家疆界进行交换的天性。我认为,列宁如果注意《资本论》(第三卷)中的这段论述,他是会大大地运用,以完成由他初步提出的,但需要完善的国内市场和国外市场的理论的。

值得指出的是,有些经济学家并不理解列宁的资本输出理论,以为资本只要离开国界就是资本输出,而不问它是否向落后国流入。研究战后资本流动的经济学家,就将战后发达国家之间的资本流动理解为资本输出,以至得出这样的结论:列宁的资本输出理论已经过时,因为战后资本主义国家之间的"资本输出"量,大于资本主义国家向落后国家的资本输出量。

---

① 《列宁全集》(第三卷),人民出版社1959年版,第909页。
② 马克思:《资本论》(第三卷),人民出版社1975年版,第371—372页。

(二)《金融资本》有哪些应该吸收的理论？

《帝国主义论》的写作特别运用了两本著作：霍布森的《帝国主义》（1902 年）和希法亭的《金融资本》（1910 年）。关于后者，列宁说："虽然作者在货币问题上犯了错误①，并且有某种把马克思主义同机会主义调和起来的倾向，但是这本书对'资本主义发展的最新阶段'②（希法亭这本书的副标题）作了一个极有价值的理论分析。"③《列宁全集》（第三十九卷）收有列宁读此书时写下的笔记："资本输出＝'为了在国外生产剩余价值的价值的输出'。"④希法亭认为："这里的根本问题是，剩余价值仍然留归国内支配。例如，如果一个德国资本家带着他的资本移居加拿大，在那里进行生产，不再回归故里，这就意味着德国资本的损失，意味着资本脱离原国籍。这不是资本输出，而是资本转移。"⑤我认为，这一重要思想，列宁是应该吸收的。它暗含着这样的思想：输出资本以攫取垄断利润是输出资本的垄断资本进行再生产的必要条件。这同我对垄断利润的必要性及其来源的认识是相同的。

(三)《世界经济和帝国主义》有哪些应该吸收的理论？

布哈林的《世界经济和帝国主义》初稿于 1915 年，初版于 1918 年，两者相隔数年，原因不详，很可能是他不像列宁写《帝国主义论》那样，没有用"可恶的伊索寓言式的语言"来写作，以致无法通过俄国沙皇的出版检查。布哈林对世界经济的定义是："世界经济是全世界范围的生产关系和与之相适应的交换关系的体系。"⑥这个定义和现在编写的世界经济教科书所暗含的世界经济的定义不同。现在流行的世界经济教材，其内容就是各国经济情况

---

① 我试图分析其错误。见陈其人：《希法亭不是发展而是从根本反对马克思的货币理论》，《当代经济研究》1996 年第 6 期，第 58—61 页。

② "资本主义发展的最新阶段"是俄译本上的错误。因为从理论上看，希法亭并不认为金融资本是资本主义发展的一个阶段，而只是一种所有权形态；与此相应，帝国主义就是金融资本采取的政策。对这个译名，我在前面提到的 20 年前的那篇文章里已经提出不同的看法。现在，《金融资本》的中译本已出版，它将此译为"资本主义最新发展的研究"。这就对了。

③ 列宁：《帝国主义是资本主义的最高阶段》，人民出版社 1964 年版，第 11 页。

④ 《列宁全集》（第三十九卷），人民出版社 1963 年版，第 373 页。

⑤ 鲁道夫·希法亭：《金融资本》，福民等译，商务印书馆 1994 年版，第 360 页。

⑥ 尼·布哈林：《世界经济与帝国主义》，蒯兆德译，中国社会科学出版社 1983 年版，第 8 页。

简介和世界性经济问题论述。《世界经济和帝国主义》共 4 篇:"世界经济和资本的国际化过程""世界经济和资本的民族(或国家)化过程""帝国主义是资本主义竞争的扩大规模的再生产"和"帝国主义和世界经济的未来";这四篇着重研究由定义所界定的世界经济的形成。《帝国主义论》初稿于 1916 年,初版于 1917 年。它强调"帝国主义是资本主义的特殊阶段"。① 《帝国主义论》的写作,无疑是参考了《世界经济和帝国主义》手稿的内容的,这从《帝国主义论》的有关论述可以看出来,例如,它提到垄断条件下银行的新作用时说:"一方面是银行资本和工业资本日益融合起来,或者用尼·伊·布哈林很中肯的说法,日益混合生长了……"② 值得注意的是:《世界经济和帝国主义》出版时的序言是列宁写的。序言指出:"布哈林这本书的科学意义特别在于:他考察了世界经济中有关帝国主义的基本事实,他把帝国主义看成一个整体,看成极其发达的资本主义的一定的发展阶段。"③ 强调帝国主义是一个历史阶段,这是和《帝国主义论》明确指出"帝国主义是资本主义发展的最高阶段"这一思想相符合的;尽管布哈林深受希法亭的影响,强调帝国主义只是金融资本采取的政策。④ 同样值得注意的是:列宁在《帝国主义论》的法文版和德文版的序言中,则强调帝国主义是一种世界体系:"资本主义已成为极少数'先进'国对世界上大多数居民施行殖民压迫和金融扼制的世界体系"⑤;尽管他在全书中强调帝国主义是资本主义的历史阶段。我的意思是说:这两本书互相影响,重要理论事实上相同;用图表表示的殖民地领土,从格式到内容也完全相同。⑥

让我们进一步研究资本主义成为对世界大多数居民施行殖民压迫和金融扼制的世界体系问题。列宁认为,这个世界体系在物质上是由铁路、轮船、电报、电话等为基础的;在经济上是以金融密网为经纬的。

我认为,一种经济成分其再生产的条件要其他经济成分提供就成为世

---

① 列宁:《帝国主义是资本主义的最高阶段》,人民出版社 1964 年版,第 79 页。
② 同上书,第 38 页。
③ 尼·布哈林:《世界经济与帝国主义》,蒯兆德译,中国社会科学出版社 1983 年版,第 11 页。
④ 同上书,第 84 页脚注。
⑤ 列宁:《帝国主义是资本主义的最高阶段》,人民出版社 1964 年版,第 7 页。
⑥ 同上书,第 72 页;尼·布哈林:《世界经济与帝国主义》,蒯兆德译,中国社会科学出版社 1983 年版,第 63 页。

界体系,这种思想是罗莎·卢森堡首创的,她认为资本主义就是这样。在她看来,第一,资本主义用来进行扩大再生产的剩余价值,在只有资本家和工人这两个阶级的纯资本主义社会中是不可能实现的,它的实现只有靠资本家和工人以外的第三者,即个体生产者;第二,用来进行扩大再生产的追加物质资料和劳动力,资本主义生产本身无法供应,要靠第三者提供。就是说,资本主义要进行扩大再生产,就要同第三者进行两次交换:第一,向它出卖体现剩余价值的商品;第二,向它购买追加的物质资料和劳动力。因此,她认为:"资本如果没有全地球的生产资料与劳动力,那是不成的。"因此,"国际贸易,一开始就是资本主义历史存在的首要条件"。[①] 在她看来,这里的国际贸易就构成国外市场,即不同经济成分的交换,也就是我们前面说的外部市场,以区别于国内市场,即相同经济成分的交换,也就是我们前面说的内部市场。在她看来,一种经济成分不能独立存在,不能以自己为条件进行扩大再生产,该经济成分就是一种世界体系。因此,世界体系指的不是一种经济成分事实上与国外有联系,而是其再生产条件要由其他经济成分提供;不是一种对于现象的记录,而是一种关于本质的分析。从这一点看,我认为奴隶制度就是一种世界体系,因为奴隶的劳动生产率太低,奴隶劳动力的再生产就不是让奴隶组织家庭、繁殖后代来进行,而是捕捉其他经济成分的成年人来补充。美国南北战争前,奴隶也是靠从非洲捕捉黑人而得到补充的。

我认为,卢森堡的资本积累理论从理论上看是错误的,因为马克思的社会资本再生产理论已经表明,资本主义自身是可以实现扩大再生产的,不必靠第三者,这是完全正确的;但从方法论上看,则能启发人,因为运用其方法就可以看到,垄断资本主义(不是一般的资本主义)确实是要其他经济成分提供垄断利润,它才能进行扩大再生产的。因此,垄断资本主义就是一种世界体系。

我还认为,如果这样认识世界体系,哈里·马格多夫和伊曼纽尔·沃勒斯坦的资本主义(不是垄断资本主义)世界体系论就站不住脚了,因为它们只是将现象记录下来。

---

① 罗莎·卢森堡:《资本积累论》,彭尘舜、吴纪先译,生活·读书·新知三联书店 1959 年版,第 288、283 页。

在上述基础上,我进一步认为:帝国主义是垄断资本主义的世界体系。当殖民地是一个一个地存在着的时候,像罗马帝国,即将各个殖民地纳入罗马的版图那样的帝国主义,就不会产生,这就是为什么马克思研究了英国对西印度和东印度的统治、研究了英国的殖民主义,但是没有提出帝国主义理论的原因,因为那时英国是让殖民地一个一个地存在着的,没有在政治上组成如像罗马帝国那样的英帝国。但是 19 世纪 70 年代,情况开始发生变化:许多发达国家赶上英国,和英国争夺殖民地,英国为了确保其殖民地,就把它们和英国本土联结起来,使它们成为政治殖民地。这个转折点就是 19 世纪 80 年代召开的英国殖民地会议,它是英帝国的雏形。于是,如像古罗马帝国那样的帝国又在现代的条件下出现,这就是现代帝国主义的产生。所以,我认为现代帝国主义就是垄断资本主义的世界体系。

(四)《资本论》和《俄国资本主义的发展》的经济殖民地和国内殖民地理论

本部分内容详见本卷第三部分"殖民地和帝国主义研究"的"六、试以《资本论》等著作为基础建立帝国主义理论"的第四节。

十一、《帝国主义经济与政治概论》书后[①]

"帝国主义经济与政治概论"是我为复旦大学国际政治系创设的新课。其目的在于为国际政治专业建立一门专业基础课。从它最初将垄断资本主义经济和殖民地经济(还没有研究殖民帝国这一政治上层建筑)统一起来加以研究这一点上说,是开拓了一个新的领域,建立了一个新的体系。自 1980 年开讲以来,每学期都有修改,最后也研究了殖民帝国政治。自知讲稿距离正式出版要求尚远,但一方面由于学生希望能有正式出版的教材,另一方面由于我曾在《经济研究》上著文表明我对政治经济学帝国主义部分理论体系的看法,有些读者希望我早日成书出版,我就修改讲稿,并增写了"帝国主义

---

① 1987 年写于青岛海边,利用护理病人时的空隙写成。

经济与政治思想"原打印教材没有的一篇,1984 年交稿,1986 年由复旦大学出版社出版。出版之后,我感到有些话在"前言"中不可能谈到,现在要补谈一下,也许对志在开拓新领域和新体系的青年学子有参考价值。

反复推敲　　力求创新

研究世界经济和国际政治的学生,必须对当代帝国主义与殖民地,即对形形色色的殖民帝国的本质有正确的认识。这就要选择恰当的角度来研究帝国主义。作为解决这个问题的尝试,《帝国主义经济与政治概论》(以下简称《概论》)的内容和形式,都是经过反复推敲的,其结果就是现在《概论》的体系。它和目前研究帝国主义的著作相比是新的,但是,这决不是为了标新立异,而是为了揭示事物原有的本质,它和从另一角度进行研究帝国主义相比就显得新了。

我曾分别讲授作为政治课的和专业课的政治经济学多年,也讲授过政治经济学的专题研究,从中逐步认识到这门学科中自由竞争资本主义部分、垄断资本主义部分和社会主义部分之间,存在体系和方法上的不一致,认识到当时将列宁的《帝国主义是资本主义的最高阶段》的基本内容,作为研究垄断资本主义阶段的政治经济学课程的组成部分是不妥当的。因为列宁写作此书的目的,不在于全面分析垄断资本主义的经济关系。1956 年,我与他人合写《帝国主义的经济特征和历史地位》,这本小册子作为辅助学习列宁著作的独立读物是可以的,作为政治经济学体系的构成部分则是不妥的。

从 1978 年开始,我为硕士研究生讲授《资本论》和《帝国主义论》,后来合起来称为《资本论》和《帝国主义论》综合研究,前者我很快就提炼出几个适合政治专业(现在看来更适合政治和法律专业)需要的专题,写成《〈资本论〉政法专业选读》,初步解决了教材问题,后者我反复考虑如何才适合专业需要,真是经过螺旋式的认识过程,才写成现在这本《概论》。

1979 年,我将列宁的前人,尤其是考茨基、霍布森、希法亭、卢森堡的帝国主义理论,从方法论到理论本身,同列宁的作了比较,写了题为《列宁在帝国主义研究中完成的伟大变革》的文章,指出列宁的最大贡献是:从生产内部出发,而不是从分配和流通出发,也不是从竞争出发去研究帝国主义,批判人们在日常经济和政治生活中形成的帝国主义是一种政策的概念,指出帝国主义是资本主义发展的一个历史阶段。其后,我又以《从霍布森到列宁》为题目,作为专题分次讲授。这篇文章和讲稿,对人们认识列宁的帝国主义理论形成过程不无帮助,但是,作为国际政治专业的课程,显然作用不大。因此,我就将此文压了下来,将其内容留作他用。就是说,《概论》的内容问题仍然没有解决。

遇到问题,我就再度研究列宁的帝国主义论,认识到他写此书的目的在于:说明帝国主义是社会主义革命的前夜,当时发生的战争是帝国主义的战争;揭露为帝国主义战争辩护的机会主义思潮的经济根源:这对于坚持无产阶级革命路线、批判机会主义思潮、变帝国主义战争为国内革命战争具有重大的作用,但将它作为政治经济学的组成部分已属不妥,将它教条化,即将他指出的帝国主义五大经济特征去套各种现实经济问题,或反过来,将各种现实经济问题往五大经济特征里塞,尤为不妥。由于有了这种认识,再加上以前写过的那篇《变革》,我就写成《帝国主义理论研究》一书,于 1984 年出版。虽然这样,仍未解决《概论》的内容问题。

由于写作《研究》时反复阅读帝国主义论,我发现列宁在该书的序言中有"世界体系"的提法。它指的就是宗主国和殖民地的对立统一。这对我由于环绕着这个对立统一问题思索多时,但是找不到一个准确的范畴来表达,因此一片混乱的头脑,起了清醒的作用。"世界体系"这一范畴救了我的命! 正是"世界体系"这个范畴,应该是我已经"怀孕"的《概论》的研究对象。

恰在此时,1980 年在罗马召开的布哈林国际讨论会的有关资料陆续传到我国。从中我知道布哈林著有《世界经济与帝国主义》,列宁为之作序,并对布哈林将帝国主义作为一个世界体系来研究予以肯定;尽管列宁的《帝国主义是资本主义的最高阶段》是将帝国主义作为资本主义的一个阶段来研究的。此时,也只有此时,我苦闷多时后才感到豁然开朗。

在这种认识的基础上,我于 1982 年写了《政治经济学帝国主义部分理论体系探索》(以下简称《探索》)。此文虽然仍未完全脱离政治经济学原来的框架来探讨问题,还没有完全解决问题,但从"世界体系"的角度研究帝国主义的框架已初步搭好。

写成《探索》后,我感到待开设的"概论"是相对独立的课程,不必等候作为政治经济学组成部分的帝国主义体系问题解决了才建立,只要把握住研究的是宗主国和殖民地的对立统一就可以了。但是,《探索》由于是从政治经济学的角度出发考虑问题的,就没有研究帝国主义的政治上层建筑,也没有研究其思想上层建筑,研究的主要是经济和政治思想,当然,也没有研究中国半封建半殖民地的经济形态;《概论》作为研究世界体系的帝国主义的经济与政治,这些都要补上;将帝国主义经济与政治合起来加以研究,不仅有先例,而且意义重大。最早提出帝国主义论的是霍布森,他的著作是将经济与政治合起来研究的;在列宁的《帝国主义论》中,研究经济特征的是帝国主义经济,研究历史地位的是帝国主义政治,即说明帝国主义是社会主义的前夜。

认识到了这一步,最重要的任务就是揭示帝国主义宗主国和殖民地发生本质联系的经济范畴是什么。这时,我想起 1956 年、1957 年、1958 年我分别写的三篇有联系的文章《剩余价值规律在资本主义发展各个阶段上的具体形式》《论资本主义基本经济规律及其在资本主义发展各个阶段上的具体形式》和《关于垄断价格和垄断利润的一些问题》,在其中我阐述了垄断资本主义经济成分必须攫取垄断利润的原因,是满足进行扩大再生产的需要,而被攫取垄断利润的对象有国内的和国外的,则成为殖民地。这一回顾,使我将列宁的世界体系是由宗主国和殖民地国家组成的理论,变为是由垄断资本主义和殖民地组成的理论。这个殖民地可分为国内的和国外的两种,它们就不是眼睛所看到的,而是进行了高度抽象的结果。这样,20—30 年前的研究,就像涓涓细水,流入《概论》。此时,只有此时,我才感到融会贯通了。

经过反复推敲,确定下来的《概论》基本内容是这七篇:

(一)垄断资本主义的经济关系

(二)垄断资本主义和殖民地的经济关系

(三)垄断资本主义国家和国外殖民地之间的经济关系

(四)帝国主义的政治上层建筑

(五)帝国主义世界体系的基本矛盾和逐步崩溃

(六)无产阶级帝国主义理论的创立和发展

(七)垄断资产阶级的经济与政治思想

注意继承　慎重扬弃

同任何科学一样，《概论》的创建，也有一个如何对待前人的问题。

我首先遇到的问题，就是在研究垄断资本主义经济时，不能只研究它本身，而同时要研究殖民地经济，并且要研究它们两者之间的关系，这才构成帝国主义经济。帝国主义政治就是其政治上层建筑。但是，这样考虑时，我遇到一个方法论问题：在研究垄断资本主义以前的几种经济成分时，都是只分别研究其本身，而不涉及其他的经济成分，为什么研究垄断资本主义经济就不能这样？这时，我就想到马克思研究自由竞争的资本主义经济和列宁研究垄断的资本主义经济，两者的方法是不同的。前者研究剩余价值、社会再生产和平均利润率规律时，是将对外的经济联系予以舍象，不予研究的；后者在研究垄断利润时，则将对外贸易和资本输出等作为必要的条件。经过比较，我感到我的方法是正确的。其原因说到底就是：垄断资本和一般资本不同，它必须攫取垄断利润，而垄断利润不是垄断资本自身产生的。垄断利润规律也不是剩余价值规律直接的具体化，而是增加了新的因素（非垄断经济提供垄断利润）的具体化。这些重大问题，我在前面三篇有联系的文章里已经说得很清楚了。

接下来的问题就是，一方面要和卢森堡的资本积累理论划清界限，以说明资本主义不是世界体系；另一方面要运用其方法论，以说明垄断资本主义是世界体系。这个问题的另一面就是：当代的马格多夫和沃勒斯坦等也认为资本主义是世界体系，我的世界体系论如何同他们的世界体系论划清界限。

简单地说，卢森堡的资本积累理论就是：在只有工人阶级和资产阶级的纯粹资本主义条件下，资本积累是不可能的。她认为，如果像马克思说的那样，就是第一部类进行积累以扩大再生产，是为了自己和第二部类的积累和扩大再生产；第二部类的积累和扩大再生产，又是为了自己和第一部类的积累和扩大再生产，这样，资本家就成为为了积累而积累，为了扩大再生产而扩大再生产的糊涂虫了。其实，资本主义的竞争迫使资本家是为了生产而生产，为了积累而积累！马克思是正确的。

卢森堡进一步说，资本家用来积累的剩余价值不能卖给资本家自己，也不能卖给工人,只能卖给他们之外的第三者,主要是农民。资本主义经济和个体经济之间有两次交换:第一次,资本家将用于积累的剩余价值的载体(物质资料)卖给农民,从他们的手里拿到货币;这时,积累在价值上实现了;第二次,资本家用货币向农民购买生产资料和劳动力,有了这些生产要素,资本积累才在物质上实现了,扩大再生产才能进行。我们看得很清楚,经过这两次交换,她还是回到资本家是为了扩大生产而扩大生产的糊涂虫这上面来。她本应同意马克思的资本积累理论的,但是,她还是由此得出结论:资本主义离开对外贸易(同第三者进行两次交换)是不能存在的;资本主义经济是不能独自存在的,就是说资本主义是世界体系。因此,卢森堡的世界体系论所包含的方法论就是:一种经济成分的再生产条件不能由自身具备,而要由其他经济成分提供。

这样,卢森堡的世界体系论同沃勒斯坦与马格多夫的世界体系论就有明显的质的区别了。前者是从资本主义再生产所需的条件进行分析而得出来的结论;后者是将资本主义实际上是与非资本主义有联系这种事实记录下来而已。

我的帝国主义观,就是建立在抛弃卢森堡的资本积累理论,而运用其中的方法论的基础上。垄断资本主义必须取得的垄断利润要由非垄断经济提供,只有这样,它才能实现扩大再生产,受其控制而巩固地为其提供垄断利润(不是一般利润)的经济成分就是殖民地。这两者构成一个对立统一体,即殖民帝国,就是说,帝国主义是垄断资本主义的世界体系。

同卢森堡的资本积累理论相适应,她又首创内部市场和外部市场这对概念。前者指的是同一经济成分内部的交换,后者指的是不同经济成分之间的交换;两者与国家的政治疆界没有本质的联系。因此,德国的资本主义和英国的资本主义交换,构成内部市场;德国资本主义和德国独立生产者之间的交换,则构成外部市场。她认为,资本积累是在外部市场实现的;我运用其方法,认为垄断利润是在外部市场获得的。

应该说,最初想将上述两种不同的交换在范畴上加以区别的是马克思。他将地理大发现前,地中海沿岸诸国、主要是资本主义国家之间的交换,称为世界市场;将地理大发现后,西欧各国同东方和美洲即主要是前资本主义国家的交换,称为新的世界市场。其后,列宁又根据俄国的情况,不根据政治疆界,提出国内市场和国外市场的概念,但是有些混乱。卢森堡在前人的基础上前进了一大步!

十二、关于国家垄断资本主义的几个问题[①]

本文试图说明四个问题:一、国家垄断资本主义是垄断资产阶级取得法律保障而盗窃国库的经济关系;二、这种经济关系表现为垄断资本主义经济不为市场或为有保证的市场而生产的经济形式;三、把垄断资产阶级国家看成组织经济的社会机构,把任何一种计划化都看成社会主义,是当代社会党(包括工党)的施政纲领和混合经济制度论的理论基础;四、无产阶级夺取政权后,开始建设时应该怎样对待国家垄断资本主义。

(一)

我认为,要认识国家垄断资本主义的本质,关键在于区分国家资本主义和国家垄断资本主义这两种经济范畴。经济范畴是生产关系即经济关系在理论上的反映,因此,要区分上述两个范畴,便要简要地谈一谈资本主义生产关系的变化。

随着资本主义生产力社会化的发展,在个人企业之外,产生了股份公司,私人资本主义发展为集团资本主义。有些具有社会化性质的企业,或者由于股份公司无力经营,或者由于资产阶级内部矛盾不宜由股份公司经营,便由资产阶级国家经营,这就是国家资本主义,也即整个资产阶级的资本主义。在这里,我将由于生产力社会化而产生的国营或公营企业称为国家资本主义,那些因财政目的和因官僚利益而产生的国营企业不在此列。

由于资本主义生产无政府状态而产生的市场问题,促使资本主义变为垄断资本主义;后者一般是在股份公司的基础上形成的。恩格斯在说明这个过程时写道:"历来受人称赞的自由竞争已经日暮途穷,必然要自行宣告明显的可耻破产,这种破产表现在:在每个国家里,一定部门的大工业家会

---

① 约写于 1984 年年中。

联合成一个卡特尔,以便调节生产。"①严格地说,这些由于调节生产而形成的卡特尔一类组织,在我们尚未说明它必须攫取垄断利润时,是不能称为垄断企业的,但我按照习惯还是这样称呼了。

由于资本主义生产发展和消费相对落后的矛盾而产生的、更为严重的另一种市场问题,我个人认为是促使一般垄断资本主义变为国家垄断资本主义的重要原因。一般说来,大机器生产在资本主义国家经济中占了统治地位以后,因上述生产和消费的矛盾而产生的市场问题便开始产生,但相对说来不很严重,再加上那时的国家是反封建统治,反行会制度取得胜利后不久的国家。在这样的经济和政治的条件下,资产阶级就不会要求国家为其解决市场问题。垄断资本主义产生后,情况就不同了。由于垄断资本主义要攫取垄断利润,因此,由生产和消费的矛盾而产生的市场问题便更为严重。1929 年至 1933 年的经济危机,则是在资本主义世界市场缩小了的条件下爆发的,所以空前严重。这是因为俄国脱离了资本主义世界体系,殖民地附属国的资本主义有了一定程度的发展。从广度看,这个市场缩小了;当时,资本主义只是改善管理,资本有机构成的提高幅度不大,这个市场从深度看没有扩大。危机中,垄断资产阶级便根据第一次世界大战时他们利用国家机关盗窃国库的经验,并加以发展,使一般垄断资本主义变为国家垄断资本主义。这样,国家垄断资本主义便从第一次世界大战时的暂时存在,变成从 20 世纪 30 年代开始的长期存在。

我认为,垄断资产阶级利用国家政权因而取得法律保障,盗窃国库资金,为其解决市场问题,实现和攫取垄断利润这样的经济关系,就是国家垄断资本主义。我这种认识,是将列宁的理论分析和其后的实际情况加以研究后才获得的。列宁说:"为战争服务的资本主义经济(直接或间接地同供应军需品有关的经济)是系统的、取得法律保障的盗窃国库行为。"②"为国防工作的资本家……完全不是为市场工作,而是按照订货甚至往往是为了得到贷款而工作的。"③这里谈的就是国家垄断资本主义的本质。

---

① 马克思:《资本论》(第三卷),人民出版社 1975 年版,第 495 页,恩格斯的插话。
② 《列宁全集》(第二十五卷),人民出版社 1958 年版,第 52—53 页。
③ 同上书,第 331 页。

在这里,我们要将一般垄断资本主义和国家垄断资本主义区分开来,不要以为两者的界限在于是否和国家政权有关。如果以这为标准,两者就没有区别了。因为后者固然和政权有关,前者又何尝无关——为了在国内市场上以垄断高价出售商品,它就要利用政权制定对这种商品进行关税保护的法令。所以区分不在于是否与国家政权有关。我们还要将国家资本主义和国家垄断资本主义区分开来,这一点尤为重要。不要以为,既然国家垄断资本主义与国家政权有关,那么,在前垄断资本主义已经存在的国营企业(国家资本主义)在垄断资本主义条件下便不再存在,而自然而然地变成国家垄断资本主义,和垄断资本主义条件下产生的国家垄断资本主义毫无区别。换句话说,不要以为在垄断资本主义条件下,凡是国营经济都是国家垄断资本主义;反之,不是国营经济都不是国家垄断资本主义。

我认为,区分在这里:利用国家政权再分配国民收入,使其有利于一部分垄断资本家的经济关系,就是国家垄断资本主义;这样,它便和一般垄断资本主义相区别。因为后者没有对国民收入作这样的再分配;它便和国家资本主义相区别,因为后者是由生产力社会化引起的,并且和国民收入再分配无关。从这里出发,我认为,国家垄断资本主义的这种本质,可以表现为财政赠与、信贷优待、国家包买、用国家购买的生产资料来办的国营企业,以及实质上是用国家购买的消费资料来办的社会设施,即社会福利和社会救济事业等。这样,当我们考察在垄断资本主义条件下的国营企业时,就不要不加分析地认为都是国家垄断资本主义企业,而要按照它包含的经济关系,分别确定为国家资本主义企业和国家垄断资本主义企业。例如,英国在第二次世界大战后实行铁路、煤矿国有化,是国家垄断资本主义;一般的市政企业,是国家资本主义;生产过多的宇航工具,是国家垄断资本主义。

国家垄断资本主义的本质既然是这样,通货膨胀就必然成为它的经济支柱。这里说的通货膨胀,指的是纸币和信用货币的流通量超过流通商品所需要的金(或银)量,因而货币购买力下降,物价普遍上涨这种现象和政策。只有这样,国家才能比征税更有效地劫贫济富、劫众济寡,源源不断地充实国库,以供某些垄断资本家合法地盗窃。也就说明,为什么在 20 世纪 30 年代的危机中,垄断资本主义国家都先后放弃金本位,为什么从这时起国家垄断资本主义才长期存在下来。

基于这种认识,我觉得,列宁认为的国家垄断资本主义是国家同垄断资本家融合的这一说法未必正确。因为它和他前面说的"盗窃国库"相矛盾;斯大林认为的它是国家机关服从于垄断组织的产物则能纠正这缺点,因而是正确的。

我认为,列宁这种看法受到布哈林的影响。我们知道,在金融资本这个理论问题上,列宁同意布哈林的提法:银行资本和工业资本日益混合生长,这是正确的,因为金融资本确实是这两种资本的混合或融合。布哈林认为的国家资本主义托拉斯是工业、金融和政权的融合却是不正确的,因为政权只是工业和金融的工具。但布哈林这样说,是以一个错误的理论为基础的,那就是垄断经济囊括全部国民经济,非垄断经济全部消灭,这是希法亭的纯粹垄断资本主义论的翻版。这样一来,政权所管理的就只是垄断经济,垄断经济就不能利用它来进行剥削,这就是"融合论"的产生条件。列宁是坚决反对纯粹垄断资本主义论的,现实生活中也不存在纯粹垄断资本主义,垄断资产阶级掌握政权,就是用它来向一般居民剥削垄断利润,既然这样,就不能说国家同垄断资本主义融合,而应该说国家机关服从垄断组织。

(二)

上面已经简要地说明国家垄断资本主义本质的表现形式。现在从另一个角度进一步谈谈这个问题。我想从生产商品的私人劳动要通过市场才能转化为社会劳动这一角度来谈。列宁说:"资本家为国防即为国家工作,这已经不是'纯'资本主义(这是明显的事实),而是国民经济的一种特殊形式。纯资本主义是商品生产,商品生产是为不可知的自由市场工作的。"①国家垄断资本主义既然是由于要解决因生产与消费的矛盾而产生的市场问题才形成的,它要求国家包买其产品,这个市场当然是有保证的,不是不可知的。换句话说就是,一般商品生产的私人劳动之转化为社会劳动是没有保证的,国家垄断资本主义经济的商品,其私人劳动之转化为社会劳动是有保证的。当然,这是从企业来说的;从社会看,国家包买后,是否真的能进入生产消费或个人消费,是否真的实现为社会劳动,是成问题的。

---

① 《列宁全集》(第二十五卷),人民出版社 1958 年版,第 52—53 页。

现在,进一步的问题是,这种经济形式应该生产什么产品。我认为,这种经济的产品应该直接地或间接地都与个人消费无关;因为如果与个人消费有关,根据上述道理,它就有市场问题,即使由国家包买,也有一个最后处置的问题,因此不是理想的形式。理想的形式,用凯恩斯的话来说便是:"上古埃及可称双重幸运,因为埃及有两种活动(建筑金字塔与搜索贵金属),其产品不能作消费之用,故不嫌其太多。一定是由于这个缘故,上古埃及才如此之富。"①在 20 世纪 30 年代经济危机的时候,德国流行一个笑话,说的也是这种理想形式。该笑话说,希特勒准备将德国的弯曲湖弄直,黑森林刷白,并在进军苏联的通道上铺上地毯,用这种方法来刺激生产,增加就业。

这就说明,这种经济形式最好是没有产品的,劳动过程形成产品,就当然没有市场问题;如果有产品,最好是与个人消费无关的,它不受个人消费低下的限制,并由国家包买;如果有产品,并与个人消费有关,那就要由国家来保证这种消费的实现。总之,要使市场不成问题。

正因为这样,把国家垄断资本主义的实践上升为凯恩斯主义,实质上是认为国家垄断资本主义经济有以下这 3 种形式。

生产金银货币。货币这种特殊商品既无市场问题,又与个人消费无关,真是再多也不嫌其多的。凯恩斯认为,如果能够像生产汽车一样生产货币,那么,生产就能不断发展。可惜的是,金银矿有限,产品不能随意增加。在这个条件下,他认为开纸币矿也是好的:先由政府造成纸币矿,再租给私人资本家把它挖出来,其产品就是纸币,没有市场问题,它与个人消费无关。但在造矿和开矿中,要耗费工具,生产这些工具便能促进生产发展,工人也能就业。

生产军火。凯恩斯多次讲,生产军火和生产金银一样,对生产发展起作用。从与个人消费无关这点看,这两者确实相同。所不同的是,军火有市场问题,但这是一个有保证的市场,是由国家包买的。

搞公共工程。即修道路、水库、发电站等。这没有市场问题,但说到底与个人消费有关。可是,这种个人消费是由社会或国家保证了的,实质上是社会消费,是由国家资金支持的。

如果说,生产金银货币受到限制,开纸币矿不可能(不是通货膨胀不可

---

① 凯恩斯:《就业、信息和货币通论》,徐毓枏译,商务印书馆 1963 年版,第 111 页。

能),那么,生产军火和搞公共工程就不仅是可能的,而且从 20 世纪 30 年代经济危机直到现在,都是国家垄断资本主义经济的基本形式。凯恩斯提出这种形式,其事实依据就是 20 世纪 30 年代危机时德国和美国的经济实践。

第二次世界大战后,国家垄断资本主义经济的形式,在财政赠与、信贷优惠、国家包买都大为增加的基础上有了新的发展。

首先,与生产军火和搞公共工程相同,制造过多的宇航工具和进行不必要的国土改造。目前,宇航工具数量之多,已经再也不能用科学实验来解释了,它的实质和生产军火已完全相同,都是为了解决垄断资本家的市场问题。拆铁路、修公路、建人造岛、造海上机场、把大城市地下挖空建造商场,这类不必要的改造国土,实质上是替垄断资本家包买过剩的建筑材料。其次,搞所谓的福利国家。资产阶级国家实行社会福利政策,是从 19 世纪 80 年代俾斯麦执政德国时开始的。其目的在于对抗马克思主义和工人运动。20 世纪 30 年代的危机中,罗斯福执政的美国开始实行社会保险和社会救济政策,其目的在于缓和当时的阶级矛盾。以上两者,费用在预算中所占的比重极少,对于满足资本家和垄断资本家的利润要求和解决其市场问题来说,意义不大。战后的情况与此不同。它在预算中占的比重日益增大,有的国家已超过军费支出。我认为,这也是为了解决垄断资本家的市场问题,它是由国家或社会保证的个人消费。这样做,既能满足垄断资本家的利润要求,又能对劳动人民散布对于资本主义的幻想,是维护资本主义制度的一种办法。

发展这种经济形式,根据前面说的道理,就必然加剧通货膨胀。这就不能消灭危机,而只能使它发生形态变化。那些得不到国家政权支持的非国家垄断资本主义经济,在危机中受的打击最大,社会矛盾加剧,垄断资产阶级内部争夺国家预算资金的斗争加剧。垄断资产阶级从国家垄断资本主义经济中找寻出路,结果是条死胡同。

(三)

垄断资产阶级必然搞国家垄断资本主义,原因已在上面说过了。社会党、社会民主党和工党之所以在纲领上大肆宣传,在执政时大力发展国家垄断资本主义,除了上述经济原因外,还有一个深刻的政治原因:这些政党的党员群众是工人,并以实现社会主义为目的,其领袖都是工人贵族,他们的世界观是资产阶级的,他们的社会地位和经济生活是由垄断资产阶级支持的,因此,他们必然要维护垄断资产阶级的利益,而又要把它说成搞社会主义。这样,他们便特别要发展国家垄断资本主义,因为它一方面对垄断资产阶级最为有利;另一方面,只要把国家说成组织经济的社会机构,它便可以被说成社会主义。

可以说,当社会主义还是作为一种意识形态在传播的时候,资产阶级便感到它是一种威胁。为了反对它,资产阶级便把国家说成一种社会机构,从而把国家的经济活动和社会政策说成社会主义。就是说,社会主义已在产生,不必另外去建设。前面说到的俾斯麦的种种措施,就这样被称为国家社会主义。但从思想上说,它是从洛贝尔图斯那里贩来的。在资产阶级社会主义史上,他首先提出这种理论:国家把剥削率固定为 200%、工人占有国民收入的份额固定为三分之一,便是社会主义。这些政策的实施,在第一次世界大战时的德国被称为军事社会主义;在 20 世纪 30 年代经济危机和第二次世界大战中,又被希特勒纳粹党称为国家社会主义。英国的情况与此相仿。19 世纪 80 年代产生的费边派认为,工厂立法、国家预算、市政事业,便是社会主义——市政社会主义。英国工党的纲领是以费边派理论为基础的。1945年,英国工党艾德里政府实行资产阶级的国有化政策和社会福利政策,这被说成社会主义。工党领袖、大理论家斯特拉彻认为,“当前的工业技术+建立在这种技术上的生活水平+国民总产品的合理分配(包括对股票所有权和股息收入的保证)=社会主义”。[①] 这种社会主义,和洛贝尔图斯的社会主义没有质的不同。

现在的问题是,上面这种包含明显的剥削和被剥削关系的经济,当然不是社会主义;但是,不属于这种情况的,如国家购买、国家经营、财政赠与、信贷优待,也就是我们称为国家垄断资本主义的,为什么不是社会主义?这个问题的实质是:资产阶级国家是一个阶级压迫工具,同时又是组织经济、计划生产的机构,因此,它组织的经济便被说成是社会主义经济。我认为这种理论的错误在于:将资本主义是社会化的生产,同资本主义又是存在阶级对

---

① 斯特拉彻:《现代资本主义》,姚曾廙、寿进文、徐宗士译,上海人民出版社 1960 年版,第310 页。

抗关系的生产完全对立起来，然后认为前者自身就是目的，不受后者制约。应该说，完全脱离生产关系，为计划生产而计划生产的社会机构是没有的。不错，马克思说过："政府的监督劳动和全面干涉包括两方面：既包括执行由一切社会的性质产生的各种公共事务，又包括由政府同人民群众相对立而产生的各种特殊职能。"①但是，不能由此得出结论，认为前者和后者完全无关。这一点，从马克思对资本家职能二重性及其关系的论述中可以看得很清楚；他在指出不应"把从共同的劳动过程的性质产生的管理职能，同从这一过程的资本主义性质因而从对抗性质产生的管理职能混为一谈"后写道："资本家所以是资本家，并不因为他是工业的领导人，相反，他所以成为工业的司令官，因为他是资本家。"②正因为这样，对共同劳动的管理就必然服从于对阶级对抗的管理。

还有一种把国家垄断资本主义称为社会主义的方法，那就是把社会化和计划化本身，从而把国家垄断资本主义包含着的社会化和计划化称为社会主义。这种方法曾被认为是希法亭使用的。他在《金融资本论》中认为，垄断完全消灭竞争，一个总卡特尔统治全部国民经济，生产无政府状态和商品生产都消失了。后来，他在《社会民主党在共和国中的任务》中进一步认为，上述的纯粹垄断资本主义就是有组织的资本主义，而"有组织的资本主义实际上意味着在原则上用有计划的社会主义原则来代替自由竞争的资本主义原则"。③ 从此，人们就把计划化看成社会主义，把自由竞争看成资本主义，并自觉或不自觉地把它用于辩护。1934年，英国著名历史学家威尔斯访问美国后访问苏联，当面对斯大林说，罗斯福"新政"的口号是社会主义的口号，美国的计划经济是社会主义经济。这种论点一直流传到现在。但是，它的思想实质却产生于19世纪40年代。法国的巴斯夏认为，社会化中生产力为人类服务就是共产主义，他指着当时的共产主义者说，你们只做将来的共产之梦，其实在目前进步的社会中，已有此现象。后来的辩护者将它改变一下，称计划化为社会主义。

---

① 马克思：《资本论》(第三卷)，人民出版社1975年版，第432页。
② 马克思：《资本论》(第一卷)，人民出版社1975年版，第369页。
③ 《资料主义、修正主义选编》编译组：《第二国际修正主义者关于帝国主义的谬论》，生活·读书·新知三联书店1976年版，第225页。这句话其实是仿效马克思说的。

必须指出,希法亭这种说法的影响很大,而它以这种形式出现,又与引用马克思的某些论述有关,因此有必要深入谈一谈。马克思在《国际工人协会成立宣言》中,对英国工人阶级利用地主阶级和资产阶级之间因废除谷物法而产生的矛盾,争取通过 10 小时工作日法,实行之后情况很好这件事,加以评论时指出:这里涉及一个大的争论,即构成资产阶级政治经济学实质的供求规律的盲目统治和构成工人阶级政治经济学实质的由社会预见指导社会生产之间的争论,10 小时工作日法不仅是一个重大的实际的成功,而且是十个原则上的胜利,即资产阶级政治经济学第一次在工人阶级政治经济学面前公开投降了。①

应该怎样理解马克思的论述呢? 这里说的是,工人阶级认为要用有预见性的计划来指导社会主义生产;相反,资产阶级认为资本主义生产应该由自由竞争来调节,在工作日的长短问题上,国家不应干涉,他们曾经说过,工作日减缩为 10 小时,一切利润便消灭。② 但是,10 小时工作日实行后,工人的劳动生产率提高了,利润不仅没有消灭,反而增加,由于这样,资产阶级政治经济学便宣称,"认识在法律上规定工作日的必要性,是他们这门'科学'的突出新成就"。③ 就是说,资本主义经济也要计划指导;并非说它有了计划指导就是社会主义经济。

目前在西方泛滥成灾的混合经济或混合经济制度论,就是一方面把任何条件下的国家的经济活动和计划化,都称为社会主义,另一方面把任何条件下的个人的经济活动和非计划化,都称为资本主义,然后将它们结合起来,也就是社会主义经济和资本主义经济同时并存,或计划经济和市场经济同时并存,认为这就是混合经济。

这种论调不仅把国家垄断资本主义说成社会主义,而且把社会主义国家中的个人经济和市场经济说成资本主义,因而把垄断资本主义国家和社会主义国家说成同样是混合经济制度的国家。这是目前垄断资产阶级反对社会主义的新手法。它的错误,除了上述的还有以下几点:a.理论要以对资本主义和社会主义加以质的规定为前提,而这种质的规定就说明,这两者不

---

① 《马克思恩格斯选集》(第二卷),人民出版社 1972 年版,第 132 页。
② 马克思:《资本论》(第一卷),人民出版社 1975 年版,第 251—256 页。
③ 同上书,第 328 页。

能并存;b.如果说只要有多种经济成分并存,就是混合经济,那么,这是从奴隶社会开始便存在,也是自古皆然,不能说明任何问题;但要指出,在资本主义社会多种经济中不可能有社会主义,在社会主义社会中有个人经济,但从发展看不能有资本主义经济;c.这种理论认为,在多种经济成分中,没有哪一种是起主导作用的,其实,主导作用必然属于最能促进生产力发展的经济成分,并以国家政策反映出来。这就决定,在资本主义社会中,资本主义经济起主导作用,并由此决定其社会性质;在过渡时期,社会主义经济起主导作用,并由此发展为社会主义经济的完全统治。

(四)

垄断资产阶级利用国家垄断资本主义来攫取垄断利润,来进行辩护,这在前面已经说过了。在无产阶级看来,国家垄断资本主义有什么意义呢?

列宁曾多次指出,国家垄断资本主义是社会主义的入口,它为社会主义革命准备了充分的物质条件,这是大家很熟悉的,这里就不谈了。需要指出的是,我在这里使用的概念和列宁的不完全相同。列宁说的国家垄断资本主义包括我所理解的国家资本主义和国家垄断资本主义。

现在从另一角度谈问题,这个角度就是列宁认为国家垄断资本主义是国民经济的一种特殊形式,它不是为不可知的自由市场而进行生产。

前面说过,商品生产的基本矛盾是私人劳动和社会劳动的矛盾,保持生产资料的私有制,而又想解决这个矛盾,对此人们设想过许多方案,其中实行过而归于失败的,有伟大空想社会主义者欧文的劳动交换市场。其要点是:生产者把商品带到市场,由专家鉴定其生产的社会必要劳动时间,发给生产者一张证明——劳动货币,生产者凭证领取他所需要的、与劳动货币包含的劳动时间相等的其他商品。这不能解决商品的使用价值是否为别人所需的问题,计算社会必要劳动时间再精确,也不能保证所有商品都能交换,劳动交换市场最终失败。劳动货币不能解决商品生产的基本矛盾,这是它必然失败的根本原因。但是,除此之外,还有一个原因,那就是它的开办者不可能有无穷的购买力,一方面,把积压的商品包下来;另一方面,在市场以外购进市场所需的商品,以解决生产者遇到的矛盾。

国家垄断资本主义这种经济形式则与此不同。它虽然同样不能解决商品生产的私人劳动和社会劳动的矛盾,但它能够凭借国家的政治力量,取得能够包买某些垄断资本家需要国家购买的商品的购买力,这样,从垄断资本家看,私人劳动实现为社会劳动是有保证的。虽然,从社会看,私人劳动并没有全部最终地实现为社会劳动,这也是这种经济形式不能消灭普遍经济危机的原因。

从商品生产最终要发展为产品生产这个角度看问题,这种经济形式在其中所居的历史地位是特别值得研究的。资本主义是商品生产制度,共产主义是产品生产,从前者发展为后者,不是一个晚上便能完成,要有个过渡形态。这个过渡形态,在社会主义生产中,表现为既有经过市场才进入消费的商品生产,又有不经过市场或者经过有保证的市场而进入消费的另一种商品生产,即已经含有产品生产的因素,这个因素并且逐步增大的商品生产。我认为,它和国家垄断资本主义这种国民经济的特殊形式有某种关系。

布哈林事实上已经谈到这个问题了。前面说过,他认为垄断资本主义全部囊括国民经济,商品生产也就随之消灭,这就是商品变成了产品而失去了自己的商品性质。这种观点影响到他对过渡时期的经济的看法。列宁对这个论点的评论,一方面认为"对!",另一方面认为不确切,要改为:"不是变成'产品',而是另一种说法,例如,变成一种不经过市场而供应社会消费的产品。"①国家垄断资本主义经济中的某些产品,例如军火,不也是这样吗?

我认为,要了解国家垄断资本主义的商品生产,在从商品生产到产品生产中所居的历史地位,就要解决两种不同的市场经济和计划经济相结合之间的关系问题。我们可以把国家垄断资本主义经济看成计划经济,它和市场经济相结合,组成垄断资本主义国家的经济。目前,社会主义国家也出现了市场经济,它和计划经济相结合,组成社会主义国家的经济。这样就产生了一个理论问题:这两者的关系到底怎样?

罗马尼亚的阿波斯托尔在其主编的《当代资本主义》中说:"在进行'社会主义最完备的物质准备'的条件下,两种制度的某些技术和经济因素可能具有类似点,但这只是职能上的相似,而不是因果关系上的类似。"②认为两

① 列宁:《对布哈林〈过渡时期的经济〉的评论》,人民出版社 1976 年版,第 50 页。
② 格·普·阿波斯托尔:《当代资本主义》,陆象淦、刘开铭译,生活·读书·新知三联书店 1979 年版,第 305 页。

者的职能相似,这当然是对的,因为两种计划经济都是不需要经过市场或经过有保证的市场,其产品便能进入消费,而两种市场经济则与此相反。虽然这两种相同的现象各有其不同的本质,但是,认为这仅仅是职能上的相似而不是因果关系上的类似,就不一定正确了。

我认为,这个论点是根据社会主义国家建设的历史,并且是屈从于事实,而不是根据生产关系发展的规律,对经济关系的研究充分运用了科学的抽象法提出来的。社会主义国家的建设曾经走过弯曲的道路,根据这个事实提出来的论点,就可能不正确。列宁根据第一次世界大战时期俄国国家垄断资本主义有了一定程度的发展这一事实,提出它是国民经济的一种特殊形式的论点;列宁并且认为,国家政权由革命民主派掌握了,国民经济的这种形式便是实现社会主义的步骤。从这里可以看出,列宁认为,垄断资本主义的计划经济和社会主义的计划经济之间,是存在因果或历史关系的。这是列宁研究生产关系发展的规律得出来的结论。

但是,具体历史不是这样发展的。帝国主义的武装干涉,使俄国实行军事共产主义,事实上消灭了商品生产和货币经济,这样,当然就无法利用帝俄留下来的计划经济的因素。其后,苏联在一段很长的时间内实行的计划经济,事实上也是在消灭商品生产、否认价值规律的作用的基础上进行的,它和垄断资本主义国家的计划经济不仅目的不同(这是理所当然的),而且手段也不同。这就是为什么苏联经济学家能够提出改造过的价值规律这种错误论点的历史条件。苏联这种做法,对其后的社会主义国家有很大影响。在这种条件下,如果从历史事实出发,就当然看不到社会主义的计划经济和垄断资本主义的计划经济有什么因果关系。

走了一段弯曲的道路之后,社会主义国家才在尊重经济规律,尤其是尊重价值规律的基础上,改进计划经济的工作,并开始重视市场经济。很明显,这时的计划经济和市场经济是从社会主义国家内长出来的,从这个事实出发,当然也看不出上述的那种因果关系。

如果以这个理论指导今后的无产阶级社会主义革命,那么,无产阶级夺取政权后,开始建设社会主义时,就必然全部打碎国家垄断资本主义经济,即对存在于其中的机构、渠道、杠杆、方法等全部废弃不用,避免重犯俄国无产阶级认为应该拆掉资产阶级遗漏下来的铁路之类的错误。

如果我们不屈从于历史事实,而从经济关系的发展规律看问题,探讨一下一个具有发达的国家垄断资本主义经济的国家发生社会主义革命后将要发生的情况,就会认识到,这些国家已有的计划经济和市场经济,其中的因素是可以利用的。社会主义的计划经济和市场经济,和垄断资本主义的计划经济和市场经济,是有因果关系的。随着社会主义革命的进行,正确地解决这问题将是十分重要的。

第五部分

殖民地的经济分析史和当代殖民主义

（本部分内容根据陈其人先生著、上海社会科学院出版社 1994 年 9 月出版的《殖民地的经济分析史和当代殖民主义》一书校订刊印）

前　言

（一）

本文是我的"殖民帝国"系列研究中的一个课题。该系列目前包括四个课题：《帝国主义理论研究》（1984 年出版）、《帝国主义经济与政治概论》（1986 年出版）、《南北经济关系研究》（1989 年定稿）和现在脱稿的《殖民地的经济分析史和当代殖民主义》。系列不是预定计划的产物，而是在研究过程中发现新问题再陆续提出课题的结果。

在写作《帝国主义理论研究》期间，我就决定深入下去再写《殖民地的经济分析史和当代殖民主义》和《帝国主义经济与政治概论》。为了和当时的思想相适应，我本想先写《殖民地的经济分析史和当代殖民主义》；但是，由于教学工作（复旦大学国际政治系本科生）的需要，我不得不先写《帝国主义经济与政治概论》。当时是边写、边讲、边修改的。在写、讲、改的过程中，我又想深入下去再写《南北经济关系研究》。但是，由于出版《概论》时有约，我还是动手写《殖民地的经济分析史和当代殖民主义》。

工作进展迅速，看来可以一气呵成。但是，当我快要写完本文第一和第二篇时，突接电话，询问此文的"经济效益"。经这一问，我就停下，改写《南北经济关系研究》。待《南北经济关系研究》定稿后，我又致力于其他经济理论问题的研究，几乎将《殖民地的经济分析史和当代殖民主义》忘掉了。最近突然想到，我既然手拿粉笔、脚踏讲坛 40 多年，何不将其写完，用于教学（复旦大学国际政治系研究生）呢？因此，再动手将其写完。

由于中断了几年，思想有些脱节，更由于环境不同，后写部分和前写部分在理论深度和语言表达上都有些不同。写文章最忌不能一气呵成。

这个系列由于不是预定计划的产物，各课题的内容难免有些重复。本来想写一个绪论来说明这些课题的内容的,但是考虑到写短了,说不清楚;写长了,又是重复,不如不写。

我将永远记得在南京市远郊埋头写作本文前两篇时的情景。如能再过这种生活该多好啊。

(二)

本教材急于使用而打印时间甚长,因此,尚未写完便将其中的第一和第二篇送付打印。上述前言就是那时写下的。其后在写作第三和第四篇时,我强烈地感到,本教材应该增加中国理论家对马克思主义殖民地理论的贡献,以及运用这个理论研究旧中国经济的殖民地性质所作出的成绩这样的内容。尤其是当我回忆起先师王亚南教授关于要以中国人的资格来研究经济学的教导,以及想到我本人曾在这种殖民地经济中生活并且挣扎过时,我进一步感到我有责任这样做。于是,就想增写一篇《中国理论家对旧中国经济的殖民地性质的认识和研究》,它要同构成本教材的其他篇章发生有机联系。要这样写,困难不是缺乏材料,而是缺少时间。因此,我就想到,12年来我在研习帝国主义和殖民地理论时,曾写过几篇与上述设想相同的文章,何不将它们加以利用,编成一个附录呢? 这就是产生附录并将其定名为《旧中国半封建半殖民地经济研究》的原因。

关于附录,我还要说几句。它包括三篇独立写成的文章,它们之间的部分内容以及它们和构成正文的四篇内容会有重复之处。其中的两篇没有发表过,其中的一篇作为某一著作的构成部分出版过,现加修改,编入附录。

编这附录时,我又想到,关于旧中国经济的殖民地性质的争论,实际上并不因全国解放而结束。解放后,尤其是美国对我国实行的封锁禁运政策失败、中美关系由松动到建立邦交以来,关于美国对旧中国是否实行过殖民主义是有不同看法的,它已经在中美关系史的研究中反映出来。本来也想在附录中增加一篇,谈谈我对这个问题的看法,同样是由于缺少时间,暂不写了。幸好复旦大学出版社出版的《美国研究》第一辑(1986年),辑有内容针锋相对的文章,这就是汪熙、王邦宪的《我国三十五年来的中美关系史研究》和王明侠的《不占领土地的殖民统治——1840—1949年美国对华政策的特点》。对此有兴趣的读者不妨找来一读。在此我们应感谢该书的实际主编、复旦大学国际政治系刘星汉教授，他贯彻"百家争鸣"的方针，同时收进两篇观点明显对立的文章。

我还要说明，附录是专门论述旧中国经济的性质的，因此，我仍使用半殖民地社会或半殖民地经济的术语，这一方面是约定俗成，如果改用殖民地经济，读者会不习惯，同所引用的有关论著也联不起来；另一方面多少也是我过去的认识，既是旧作，还是留下脚印为好。

<h2 style="text-align:center">（三）</h2>

在本书稿得到出版资助并终于即将付梓前，我将稿子再细看一次。除了个别字句，内容没有什么改动；只是感到上述分别写于 1990 年 11 月 17 日和 1991 年 7 月 15 日的前言一和二，尤其是前言二有些该讲的话没有讲，应该补讲。我想说的是，稿子的写作过程是极其痛苦的。这指的不是写作的艰辛，写作本身是愉快的；指的是写作期间我的甲状腺发现肿瘤，手术之前，良恶未卜，在等候入院、住院等候手术共约一个月里，我战胜种种消极想法，奋笔疾书，写了三四万字。肿瘤是良性，手术后我又写了一两万字才出院。第三、四篇的大部分内容是这样写成的。付梓前，我的妻子又患恶性肿瘤住院手术。陪伴病人之外的一切空隙时间，我都用来再看书稿。

本书终于问世的过程，有点像我及我的家庭的经历。

本书仍献给 1946 年便鼓励我"致力于《资本论》"的人。我们于 1950 年结为伴侣。我写了十多本著作，这是献给我妻子的第二本。没有她的理解，我在坎坷中不可能仍然埋头钻研；没有她的默许，并为我找寻和送来参考书，我不可能在医院里继续写作。

本稿蒙上海市马克思主义学术著作出版资助评审委员会提出修改意见，这有助于本书质量的提高，十分感谢。这当然并不表示本书的缺点和错误不由我负责。

缺点和错误，诚希读者告我。

陈其人
1992 年 12 月 18 日于上海磔乐斋

第一篇
资本主义垄断阶段以前的
殖民地理论

　　资本主义国家最初的殖民地,是从封建主义时代留下来的。封建主义国家的殖民地,有一部分在资产阶级的民主和民族革命时获得独立,成为民族国家;有一部分虽经斗争,但未能独立,仍然是殖民地,例如,爱尔兰是英国的殖民地,波兰是俄国的殖民地,等等。但是,资本主义国家的大量殖民地,是从资本原始积累时开始获得的。这些殖民地可以分为两种:一种是以西印度群岛为代表的移民垦殖殖民地,其特点是地极广,人极稀,土地是无主的;另一种是以东印度为代表的奴役土著殖民地,其特点是人口稠密,土地是有主的。两者由于经济关系不同,它们对宗主国或母国的意义既有共同的一面,也有不同的一面。

　　资产阶级理论家和无产阶级理论家研究殖民地的立场不同。资产阶级理论家要论证如何对待殖民地,才有利于宗主国或母国,只是由于他们所处的历史条件和着眼点不同,理论的形式就不同。其中的斯密认为,英国"解放"殖民地比独占殖民更为有利;李嘉图认为,宗主国从殖民地进口有出口补贴的粮食最为有利,犹如他坦然地认为资本家和工人的利益是对立的一样,他也坦然地认为宗主国的利益是建立在殖民地的损失上;威克菲尔德认为,移民垦殖殖民地的土地是无主的,欧洲移去的工人容易变成个体生产者,资本主义大生产不易产生,无法满足母国的需要,因此要用立法手段使工人不能或至少短期内不能成为个体生产者。

　　无产阶级革命导师马克思,吸收前人殖民地理论中的科学成分,指出宗主国剥削殖民地,是建立在世界分为工业国和农业国的基础上,分析这种剥削和被剥削的经济内容,说明宗主国的殖民主义在世界历史中起的作用。

　　在本篇考察的这段时间里,殖民地发生的重大变化就是 1776 年北美脱离英国宣布独立。美国的独立,使英国对移民垦殖殖民地的统治方法有某些改变,主要就是引导它们走上自治而不是独立的道路。这些殖民地后来陆续也成为自治领(第二次世界大战后英国的奴役土著殖民地也成为自治领),但仍然是殖民地。从经济上看,尤其是这样。因此,除非有必要,我们不分析自治领问题。

最初提出殖民地自治问题的理论家是边沁。他在1793年指出,占有殖民地和独占对殖民地的贸易是不必要的;用于这种贸易的资本改用于其他领域的效果相同。1828年,他为加拿大殖民地草拟请愿书,要求完全分立。其后,他又为澳大利亚殖民地草拟自治方案。

第一章 殖民地理论的产生

——斯密的殖民地理论

一、概述

亚当·斯密是英国古典经济学的伟大代表,其理论体系包括资本主义最重要的经济理论,其中也包括殖民地理论;他的巨著《国民财富的性质和原因的研究》中有一章是专门研究殖民地的,其他一些章也涉及殖民地理论。如像许多经济理论问题是第一次在这本巨著中得到系统的论述一样,殖民地理论问题也是第一次在其中得到系统的论述。这里说的系统是指,不仅问题本身的论述是成体系的,不是零碎的,而且论述是在一个理论体系中进行的,并且构成这个理论体系(内容)是有机的,而不是机械的。

从内容看,斯密的殖民地理论有纵向的,即历史的,也有横向的,即现实的。有时两者对照,目的是深入说明后者。历史的主要是古代希腊和罗马奴隶社会的两种不同类型的殖民地;现实的主要是以西印度为代表的移民垦殖殖民地,以及以东印度为代表的奴役土著殖民地,这两种殖民地和古代两种殖民地的形式相同。

斯密的目光当然更加注视现实的殖民地。关于移民垦殖殖民地,他最为侧重的是北美(美国),这是因为当时澳大利亚和新西兰才开始有欧洲人的足迹;关于奴役土著殖民地,他最为侧重的是印度,因为这时英国的东印度贸易公司已经在经济上使印度沦为殖民地。

在观察殖民地时,斯密看到的问题除了在下面论述的之外,他还看到了:第一,农产品价格便宜,这在奴役土著殖民地(如印度)特别明显。他的解释是:印度是产米国,一年两熟或三熟,欧洲是产麦国,一年一熟,前者每次产量都多于后者。这个记录是准确的。正如下面会论及的,他观察欧洲各国的农产品时,看到贫国的耕作尽管不及富国,但其生产的小麦在品质优良及售价低廉方面却能在相当程度上与富国竞争。但在制造业上,贫国不能和富国竞争。贫国的制造业和农业所以有如此不同的原因,他的研究并不深入。更重要的是,他没有将印度的谷米价格问题和欧洲贫国的小麦价格问题,以及欧洲富国的制造品价格问题,联系起来研究,探究其中的原因。这是十分遗憾的。

第二,印度贵金属价值昂贵。他的解释是:印度的银矿不如美洲的丰饶,美洲输送金银到东方来,花的劳动比输送到欧洲的多。这个解释是正确的。他特别指出,在贵金属价值比欧洲昂贵的基础上,印度银对金的比价是10至12比1,欧洲银对金的比价是14至15比1。这就是说,与欧洲相比,印度银对金的比价较高。印度是实行银本位的国家。因此,用银来表现,印度谷米的价格就更低于欧洲小麦的价格。印度或东方各国谷米价格低的原因有两个:谷米价值低和货币价值高。斯密事实上是了解这一点的。但他没有用欧洲货币价值低来考察其对制造品价格的影响;也谈不上以相应的结论来研究欧洲制造品和东方农产品交换中的价格问题。这也是缺陷。

我们知道,从某一点看,宗主国和殖民地的关系就是工业国和农业国的关系。当然,正如下面会谈到的,后一关系的形成是产业革命的作用所致。斯密因受历史条件的限制,未能看到产业革命的作用。但是,作为一个理论家,他应该看到,正是他注视到的现象的背后,就埋藏着世界要划分为工业国和农业国的种子。不仅如此,宗主国和殖民地,或工业国和农业国之间的经济关系,其中最基本的关系是商品交换,而工业制造品和农产品交换中的比价问题的关键,斯密已经触及了。但是,对这一切,他都没有深入下去,并加以分析和提出看法。这确实太可惜了。

以后我们看到,马克思努力挖掘斯密的这些思想,创立了相应的理论。

二、对工业先进国其农业反而相对落后的描述

在斯密的理论体系中,包含着一个极其重要的论点,这就是:在一定的

历史条件下,制造业发达的富国,其农业反而相对落后于制造业不发达的贫国。这本来是从斯密那时开始,经过产业革命,世界分为工业国和农业国,前者成为宗主国,后者成为殖民地,前者剥削后者的重要经济原因。但是,斯密自己并没有认识到他的论点的重要性,他的后继者李嘉图也是这样。他们都没有将这一点引申为国际分工理论;更没有以此为基础,建立构成对立关系的宗主国和殖民地的理论。马克思充分认识到这一论点的重要性,并根据自己所处的历史条件,将它引申为国际分工、工业国成为宗主国、农业国成为殖民地的理论。这是后面要详细论述的。

斯密是在论分工中谈到这个问题的。他认为,分工是提高劳动生产力的重要条件;农业由于它的性质不能有像制造业那样细密地分工;这也许就是农业劳动生产力的提高总是跟不上制造业的主要原因。据此,他又进一步认为,"现在最富裕的国家,固然在农业和制造业上都优于邻国,但制造业方面的优越程度,必定大于农业方面的优越程度"。[①] 这是他的农业分工相对落后理论的逻辑结论,也符合事实。

斯密接着说:"富国的土地,一般都耕耘得较好,投在土地上的劳动与费用也较多,生产出来的产品按照土地面积与肥沃的比例来说也较多;但是,这样较大的生产量,很少在比例上大大超过所花的较大劳动量和费用。"[②]这无非是说,在制造业上,投下较多的劳动与费用,生产的产品不仅增加,而且在比例上大大超过所花的劳动与费用,农业生产在后一点上就不是这样。这是斯密的农业分工相对落后论能够解释的。但是,将这段话同下面一段话联系起来,就不是农业分工相对落后论能够统一解释的了。这段话是:"贫国的耕作,尽管不及富国,但贫国生产的小麦,在品质优良及售价低廉方面,却能在相当程度上与富国竞争。"[③]斯密在这里说的同上面说的一样,都是事实。但是,这里的事实,用他的理论是无法解释的。这是因为,贫国也是存在分工的,但是较之富国,它的起点较晚,而且按照斯密的理论,它的农业分工较之手工业分工也落后些,这样一来,它的农产品售价就

---

① 亚当·斯密:《国民财富的性质和原因的研究》(上卷),郭大力、王亚南译,商务印书馆1972年版,第7页。

② 同上。

③ 同上书,第8页。

不一定低廉到可以和富国相竞争的程度。① 所以,我认为,斯密在这里只是记录了事实,描述了现象,但是,不能以其分工理论来解释它。剖析这个现象,揭示它的本质,并由此建立一个新的理论体系的,是后面将要论述的马克思。

三、古代和现代社会的两种殖民地

斯密是第一个在经济理论上对殖民地予以详尽研究的经济学家。他指出,古代和近代社会都分别有两种形式上相似的殖民地。一种是母国在海外的空地或被腾空的地区上移民垦殖的地区,这是母国的分枝,是移民垦殖殖民地。开始时,母国对它并没有加以压迫和奴役。其后,随着压迫和奴役的产生,它就变成受奴役的殖民地,并且从母国的分枝变成国外殖民地。另一种是奴役异族人的,即奴役土著殖民地,它并不是宗主国的分枝,一开始就是国外殖民地。

斯密指出,古代社会有两种殖民地。一种是希腊社会各邦,像蜜蜂分封一样,将逐渐增加的部分人民移到地中海沿岸和岛屿的荒地,这是移民垦殖殖民地,实质上是母国的一块飞地。他认为,"没有什么能比建立这种殖民的动机更明显、更容易看得出来"。②

另一种是罗马社会的奴隶主即富豪们,为了解决贫困的自由人的生活问题,便将征服的土地分给他们,这些被征服的土地原来是有主人的,他们是否服从是个问题,因此,就要有武装力量来对付他们,这是奴役土著殖民地。随着征服地的扩大,罗马人就成为统治殖民地的人物。斯密认为,"罗马殖民地,无论就其性质说或就其建立动机说,都与希腊殖民地完全不同"。③ 因此,原来用以表示这种建制的名词也有不同的意义。拉丁语

---

① 这里包含的理论问题是:在农业开始分工时,富国和贫国原来的农业劳动生产率(其中包括土地肥沃程度)是两者相同,还是前者高于或低于后者。这些问题斯密没有论述。

② 亚当·斯密:《国民财富的性质和原因的研究》(下卷),郭大力、王亚南译,商务印书馆1972年版,第128页。

③ 亚当·斯密:《国民财富的性质和原因的研究》(上卷),郭大力、王亚南译,商务印书馆1972年版,第129页。

Colonia 表示殖民、安家生产；希腊语 ἀποικιά 则表示离家、离乡、出门，希望有一天满载而归。"罗马殖民地虽在许多点上与希腊殖民地不同，但建立的动机却是同样明显、同样容易看得出来的。"①

斯密认为，近代社会也有两种与上述相似的殖民地。这就是以西印度为代表的移民垦殖殖民地和以东印度为代表的奴役土著殖民地。两者所以不同，他认为是由于欧洲殖民者踏上这两种土地时，土地主人的生产力水平不同。他说："非洲或东印度最野蛮的民族都是游牧民族，连好望角的土人也是游牧民族。但美洲各地的土人，除了墨西哥及秘鲁，只是狩猎民族。同样肥沃和同等面积的土地，所能维持的游牧人数与狩猎人数相差很大"。这就是说，游牧民族人烟稠密得多。"所以，在非洲及东印度，要想驱逐土人，并把欧洲殖民地推广至土人居住的大部分地方，那就比较困难。"②

关于欧洲人建立这两种殖民地的动机或目的，斯密认为是不明确的。这里先以欧洲人在北美等地建立的殖民地为例来说明。他说："欧洲人在美洲及西印度建立殖民地，不是起因于必要；建立的结果虽得到很大的利益，但其利益也并不那么显著。在殖民地刚刚建立的时候，谁都不知道这种利益；其建立及其发现的动机，也不是这种利益。而且，直到今日，这种利益的性质、范围及界限也不大为人所理解。"③

斯密为什么有这种看法呢？他认为，哥伦布航海的目的原来是要到达东印度，结果却发现了西印度等地。这些地方的物产有的对欧洲意义不大；有的虽有很大意义但不久就开采困难。他说，该地动物性食物非常稀少，植物性食物主要是玉米、芋、薯、香蕉等，但欧洲人当时认为它们不具有欧洲原来生产的一般谷物有同等的营养。至于棉花，虽然是那些岛上最有价值的植物性产物，虽然欧洲各地都极重视"东印度的软棉布及其他棉织品，但欧洲各地都没有棉织制造业。所以，这种生产物在当时欧洲人看来不是很重要"。④

---

① 亚当·斯密：《国民财富的性质和原因的研究》（上卷），郭大力、王亚南译，商务印书馆1972年版，第129页。

② 同上书，第203页。

③ 同上书，第129—139页。

④ 亚当·斯密：《国民财富的性质和原因的研究》（下卷），郭大力、王亚南译，商务印书馆1972年版，第132页。

西印度的黄金的确使处于资本原始积累时期的欧洲资产者垂涎三尺。斯密说："最初冒险家输入欧洲的黄金,全部或极大部分是由极容易的方法取得,即向无抵抗力的土人劫掠而得",但是土人所有的被剥夺尽了,就必须从矿中掘出。而丰饶金矿尚未发现时,开掘金矿所需的劳动与费用是极其浩大的。只要是这样,对欧洲的意义也不大。

斯密有这种看法,一方面是受到历史条件的限制,这时英国的产业革命尚未发生,殖民地是工业原料的产地这种重要性人们尚未认识;另一方面是由于他对由其首先发现的先进国的农业劳动生产力,不一定比落后国的农业劳动生产力高这一事实,缺乏深刻的理解,以致看不到,从发展的趋势看,殖民地可以为母国或宗主国提供廉价的农产品。

关于欧洲人在东印度等地建立殖民地的动机和目的,斯密没有单独加以论述。他以英国为例,将英国一开始就对东印度等地实行的独占和以后才对北美实行的独占,统一地看成对殖民地的独占,然后指出:"英国统治殖民地的主要目的,或更确切地说唯一目的,一向就是维持独占。殖民地不曾提供任何收入来维持母国的内政,也不曾提供任何兵力来维持母国的国防;其主要利益据说就是这种专营的贸易。此种独占,即是此等殖民地隶属我国的主要标志,也是我国从这种隶属所得的唯一果实。"[1]这就是说,英国统治殖民地是徒有虚名,毫无实益。斯密由此认为,英国应该"解放"殖民地。他为什么有此看法,将在后面说明。

斯密还论述了近代社会两种不同殖民地的经济关系。首先,奴役土著殖民地的物质生产劳动者,不是欧洲的殖民者,而是当地的土人。其所以如此,他认为是由于:"生长在欧洲温带的人民的体格,据说不能在西印度炎日下从事挖土劳动。"[2]这里说的虽然是西印度,但其适用性显然不限于西印度。许多西方经济学家都有此看法。这是一种种族偏见。日本发动太平洋战争时,将关在集中营里的白人放在田野上劳动数年,他们完全胜任,这说明上述论点是错误的。

其次,在移民垦殖殖民地,荒地和由于土人被赶走而腾空出来的土地很

[1]　亚当·斯密:《国民财富的性质和原因的研究》(下卷),郭大力、王亚南译,商务印书馆1972年版,第185页。
[2]　同上书,第157页。

多,获得土地容易,工资劳动者容易变成独立生产者,这些殖民地多半经营个体农业,资本主义工业发展极其缓慢,它们以农产品交换欧洲国家的工业品。有一段时间,欧洲国家和这些殖民地的矛盾并不严重。后来,当这些殖民地已经发展得相当可观,与欧洲国家的矛盾日益严重时,后者才对它们加以种种限制,因而从这时起它们实质上已变成被压迫的殖民地了。这和欧洲国家对奴役土著殖民地一开始就加以压制和统治是不同的。

最后,欧洲国家后来才对移民垦殖殖民地实行的独占,和它一开始就对奴役土著殖民地实行的独占,这两种独占的作用是不同的。前一种独占是由一个欧洲国家排除其他国家,对其殖民地的贸易和航运实行独占,以获取较高的利润,而对该殖民地的生产基本上不实行独占;英国对其北美殖民地后来实行的政策就是这样。后一种独占是由一个欧洲国家在其殖民地上创立独占公司来进行的,它不仅不允许其他国家染指其殖民地,而且对殖民地的生产和贸易都加以独占,如英国的东印度公司,它有时命令农民掘翻种罂粟的良田,以改种稻米或其他谷物,有时又命令农民掘翻种稻米或其他谷物的良田,以改种罂粟,这妨碍生产的发展当然甚于前一种独占。

由于这样,斯密就认为,移民垦殖殖民地经济的发展快于奴役土著殖民地。这是正确的,但是并不全面。重要的是,他没有指出,奴役土著殖民地和移民垦殖殖民地的根本不同,还在于它的经济发展还受前资本主义生产关系的束缚,外国资本主义到这里来,并不完全摧毁这种生产关系的基础,而是利用它进行剥削,这样一来,奴役土著殖民地经济的发展就非常缓慢。关于外国资本主义经济如何利用奴役土著殖民地,即现在大多数发展中国家的生产关系进行剥削,使这两者发生有机联系,这在当前仍是一个值得研究的课题。

四、移民垦殖殖民地从国内殖民地变成国外殖民地

斯密不自觉地论述了现代社会两种殖民地还有一点和古代社会两种殖民地不同:希腊社会的殖民地始终都是母国的分枝,是母子关系的殖民地,即国内殖民地,罗马社会的殖民地始终都是奴役土著的殖民地,即国外殖民地;现代社会两种殖民地中,移民垦殖殖民地开始时是母国的分枝,是国内

殖民地,后来就变成了国外殖民地,与此相反,奴役土著殖民地始终都是国外殖民地。

对于希腊社会各邦(母市)和它的殖民地之间的母子关系,斯密予以高度称赞。他首先说:"母市虽视殖民地为儿子,常给与大的恩惠与援助,也得到殖民地的感戴,但却视殖民地为已解放的儿子,不要求直接的统治。"①由于这样,他就认为,古希腊殖民地与其从出的母市,一方面有一种父母之爱,一方面有一种孝敬之心②,真是亲如母子。他最后说:"许多古希腊殖民地,因此似乎非常迅速地进于富强。在1世纪或2世纪中,就有一些能与母市抗衡,甚至超过母市了。"③斯密作为一个人文科学百科全书式的伟大学者,对于希腊某些殖民地的灿烂文学艺术予以高度称赞,认为两个最古的希腊学派,即达理士学派及毕太哥拉学派,并不是建立在古希腊,而是一个建立在亚细亚殖民地,另一个建立在意大利殖民地。④ 希腊殖民地之所以有如此成就,他认为主要原因在于他们对母市全然独立,还能按照他们自己认为最有利于他们自己的方式,自由处理他们的事务⑤,换句话说,这种殖民地是同母国毫无剥削关系的国内自治区。

罗马的殖民地就不是这样。斯密指出,它们远远没有希腊殖民地那样辉煌。其原因,斯密认为是:"殖民地不能独立,他们并非经常能按照自己认为的最有利于自己的方式,自由地处理他们自己的事务。"⑥这就是说,这种殖民地是由母国剥削和统治的国外殖民地。

如果说希腊殖民地的历史确实如斯密所记载的那样,因此,他无法提出这种殖民地会变成受压迫的国外殖民地是正确的,那么,他不根据历史提出罗马的受压迫的国外殖民地后来变成受压迫的国内殖民地就是不正确的。因为随着罗马不断发动战争,征服的殖民地越来越多,它将其包括在罗马帝国之内,出现了所谓的罗马统治下的世界和平,这样,原来的国外殖民地就

① 亚当·斯密:《国民财富的性质和原因的研究》(下卷),郭大力、王亚南译,商务印书馆1972年版,第128页。
② 同上书,第187页。
③ 同上书,第138页。
④ 同上。
⑤ 同上。
⑥ 同上书,第138页。

成为罗马帝国内部的即国内的殖民地了。

斯密尽管不自觉,但是在事实上叙述了现代社会的移民垦殖殖民地,在一定的条件下就从国内殖民地变成国外殖民地。正如前面说过的,在这种殖民地,开始时经济发展很缓慢,和母国没有什么利害冲突,母国便任其自然发展,不予管束。这时,它就是母国的分枝,是不包含压迫含义的国内殖民地。其后,它的经济发展了,同母国发生利害冲突,母国就对它施加限制和束缚,并损害它的利益以肥自己。斯密说:"在此等殖民地已经建立,而且相当可观,足以引起母国政府的注意时,母国最初对它们颁布的一些条例,其目的总在保证它独占此等殖民地的贸易,限制它们的市场,牺牲它们以扩大自己的市场,因此,与其说促进它们的繁荣,倒不如说加以压抑。"①

他以英国对其北美殖民地为例来加以说明。他认为,英国"对殖民地所课的税,能与平时所付的费用相等,已属罕见,若要支付战时殖民地所增加的费用,那就无论如何也是不够的。所以,这样的殖民地对于母国只是负担,不是财源"。② 由于要将殖民地变成财源,他认为英国就要将殖民地视为"领地",对其实行专营贸易。他指出,实行专营贸易的结果,那些被称为列举商品的英属殖民地的剩余生产物就只能输往英国,不能输往任何其他国家了。其他国家不能不向英国购买。这样,英国由于享有独占权,就能以较低的价格向殖民地购买产品,而以较高的价格向其他国家转卖产品,从而就得到巨大的利益。③ 我们以后知道,斯密认为这对发展英国本身的产业与生产不利,因而反对这种独占,主张"解放"殖民地。但只要存在这种独占,移民垦殖殖民地就从不含有压迫含义的国内殖民地,变为对母国提供贡纳的"领地",即变成受压迫的国外殖民地了。当然,斯密并没有意识到这一点。

现代社会的奴役土著殖民地,斯密认为它始终都是受压迫的国外殖民地。他认为,宗主国对它们的统治,最常用的办法就是开设独占性的专营公司,以及在这基础上的征服土地。欧洲某些国家的殖民者,在东方开设的东

---

① 亚当·斯密:《国民财富的性质和原因的研究》(下卷),郭大力、王亚南译,商务印书馆1972年版,第160页。

② 同上书,第164页。

③ 同上书,第164—165页。

印度贸易公司,独占东方国家的对外贸易,干涉它们的生产,实际上将它们视为自己的"领地"和"领岛"。例如,荷兰人在他们未曾占有殖民地的岛上,对于采集丁香及豆蔻幼花绿叶的人给予一种补助金。那种植物天然地生长在那里,但由于这种减少产量以抬高售价的政策就几乎绝种了。英荷两国公司,在东印度征服了许多地方,荷兰人减少它占领的若干岛的人口,使其人数限为这样的数量,即足够以新鲜食品和其他生活品,供给荷兰少数的守备队和他们的来运香料的船员。①

斯密虽然提到"大不列颠与其殖民地联合"②,但没有看到如像罗马帝国那样的大英帝国的形成,因而看不到在大英帝国内,国外殖民地都变成国内殖民地。

但是,斯密对大英帝国形成趋势的预言,对我们以后理解国外殖民地转化为国内殖民地大有帮助。他认为,美洲派 50 或 60 个新代表出席国会,英国的各种组织并不会由于大不列颠与其殖民地联合而受丝毫损害,相反地却得到完善。因为讨论并决定帝国一切部分事务的会议,为要得到正确的情报,应当有各部分派出的代表。主要的困难,可能来自大西洋两岸人民的偏见与成见。

在他看来,大不列颠的人民不必担忧美洲代表的众多,将打破国王势力和民主势力的原有比例。因为美洲代表的人数和美洲交纳的税款成比例。前者构成民主势力,后者构成国王势力,两者也成比例。因此,大不列颠和殖民地联合之前和之后,民主势力和国王势力比例相同。美洲的人民也不必忧惧他们因远离政府所在地而可能遭受到压迫。因为出席国会的代表要靠人民的选拔,才得到议员席位并从中得到好处,他们定会以议员的权力,申诉殖民地军政长官的违法乱纪行为。美洲人民也不要认为,政府所在地会长久地远离他们,因为美洲在财富、人口、纳税方面,也许只要一个世纪就超过大不列颠。这时,帝国的首都自然会迁到帝国内纳税最多的地方。在帝国内部,国外殖民地就变成国内殖民地了。

---

①　亚当·斯密:《国民财富的性质和原因的研究》(下卷),郭大力、王亚南译,商务印书馆1972 年版,第 204—205 页。

②　同上书,第 193 页。

五、移民垦殖殖民地的经济、政治关系和母国不同

斯密不仅论述了两种殖民地的经济关系不同,而且也论述了移民垦殖殖民地的经济、政治关系和母国不同。

在分析移民垦殖殖民地经济的发展较奴役土著殖民地快些的原因时,斯密曾经指出,这是由于"其土地荒芜,或人口稀少而土人容易对新来的殖民者让步"。① 从这里出发,他就不难看到这种殖民地的经济关系是和母国不同的。

在这种殖民地,土地面积极大而人口极少,每个殖民者都极其容易获得土地,并且获得的土地都大于他自己所能耕种的。由于土地是他的,他就无须缴纳地租,并且大都不须纳税,这样,他就努力耕种,使生产物增加。但是,他所有的土地是那么广阔,以致尽他个人的劳动以及他能雇佣的他人的劳动,也不能使土地生产出它所能生产的数量的十分之一。所以,"他极想从各地搜集劳动者,并以最优厚的工资来作报酬。但此等优厚的工资加上土地的丰饶低廉,不久就使那些劳动者要离开他,自作地主,以优厚的工资报酬其他劳动者。正如他们离开他们的主人一样,这些其他劳动者不久也离开他们"。② 在这里,斯密不仅指出这种殖民地的工资比母国高,而且事实上揭示了这样一条经济规律:同母国从个体生产者中分化出工资劳动者来的情况相反,在这里却是从工资劳动者中长出个体生产者来。因此,只要工资劳动者容易获得土地这个过程不结束,资本主义在这里就不容易发展,就是说,即使从欧洲输入资本的物质因素——生产资料和工人,但到达殖民地不久,工人就成为个体生产者,生产资料就不能转化为资本。在斯密以后的数十年,殖民地经济学家威克菲尔德大概在母国生活惯了,就以为资本是物,到他研究殖民地经济并看到这个现象时,他才惊呼:原来资本不是物,而是一种生产关系。

---

① 亚当·斯密:《国民财富的性质和原因的研究》(下卷),郭大力、王亚南译,商务印书馆1972年版,第136页。
② 同上书,第137页。

斯密还论述了这种殖民地的已耕地的价格也比母国低廉的原因。根据母国的经济规律,他当然知道土地价格＝地租÷利息率,即地价就是"通常按若干年地租而计算的买价"。[①] 但在新殖民地,即使是已耕地,由于最初是无代价得来的,在经济上不存在土地私有权,不存在地租(绝对地租),因而,他就认为,在这一条件下土地价格几乎全由工资构成。这种工资就是开垦土地所费的劳动。[②] 其实,这是说,买卖的并不是能获取地租的土地私有权,而是凝结和附着在土地上的劳动,也就是价值。因为他认为工资就是劳动的价值。这种仅取决于开垦土地所费的劳动的地价,当然比母国的低廉。但它不是资本化的地租。

斯密认为,这种殖民地有一种土地价格是资本化的地租,也比母国的低廉。这种地价＝地租÷利息率。他认为,独占这种殖民地的贸易会使利息率提高,而使地租降低。利息率提高,是由于独占贸易提高商业利润率的影响所致。地租降低是由于利息率提高妨碍土地改良,因为土地改良的"利润取决于土地现实生产额和加投资本后土地可能生产额之差"[③],这个利润率如低于利息率,土地改良就减少。在他看来,土地改良的费用就是资本,它要取得利息,他将它理解为地租。因此说:"独占妨碍土地改良,势必延迟另一大的收入原始泉源——土地地租——的自然增加。"[④]地租增加很慢而利息率较高,土地价格就比母国的低廉。

这种殖民地的土地价格确实低廉,但他的说明有缺陷。

移民垦殖殖民地地广人稀所产生的经济现象,是其后的经济学家提出错误理论的思想材料。获得土地极易,大量存在的个体农民无须缴纳地租,这使李嘉图在研究资本主义地租时,竟然可以无视土地私有权的存在,否认绝对地租。容易获得土地,缺少工人,工资较高,这就助长了移民和工人生育,因此这种殖民地的人口增长极快。马尔萨斯一方面利用这一点,认为北美人口每 25 年增加一倍,另一方面利用中国、日本的粮食增产极慢,而不顾

[①]　亚当·斯密:《国民财富的性质和原因的研究》(下卷),郭大力、王亚南译,商务印书馆1972 年版,第 182 页。

[②]　同上书,第 137 页。

[③]　同上书,第 182 页。

[④]　同上。

爱尔兰人口虽绝对减少但贫困却在增长的事实,提出他的资本主义贫困是由人口增长快于粮食增长造成的理论。

以移民垦殖殖民地的工资较高为基础,斯密论述了它的阶级关系和母国不同。他说,在母国"地租和利润吃掉工资,两个上层阶级压迫下层阶级。但在新殖民地,两个上层阶级的利害关系,使得他们不得不更宽宏地更人道地对待下层阶级;至少,在那里,下层阶级不处在奴隶状况"。① 这无非是说,在这种殖民地,工人的物质生活好得多,工人和剥削阶级之间的关系不像母国那样紧张。但斯密的论述还要加以分析。"地租和利润吃掉工资",或者反过来,工资吃掉地租和利润。这两个相反的命题,从劳动价值学说来看都是对的。因为工人创造的新价值,要分解为 v+m,m 大了,v 就小了,反之,v 大了,m 就小了,m 再分解为利润和地租。这就产生两个问题:(1)斯密认为生产商品所费的劳动决定价值,但又认为工人出卖的是劳动,劳动的价值或工资就是工人创造的价值。这样一来,地租和利润就没有来源了。为了说明它们,斯密只好说商品的价值不再由生产中投下的劳动决定,而改由交换中支配的劳动决定,这种劳动包括工资、地租和利润,并认为它们各有其泉源。上述引文中的"收入原始泉源——土地的地租",就是这种错误的价值学说的表现。如果这三种收入各有其泉源,地租和利润就不会吃掉工资。这一理论上的矛盾,斯密并没有觉察。(2)在新殖民地,较高的工资不仅没有吃掉利润,利润反而"极为丰厚",这怎能以劳动价值学说来说明呢? 他认为,在这里,农业经营者事实上是身兼资本家和地主的,但其收入却表现为他的利润。② 其实,分析一下就可以知道,这一利润起码包括农业经营者参加生产所创造的价值,即他自身的工资;如果他耕种的土地,无论在国内市场或世界市场上,都是优良的土地,那么就必然产生级差地租,只因为他是土地所有者,这种地租就归他所有,并与他的工资一起都表现为利润了。只有这样,才能在坚持劳动价值学说的条件下,说明较高的工资和丰厚的利润何以能同时存在。

斯密认为,移民垦殖殖民地的经济发展较快,其原因除了良好的土地很

① 亚当·斯密:《国民财富的性质和原因的研究》(下卷),郭大力、王亚南译,商务印书馆1972年版,第137页。
② 同上。

多之外,就是能够"按照自己的方式自由地处理自己的事务"。① 从这点出发,他认为英国在北美的殖民地,政治制度不同于母国。他说:"殖民地会议和英国众议院一样,未必都是极平等的人民代表机关,但总更具有这种性质。"②他之所以对英国众议院有看法,是由于此时的众议院由地主阶级把持,距离议会选举改革还有半个世纪。他又说:"殖民地参议院与英国贵族院相当,但不是由世袭的贵族构成","没有一个英属殖民地有世袭的贵族",因此,"人民在英属殖民地就比在母国更为平等了。他们更有民主共和的精神,其政府尤其是新英格兰那三个政府,一向更有民主共和的精神"。③ 这实质上是论述民主共和制只有在没有或较为彻底消除了封建的人身等级制的基础上,才能建立起来,它较之君主立宪制更适合于商品经济中的平等主义,因为在民主共和制中,血统、特权不起作用,与商品经济中的自由竞争原则相符合。

---

① 亚当·斯密:《国民财富的性质和原因的研究》(下卷),郭大力、王亚南译,商务印书馆1972 年版,第 143 页。

② 同上书,第 156 页。

③ 同上。

第二章　英国关于"解放"殖民地的理论

——斯密的殖民地理论(续)

一、概述

　　19 世纪 80 年代以前,如像罗马帝国那样的现代殖民帝国尚未产生。当时,西欧有很多国家从资本原始积累时期就开始实行殖民主义,拥有许多殖民地。如西(班牙)、葡(萄牙)、英(国)、法(国)、荷(兰)等国就是这样。但是,这些殖民地是一个一个地存在着,和宗主国或母国并没有在政治上联在一起并组成殖民帝国,即使是后来拥有殖民地最多的英国也是这样。我们知道,英国的资本主义萌芽晚于地中海沿岸的一些国家;但其后由于地理位置的优越,在资本原始积累时期,它在实行殖民主义方面终于超过欧洲其他国家,然后又在航海运输、对外贸易和产业革命方面遥遥领先,成为所谓的"世界工厂"。在这个基础上,到 19 世纪 60 年代英国实行自由贸易的鼎盛期,它在经济上已成为一个最大的殖民主义国家,受它剥削的殖民地,包括爱尔兰、北美、澳大利亚、新西兰、印度、南非,以及亚洲和非洲其他国家和地区、太平洋上某些国家和地区。

　　值得指出的是,这时的英国虽然拥有的殖民地最多,但是,它的某些重要的经济学家和政治家却主张"解放"殖民地。所谓"解放"殖民地,就是英国对殖民地不实行独占政策,任其同所有国家进行自由贸易,不组成如像罗马帝国那样的大英帝国。他们之所以主张"解放"殖民地,是由于英国这时在航运、外贸和工业生产上都居于领先地位,它与其耗费巨大的行政管理费用和军费占领费用来独占殖民地,倒不如放弃这种独占,省下这些费用,而用自由贸易的办法来取得更多的利润,更为有利。

英国主张"解放"殖民地的重要理论家是亚当·斯密和边沁,重要政治家是迪斯雷利。斯密在 1776 年指出:"在现今的经营管理下,英国从统治殖民地毫无所得,只有损失。"①他相信,他的"解放"殖民地的建议,"若真的被采纳,那么英国不仅能立即摆脱掉殖民地平时每年的全部军事费用,而且可与殖民地订立商约,使英国能够有效地确保自由贸易,那与它今日享受的独占权相比,虽对商人不怎么有利,但对人民大众必更有利"。②边沁在其1793 年出版的《解放陛下的殖民》中表达了这样的思想:贸易是资本的产儿,资本自动产生贸易,贸易的数量只由使用的资本数量决定;因此,占有殖民地,独占对殖民地的贸易,这是不必要的,用于殖民地贸易中的资本改用于其他领域,也能得到同样的效果。他举例说,假如圣多明哥的土著从向法国购买谷物改为向英国购买谷物,法国不会有任何损失,因为总的说来,谷物的消费不会减少,英国既然供给谷物给圣多明哥,就不可能再供给其他国家,其他国家就不得不向法国购买。迪斯雷利在 1852 年任财政大臣时说:"殖民地是吊在我们脖子上的石磨。"③在所有主张"解放"殖民地的理论家中,以斯密的论述最为详尽,并且成为他的自由贸易经济理论体系的构成部分,需要详细论述。

二、对殖民地产业发展不利

斯密明确指出:"殖民地贸易的独占,像重商主义其他卑劣有害的方策一样,阻抑其他一切国家的产业,但主要是殖民地的产业。"④对殖民地产业的阻抑,可以分为两方面来谈。

第一,有些殖民国家将其殖民地的全部贸易交给一个专营公司经营。殖民地的人民必须向这个公司购买他们所需要的一切欧洲生产的货物,必

---

① 亚当·斯密:《国民财富的性质和原因的研究》(下卷),郭大力、王亚南译,商务印书馆1972 年版,第 186 页。

② 同上书,第 187 页。

③ 列宁:《帝国主义是资本主义的最高阶段》,人民出版社 1964 年版,第 70 页。

④ 亚当·斯密:《国民财富的性质和原因的研究》(下卷),郭大力、王亚南译,商务印书馆1972 年版,第 181 页。

须把他们的剩余生产物全部卖给这个公司。所以,这个公司的利益不仅在于以尽可能高的价格售卖前一种货物,并以尽可能低的价格购买后一种货物,而且在于即使后一种货物的价格极低,其购入数量也以能在欧洲市场以极高的价格脱售为限。因此,它的利益不仅在于在一切场合都降低殖民地剩余生产物的价格,而且在于在许多场合阻抑其产量的自然增加。①

第二,在不设置专营公司的殖民地,如英属北美殖民地,其剩余生产品的输出,也有一定种类的商品限定输到母国市场。这些商品因曾列举在航海法及其后颁布的其他法令上,故名为列举商品,其余则为非列举商品,可直接输到他国,但运输的船须为英国船或殖民地船。这些船只须为英国人所有,其船员也须有四分之三为英国人。② 这些法令对殖民地的生产当然不利。

斯密认为,像这样独占殖民地的贸易,对母国或宗主国的经济发展也是不利的。他的分析对象主要是英国。

三、对殖民地的贸易增加,对欧洲其他各国的贸易减少

在斯密看来,自航海条例订立以来,英国财富虽然有了很大的增加,但这种增加必定同没有殖民地贸易的增加保持同一的比例。这是因为,一国的对外贸易是按照它的财富增加的比例而增加的,也就是说,它用于对外贸易的剩余生产物是按照财富增加的比例而增加的。具体地说,英国独占了几乎所有殖民地的贸易,所需的资本只能从其他贸易部门中吸引过来。这样一来,英国对殖民地的贸易虽然增加了,但对欧洲其他国家的贸易却减少了,这只是贸易方向的改变,贸易量并不因有殖民地的贸易而增加。这种贸易方向的改变,只不过使英国以供外销为目的的制造品,不适合于有许多竞争者的市场,而适合于享有独占权的市场。换句话说,这是不利于英国产业发展的。

---

① 亚当·斯密:《国民财富的性质和原因的研究》(下卷),郭大力、王亚南译,商务印书馆1972年版,第146页。

② 同上书,第148页。

为了证明英国的财富并没有因独占殖民地的贸易而增加,斯密以标志着英国财富的海军力量为例进行说明。他指出,不仅在航海条例颁布使殖民地贸易得以独占以前,而且在殖民地贸易发展以前,英国就已经是个大商业国,英国的海军也非常强大。在克伦威尔当政时期,在对荷兰的战争中,英国的海军比荷兰强大。在查理二世即位之初爆发的战争中,英国海军的实力至少和荷法二国联合的海军实力相等,也许还要强大。但是,英国这种优越的海军力量现今似未曾增大,即它独占殖民地贸易并没有使海军的力量增大。结论就是:殖民地贸易"决不能成为英国贸易盛大的原因,也不能在当时成为海军力量强大的原因"。[①]

斯密的这些论述存在很多问题,而且自相矛盾。他的论点不外是:对外贸易是财富的结果,它的增加同财富的增加保持同一的比例;独占殖民地贸易不能增加贸易量本身,只能改变贸易结构。这里的错误,首先是混淆了价值与财富(使用价值)。他显然认为,英国用于对外贸易的资本是一个常数,它支配的价值也是一个常数。只要区分了价值与财富,就可以看到,等量资本支配的财富是可变的。其次是混淆了工场内部分工和社会分工。他认为分工能提高劳动生产率,并举了一个分工使针的产量大为提高的例子。就分工能够提高劳动生产率来看,工场内部分工的作用最为巨大,上例就是这样。他又认为分工受市场的限制,这里的分工是社会分工。他由于混淆了社会分工和工场分工,便认为殖民地贸易本身并没有使市场扩大,因此,对殖民地贸易不能促进分工、提高劳动生产率、增加财富。其实,按照他的分析,虽然全部对外贸易的价值量并不因对殖民地贸易的独占而增加,但后者所占的比重增加,使供应殖民地产品的生产部门的工场分工更精细,劳动生产率提高,产品(财富)增加,单位产品的价值降低,对殖民地贸易的那部分资本支配的财富也就增加。总之,斯密既然认为分工能提高劳动生产率,能增加财富,那么他就应认为,对殖民地贸易能使有关制造业提高工场内部分工的程度,从而能增加财富。

因此,斯密的上述看法和他在下面的论述自相矛盾乃是必然的。他说:

[①]　亚当·斯密:《国民财富的性质和原因的研究》(下卷),郭大力、王亚南译,商务印书馆1972年版,第169页。

"美洲的发现给欧洲各种商品开辟了一个无穷的新市场,因而就有机会实行新的分工和提供新的技术……劳动生产力改进了,欧洲各国的产品增加了,居民的实际收入和财富也跟着增大了。"①当然,这里没有涉及英国由于独占北美殖民地贸易而减少了同欧洲其他国家贸易的问题,即英国的贸易价值总额没有由此增加的问题。但是我们强调的是,对美洲的贸易使英国有机会实行新的分工,从而提高劳动生产率,使财富在总价值量不变时增加。

四、独占殖民地贸易,提高了英国的商业利润率, 归根结底对英国不利

独占殖民地贸易,减少了这个领域中资本的竞争,因而这个领域内的商业利润率提高了;英国其他贸易部门的资本部分地移到殖民地贸易来,这个领域中资本的竞争减少了,因而它的商业利润率也提高了;由于外贸各领域、外贸内贸之间、贸易和产业之间都存在竞争,平均利润率因而提高。与此相反,由于英国有些外贸部门的资本减少了,其他国家的资本就流入得更多,竞争增强,其他国家的商业利润率乃至平均利润率便比英国的低些:这些都对英国不利。

它使英国蒙受绝对的不利。由于英国商人要取得更高的利润,他们之间就贵买贵卖,这就导致少买少卖,从而使英国享受的和生产的减少,也使英国蒙受相对的不利。由于其他国家的商业利润率比英国低,在竞争中他们就能增大优势,减少劣势。这就是说,英国商品的价格高,其他国家就能以较低的价格将英国商品从国外市场上排除出去。

结论就是:"英国资本就在这种情况下,有一部分从我国未曾享有独占权的各种贸易部门,尤其是欧洲贸易和地中海沿岸各国的贸易中,被吸引过去(到独占殖民地贸易部门——引者),有一部分被排除出去(因商品价格

---

① 亚当·斯密:《国民财富的性质和原因的研究》(下卷),郭大力、王亚南译,商务印书馆1972年版,第20页。

高——引者）。"①

斯密这里的论述从理论上看是错误的，是违反他最初曾想坚持的劳动价值学说的。前面曾经说过，他错误地认为工人出卖的不是劳动力，而是劳动，劳动创造的价值就是工资，因而就只好说价值由交换商品支配的劳动决定，它包括工资、利润和地租，竞争会使这三者具有一种自然率，竞争加强就使它们下降，反之，竞争削弱就使它们上升。上述关于利润率的高低和商品价格的高低，就建立在这一理论上。这是错误的。因为竞争本身只能使利润等具有一种自然率或平均率，而不能说明这个平均率的高低。根据劳动价值学说，撇开对外贸易和独占因素，利润的变化只能由工资相反的变化来说明；反过来说，在这种条件下，利润的变化也不会使价格发生相同的变化。

正确的解释应该是这样：英国是最先进的工业国，其国民劳动生产率高于世界市场上的平均劳动生产率，因此，英国商品在世界市场上就能实现更多的价值，但生产这种商品的英国工人并没有因此得到更多的工资，这样，英国由于有利的对外贸易就有较高的外贸利润率。由于外贸、内贸、产业之间存在竞争，英国的平均利润率就提高了。关于这一点，也可以这样解释：英国由于有高于世界水平的劳动生产率，包括在国外市场实现的全部价值，就大于它在国内生产商品投下的劳动，所以，就有较高的平均利润率。由于平均利润率较高（它不是由于工资降低而引起的），就使商品的生产成本提高，这种商品如用于出口，价格也就较高。至于独占殖民地贸易的利润率更高，那是另一个原因产生的，也就是斯密说的贱买贵卖。然后，殖民地贸易更高的利润率参加英国平均利润率的形成，从而"使一切的利润率达到一个新的水平，这一新的水平与旧水平不同，而且比旧水平略高"。② 斯密所说的事实，只能是暂时的现象。

下面将谈到，李嘉图反对斯密的看法。他认为除非从殖民地进口的是廉价的谷物，使英国工人的货币工资降低，否则，殖民地贸易不能提高英国的平均利润率，即使暂时提高了，不久也要降到原来的水平。

---

　　① 亚当·斯密：《国民财富的性质和原因的研究》（下卷），郭大力、王亚南译，商务印书馆1972年版，第170页。
　　② 同上书，第167页。

五、独占殖民地贸易，使资本流通时间延长，
对英国增加生产性的劳动不利

斯密认为，增加国民财富有两种办法，一是提高劳动生产率，二是增加生产性的劳动量，而不是增加非生产性的劳动量。关于后者，作为一个原理，他指出："投在消费品国外贸易的资本，所能维持本国生产性劳动量，与其往返的次数，恰成比例"。所以，"一般地说，对邻国进行的消费品国外贸易，比对远国进行的更有利"。同样道理，"直接的消费品国外贸易，比迂回的消费品国外贸易更有利"。① 独占殖民地贸易恰好在这两点上都是不利的。

第一，它使一部分英国资本从邻国的消费品国外贸易流入远国的消费品国外贸易。这些殖民地，不仅离英国较远，而且情况特殊，使资本从垫支到取回的时间大大延长。这种特殊情况是：殖民地缺少资本，因此，他们尽可能地拖欠英国商人的货款，多数要在四五年内才能全部归还。这样，1 000 镑资本，每年只能当作 200—250 镑来用，它能雇佣的生产性劳动者就减少了。

第二，它使一部分英国资本从直接的消费品国外贸易流入间接的消费品国外贸易。前面提到的列举商品是只能运送到英国去的，但其中有几种大大超过了英国的消费额，因此，有一部分必须再输到其他国家。这样一来，一部分英国资本就要流入间接的消费品国外贸易了。例如，从北美殖民地输到英国的烟草，英国消费不了，大部分要再输出到法国、荷兰以及波罗的海和地中海沿岸各国。这样，这部分资本从垫支到取回的时间，就等于对北美贸易往返的时间加上对其他各国贸易往返的时间，也就是说，同原先一部分英国资本可以直接与欧洲各国进行贸易比较，所需的时间无疑地更长了。这对维持英国生产性劳动者，同样是不利的。

---

① 亚当·斯密：《国民财富的性质和原因的研究》（下卷），郭大力、王亚南译，商务印书馆 1972 年版，第 171 页。

斯密还认为,独占殖民地贸易,也迫使"一部分英国资本从消费品国外贸易流入运送贸易,因而使多少用以维持英国产业的资本,有一部分用来维持殖民地的产业,有一部分用来维持其他各国的产业"。① 这怎么理解呢?他认为,间接的消费品国外贸易,例如上述的烟草,从北美输送到英国后,大部分从英国再输出到德国和荷兰,然后英国又以这笔货款从德国和荷兰购回麻布,这些麻布英国消费不了,绝大部分再输出到殖民地去,供他们消费。这样,这部分用来购买烟草而又用烟草购买麻布的英国资本就流入运送贸易,不能用来维持英国的产业而全部被抽出去,"一部分用来维持殖民地的产业,一部分用来维持那些以本国产业产物购买这种烟草的国家的产业"。② 在这里"维持殖民地的产业"指的是什么,看来是不清楚的。如果指的是英国资本购买和运送了殖民地的烟草,正如它购买和运送了德国和荷兰的麻布一样,那么,这些烟草就不应只是用于间接消费品国外贸易那部分,而应是全部。看来指的应该是,麻布输送到殖民地后,再用麻布购买殖民地的产业产品(不只是烟草),只有这样,才能解释得通。到底是什么,斯密没有说明。

六、独占殖民地贸易,使工资、地租和利润不像没有独占时那样多

根据上述,斯密得出这样一个结论:"独占使一切收入的原始泉源,即劳动的工资、土地的地租和资本的利润,在很大程度上不像无独占时那样富足。"③

独占殖民地贸易,如上所述,一方面提高了英国的商业利润率和普通利润率,另一方面又减少了用来雇佣生产性劳动的资本,从而使生产出来的物质财富没有无独占时增加得那样多,而只有这些物质财富才能积累为资本,

---

① 亚当·斯密:《国民财富的性质和原因的研究》(下卷),郭大力、王亚南译,商务印书馆1972年版,第175页。
② 同上。
③ 同上书,第183页。

这样,资本的增加就慢了。虽然利润率提高了,但是,"大资本的小利润,通常比小资本的大利润提供更大的收入"。① 就是说,总利润量不能增高到和没有独占时一样。资本的增加已经慢了,再加上资本的流通时间长了,它所能雇佣的生产性劳动者,就比没有这种独占时增加得慢了,即社会工资总量增加得慢了。前面曾经谈过,利润率的提高妨碍土地的改良,这在斯密看来,会减少地租的增加,社会地租总量就增加得慢了,其中的错误,前面也谈过了。

工资、地租和利润的社会总量虽然增加得很慢,但利润率却因独占殖民地贸易而提高了,换句话说,获取利润的阶级还是有利的。但是,斯密认为,高的利润率会败坏社会风气,对整个国家不利。他说:"高的利润率,随便在什么地方,都会破坏商人在其他情况下自然会有的节俭性。"而"大商业资本所有者,必定是全国实业界的领袖和指导者。他们的榜样对国内全部勤劳民众生活方式的影响,比任何其他阶级的影响大得多"。这样,"本来是最会蓄积的人,都不能在手上有所蓄积了"。② 换句话说,利润和收入有很大的部分用于维持不生产劳动者了。于是,国内所维持的生产性劳动量一天比一天少。他以加的斯和里斯本商人异常高的利润,来说明西班牙和葡萄牙经济的衰落,要英国引以为戒。斯密在这里分析问题的方法,显然是从理查德·坎蒂隆那里学来的。坎蒂隆在 1734 年出版的《论商业的性质》中认为,商品的市场价格所以和价值发生偏离的根本原因,在于地主阶级生活爱好、消费结构的变化,资产阶级消费结构的变化是随着地主阶级的变化而变化的。坎蒂隆用委婉的办法攻击地主阶级,斯密套用他的办法攻击独占殖民地贸易的大商人。

斯密提及的西班牙和葡萄牙原先对外贸易很发达,但后来经济反而落后了,这是事实。但他将其原因归结为商业利润高,助长挥霍,则失之偏颇。马克思认为,"现代生产方式,在它的最初时期,即工场手工业时期,只是在现代生产方式的各种条件在中世纪内已经形成的地方,才得到发展"③;葡萄

---

① 亚当·斯密:《国民财富的性质和原因的研究》(下卷),郭大力、王亚南译,商务印书馆1972 年版,第 182 页。

② 同上书,第 183 页。

③ 马克思:《资本论》(第三卷),人民出版社 1975 年版,第 372 页。

牙后来之所以落后了,主要原因是形成新的生产方式的条件较英、法等国落后。中国在中世纪的对外贸易也颇为发达,陆有西北通西域的"丝绸之路",海有东南通南亚、西非的"陶瓷之路"①,郑和下西洋还略早于哥伦布在美洲登陆,中国外贸商人也很富有,但中国并没有因此长出资本主义来,其原因同样不是以商人为首的挥霍,而是社会内部尚不具备形成资本主义的生产条件。

七、英国不能从经济上"解放"殖民地的原因

斯密深信,英国"解放"其殖民地,这些殖民地"不仅会长此尊重和我们分离时所订定的商约,而且将在战争上、贸易上赞助我们,不再做骚扰捣乱的人民,却将成为我们最忠实、最亲切、最宽宏的同盟"。② 他还认为,"解放"殖民地要逐步地、慢慢地进行,不能操之过急,否则,不仅会引起一些暂时性困难,而且将使现在以劳动和资本经营殖民地贸易的人,有大部分蒙受大的永久的损失。③

但是,英国并没有"解放"它的殖民地。这是因为,如像斯密所说的,这种做法不符合统治阶级的私人利益,因为他们对于许多有责任、有利润的位置的处分权,将从此被剥夺,他们许多获取财富与荣誉的机会,也将从此被剥夺。④ 根据这一点,与李嘉图同时代的经济学家詹姆斯·穆勒说,英国的殖民地,是在上议院和下议院之外对上层阶级进行赠与的庞大的制度。

八、萨伊的殖民地理论是对斯密的庸俗化

萨伊的殖民地理论,几乎全部来自斯密,但在斯密那里的深刻论证,在

---

① 这是我杜撰的。历史学家称之为"海上丝绸之路"。
② 亚当·斯密:《国民财富的性质和原因的研究》(下卷),郭大力、王亚南译,商务印书馆1972年版,第187页。
③ 同上书,第176页。
④ 同上书,第189页。

萨伊这里看不到了。

萨伊也将近代殖民地分为两种,他从古代殖民地谈起。他说:"一个国家当旧的领土的人口形成过于稠密或当某些社会阶级受到其余阶级迫害时,往往就开拓殖民地。"①他认为这是古代国家从事拓殖的唯一动机。在这里,他论述的基本上就是斯密论述过的希腊社会的殖民地。对于罗马社会的殖民地,他没有论述。近代国家开拓殖民地的动机与此不同。他认为航海技术的巨大进步,使它们发现了此前不知道的国家。殖民者踏上了另一个半球,抵达了最不适于居住的地带。他们的目的不在于和子孙在这些地方安居下来,而在于取得那里的贵重物品,或从事生产事业,发一笔财,然后满载还乡。这是近代殖民地中的一种。另一种则是:当母国想和一个人口已经很多、文化已经很发达、因而没有希望据为己有的国家扩大往来时,它通常满足于在该国开设工厂或建立商人居住地,像欧洲人在中国和日本所做的那样。

萨伊对近代国家两种殖民地的区分并不完全符合实际情况。因为照他的说法,近代殖民地就没有移民开拓地了。尽管他补充说,"近代也有许多殖民地是按照古代的计划成立的,其中最突出的就是北美洲"②,但这种仅限于北美洲的说法,仍然不符合实际情况,因而就引起萨伊著作的英译者的批评。这位译者在注里说:"这两种制度的区别,只是想象上的区别,而不是实际上的区别。大多数欧洲国家在西半球的最早殖民地,都是以绝对的移住为目的而开拓的。多明戈的法国人,巴巴多斯的英国人,几乎在一切地方的西班牙人,都是想在那里定居而没有回家的念头。"③这些批评是正确的。

对于殖民地的经济关系,萨伊也有所论述。他认为那里利息较高,是由于殖民者是贫苦人,总是缺乏资本。但是尽管资本有限,每年的产品总是超过每年的消费量,因此,人口和财富一起突飞猛进,资本积累随着增加,工资昂贵。由于殖民者很少打算长期留在自己开辟的地方生活,而希望发财后就重返故乡,这个动机驱使他们采用一种强迫的耕作制度,以黑奴为主要的工具。

---

① 萨伊:《政治经济学概论》,陈福生、陈振骅译,商务印书馆 1963 年版,第 223 页。
② 同上。
③ 同上书,第 223 页注①。

萨伊主张母国不要独占殖民地贸易。他的理由是,殖民地也是"母国人民,所以,母国和殖民地同是一个国家的主要部分",因此,"母国和殖民地的一得一失恰恰相抵"。① 这样,他就指出,母国独占殖民地贸易,"使它的商人能以多少高于时价的价格在殖民地出卖他们的货物。这等于牺牲殖民地以给予母国人民一定利益"②;而殖民地人民,"一方面得向母国购买货物,一方面又只能以本地产品卖给母国商人。所以,母国商人没有创造一点价值,而坐享额外利益。他们享受独占权利,不需要和人竞争。这种额外利益自然是以殖民地为牺牲的"。③ 在这里,萨伊认为,在资本主义初期曾存在过的那种国内殖民地,即纯粹是母国的分枝,同母国不存在剥削和被剥削关系的移民垦殖地,到母国发生产业革命,因而需要殖民地供给廉价的农产品时,仍应保持原有的关系。这是办不到的。我们将会看到,李嘉图就不是这样认为的。

那么,母国的消费者是否能从商人独占殖民地贸易中占点便宜呢? 萨伊的回答是否定的。原因是,殖民地产品一运到欧洲,国内商人就可把它再运出口,卖给他所选择的任何地方,特别是那些没有殖民地的国家。因此,独占殖民地贸易,对母国来说,得益的是商人,受害的是消费者。

萨伊以露骨的字眼,通过指责这种商人来指责实行这种政策的国家。他说:"哈佛尔或波尔多商人所得的这种利益,是实际利益,但却是剥夺同国的另一个人民或一个以上的人民。"④他进而认为,几乎 18 世纪的所有战争,以及欧洲国家所认为不得不花巨大费用在南北极设置许多民政、司法、海军和陆军机构,全是由于保护这种利益。在这里,他实际上是攻击拿破仑实行的对外贸易政策。

综上所述,他得出这样的结论:古代人由于他们所施行的殖民制度,到处结交了朋友,近代人想把人沦为隶属,到处树立仇敌;在经济上"解放"殖民地,绝不意味着我们和殖民地的贸易也将跟着寿终正寝;英国"丧失"北美殖民地,反而会得到很大的好处。

---

① 萨伊:《政治经济学概论》,陈福生、陈振骅译,商务印书馆 1963 年版,第 229—230 页。
② 同上书,第 229 页。
③ 同上书,第 230 页。
④ 同上。

法国经济比英国落后，它应该独占殖民地贸易。萨伊之所以提出这种殖民地理论，是由于反对拿破仑执政和称帝时期的对外经济政策，这种政策损害对外产销葡萄酒的资本家和商人的利益，而萨伊是代表他们的利益的。

萨伊是销售论的始创人。他的这一理论建立在"生产会给产品创造需求"的命题上。根据销售论，他得到的自由贸易结论，也是反对拿破仑的经济政策的。但他的殖民地理论并不以销售论为基础，而是对斯密殖民地理论的庸俗化。

第三章　同殖民地贸易如何有利于英国

——李嘉图的殖民地理论

一、概述

按照经济和历史条件来说,只要英国在航海、外贸、工业方面都居于遥遥领先的地位,它就可以在经济上"解放"殖民地,对殖民地实行自由贸易,这样,它就可以省掉对殖民地的行政管理费用和军事占领费用,反而得到更大的利益。这就是亚当·斯密、边沁和迪斯雷利等经济学家和政治家,提出英国应"解放"殖民地的理论和政策的经济和历史条件。一般说来,这些条件要到 19 世纪 70 年代才发生显著的变化,因为从这时起,法国、德国、比利时等都迅速发展起来,英国的"世界工厂"地位受到严重的挑战。为了保护自己的利益,英国从这时起就不仅不再主张"解放"殖民地,反而要将它的殖民地和英国在政治上联结起来,组成如像罗马帝国那样的大英帝国,并不断地扩大这个帝国。19 世纪 80 年代英国召开的殖民地会议,就是大英帝国的雏形。条件发生变化后,英国资产阶级理论家当然不主张"解放"殖民地,某些"社会主义"者反而论证,英国实现"社会主义"时,非有殖民地不可,不然的话,英国工人的生活水平就要降低到东方人的水平。这是我们以后要论述的。

但是,19 世纪初,英帝国产生前,当英国的经济地位仍然大大高于其他国家时,英国经济学家李嘉图就已提出了反映工业国根本利益的殖民地理论,认为英国从殖民地贸易中可以提高它的产业利润,有利于产业的发展。无论从哪一方面看,李嘉图的殖民地理论都同斯密的相反。

斯密是产业革命前夕的经济学家,李嘉图是产业革命迅速发展期的经济学家。在斯密时代,英国殖民地的农产品(如棉花),对英国来说还没有什么意义,但对产业革命时期的英国就不同了。除了这些工业原料外,粮食对英国来说也非常重要。我们知道,为了废除阻止廉价粮食进口的谷物条例,李嘉图为之斗争多年。与此同时,李嘉图提出比较成本理论,得出工业器皿应在英国生产,粮食应在美国、波兰生产的结论。由此就可以看到,李嘉图完全理解殖民地对工业国的重要性。

但是,李嘉图不是从事实上说明,而是从理论上论证这一点的。李嘉图的基本原理就是:劳动决定价值,而价值分解为工资和利润,利润的变动只能由工资的相反变动引起,反之亦然。因此,就同斯密的看法相左。这涉及下面四个问题。

第一,对外贸易如果是等价的,就不会增加一个国家的价值和利润,但殖民地输出商品时如果有补贴,就不同,从殖民地输入比英国便宜的粮食,就能降低货币工资,提高利润;第二,同殖民地缔结通商条约,两方等价交换,也有利于英国;第三,同殖民地贸易这件事本身,不能从根本上提高英国的平均利润率;第四,即使平均利润率提高了,商品的价格也不会随着提高。这些问题在下面分别详述。

二、同殖民地贸易在何种条件下才有利于英国

李嘉图以逻辑严密、首尾一贯著称于世。他从其极力想坚持的劳动价值学说出发,就断然认为:"对外贸易的扩张,虽然大大有助于一国商品总量的增长,从而使享受品的总量增加,但却不会直接增加一国的价值总额"[1],从而也不会增加利润。交换如果是等价的,结论似乎应当是这样。这就是说,英国同殖民地的交换,如果是等价的,英国也许能增加享受品的总量,但不能增加价值和利润。

在这里,他显然忽视了国内贸易和国外贸易是有所不同的。在自由竞争条件下,价值转化为生产价格,生产价格在绝大多数情况下同价值有偏离。这样,商品按相同的生产价格交换,从每一次交换行为看,价值事实上

---

[1] 大卫·李嘉图:《政治经济学及赋税原理》,郭大力、王亚南译,商务印书馆 1962 年版,第 108 页。

往往是不相等的,但在国内,得失必然相互抵消,因为在国内总生产价格必然等于总价值。但在国与国之间不是这样,由于两国的平等利润率不同,由它们分别调节的生产价格虽然相等,但其价值往往是不等的。这样,通过对外贸易,一国就可以增加(或减少)价值。其实,李嘉图是看到这一现象的,他说,可以用"100 个英国人劳动的产品去交换 80 个葡萄牙人、60 个俄国人或 120 个东印度人的劳动产品"。① 他把它解释为"支配一个国家中商品相对价值的法则不能支配两个或更多国家间相互交换的商品的相对价值"。② 但由于他混淆了价值和生产价格,就无法说明为什么是这样。

这是一国能从对外贸易中取得更多价值的原因,另外还有一个原因,要到下面才谈。

由于坚持等价交换的原则,李嘉图就认为,在殖民地向母国输出商品而支付大量补贴的条件下,母国才能得到利益。他假定英国是法国的殖民地,再假定英国谷物的售价为每夸特四镑,每出口一夸特补贴十先令,这样输到法国的谷物价格每夸特便为三镑十先令(不计运费),如果法国谷物的原价为每夸特三镑十五先令,法国消费者便可得到每夸特五先令的好处,如果原价为四镑,则得到十先令的好处。这里的道理自明,无须解释。

在这个基础上,李嘉图就进一步论述,要输入何种廉价(不论是由于有出口补贴而低廉,还是由于价值原来就比英国的低而低廉)商品,才能提高一国的利润或利润率。在这里,他坚持他的劳动形成价值,而价值分解为工资和利润的原理,因此坚决认为:"工资不跌落,利润率就决不会提高;而工资除非用它来购买的各种必需品的价格跌落,否则决不会持久地跌落。"③这样,他就认为,如果由于对外贸易的扩张,以更低廉的价格取得的商品,完全是富人所消费的,那么利润率便不会发生什么变动。比如,葡萄酒、天鹅绒、丝绸等高贵商品的价格,即使降低 50%,工资率也不会受到影响,利润也会依然不变。在这个条件下,由于商品价格低廉,资本家的个人消费支出可能减少,从而可以增加积累,但这不是利润或利润率的提高。但是,"如果我们

---

① 　大卫·李嘉图:《政治经济学及赋税原理》,郭大力、王亚南译,商务印书馆 1962 年版,第 114 页。
② 　同上书,第 112 页。
③ 　同上书,第 111 页。

不自己种植谷物,不自己制造劳动者所用的衣服,而发现一个新市场可以用更低廉的价格取得这些商品的供应,利润也会提高"。[①] 这就从某方面说明,殖民地贸易有可能提高母国的利润或利润率。

李嘉图的这些理论——如果我们将发达国家同落后国家放在世界市场上竞争,由于有更高的劳动生产率,便可以实现一个更大的价值,即得到超额利润,可以提高一国的平均利润率这个问题暂时不谈,那么它们就要在下列条件下才是正确的:进口廉价谷物等工人生活必需品,既能提高利润,也能提高利润率;进口廉价工业原料,不能提高利润,却能提高利润率。李嘉图的错误在于:混淆了利润和利润率,以及看不到进口廉价原料对提高利润率的作用。这样,他就看不到殖民地提供廉价原料能提高宗主国的利润率。

问题本来是很清楚的,利润在这里还没有分解出地租来,因而就是剩余价值,它和垫支资本之比就是利润率。就是说,利润率 = $\dfrac{\text{剩余价值}}{\text{不变资本} + \text{可变资本}}$。工资低廉了,利润增加,利润率也提高;原料便宜了,不变资本减少了,利润虽不增加,利润率却提高。李嘉图之所以有此错误,混淆利润和利润率,是由于他接受斯密教条,认为不变资本即 c,最终会分解为可变资本和剩余价值,即最终分解为 v+m,这样一来,c 不存在,利润率就变成 $\dfrac{\text{剩余价值}}{\text{可变资本}}$,其实这是剩余价值率。在价值已定的条件下,剩余价值率的变动只取决于剩余价值量的变动,而后者只能由可变资本即工资的变动引起。他既然混淆了剩余价值率和利润率,就必然认为,凡是不通过工资的变动而使剩余价值即利润发生相反变动的,都不影响利润率。这就从论证利润和利润率变动的一致性,变为混淆利润和利润率。

三、同殖民地缔结商约,两方等价交换,也有利于英国

李嘉图反对斯密关于独占殖民地贸易,既不利于殖民地的产业,又不利

---

① 大卫·李嘉图:《政治经济学及赋税原理》,郭大力、王亚南译,商务印书馆 1972 年版,第112 页。

于建立这种制度的国家的产业的论点,认为斯密对后者的论述不如对前者的论述那样令人折服。他自己则认为,"母国是不是总是不能从限制殖民地的做法中得到利益,是值得讨论的问题"。① 他的部分看法已见上述。现在,他进一步根据斯密的理论来反对斯密。

他说,斯密自己说过,两个国家的劳动分配方式不善所造成的损失,可能有利于其中的一国,而另一国所受的损害则将大于实际由分配不善所引起的损失;"这一点如果是正确的,那就马上可以证明大大有害于殖民地的措施未尝不可以片面地有利于母国"。② 如果母国独占殖民地的贸易,母国就有更高的利润,这不利于殖民地产业,而有利于母国的产业,李嘉图认为是清楚的。至于斯密认为,这样一来,母国的平均利润率就提高,自然价格也随着提高(不利于母国产业同其他国家的竞争),对此,李嘉图是不同意的。这一点,留在下面再谈。

他逐步深入地论述这个问题。假如对殖民地贸易的独占权,不是操纵在一个独占公司的手里,这样,外国购买者须支付的商品价格便不会高于本国购买者,这两方须支付的价格便不会与出口国中商品的自然价格有很大的差别。这同没有缔结商约时差不多。那么,商约对缔结双方有何利弊呢?

这对输入国不利。"当该国可以按低廉得多的自然价格从他国购买时,这条约使该国只能从(如英国)这样的国家按照商品在英国的自然价格购买。这就使总资本形成一种不利分配,其损害主要是落在受条约限制而不得不在最不利市场上进行购买的国家。"③但他认为,单就这点而言,并不就有利于卖者(英国),因为本国人的竞争,使其货物售价不能超过自然价格。

那么,缔结商约对英国又有什么好处呢? 李嘉图认为,"好处在于,英国要不是独享供应这一特殊市场的特权,这些货物就不会在英国制造以供出口之用,因为自然价格较低的国家的竞争将夺去它出售这些商品的一切机会"。④ 当然,如果英国能够在其他有利的市场上销售它制造的等量其他商

---

① 大卫·李嘉图:《政治经济学及赋税原理》,郭大力、王亚南译,商务印书馆 1962 年版,第 289 页。
② 同上书,第 290 页。
③ 同上书,第 291—292 页。
④ 同上书,第 292 页。

品,这一点就无关紧要了。例如,英国要购买五千镑法国的葡萄酒,如果能以销售毛呢来达到这个目的,英国就会这样做。但他认为,如果贸易是自由的,其他国家的竞争就会使英国毛呢的自然价格不会低廉到这种水平,其出售量足以获得五千镑而又获得普通利润。这样,英国的劳动就要改为生产其他商品。但他又认为,"在现存货币价值下,英国也许没有任何产品能按外国的自然价格出售"。① 换句话说,英国货币价值低,商品价格高,它就只好输出五千镑向法国买葡萄酒。英国输出货币后,"货币价值在英国便会上升,在其他国家则会跌落。随之英国所生产的一切商品的自然价格都会跌落。货币价值提高和商品价格跌落是同一回事"。② 这时,英国由于商品自然价格跌落,竞争能力增强,便可输出商品取回那五千镑。但由于自然价格降低,要取回五千镑,便要输出更多的商品。而取回的五千镑,再也不能买回原来那么多的葡萄酒了,因为法国由于输入五千镑,货币价值跌落,商品的自然价格提高,情况同英国相反。因此,在这种条件下,"法国的利益在于可以一定量的法国货物换得更多的英国货物,英国所受的损失则是以一定量的本国货物换得的法国货物减少了"。③

很明显,英国这些损失是由于不同殖民地缔结商约,不能在那里出售自然价格较高的商品。这就说明缔结这种商约虽不利于殖民地,却有利于英国。因此,他的结论是:"对殖民地的贸易可以调节得使之比完全自由的贸易更有利于母国而不利于殖民地。"④

从李嘉图冗长的论述中可以看出,他感觉到从某一静止状态看,英国的物价相对较高,因而有"英国也许没有任何产品能按外国的自然价格出售"之说,其原因在于货币价值低,而货币价值之所以低,则是由于货币数量多,因此,在输出五千镑到法国后,英国的物价就降低,而法国由于货币数量增加,物价就上升。因此,他认为商品自然价格(不是自然价值)的调节是"通过贵金属的分配来实现的"。⑤ 我们知道,亚当·斯密认为英国独占殖民地

---

① 大卫·李嘉图:《政治经济学及赋税原理》,郭大力、王亚南译,商务印书馆 1962 年版,第 292 页。
② 同上。
③ 同上书,第 293 页。
④ 同上。
⑤ 同上。

贸易,使英国平均利润率提高,这使英国商品的自然价格提高,李嘉图不同意此种看法,这留在下面再谈,但李嘉图这里的解释,我是不同意的,因为这是错误的货币数量说,也就是,贵金属货币数量和物价成正比,和货币价值成反比,因而是违反劳动价值学说的。

李嘉图本来认为,货币和商品一样,其价值都由生产它们所耗费的劳动决定。但是,他由于把资本主义生产看成生产的自然形态,就看不到资本主义商品生产的基本矛盾是私人劳动要转化为社会劳动的矛盾,看不到因这个矛盾而使商品交换发生困难。由于要解决商品生产的基本矛盾,就从商品中分离出一种货币来,它的特点是,生产它的私人劳动无须经过交换就直接是社会劳动,是价值。因此,虽然劳动创造价值,但劳动不能成为社会的价值尺度,而只有货币才是这样的价值尺度,货币并且能作为价值(社会劳动)贮藏起来。所有这些,他都不了解。他只认为劳动是价值尺度,这是任何商品都可充当的,其所以是黄金,只由于它可分可合,便于携带,这等于把货币看成一般的商品。这样,如果货币过多,就像商品过多一样,其价格就会降到价值以下,反之亦然。这就是李嘉图之所以认为改变贵金属的分配,可以调节商品自然价格的原因。其实,货币和商品不同,它作为贮藏手段,可以调节它的流通量,过多时从流通手段变为贮藏手段,过少时从贮藏手段变为流通手段。李嘉图所说的情况是不存在的。

四、英国从对外贸易中不可能提高其平均利润率

前面说过,李嘉图认为,从殖民地输入有补贴的、从而价格低于价值的商品,对英国有利;从国外输入廉价的工人生活必需品,能降低货币工资,提高英国的平均利润率;除此以外,任何外贸,包括同殖民地进行的对外贸易,都不能提高英国的平均利润率。这同斯密的论述完全对立。

斯密认为,独占殖民地贸易能提高英国的平均利润率。对此,李嘉图明确地提出反对意见,他说:这位权威学者的说法,"有一点与鄙见相同,即不同行业中的利润有彼此一致。进退与共的趋势。彼此的分歧点在于:他认为利润的均等是由利润的普遍上升造成的,而我则认为受特惠的行业的利

润很快就会下降到一般水平"。①

斯密是这样论述的：独占殖民地贸易，就减少他国的竞争，在这一领域中的利润率就提高；独占殖民地贸易所需的资本，要从其他领域调来，减少其他领域的竞争，利润率也提高，殖民地贸易和其他领域的贸易、产业之间存在着竞争，形成一个更高的利润率。总之，斯密是用竞争来说明的。

反驳斯密时，李嘉图坚持这个原理："在所有情况下，对外国商品和本国商品的需求总加起来就价值来说要受一国的收入和资本的限制。一个增加，另一个就不得不减少。"②从这里出发，他提出这样的问题：英国独占殖民地贸易时，国内商品的需求会发生什么变化呢？回答自然是：这要取决于用来购买外国（包括殖民地）商品的那份英国土地和劳动的产品发生何种变化。这不外乎有三种可能：不变、增加和减少。如果不变，对国内商品的需求也就不变，它们的资本、价格和利润都不变；如果增加，对国内商品的需求就减少，从这些领域中抽出来的资本刚好用来生产更多的商品，用以交换较贵的外国商品，这样也不会提高价格和利润；如果减少，对国内商品的需求就增加，多出来的资本刚好用来生产这些商品，就是说，需求增加时，同时也存在增加供给的手段，因此，价格和利润不可能持久地上涨。③ 总起来说就是：不论发生哪种情况，对外贸易（包括独占殖民地贸易）不可能使一国的平均利润率上升。在这里，我们清楚地看到李嘉图的方法：一个国家的收入和资本合起来，就是该国拥有的总价值。这个总价值已定，就决定了它的总需求，这个总需求由外国商品和本国商品构成，这两者合起来是一个常数，一个增加，另一个就减少；反之亦然。这样，只要在价值中工资占有的份额不变，利润就当然不能提高。这就是李嘉图一直坚持的原理。

斯密用竞争减少去说明平均利润率的提高是错误的，因为这是他放弃生产商品投下的劳动决定价值的正确原理后，主张交换商品支配的劳动（这些劳动包括工资、利润、地租）决定价值的错误原理的产物，这时他认为竞争能使利润率趋向于平均，但其高度显然是无法说明的。至于他进一步以竞

---

① 大卫·李嘉图：《政治经济学及赋税原理》，郭大力、王亚南译，商务印书馆 1962 年版，第109 页。

② 同上书，第 110 页。

③ 同上书，第 109—110 页。

争减少为理由,说明平均利润率可以提高,这是以资本总的说来没有增加为前提,而资本是要增加的,资本一增加,平均利润率就要降下来。李嘉图的说法,只有在一国商品在世界市场上,不能比在国内市场上实现更多的价值为前提,才是正确的。但一个先进国家,由于有更高的劳动生产率,其商品在世界市场上是能实现更多的价值,即实现更多的利润的。这更多的利润,在自由竞争条件下,便转化为较高的平均利润。有利的对外贸易,是能提高一国的平均利润的,斯密肯定这一点是对的,但他的解释是不对的;李嘉图否定这一点是错误,但他的解释从想坚持劳动价值学说这一点来看则是对的,他的不足,则在于运用劳动价值学说来说明外贸问题时,没有看到先进国的商品,在世界市场上能实现更多的价值。

五、英国的平均利润率即使提高了,其商品的自然价格也不会随之提高

斯密用来支持其英国应该"解放"殖民地论点的重要论据,就是英国独占殖民地贸易,提高了英国的平均利润率,从而也提高了英国商品的自然价格,不利于英国同其他国家的竞争。李嘉图除了在前面说明平均利润率不可能提高外,现在进而指出,即使平均利润率提高了,商品的自然价格也不会提高。

李嘉图在这里将其原理贯彻到底。这个原理就是:劳动形成的价值分解为工资和利润,因此,利润增加,只能使工资减少,而不能使价值或价格提高,也就是说,"价格既不由工资、也不由利润决定"。① 他运用这个原理,说明它同斯密过去的主张相同,而同斯密现在的主张相反,从而指出斯密是自相矛盾的。他说:"斯密曾说:'商品的价格,或者说金银与各种商品相比较的价值,决定于把一定量的金银运上市场所必需的劳动量与把一定量的任何其他商品运上市场所必需的劳动量之间的比例。'他说这句话时,岂不是

---

① 大卫·李嘉图:《政治经济学及赋税原理》,郭大力、王亚南译,商务印书馆 1962 年版,第 296 页。

同意我在上面所说的意见吗？这种劳动量不论利润高低或工资高低都不会受到影响。那么价格又怎样会由于利润高而腾贵呢？"①李嘉图这些话从逻辑看确实无懈可击，从语言看确实淋漓尽致，但是，并没有解决问题。

我们知道，斯密和李嘉图都是混淆了价值和自然价格的。当斯密说，价值由具有自然率或平均率的工资、利润、地租构成时，这个价值其实是自然价格，就其中包含平均利润来说，就是马克思后来所说的生产价格。个别生产价格一般是不等于价值的，但总生产价格是等于总价值的。李嘉图所说的自然价格，有时指的是由劳动形成的价值，有时指的是包含平均利润的价格，即生产价格。至于前面提到的，他有时又把因贵金属分配变化引起的价格变动也称为同自然价值相区别的自然价格，这个问题以后再谈。

因此，在这个问题上，李嘉图同斯密发生分歧的原因就很清楚了：斯密说的平均利润率提高，使总自然价格提高，在李嘉图看来，就等于说总价值因而提高了。他当然认为是不可能的，因为总价值不因工资变动或利润的相反变动而变动，只因劳动量的变动而变动。

应该指出，先进资本主义国家的整个价格水平，是会因有利的对外贸易而提高的。斯密看到了这个现象并加以解释，但他的解释是不正确的；李嘉图有时也朦胧地看到了，但由于这不符合他坚持的基本原理便否认它，正如他由于混淆价值和生产价格便否定绝对地租一样，是错误的。

斯密的错误在于：不仅平均利润率不能由资本的竞争减少而提高（这一点前面已说过），即使按照工资降低、平均利润率就能提高的原理，也不能说明自然价格（生产价格）整个水平能提高，因为总自然价格等于总价值，而总价值不因工资变动或利润的相反变动而变动。李嘉图就从这一点反对斯密。至于不同部门产品的生产价格在这时则有的提高，有的降低，有的不变②，但提高部分和降低部分必然相等，因为总生产价格等于总价值。

产生这种情况的真正原因应该是：先进国的商品在世界市场上能实现

---

① 大卫·李嘉图：《政治经济学及赋税原理》，郭大力、王亚南译，商务印书馆 1962 年版，第296 页。

② 马克思：《资本论》（第三卷），人民出版社 1975 年版，第 226—227 页。

更多的价值,因此它实现的总价值增大,总生产价格也增大,这种商品在全体商品中占的比重越大,总价值或总生产价格就越增大。这个道理,同有利的对外贸易,在不降低工人的货币工资的条件下,就能直接提高平均利润率的道理,是相同的;或者说,在这种条件下,平均利润率的提高和价值(生产价格)增大,是同一回事。

李嘉图认为,对外贸易是会影响一国物价水平的。他说:通过外贸,"在生产方法有所改良的国家中,物价会提高,而在没有发生变化,但有一种有利的对外贸易被剥夺的国家中,物价倒会下落"。[①] 其原因,不是斯密所说的在商品方面,而在货币价值方面,即货币价值变化使商品价格发生相反的变化。他称这种不受供求关系影响的、只表现在货币上的商品价格为自然价格,以区别于受供求关系影响的市场价格。他说,出口多的国家,"商品的自然价格将提高。因而消费者虽然仍能以相等的货币进行购买,但所购得的商品量却会减少"[②],就是这个意思。

他认为,其所以如此,是由于某国例如英国,制造业发达,商品出口增加,货币入口增加,这样,"货币价值就会比任何其他国家更低,而谷物和劳动的价格相对说来则会更高"。[③] 他指出,由谷物价值上涨而引起的谷物价格腾贵,和由货币价值低落而引起的谷物价格腾贵,效果不同。这两者都使工资的货币价格上涨,但是,"如果原因是货币价值跌落,那就不仅是工资和谷物会上涨,而且其他一切商品都腾贵"。[④] 如果是经济落后国,商品入口增加,货币出口增加,货币价值就升高,商品自然价格就下降。这就是前面提到的错误的货币数量说。

下面我将进一步说明,货币的相对价值在资本主义生产方式较发达的国家里低些,在资本主义生产方式不发达的国家里高些,从而在前一种国家里价格高些,在后一种国家里价格低些的真正原因是什么。

[①] 大卫·李嘉图:《政治经济学及赋税原理》,郭大力、王亚南译,商务印书馆1962年版,第118页。

[②] 同上书,第295—296页。

[③] 同上书,第123页。

[④] 同上书,第122页。

六、穆勒的殖民地理论是对李嘉图的庸俗化

詹姆斯·穆勒是李嘉图的朋友、信徒,也是李嘉图整个理论体系的庸俗化者。对于李嘉图的殖民地理论,他对其中的从劳动价值学说出发去说明问题的部分,不加以研究、分析和发展,而将其中的描绘现象的、最容易为在竞争中过生活的生意人所接受的部分接受下来,再用自己的语言表达出来。

穆勒指出,母国对殖民地进行贸易的独占公司有两种。第一种是,对殖民地的贸易具有排他性。在这一前提条件下,他认为独占殖民地贸易会给母国带来一种特殊的利益。因为这样一来,母国将其产品卖给殖民地时,它尽可能贵卖,殖民地也要买;母国购买殖民地产品时,它尽可能贱买,殖民地也要卖。换句话说,在这一条件下,殖民地不得不付给母国的一定数量的劳动产品,较之母国某一数量的产品,同其他国家交换时得到的产品,或同自由状态下的殖民地交换时得到的产品,要多得多。第二种是,对母国商人是自由开放的,对其他国家则是独占排他的。这样,母国商人的竞争就会降低卖给殖民地的产品的价格,这种价格可以降低到母国生产这种产品所需耗费的程度。因此,在自由竞争条件下,从这一部分卖给殖民地产品的贸易中并没有得到特殊的利益,因为得到的利润,较之没有这种贸易而将资本投到其他地方所得到的利润,不会更多。

在这种条件下,穆勒认为,母国从独占殖民地贸易中,只能以这样的方法得到特殊利益,这就是,殖民地卖给母国的产品要低廉。很明显,如果殖民地卖给母国的产品是如此之多,以致在母国发生过剩,也就是说殖民地卖给母国的,较之卖给其他国家的,其供给超过了需要,这样就使该产品在母国的价格低于在其他国家,那么,母国得到的特殊利益,就在于强制殖民地将其产品卖给母国的具有排他性的市场。如果母国从中得到利益,这种利益就是从殖民地的损失中得来的。[①]

---

① James Mill. *Elements of Political Economy*. London: Baldwin, Cradock and Joy, 1821, pp. 168—171.

　　这不外乎是李嘉图某些论点的简单化的再版。李嘉图认为,殖民地用补贴的办法输出产品给母国,母国就可得到利益;殖民地输出廉价粮食给母国,母国就可提高利润。穆勒将它复述一次,但将其中的理论抽掉。

　　我们知道,穆勒是供需均等论和买卖同一论的倡导者,但他的殖民地理论没有建立在这一基础上。从这点看,他的殖民地理论是游离在他的基本原理之外的。前面我们已看到,法国经济学家萨伊也是这样。

第四章 如何使移民殖民地成为宗主国的投资地

——威克菲尔德的殖民地理论

一、概述

斯密的"解放"殖民地理论,李嘉图的宗主国在从殖民地输入廉价粮食和有补贴的商品中得益的理论,以及他们围绕着同殖民地进行贸易能否提高宗主国物价水平问题发生的争论,都是为了资产阶级的利益,但着眼点不同,情况已见上述。然而,他们的理论有一个着眼点是相同的,就是侧重谈宗主国和殖民地之间的贸易问题,不大谈宗主国对殖民地的投资问题。即使谈,由于宗主国那时还不存在资本过剩问题,对殖民地投资还不构成它的重要经济问题,因此,对殖民地投资在他们的理论体系中不占重要地位。这个问题,要在英国大体上完成产业革命,资本主义特有的生产有无限增长的趋势和消费相对落后之间的矛盾开始尖锐,普遍的生产过剩的经济危机周期发生后,才日益严重。这就是李嘉图以后的经济学家,开始从资本主义生产的发展会不会导致利润消灭,资本主义生产能不能以自身为条件而存在的角度,去论证殖民地的历史条件。

1815 年,即拿破仑战争结束后的第一年,英国发生经济危机,但范围较小,没有涉及各个生产部门;从 1825 年开始,英国就周期性地发生普遍的生产过剩的经济危机,1837 年那次经济危机后,资本过剩、利润率下降和市场狭小,成为英国严重的社会经济问题。在这种条件下,资本主义宗主国之需要殖民地,就不像从前那样是由于进行贸易,而是要将殖民地变为投资地。

试图在理论上和方案上解决这个问题的,是英国经济学家爱德华·吉本·威克菲尔德。威克菲尔德从事理论活动的时期,是 19 世纪 20 年代到 40 年代末。我们知道,由于 1819 年的经济危机,英法两国经济学家一起,以李嘉图、萨伊(法)、穆勒为一方,西斯蒙第(法)、马尔萨斯为另一方,就普遍的生产过剩的经济危机问题,资本主义生产以自身为条件能否实现问题,展开争论。李嘉图一方认为资本主义生产完全能以自身为条件,否认普遍危机的可能性;西斯蒙第一方则认为资本主义生产不能以自身为条件,如果不存在资本家和工人以外的"第三者",普遍危机是无法避免的。很明显,威克菲尔德如果不批判李嘉图一方的理论,他在理论上就无法提出使殖民地成为投资地的理论。

实际需要促使理论产生,而理论产生又有其思想渊源。威克菲尔德努力挖掘斯密的思想,从中找出他的理论的根据,然后加以发展,提出他的理论。

从理论上说明宗主国一定要有成为投资地的殖民地是一回事,殖民地能否现成地成为投资地是另一回事。根据当时的实际情况,英国的殖民地主要是美国①和澳大利亚这些移民殖民地,由于土地是"自由"的,从宗主国移到那里的工人很快地获得土地,成为个体生产者,这个严酷的事实使流到那里的生产资料不能变成资本。这在理论上和实践上都要威克菲尔德去解决问题。

理论上的问题是:宗主国为什么同移民殖民地相反,不是从工人中产生个体生产者,而是从个体生产者中产生工人,换句话说,最初的资本和工人是怎样产生的;实践上的问题是:要提出一个方案,使移民殖民地的工人获得土地困难些,付的费用要多些,以便一方面使工人积攒这些费用,要经过一段较长的时间,在此时间内,他仍为工人,另一方面这些费用可以足够从宗主国再输入工人,替换那些已成为个体生产者的工人。如能如此,殖民地就成为投资地了。

上述这些理论和实践问题,就构成威克菲尔德的殖民地理论。

威克菲尔德的主要著作有:《来自悉尼的信》(1829 年)、《英国和美国》

---

① 美国于 1776 年独立,美国在政治上独立后为什么仍然是殖民地,这个问题在下面论述马克思的殖民地理论时将得到解答。

（1834年)、《殖民地化的艺术》(1849年)；此外，他曾编辑出版斯密的《国民财富的性质和原因的研究》的新版本（1840年)，在编者序中，他挖掘斯密的思想，借以建立他的殖民地理论。马克思《资本论》(第一卷)第25章《现代殖民理论》就是批判威克菲尔德的，从中也可以看到威克菲尔德的殖民地理论。

二、反对李嘉图等人的否定资本过剩的理论

否定资本过剩的理论，最早提出的人是萨伊，它的集中表现是这句话：产品会开拓自己的市场，这就是销售论，被称为萨伊定律。其后，穆勒提出的供需均等或供需同一论，李嘉图提出的生产等于消费论，实质上和萨伊定律相同。根据这种理论，普遍的生产过剩的经济危机当然是不可能的；只有由于资本分配在各生产部门不符合比例的要求而引起的局部的经济危机是可能的，这种危机意味着资本在某些部门投得过多，只是由于资本在其他部门投得过少，这时就会通过价格、利润率的变动，使资本重新分配，使局部危机得以解决。总之，在他们看来，资本过剩是不可能的。因此，他们不可能从资本过剩的角度去论证殖民地的必要。

对于1815年的经济危机，李嘉图是用拿破仑战争结束后，大陆封锁解除引起的"工商业途径的突然变化"来解释，也就是用各生产部门的比例失调来解释。这只能说明局部危机的发生，这次危机确实也是局部危机。到1825年英国开始周期性地发生普遍危机时，李嘉图已辞世两年了。

李嘉图等人否定普遍危机、资本过剩，除历史条件限制外，最重要的理论错误在于：将商品交换看成物物交换，将货币只看成有利于商品流通的手段，没有看到货币有可能引起买和卖相脱节，而买卖脱节就是经济危机的构成因素；信奉由斯密留下来的信条或教条，认为c最终会分解为v＋m，因此，价值只分解为收入，不分解为资本。这样就只看到个人消费，而忽视生产消费。于是，固定资本购买一次，却可在多次生产过程中使用，即企业在一次生产过程中供需是经常不等的；从全社会看，要供需均等，就要每种固定资本的折旧部分和它的重置部分相等，这在生产无政府状态下是很难做到的。

对这些特点他们都看不到。这些问题说清楚了，他们的立论就不能存在；也就可以说明，随着大机器工业的产生，资本主义生产发展迅速和消费相对落后之间的矛盾，使普遍危机、资本过剩成为必然的。

西斯蒙第等人虽然认为，普遍危机、资本过剩是可能的，只是由于"第三者"的存在才能避免，但他们的理论也是建立在斯密教条上。西斯蒙第认为，生产只由收入购买，资本主义是扩大生产，因此，去年的收入不足以全部购买今年的产品，只是由于有个体生产者的存在，他们的购买是解决矛盾的关键，但他们必然破产，矛盾无法根本解决。他当然不能以此来论述殖民地对宗主国的必要性。马尔萨斯认为，利润是贵卖的产物，是从流通中产生的，但资本家间相互贵卖，得不到利润，贵卖给工人，如贵卖 $\frac{1}{10}$，工人以其工资只能买回原来的 $\frac{10}{11}$，余下的 $\frac{1}{11}$ 是利润，但它在物质形态上，在价值形态上不能实现，只有贵卖给地主、贵族、僧侣等"第三者"，由于他们的收入是用特权取得的，利润才有可能实现。其实，他们的收入说到底只能从资本家的利润那里分来的，这当然不是资本家实现利润的方法。撇开这种错误不谈，从这里当然也不能论证殖民地对宗主国的必要性，因为移民殖民地没有这样的"第三者"。

威克菲尔德当然不能这样批判李嘉图等人的错误，因为这是后来马克思作出的批判。那么，他是怎样"批判"李嘉图等人否定资本过剩的理论呢？

他将李嘉图派描绘为"供奉了一个新的神的教派，这个神被称为资本，他们对其顶礼膜拜"①，而称他自己为"政治经济学中的异端，对由那些设想政治经济学这门科学已被李嘉图完成的人，在一片黑暗中遗留下来的许多观点，投下光明"。② 但是，仅仅这样贬低李嘉图派，抬高自己，显然不能解决问题。

于是，他具体地驳斥萨伊定律。因为这一定律是李嘉图派否认资本过

---

① Edward Gibbon Wakefield. *England and America: A Comparison of the Social and Political State of Both Nations* (Vol.1). London：Bentley，1833，p.114.

② Adam Smith. *An Inquiry into the Nature and Causes of the Wealth of Nations* (Vol.1)，edited by Edward Gibbon Wakefield. London：Charles Knight & Co.，1840，p.13.

剩的理论基础。穆勒运用这一定律时认为:除了资本再也没有别的东西能够雇佣工人,而所有资本都是雇佣工人的。根据后者,当然就没有资本过剩。对这一点,威克菲尔德加以批评,他说:"情况不是这样,因为工人是由资本雇佣的,而资本总要寻找一个从中能够雇佣工人的投资领域。……亚当·斯密指出,雇佣工人除了资本的限制之外,还有其他的限制,这就是生产领域,以及从中可以处理更多产品的市场。"①这清楚地表明,在他看来,资本积累超过了某一点,进一步的积累不仅降低利润,而且使资本成为过剩的而闲置在那里;这就证明,产品和资本并不像萨伊定律所说的那样,能自动开拓市场和投资领域。

李嘉图运用萨伊定律,反对将资本移到国外使用;他认为:那种以为将资本到国外使用将有利于该国的看法,是不能接受的。资本的减少会立即使一个发展的国家,变成停滞的或倒退的国家;一个国家只有在它积累资本时才能兴旺;大不列颠和资本积累已达到无利可图之点的距离还十分遥远。正如下面将指出的,李嘉图这一建立在错误理论上的命题,说到底会得出资本过剩和夺取新殖民地的结论。尽管这样,但威克菲尔德还是不同意,因为他要从原理上摧毁李嘉图派否定资本过剩的理论基础。他反驳道:"地域,资本,人口会增加,但是如果地域的扩大不快于资本的增加,利润就必然发生变化;要使工资不发生变化,只有在相同的时间内,使地域的扩大和资本的增加,快于人口的增加。在某种状态中的社会,虽然资本家和工人两者的数量增加,虽然新的交通工具在发明,虽然新的城镇在兴起,虽然国民财富和人口的增加十分显著,但是利润率可能一直是低的,工资(增长)率仅足维持增加的工人,大多数资本家处于艰难的状态,而全体工人的状况是悲惨的,下降的。"②这就是资本过剩。威克菲尔德认为,英国正在经受着由资本过剩造成的苦难,所有行业都有过剩的资本,这不是李嘉图派所说的通过价格和利润率的变动,资本就能在各行业间重新分配所能解决的。

---

① Edward Gibbon Wakefield. *England and America: A Comparison of the Social and Political State of Both Nations* (Vol.1). London: Bentley, 1833, p.103.

② Ibid., p.129.

三、挖掘斯密的思想，用以建立其殖民地理论

前面提到，李嘉图的理论事实上包含着随着资本积累的进行，利润会逐渐减少，资本会过剩，而夺取新殖民地会使问题得到解决的结论。这是怎么回事呢？根据李嘉图的原理，生产商品投下的劳动决定的价值，要分解为工资和利润两部分，前者增大，后者减小，反之亦然；工资取决于工人的消费资料，其中的绝大多数直接或间接是农产品，农产品的价值取决于最劣等的生产条件；而随着资本积累的进行，工人增加，需要的农产品如粮食也增加，耕地就从优良地到劣等地，在同一土地上增加投资，过了一定限度，生产率就降低；这样，粮食价格就上涨，货币工资就增大，利润就减小。这是李嘉图对资本主义利润率下降趋势原因的解释。① 据此，他就认为如果随着资本积累的进行，能增加新的肥沃的优良地，利润率就不会下降。很显然，新殖民地就有这样的肥沃土地。但这样一来，就发生宗主国如英国的优良地是否确已耕种完毕这种纯属事实问题之争，也不能从否定萨伊定律而从理论上说明资本过剩，因此，威克菲尔德不利用李嘉图这一论点去论证殖民地的必要。

他极力挖掘斯密的思想而加以利用。他在由其编辑的斯密的《国民财富的性质和原因的研究》的编者序言中，宣称他出版该书的新版本的目的是："为被现代作家非难的斯密的某些原理辩护"②，特别是要运用斯密对于资本积累、利润下降、新的市场之间的关系的解释。斯密对这个问题的解释主要有两段。第一："资本的增加，提高了工资，因而倾向于减低利润。在同一行业中，如有许多富商投下了资本，他们的相互竞争自然倾向于减低这一行业的利润；同一社会各行业的资本，如果全部都同样增加了，那么，同样的

---

① 从这点看，利润量是减小的，但利润率不一定下降。因为利润在这里就是 m，而利润率是 m/(c+v)，c 的价值如下降到一定程度，利润减小并不一定意味着利润率下降。李嘉图不了解这一点。但这同我们现在论述的问题无关。

② Adam Smith. *An Inquiry into the Nature and Causes of the Wealth of Nations* (Vol.1), edited by Edward Gibbon Wakefield. London: Charles Knight & Co., 1840, p.14.

竞争必对所有行业产生同样的结果。"①我们知道,资本积累意味着资本增加,在斯密看来,它从两方面降低利润。第一,提高了工资,原因是对劳动力的需求增加。如果确是这样,这只能是暂时现象,因为劳动力终于会增加的;第二,同行业竞争使卖价降低,而为了多得货源买价提高,这也使利润降低。如果确是这样,也只能是暂时现象,本来生产发展就使卖价降低,而卖价降低的反面就是买价降低,斯密强调为了多得货源而使买价提高,这随着生产发展、供给增加,问题就不再存在。总之,斯密对资本积累使利润有下降趋势的解释,同李嘉图用农业生产力下降来解释一样,都是不正确的。

第二:"新领土的获得或新行业的开展,即使在财富正在迅速增加的国家,也会提高资本利润……"②根据上述可知,这是用资本间的竞争削弱来解释,同样也是暂时现象。至于由此可以引出夺取殖民地就能提高一国利润的结论,斯密对这种事实的理论解释是错误的,这在前面已谈过。

根据上述,斯密得出这个结论:"一国的资本,如与国内各种必须经营的行业所需要的资本相比,已达到饱和程度,那么各行业所使用的资本,就达到各行业的性质和范围所允许使用的程度。这样,各地方的竞争力就大到无可再大,而普通利润便小到无可再小。"③同样道理,这也只能是暂时现象。前面提到,威克菲尔德认为,在斯密看来,雇佣工人除了受到资本的限制之外,还受到生产领域和市场容量的限制,就是指此而言的。

威克菲尔德根据斯密的这些思想,同李嘉图派相对立,提出他的肯定资本过剩的理论。他认为:生产不仅受资本和劳动数量的限制,而且也受投资领域广度的限制;对资本来说,投资领域有两方面:一国拥有的土地和销售该国制造品的外国市场;在既定的土地中,只有一定量的资本能够有利可图地进行投资,接近这一定量,利润就下降,超过这一定量,利润就消灭;这时,只有扩大投资领域,利润才能恢复原状;对此,有两种办法:或者获取肥沃的土地,或者在国外开拓新市场,这就可以用国内资本的生产物换取那里的粮食和原料。

----

① 亚当·斯密:《国民财富的性质和原因的研究》(上卷),郭大力、王亚南译,商务印书馆1983年版,第80—81页。
② 同上书,第85页。
③ 同上书,第87页。

资本主义社会,在一定条件下,存在着资本过剩,在普遍危机时尤甚,这是事实,李嘉图派在理论上否定它,固然不对,但威克菲尔德对它加以肯定所作的理论解释却是错误的。在我看来,在斯密的思想中投资受土地面积所限制的思想还是很不明显①,威克菲尔德却将其大大地加以发挥。这种说法之所以错误,是因为他将市场仅看成一个由地理限制的广度问题,而不将它同时看成一个深度问题,在市场广度为既定的条件下,在生产增长的过程中,资本有机构成提高了,市场的深度就能加大,市场的容量就扩大。这一点,威克菲尔德是不了解的。

他就以这个错误的理论为基础,提出其殖民地理论。

四、移民殖民地最初的经济关系不利于投资

威克菲尔德在资本主义宗主国并不了解资本不是一种物,而是一种以物为媒介的人与人之间的社会关系,在新殖民地才了解这一点。在考察殖民地时,他感慨地说:皮尔先生把其值 5 万镑的消费资料和生产资料从英国带到澳大利亚的斯旺河去;皮尔先生很有远见,他除此以外还带去了 3 000 名男工、女工和童工;可是,一到达目的地,"皮尔先生竟连一个替他铺床或到河边打水的仆人也没有了"。② 原因正如下面将指出的,这些移民殖民地最初非常容易获得土地,移入的工人很快就成为独立生产者。对威克菲尔德笔下的这个移民资本家,马克思戏谑地说:"不幸的皮尔先生,他什么都预见到了,就是忘了把英国的生产关系输出到斯旺河去!"③

本来,根据这一事实,威克菲尔德应该从理论上认识到,消费资料和生产资料作为个体生产者的财产,就不是资本。但是,正如马克思所指出的:"在政治经济学家的头脑中,它们(消费资料和生产资料——引者)的这个资

---

① 斯密说:"一国所获财富,如已达到它的土壤、气候和相对于他国而言的位置所允许获得的限度,因而没有再进步的可能,那么,在这种状态下,它的劳动工资及资本利润也许都非常的低。"[亚当·斯密:《国民财富的性质和原因的研究》(上卷),郭大力、王亚南译,商务印书馆 1983 年版,第 87 页]

② Edward Gibbon Wakefield. *England and America: A Comparison of the Social and Political State of Both Nations* (Vol.2). London：Bentley, 1833，p.33.

③ 《马克思恩格斯全集》(第二十三卷),人民出版社 1972 年版,第 835 页。

本主义灵魂和它们的物质实体非常紧密地结合在一起,以致在任何情况下,甚至当它们正好是资本的对立面的时候,他也把它们称为资本。威克菲尔德就是这样。"①

　　正因为这样,他就针对移民殖民地的情况说了这一段话:"如果把资本以相等的份额分给社会的所有成员,那就没有人想要积累多于他能亲手使用的资本了。美洲新殖民地的情况,在某种程度上就是这样。在那里,对土地所有权的热望妨碍了雇佣工人阶级的存在。"②在威克菲尔德看来,新殖民地这种弊病的后果是什么呢? 那就是使生产者和国民财产分散的"野蛮制度",妨碍资本集中,使殖民地不能适应宗主国的需要,成为过剩资本的投资地。

　　工人在新殖民地容易获得土地,成为独立的个体生产者,正如威克菲尔德指出的,会导致两种结果。第一,市场狭小。他指出:"在美洲,除了奴隶和他们的主人,即那些把资本和劳动结合起来经营大企业的人,没有一部分专门从事农业的人口。自由的美洲人自己耕种土地,同时还从事其他许多职业。他们使用的一部分家具和工具,通常是他们自己制造的。他们往往自己建造房屋,并把自己的工业制品送到遥远的市场。他们是纺纱者和织布者,他们制造自己消费的肥皂、蜡烛、鞋和衣服。在美洲,种地往往是铁匠、磨面匠或小商人的副业。"③这样一来,资本主义的市场就小了。第二,工人短缺。他指出:"在美国北部各州,是否有十分之一的人口属于雇佣工人的范畴,是值得怀疑的……在英国……大部分人民群众是雇佣工人。"④这样一来,必然要用较高的工资才能雇到工人。

　　由于这个原因,威克菲尔德指出:在新殖民地,"虽然在工人和资本家之间分配的产品很多,但工人取得的份额非常大,以致他很快就成了资本家……即使寿命很长的人,也只有少数人能够积累大量的财富"。⑤ 这就是说,雇佣工人很快就不受雇佣,很快就变成独立的个体农民,甚至有少数成

---

　　① 《马克思恩格斯全集》(第二十三卷),人民出版社 1972 年版,第 835 页。
　　② Edward Gibbon Wakefield. *England and America: A Comparison of the Social and Political State of Both Nations* (Vol.1). London: Bentley, 1833, p.17.
　　③ Ibid., pp.21—22.
　　④ Ibid., pp.42—44.
　　⑤ Ibid., p.131.

为资本家,在"雇佣劳动市场上变成自己原来主人的竞争者"。① 威克菲尔德还用资本家的话,叹惜地说:在新殖民地,"我们的资本打算从事许多需要很长时期才能完成的工作,可是我们能用我们明知很快就会离开我们的工人来开始这些工作吗?"②

对于这些叹惜,马克思评论道:"这是多么可怕的事情! 精明能干的资本家竟用自己宝贵的金钱从欧洲输入了自己的竞争者! 一切都完蛋了! 无怪乎威克菲尔德埋怨殖民地的雇佣工人缺乏从属关系和从属感情⋯⋯在旧文明国家,工人虽然自由,但按照自由规律,他是从属于资本家的;在殖民地,这种从属关系必须用人为的手段建立起来。"③

那么,在旧文明国家,工人对资本的从属关系最初是怎样建立起来的呢? 换言之,在欧洲独立的个体生产者的劳动条件是怎样丧失的呢? 威克菲尔德认为,是由于一种原始的社会契约起的作用。他说:人类"采用了一种促进资本积累的简单方法⋯⋯把自己分为资本所有者和劳动所有者⋯⋯这种分法是自愿协商和结合的结果"。④

资产阶级经济学家在宗主国可以用花言巧语把工人对资本的绝对从属关系,描绘成买者和卖者之间的自由契约关系,描绘成同样独立的商品所有者,即资本商品所有者和劳动商品所有者之间的自由契约关系。这个美丽的幻想理应在殖民地更易实现,因为这里移入的都是成年工人,绝对人口增长比宗主国快,但事实上劳动市场总是供给不足,使这幻想破灭。既然在新殖民地缺乏实现这种社会的人和条件,就有必要如像用保护关税制度造出资本家来一样,用立法手段在殖民地造出雇佣工人来。这就是威克菲尔德提倡的同自然的殖民相对立的"系统的殖民"理论。

---

① Edward Gibbon Wakefield. *England and America: A Comparison of the Social and Political State of Both Nations* (Vol.2). London: Bentley, 1833, p.5.

② Idid., p.191.

③ 《马克思恩格斯全集》(第二十三卷),人民出版社 1972 年版,第 839 页。

④ Edward Gibbon Wakefield. *England and America: A Comparison of the Social and Political State of Both Nations* (Vol.1). London: Bentley, 1833, p.18.

五、系统的殖民方案或殖民地化的艺术

威克菲尔德的使自由殖民地尽快成为宗主国投资地的方案,确实是一项复杂的"系统工程",堪称为殖民艺术。

方案的根本目的,是使移民殖民地的工人较难地、较慢地获得土地,即要被资本家使用较长的时间后,才能变成独立的个体生产者,而在工人成为个体生产者后,又要保证能从宗主国移入新的工人,作为已成为个体生产者的替身。这样就必须不根据土地的供求关系,人为地制定出土地的"充分价格",这个价格一方面使工人从工资中积攒用来购买土地的资金,必须要经过相当长的时间,另一方面构成一个基金,这基金足够支付移入新工人所需的费用。正如马克思所指出的:"必须有一举两得的妙计。"①此外,方案还有其他的次要目的。但是,都服从于使殖民地成为投资地这个总目的。

为了实现"一举两得的妙计",对从前几乎可以自由获得的土地制定出一种人为的"充分价格"是十分必要的。威克菲尔德认为,它要取决于许多因素。他说:"制定价格的唯一目的,是不让工人太快地成为土地所有者。这个价格必须充分达到这目的,除此之外,再没有其他目的。问题是,什么价格能有此效果?它必须取决于:第一,'价格太低'意味着什么;工人被雇用的恰当时间应该多长;这又要取决于殖民地的人口增长率,尤其要取决于移民的方法,这要由一个工人变成土地所有者,由另一个工人做替身所需的时间来决定。而工人移入率还要取决于殖民地发展的前景、宗主国和殖民地之间的距离、移入工人所需的旅费。第二,要得到预期的效果,制定价格就要考虑殖民地的生活费用和工资率,因为这两者(的差额)就成为工人变为土地所有者所必须积攒的资本;工资率和生活费用的比例,将决定积攒必要资本的时间是长些还是短些。第三,殖民地的土壤和气候,这将决定一个工人为了让他自己成为一个土地所有者所需的土

①　《马克思恩格斯全集》(第二十三卷),人民出版社 1972 年版,第 841 页。

地数量。"①充分价格的制定,确实是一项"系统工程"。

随着殖民地资本和劳动的增加,进入使用的土地数量也增加,这样,政府处理土地的政策,就像一条松紧带;与这松紧带相适应的土地"充分价格"的高度,是一个争论的问题。1829 年,威克菲尔德在其关于殖民地化的最早著作,即《澳大利亚殖民地化建议草图》中,曾建议新南威尔士每英亩土地价格为 2 英镑,并同那些主张定为 1 英镑的人进行争论,但这个"草图"以《来自悉尼的信》再出版时,这个土地价格问题被删掉了。他终于认为,土地的"充分价格"只能由经验决定。不过,他曾表示,必须经过三年,才能让工人成为土地所有者。他的同伴经济学家罗伯特·托仑斯则将这个时间定为二至三年。

按照威克菲尔德的方案,"充分价格"适用于不同肥沃程度和地理位置的土地,但这种土地数量以适合需要为限度,并且是集中的。他认为这有利于殖民地资本主义的发展。但是,这样一来,较差的土地的生产力,如果低于它的"充分价格",似乎就无人购买了。但是,即使这样,他认为是不成问题的,因为总的来看,"充分价格"构成的基金,是用来输入新工人的,随着工人增加,这个价格就可以降低,而当殖民地能由此吸引更多的工人时,工人必须被雇用的时间也可望缩短。

这样,"充分价格"就成为劳动供给和需求的调节器。这是因为,"随着出卖土地的增加,对耕耘新土地的劳动需求就增加,而随着出卖土地的增加,用来取得新劳动的基金也增加"。②

他还考虑移民对象问题。他认为用基金移入强壮能干又暂时没有儿女拖累的夫妇,无论对宗主国还是对殖民地都有好处。这样做,可以提高殖民地的声誉,因为它再也不是乞丐的栖身地和囚犯的流放地。他非常注意移入工人时,要保持两性之间的平衡,以避免男性过多和妓女的产生。

威克菲尔德的殖民艺术,我们不必全部介绍,就已介绍的内容而言,也

---

① Edward Gibbon Wakefield. *A View of the Art of Colonization*, *With Present Reference to the British Empire*; *in Letters Between a Statesman and a Colonist*. London: John W. Parker, 1849, pp.347—348.

② Edward Gibbon Wakefield. *England and America: A Comparison of the Social and Political State of Both Nations* (Vol.2). London: Bentley, 1833, p.191.

绝非完美无缺,它不是断臂的维纳斯。这不是我们要论述的。我们只说明,他是决意用人为的办法在移民殖民地造出工人来,以适应宗主国的需要。

从历史事实看,英国根据威克菲尔德的建议,对其殖民地的土地和移民政策实行改革,从18世纪30年代开始到40年代,以失败告终。正如马克思所指出的,它使移民潮流从英国的殖民地转向美国(美国在政治上已独立,英国的法律管不到它);最重要的是,欧洲资本主义生产的进步,以及随之而来的政府压迫的加重,使他的方案成为多余的;在美国,巨大的移民人流在东部停滞并沉淀下来,而向西部去的移民浪潮又来不及把人们冲走,于是形成一个劳动市场,其后,南北战争的结果,造成了巨额的国债,以及随之而来的沉重的赋税,产生了最卑鄙的金融贵族,使极大一部分公有土地被滥送给经营铁路、矿山等投机公司,工人容易获得土地的时代过去了;在澳洲,英国政府无耻地把殖民地未开垦的土地滥送给贵族和资本家,发现的大金矿吸来了人流,英国商品的输入引起的竞争使一些手工业者破产,这就产生了一个充分的相对过剩的工人人口。

总之,历史的发展已逐渐使移民殖民地成为宗主国的投资地了。

第五章　工业化的宗主国怎样剥削
农业国的殖民地

——马克思的殖民地理论

一、概述

　　马克思研究殖民地问题比斯密约晚 90 年,比李嘉图约晚 50 年。因而,他看到的情况不仅同斯密看到的不同,同李嘉图看到的也不同。斯密那时,还是产业革命前夕,他虽然看到宗主国和殖民地,但不可能将它们分别同工业国和农业国联系起来。李嘉图那时,产业革命正在进行,工业国和农业国的世界分工已见端倪,他要说明其原因,但不彻底,而且无法同其理论体系协调;他也没有从这一角度去研究宗主国和殖民地。马克思当时,产业革命已在西欧普遍发生,在某些国家已完成,工业国和农业国的世界分工,以及它们分别同宗主国和殖民地地位的形成有关,已是明显的事实。马克思的殖民地理论中有一部分就是研究这些问题的。

　　研究这些问题时,马克思都研究了前人的理论。他不仅研究了斯密和李嘉图,而且也批判了威克菲尔德等人。他的殖民地理论既是对古典经济学家的殖民地理论的扬弃,也构成他的经济理论体系。

　　由于这样,我们论述马克思的理论时,自然会涉及斯密和李嘉图的理论。这犹如论述李嘉图的理论时,自然会涉及斯密的理论一样。

二、世界划分为成为宗主国的工业国和
成为殖民地的农业国

马克思是从他那个时代的特征,即产业革命在某些国家已经完成,在某些国家正在进行,来分析殖民地问题的。他明显地看到,随着产业革命的进行,世界就划分为工业国和农业国,前者成为宗主国,后者成为殖民地。他要从理论上说明这个世界历史的现象是怎样产生的。

这里有一个应如何对待前人理论的问题。前面说过,斯密曾经注意到制造业发达的国家,其农业都相对落后的问题,但他并没有认识到这个现象所具有的重要历史意义,更没有由此得出世界要划分为工业国和农业国的结论,因为他毕竟还是产业革命前夕的经济学家,世界历史上还没有发生上述的国际分工。

李嘉图是英国产业革命迅速发展期的经济学家。在这个过程中,世界已经开始划分为工业国和农业国了。他用比较成本理论来说明这种国际分工的产生。所谓比较成本,是相对于绝对成本而言的。绝对成本论认为,各国应该分别选择生产那些绝对成本最低的商品,由此形成国际分工,产生国际贸易,各国都得到好处。按照此说,那些生产任何商品都居于劣势的国家,就不能进行国际贸易;那些生产任何商品都居于优势的国家,就要生产一切商品。这显然得不到分工的好处,于是,比较成本理论应运而生。

李嘉图的比较成本理论认为,不论一国生产的绝对条件如何,它都可以专业生产那些生产成本相对较低的商品,由此形成国际分工,产生国际贸易,各国都得到好处。他先从个人看。他说:"如果两人都能制造鞋和帽,其中一个人在两种职业上都比另一个人强一些,不过制帽时只强1/5,或20%,而制鞋时则强1/3或33%,那么,这个较强的人专门制鞋,而那个较差的人专门制帽,岂不是对双方都有利么?"接着,他用这个原理来说明一个国家。他说:"一个在机器和技术方面占有极大优势因而能够用远少于邻国的劳动来制造商品的国家,即使土地较为肥沃,种植谷物所需的劳动也比输出国更少,也仍然可以输出这些商品,以输入本国消费所需的一部分谷物。"①根据这一原理,李嘉图认为,葡萄酒应在法国和葡萄牙酿制,谷物应在美国和波兰种植,金属制品和其他商品则应在英国制造。这就是李嘉图的英国应成为世界工厂,其他国家应成为农业国的国际分工理论。

对于李嘉图的比较成本理论,马克思没有加以论述,但是,对于以这个理论来说明全部国际分工的形成,马克思认为是不符合历史实际的。1848年,他在《关于自由贸易的演讲》中说,有人认为,"自由贸易引起国际分工,并根据每个国家优越的自然条件规定出生产种类";在他们看来,"也许认为生产咖啡和砂糖是西印度的自然禀赋";但是,"200年前,跟贸易毫无关系的自然界在那里连一棵咖啡树、一株甘蔗也没有生产出来";更重要的是,"也许不出五十年,那里连一点咖啡、一点砂糖也找不到了,因为东印度正以其更廉价的生产得心应手地跟西印度虚假的自然秉赋作竞争"。② 这就是说,在原来还没有咖啡和甘蔗生产的地方,就没有比较成本可言,因此,比较成本理论就无法说明西印度为什么成为生产咖啡和甘蔗的农业国。

对于斯密的制造业发达的国家,其农业都相对落后的有关描述,我认为马克思是十分重视的,并将其同产业革命联系起来,说明由于产业革命的作用,世界就划分为工业国和农业国。但在说明这个问题之前,先要简略地说一下,马克思是怎样论述西欧先产生资本主义,东方则较难产生资本主义的。因为西欧的产业革命是由于资本主义追逐相对剩余价值而引起的。

将马克思的有关论述分析一下,我觉得有两点值得注意。第一,"资本的祖国不是草木繁茂的热带,而是温带。不是土壤的绝对肥力,而是它的差异性和它的自然产品的多样性,形成社会分工的自然基础,并通过人所处的自然环境的变化,促使他们自己的需要、能力、劳动资料和劳动方式趋于多样化。社会地控制自然力以便经济地加以利用,用人力兴建大规模的工程以便占有或驯服自然力,——这种必要性在产业史上起着最有决定性的作用"。③ 这里说的是,自然产品的多样性使社会分工发达,使商品生产和商品

---

①　大卫·李嘉图:《政治经济学及赋税原理》,郭大力、王亚南译,商务印书馆1962年版,第114页注。

②　《马克思恩格斯全集》(第四卷),人民出版社1958年版,第457—458页。

③　马克思:《资本论》(第一卷),人民出版社1975年版,第561页。

交换发达,使生产力发展,使人能更好地征服自然,这有利于资本主义的产生。西欧地中海沿岸国家,就具有这样的条件,所以它们的资本主义萌芽最早。第二,与此相反,在东方多数国家,一些"自给自足的公社不断地按照同一形式把自己再生产出来,当它们偶然遭到破坏时,会在同一地点以同一名称再建立起来,这种公社的简单的生产机体,为揭示下面这个秘密提供了一把钥匙:亚洲各国不断瓦解,不断重建和经常改朝换代,与此截然相反,亚洲的社会却没有变化,这种社会的基本经济要素结构,不为政治领域中的风暴所触动"。① 这就是说,自给自足的公社、自然经济的大量存在,使资本主义很难产生。这就是马克思所说的亚细亚生产方式问题。它和资本主义生产方式产生的关系到底怎样,这一点要到后面再谈。

马克思进一步指出,随着西欧各国产业革命的进行,"一方面,机器直接引起原料的增加,例如轧棉机使棉花生产增加,另一方面,机器产品的便宜和交通运输业的变革是夺取国外市场的武器。机器生产摧毁国外市场的手工业产品,迫使这些市场变成它的原料产地……大工业国工人的不断'过剩',大大促进了国外移民和把国外变成殖民地,变成了宗主国的原料产地……一种和机器生产相适应的国际分工产生了,它使地球的一部分成为主要从事农业生产的地区,以服务于主要从事工业生产的地区"。②

产业革命使工业化国家的工业品便宜,从而摧毁落后国家的手工业产品,这是价值规律发生作用的结果,道理是很清楚的。但是,服务于工业国的农业国是怎样产生的,是经济力量的结果还是暴力的结果,这是要弄清楚的。

马克思的回答是前者。他充分利用了斯密的有关思想,因而认为,产业革命,当它的技术变革方面尚未全部在资本主义农业生产领域中展开时,它却使资本主义的农产品日益昂贵,其价值高于落后国的农产品。就是这个纯经济原因,使落后国成为农业国。

马克思深刻地分析了这个原因。他指出:产业革命"使汇集在各大中心的城市人口越来越占优势,这样一来,它一方面聚集着社会的历史动力,另

---

① 马克思:《资本论》(第一卷),人民出版社 1975 年版,第 396—397 页。
② 同上书,第 494—495 页。

一方面又破坏着人和土地之间的物质变换,也就是使人以衣食形式消费掉的土地组成部分不能回到土地,从而破坏土地持久肥力的永恒的自然条件"。① 为了恢复土地肥力,便要耗费很多劳动。但在资本主义土地私有制下,在租地契约的有效期内,土地经营者总是尽量榨取土地肥力。由于这种恶性循环,为了改进土地肥力,投到土地上的劳动便越来越多。落后国的情况就不是这样。这里没有大工业和大城市,大量农民以衣食形式取于土地的,再以生活垃圾、排泄物、尸体等形式回到土地,人和土地之间的物质变换没有被破坏,不必耗费很多物化劳动,便能保持土地肥力。此外,落后国存在为数众多的耕种自有土地的农民,他们不榨取土地肥力。

马克思举例说:"在英国,在机器制造业、商业、运输业等非农业经济部门,有大批的人从事农业生产各要素的制造和运输,而在俄国就没有";"只要英国人比俄国人使用较少的直接劳动而使用较多的不变资本,只要这种不变资本……没有把劳动生产率提高到足以抵销俄国土壤的自然肥力的程度,英国谷物的价格和价值较高的情况就会始终存在。因此,在进行资本主义生产的国家,农产品的货币价格可能比不发达的国家高"。②

产业革命就这样使世界划分为工业国和农业国。前者成为宗主国,后者成为为宗主国服务的殖民地。

三、两种殖民地的产生及其经济关系

马克思接受斯密的提法,并根据当时的实际情况,将资本主义的殖民地区分为两种。他在《资本论》(第一卷)第 25 章《现代殖民理论》中提到有一种真正的殖民地,即移民垦殖殖民地;在《资本论》(第三卷)进一步指出,这种"殖民地所以成为殖民地——在这里,我们只是就真正的农业殖民地而言,——不只是由于它拥有尚处于自然状态中大量肥沃的土地,而是由于这样一种情况:这些土地还没有被人占有,还没有受土地所有权的支配"。③ 因

---

① 马克思:《资本论》(第一卷),人民出版社 1975 年版,第 552 页。
② 马克思:《剩余价值理论》(第二册),人民出版社 1975 年版,第 542、543 页。
③ 马克思:《资本论》(第三卷),人民出版社 1975 年版,第 852 页。

此,他有时又称这种殖民地为自由殖民地。此外,他在《资本论》(第一卷)第二十四章《所谓原始积累》中,提到有另一种殖民地——种植殖民地,即以经营种植园为特征的奴役土著殖民地;在《资本论》(第三卷)中,提到有这样的殖民地,"几乎全部人口都从事农业,特别是从事大宗农产品的生产,他们只能用这种产品来交换工业品"①,这里说的既适合于种植殖民地,也适合于移民垦殖殖民地。

马克思提出完整的两种殖民地理论,是在迟至 1905 年才正式出版的《剩余价值理论》(第二卷)中。在那里,他明确指出,应当把两种类型的殖民地区别开来。第一种,"是本来意义的殖民地,例如美国、澳大利亚等地的殖民地"②,即移民垦殖殖民地。第二种是以经营种植园为特征的殖民地③,即奴役土著殖民地。这两种殖民地其所以不同,是由于欧洲殖民者踏上北美、澳大利亚等地时,当地土著生产力非常低下,地极广,人极稀,殖民者便剿灭、赶走土著,将腾空出来的土地"自由"地占有,并加以经营。但是,当欧洲殖民者到达亚洲、非洲等地时,遇到的却是另一种情况,这里的土著生产力较高,人口众多,要赶走和剿灭他们是不可能的,因此,殖民者就要利用当地的生产关系,满足自己的需要。他们最大的需要,是为世界市场、为母国提供大量的粮食和原料。但是,当地土著经营的或者是自然经济,或者是部分商品经济,如果是自然经济和商品率很低的经济,就无法满足世界市场的需要,而让当地长出资本主义大农生产来,又是一个十分缓慢的过程。由于这样,在有的地方,殖民者便用暴力剥夺土著的土地,并强制他们在土地上进行奴役劳动的大农生产——种植园便产生了。

这两种殖民地的经济关系是有所不同的。在移民垦殖殖民地,有一段时间,获得土地非常容易,在经济上几乎无所花费,在法律上便占有土地。因此,欧洲殖民者中的资本家,即使将资本和工人从母国输到这里来,这些工人很快就占有土地,变为个体生产者。因此,同母国从个体生产者中分化出工人来的规律相反,这里是从工人中长出个体生产者来。只要工人容易获得土地的过程不结束,这里的资本主义就不易发展。由于劳动力求过于

---

① 马克思:《资本论》(第三卷),人民出版社 1975 年版,第 755 页。
② 马克思:《剩余价值理论》(第二册),人民出版社 1975 年版,第 338 页。
③ 同上书,第 339 页。

供,这里的工资水平也较高。由于可以自由地获得土地,绝对地租就不存在。

这里从事农业的大部分殖民者,其生产并不是资本主义生产。这是在或大或小程度上自己从事劳动的农民。他们主要是为了保证自身生活,为自己生产生存资料。他们的主要产品并不是商品,目的也不是做买卖。他们只把产品中超过他们自己消费的余额卖掉,以换取输入殖民地的工业品。当然,在这里也存在发展得很慢的资本主义生产,这种生产的目的在于取得利润。但是,由于大量个体农民的竞争,这些农民出售产品的价格只要高于"工资"就行,这就使资本主义生产的农产品价格经常低于价值。[①]

如何使这种殖民地中的工人不易获得土地,曾经是一个重要问题。前面说过,英国殖民经济学家威克菲尔德建议,要用法律规定,工人要经过一定的年限才能获得土地,在此年限内,工人要缴纳税款,该税款足够从欧洲再输入一个工人。后来,工人容易获得土地的过程,是在法律之外由经济力量来结束的。

这里可以附带说明,美国这个移民垦殖殖民地,其南部为什么曾经存在过以奴役黑人劳动为内容的大农生产,即种植园。根据马克思的理论可以看出,美国南部最适合种植欧洲大工业所需要的棉花和烟草,这些作物需要耗费大量劳动,移入欧洲工人,一来工资高,二来容易变成个体生产者,契约奴有一定的劳动期限,不能满足要求,于是,从非洲捕捉黑人卖到美国并让他们从事奴隶劳动的种植园便产生了。

以经营种植园为特征的奴役土著殖民地,一开始就为了世界市场而生产,就是为了做买卖。这里存在的资本主义生产只是形式上的,因为奴役性劳动排除了资本主义生产的基础。在种植园,资本家和土地所有者是同一个人,因而也不存在绝对地租。农产品可按生产价格(低于价值)出售,而生产成本中的"工资"(奴隶的口粮)是非常低下的,所以利润较高。马克思特别指出:"投到殖民地等处的资本,它们能提供较高的利润率,是因为在那里……由于使用奴隶和苦力等,劳动的剥削程度也较高。"[②]

---

① 马克思:《剩余价值理论》(第二册),人民出版社 1975 年版,第 338—339 页。
② 马克思:《资本论》(第三卷),人民出版社 1975 年版,第 265 页。

在奴役土著殖民地中，有的是不存在种植园的。根据前面分析过的种植园产生的原因，可以反过来说明，这种殖民地的商品经济较为发达。商品经济如果是资本主义的，其利润率必较发达资本主义国家高些，资本投到这里来，可获得较高的利润。马克思列了这样一个公式：在欧洲国家，产品价值＝84c＋16v＋16m＝116；利润率＝16％；在亚洲国家，产品价值＝16c＋84v＋21m＝121；利润率＝21％。[①] 商品经济如果是个体经营的，如个体农业生产者，在商品价值中，他只要取回相当于 c＋v 部分便可，相当于 m 的部分在竞争的压力下，他可以放弃。他如果同时也是土地所有者，绝对地租就不存在了。所有这些，都使小农较为发达的殖民地，其农产品价格特别低廉。"这种较低的价格是生产者贫穷的结果，而决不是他们的劳动生产率（较高）的结果。"[②]

至于变成殖民地的落后国家，一般都存在自然经济，男耕女织，农工生产结合，节省劳动时间，对外来的资本主义商品经济有一种抗御能力，以及在东方社会大量存在的自给自足的公社组织，即所谓的亚细亚生产方式，也有一种抗御能力，外来资本主义怎样破坏它，以及这种破坏在历史上起什么作用，这要在下面才详细论述。

四、政治经济学上的殖民地

马克思从他那个时代的特征，从经济的角度来研究殖民地，这一点和其后的列宁不同。列宁是根据帝国主义时代的特征，从政治的角度来研究丧失主权的殖民地国家的。列宁指出，根据马克思的意见，政治经济学上的殖民地的基本特征如下：1. 土地还没有被人占有，还没有受土地私有权的支配；2. 几乎全部人口都从事农业，特别是从事大宗农产品的生产，他们只能用这种产品来交换工业品，这一点从一开始就把以现代世界市场为基础的殖民地国家，同以前的特别是古代的殖民地国家区别开来。[③] 根据这个定

---

① 马克思：《资本论》（第三卷），人民出版社 1975 年版，第 169 页。
② 同上书，第 909 页。
③ 《列宁全集》（第三卷），人民出版社 1955 年版，第 543 页。

义,列宁就提出一个国家内部,例如俄国内部也存在着殖民地,即国内殖民地的理论。

其实,马克思已经有这种思想了,只不过没有明确地提出来。在研究美国各州谷物生产和谷物在州与州之间的输出与输入时,马克思注意到,在1838年,纽约州的小麦产区是主要的面粉供应地,面粉从布法罗装船运往西部。其后,由于掠夺性的耕作,这块产小麦的土地已变得不肥沃了。密歇根州在美国西部各州中就成了最早输出谷物的州之一。大约从1850年起,已有大量小麦和面粉从西部运来,沿伊利湖,通过伊利运河,经布法罗及其邻港莱克洛克运往东部。这样,密歇根州在开始的时候,几乎全部人口都从事大宗农产品生产,以换取工业品,这就是政治经济学上的殖民地的特征。马克思认为,美国南部盛产棉花的各州也具有这个特征。但是,他没有明确提出它们是国内殖民地。

根据政治经济学上殖民地的特征,马克思明确认为,政治上取得独立以后的美国,在他研究它的经济关系的时候,仍然是殖民地。他首先指出,真正的殖民地就是自由移民所开拓的处女地,因此,"从经济上来说,美国仍然是欧洲的殖民地"。① 他进一步指出:"美国的经济发展本身就是欧洲特别是英国大工业的产物。目前(1866年)的美国,仍然应当看作欧洲的殖民地。"②他以美国和印度为例,说明美国输到大不列颠的棉花多于印度,如表5-1所示。③

表5-1 美国和印度输到大不列颠的棉花数量

年份 数量 国别	印 度	美 国
1846 年	34 540 143 磅	401 949 393 磅
1852 年	—	765 630 544 磅
1859 年	—	961 707 264 磅
1860 年	204 141 168 磅	1 115 890 608 磅
1865 年	445 947 600 磅	—

① 马克思:《资本论》(第一卷),人民出版社1975年版,第833页注253。
② 同上书,第494页注234。
③ 同上书,第494页注232;第495页注234。

24 年以后,即 1890 年,恩格斯为马克思出版《资本论》(第一卷)的第四版,他在马克思论述美国仍然是欧洲的殖民地的地方加注说:1866 年以来,北美合众国已一跃而成为世界第二工业国了,但它的殖民地性质依然还没有完全除掉。[①] 因为这时的美国,仍然以大量的农产品供应英国,仍然是英国工业原料的供应地。

五、对工业国和农业国交换商品的分析

马克思虽然认为,政治经济学意义上的殖民地就是专门生产农产品以满足工业国需要的地区,但这并不是说工业国或宗主国就不剥削农业国或殖民地了。马克思曾多次说明这种剥削和被剥削关系的存在。例如,他说:即使从李嘉图理论的角度来看,"一个国家的三个工作日也可能同另一个国家的一个工作日交换。价值规律在这里有了重大的变化"。在这种情况下,"比较富有的国家剥削比较贫穷的国家,甚至当后者……从交换中得到好处的时候,情况也是这样"。[②] 他又说:"处在有利条件下的国家,在交换中以较少的劳动换回较多的劳动";与此相反,对有商品输入和输出的落后国家来说,它"所付出的实物形式的物化劳动多于它所得到的,但是它由此得到的商品比它自己所能生产的更便宜"。[③] 对于马克思的这一理论,学者们有不同的解释。

一种看法认为,马克思将其劳动价值学说运用到世界市场上时指出,商品在以各个国家为组成部分的世界市场上,其价值"计量单位是世界劳动的平均单位。因此,强度较大的国民劳动比强度较小的劳动,会在同一时间内生产出更多的价值,而这又表现为更多的货币",而"生产效率较高的国民劳动在世界市场上也被算作强度较大的劳动"。[④] 这样,越是先进的国家,它在对外贸易中便可以得到较多的利润;越是落后的国家,情况就相反。

---

① 马克思:《资本论》(第一卷),人民出版社 1975 年版,第 495 页注 234。
② 马克思:《剩余价值理论》(第二册),人民出版社 1975 年版,第 112 页。
③ 马克思:《资本论》(第三卷),人民出版社 1975 年版,第 265 页。
④ 马克思:《资本论》(第一卷),人民出版社 1975 年版,第 614 页。

马克思这些分析当然是正确的。并且，他还指出，"为什么投在某些部门的资本以这种方式提供的并且送回本国的较高的利润率，在没有垄断的妨碍时，不应当参加一般利润率的平均化，因而不应当相应地提高一般利润率呢，这是不能理解的"。[1] 他这里说的是李嘉图对斯密的指责。他明确指出，斯密认为有利的对外贸易能提高一国的平均利润率，这种看法是正确的；李嘉图认为不能提高，则是错误的。当然，马克思是从劳动价值学说来说明的，斯密则是从竞争学说来说明的。这一点前面已阐述过了。

但是，以上述理论来说明工业国或宗主国剥削农业国或殖民地，我认为是不符合马克思的基本原理和原意的。生产同种商品，劳动强度大的实现较多的价值，劳动强度小的实现较少的价值，这是价值形成的条件，既然这样，就谈不上前者剥削后者，这种情况在一国内部也是存在的。此外，这里谈的是同种商品出现在世界市场上的价值形成的规律，与我们要研究的工业品和农产品这两种不同商品交换的情况不同。

马克思多次指出，在落后的农业国和殖民地，有众多的个体农民，他们出售农产品的价格，如用资本主义范畴来表示，只要等于或略高于 c＋v 便可，在压力下，m 可以全部或大部放弃。此外，这些个体农民，有的是土地所有者，在移民垦殖殖民地情况更是这样，因此，他们不要求绝对地租。由于这些原因，这些农产品的价格便低于价值，也低于生产价格。以这种农产品和具有生产价格的工业国的工业品相交换，就是以大量劳动和小量劳动相交换，就是贫国被富国剥削。

这是事实，也是马克思论述过的。但是，这是违反价值规律的要求的，并不是价值规律的重大变化，也就是说，不能解释根据李嘉图的理论而提出来的一国三个工作日可以和另一国一个工作日交换的问题。

前面曾经谈过，李嘉图根据其比较成本理论，去说明国际分工的形成。他假定生产一单位毛呢和一单位葡萄酒，英国分别需要 100 单位和 120 单位的劳动，葡萄牙分别需要 90 单位和 80 单位的劳动，比较成本在英国是毛呢较低，因而英国分工生产毛呢，在葡萄牙是葡萄酒较低，因而葡萄牙分工生产葡萄酒，然后，英国以毛呢和葡萄牙的葡萄酒相交换。两者按什么比例进

---

[1] 马克思：《资本论》（第三卷），人民出版社 1975 年版，第 265 页。

行交换呢？他认为，英国就以 100 单位劳动生产的毛呢同葡萄牙以 80 单位生产的葡萄酒交换。他说："英国将以 100 人的劳动产品交换 80 人的劳动产品。这种交换在同一国家中不同的个人间是不可能发生的。"关于一个国家和许多国家之间的这种差别是很容易解释的。"我们只要想到资本由一国转移到另一国以寻找更有利的用途是怎样困难，而在同一国家中资本必然会十分容易地从一省转移到另一省，情况就很清楚了。"①这就是说，一国之内的利润率相同，国家之间的利润率不同。他由此得出结论：支配一个国家中商品相对价值的规律不能支配两个或更多个国家互相交换的商品的相对价值。我认为，马克思关于价值规律有重大变化的论点就是从这里产生的。

李嘉图没有也不可能解释在国与国的交换中，为什么 100 个人的劳动可以同 80 个人的劳动交换。其原因在于他混淆了自然价格（生产价格）和价值，认为两者相等。其实，两者在绝大多数情况下是不等的。但是，在这一混淆的前提下，由于国内利润率是均等的，他便认为等量资本生产的不同种商品，其价值（其实是生产价格）总是相等的，它们相交换是等量劳动交换；由于国际间的利润率是不均等的，等量资本生产的不同种商品的生产价格应该是不相等的，但如等量资本推动的活劳动相等，其价值却应该是相等的，两种商品的生产价格总额要相等才能交换，由于他混淆了生产价格和价值，这样将本不相等的两种商品的生产价格，使其总额变为相等，他就认为劳动必然不相等。这个问题以后还要谈。

马克思将生产价格同价值加以区别，说明使用活劳动较多的商品的生产价格低于价值，使用活劳动较少的商品的生产价格高于价值。我认为正是从这里，可以说明工业国剥削农业国，说明一国一个工作日可以同另一国三个工作日交换。因为工业品使用活劳动较少，生产价格高于价值，农产品使用活劳动较多，生产价格低于价值，两者按生产价格交换，从价值来看事实上是不等的，工业品是以小量劳动交换农产品的大量劳动，也就是富国剥削贫国。当然，农业国在交换中也得到好处，因为它们如果自己生产这些工业品，开始时花的劳动可能还要多些。

---

① 大卫·李嘉图：《政治经济学及赋税原理》，郭大力、王亚南译，商务印书馆 1962 年版，第 114 页。

本来在国内交换中,生产价格相等而价值不等的情况也是存在的。但在一国内,得失必然抵消,因为总生产价格等于总价值,投下的劳动和实现的价值相等。国与国之间不是这样,工业国投下的少,得到的多;农业国则投下的多,得到的少。

六、对工业国和农业国货币价值的分析

以上论述,是我根据马克思的有关理论,运用抽象法,将工业国的工业品和农业国的农产品相交换予以分析,得出的结论。但是,世界划分为工业国和农业国,不能理解为前者只生产和出口工业品,后者只生产和出口农产品,而应理解为前者以工业品为主,也兼营其他产品;后者以农产品为主,也兼营其他产品。这一点,其实是我们在前面分析工、农产品交换,生产价格虽等但价值不等的前提,因为如果工业国全部生产工业品,它的资本有机构成就是社会资本的平均构成了,它的生产价格就等于价值;如果农业国全部生产农产品,情况也是这样,这样,就根本不存在生产价格和价值的偏离问题。因此,我们必须将工业国看成不单是经营工业品的先进国,将农业国看成不单是经营农产品的落后国,再进行考察。

从先进国和落后国的角度来考察宗主国和殖民地的关系,根据马克思的有关论述,我们可以看到,某些纯经济力量会使先进国的价格上升,使落后国的价格下降,两国交换,也是前者剥削后者。

一种经济力量前面事实上已说明了。前面谈到,斯密认为,英国独占殖民地贸易会提高英国的平均利润率和英国商品的自然价格。我曾指出,这个现象是存在的,但斯密的解释是错误的。根据马克思的有关理论,就可以看出,产生这个现象的原因不全是独占殖民地贸易,而是先进国的有利的对外贸易。马克思说:"投在对外贸易上的资本能提供较高的利润率,因为在这里是和生产条件较不利的其他国家所生产的商品进行竞争,所以,比较发达的国家以高于商品价值的价格出售自己的商品。"[1]这就是说,在世界市场

---

① 马克思:《资本论》(第三卷),人民出版社 1975 年版,第 264 页。

上实现的价值,比在国内投下的劳动多,在自由竞争条件下,一国的平均利润率就提高,生产价格水平也提高,它等于已经增大的价值。落后国的情况恰恰与此相反。这是涉及所有商品的。

另一种经济力量,前面已提到,但尚未说明。前面谈到,李嘉图朦胧地看到,从某一静止状态看,英国货币价值较低,物价水平较高。他称这种价格为区别于自然价值的自然价格。如果这种价格就是商品和货币的比价,那么,李嘉图就应称为相对价值,因为在他看来,货币也是商品,而相对价值就是生产两种商品的劳动的比例。那么,他为什么不称这种由于货币价值变动所引起的作相反变动的商品价格为相对价值,而称为自然价格呢?原来李嘉图错误地认为,货币的价值除了取决于生产它的劳动之外,还要取决于货币本身的数量。货币价值和货币数量成反比。这种货币数量说的错误,前面已经谈过。由于这种错误,李嘉图便将由货币数量变化引起的货币价值变化,所导致的作相反变化的价格称为自然价格,以区别于因生产货币的劳动变化引起的货币价值变化,所导致的作相反变化的价格(这是相对价值)[1],也区别于因生产商品的劳动变化引起的作相反变化的商品本身的价值(这是自然价值)。李嘉图的货币理论虽然是错误的,但是它包含着深刻的思考,他提出的从某一静止状态看,英国货币价值较低,这是值得研究的。

在我看来,李嘉图的迷误启发了马克思。马克思明确地指出:"货币的相对价值在资本主义生产方式较发达的国家里,比在资本主义生产方式不太发达的国家里要小。由此可以得出结论:名义工资,即表现为货币的劳动力的等价物,在前一种国家会比后一种国家高。"[2]这里值得注意的是货币相对价值(不是价值)的提法,及其对名义工资即物价的影响。本来,货币价值的变化就会发生这种影响的。那么,马克思为什么提货币的相对价值呢?我认为这包含着深刻的思想。

对于资本主义生产方式较发达和不太发达的国家的货币相对价值不同

---

[1] 在中断写作本文的时间里,我曾研究马克思的货币理论。马克思说:"李嘉图不知道价值和自然价格有其他的差别,只知道:自然价格是价值的货币表现,因此,在商品本身的价值没有变动的情况下,由于贵金属的价值发生变动,自然价格也会发生变动。"[《马克思恩格斯全集》(第二十六卷第二册),人民出版社1973年版,第239—240页]这样,货币价值因上述两个原因发生变动而引起商品价值的货币表现的变动,都是自然价格变动。这个问题可进一步研究。因此,原文保留下来。

[2] 马克思:《资本论》(第一卷),人民出版社1975年版,第614页。

的原因,马克思的说明是很概括的:一个国家的资本主义生产越发展,那里的国民劳动强度和生产率就越超过国际水平。因此,不同国家在同一劳动时间内所生产的同种商品的不同量有不同的国际价值,从而表现为不同的价格,即表现为按各自的国际价值而不同的货币额。这就是前面谈到的实现更大的价值,有更高的利润率和平均利润率,从而整个生产价格水平也提高了。本来,这个现象的反面就是货币相对价值的降低(落后国则相反)。但是,这是从商品价格变化反过来说明货币相对价值的,还没有直接说明货币相对价值的变化。

关于这个问题,学者们的看法不同,这里不暇论及。现在根据马克思的基本原理来解释这个现象。根据世界劳动的平均条件决定进入世界市场的同种商品的国际价值的原理,在同一时间内生产的同种商品,发达国家和落后国家相比,在世界市场上卖得的货币额较多,就是说,从这点看,在世界市场上取得相同数量的货币,发达国家花的劳动比落后国家花的劳动少些,从而前者的货币价值较低。再分别就这两种国家的内外贸易说,取得相同数量的货币,发达国家在对内贸易花的劳动比在对外贸易花的劳动多些,即货币在内价值高,在外价值低,落后国则相反。内外贸易之间存在自由竞争,货币价值在内在外归于均等,因此,发达国家货币价值降低,物价升高;落后国家货币价值升高,物价降低。这种货币价值的变化,不是由生产它的劳动量的变化,而是由发展程度不同的国家以商品换取货币时,商品包含的劳动量不同而发生的,所以,是货币相对价值的变化。

由于货币的相对价值不同,发达国家物价高,落后国家物价低,两国交换,前者得益,后者受害。

七、工业国同农业国的交换构成新的世界市场

上面我们多次提到世界市场。但是,仔细分析一下,世界市场可以有两种不同的含义:一种是指跨越国界的交换,而不论这种交换是发生在资本主义经济之间的、发生在资本主义经济和前资本主义经济之间的,还是发生在前资本主义经济之间的;另一种是指跨越国界的资本主义经济和前资本主

义经济之间的交换,而且严格地说,国界在这里的意义是不大的,因为一国之内也可以有这样的交换。马克思是将这两种世界市场加以区别的,并指出它们在资本主义生产方式发展中有不同的作用。

马克思说:"在16世纪和17世纪,由于地理上的发现而在商业上发生的并迅速促进了商人资本发展的大革命,是促进封建生产方式向资本主义生产方式过渡的一个主要因素。世界市场的突然扩大,流通商品种类的增多,欧洲各国竭力想占有亚洲产品和美洲财富的竞争热,殖民制度,所有这一切对打破生产的封建束缚起了重大作用。……如果在16世纪,部分地说直到17世纪,商业的突然扩大和新世界市场的形成,对旧生产方式的衰落和资本主义生产方式的勃兴,产生过非常重大的影响,那么,相反地,这种情况是在已经形成资本主义生产方式的基础上发生的。世界市场本身形成这个生产方式的基础。"[1]

这里的"世界市场的突然扩大","商业的突然扩大和新世界市场的形成",都同地理上的发现有关,因此,这个新的世界市场或世界市场的扩大部分,指的主要是欧洲的资本主义经济同美洲和东方的前资本主义经济的交换;世界市场指的则是欧洲资本主义之间的交换。

这两种世界市场对资本主义生产的作用是不同的。新的世界市场,也就是资本主义先进工业国和落后的农业国之间的交换,对于促使前资本主义经济的衰落和资本主义生产的发展有重大作用。但是,马克思认为,这种作用是要在资本主义已经产生的基础上发生的,因为交换不能创造资本主义生产方式。不仅如此,按照马克思的社会资本再生产理论,资本主义经济不同前资本主义经济交换,它也是可以存在和发展的。马克思的再生产理论,就是以此为前提建立起来的。这就是说,同农业国或殖民地交换,能加速资本主义生产的发展,但这并不是说,没有这种交换,资本主义就不能存在。新的世界市场并不是资本主义生产方式的基础。

与此不同,世界市场即资本主义经济跨越国界的交换,则是资本主义生产方式的基础。因为资本主义是商品生产制度,商品生产和商品交换有一种不断扩大的趋势,它要冲破民族和国家的界限,并且,资本主义商品在同

---

① 马克思:《资本论》(第三卷),人民出版社1975年版,第372页。

前资本主义经济接触时,也会逐渐地促使对方资本主义化,这样,资本主义生产就产生它自己的交换,世界市场就是资本主义生产方式的基础。

　　恩格斯也是将资本主义经济之间跨越国界的交换,同资本主义经济和前资本主义经济跨越国界的交换加以区分的。他称前者为国际贸易,称后者为世界贸易。①

　　其后,列宁、卢森堡、布哈林都将这两种不同的市场加以区别。由于对新的世界市场、对资本主义生产发生的作用有不同的看法,在列宁和卢森堡、布哈林和卢森堡之间有一场争论。这涉及殖民地理论问题。

---

　　①　《马克思恩格斯全集》(第二十卷),人民出版社 1971 年版,第 115 页。

第六章　殖民主义的历史作用

——马克思的殖民地理论(续)

一、概述

以历史唯物论为分析社会问题的工具,正确地论述殖民主义的历史作用,是马克思的殖民地理论的组成部分,也是马克思的重要贡献。

要正确地了解宗主国对殖民地、对殖民地被统治民族的压迫和剥削在历史发展中的作用,先要了解阶级压迫和阶级剥削在历史发展中的作用,因为前一种压迫和剥削是后一种压迫和剥削的派生物。

恩格斯在批判杜林的唯心主义的先验论时明确指出:"社会分裂为剥削阶级和被剥削阶级、统治阶级和被统治阶级,是以前生产不大发展的结果。当社会总劳动所提供的产品除了满足社会全体成员最起码的生活需要以外只有少量剩余,因而劳动还占去社会大多数成员的全部或几乎全部时间的时候,这个社会就必然划分为阶级。在这个完全委身于劳动的大多数人之旁,形成一个脱离直接生产劳动的阶级,它从事于社会的共同事务:劳动管理、政务、司法、科学、艺术等。因此,分工的规律就是阶级划分的基础。"[1]要消灭阶级对立和阶级剥削,就要以生产力的充分发展为条件,因为只有在这个条件下,物质生产劳动者的劳动时间才能大大减少,才有可能从事于社会的共同事务,以前专门从事这种事务的阶级才最终消灭。恩格斯指出:"只有在社会生产力发展到一定阶段,发展到甚至对我们现代条件来说也是很高的阶段,才有可能把生产提高到这样的水平,以致使得阶级差别的消除成

---

[1] 《马克思恩格斯全集》(第二十卷),人民出版社 1971 年版,第 306 页。

为真正的进步,使得这种消除巩固,并且不致在社会的生产方式中引起停滞甚至衰落。但是生产力只有在资产阶级手中才达到了这样的发展水平。可见,就是从这一方面来说,资产阶级正如无产阶级本身一样,也是社会主义革命的一个必要的先决条件"。① 这就是以历史唯物论为工具,对资产阶级剥削无产阶级在历史发展上所起作用的科学分析。

科学社会主义和空想社会主义的区别就在这里。空想社会主义是从理性出发,从实现平等、自由出发,来说明消灭阶级剥削的必要。按此说法,奴隶制度后,就应建立社会主义了。之所以没有,只是由于当时缺少他们这类改造社会的伟大人物。如果出现了,历史就可大为缩短。

在马克思看来,从某一点看,殖民主义的历史作用同资本主义剥削制度的作用一样,它也能促进生产力的发展,为一个更高级的社会的产生准备条件。

二、殖民主义对宗主国的作用

马克思科学地说明了殖民主义在资本原始积累时期的作用。他说:"美洲金银产地的发现,土著居民的被剿灭、被奴役和被埋葬于矿井,对东印度开始进行的征服和掠夺,非洲变成商业性地猎获黑人的场所,这一切标志着资本主义生产时代的曙光。"②他明确地指出,殖民主义是以最残酷的暴力为基础的。例如,英国东印度公司在东印度拥有政治上的统治权和经济上的垄断权,"在 1769 年到 1770 年间,英国人用囤积全部大米,不出骇人听闻的高价就拒不出售的办法制造了一次饥荒"③;那些以基督教的名义实行的殖民主义是非常残酷的:"那些谨严的新教大师,新英格兰的清教徒……在他们的立法会议上决定,每剥一张印第安人的头盖皮和每俘获一个红种人,都给赏金。"④总之,欧洲在殖民地直接靠掠夺、奴役和杀人越货而夺得的财宝,

---

① 《马克思恩格斯全集》(第十八卷),人民出版社 1964 年版,第 610—611 页。
② 马克思:《资本论》(第一卷),人民出版社 1975 年版,第 819 页。
③ 同上书,第 821 页。
④ 同上。

源源不断地流入宗主国,在这里转化为资本。此外,殖民地又为欧洲迅速产生的工场手工业保证了销售市场,保证了通过对市场的垄断而加速的积累。

所有这些都是利用了国家权力的,但这种暴力能促进封建生产方式的转变过程,缩短过渡时间。因此,马克思一方面正确地指出,"资本来到世间,从头到脚,每个毛孔都滴着血和肮脏的东西"①,另一方面又指出,"暴力是每一个孕育着新社会的旧社会的助产婆。暴力本身就是一种经济力"。②

至于殖民地在资本主义生产方式产生后,怎样成为资本主义宗主国的原料供应地、产品销售市场、过剩人口输出地,从而对资本主义生产有利,这在前面已谈过。

以上谈的是殖民主义对宗主国的作用,下面谈殖民主义对殖民地的作用。

三、不列颠在印度的统治

英国统治它的殖民地印度,不像以前印度的统治者那样被印度同化,相反地,英国将印度的经济基础加以破坏,并将它建设成英国所需要的社会。其重要原因,马克思认为是,英国是资本主义社会,印度则存在着大量的村社制度,即遗留下来的原始公社制度,从社会发展阶段看,前者高于后者,因此,前者能改变后者。

印度的村社制度,具有马克思所说的亚细亚生产方式的重要特征。马克思说过,这些自给自足的公社和农工生产的结合体,不易解体,这是亚洲社会政治风云常变而社会制度不变的原因。但是,我认为不能将马克思的有关论述绝对化,认为凡是存在着亚细亚生产方式的社会,都永远不发生社会制度的变化,都长不出资本主义来,如果那样看,我们就将马克思置于我们为其制造的自我矛盾之中了。因为这样一来,就无法解释原始社会何以解体。马克思对此的说明是:"商品交换是在共同体的尽头,在它们与别的

---

① 马克思:《资本论》(第一卷),人民出版社 1975 年版,第 829 页。
② 同上书,第 819 页。

共同体或其成员接触的地方开始的。但物一旦对外成为商品，由于反作用，它们在共同体内部也成为商品"①，这促使公社成员贫富悬殊，使原始社会解体。按照同样的道理，亚细亚生产方式也要解体的，只不过较为缓慢。马克思认为，构成亚细亚生产方式基本要素的公社，其"产品的主要部分是为了满足公社本身的直接需要"，"变成商品的只是剩余产品，而且有一部分到了国家手中才变成商品"。② 既然这样，按照商品交换的反作用原理，这些公社也会慢慢解体的。这就是说，存在着亚细亚生产方式的东方社会，其发展虽然落后于西欧诸国，但是，它本身也在慢慢发展。这个道理，当然也适用于印度。

马克思指出，印度存在大量的印度公社，即村社制度。他说："在印度有这样两种情况：一方面，印度人民也像所有东方各国的人民一样，把他们的农业和商业所凭借的主要条件即大规模公共工程交给政府去管；另一方面，他们又散处于全国各地，因农业和手工业的家庭结合而聚居在各个很小的地点。由于这两种情况，从很古的时候起，在印度便产生了一种特殊的社会制度，即所谓的村社制度，这种制度使每一个这样的小单位都成为独立组织，过着闭关自守的生活。"③ 与这种经济基础相适应，马克思认为，在亚洲，包括印度，"从很古的时候起一般说来只有三个政府部门：财政部门……军事部门……公共工程部门"。④ 亚洲政府之所以比欧洲政府多一个公共工程部门，马克思认为是由于农业生产上的节省用水和共同用水的要求而产生的。"这种要求，在西方，例如在弗兰德斯和意大利，曾使私人企业家结成自愿的联合；但是在东方，由于文明程度太低，幅员太大，不能产生自愿的联合，就迫切需要中央集权的政府来干预。因此，亚洲的一切政府都不能不执行一种经济职能，即举办公共工程的职能。"⑤

① 马克思：《资本论》（第一卷），人民出版社 1975 年版，第 106 页。
② 同上书，第 395 页。
③ 《马克思恩格斯全集》（第九卷），人民出版社 1961 年版，第 147 页。
④ 同上书，第 145 页。
⑤ 马克思：《资本论》（第一卷），人民出版社 1975 年版，第 145 页。马克思在这里没有论述，亚洲是由于有了中央集权的政府，才执行如像治水这样的公共工程职能呢，还是由于要治水，才产生中央集权政府。国内外有的学者认为是后者，并认为这也是亚细亚生产方式的特征。我国的王亚南教授认为是前者。

由于大量印度公社的存在，印度在政治结构上是四分五裂的。它不仅存在着穆斯林和印度教徒的对立，而且存在着部落与部落、种姓与种姓的对立。因此，它常常是在外来的统治者压迫下才合拢在一起的。"在它不处在穆斯林、莫卧儿或不列颠人的压迫之下的那些时期，它就分解成像它的城市甚至村庄那样多的各自独立和互相敌对的国家。"①在马克思看来，印度本来就逃不过被征服的命运，因此，"问题并不在于英国是否有权利来征服印度，而在于印度被不列颠人征服是否要比被土耳其人、波斯人或俄国人征服好些"。②

马克思指出，相继征服过印度的阿拉伯人、土耳其人、鞑靼人和莫卧儿人，不久就被当地的居民同化了；野蛮的征服者总是被那些他们所征服的民族的较高文明所征服，这是一条永恒的历史规律；不列颠人是第一批发展程度高于印度的征服者，因此，印度的文明就影响不了他们；不列颠人在印度要完成双重使命，一个是破坏的使命，另一个是建设的使命。这就是说，印度被不列颠人征服比被其他人征服好些。

不列颠人破坏了印度的村社制度，摧毁了印度的手工业，从而消灭了印度的文明。马克思认为，不列颠人在印度接收了财政部门和军事部门，却忽略了公共工程部门，这样，印度的农业便衰落下来了。"但是我们在亚洲各国经常可以看到，农业在某一个政府统治下衰落下去，而在另一个政府统治下又复兴起来，收成的好坏决定于政府的好坏，正像在欧洲决定于天气的好坏一样。因此，假如没有同时发生一种重要得多、在整个亚洲史上都算是一种新事物的情况，那么无论对农业的损害和忽视多么严重，都不能认为不列颠侵略者正是在这一点上使印度社会遭到了致命的打击。"③那么，在整个亚洲史上都算是一种新事物的情况是什么呢？这就是：不列颠侵略者打碎了印度的手织机，毁掉了它的手纺车，不列颠起先是把印度的棉织品挤出了欧洲市场，然后再向印度输入棉纱，最后使印度这个棉织品的祖国充满了英国的棉织品，总之，"不列颠的蒸汽和不列颠的科学在印度斯坦全境把农业和

---

① 《马克思恩格斯全集》（第九卷），人民出版社 1961 年版，第 143 页。
② 同上书，第 246—247 页。
③ 同上书，第 146 页。

手工业的结合彻底摧毁了"。① 马克思认为，只有这样，才能摧毁村社制度，才能结束"从遥远的古代直到 19 世纪最初十年，无论印度的政治变化多么大，可是它的社会状况始终没有改变"②的状况。所以，他认为，这种破坏是消灭旧的亚洲式的社会，是亚洲最大的、也是亚洲历来仅有的一次社会革命。③

关于不列颠人在印度的建设，马克思认为是在亚洲为西方式的社会奠定物质基础。他指出，在开始的时候，不列颠人在印度进行统治的历史，除破坏以外恐怕就没有别的什么内容了，他们的建设性工作在这大堆的废墟里使人很难看得出来，不过这种建设性总算已经开始做了。这首先表现在政治统一、报刊自由、管理科学和交通发达上。不列颠人在印度用武力实现的政治统一，将被电报巩固下去；他们的教练训练出来的印度人的军队，是印度自己解放自己和不再一遇到侵略者就被征服的必需条件；在亚洲第一次出现并且主要由印度人和欧洲人的共同子孙所领导的自由报刊，是改造这个社会的新的和强有力的因素；从那些在英国人监督下，在加尔各答勉强受到一些很不充分教育的土著居民中间，正在成长起一个具有管理国家的必要知识，并且接触了欧洲科学的新的阶层；最主要的是，由蒸汽机产生的铁路和轮船，把印度的主要海港同东南海洋上的海港联系起来，使印度摆脱了孤立状态，而孤立状态是它过去处于停滞状态的主要原因。

马克思进一步指出，不列颠人开始时并没有想到要把印度变成一个对他们有利的生产国。不列颠的"贵族只是想降服它，财阀只是想掠夺它，工业巨头只是想用低廉商品压倒它。但现在情况改变了。工业巨头们发现，使印度变成一个生产国对他们有很大的好处。为了达到这个目的，首先就要供给印度水利设备和内地的交通工具。现在他们正打算在印度布下一个铁路网。他们会这样做起来，而这样做的后果是无法估量的"。④

---

① 《马克思恩格斯全集》(第九卷)，人民出版社 1961 年版，第 147 页。
② 同上书，第 146 页。
③ 对此，马克思晚年的看法有所变化。他对俄国的农村公社进行了多年的研究后，于 1881 年认为，其发展要取决于它所处的历史环境，并认为其共有的部分可以通过资本主义发展为共产主义；与此同时，认为英国在印度消灭公有制，建立私有制，不是使当地人民前进，而是使他们后退。[参见《马克思恩格斯全集》(第十九卷)，人民出版社 1963 年版，第 435、488 页]
④ 《马克思恩格斯全集》(第九卷)，人民出版社 1961 年版，第 248 页。

在马克思看来,铁路的作用是巨大的:使印度丰富的物产便于交换,这就反过来又促进生产发展,为农业服务,给铁路沿线的地方供水;使瓦解中的公社结束其孤立状态;使各种新知识能广为传播;最重要的,铁路在印度将真正成为现代工业的先驱。

不列颠的工业巨头们之所以愿意在印度修筑铁路,完全是为了要降低他们的工厂所需要的棉花和其他原料的价格。但是,只要他们把机器应用到一个有煤有铁的国家的交通上,他们就无法阻止这个国家自己去制造这些机器了。如果想要在一个幅员广大的国家里维持一个铁路网,就不能不在这个国家里把铁路交通日常急需的各种生产过程都建立起来。这样一来,也必然要在那些与铁路没有直接关系的工业部门里应用机器。总之,在马克思看来,铁路的发展将改变印度的社会关系,逐渐使印度工业化。

最后,马克思深刻地指出,不列颠资产阶级看来将被迫在印度实行的一切,既不会给人民群众带来自由,也不会根本改善他们的社会状况,因为这两者都不仅仅决定于生产力的发展,而且还决定于生产力是否归人民所有。但是,为这两个任务创造物质前提的,则是不列颠资产阶级一定要做的事情。难道资产阶级做过更多的事情吗?“问题不在这里。问题在于:如果亚洲的社会状况没有一个根本的革命,人类能不能完成自己的使命。如果不能,那么,英国不管是干出了多大的罪行,它在造成这个革命的时候毕竟是充当了历史的不自觉工具。”①马克思认为,资产阶级工业和商业正在为世界创造这些物质条件,但“只有在伟大的社会革命支配了资产阶级时代的成果,支配了世界市场和现代生产力,并且使这一切都服从于最先进的民族的共同监督的时候,人类的进步才会不再像可怕的异教神像那样,只有用人头做酒杯才能喝下甜美的酒浆”。② 这要在不列颠的统治阶级被无产阶级推翻,或印度人民已强大到能够完全摆脱不列颠的枷锁时,才能实现。

我想正是马克思这些关于殖民主义的殖民地的历史作用的分析,使他在其后的第一版《资本论》的序言中断言:“工业发达的国家向工业较不发达国家所显示的,只是后者未来的景象。”③但是,马克思这个预言并没有全部

---

① 《马克思恩格斯全集》(第九卷),人民出版社 1961 年版,第 149 页。

② 同上书,第 252 页。

③ 马克思:《资本论》(第一卷),人民出版社 1975 年版,第 8 页。

实现。问题在于:两种殖民地的发展是不同的,移民垦殖殖民地确实发展为工业发达的国家,奴役土著殖民地则不是这样。原因在于:在前一种殖民地,资本主义宗主国是把母国的资本主义生产关系移过去的,再加上当地没有前资本主义生产关系的束缚,殖民地中的资本主义就冲破母国的限制发展起来了;在后一种殖民地,资本主义宗主国并没有把资本主义的生产关系移过去,只是破坏当地的自然经济,但不消灭前资本主义生产关系的基础,并且同前资本主义生产关系相结合,阻碍殖民地中资本主义的发展。下面我们就分析这个问题。

四、不列颠对爱尔兰、印度和北美等地殖民统治的比较

　　爱尔兰、印度和北美等地都是英国的殖民地,北美等地指的是美国、加拿大以及澳大利亚和新西兰等,它们都是移民垦殖殖民地。美国虽然于1776 年独立了,但正如前面谈到的,马克思认为它在经济上仍然是殖民地。

　　不列颠对这几种殖民地的统治,从在当地建立什么样的生产关系和如何对待当地的生产关系这一角度看,是不相同的。对待北美等地,如前面说过的,由于当地的土地是自由的,是一块待开垦的处女地,并没有前资本主义生产关系的存在,不列颠就将其资本主义生产关系移到这里来,开始时,由于获得土地容易,工人容易变成个体生产者,资本主义发展缓慢。其后,土地再也不容易获得了,资本主义发展就迅速了。马克思明确指出,大不列颠对待印度,是部分地将其生产关系强加于印度,这就是前面所说的,在印度建立一些为了取得印度的廉价工业原料而需要的交通运输业,但在摧毁印度的自然经济、村社制度的同时,却保留封建生产关系的基础;对爱尔兰,则是全部地将其生产关系强加于爱尔兰,但使其成为资本主义的、以生产工业原料为主的国家。由于有这些不同,北美等地、印度和爱尔兰的发展也就不同。这里先将爱尔兰论述一下,然后再将这三者加以比较。

　　早在 12 世纪,爱尔兰就成为不列颠的殖民地。英格兰人将爱尔兰的大部分土地据为己有。1801 年,不列颠和爱尔兰组成不列颠与爱尔兰联合王国,不列颠为此花了 100 万英镑。与不列颠合并为联合王国的爱尔兰,仍是

殖民地。

在强占爱尔兰土地的基础上,不列颠就将自己的生产关系强加于爱尔兰,使其仍然成为殖民地。根据马克思的分析,这个过程如下:减少粮食产地,增加饲料地,增加牧场。"从前的大片耕地变成了休耕地或永久的草地,而同时一大部分从前未开垦的荒地和泥沼地被用来扩大畜牧业。"[①]从1860到1865年,在畜牧业中,牛、马的数量绝对减少,羊、猪的数量绝对增加,羊的增加尤其显著。这是不列颠用强占爱尔兰的土地,用暴力消灭耕地上的小农的办法进行的。由于畜牧业的资本有机构成较高,使用的劳动力较少,丧失土地的小农,因大多数不能转化为农业工人,就离开农村。这样,虽然"随着人口的减少,用在农业上的生产资料量也减少了,但是用在农业上的资本量却增加了,因为从前分散的生产资料中的一部分转化成了资本"。[②] 换言之,从前分散在个体经营上的生产资料较多,但这并不是资本,现在个体经营逐渐消灭,集中在大生产上的生产资料,因技术改进不大,其量虽只是原来个体经营中生产资料的一部分,即没有绝对增大,但是这却是资本量的增加。这是在技术没有变革的条件下,个体经济转变为资本主义经济的特征。

这样,不列颠在爱尔兰发动的"农业革命的第一个行动,就是以极大的规模,像奉天之命一样,拆除耕地上的那些小屋。因此,许多工人不得不到村镇和城市里去寻找栖身之所。在那里,他们就像废物一样被抛进阁楼,洞窟,地下室和最糟糕的街区的屋角里"。[③] 那些男人,现在必须到邻近的租地农场主那里找寻工作,由于劳动力供过于求,他们只能按日受雇佣,而且工资收入极不稳定。大量找不到工做的人,成为农业地区中的过剩的工人,城市不得不加以收容。这些过剩的工人,只有在春秋农忙季节,才回到农村里去工作,其余大部分时间都闲着没事干。也有这样一些过剩人口流入英格兰寻找工作,成为英格兰资本家压低英格兰工人工资的工具,并以此来离间英格兰和爱尔兰工人。还有一些,则流到美洲。

这样,我们在爱尔兰就看到,它的"普遍贫困并不像马尔萨斯所设想的

---

① 马克思:《资本论》(第一卷),人民出版社1975年版,第772页。
② 同上书,第770页。
③ 同上书,第774页。

那样同人口成正比,而是同人口成反比"①;我们也看到,它和英格兰有不同的规律,"在工业国的英格兰,工业后备军是从农村得到补充。而在农业国的爱尔兰,农业后备军则是从城市,从被驱逐的农业工人的避难所得到补充。在英格兰,过剩的农业工人变成工厂工人,而在爱尔兰,被驱逐到城市里去的农业工人,虽然对城市的工资形成压力,但仍然是农业工人,并不断地送回农村去找活干"。②

爱尔兰唯一的大工业是亚麻加工业,它需要的成年男工比较少。仍然居住在农村的贫困居民,成为巨大的衬衫厂的基础,这类工厂的劳动大军大部分散布在农村中,他们从事的是家庭劳动制度,即他们领来原料后,各自在家里加工,这可以节省工厂主的厂房、照明、取暖等支出。

这样,我们就可以看到爱尔兰这个被不列颠以资本主义生产关系强加于它的殖民地的特点了:"爱尔兰仅仅是英格兰的一个被大海峡隔开的农业区,它为英格兰提供着谷物,羊毛,牲畜,工业新兵和军事新兵。"③

与爱尔兰不同,不列颠使印度在经济上殖民地化的过程,主要是在流通过程中通过垄断贸易和一般贸易来进行的。垄断贸易由东印度公司实行。1600 年至 1858 年的英国东印度公司,"除了在东印度拥有政治统治权外,还拥有茶叶贸易、同中国贸易和对欧洲往来的货物的垄断权。印度的沿海贸易和各岛屿之间的航运以及印度内地的贸易,却为公司的高级职员所垄断。对盐、鸦片、槟榔和其他商品的垄断权成了财富的取之不尽的矿藏。这些职员自定价格,任意勒索不幸的印度人"。④ 在这种条件下,不列颠人就可以使印度生产世界市场所需要的产品。自由贸易则是以英国的机器制品击败印度的手工业,以此摧毁印度公社的自给自足经济和农工结合的生产机体。至于在生产领域,如上所述,在印度发展交通运输,修筑铁路,则是为了便于取得印度的农产品,这种资本主义生产关系并不摧毁印度封建主义的基础。

北美等地殖民地化的过程,如上所述,是在没有前资本主义生产关系的

① 马克思:《资本论》(第一卷),人民出版社 1975 年版,第 771 页注(186a)。
② 同上书,第 776 页。
③ 同上书,第 769 页。
④ 同上书,第 820—821 页。

自由土地进行的。① 母国对它们的限制,一方面是阻止工人能自由地获得土地,成为个体生产者;另一方面是在贸易和航海上(对北美)的垄断,使母国得益,使殖民地受害。这些殖民地最初都是农业国,以农产品和母国的工业品相交换。当他们在经济上改变这种局面时,根据马克思的理论,就再也不是经济上的殖民地了。

1885 年,恩格斯深刻地指出:"英国资产阶级的一切活动,都服从于一个目的,然而对工业资本家来说却是极为重要的目的:减低各种原料特别是工人阶级的生活资料的价格,减少原料费用,压住(即使还不能压低)工资。英国应当成为'世界工厂',其他一切国家对于英国应当同爱尔兰一样,成为英国工业品的销售市场,同时又供给它原料和粮食。英国是农业世界的伟大的工业中心,是工业太阳,日益增多的生产谷物和棉花的爱尔兰都围绕着它运转。"②不列颠不同的殖民方法,都是为了达到这个目的。

五、恩格斯论两种殖民地的不同发展

马克思没有明确地指出两种殖民地的发展是不同的,这个理论上的不足由恩格斯弥补了。1882 年,恩格斯在致考茨基的信中指出:"依我看,真正的殖民地,即欧洲人占据的土地——加拿大、好望角和澳大利亚都会独立的;相反地,那些只是被征服的、由土著人居住的土地——印度、阿尔及利亚以及荷兰、葡萄牙、西班牙的领地,无产阶级不得不暂时接过来,并且尽快地引导它们走向独立。"③他还指出:"只要欧洲和北美一实行改造,就会产生巨大的力量和做出极好的榜样,使各个半文明国家自动跟着我们走,单是经济上的需要就会促成这一点。"④这就是说,经过不同的发展阶段,原来不同的殖民地和原宗主国都走向社会主义。

---

① 加拿大原为英法殖民地,后经 18 世纪 60 年代历时 5 年的英法战争,加拿大全都成为英国殖民地。

② 《马克思恩格斯全集》(第二十一卷),人民出版社 1965 年版,第 225 页。

③ 《马克思恩格斯全集》(第三十五卷),人民出版社 1971 年版,第 353 页。

④ 同上。

其后,共产国际第二次代表大会,根据恩格斯的论述指出:"必须将下列两种殖民地区别开来:一类是资本主义国家用来作为它们剩余人口的殖民地区的殖民地,从而也就成了他们的资本主义生产体系的延续……另一类是帝国主义者首先用来作为销售市场、原料产地和投资场所而进行剥削的殖民地。这种区别不仅有历史意义,而且有重大的经济和政治意义。"①认为殖民地区的殖民地,就不是母国的销售市场、原料产地和投资场所,是不对的,但指出它们是母国资本主义生产体系的延续,从而和另一种殖民地不同,则是正确的。

历史已经证明,两种殖民地的发展是不同的。

---

① 《共产国际文件》,莫斯科1933年俄文版,第838页。

第二篇
资本主义垄断阶段的
殖民地理论

垄断前的资本主义,即自由竞争占统治地位的资本主义,发展到顶点的时期是 19 世纪 60 年代和 70 年代。其后,随着向垄断资本的过渡以及向金融资本的过渡,资本输出成为垄断资本主义的重要特征。正是从这个时期开始,垄断资本主义的殖民政策加强了,争夺殖民地的斗争更尖锐了,分割世界领土的斗争达到极其尖锐的程度,世界基本上被分割完毕。下面将论及的英国经济学家霍布森指出,从 1884 年到 1900 年,这是欧洲国家加紧扩张的时期;在这一期间,英国夺得了 370 万平方英里的领土连同 5 700 万人口;法国夺得了 360 万平方英里的土地连同 3 650 万人口;德国夺得了 100 万平方英里的土地连同 1 470 万人口;比利时夺得了 90 万平方英里的土地连同 3 000 万人口;葡萄牙夺得了 80 万平方英里的土地连同 900 万人口。殖民政策的加强,主要表现在两方面:第一,极力夺取更多的殖民地;第二,将殖民地和宗主国连起来,织成殖民帝国。

对于这种新的殖民现象,不同的理论家从不同的立场出发,并从不同的角度予以论述。一般的"帝国主义"理论家,描绘殖民帝国并说明它是怎样形成的。尽管这种描绘和说明是具有阶级倾向的,但不像其后论述的那样明显。因此,我将他们归为一类加以论述,并不意味着我认为他们的倾向是相同的。

不论打的是什么旗号,帝国主义者总是鼓吹殖民政策的。其中,当权的政治家赤裸裸地叫嚣要占领新的领土,语言毫无理论色彩,全是政策或口号,我就不予论述。例如,英国帝国主义分子罗兹 1895 年说,为了解决失业工人的吃饭问题,为了使联合王国避免内战,他这样的殖民主义政治家就应当主张占领新的领土,来安置过剩的人和销售商品;这种纯属政策的东西,似乎没有什么论述的必要。反之,日本帝国主义理论家秋泽修二,为日本用武力侵占我国、妄图将我国纳入其"共荣圈"的帝国主义政策服务,利用马克思论述的亚细亚生产方式,提出的建立殖民帝国理论,则必须加以论述。

如果说一般的帝国主义理论家大体上只是描绘殖民帝国,而没有对宗主国和殖民地的经济关系加以分析,那么,无产阶级的理论家则吸收前人理论中的合理因素,尤其是根据马克思的有关理论,分析这种关系,说明资本主义垄断阶段的殖民地的特有作用。由于各个理论家受前人理论的影响不同,分析问题的方法不完全相同,各自的理论修养不同,认识就有正误和深浅之别,但作为一个认识的总过程,它是逐步深化和日益正确的。

在下面我们将看到,只有无产阶级的理论家,只有以马克思的基本经济理论为依据,才能在一个理论体系中研究殖民地问题,包括研究宗主国和殖民地的经济关系。其他理论家不可能这样研究问题。这就是说,像古典经济学家那样,在一个理论体系中研究殖民地,在这些理论家那里看不到了。原因很简单,马克思主义产生后,资产阶级为了反对它,连古典派的基本理论(劳动价值学说)也加以反对。这样一来,当然就不可能在一个理论体系中说明问题,而且无法说明问题。没有理论和没有深度的情况日益明显。

第七章　殖民地成为新产生的帝国的组成部分

——殖民帝国产生时期的殖民地理论

一、概述

资本主义垄断阶段以前的殖民地,除爱尔兰同宗主国英国于 1801 年组成大不列颠及爱尔兰联合王国,即殖民帝国外,其余的殖民地都是各自存在着,并没有同宗主国在政治上连在一起,组成各种形式的殖民帝国。资本主义进入垄断阶段后,情况就发生了变化:殖民地成为新产生的殖民帝国的组成部分。"帝国主义"这个在古罗马帝国时产生的名词,现在又在新的经济条件下,在政治和经济生活中重新出现。殖民帝国产生的重要经济条件,是垄断资本主义所特有的资本输出,由于输出资本,就形成经济势力范围,由于垄断资本主义国家之间的竞争,就要将势力范围变成殖民地,并且将它和原有的殖民地和宗主国组成帝国,以保证宗主国的统治。垄断资本主义输出资本的目的在于攫取垄断利润。

这里论述的一般帝国主义理论家的殖民地理论,其主要特点是说明新产生的殖民帝国是怎么一回事。对于资本输出及其目的,他们论述不多。这些理论家分属于不同的阶级,他们的帝国主义理论作为一个总体也有不同的阶级倾向,但就其中的殖民地理论来说,这种倾向并不明显。至于它们由不同阶级的理论家加以发展,那是另一问题。

二、考茨基的殖民地理论

第二国际的重要领袖考茨基和伯恩斯坦都是从 1898 年就开始谈论殖民地问题。但是，考茨基是从理论上谈的，并且开始时还没有为帝国主义的殖民政策辩护，这和下面论述的伯恩斯坦不同。伯恩斯坦是从政策上提出资本主义和社会主义不能没有殖民地的。

考茨基说，他在 1898 年就考察了"各种资本对殖民政策采取什么态度，并且还……说明了新的帝国主义政策与以前的殖民政策的区别何在"。[①]

他认为从有文字记载的历史开始，就有一种以取得贡纳为目的的殖民政策，它是与原始村社（原始社会后期存在的农村公社）及其在以后的社会中仍然存在相联系。这就是，异族统治者只能从公社或共同体而不能从个人那里取得贡纳。这种情况直到英国统治印度、荷兰统治印尼时仍然存在，因为前者实行的税收制度和后者实行的农业徭役制，都是建立在"这种共产主义基础之上的"。[②] 这种政策在促进工业发展方面并没有起作用，而只在得到更多的奢侈品方面起作用。另外有一种殖民政策，是为了解决宗主国的人口过剩，但他认为这不是资本主义的殖民政策，因为他看到垄断资本主义国家的无产阶级也有腐朽的倾向，因而要从落后国和殖民地输入劳动力，从事"下贱"劳动的情况。还有一种殖民政策，是为了取得更多数量的土地，这是中世纪封建统治者和美国南方奴隶主实行的政策，它与"促进经济进步简直是毫不相干"。[③]

随着商品生产的发展，出现一种旨在取得黄金的殖民政策。因为"那种在任何情况下都意味着权力和财富的商品，当然引起最强烈的扩张要求，因为人人都可以用得着它，人人都能取得它，谁也不会嫌它太多，这种货物就

[①]　卡尔·考茨基：《民族国家、帝国主义国家和国家联盟》，叶至译，生活·读书·新知三联书店 1973 年版，第 19 页。
[②]　同上书，第 22 页。
[③]　同上书，第 23 页。

是钱币、黄金和白银"。① 个别地区还有一些产品,比起金银来意义虽然小些,但也是重要的,这就是皮货、香料、象牙、橡胶和成为奴隶的劳动者,也是殖民政策的对象。考茨基没有明确地说,像这样的殖民政策是由哪一种资本实行的。他只说:"从'黄金财富'这四个字的严格意义上来讲,它还不是帝国主义性质的";力图要占有金矿的,"与其说是已经变成财政资本的工业资本,还不如说是纯粹的财政资本。力图要开拓那个国家的,与其说是出于一种用日益增长的出口来取得黄金的需要,还不如说是出于一种不通过商品交换而取得黄金的需要"。② 这样说来,这里的纯粹的财政资本应该是商业资本,这种殖民政策应该是商业资本的政策,更确切地说,是资本原始积累时期的殖民政策。

考茨基认为,工业资本"从一开始就显示出与商业资本和财政资本完全不同的趋向。它倾向于国际和平,倾向于用议会和民主制度来限制绝对的国家权力",它"一直是反对食品和原料关税的。它甚至把工业税看成一种教育性质的税收,看成工业落后的结果,这种落后应该随着经济的发展而消失"。③ 这不外乎是说,工业资本倾向于实行自由贸易政策,它用这种政策可以向落后的农业国取得粮食和其他农产品,而不必实行殖民政策和占有殖民地。这与历史事实不符。

财政资本就不是这样。在考茨基看来,财政资本的第一个特征,就是财政资本国家化,也就是拥有托拉斯和大银行的资本家掌握国家政权。换句话说就是,工业资本时期的议会和民主制度在财政资本时期的地位有所下降。财政资本的第二个特征,就是出口的不仅仅是供外国用于消费的商品,而是用来充作资本的商品即生产资料,也就是输出资本。④ 这样,"那些拥有维护自己的独立所必需的力量的农业国家,不仅利用输入的资本修建铁路,而且利用它来发展自己的工业,例如,在美国和俄国就是这样";因此,"对抗竞争的愿望成了资本主义国家把农业地区直接当作殖民地或者间接地当作

---

① 卡尔·考茨基:《民族国家、帝国主义国家和国家联盟》,叶至译,生活·读书·新知三联书店 1973 年版,第 24 页。

② 同上。

③ 同上书,第 19—20 页。

④ 同上书,第 20 页。

势力范围来加以征服的新的动机,这是为了阻止农业地区发展自己的工业,为了迫使它们只限于从事农业生产"。① 因此,"随着工业国家扩大向世界农业地区资本输出的欲望的增长,使这些地区服从它们的国家政权的意图也就加强了"。② 这就是财政资本殖民地的产生。

考茨基还说明了殖民帝国(宗主国)将殖民地和它一起组成帝国的历史根源。英国曾经独占世界制造业和机器工业的生产,是世界工厂。后来,"西欧各国和美国东部各州同英国的工业相对立而从农业国发展成工业国。它们以保护关税来对抗英国的自由贸易。它们用大工业国对于世界上还没有被占领而又无力抵抗的那些农业地区的瓜分,来代替英国所追求的、在英国的工业工场同所有其他地区的农业生产之间的世界分工。英国对此进行了反击。帝国主义就这样产生了"。③ 在英国最早产生的帝国主义,就是殖民帝国。

关于这一点,考茨基是这样说明的。1904 年,他说:"大约一个世代以来,英国人把帝国主义一方面理解为把巨大殖民国家的所有部分同宗主国合并成一个统一国家的意图,另一方面理解为越来越扩大这个国家的意图。在'大不列颠'以外的其他国家中,所谓帝国主义实际上只是指后一种意图,因为没有别的国家像英国那样拥有独立的殖民地。"④

考茨基还以英国为例,考察了殖民帝国构成中的殖民地。他指出:"构成不列颠殖民帝国的两根支柱之一的是欧洲作物的三大农业殖民地:加拿大、南非、澳大利亚。它们的居民当然是很少的⋯⋯但是它们意味着巨大的经济和政治力量⋯⋯无论在国家制度上或者⋯⋯思想上,都没有封建主义和专制主义时代的遗迹的拖累。"⑤另一个支柱是印度。"它的人口就是一个非常庞大的数字⋯⋯自然界还赋予了印度十分富足的物产资源⋯⋯它所包含的社会发展阶段也比欧洲复杂得多。人们可以在印度看到还处在我们所知道的最低级的社会发展阶段的人⋯⋯看到从这个阶段起一直到资本主义

---

① 卡尔·考茨基:《帝国主义》,史集译,生活·读书·新知三联书店 1964 年版,第 15 页。
② 同上书,第 14 页。
③ 同上书,第 13 页。
④ 同上书,第 1—2 页。
⑤ 卡尔·考茨基:《民族国家、帝国主义国家和国家联盟》,叶至译,生活·读书·新知三联书店 1973 年版,第 34—35 页。

阶段的各个发展阶段的人。"①

考茨基认为,扩大国内市场的最好办法并不是建立殖民帝国。他说:"扩大国内市场的最好和最有前途的办法,不在于把民族国家扩展为多民族国家,而在于把各个具有同等权利的国家联合成国家联盟。大帝国的形式应该是国家联盟,既不是多民族国家,也不是殖民国家。"②其理由不是经济方面的,而是政治方面的。据说,不必说殖民帝国,即使是多民族国家,都是同广大群众的民主要求背道而驰的。这种国家联盟可以有多种形式,也可以由若干个联盟组成,最终可以发展为世界联盟。当时已有的形式是美利坚合众国;不列颠帝国实质上已经成为一个联邦,即国家联盟;德意志帝国同它的邻国组成一个关税同盟,会成为欧洲合众国的起点。③

对于考茨基的殖民地理论,列宁有批评,留在后面谈。

三、霍布森的殖民地理论

1902 年,霍布森在其初版的《帝国主义》中说:"本书试图发现和探讨构成帝国主义政策基础的一般原则,这种政策的例证主要来自英帝国主义最近 30 年来的发展。"④该书表列了 1900 年英国的殖民地和附属国,他对此加以说明时认为:"虽然为了便利起见,把 1870 年当作有意识的帝国主义政策开始的一年,但显然这一运动直到 80 年代中间才突飞猛进地发展起来。"⑤他在这里的论述,同考茨基论述的英国人的帝国主义概念形成,在时间上相同,都是垄断资本主义产生之时。

霍布森从区分帝国主义、国家主义、国际主义和殖民主义来确定什么是殖民地,然后再说明为什么要组成殖民帝国。但是在提出这个问题的该书首章"国家主义与帝国主义"中,他并没有回答什么是国际主义。他说:"一

---

① 卡尔·考茨基:《民族国家、帝国主义和国家联盟》,叶至译,生活·读书·新知三联书店1973 年版,第 40—41 页。
② 同上书,第 77 页。
③ 同上。
④ 约·阿·霍布森:《帝国主义》,纪明译,上海人民出版社 1960 年版,序言部分,第 17 页。
⑤ 同上书,第 15 页。

个国家向无人居住或人口稀少的国家移民,移民充分享有祖国的公民权利,或则建立近似祖国制度的地方自治,并在祖国的最后支配之下,这种殖民主义可以认为是国家的纯粹扩张。"①按此说法,这种殖民主义是对北美和大洋洲实行的,这些地方就是马克思说的移民垦殖殖民地。他认为,"在殖民地与宗主国远隔的场合,历史上长此维持这种情况的殖民地是少有的"。② 它有两种情况:第一,切断这种联系而另行建立国家,这种可以认为是"国家主义明显扩张的远殖民地的唯一形态,是大洋洲和加拿大的英属自治领"。③ 其他的自治领如好望角等,那里的多数白人并非英国移民的后裔,"劣等"人种占人口的多数,气候和其他条件,表明其文明有别于宗主国的文明,"这种殖民地比大洋洲和加拿大殖民地,在时间的过程中更肯定地要凭内在的成长发展为各自的'国家主义'的"。④ 第二,在主要方面完全保持政治上的束缚,"在这种情况下,'帝国主义'这一名词至少是同殖民主义一样适用的"。⑤ 除了移民垦殖殖民地中的加拿大、大洋洲和好望角等,"其他的殖民地都显然地是帝国主义精神的代表,而不是殖民主义精神的代表"。⑥ 这就是说,发展到后来,殖民主义的对象发展为独立国家,而帝国主义的对象则仍是殖民地。

对于真正殖民地的情况,霍布森的描述是:"在殖民地国家有相当一部分人口包括英国移民在内,他们和家属都是遵照英国的社会、政治习惯和法律生活;在多数情况下,他们是少数人对多数异邦的和隶属的人民进行政治和经济上的统治,他们本身则在帝国政府或其地方委任者的专制政治的支配之下。"⑦他认为,其他欧洲国家的殖民地也是这样。

霍布森的这种理论,其实是恩格斯两种殖民地有不同的发展的理论的重述。

现在的问题是,霍布森怎样说明殖民地的产生和殖民帝国的形成。殖

---

① 约·阿·霍布森:《帝国主义》,纪明译,上海人民出版社 1960 年版,第 3 页。
② 同上。
③ 同上书,第 3—4 页。
④ 同上书,第 4 页。
⑤ 同上。
⑥ 同上。
⑦ 同上书,序言部分,第 40 页。

民地产生的反面,就是帝国的扩张。他认为虽然骄傲、威望、好斗等各种现实而有力的动机,以及较为利他地自称为文明的使命结合在一起,被称为是帝国扩张的原因。但"主导的直接动机都是各个帝国主义国家出口阶级和金融阶级对市场和有利投资的需求"。① 这种经济需求的迫切,是由于在新的资本主义的机械和动力的技术条件下,工业生产力的增长趋势超过了国内市场的需求,也就是生产率超过了国内消费率。霍布森由于信奉萨伊定律,于是对自己提出的论点加以反问:既然生产出来的东西属于与生产有关的人,他们或者自己消费,或者以之交换其他消费品,那么除非生产力在不同工业部门间的分布发生比例不调,否则过剩商品需要国外市场就是不合理的。对于这个反问,他自己回答说,原因在于储蓄过度和消费太少,这不是由于"各个储蓄者的愚蠢,而是一般收入的分配使工人阶级所占的份额太少,雇佣阶级和占有阶级所占的份额太多。储蓄过度正是由后者所造成的"。② 这个阶级收入的增长远远超过其奢侈生活的需要,于是,储蓄就迅速增加;这些储蓄如用于投资,就不仅受到托拉斯化的限制,而且即使能在这一领域投资,就又增加了新的巨额收入和储蓄。于是,出路就是夺取国外市场。

为了进行对外贸易和投资,即夺取国外市场,本来并没有必要去占领一个国家,英国曾经是这样,它的理论家主张在经济上"解放"殖民地。但是,现在情况不同了,因为"被认为是一种政策的近代帝国主义的新奇之处,主要在于它为若干国家所采用。互相竞争的帝国这一概念,主要也是近代的事情"。③ 既然这样,占领殖民地,并使它在政治上和宗主国连成一起,即组成殖民帝国,就是由同一条件决定的了。霍布森说:"为了经济上的效果,增加的土地必须归入本国版图"④;"国旗所至,贸易随之"⑤:说的就是这个意思。

按照霍布森的理论逻辑,他还要回答为什么成为真正殖民地和成为殖

① 约·阿·霍布森:《帝国主义》,纪明译,上海人民出版社1960年版,导言部分,第1页。
② 同上书,导言部分,第3页。
③ 同上书,导言部分,第5页。
④ 同上。
⑤ 同上书,导言部分,第3页。

民帝国的一部分的,是除了加拿大、大洋洲和好望角之外的那些殖民地,即大都是有色人种居住的地方。他认为,第一,英国"在同其他国家人民通商时,尽管我们确实无须去占领那个国家,但在"古老的、人口众多的亚洲文明地区,和比较原始的、人口稀少的非洲和北美洲地区……差别很大"①;以印度为例,东印度公司原来纯粹是贸易公司,但实际上直到19世纪中叶都执行巨大的帝国扩张政策,如果几个先进国家也从事同样的活动,就会发生冲突,角逐者都要取得本国政府和印度土著的帮助,得到这种帮助的商业团体就获得主权,于是,就把印度人置于自己的政治统治之下。② 第二,"帝国主义扩张几乎都是在政治上并吞热带或亚热带的土地,白人是不愿意在这些地方安家立业的;几乎所有这些土地都稠密地居住着'低等人种'"。在这些地区,"白人统治者带来了本国的统治方式、工业和其他文明的技术。随着这些新领土之'占领'而来的,出现少数白人,其中有官吏、商人和工业家,他们对广大居民实行政治和经济统治,这些居民被认为是低等的,在政治上或工业上都不能行使相当的自治权"。③ 这是离开生产关系,而从白人优越、非白人应接受其统治,去论证有色人种地区命定为殖民地,并成为帝国组成的一部分。

第一次世界大战后的1938年,霍布森为其初版于1902年的《帝国主义》再度印行写了一篇导言。他认为,30多年来,虽然帝国主义在其经济和政治的特征方面的一般趋势并未改变,但许多国家对帝国主义的态度已有相当大的变化。他认为值得注意的是:第一,帝国主义一般趋势的唯一例外是美国。美西战争后,美国占有古巴和其他殖民地,实行的是有限制的帝国主义。但第一次世界大战后,美国拒绝参加国际联盟、放弃对殖民地的积极支配,实行政治孤立主义,这"如何同美国的迅速工业发展无可避免地要与外国发生的贸易和信用关系",要建立殖民帝国,不相矛盾,"这是个最近的将来煞费思索的一大问题"。④ 第二,俄国实行共产主义,对他国领土并不怀有侵略意图,但它一开始就要促使他国共产主义的成长。这就使一些国家的

---

① 约·阿·霍布森:《帝国主义》,纪明译,上海人民出版社1960年版,导言部分,第3—4页。
② 同上书,导言部分,第4页。
③ 同上书,导言部分,第22页。
④ 同上书,导言部分,第16页。

"占有阶级吓得想以稍有伪装、但非常现实的专制政治,来代替战后时期的浅薄的民主主义",据说这就是意大利法西斯专政产生的原因。在这种条件下,资产阶级的国际主义就以反对布尔塞维克主义为名,推行殖民主义,这样,"关税、禁运和其他惯例的孤立的经济国家主义,就同帝国主义的、可能以干涉弱小国家的自由来解决它们本身的政治和经济事务的对外政策积极地勾结起来"。①

霍布森之所以发生第一个问题,是由于他把殖民地的决定性特征只看成占有土地,而美国随着经济力量的壮大,实行的大都是不占领土地的殖民政策。第二个问题他提得很好,恰好预示了第二次世界大战后,美国一度建立的殖民帝国的特点:贫困产生共产主义,为扼制共产主义,就要由美国实行外援,在种种名义的外援下,美国不仅控制了英、法的前殖民地,而且一度控制西欧和日本,建立了基本上不占领土地的美元殖民帝国。

四、洛里亚的殖民地理论

意大利经济学家和社会学家阿希尔·洛里亚(1857—1943),其著作在我国能看到的不多。我们大体上只知道恩格斯在《资本论》(第三卷)的编者序言中批评他,揭露他在马克思逝世后的 1886 年,发表文章认为政治状态和政治事件应由相应的经济状态来说明,这一发现根本不是马克思于 1845 年作出的,而是洛里亚在 1886 年作出的;认为马克思的剩余价值理论和平均利润率是绝对不能相容的。其实,他的著作很多。他对社会问题的基本观点是:人和土地要有一定的比例关系,比例破坏就发生社会问题,我们在这里着重研究的,是他关于两个帝国主义概念的理论。

1907 年,他在《国际经济》杂志第 3 卷上发表了一篇题为《帝国主义的两个概念》的文章,提出了殖民帝国可以包含两种不同殖民地的理论。他将帝国主义分为两种:第一,"经济的"帝国主义,它的目标是热带国家;第二,"商

---

① 约·阿·霍布森:《帝国主义》,纪明译,上海人民出版社 1960 年版,导言部分,第 15—16 页。

业的"或"贸易的"帝国主义,它的目标是其环境适合于欧洲殖民的国家。可以看出,事实上这就是恩格斯和霍布森关于两种殖民地理论的重申。但是,洛里亚没有停留在这里,他论述了这两种殖民地和宗主国在政治上组成殖民帝国有不同的原则和方法。

他认为,宗主国和热带国家组成殖民帝国,采取武力征服和占领的方法,热带国家在殖民帝国中的地位是没有差别的,也就是和欧洲殖民的国家成为自治领不同,热带国家是另一种殖民地;宗主国和欧洲殖民的国家(当时已独立的美国除外)组成殖民帝国,则采取订立和平条约的方法,殖民地国家一般都成为自治领,自治领的情况各异,宗主国对它们分别实行全面同化、统一关税和特惠关税等政策。

我们在前面说过,斯密主张英国在经济上"解放"殖民地,结果行不通。其后,边沁提出有些殖民地可以实行自治,并参与活动。加拿大、澳大利亚和新西兰,分别于 1867 年、1901 年和 1907 年成为英属自治领。这是洛里亚的思想材料。

五、费边派的殖民地理论

英国的费边社成立于 19 世纪 80 年代,它由最有教养的资产阶级知识分子组成,它是马克思主义和社会主义运动的对立面。其后,它和其他一些组织加入并改组英国工党,费边派的理论就成为英国工党纲领的基础。

应该指出,英国工党对英国实行殖民帝国政策的态度,同其他资产阶级政党的态度并没有什么不同。就这个问题,恩格斯曾经指出,英国工人对殖民政策和对一般政策的想法一样,英国没有真正的工人政党,有的只是保守党和自由激进党,而工人十分安然地同他们共享英国的殖民地垄断权和在世界市场上的垄断权。马克思和恩格斯认为,这是英国无产阶级资产阶级化的经济根源。

费边派的重要成员萧伯纳在《费边主义与帝国》中提出了英国所需的殖民帝国理论。他说,第一,对问题的认识应当从对效能的要求出发。不论对自己的国家、政府,还是对整个世界,都应这样。地球是属于全人类的,应该发挥其效能为全世界的利益服务。任何国家都不能不顾他人的利益而任意地使用自己的领土;第二,国际交通和通商是人们的权利。为了实现这一权利,需要有和平执行契约的政府。本国政府如做不到这一点,则外来的商业强国必须建立适应这种要求的新政府,来代替原来的政府;第三,一个国家对于世界的价值,在于其文化的性质,妨碍国际文化之国,不论大小,必将灭亡;促进文化之国,则得到西方列强的保障。①

这里宣传的是垄断资产阶级的世界主义,否认落后国家的主权,将其置于"商业强国"的统治之下,甚至公然地干涉他国内政,或进行颠覆活动,建立新政府来取代原来的政府。这样一来,当时的商业强国英国就可以建立其霸权,成为殖民帝国了。不过,这里涉及的已是主权理论问题,我们不多谈。

其后,在 30 年代的大经济危机之后,英国费边社社员、工党理论家拉斯基教授对这个问题的看法,和萧伯纳的十分相同。他否认国家对外有主权,因而说:"一个民族变成国家、并坚持国家的特权的历史是与维持和平所依赖的条件不相容的历史","一个民族存在的事实,并不就使这个民族具有……全副武装的权利"。② 在这一基础上,他具体说明这种理论要达到的经济目的,那就是:"国际秩序想要有效,必须控制如币制、关税、劳动标准、移民、原料供应、落后区域的开发等事项,但要控制这些事项,它必须能够废止现有的种种用国家主权作保障的既得利益。"③

很明显,当时的英国是最强盛的垄断资本主义国家,这种理论企图使许多落后国家放弃主权、取消国防,接受英国的经济和政治统治,确保英国殖民帝国的地位。

六、希法亭的殖民地理论

1910 年,希法亭写了一本书,书名是《金融资本论》,副名是《对资本主义

---

① 蔡中兴:《帝国主义理论发展史》,上海人民出版社 1987 年版,第 54 页。
② 拉斯基:《现代国家中的自由权》,何子恒译,商务印书馆 1959 年版,第 147、151 页。
③ 拉斯基:《国家的理论与实际》,王造时译,商务印书馆 1959 年版,第 160 页。

最新现象的研究》。列宁写《帝国主义是资本主义的最高阶段》时，对这本书和霍布森的《帝国主义》加以充分的利用。列宁还指出，霍布森是个改良主义者，幻想保留资本主义的生产，而改变它的分配；写作《金融资本论》时的希法亭基本上还是个马克思主义者，这从他论述帝国主义和殖民地问题上可以看出来，他的机会主义倾向表现在对垄断资本的看法，以及对社会主义革命应采取的步骤的看法上。列宁还指出，1912 年第二国际召开过两次会议讨论帝国主义和战争问题，其内容很少越出这两位理论家论述的范围。

　　希法亭认为，帝国主义是金融资本采取的政策。所谓金融资本，就是由银行家所有而借给工业家使用的资本，完全是一种财产借贷或租赁关系，犹如土地所有者将土地租给农业资本家使用一样。原因是在流通领域中，最重要的是在银行中首先形成垄断，银行拥有巨额的来自社会的货币和资本，借给工业家使用，促使工业部门也形成垄断。换句话说，垄断不是由生产引起的，而是由流通引起的。他说："资本主义工业的发展使银行的积聚得到发展。积聚的银行体系本身是达到资本主义积聚的最高阶段即卡特尔和托拉斯的重推动力"；由于"现代工业是以比工业资本家所占有的全部资本还要远远大得多的资本来经营的"，这样，"随着资本主义及其信用组织的发展，工业对银行的依赖性增加了"，通过这种方式"实际上变成了工业资本的银行资本，即货币形式的资本，我把它叫作金融资本"。[①]

　　在希法亭看来，金融资本实行的政策就是帝国主义。实行这种政策，是由于金融资本要输出资本。输出资本的必要是由于两个因素造成的：第一，卡特尔化意味着获得额外的超额利润；第二，卡特尔化又意味着投资放慢，因为卡特尔限制产量，非卡特尔工业的利润率下降使人不敢投资，由此产生的过剩资本就要求输出。

　　在这里我要特别指出，希法亭如何对资本输出下定义。他的定义包括两层：第一，为了在国外生产剩余价值的价值输出；第二，在国外生产的剩余价值要输入国内。他说，如果德国的价值（资本）输出到加拿大，生产的剩余价值不输入德国，这是德国资本的加拿大化，就不是德国资本输出。尽管希

---

　　① 《金融资本》，转引自《机会主义、修正主义资料选编》编译组《第二国际修正主义者关于帝国主义的谬论》，生活·读书·新知三联书店 1976 年版，第 187—190 页。

法亭不一定认识到这一点,但这暗含着资本输出是国内资本进行再生产的条件的思想。现在,有些人认为只要资本离开国境就是资本输出,这是一种形式主义的看法。

金融资本的政策即帝国主义要追求三个目的:"第一,建立尽可能大的经济地区;第二,应当用关税壁垒来防止外国在这些地区进行竞争;从而,第三,应当使这些地区变成民族垄断同盟经营的地区。"①这就是,金融资本要求宗主国和经济上的殖民地连成一个殖民帝国。

在一篇论战文章《历史的必然性和必然的政策》(1915年)中,希法亭将上述思想说得更明确。他说,帝国主义是金融资本的世界政策;这种政策在国内,使生产以越来越大的规模垄断地组织在卡特尔和托拉斯之中,为了这种组织的利益,它力图通过保护关税制度使国内市场由卡特尔等独占,从而大大地加剧了国家之间的对立;在对外方面,它的首要目的是资本输出,这就要求对不发达地区实行政治统治,金融资本为此就利用它所支配的国家政权。由于这样,"开拓越迅速,资本的输出量就越大,国内资本的周转就越快,仅仅由于这一点,就必须用武力征服殖民地;在短期内争先恐后地把不发达的地区纳入发达国家的统治或利益范围"。② 这就是殖民帝国的建立。

希法亭认为,无产阶级对金融资本的经济政策,对帝国主义的回答,不可能是让其倒退为或回复到自由贸易,那是改良主义者的幻想或反动的理想,而只能是社会主义。

我认为,希法亭关于殖民帝国的论述是正确的。缺点是将帝国主义看成一种政策,但这个缺点是时代的产物,因为在19世纪和20世纪之交,一般人都认为帝国主义是同自由贸易相对立的政策。他的重大错误在于:从流通(信用)出发,说明银行资本支配工业资本就是金融资本。正是这种流通决定论,使他错误地认为,只要在流通领域实行社会化,在德国只要将柏林的六家大银行社会化,就能实现社会主义。

希法亭的另一个错误,是认为垄断可以完全消灭竞争,发展到最后由一个庞大无比的卡特尔囊括整个国民经济,此时,由于只有一个所有者,商品

---

① 《金融资本》,转引自《列宁全集》(第三十九卷),人民出版社1955年版,第374页。
② 《历史的必然性和必然的政策》,转引自《机会主义、修正主义资料选编》编译组《第二国际修正主义者关于帝国主义的谬论》,生活・读书・新知三联书店1976年版,第218页。

生产就消灭了,无政府状态就成为有组织的经济。这也是流通社会化。据说,这样一来,"资本主义经济组织在一方、国家组织在另一方就明显地对立起来了,而问题在于我们打算怎样使它们互相渗透"。[①] 资本主义经济组织和国家组织,即经济基础和上层建筑从来不会对立。对立的,只能是社会化的生产力和私人资本主义的占有。希法亭的流通决定论使他看不到这一点。

　　希法亭试图在马克思之后解释资本主义最新的经济现象,他的正确与错误同样具有很大的影响。

---

　　① 《社会民主党在共和国中的任务》,转引自《机会主义、修正主义资料选编》编译组《第二国际修正主义者关于帝国主义的谬论》,生活·读书·新知三联书店 1976 年版,第 225 页。

第八章　殖民地是实现资本积累的环境

——卢森堡的殖民地理论

一、概述

卢森堡的殖民地理论,见于她在 1913 年出版的《资本积累论》。她的资本积累理论,是对马克思的资本积累理论即社会资本扩大再生产理论的否定,她认为在资本主义条件下,在只有资本家和工人的条件下,资本积累是无法实现的;只有存在资本家和工人以外的"第三者",资本积累才能实现。她的资本积累理论包含她的殖民地理论和帝国主义理论。她认为殖民地是由政治力量控制的实现资本积累的非资本主义环境("第三者"),帝国主义是争夺实现资本积累的非资本主义环境。由于她认为没有"第三者"或非资本主义环境,资本积累就不能实现,而随着资本积累的进行,非资本主义环境就逐渐消灭,到全部消灭时,资本主义就因不能积累而自行消灭或崩溃。由于她认为殖民地是实现资本积累的环境,它和资本主义在再生产上联系在一起,她就认为殖民地被压迫民族不应具有民族自决权。

资本积累理论是社会资本再生产理论中的一部分。再生产问题一直存在争论。在争论的第一个阶段,争论双方都接受斯密教条,即认为商品价值只分解为收入,不分解为资本,从而只看到个人消费,而忽视生产消费。在这个共同的前提下,老穆勒、萨伊、李嘉图等经济学家认为,没有"第三者",再生产能实现;西斯蒙第和马尔萨斯等经济学家认为,没有"第三者",再生产不能实现。马克思批判了斯密教条,指出了争论双方的错误,提出了他的社会资本再生产理论,认为资本积累可以在资本主义内部实现。卢森堡反对马克思的理论,开始了争论的第二个阶段。她是否定斯密教条的。卢森堡的理论受到鲍威尔的批评,对此她进行反批评。她的理论也受到布哈林的批评。

二、批评马克思的社会资本扩大再生产理论

卢森堡对马克思社会资本扩大再生产理论的否定,以及对理论家们对她的批评进行的反批评,可以简述如下。

卢森堡认为,马克思的扩大再生产图式,第一,是兜圈子式的循环推论。因为第一部类扩大生产,为的是满足自己和第二部类扩大生产的需要,第二部类扩大生产,又是为了满足自己和第一部类扩大生产时增加工人的需要,这样,"资本家们就成为一种为了扩大生产而扩大生产的糊涂虫了"[1];第二,同马克思论证的资本主义生产和消费之间存在着矛盾,因而使资本主义生产过程中断这一理论相矛盾;第三,没有考虑劳动生产力,即资本有机构成和剩余价值率的提高[2];考虑了这些因素,就会产生生产资料不足而消费资料过剩的现象[3];第四,没有表明产业后备军的存在[4],这样,工人的自然繁殖,无论在时间上还是在数量上,都不能和资本积累的要求相适应;第五,没有解决为了实现剩余价值所需要的追加货币来源的问题。[5] 对此,她的结论是:资本积累只能由资本家和工人以外的"第三者",只能在非资本主义环境里才能实现;它们消失了,资本主义就自动崩溃。

在反批评中,她特别强调:第一,"如果资本主义生产能够无限地充当它自己的消费者,即生产和市场是一体的话,那就完全不可能解释周期性危机的出现"[6];第二,如果资本主义生产能为自己建立一个"充足的市场,资本主

　　① 罗莎·卢森堡:《资本积累论》,彭尘舜、吴纪先译,生活·读书·新知三联书店 1959 年版,第 262 页。
　　② 同上书,第 263 页。
　　③ 同上书,第 265 页。
　　④ 同上书,第 285 页。
　　⑤ 同上书,第 234 页。
　　⑥ 罗莎·卢森堡、尼·布哈林:《帝国主义与资本积累》,柴金如、梁丙添、戴永保译,黑龙江人民出版社 1982 年版,第 84 页。

义积累就(客观上)变成无限的了”,甚至当人类只存在“资本家和无产者的时候也是这样,因为资本主义的经济发展是没有尽头的”①;第三,如果是这样,“为最遥远的市场和资本输出而竞争这个现代帝国主义最突出的特点”,也就是征服殖民地,即“资本的历史运动以及伴随而来的现代帝国主义变得完全不可理解”。②

卢森堡的这些看法表明她并不了解马克思的理论。社会资本的扩大再生产,是竞争的压力迫使各个资本家都要努力扩大生产的结果。社会资本扩大再生产所需要的实现条件,只表明必须具备一定的比例,扩大再生产才能实现,不是说资本主义时刻都具备这种条件,恰恰相反,资本主义的矛盾使它的扩大再生产常常是在破坏中、即通过危机来实现,普遍的生产过剩危机的发生,不是由于用来积累的那部分剩余价值不能实现,而是由于商品的全部价值不能实现。在资本有机构成提高的条件下,社会资本扩大再生产的实现,如后来列宁所分析的那样,也是需要一定的比例的,这个比例同样可以由资本主义生产本身提供。至于资本主义的灭亡,不是由于它本身不能积累,而是由于生产关系妨碍生产力的发展,由工人阶级起来推翻它,也就是说,资本能自己进行积累也要灭亡。根据马克思的理论,资本主义无须非资本主义环境也能实现资本积累,它夺取国外市场和殖民地,如下面将指出的,是由其他原因造成的。

卢森堡指责马克思的扩大再生产图式既不反映资本有机构成的提高,又不反映产业后备军的存在,这表明她不了解马克思的方法,即在一般情况下实现扩大再生产的条件,也就是更多的生产资料、消费资料和成长的工人子女是具备的,至于产业后备军那是由资本主义矛盾产生的,当然不应包括在图式中。她一方面强调资本有机构成的提高,另一方面又强调劳动力不足,这两者是自相矛盾的。她对鲍威尔进行反批评时,也是自相矛盾的。鲍威尔只不过将卢森堡的理论在逻辑上发展一步,指出“在资本主义社会里,需要调整资本积累,以适应人口增长”③;并认为帝国主义增加工人的数量采

---

① 罗莎·卢森堡、尼·布哈林:《帝国主义与资本积累》,柴金如、梁丙添、戴永保译,黑龙江人民出版社1982年版,第85页。
② 同上书,第86页。
③ 同上书,第118页。

用的方法是"通过摧毁殖民地里旧的生产方式并从而迫使千百万人或者移居到资本主义地区或者在本国——资本已在那里投资——为欧洲或者美国的资本服务"。[①] 在下面我们将进一步看到,这是对卢森堡理论的运用。但卢森堡却加以驳斥,而在驳斥中显得自相矛盾。她说:"恰恰相反,在帝国主义资本的本国里,在老牌资本主义国家里,不断存在一支完整的巩固的无产阶级产业后备军,而在殖民地里资本却老是埋怨劳力短缺。"[②]

至于扩大再生产的实现,需要更多的货币,这并不是由剩余价值的实现而引起的,在没有剩余价值生产,但社会生产总价格在增大的地方,都有这个问题。问题的答案已由马克思提供了,这就是:信用制度发达,货币流通加速,货币由贮藏状态到流通状态的转化[③],作为货币材料的贵金属生产者生产的金银;这种货币极少磨损,并可以若干个世纪地贮藏下来,这与一般商品不同。因此,在一般情况下,不存在货币数量不足因而扩大再生产无法实现的问题。前面提到,在资本主义发生和发展期,某些殖民地如北美、澳大利亚和南非,由于盛产黄金,加速了殖民者的到来,他们夺取黄金,是为了取得绝对的价值,取得可以转化为资本的货币,这种货币数量的增加,对于实现增大的商品总价格当然有作用,但这绝对不是只对于实现资本化的剩余价值有作用。

三、资本积累必要条件的"第三者"和殖民地

卢森堡自以为驳倒了马克思之后,就可以提出她的资本积累理论。在她看来,资本积累问题就是剩余价值实现问题,但在只存在资本家和工人的资本主义生产方式中,剩余价值是不能实现的,一定要在资本家和工人以外存在某种"第三者",资本积累才能实现。实现的过程可分为两步。第一步:用于积累的剩余价值物质化在生产资料和消费资料中,资本家将它们卖给

---

① 罗莎·卢森堡、尼·布哈林:《帝国主义与资本积累》,柴金如、梁丙添、戴永保译,黑龙江人民出版社1982年版,第154页。

② 同上书,第155页。

③ 《马克思恩格斯全集》(第二十四卷),人民出版社1972年版,第383页。

"第三者",例如农民,从农民手中取得货币,但这只是剩余价值的实现,还不是扩大再生产的实现,因为货币还没有转化为生产资本。于是就有第二步:资本家再用货币向"第三者"购买生产资料和劳动力(她在前面分析的生产资料和劳动力不足的问题,已为此准备了条件),这样,经过资本家和"第三者"之间的两次交换,资本积累才不仅在价值上,而且在物质上都实现了。她认为:"这两者都是资本主义生产与周围非资本主义世界之间的交易。所以,从剩余价值的实现及不变资本物质要素的取得两方面来看,国际贸易一开始就是资本主义历史存在的首要条件。"①

这些理论是错误的。首先,没有孤立的剩余价值实现问题,剩余价值是在价值实现中实现的。其次,她曾指责马克思的理论是循环推论,是为了扩大生产而扩大生产,但她的解决办法(上述的两次交换)导致的结果是一样的,她兜了圈子之后,还是回到这一点上来。这正如马克思所说,在社会资本再生产问题上,将国外贸易拉进来,只起干扰作用,对问题的解决毫无裨益。关于从理论上看,扩大再生产可以不需要国外贸易,但资本主义事实上有国外贸易,以及卢森堡所说的国际贸易的含义何在,所有这些问题,我们在后面结合殖民地问题逐层讨论。

卢森堡认为,"第三者"或资本积累的条件,除了个体农民即个体生产者或简单商品经济之外,还有国际借款和军国主义。国际借款对资本积累的作用是:资本主义国家把非资本主义阶层的货币变为资本;将这些资本用来购买或生产军需品和铁路材料;通过借款形式将铁路和军需品移入落后国家。② 这就等于资本主义国家的"第三者"先用货币购买铁路材料和军需品(这两者是剩余价值的物质担当者),再将它们以贷款形式借给落后国家即"第三者",他们日后再偿还。问题还是和以前一样,不同的是要另付利息。

卢森堡认为,军国主义之所以成为资本积累的条件,在于它由国家财政来支持,也就是国家可以用赋税收入来购买体现在军火上的剩余价值。她着重的是能转嫁的间接税。资本主义企业交纳了间接税,商品价格相应地

---

① 罗莎·卢森堡:《资本积累论》,彭尘舜、吴纪先译,生活·读书·新知三联书店1959年版,第283页。

② 同上书,第335页;这里原来说"移入新的资本主义国家",但从理论逻辑和整个论述看,至少应包括前资本主义国家和新产生的资本主义国家,故称为落后国家。

提高,工人货币工资不变,实际工资降低,这就等于用劫夺工人劳动力的部分价值,来购买工人生产而由资本家占有的剩余价值,这既不是生产也不是实现剩余价值的方法。此外,工人在这里不是"第三者",因此和卢森堡的理论体系矛盾。

纳税的还有非无产阶级的消费者,例如农民。国家也可以用这些赋税收入来购买资本家的剩余价值(军火)。资本家得到货币后,再向农民购买生产资料和劳动力,以实现扩大再生产,情况和从前说的一样。所不同的是,由于农民要交税,这就等于资本家低于价值向农民购买,低于价值的部分就是农民交的税,再用它来购买资本家的剩余价值(军火)。这是违反经济规律的要求的,但符合卢森堡的理论体系:农民或非无产阶级消费者是"第三者"。

卢森堡这些理论和她的殖民地理论是相关联的。她认为资本积累有两个不同的方面。一个是纯粹的经济过程,它包括资本家和工人之间以及资本家和"第三者"之间的交换,这两种交换,"只限于等价物的交换",在这里,"至少在形式上和平、财产和平等占支配地位"。[①] 换句话说,从这一角度看,"第三者"无论是国内的还是国外的,都不是殖民地。至于在这个条件下,"在资本积累的进程中,所有权如何变为对他人财产的掠夺,商品交换如何变为剥削,平等如何变为阶级支配,这些问题则有待于科学分析上锐利的辩证法才能加以阐明"。[②] 她这种提法,显然是受到马克思的影响的。马克思说:"以商品生产和商品流通为基础的占有规律或私有权规律,通过它本身内在的、不可避免的辩证法转变为自己的直接对立物"[③],也就是"商品生产按自己本身内在的规律越是发展为资本主义生产,商品生产所有权规律就越是转变为资本主义的占有规律"。[④] 但是,她始终无法阐明,也就是无法说明在纯粹关系上殖民地是怎样形成的。因此,她将这一经济过程同殖民地形成加以割裂。

---

① 罗莎·卢森堡:《资本积累论》,彭尘舜、吴纪先译,生活·读书·新知三联书店 1959 年版,第 364 页。
② 同上。
③ 《马克思恩格斯全集》(第二十三卷),人民出版社 1972 年版,第 640 页。
④ 同上书,第 644 页。

资本积累的另一面,"涉及资本主义与非资本主义生产方式之间的关系,而这些关系是开始在国际舞台上出现的。它的主要方法是殖民政策,国际借款制度,势力范围政策和战争"。① 这就是殖民地的形成过程。本来,根据她的资本积累理论,作为积累必要条件的"第三者",既可以是国内的,又可以是国外的,其经济作用相同。但当她谈到殖民政策时,却强调资本主义和"第三者"的关系是要在国际舞台上出现的,即导入一个非经济的因素:国家的政治疆界。接着而来的,就是含有政治因素的国际借款制度、势力范围政策和战争(后两者就是军国主义)。这样,她就强调政治或暴力在殖民地形成中的作用。她说:"在这里是完全赤裸裸地暴露出公开的暴力、欺诈、压迫和掠夺。"②

她将资本积累两方面结合起来并指出:"政治上的暴力,只是经济过程的一种工具。资本再生产的条件本身提供了资本积累两个方面有机地相互结合起来的纽带。只有把这两方面结合起来,才能理解资本主义的历史事迹。"③这集中地表明,她不懂得揭示资本积累规律所需遵守的方法。暴力能促进或阻碍经济发展,但揭示积累规律必须将暴力排除在外。就殖民地来说,暴力虽能加速它的形成和巩固它的地位,但揭示资本积累的规律时,必须将暴力的作用去掉。她也承认:"要想从这些乱纷纷的政治上暴力和权利的掠夺中,探求出经济过程的严密规律,那是需要费一点气力的。"④应该说,即使费气力也无法从暴力中找到经济规律。布哈林就从这方面批评她。

总起来说就是,卢森堡的资本积累理论以及作为它的构成部分的殖民地理论,都是错误的;她不仅错误地认为"第三者"的存在是积累的必要条件,而且又错误地将具有同样作用的"第三者"以国家限界区分开来,认为被施加以暴力的国外"第三者"就是殖民地,但又不能说明有暴力在其中起作用的资本积累的规律是什么。

---

① 罗莎·卢森堡:《资本积累论》,彭尘舜、吴纪先译,生活·读书·新知三联书店 1959 年版,第 364 页。
② 同上。
③ 同上书,第 364—365 页。
④ 同上书,第 364 页。

四、殖民地的作用和什么是帝国主义争夺的殖民地

卢森堡一直认为,作为"第三者"的一个部分的殖民地,其作用就是成为资本积累的环境。由此她又认为:"帝国主义是一个政治名词,用来表达在争夺尚未被侵占的非资本主义环境的竞争中所进行的资本积累的。"①这两段话说明,在错误的资本积累理论的基础上,存在着十分严密的逻辑联系。这就是说,根据她的资本积累理论,她必然认为,争夺资本主义环境,以及再争夺已被侵占的从前的非资本主义环境,都被排除在帝国主义之外,即使事实上存在着这样的争夺和再争夺,这被争夺和再争夺的对象已经是资本主义,以及已经处在资本主义化的过程中,它们本身不但不能成为资本积累的环境,相反地还要去取得这样的环境,因此,它们无论如何都不可能变成作为资本积累环境的殖民地。

卢森堡的批评者鲍威尔是理解卢森堡理论中这种逻辑联系的;他说:"卢森堡同志用下面的方式来解释帝国主义:剩余价值变为资本,在一个孤立的资本主义社会里将是不可能的。这只有在资产阶级不断地扩大它的市场,以便能够在尚未有资本主义生产的地区(着重号是笔者加的——引者)出售包含积累起来的这部分剩余价值在内的那部分剩余价值的情况下,才是可能的。这是帝国主义的目的。大家知道,这个解释是不正确的。"②糟糕的是,鲍威尔未能正确地批判卢森堡的资本积累理论,并指出帝国主义为什么要夺取殖民地,以及什么是帝国主义争夺的殖民地。

前面我们曾经论述过鲍威尔是沿着卢森堡的理论方向来批评卢森堡的。当时我们举的例子是,鲍威尔认为资本积累首先受到人口增长的限制,因此,资本主义和帝国主义都要征服殖民地,以便取得资本积累所需的劳动力。这本来是符合卢森堡的理论的,因为她也认为资本主义和非资本主义

---

① 罗莎·卢森堡:《资本积累论》,彭尘舜、吴纪先译,生活·读书·新知三联书店 1959 年版,第 359 页。

② 罗莎·卢森堡、尼·布哈林:《帝国主义与资本积累》,柴金如、梁丙添、戴永保译,黑龙江人民出版社 1982 年版,第 149 页。

之间的第二次交换,是前者向后者购买生产资料和劳动力。但是,由于鲍威尔不但没有强调第一次交换,即剩余价值要由非资本主义环境来实现,却相反地指出,用于积累的剩余价值完全可以由资本主义来实现,此外又提出资本积累要受人口限制的理论,这就被卢森堡批评为"新人口论"。卢森堡还根据事实,指出:"鲍威尔想象出一个从殖民地流向资本主义生产的古老中心的工人'洪'流,而任何有眼者都能够看到,恰恰相反,工人随着资本从古老中心输往殖民地而迁往殖民地。"①但是,也有资本在殖民地实行奴隶制和强制劳动,以及从殖民地输入廉价劳动力的事实,这就不是实现资本积累的需要,而是为了加强剥削的需要。

鲍威尔还认为,帝国主义需要殖民地,是为了取得海外原料和获取新的市场,这本来也是符合卢森堡的积累理论的。但卢森堡批评说,在鲍威尔那里,取得海外原料不仅是个次要问题,而且和"他的积累理论没有经济关系"②,因为如果从殖民地取得原料,为的是原料便宜,能够提高资本的利润,那就和资本积累的实现没有关系了。至于获取新的市场,只要它不是前资本主义经济性质的,不能成为资本积累环境,在卢森堡看来,对资本来说是坏事,因为这个市场不仅不是资本积累环境,而且它本身要求有这样的环境。

总之,卢森堡反复错误地说明:殖民地是实现资本积累的环境,而不是为资本主义和帝国主义提供超额利润和垄断利润的场所。鲍威尔未能从这里批评卢森堡,并说明帝国主义为什么要争夺殖民地。以后我们看到,布哈林虽然能从这方面批评卢森堡的帝国主义定义,并说明帝国主义为什么要争夺殖民地,但他并不了解卢森堡的资本积累理论和她的帝国主义定义之间的逻辑联系。

卢森堡是从她的资本积累理论来论证帝国主义,以及什么是帝国主义争夺的殖民地的。因此,她虽然也认为帝国主义是一个历史阶段,但这绝不是垄断资本主义阶段或金融资本阶段,而是资本积累的一个阶段。

她认为资本积累可分为三个阶段,这就是:"资本对自然经济的斗争,资

---

① 罗莎·卢森堡、尼·布哈林:《帝国主义与资本积累》,柴金如、梁丙添、戴永保译,黑龙江人民出版社1982年版,第155页。

② 同上书,第156页。

本对商品经济的斗争,资本在世界舞台上为争夺现存的积累条件而斗争。"①所有这些斗争,只要是为了取得国外的积累环境或条件,并且是借助政治力量进行的,如上所述,这种积累环境就是殖民地。但当资本主义国家之间无须相互争夺就取得殖民地时,这时就只有殖民政策或殖民主义;但发展到某一阶段,资本主义国家之间相互争夺去取得殖民地时,相互争夺的政策就是帝国主义。所以她同样认为,帝国主义是资本主义国家相互竞争争夺殖民地采取的政策。

但是,根据她的资本积累理论和帝国主义定义,资本主义国家之间争夺早已确立了资本主义生产方式的地区,例如德国向法国争夺亚尔萨斯和洛林,这种争夺的政策就不是帝国主义政策,亚尔萨斯和洛林即使被割去也不是殖民地,因为其资本主义生产方式使它们不可能成为资本积累的环境,相反地,却要去取得这样的环境。

根据同样的道理,资本主义国家之间再争夺、再分割已经成为资本积累环境的殖民地,例如美国和西班牙再争夺西班牙的殖民地菲律宾和古巴,也不是帝国主义政策。这是因为,这些殖民地虽然原来存在的是前资本主义生产方式,正由于这样,它们才能成为资本积累的环境,但是它们成为这样的环境以来,由于在资本积累中那两种交换的不断进行,它们也产生着资本主义生产方式,逐渐地再也不可能成为资本积累的环境了,对它们的再争夺,就不是帝国主义政策。

五、错误的殖民地理论导致否定民族自决权

卢森堡认为,"第三者"逐渐地最终也会发展为资本主义生产。这时由于没有"第三者",她就认为资本主义会自动崩溃。卢森堡又由于认为,殖民地作为资本积累的环境,在资本积累的过程中,它不仅会产生资本主义生产方式,而且必然逐渐同资本主义宗主国的经济在再生产上连在一起,一旦切

---

① 罗莎·卢森堡:《资本积累论》,彭尘舜、吴纪先译,生活·读书·新知三联书店1959年版,第291页。

断就会发生经济混乱,因此她错误地提出,殖民地被压迫民族不能有民族自决权。这是由她的错误的资本积累理论导致的重大错误的政治理论。下面谈论她如何产生后一错误。

卢森堡是从反对波兰独立到反对民族自决权的。所谓民族自决权,在帝国主义条件下,指的就是在殖民帝国统治下的殖民地被压迫民族,脱离殖民帝国,组织独立民族国家的权力。

早在1908年,卢森堡就反对波兰从俄国的统治下脱离出来,组织成一个独立民族国家,反对民族自决权。她说,考茨基所说的民族国家,只是一种抽象的东西,实际上存在的是强盗国家;资本主义列强的发展和帝国主义使弱小民族的"自决权"成为虚幻的东西。接着,她又指出小国家在经济上依赖于大国家,资产阶级国家为了用强盗手段去征服异族而互相斗争,因而存在着帝国主义和殖民地等事实。

反对民族自决权,忽视殖民地被压迫民族组成民族独立国家对发展经济的作用,当然是错误的。资本主义经济发展的历史表明,在全世界,资本主义彻底战胜封建制度的时代,总是与民族运动相连的。这种运动的经济基础在于:为了保证商品生产的充分发展,就必须使资产阶级夺取国内市场,必须使操同一语言的人民,在所居住的地域内用国家的形式联系起来,并运用政权铲除一切妨碍资本主义商品生产发展的障碍。这就是民族国家的产生原因和历史作用。正因为这样,列宁很同意考茨基的论述,即单一民族国家是资本主义较为发达的标志,多民族国家,也就是由一个资本主义较为发展的民族去统治较为落后的民族的国家,是资本主义较为落后的标志。殖民帝国,即由资本主义宗主国和殖民地组成的各种形式的帝国、联邦、共同体,从某一点看就是多民族国家。在这种条件下,殖民地被压迫民族脱离宗主国的统治,组织成独立的民族国家,对经济的发展当然有重大的作用。卢森堡对此加以反对,显然是错误的。

卢森堡产生这种错误的理论根源何在呢?我经过反复思考,并联系她的思想发展过程,初步认为就是她的资本积累理论。

她原为波兰人,1898年去德国,同年取得德国国籍。1908—1914年,她在德国社会民主党中央党校任教,并着手写作《国民经济学》。在写作的过程中,她觉得马克思《资本论》(第二卷)有些问题,同当时的帝国主义政策有关,为了深入研究这些问题，她便先写成《资本积累论》。《国民经济学》的手稿，是她在 1919 年牺牲在敌人的屠刀下之后，才以《国民经济学入门》为名正式出版。

在《国民经济学入门》中，她写道："世界经济的发展，又引起一系列对资本主义生产有重大意义的现象"；欧洲的资本主义侵入到欧洲以外诸国，是通过两个阶段的："第一，通过商业的侵入，把土著居民卷入商品交换中，部分地还将土著居民现有的生产形态转化为商品生产；第二，采用各种手段掠夺土著居民的土地，从而攫取他们的生产资料。这种生产资料在欧洲人手中转化为资本，而土著居民则变成无产者。但是，照常规看来，继以上两个阶段后，迟早应该出现第三个阶段——或者由欧洲移民，或者由富有的土著居民在殖民地建立起自己的资本主义生产。"这样，"由于世界市场的创立，不仅资本的权力和统治扩大到全世界，而且资本主义生产方式本身也不断遍及于全世界"。① 这些思想在《资本积累论》中就发展为理论。

正是在这种思想指导下，她在 1908 年反对波兰独立和民族自决权，并引用她于 1898 年写的博士论文《波兰工业的发展》的材料，说明波兰已迅速地把工业制品向俄国出售，由此认为在俄国和波兰的关系中，现代资本主义的纯粹经济因素已经占优势。既然在再生产方面，波兰和俄国，即殖民地和宗主国是连在一起的。波兰就不应独立，即殖民地不应有民族自决权，不应独立为民族国家。

这里的错误，从理论看，仍然是资本积累理论的错误。她的理论既然如此，那么，如果我们的批判只是着重说明，就俄国和波兰的关系而言，俄国是带有资本主义前期特点，即具有宗法专制制度特点的国家，而它的殖民地波兰却是资本主义迅速发展的民族隔绝地区，俄国和波兰之间的联系不是现代资本主义式的，而是宗法专制制度式的，因而，它妨碍波兰资本主义经济的发展。这就不能击中要害。同样道理，认为殖民地不独立为民族国家，其资本主义就不能发展，这固然正确，但也不能击中要害。

但是，即使根据卢森堡的资本积累理论，她反对民族自决权也还是错误的。因为殖民地被压迫民族争取独立，组成民族国家，在经济上并不意味着

① 罗莎·卢森堡：《国民经济学入门》，彭尘舜译，生活·读书·新知三联书店 1962 年版，第258 页。

必然要切断同宗主国的联系,再生产不会由此引起混乱。她是错误地将民族国家的独立问题,看成必然在经济上同宗主国相决裂的问题了。

六、错误理论中的积极因素

卢森堡的资本积累理论无疑是错误的。但错误的理论有两种:一种是毫无积极的因素,不能启发人们去思考一些问题,并由此得出新的理论;另一种则是有积极的因素,能启发人们去思考一些问题。我认为卢森堡的理论属于后者。我经过反复思考,觉得卢森堡的错误理论能启发我们去思考问题,并由此能得出新的理论的,最重要的有两点。

第一,根据她的资本积累理论,她认为资本主义是"第一个自己不能单独存在的经济形态,它需要其他经济形态作为传导体和滋生的场所"。[①] 这个其他经济形态,可以有国内的和国外的,国外的再加上是由政治力量控制的,这就是卢森堡所理解的殖民地。资本主义之所以需要殖民地,并不是由于实现资本积累的需要,这在前面已经说明,后面将进一步说明。她这个命题中包含的方法论问题是:有的经济形态是不能单独存在的。这是值得我们思考的。后面将说明,垄断资本主义经济成分就是这样,因为垄断利润要来自非垄断资本主义经济,即垄断资本家和他们雇佣的工人以外的"第三者",也就是说,垄断资本主义需要有殖民地才能存在。[②] 这事实上是对社会发展史提出问题。

第二,根据她的资本积累理论,她认为"国际贸易,一开始就是资本主义历史存在的首要条件。因为国际贸易,在实际的情况下,基本上是资本主义生产形态与非资本主义生产形态之间的交易"。[③] 可见,她说的国际贸易就

---

① 罗莎·卢森堡:《资本积累论》,彭尘舜、吴纪先译,生活·读书·新知三联书店 1959 年版,第 376 页。

② 奴隶制经济也是不能自己单独存在的。因为奴隶作为最重要的劳动力,不是由奴隶成立家庭自然繁殖出来的,而是捕捉、是俘虏而来的。这些劳动力应是奴隶制以外的成员。参见马克思《资本论》(第二卷),人民出版社 1975 年版,第 539 页。

③ 罗莎·卢森堡:《资本积累论》,彭尘舜、吴纪先译,生活·读书·新知三联书店 1959 年版,第 283—284 页。

是恩格斯说的世界贸易。从这里出发,她进一步认为,"应该修正内部市场和外部市场这两个概念,这两个概念在关于积累问题的争论中是很重要的。内外市场在资本主义的发展过程中,确实起着很大的但完全不同的作用"。从资本主义生产的观点上看时,"国内市场是资本主义的市场,资本主义生产是它自己的生产物的购买者及其自身的生产要素的供应者。国外市场是吸收资本主义的生产物并供给资本主义以生产要素及劳动力的非资本主义环境"。因此,"德国与英国在相互交换商品上,主要构成了国内市场。但德国工业与德国农民间的交换,就德国的资本上看,表现为国外市场的关系"。① 从交换双方经济成分的异同,来区分国内市场和国外市场或内部市场和外部市场,这是有启发性的,虽然这种思想来自列宁。从这里出发,她就认为,资本主义国家必然用政治力量加强夺取国外的外部市场,使其成为殖民地;用关税壁垒保护国内的外部市场,使其不成为外国的殖民地。这对于研究垄断资本主义如何攫取垄断利润是有启发的。

将上面两点结合起来,再运用卢森堡以资本积累理论为基点的外部市场和内部市场的概念,并将外部市场中存在的国家政治因素(国家疆界和政治暴力)去掉,然后将这个被卢森堡错误地理解为资本积累的环境看成殖民地,这样,资本主义的殖民地就可以区分为国外的和国内的了。从资本积累的观点看,这是错误的;但从政治经济学的观点看,尤其是从攫取垄断利润的观点看,这是正确的。下面将谈到,列宁和其他理论家都认为,帝国主义的殖民地可以区分为国外的和国内的两种。

由于卢森堡的错误理论中包含着非常宝贵的思想,我想将这些错误和英国古典政治经济学鼻祖威廉·配第的错误相比。配第一开始就认为,通过对等量劳动进行估价,是平衡和衡量各个价值的基础,但在实际运用中,情况是多种多样和错综复杂的。因此,为了达到某些具体目的,他又认为,必须找出土地和劳动之间的自然的等同关系,以便使价值可以随意地在这二者之一或更好是在这二者之中表现出来。他认为在土地和劳动之间可以建立等同关系,这当然是错误的,但马克思说这个迷误本身是天才的。卢森

---

① 罗莎·卢森堡:《资本积累论》,彭尘舜、吴纪先译,生活·读书·新知三联书店 1959 年版,第289—290 页。

堡的错误可否也这样说呢？

列宁说，卢森堡在波兰独立问题上犯过错误，在资本积累理论问题上犯过错误，在其他问题上也犯过错误，但她曾经是只鹰，而且现在仍然是只鹰，不仅对于她的纪念将永远对全世界的共产党人是宝贵的，而且她的传记和全集都将成为教育全世界数代共产党人的最有益的读物。列宁的教诲，既正确，又深刻。

第九章　殖民地是金融资本实现
额外利润的场所

——布哈林的殖民地理论

一、概述

布哈林的殖民地理论是其帝国主义理论的构成部分。他的帝国主义理论主要见诸 1915 年写成、1918 年出版的《世界经济和帝国主义》，和 1925 年出版的旨在批判卢森堡积累理论的《帝国主义与资本积累》。如果说，列宁主要是从资本主义发展的垄断阶段的角度来研究帝国主义的，那么，布哈林就主要是从世界经济的角度来研究帝国主义的。由于这样，我们也要从世界经济的角度来研究布哈林的殖民地理论。

在布哈林看来，世界经济是资本国际化和资本民族化的产物。资本国际化和民族化事实上是资本运动相互联系的两个方面。资本国际化指的是资本要突破民族国家的界限；资本民族化指的是突破民族国家界限的资本，要将它到达的地区置于自己的统治之下。由于资本这种运动，国民经济就变成世界经济，而世界经济就是全世界范围的生产关系和与之相适应的交换关系的体系。

在世界经济形成的条件下，帝国主义政策的产生和帝国主义殖民地的形成，布哈林认为是由于金融资本的产生。他说："在现代，金融资本的利益首先要求扩张本国领土，也就是说，施行征服政策，采用军事压力，推行'帝国主义的兼并'路线。然而，在由于特殊历史条件且在很大程度上维持旧时的自由贸易制度，而且国家领土十分大的地方，我们看到与施行征服政策并行出现的一个趋向，即把国家有机体的分散部分结合起来，使殖民地与宗主国合并,组成一个具有共同关税壁垒的广大的统一帝国的趋向。"①这就是金融资本政策下的殖民地。

二、金融资本政策的三个根源

布哈林认为,作为世界经济交叉点的国民经济是不断变化着的,它的变化是世界经济变化的基础。随着国民经济的变化,资本家的垄断组织就产生了。这是资本积聚与集中过程的逻辑的和历史的延续。这种垄断组织,不仅有同一生产部门的横向集中,而且有不同生产部门的纵向积聚与集中。因此,"从整个社会范围来看,这个全部过程趋向于使整个'国民'经济成为所有各生产部门间有组织联系的一个统一的联合企业。上述过程也在另一方面迅速地进行着:银行资本向工业渗透,从而资本变为金融资本"。② 所谓整个国民经济成为一个统一的联合企业,这个理论是错误的,它对布哈林殖民地理论的影响下面再谈。这里先谈金融资本和殖民地的关系。

布哈林是从资本纵向的积聚和集中的角度来论述金融资本的产生的。因此,正确的说法就不应该是银行资本向工业渗透,而是银行资本和工业资本混合生长或日益融合。列宁正是从这一角度来理解布哈林的论述,并加以肯定的。③

那么,金融资本为什么要夺取殖民地,并将它和宗主国组成殖民帝国呢? 我们记得,希法亭是怎样解释金融资本政策追求的目标的,这就是垄断化的部门限制了资本的投资,非垄断化的部门则由于利润率有下降的趋势,使资本不愿在这一领域内投资,于是,过剩的资本就要输出,这就产生了金融资本政策追求的目标,即夺取殖民地。希法亭的金融资本定义,显然影响了布哈林,但布哈林对金融资本政策产生原因的解释和希法亭不同。布哈林认为,垄断的金融资本要取得额外利润,就要以高关税来保护

---

① 尼古拉·布哈林:《世界经济和帝国主义》,蒯兆德译,中国社会科学出版社 1983 年版,第56—57 页。

② 同上书,第48 页。

③ 列宁:《帝国主义是资本主义的最高阶段》,人民出版社 1964 年版,第38 页。

国民经济。"正是由于关税,使垄断组织获得额外利润,这笔额外利润被垄断组织在争夺市场的斗争中(倾销)用作出口奖励金。一般地说,这种额外利润可以通过两条途径来增加:第一,在国家的现有领土范围内增加销售;第二,扩大国家领土。"①要增加国内销售是有困难的,因为资产阶级不可能增加工人阶级所得的份额,这使国内市场受到限制。于是,资产阶级要求扩大经济领土。在其他条件不变的情况下,经济领土越扩大,额外利润就越多,要支付出口奖励金并施行倾销就越容易,因而国外销售额就越大,利润率就越高。

经济领土之所以能给垄断组织提供额外利润即垄断利润,在布哈林看来是由于经济领土已成为垄断组织的商品销售市场、原料市场和投资范围。因此,他对金融资本政策原因的解释虽然和希法亭不同,但他对希法亭关于金融资本目标的说明都完全同意。他写道:"希法亭极其中肯地描述了现代政策的基本目标。他说:'金融资本的政策追求三重目标:第一,建立尽可能大的经济领土;第二,这个领土必须用关税壁垒保护起来,以防国外的竞争;从而第三,这个领土必须成为本国垄断公司的剥削场所'。"因为"经济领土的扩大给民族卡特尔开辟了农业区,从而开辟了原料市场,并且扩大了销售市场和投资范围;关税政策可以抑制外国的竞争,取得超额利润,并且使倾销这个破城槌发生作用。这一整套办法有助于垄断组织提高利润率"。② 布哈林认为,金融资本这种政策就是帝国主义,而这种经济领土就是殖民地,或者是殖民地的主体。

以下我们分别从销售市场、原料市场和投资范围三个方面说明经济领土是怎样为垄断组织提供超额利润的。

三、殖民地是金融资本实现额外利润的场所

布哈林对资本主义生产要夺取销售市场的分析和卢森堡完全不同。

---

① 尼古拉·布哈林:《世界经济和帝国主义》,蒯兆德译,中国社会科学出版社1983年版,第56页。

② 同上书,第80—81页。

他强调攫取超额利润,反对实现资本积累。他认为资本总利润取决于商品销售量和单位商品利润。后者又取决于单位商品售价和成本,而单位成本和销售量成反比。假如由于扩大销售量而使单位成本降低,那么,在国外增加的销售量即使无利可图,即使按照生产成本销售,总利润量也仍然增加。"所以,利润的运动驱使商品越出国家疆界。"①这是第一个原因。

第二个原因是,"在经济结构不同的国家之间进行商品交换"②,比较发达的国家可以取得超额利润。在这里,布哈林引用了马克思的有关说明,这就是我们在前面论述过的那些原理。③ 布哈林特别指出,在这里,"马克思已经预见并且解释了,在一定的领域里,由于垄断组织的支配地位,会发生超额利润的某种固定性。这种情况,在现代具有特别重要的意义"。④ 这里说的是,马克思针对李嘉图批评斯密的有利的外贸能提高一国平均利润率的论述时,曾经说过,如果没有垄断的妨碍,这种超额利润就参加平均利润的形成,并由此提高平均利润率。

争夺销售市场的表现是各民族资本主义之间的竞争。因此,"社会机制各部分没有均衡,没有协调的发展,最近比任何时候都更严重,因此发生深重的危机和急剧的变化"。⑤

关于夺取原料市场,布哈林强调的也是攫取利润。资本主义利润率下降趋势的规律,使资本要寻求廉价的生产资料和劳动力。这是其一。

其二,更为重要的是,"工业的发展与为制造业提供原料的农业发展之间的不均衡"⑥,从而引起农产品的价格上升,从而使利润率下降。农业落后于工业的原因,他根据马克思的分析,认为是土地私有权。

由于这样,"各个'国民经济'的资本家要求扩大原料市场的倾向愈加强

---

① 尼古拉·布哈林:《世界经济和帝国主义》,蒯兆德译,中国社会科学出版社 1983 年版,第 59 页。

② 同上。

③ 马克思:《资本论》(第三卷),人民出版社 1975 年版,第 264—265 页。

④ 尼古拉·布哈林:《世界经济和帝国主义》,蒯兆德译,中国社会科学出版社 1983 年版,第 61 页。

⑤ 同上书,第 64 页。

⑥ 同上书,第 66 页。

烈"；在这里，"各列强国家的资本家在争夺原料方面的利害冲突，与在销售方面的竞争同样激烈"。① 总之，"资本主义发展的步伐越迅速，经济生活的工业化与农村都市化进程越强有力，工业与农业之间的不均衡就越严重，工业发达因为占有落后国而竞争也越激烈，这就不可避免地引起它们之间的公开冲突"。②

关于夺取投资范围，布哈林首先引用了马克思的有关分析，说明增加了资本而利润不增加，就是资本过剩，说明资本输往国外，是因为在国外能按更高的利润率来使用。但是，他并没有像马克思那样说明落后国的利息率和利润率为什么比发达国家高，他着重说明的是金融资本为什么要输出资本。他认为，重要的原因有两个：第一，垄断组织限制产量，即限制投资，非垄断部门由于要给垄断部门提供垄断超额利润，利润率下降得使人不愿投资，因此，资本要输到国外。

第二，高关税的存在，使商品输出受阻，但丝毫不影响资本输出，相反，它还促进了资本输出，因为资本输出可以绕过高关税，得到与当地资本家相同的保护。此外，当资本输出以贷款的形式进行时，除得到利息外，又可促进商品输出。

他认为，"从现代资本组织形式的扩展的观点来看"，资本输出是"有组织的'民族'工业、'民族'金融资本对新的投资范围的攫取和垄断化罢了。资本输出是金融集团实现其经济政策最便利的方法，它最能容易地征服新领土。因此，各国间竞争的尖锐化在这里表现得最为明显"。③

由于金融资本争夺销售市场、原料市场和投资范围，"在 1876—1914 年期间里，列强获得了大约 2 500 万平方千米的殖民地土地，相当于欧洲面积的两倍。全世界在强大国家的'经济'之间被瓜分了"。④

---

① 尼古拉·布哈林：《世界经济和帝国主义》，蒯兆德译，中国社会科学出版社 1983 年版，第 68—69 页。
② 同上书，第 70 页。
③ 同上书，第 77 页。
④ 同上书，第 63 页。

四、殖民地再生产着金融资本的生产关系

布哈林始终是从世界经济的角度来研究帝国主义政策和殖民地问题的。当他这样做的时候，他又以历史唯物论为研究问题的工具，深刻地指出："在一定生产制度基础上产生的政策，其职能就是促进该种生产关系的简单再生产或扩大再生产。封建统治者的政策，就是要加强和扩大封建的生产关系；商业资本的政策，就是要扩大商业资本的统治范围；金融资本的政策，就是要在更大的范围里再生产金融资本的生产基础。"①

根据这一点，他先指出，如果只给战争下定义，说它是征服，那就远远不够了，因为这种说法没有指明最根本的东西，那就是这个战争所巩固或扩大的究竟是什么生产关系②；他还指出，"我们已给帝国主义下了定义，认为它是金融资本的政策。这就揭示了这个政策的职能：它支撑金融资本的结构；使全世界服从于金融资本的统治；它以金融资本的生产关系代替古老的前资本主义生产关系和旧的资本主义生产关系。"③

那么，什么是金融资本的生产关系呢？他说，当我们谈到金融资本的时候，是指高度发达的经济有机体，因而具有一定广度与一定深度的世界性的联系而言，一句话，就是指存在着发达的世界经济而言。④

在布哈林看来，这个经济有机体或发达的世界经济，指的是由一方有组织的垄断资本或国家资本主义托拉斯，和另一方农业国家或落后国家组成的有机体。关于国家资本主义托拉斯是怎样形成的，它和殖民地问题有什么关系，以及农业或经济落后国家是怎样形成的，它为什么成为殖民地，这些问题留在下面再谈。这里先谈国家资本主义托拉斯与农业或经济落后国家两方如何组成一个有机体，并再生产着金融资本的生产关系。

---

① 尼古拉·布哈林：《世界经济和帝国主义》，蒯兆德译，中国社会科学出版社 1983 年版，第 86 页。

② 同上。

③ 同上书，第 88 页。

④ 同上。

前面曾经谈到,金融资本政策的三个根源,即争夺销售市场、原料市场和投资范围,事实上是资本主义发展为金融资本主义的结果。但是这个政策又巩固和再生产着金融资本主义的生产关系,即再生产着一个经济有机体。这是因为,资本集中有横向的和纵向的两种形式,纵向的形式如国家资本托拉斯吞并一个在经济上的补充单位,即吞并一个农业国家时,这就组成一个经济有机体。他认为,"在这里,与在'国民经济'的范围内一样,表现了同样的矛盾和同样的动力,具体地说,就是原料价格的上涨导致联合企业的成立。这样,在斗争的更高阶段,在不同部门之间再生产出同样的矛盾,但规模大大扩大了"。[①] 换句话说,宗主国和殖民地组成一个国家托拉斯工业和落后农业相结合的有机体或联合企业。这样,殖民地再生产着金融资本的生产关系是不言而喻的。

我认为,布哈林在论述的过程中,事实上已将殖民地是为金融资本提供固定的额外利润的场所的论点,变成殖民地是金融资本进行再生产的一个物质部门的论点了。这在下面的论述中表现得很清楚。他说,金融资本政策的三个根源,就其中的某些关系来说,需要寻求销售市场的"制成品的生产过剩,同时也就是农产品的生产不足。农产品的生产不足在下述情况下是重要的:工业方面的需求过度巨大,即有大量制造品不能换到农产品;这两个部门之间的比例关系被破坏了(而且程度愈益严重)。因此,不断增长的工业寻求农业的'经济补充'……这一情况必然表现为以武力征服农业国家"。[②] 这同卢森堡的没有"第三者"资本主义就无法实现扩大再生产的论点实质上一样。

在上述论述中,包含着布哈林理论的另一个错误,即认为垄断资本的工业品生产过剩,原因在于农产品生产过少,也就是工农业两大部门比例被破坏。其实,生产过剩的真正原因在于资本主义生产有无限扩大的趋势,而广大劳动者的消费却相对落后这一矛盾。尽管工农业两大部门是符合比例的,但由于这样,不仅工业品,而且农产品都会同时过剩。

---

① 尼古拉·布哈林:《世界经济和帝国主义》,蒯兆德译,中国社会科学出版社1983年版,第94页。

② 同上书,第78—79页。

五、国家资本主义托拉斯理论的影响

布哈林以希法亭的纯粹垄断资本主义或有组织资本主义理论为起点，提出他的国家资本主义托拉斯理论，这对他确定哪些地区为殖民地有重大的影响。

希法亭认为，垄断发展到最后，非垄断的经济成分完全消灭，各垄断组织合并为一个庞大的垄断组织，整个国民经济置于它的统治之下，由于只有一个所有者，生产的无政府状态就被计划经济所代替——这就是纯粹垄断资本主义或有组织资本主义理论。对于这个错误理论（因为垄断不消灭竞争，非垄断经济成分不会完全消灭，也不可能只存在一个庞大的垄断组织），布哈林完全同意。他写道："在国家疆界之内相互斗争的托拉斯，起初是以牺牲没有参加托拉斯的'第三者'而成长起来的，只是把中间集团消灭之后，它们才特别凶猛地厮杀。"①厮杀的结果，就是"各个生产部门，还以各种各样的方式结为一个集合体，大规模地组织起来了"。② 这就是希法亭理论的复述。布哈林对此的发展是：国家政权和这个庞大无比的垄断组织结合起来，组成国家资本主义托拉斯。他说："'国民经济'成为一个由金融资本集团与国家合伙组成的巨大的联合托拉斯。这个组织，我们称为国家资本主义托拉斯。"③

国家资本主义托拉斯理论的前提，是发达资本主义国家内部非垄断的资本主义经济成分，以及前资本主义经济成分消灭殆尽，这样，布哈林曾经说过的从非垄断经济成分攫取超额利润的情况再也不存在了。换句话说就是，国家资本主义托拉斯理论，使布哈林在逻辑上排除了在垄断资本主义国家内部存在殖民地的可能性。

这里还要进一步说明一个问题。按照布哈林的看法，国家资本主义托

---

① 尼古拉·布哈林：《世界经济和帝国主义》，蒯兆德译，中国社会科学出版社 1983 年版，第 94 页。

② 同上书，第 92 页。

③ 同上。

拉斯的经济结构，"就像是没有奴隶市场的奴隶占有制经济"。[①] 对于奴隶，是可以加强剥削的，由此是可以得到超额利润的。但如果以此来说明殖民地的存在，那就等于说垄断资本主义经济以其本身为殖民地了。

关于垄断资本主义存在国内殖民地的问题，我们留在下面再谈。

按照布哈林的理论，国家资本主义托拉斯虽然在国内消灭了非垄断资本主义经济，但在国外却不是这样，因此，殖民地只存在于国外。为什么在国内可以有一个庞大的垄断组织囊括整个国民经济，而在世界上却不可能有这样的情况，以致在国外可以有殖民地呢？布哈林认为，这是由于在国外不可能消灭竞争。其理由是：第一，在国家范围内克服竞争，要比在世界领域里容易得多，因为国际协定通常是在国内垄断已经存在的基础上产生的；第二，由于生产力水平的不同，生产成本也就不同，这样一来，限制销售量和划分销售范围的国际协定就不利于先进国，它们就往往破坏协定；第三，国家疆界本身就是一种确保额外利润的垄断，例如，保护关税就起这样的作用。由于这些原因，布哈林认为，国家资本主义托拉斯在国外展开尖锐的竞争。

他对这种竞争加以概括："国家资本主义托拉斯之间的竞争战，起初表现在争夺尚未被占领的土地，为取得'先占权'而相互斗争，然后进行重新分割殖民地，最后，当斗争更加激化时，连本国的领土也被卷入重新分割的过程。"[②]在布哈林看来，所有这些都是被国家资本主义托拉斯占领和被分割的对象。

六、落后的农业国是殖民地的主体

由于国家资本主义托拉斯的竞争，布哈林指出："世界资本主义，即世界性的生产体系，现在呈现如下面貌：一方面是少数几个组织强固的经济体

---

① 尼古拉·布哈林：《世界经济和帝国主义》，蒯兆德译，中国社会科学出版社1983年版，第126页注1。
② 同上书，第94页。

（"文明的强国"），另一方面是外围的半农业或农业体制的不发达国家。这一组织化的过程（顺便说一下，这一过程决不是资本家先生们活动的目标或动机，像他们的思想家所声称的那样，而是追求最高利润的客观结果）具有超出'国家'疆界之外的倾向。"①这里包含两层意思：第一，发达工业国和落后农业国之间，如上所述，不仅在再生产上连在一起，而且这种联系是"组织化"了的，这些错误留在后面论述；第二，落后的农业国是殖民地，这从上面论述过的垄断组织争夺销售市场、原料市场和投资范围来看，也是这样。应该说，历史确实如此。

现在的问题是：布哈林是怎样论述世界划分为工业国和农业国的？只有这个问题解决了，他的殖民地理论才是建立在理论逻辑分析和经济发展过程相结合的基础上。关于国际分工的原因，他的论述如下："国际分工需要有两种前提：一种是由于各'生产机体'生存的自然环境不同所决定的自然前提，另一种是由于各国文化程度不同、经济结构不同与生产力发展水平不同所决定的社会前提"②；在这两个前提中，"生产条件的自然差别虽然重要，但是，如果同各国生产力发展不平衡所造成的差别比起来，它的作用更加减少了"③，例如，如果不具备开采煤炭的技术和经济前提，煤矿藏就会成为"死的资本"；更重要的是，"随着生产力的不平衡发展，出现了各种不同的经济类型和各种不同的生产部门，从而使国际分工的范围扩大起来"④，即出现了工业国和农业国之间的差别和交换。

从分析中可以看出，布哈林认为社会生产中工业和农业的分工，和工业国和农业国的国际分工是一致的，工业国就是整个国家成为"城市"，而农业国就是整个国家成为"乡村"，其原因说到底是由自然前提决定的，因为社会前提只是促使自然前提发生作用的因素。

布哈林重视自然因素在国际分工中的作用，还可以从他对卢森堡的批评中看出来。卢森堡反对布尔加科夫的实现理论，因为后者认为资本主义

---

① 尼古拉·布哈林：《世界经济和帝国主义》，蒯兆德译，中国社会科学出版社 1983 年版，第51—52 页。

② 同上书，第 2 页。

③ 同上书，第 3 页。

④ 同上书，第 4 页。

国家必须输入农产品,出口工业品只是作为支付输入的手段。卢森堡认为这是把国际贸易看成不是由资本主义生产方式产生的,而是由有关国家的自然条件产生的,并指出这一理论不是从马克思而是从德国资产阶级经济学家那里抄袭来的。① 对此,布哈林加以评论时说:不考虑国际分工的自然条件,国外贸易即资本主义和非资本主义的交换仍然是费解的;并指出,在马克思看来,公社的自然条件不同,产品不同,自然条件的差别引起产品交换②;以此来证明马克思似乎是用自然条件来说明国际分工的。

事实并非如此。在马克思看来,公社产品的不同,是由自然条件决定的;工农业国的国际分工,是由产业革命引起的③,只有这样,才能理论分析和历史发展相结合地说明问题。布哈林未能做到这一点。

布哈林认为,国家资本主义托拉斯争夺的对象,除了农业国之外,还有较弱小的国家资本托拉斯,前者是纵向的集中,后者是横向的集中。他说:"德国征服比利时就是横向的帝国主义兼并的例子,英国征服埃及则是纵向兼并的例子。"④

被兼并的农业国是殖民地,这是清楚的;被兼并的较弱小的国家资本主义托拉斯是不是殖民地呢,布哈林没有明确地回答,他说,虽然有两种不同形式的兼并,"但人们一般还是习惯地只把征服殖民地看作帝国主义,这是个"根本错误的观念"。⑤ 这就是说,兼并农业国是帝国主义政策,被兼并的农业国是殖民地;兼并弱小的国家资本主义托拉斯也是帝国主义政策,至于被兼并的国家资本主义托拉斯是不是殖民地,布哈林没有回答。

可以看出,布哈林被一个理论问题难住了。他的殖民地定义,是为垄断资本提供额外利润的地区。农业国作为销售市场、原料市场和投资场所,都能起这样的作用。弱小的国家资本托拉斯是工业和银行高度垄断的结果,它不

① 罗莎·卢森堡:《资本积累论》,彭尘舜、吴纪先译,生活·读书·新知三联书店 1959 年版,第 239 页。

② 罗莎·卢森堡、尼·布哈林:《帝国主义与资本积累》,柴金如、梁丙添、戴永保译,黑龙江人民出版社 1982 年版,第 259 页正文和脚注。

③ 见本书第五章。

④ 尼古拉·布哈林:《世界经济和帝国主义》,蒯兆德译,中国社会科学出版社 1983 年版,第 94 页。

⑤ 同上。

能起这样的作用。殖民地定义和殖民地现实之间的矛盾,布哈林未能解决。

七、殖民地与无产阶级

布哈林明确指出:"殖民政策,对于强大的国家,即对于这些国家的统治阶级,对于'国家资本主义托拉斯',是巨大的收入源泉。因此,资产阶级实行殖民政策。也正因为如此,资产阶级才有可能榨取殖民地被征服的、未开化民族来提高工人的工资。"[①]因此,从暂时的观点看,欧洲的工人是得益者,他们由于"产业繁荣"而提高了工资。

正是在殖民掠夺对无产阶级有相对利益的基础上,无产阶级同资产阶级帝国主义国家的资本家组织的联系,就发展和加强起来。由于这样,布哈林认为,在社会主义文献里,这就表现为社会民主党人机会主义者的"国家"观点;"这种在一切场合加以强调的'国家哲学',意味着对革命的马克思主义观点的全面背叛"。[②]

因此,由国家资本主义托拉斯争夺而导致的世界大战爆发之后,"先进资本主义国家的工人阶级,拴在资产阶级国家政权的战车上,出力为助,这是不足为奇的。先前的全部事态发展,已经为无产阶级的这种行为做了准备。这是无产阶级与金融资本的国家组织相关联的结果"。[③]

但是,战争已经向无产阶级证明,无产阶级在帝国主义政策中得到的利益,同战争使他们遭受的痛苦比起来,是微不足道的。这是因为,如果说,帝国主义的残暴,从前是施加于殖民地人民的,那么现在在战争中,则施加于无产阶级。"欧洲工人从帝国主义的殖民政策中得到的几文钱,与几百万被屠杀的工人、战争吞噬的无数财富、猖狂的军国主义骇人听闻的镇压、恣意破坏生产力的暴行、高昂的生活费用和饥馑比起来,又算得了什么呢!"[④]

---

① 尼古拉·布哈林:《世界经济和帝国主义》,蒯兆德译,中国社会科学出版社 1983 年版,第132 页。
② 同上书,第 133 页。
③ 同上书,第 134 页。
④ 同上。

这样,就出现了帝国主义的危机和无产阶级社会主义的再生。世界大战摧毁了使工人束缚于资本家的最后枷锁,即工人结束了对帝国主义国家机器的奴隶般的服从。国际无产阶级要进行武装斗争,推翻金融资本的专政,摧毁金融资本的国家机器,建立新的政权——工人阶级反对资产阶级的政权。这个政权提出废除国家疆界,把所有各民族融合成一个社会主义家庭的口号,来代替保卫或扩张那种束缚世界经济生产力的资产阶级国家疆界的思想。这样,"无产阶级在经过痛苦的探寻之后,终于成功地掌握了它的真正的利益——通过革命达到社会主义"。①

八、对洛里亚的批评及其不足

意大利著名经济学家阿希尔·洛里亚提出了具有"完全异质关系"的两种帝国主义概念。他把帝国主义区分为"经济的"帝国主义和"商业的"帝国主义。他认为前者的目标是热带国家,后者的目标则是其环境适于欧洲殖民的那些国家;前者使用的方法是武力,后者使用的方法是订立和平条约;前者没有差别或等级,而后者情况各异,从最大限度的全面同化或者实行统一的关税到不完全的形式,例如,在殖民地与母国之间实行特惠关税等。②

布哈林不同意洛里亚关于两个帝国主义的概念。他认为不应将"和平条约"与武力对立起来,因为帝国主义政策的趋势就是武装冲突。这个批评,从帝国主义概念就是金融资本实行的对外侵略政策来看,是正确的,因为这总要导致武装冲突。但是,只是这样批评洛里亚,我认为是片面的。

洛里亚的理论有其积极的因素。很显然,两个帝国主义概念的背面,就是两种殖民地概念。他所说的帝国主义目标,显然就是殖民地:一种是不适于欧洲人劳动的热带国家,另一种是适于欧洲人劳动的国家。这就是恩格斯和霍布森论述过的两种殖民地。洛里亚试图从政治方面对它们加以论述,这一论述本身就是有意义的。布哈林未能从这方面评价洛里亚。

---

① 尼古拉·布哈林:《世界经济和帝国主义》,蒯兆德译,中国社会科学出版社 1983 年版,第135 页。
② 同上书,第 81 页。

布哈林在其《世界经济和帝国主义》中,曾引用了列宁在《帝国主义论》中的列强占有的殖民地领土统计表。[①] 列宁在这里指出,有一种半殖民地国家,而列宁同意资产阶级经济学家的提法,即阿根廷是英国的商业殖民地,这也是一种半殖民地。可见,列宁认为在殖民地中,有一种是商业殖民地。布哈林引用了列宁的统计表,但忽视了表中应有的商业殖民地这一概念。在布哈林的论述中,没有区分两种不同的殖民地,这是不够的。这也是他对洛里亚的批评有片面性的原因。

九、对考茨基的批评及与其合流

布哈林写作《世界经济和帝国主义》的目的之一,就是批判考茨基的"超帝国主义论"。但是,由于方法论上的原因,他虽努力批判,但不仅未能达到目的,反而与"超帝国主义论"合流。这在理论逻辑上,使他不得不认为金融资本的发展,会达到由一个囊括世界的垄断组织剥削殖民地,以攫取超额利润的阶段,即"超帝国主义"阶段。

我们记得,考茨基是这样论述"超帝国主义"的:现在的帝国主义政策被新的、超帝国主义的政策取代,后者用国际上联合起来的金融资本对全世界的共同剥削,来代替各国金融资本之间的相互斗争,从纯经济的观点看,这个趋势是不可避免的,而世界大战的教训,使有远见的资本促使全世界的资本家联合起来;这个局面一旦出现,就像由一个罗马帝国剥削其殖民地一样,由一个统治世界的垄断组织剥削其殖民地,这样,罗马式的世界和平就再度来到人间。

布哈林是怎样批判"超帝国主义论"的呢? 前面说过,他认为金融资本可以在国内消灭竞争和非垄断经济,组成国家资本主义托拉斯,但由于种种原因,在国外却不可能消灭竞争,这就表现为国家资本主义托拉斯之间的竞争,其最尖锐的表现就是世界大战。但是,这种国内外竞争不同论,从方法论上看是二元论,是站不住脚的。正由于这样,布哈林不得不承认,从理论

---

① 布哈林的著作完稿于 1915 年,列宁的著作出版于 1917 年。布哈林之所以能引用列宁的统计表,有两种可能:他读了列宁的手稿;他完稿后,于 1819 年出版前,根据列宁出版的著作,引用其中的统计表,即对完成稿再作小小的补充。

逻辑上,"超帝国主义论"是可能的。他说:"正如我们大家都知道的,帝国主义不过是国家资本主义托拉斯之间竞争的表现。因此,这种竞争一旦消除,帝国主义政策的基础也就消除了,而分开为许多'民族的'集团的资产阶级就转变成一个统一的世界性的组织——一个与全世界无产阶级相对立的全世界托拉斯。"①他认为,"如果抽象地从理论上谈问题,这样的托拉斯是完全可以设想的。因为一般来说,卡特尔化在经济上是没有界限的"。② 从逻辑上看这完全正确。因为只要在理论上错误地认为垄断完全消灭竞争,在逻辑上就必然同意,不仅在国内,而且在全世界,都可能只存在一个垄断组织。在这里,妄想维持方法论上的二元论,当然是行不通的。但这样一来,他就同考茨基的"超帝国主义论"合流了。

他不能从经济方面进行批判,就只好从社会和政治方面进行批判了。他说:"这个抽象的经济的可能性决不意味着现实性。"③因为,"从资本主义的角度看,集中过程必然同一个与之对抗的社会政治趋向发生冲突,因此,它决不能达到逻辑上的终点就崩溃了"。④ 这无非说,当一个从经济上看有可能出现的世界唯一的垄断组织产生前,阶级矛盾已经使资本主义灭亡了。但是如果以此能够说明世界唯一的垄断组织事实上不可能形成,那么,由于同样的理由,一国的唯一垄断组织事实上也不可能形成。这里同样是方法论上的二元论在作祟。

现在回到殖民地问题上。考茨基的"超帝国主义论"意味着唯一的世界性垄断组织和平地剥削殖民地。布哈林的理论从逻辑上看也是这样。随着国内非垄断经济成分的消灭,超额利润的来源就只能存在于国外的非垄断经济成分,尤其是落后的农业国;而在世界上,唯一的垄断组织逐渐在形成,当世界无产阶级能够起来消灭世界资本主义之前,这个形成中的垄断组织就和平地剥削作为殖民地的农业国,以攫取垄断组织不能片刻缺少的超额利润。这也是同考茨基的理论合流。

---

① 尼古拉·布哈林:《世界经济和帝国主义》,蒯兆德译,中国社会科学出版社 1983 年版,第 106—107 页。
② 同上书,第 107 页。
③ 同上。
④ 同上书,第 113 页。

十、对卢森堡的批评及与其合流

布哈林写作《帝国主义与资本积累》的主要目的,就是批判卢森堡的《资本积累论》。应该说,批判是正确的、尖锐的。但是,布哈林宣扬平衡理论,因此就认为,殖民地和帝国主义国家之间的关系一旦瓦解,平衡不能维持,资本主义体系就瓦解。这就同卢森堡的资本积累环境一旦消灭,资本主义就自动崩溃的理论合流。

从某方面看,布哈林非常了解卢森堡的理论。他正确地批评卢森堡认为没有"第三者"资本积累就不能实现的错误。但在这个前提下,他从另一角度对其进行评价。他说:"卢森堡在理论上的最大功绩,是她提出了资本主义和非资本主义环境之间的关系问题。但是,她仅仅提出了这个问题。她默默地或者几乎是默默地避开了与这个广泛问题有关的许多特殊问题……但是毫无疑问,仅仅提出这个问题也应大受尊敬。"[1]

我们知道,卢森堡将资本积累所必需的资本主义和非资本主义的交换称为国外贸易,其中,存在于资本主义国外并以政治力量加以巩固的国外贸易环境就是殖民地。对于这种国外贸易的观点,布哈林完全了解,因此说:"'外贸'一词不一定表明生产方式的区别"[2],并建议最好将其称为"同非资本主义环境相交换"。[3]

卢森堡认为,资本主义之所以需要殖民地,是因为它们之间需要进行两次"国外"贸易:一是为了剩余价值在价值上实现;二是为了资本积累在物质上实现,这都与攫取额外利润无关。因此,布哈林对其进行尖锐的批判;他说:"这样,实现问题就同更大的利润问题分开了,从而同剥削非资本主义经济形式的问题也分开了"[4];但是,"根本的经济事实是,我们面临的是额外利

---

① 罗莎·卢森堡、尼·布哈林:《帝国主义与资本积累》,柴金如、梁丙添、戴永保译,黑龙江人民出版社1982年版,第284—285页。
② 同上书,第258页。
③ 同上书,第259页。
④ 同上书,第263页。

润的实现,而不是其他任何实现".① 正是从这里出发,他又指出,按照考茨
基的说法,帝国主义是争夺新的农业国家,考茨基和卢森堡都无法理解"大
垄断资本主义组织的斗争不可能满足于这一目的。帝国主义行动的破坏性
影响不仅扩及到依附性的'第三者',而且扩及到资本主义领土;是的,甚至
扩及到外国的金融资本的领域。争斗已从单纯地争夺农业国的分配变成瓜
分世界".② 尽管他没有明白地说,这样的资本主义领土和金融资本领域是
不是殖民地;但这一论述是正确的。

从上述观点出发,布哈林批判卢森堡的帝国主义定义,因为按照这个定
义,"争夺那些已经成为资本主义领土的,不是帝国主义";"争夺'被占领的'
领土的,也不是帝国主义"③;批判完全正确。但是,布哈林并不了解卢森堡
产生这个错误的理论根源,仍然是其资本积累理论。这表明从另一方面看,
他又不了解卢森堡的理论。

对于卢森堡的帝国主义定义,布哈林概括地加以批评。他说:"人们一
般还是习惯地只把征服殖民地看作帝国主义。这个根本错误的观念在从前
曾找到一点理由,即由于资产阶级遵循阻力最小的路线,因而倾向于用夺取
那些阻力较小的、未被占领的土地的办法,来扩大其领土。"④认为卢森堡将
帝国主义定义为争夺未被占领的土地,是因为那里阻力较小,这种看法完全
错误。如上所述,已占领的土地正在资本主义化,它和资本主义一样,在卢
森堡看来不能成为资本积累的环境,所以,对它的再争夺就不是帝国主义。
在这里,关于帝国主义定义中的错误同资本积累理论的错误有着密切的联
系,对此,布哈林显然看不到。

虽然布哈林正确地批评了卢森堡的殖民地是实现资本积累的环境的理
论,认为殖民地作为销售市场、原料市场和投资范围,其作用是提供额外利
润,这是正确的。但布哈林却错误地认为,这样一来,帝国主义国家和殖民
地就在再生产上联结在一起,然后从平衡理论出发,认为这种联系一旦破

---

① 罗莎·卢森堡、尼·布哈林:《帝国主义和资本积累》,柴金如、梁丙添、戴永保译,黑龙江人
民出版社 1982 年版,第 264 页。
② 同上书,第 272 页。
③ 同上书,第 270 页。
④ 尼古拉·布哈林:《世界经济和帝国主义》,蒯兆德译,中国社会科学出版社 1983 年版,第
94 页。

裂,资本主义体系就瓦解。

布哈林认为,在世界大战前,世界经济处于动的平衡状态,它将世界经济体系中的各个部分联结起来;战争使平衡破坏,世界经济体系分裂为许多小单位,由于平衡被破坏,资本主义体系的崩溃将从组织方面和资本主义方面最薄弱的环节开始,俄国就是这样的环节。他还认为,"资本主义体系瓦解的最大因素是帝国主义国家同它的无数殖民地之间联系的瓦解"。[①] 从平衡被破坏,即再生产条件被破坏,来说明资本主义体系崩溃以及殖民地起义和独立将使资本主义体系瓦解,这是错误的。

卢森堡从资本积累环境消灭的角度,布哈林从再生产条件破坏的角度,来说明殖民地的消灭将使资本主义崩溃,这是他们在理论上的合流。

---

① 尼古拉·布哈林:《过渡时期经济学》,余大章、郑异凡译,生活·读书·新知三联书店1981年版,第135页。

第十章　殖民地的新作用是提供垄断利润

——列宁的殖民地理论

一、概述

列宁从事理论研究,是由于无产阶级革命的需要。他的殖民地理论也是这样。

19世纪的最后十年,列宁开始革命活动时,在俄国发生影响的是反对马克思主义的民粹派。他们认为剩余价值不能在资本主义条件下实现,但俄国国内非资本主义的农民经济在消灭,俄国国外非资本主义环境早已被先进资本主义国家占去,俄国这个后起的资本主义国家来得太晚。由于这样,资本主义在俄国只是个偶然现象,它不能发展,无产阶级也不能发展壮大,革命的力量应该是农民。

为了批判民粹派,列宁写了《俄国资本主义的发展——大工业国内市场形成的过程》。他阐述了马克思的实现理论,认为剩余价值的实现并不需要非资本主义环境,农民经济消灭正是资本主义市场的扩大,资本主义已在俄国发展了;指出了资本主义之所以需要国外市场(外部市场)不是由于剩余价值实现,而是由于历史上的原因;论证了在俄国国内存在着殖民地,而俄国在国内的殖民政策可以同德国在非洲的殖民政策媲美。

随着帝国主义的产生,19世纪末20世纪初,在不到十年的时间里,爆发了三次帝国主义战争,即美西、英布和日俄战争,其目的是重新瓜分殖民地。1912年召开的社会民主党两次国际会议,都指出由于两个帝国主义国家集团矛盾加深,帝国主义国家间的世界大战即将爆发,并制定正确的政策。但1914年帝国主义世界大战爆发后,社会民主党内的机会主义者却宣扬资产阶级的爱国主义,号召无产阶级为保卫祖国而战,否认战争的帝国主义性质。为了批判以考茨基主义为代表的机会主义思潮,列宁写了《帝国主义是资本主义的最高阶段》。他分析了帝国主义是资本主义的垄断阶段,帝国主义时代世界已划分为宗主国和殖民地国家(包括半殖民地国家),帝国主义时代殖民地的新作用是提供垄断利润;帝国主义国家经济发展的不平衡,使它们之间必然爆发重新瓜分殖民地的战争,当时爆发的战争就是这样的战争。为了写这本著作,列宁阅读了许多书刊,写下评注,这些评注构成《关于帝国主义的笔记》,其中也有他的殖民地理论。

帝国主义世界大战为殖民地被压迫民族的解放运动创造了条件。列宁首创地将殖民地和被压迫民族问题联系起来。

二、历史上不同的殖民地

列宁将历史上的殖民地加以区分,他深刻地指出:"殖民政策和帝国主义在资本主义最新阶段以前,甚至在资本主义以前就已经有了。以奴隶制为基础的罗马就推行过殖民政策,实行过帝国主义。但是,'一般地'谈论帝国主义而忘记或忽视社会经济形态的根本区别,这样的议论必然会变成最空洞的废话或吹嘘,就像把《大罗马和大不列颠》拿来相提并论那样。"[①]

《大罗马和大不列颠》是英国柳卡斯爵士所著,由牛津大学出版社在1912年出版。列宁对它的评价是:"把罗马和大不列颠作了内容贫乏、多半是卖弄法律词句、杂文式的、哗众取宠的、夸大其词的对比。"[②]

那么,以奴隶制为基础和以封建制为基础的帝国主义,从社会经济形态来看,它们的殖民地有何特点,使列宁得出上述结论呢?

关于奴隶制帝国殖民地的经济作用,马克思指出有两个方面:第一,提供贡纳。他说:"小亚细亚的城市每年向古罗马缴纳贡款……罗马则用这些货币购买小亚细亚城市的商品,而且按高价购买。小亚细亚人通过贸易从

---

① 列宁:《帝国主义是资本主义的最高阶段》,人民出版社1964年版,第74页。
② 《关于帝国主义的笔记》,载《列宁全集》(第三十九卷),人民出版社1955年版,第629页。

征服者手里骗回一部分贡款,从而欺骗了罗马人。但是,吃亏的还是小亚细亚人。"①贡纳是奢侈品,贡款购买的也是奢侈品。即是说,殖民地从这方面看,和奴隶制社会再生产无关。第二,提供奴隶。奴隶制社会劳动生产率极其低下,剩余生产物很少,一般不采用让奴隶成立家庭的办法来取得大量的劳动力。马克思说:"奴隶市场本身是靠战争、海上掠夺等等才不断得到劳动力这一商品的,而这种掠夺又不是以流通过程为媒介,而是要通过直接的肉体强制,对人的劳动力实行实物占有。"②殖民地的另一作用,就是提供奴隶,这种情况甚至在现代还存在,例如,美国南部存在过的奴隶制就由非洲殖民地提供奴隶。即是说,殖民地从这方面看,和奴隶制社会再生产有关。

以封建制为基础的蒙古帝国,征服欧洲殖民地的目的是取得社会财富的代表——牛羊。斯密分析蒙古人的殖民目的时说:法国国王派一位使者去见成吉斯汗的一位王子。据这位使者说,鞑靼人常问到的只是法国的牛羊多不多,是否值得他们征服。斯密认为,鞑靼人和其他一切牧畜民族大都不知道货币的用处,在他们中间,牲畜便是交易的媒介,便是价值尺度。所以,在他们看来,财富是由牲畜构成的。当然,封建制帝国也从殖民地取得贡纳即奢侈品。即是说,从这方面看,殖民地和封建制社会再生产无关。

三、垄断阶段前资本主义的殖民地

列宁指出:"资本主义过去各阶段的资本主义殖民政策,同金融资本的殖民政策也是有重大差别的。"③这同样是对历史和前人理论的概括。

资本原始积累时期殖民地的作用,主要是提供可以转化为资本的货币或黄金。斯密指出,美洲发现后,有一个时期,西班牙人每到一个生疏的海岸,第一个要问的问题,就是近处有无金银发现,他们就由此决定那个地方有没有殖民的价值,乃至有没有征服的价值。马克思进一步指出这一历史

---

① 《马克思恩格斯全集》(第二十三卷),人民出版社 1972 年版,第 185 页。
② 《马克思恩格斯全集》(第二十四卷),人民出版社 1972 年版,第 539 页。
③ 列宁:《帝国主义是资本主义的最高阶段》,人民出版社 1964 年版,第 74 页。

阶段的殖民主义的作用，就是美洲金银产地的发现，土著居民被剿灭、被奴隶化和被埋于矿坑，正在开始的东印度的征服与劫夺，非洲被转化为商业性黑人猎夺场所，所有这一切都表现了资本主义生产时代的曙光，因为这能增加原始的货币资本的积累，很快就促使暴发户即资本家的产生，促使资本主义生产方式的产生。

资本主义发展时期殖民地的作用，主要是阻止资本主义利润率的下降趋势，它表现为提供廉价粮食、原料，以及成为资本主义的销售市场和投资场所。资本主义发展时期，尤其是产业革命以来，由于资本有机构成的提高，利润率就有下降的趋势。关于对外贸易（包括殖民地贸易）能提高一国的平均利润率，李嘉图和马克思都有所论述。前面已经说过，李嘉图认为，进口廉价（包括有出口补贴的）粮食，由于能降低货币工资，就能提高利润和利润率；至于进口廉价原料，虽不能增加利润量，但能提高利润率，因为它能降低不变资本的价值，但由于李嘉图信奉斯密信条，否认不变资本价值的存在，就看不到进口廉价原料的作用。

马克思全面地论述了殖民地能提高宗主国的平均利润率的作用。他认为，包括殖民地贸易在内的对外贸易，"一方面使不变资本的要素变得便宜，一方面使可变资本转化成的生活资料变得便宜，它具有提高利润率的作用，因为它使剩余价值率提高，使不变资本价值降低"。[1] 他明确地提出"一般利润率会不会由于投在对外贸易、特别是殖民地贸易上的资本具有较高的利润率而提高"[2]的问题。回答是肯定的。原因有两个：第一，虽然，工业国或宗主国的农产品较贵，工业品却因劳动生产率高而较贱，但在殖民地贸易中，因与劳动生产率低的产品竞争，就可以获得超额利润；第二，"投到殖民地等处的资本，它们能提供较高的利润率，是因为在那里，由于发展程度较低，利润率一般较高，由于使用奴隶和苦力等，劳动的剥削程度也较高"。[3] 在没有垄断的妨碍时，这些超额利润就参加一般利润率的平均化，并使其提高。

列宁很重视殖民地作为原料供应者的这种作用。他说："资本主义越发

---

① 马克思：《资本论》（第三卷），载《马克思恩格斯全集》（第二十五卷），人民出版社 1974 年版，第264 页。

② 同上。

③ 同上书，第 265 页。

达,原料越缺乏,竞争和追逐全世界原料来源的斗争越尖锐,占据殖民地的斗争也就越激烈。"①

从上述可以看出,既然殖民地的作用是促使资本主义的产生和阻止平均利润率的下降,它和资本主义社会再生产就没有本质的联系,没有它,资本主义生产发展不过缓慢些罢了。这是马克思和列宁的殖民地理论同卢森堡的殖民地理论的本质区别。

四、资本主义为什么需要国外(外部)市场

殖民地问题的一个侧面,是国外或外部市场问题。前面谈到,卢森堡提出资本积累理论时,不以国家疆界而以经济成分的同异来区分国内外市场,是受到列宁的影响的。现在我们从殖民地问题的角度,谈一谈列宁的国外市场理论。

首先要指出,列宁并不以国家疆界来区分国内外市场。他说:"国内市场与国外市场的界限在什么地方呢? 采用国家的政治界限,那是太机械的解决办法,而且这是否是解决问题的办法呢? 如果中亚细亚是国内市场,而波斯是国外市场,那么把希瓦与布哈拉列在哪一类呢? 如果西伯利亚是国内市场,中国是国外市场,那么把满洲列在哪一类呢?"②可以看出,国内外市场的区分,不是以国家疆界为准;但也不是以经济成分为准,这可以从下面的论述看出来。他说,俄国北方的阿尔汉格尔斯克省的主要产品是木材,它一直输往英国,因此,"欧俄的这一区域就成为英国的国外市场,而不是俄国的国内市场了"。③ 如果该省的经济成分是非资本主义的,以经济成分为准,它就是资本主义的国外市场。但列宁认为,木材输往英国,它就是英国的国外市场,而不是俄国的国内市场。

但从列宁论述资本主义不是由于不能实现产品,尤其不是由于不能实

---

① 列宁:《帝国主义是资本主义的最高阶段》,人民出版社 1964 年版,第 74 页。
② 列宁:《俄国资本主义的发展》,载《列宁全集》(第三卷),人民出版社 1955 年版,第 544—545 页。
③ 同上书,第 546 页。

现剩余价值而需要国外市场来看,列宁论述的国外市场指的又是非资本主义的经济环境。列宁说:"资本主义国家对国外市场的需要,决不取决于社会产品(特别是额外价值)的实现规律,而取决于下面几点。"①第一,"资本主义只是广阔发展的、超出国家界限的商品流通的结果"。② 这就是说,资本主义是简单商品经济发展到一定的高度,从而引起商品生产者分化的结果。资本主义从简单商品经济中产生出来后,除资本主义内部交换外,还存在着资本主义和简单商品经济之间的交换,这就是国外市场或外部市场。第二,资本主义生产要求各生产部门之间有一定的比例性。但是,"彼此互为'市场'的各种生产部门,不是均衡地发展着,而是互相超越着,因此,较为发达的生产部门就寻求国外市场"。③ 从理论上分析,这样的国外市场不可能是国外资本主义经济和简单商品经济,因为它们本身就存在着生产的无政府状态,而只能是自然经济,即资本主义破坏自然经济,寻求市场。第三,和以前的经济形态不同,"资本主义生产的规律,是生产方式的经常改造和生产规模的无限扩大"。④ 因此,资本主义要扩大市场。这有两种办法:向深度发展,即随着资本有机构成的提高,市场容量增加;向广度发展,即"资本主义统治范围推广到新的领土"⑤,这新的领土就是非资本主义环境,这样,市场容量也增加。

从前说过,卢森堡从资本积累理论出发,认为作为资本积累环境的、在国家疆界以外的外部市场是殖民地。列宁对于内外市场和殖民地的关系,没有正面论述。但从他概括的马克思关于政治经济学殖民地的定义,就可以看出:第一,内外市场都可以是殖民地,条件是它生产农产品交换对方的工业品,并且这种交换关系是固定的。正因为这样,1866年,马克思根据美国仍向英国输出棉花和谷物,认为它是欧洲的殖民地;1890年,恩格斯根据同样的原因,认为美国殖民地的性质并没有完全消失。⑥ 我们知道,南北战

① 列宁:《俄国资本主义的发展》,载《列宁全集》(第三卷),人民出版社1955年版,第44页。列宁当时称剩余价值为额外价值。

② 同上。

③ 同上书,第45页。

④ 同上。

⑤ 同上书,第545页。

⑥ 马克思:《资本论》(第一卷),人民出版社1975年版,第495页注234。

争前,美国南部是奴隶制的种植园经济,其他地区由于容易获得土地,以个人劳动为基础的小农经济发达,资本主义农业并不发达,1866 年这种情况才开始发生变化;1890 年资本主义大农业就很发达了。这就是说,在马克思和恩格斯看来,前资本主义的和资本主义的农业地区都可以是殖民地。第二,前资本主义经济要变成资本主义的外部市场,并进而变成殖民地,要具备一些条件,要经历一个过程。像北美、澳大利亚和新西兰,最初土地是无主的,欧洲移去的工人容易获得土地,成为个体农业(包括畜牧)经营者,成为欧洲工业原料的供应者和欧洲工业品的购买者,并且关系固定,这样,它们一开始就是欧洲资本主义的外部市场和殖民地。像印度和亚洲其他地区,最初存在的是自然经济的农村公社,农业和手工业结合在一起,此外,还有独立的手工业,这对欧洲资本主义工业有顽强的抵抗力,欧洲资本主义工业如让价值规律的自发作用将这些地区开辟为外部市场,必将是一个漫长的过程,于是,经济力之外的暴力起作用,这就是发动商业战争,包括对中国的鸦片战争。① 就印度而言,先在经济上沦为殖民地,后由于英国的征服战争,又丧失主权而在政治上沦为殖民地国家。

五、帝国主义是垄断资本主义剥削殖民地的世界体系

在论述垄断时期殖民地的新作用之前,有必要说明帝国主义是垄断资本主义剥削殖民地的世界体系。

前面为了说明的方便,我曾说,如果说列宁是把帝国主义看成一个历史阶段的,布哈林就是把帝国主义看成一个世界体系的。其实这样说并不全面。布哈林也把帝国主义看成一个历史阶段。列宁在为布哈林的《世界经济和帝国主义》写的序言中指出:"这本书的科学意义特别在于:他考察了世界经济中有关帝国主义的基本事实,他把帝国主义看成一个整体,看成极其发达的资本主义的一定的发展阶段。"②不过,布哈林确实只从世界经济的角

① 马克思:《资本论》(第一卷),人民出版社 1975 年版,第 495 页。
② 尼古拉·布哈林:《世界经济和帝国主义》,蒯兆德译,中国社会科学出版社 1983 年版,第Ⅱ页。

度来研究帝国主义和殖民地。列宁在把帝国主义看成垄断阶段的基础上，又把它看成一个世界体系。列宁说："资本主义已成为极少数'先进'国对世界上大多数居民施行殖民压迫和金融扼制的世界体系。"① 全面地认识列宁把帝国主义既看成帝国主义，又看成世界体系，对理解列宁的殖民地理论非常重要。

帝国主义是一种世界体系，这一命题的含义是：成为帝国主义的垄断资本主义是不能单独存在的，它要攫取垄断利润，而垄断利润不能从垄断资本主义本身产生，只能从前资本主义经济、非垄断资本主义经济以及垄断资本主义以外的社会成分中产生，这些经济成分没有国内外之分。卢森堡从其错误的资本积累论出发，认为资本主义经济形态是一个不能单独存在的经济形态，认为"资本如果没有全地球的生产资料与劳动力，那是不成的。为了使积累运动顺利进展，必须要地球上一切地带的自然财富及劳动力"。② 这种论述，从理论内容看，是错误的；但从方法论看，则是有启发性的。前面谈到，奴隶制经济形态是不能单独存在的，现在又看到，垄断资本主义经济也是不能单独存在的，这两者都是世界体系。

理解垄断资本主义经济是不能单独存在的，关键在于说明垄断利润不能由垄断企业内部产生出来，而要从其他经济和社会成分中挖过来。本来按照劳动价值理论这是不难理解的。近来有一种意见反对我们这种看法，认为垄断企业内部就能产生垄断利润。如果确实能够这样，垄断资本主义经济就可以单独存在，就不是一种世界体系了。但这种意见是错误的。第一，它以垄断企业之间的超额利润代替垄断利润本身，这样一来，最差的垄断企业就没有垄断利润；第二，它认为垄断企业可以联合成为一个庞大无比的组织，因而直接劫夺劳动力价值，使其变成垄断利润。布哈林在理论上有过类似的设想，但这就不是垄断资本主义经济，而是不可能产生的某一种经济，布哈林称它为"像是没有奴隶市场的奴隶占有制经济"。③

---

① 列宁：《帝国主义是资本主义的最高阶段》，人民出版社1964年版，第7页。
② 罗莎·卢森堡：《资本积累论》，彭尘舜、吴纪先译，生活·读书·新知三联书店1959年版，第288页。
③ 尼古拉·布哈林：《世界经济和帝国主义》，蒯兆德译，中国社会科学出版社1983年版，第126页，注1。

列宁注意到,同样作为一种世界体系,以奴隶制为基础的帝国主义和以垄断资本主义经济为基础的帝国主义,两者的区别集中在同殖民地的关系上。他引用了霍布森在《帝国主义》中的论述:"新帝国主义和老帝国主义不同的地方在于:第一、一个日益强盛的帝国的野心,已经为几个相互竞争的帝国的理论和实践所代替,其中,每个帝国都同样渴望扩大政治势力和获得商业利益;第二、金融利益或投资利益统治着商业利益。"①霍布森还说:"互相竞争的帝国这一观念,主要也是近代的事情。古代和中世纪帝国的根本概念,即是在霸权之下,用概括整个公认的世界的普遍名词,如罗马所用的罗马的和平这一名词那样,把国家联合起来。"②这就是说,和以前由一个帝国统治世界殖民地不同,现在是由几个帝国为了金融资本的利益而争夺殖民地。之所以如此,说到底是,由于各国金融资本追逐垄断利益,就要统治殖民地,就造成各国发展的不平衡,就要争夺和重新瓜分殖民地。

资本主义生产的目的是剩余价值,而剩余价值是资本主义自己产生的,这使资本主义可以不是一种世界体系,可以没有殖民地。垄断资本主义则与此不同。这种不同,使马克思的以揭示资本主义经济规律为目的的《资本论》,和列宁的以揭示垄断资本主义经济规律为目的的《帝国主义是资本主义的最高阶段》,有不同的方法。《资本论》在揭示资本主义生产、流通和分配规律时,以舍象掉非资本主义经济,将资本主义经济抽象出来,在纯粹的条件下进行研究为条件。《帝国主义是资本主义的最高阶段》则不同,它揭示垄断资本主义的经济规律时,以包摄非垄断资本主义、前资本主义经济,或其集中代表即殖民地在内,一起加以研究为条件。这种不见诸文字、只藏在字里行间的方法,对研究殖民地问题来说,十分重要。

六、殖民地的新作用是提供垄断利润

资本主义的殖民地,从某一点看,一直是母国或宗主国的销售市场、原

---

① 列宁:《帝国主义是资本主义的最高阶段》,人民出版社 1964 年版,第 83 页。
② 约·阿·霍布森:《帝国主义》,纪明译,上海人民出版社 1960 年版,第 5 页。

料市场,其后又是投资范围,但这只是它和母国或宗主国之间表面的经济联系,这是人们的直观都能感到的,而这种经济关系内部包含的经济规律,则要加以研究才能揭示,并且由于研究者的观点和方法不同,就有正确与否和深度如何的问题。

例如,对于殖民地的作用,考茨基认为是为宗主国提供农产品和销售工业品,这不仅只看见表面的经济联系,而且没有看到殖民地在垄断时期成为投资领域这一重要现象,这是由他的资本主义工农业生产不平衡理论决定的;卢森堡认为是实现剩余价值和提供生产要素,这是由她的资本积累理论决定的,在这一理论指导下,她认为殖民地成为投资领域也是为了实现剩余价值;布哈林认为是为宗主国提供固定的超额利润,这是正确的,但对于如何能提供固定的超额利润,他没有进行深入的分析。

列宁认为,殖民地作为宗主国的销售市场、原料市场和投资领域,这种经济联系在垄断以前就存在了,在垄断时期,殖民地的新作用是提供垄断利润。他从两方面进行分析。

第一,关于原料市场。列宁指出,在垄断阶段有这样的特点:"对于金融资本来说,不仅已经发现的原料来源,而且可能发现的原料来源,都是有意义的",因此,"金融资本必然力图扩大经济领土,甚至一般领土"。① 对于已占领和控制的原料供应地,例如英国对埃及,就在那里发展棉花生产,这样,"就能更容易地打败外国的竞争者,更容易地垄断原料来源,更容易地成立一个实行'联合'生产、包揽棉花种植和加工各个过程的、更经济更盈利的纺织业托拉斯"。②

第二,关于销售市场和投资领域。列宁通过资本输出说明,殖民地成为投资领域有助于它成为销售市场,而这两者都能提供垄断利润。资本输出有两种形式:借贷资本和生产资本。输出借贷资本,除了这笔资本可以取得高额利息外,还可以要借款国用这笔货币购买贷款国以垄断高价出售的商品,这是"从一条牛身上剥下两张皮来"③;输出生产资本,这些生产资本就包括了商品,生产资本在殖民地所以能攫取垄断利润,是因为在这里"资本少,地价比

---

① 列宁:《帝国主义是资本主义的最高阶段》,人民出版社 1964 年版,第 75—76 页。
② 同上书,第 76 页。
③ 同上书,第 106 页。

较贱,工资低,原料也便宜"①,这样就能获得超额利润,由于生产资本经营的是垄断企业,这些超额利润就不参加宗主国利润的平均化,就成为垄断利润,此外,垄断企业也可以用垄断高价出售、垄断低价购买的办法取得垄断利润。

在资本主义产生和发展时期,欧洲资本主义国家向殖民地输出劳动力;但在垄断资本主义时期,殖民地向欧洲资本主义国家输出的劳动力,多于后者向殖民地输出的劳动力。应该怎样解释这个现象?卢森堡和鲍威尔在这个问题上有争论,前者认为资本主义国家劳动力输往殖民地,后者则认为相反。此外,考茨基也说:"现代殖民政治家硬说,为了容纳工业国的过剩人口,殖民地是必要的,这种论调是再富于欺骗性也没有了。今天,像俄国、巴尔干国家、爱尔兰和印度等农业国都是对外移民国家。人口稠密的工业国都是容纳移民的国家。"②他们都未能正确描述和解释宗主国和殖民地相互输出入劳动力的变化状况和原因。

列宁认为,上述情况的产生,其原因是殖民地提供了垄断利润,宗主国的无产阶级也得到一些好处,使他们也产生腐朽或寄生的倾向。列宁指出:垄断资本主义国家的上层阶级,"从亚非两洲获得巨额的贡款,并且利用这种贡款来豢养大批驯服的职员和仆役,这些职员和仆役不再从事大宗的农产品和工业品的生产,而是替个人服务,或者在新的金融贵族监督下从事次要的工业劳动"。③ 这样,它们就要从殖民地输入大批劳动力,从事那些"下贱"的、工资最低的工作。由此可见,殖民地的劳动力流入宗主国,多于宗主国的劳动力流入殖民地,这个新现象的产生,是由于殖民地为宗主国提供垄断利润。

七、国内殖民地和被统治民族聚居地

前面谈到,列宁曾根据马克思的论述,对政治经济学上的殖民地下了定

---

① 列宁:《帝国主义是资本主义的最高阶段》,人民出版社 1964 年版,第 56 页。
② 卡尔·考茨基:《民族国家、帝国主义国家和国家联盟》,叶至译,生活·读书·新知三联书店 1973 年版,第 22 页。
③ 列宁:《帝国主义是资本主义的最高阶段》,人民出版社 1964 年版,第 93—94 页。

义。根据这个定义，列宁看到不仅在国外存在着与是否具有主权无关的殖民地（例如，独立后的美国有一段时间仍是欧洲的殖民地），而且在国内也存在着殖民地。列宁是在对俄国的经济关系进行研究时提出这一看法的。

列宁在《俄国资本主义的发展》中指出："俄国边区有充足的自由土地可供殖民，所以同其他资本主义国家比较起来，俄国是处于特别有利的情况。不必说亚俄，就是在欧俄也有这样的边区。"①列宁分析了俄国谷物生产中心的转移后又指出："改革后时期的草原边区，曾经是久有人满之患的欧俄中部的殖民地。大片的闲地吸引着移民大量流入这里，他们很快就扩大了播种面积。商业性播种面积所以能够广泛发展，只是由于这些殖民地一方面同俄罗斯中部，另一方面又同输入谷物的欧洲国家有密切的经济联系。"②这种情况就同马克思分析过的美国农业和欧洲工业的关系一样。

俄国国内殖民地，大多数与被压迫的少数民族聚居地有关，尽管按照政治经济学上的殖民地定义，不一定是这样。列宁根据烈美佐夫的《野蛮的巴什基里亚生活写照》指出，该书"生动地描写了'殖民者'如何砍伐造船木材，把'肃清了''野蛮的'巴什基里亚人的土地变成'小麦工厂'。这是殖民政策的组成部分，它足以与德国人在非洲任何地方的某些丰功伟绩媲美"。③

我们如果将俄国这个多民族国家和英帝国作一比较，就可以看出国内殖民地和国外殖民地没有本质的区别，并且可以转化。我们知道，俄国是由基辅罗斯公国发展而来的。15世纪末，伊凡三世摆脱鞑靼人的压迫，建立统一的俄罗斯中央集权国家。1547年，伊凡四世即伊凡雷帝改称沙皇，并开始扩张。此后，上述那些非俄罗斯人居住的地区，相继被并入沙俄版图。由于并入版图，它们就成为国内殖民地。我们也知道，大不列颠和它的国外殖民地爱尔兰于1801年组成大不列颠及爱尔兰联合王国，从19世纪80年代起，联合王国和它的国外殖民地又组成松散的大英帝国。如果将大英帝国看成一个国家，那么，它就是多民族国家，殖民地就是国内殖民地；但从联合王国看，除爱尔兰是国内殖民地外，其余的殖民地都是国外殖民地。

---

① 《列宁全集》（第三卷），人民出版社1955年版，第545—546页。
② 同上书，第222—223页。
③ 列宁：《俄国资本主义的发展》，载《列宁全集》（第三卷），人民出版社1955年版，第222—223页注。

国内殖民地存在于资本主义垄断阶段之前和垄断阶段。但在垄断阶段,它的作用和国外殖民地一样,都是提供垄断利润。前面曾经谈到,英国怎样在国外殖民地埃及发展棉花生产,并将埃及的棉花生产和英国的棉纺织业组成联合体,以便攫取垄断利润的情况。这同样适用于国内殖民地。列宁指出,俄国资本家在自己的殖民地土尔克斯坦①也这样做。② 根据列宁的说明,"俄国消费的土尔克斯坦(＋希瓦＋布哈拉)棉花大约 1 100 万普特(1 亿卢布),美洲棉花大约 1 100—1 200 万";土尔克斯坦为 150 万平方千米,差不多比德国大两倍半;"居民是'印度—伊朗'混血种,大部分是'土耳其—蒙古'混血种"。③

可以这么说,列宁研究的俄国国内殖民地,绝大多数是被统治的少数民族聚居地。

八、殖民地占有国家和殖民地国家

列宁指出,"资本主义向垄断资本主义阶段的过渡,向金融资本的过渡,是同分割世界的斗争的尖锐化联系着的"。④ 这是因为,垄断资本要攫取垄断利润,就要加紧资本输出,就要夺取殖民地。具体地说,19 世纪和 20 世纪之交,世界被分割完毕,地球上未被占据的土地都被霸占完了。世界第一次划分为殖民地占有国家和殖民地国家。

从历史上看,政治经济学上的国外殖民地有两种前途。一种如像美国,原是欧洲特别是英国大工业的殖民地,到了垄断资本主义阶段,它不仅工业迅速发展起来,改变了全部输出农产品的落后局面;而且随着垄断资本主义的发展,开始夺取殖民地,成为殖民地占有国家。列宁在图表中指出,美国是六大列强之一,1914 年,它占有的殖民地面积和日本占有的相等,都是 70

---

① 现在的土库曼斯坦、乌兹别克斯坦共和国等地。
② 列宁:《帝国主义是资本主义的最高阶段》,人民出版社 1964 年版,第 76 页。
③ 列宁:《关于帝国主义的笔记》,载《列宁全集》(第三十九卷),人民出版社 1955 年版,第 597 页。
④ 列宁:《帝国主义是资本主义的最高阶段》,人民出版社 1964 年版,第 70 页。

万平方千米。① 另一种如印度。1600 年英国东印度公司成立后,如马克思所指出的。它就"拥有茶叶贸易、同中国的贸易和对欧洲往来的货运的垄断权"②;1608 年,它以商业势力完全征服了印度:印度已成为英国的政治经济学上的国外殖民地。但印度在政治上成为殖民地国家,即英国在政治上完全征服印度,则在 1849 年。更多的政治经济学上的国外殖民地,是在 19 世纪最后 20 年沦为政治上的殖民地国家的。此外,也有一些原来并不是政治经济学上的国外殖民地,例如下面将要提到的葡萄牙,成为殖民地国家或半殖民地国家和附属国。这一切,都与垄断资本攫取垄断利润有关。

所谓殖民地国家,指的是丧失政治独立和国家主权的国家。这是垄断资本攫取殖民地提供的垄断利润,而垄断资本主义国家之间又相互争夺的产物。列宁指出,"对于金融资本最'方便'最有利的当然是使从属的国家和民族丧失政治上的独立这样的支配"。③ 根据经济上从属的实质和政治上丧失独立的程度,列宁认为,与殖民地占有国家相对立的殖民地国家,又可区分为殖民地、半殖民地和附属国。

在经济上从属于宗主国这个前提下,从政治上看,殖民地就是完全丧失独立、主权被剥夺的国家;至于半殖民地国家,列宁认为"它们是自然界和社会各方面常见的过渡形式的例子"④,即从政治上独立向丧失独立演变,这就是当时的波斯、中国和土耳其;至于附属国,列宁认为"它们在政治上、形式上是独立的,实际上都被财政和外交方面的附属关系的罗网包围着"⑤,当时的阿根廷就是这样,因为它从属于英国,是英国的所谓"商业殖民地"。另外,还有一种政治上独立、财政上和外交上不独立的例子,这就是葡萄牙。列宁指出,葡萄牙是一个独立的主权国家,但从 18 世纪初开始,200 多年来一直处在英国的保护之下,在垄断资本主义时期,英国向"葡萄牙及其殖民地输出商品,尤其是输出资本",并利用"葡萄牙的港湾、岛屿、海底电

---

① 列宁:《帝国主义是资本主义的最高阶段》,人民出版社 1964 年版,第 72 页。
② 马克思:《资本论》(第一卷),载《马克思恩格斯全集》(第二十三卷),人民出版社 1972 年版,第 280—281 页。
③ 列宁:《帝国主义是资本主义的最高阶段》,人民出版社 1964 年版,第 73 页。
④ 同上。
⑤ 同上书,第 77 页。

缆"。① 列宁特别指出,像英国和葡萄牙这种"大国和小国之间的……关系一向是有的。但是在资本帝国主义时代,这种关系成了普遍的制度,成了'分割世界'的全部关系中的一部分,成了全世界金融资本活动中的一些环节"。②

九、殖民地剥削和工人贵族的产生

列宁认为,垄断资本主义从殖民地中攫取了巨额的垄断利润后,就可以将其中的一部分用来收买无产阶级中的上层分子,使他们资产阶级化,这是在国际共产主义运动中以及在工人运动中产生机会主义的经济根源。

马克思和恩格斯密切注意工人运动中的机会主义同英国资本主义的帝国主义特点之间的联系,并有所论述。列宁根据他们的论述,分析了英国无产阶级实质上没有代表自己根本利益的政党,他们拥护资产阶级的殖民政策,同英国一国在世界上处于垄断地位之间的关系。列宁指出:"原因是:(1)这个国家剥削全世界;(2)它在世界市场上占有垄断地位;(3)它拥有殖民地垄断权。后果是:(1)英国的一部分无产阶级已经资产阶级化了;(2)英国的一部分无产阶级甘愿受那些被资产阶级收买或至少是领取资产阶级报酬的人领导。"③这样,这部分无产阶级就拥护资产阶级的政策,同资产阶级共享英国的殖民地垄断权和英国在世界市场上的垄断权。

在垄断资本主义时期,英国一国垄断全世界的局面已经发生变化,接着而来的是几个帝国主义国家争夺世界,这仍然"意味着极少数最富有的国家享有垄断高额利润,所以,它们在经济上就有可能去收买无产阶级的上层,从而培植、形成和巩固机会主义"。④ 列宁进一步指出,"这个资产阶级化了的工人阶层即'工人贵族'阶层,这个按生活方式、工资数额和整个世界观来说已经完全市侩化了的工人阶层,是第二国际的主要支柱,现在则是资产阶

---

① 列宁:《帝国主义是资本主义的最高阶段》,人民出版社 1964 年版,第 78 页。
② 同上。
③ 同上书,第 98 页。
④ 同上书,第 94 页。

级的主要社会支柱(不是军事支柱)"。① 前面我们已看到,考茨基主义就是这种机会主义的集中表现。下面还要谈这个问题。

十、殖民地被压迫民族和宗主国无产阶级的团结

列宁首创地将民族问题和殖民地问题联系起来,提出全世界无产阶级和被压迫民族,即宗主国无产阶级和殖民地被压迫民族团结起来,进行共同的革命斗争,推翻地主与资产阶级统治的战斗纲领。在这之前,马克思谈论爱尔兰问题,事实上是将民族问题和殖民地问题联系起来的,不过他并不认为应该由被压迫的爱尔兰民族和英吉利的无产阶级团结起来,而应该由爱尔兰的无产阶级和英吉利的无产阶级团结起来,既推翻英吉利的也推翻爱尔兰的资本主义统治,在消灭阶级压迫的同时,消灭民族压迫,结束爱尔兰的殖民地命运,即英吉利和爱尔兰都发生社会主义革命。由于英国资产阶级实行英国无产阶级资产阶级化的政策,英吉利工人仇视爱尔兰工人,他们之间的团结战斗成为不可能。因此,马克思这一纲领未能实现。现在的问题是,马克思为什么不提被压迫的爱尔兰民族,而提被压迫的爱尔兰无产阶级和英吉利无产阶级团结战斗? 这是因为,马克思认为,第一,民族压迫是阶级压迫的产物,民族压迫是在阶级压迫的消灭中消灭的,因此,能解放爱尔兰的不是民族运动,而是工人运动;第二,英国统治爱尔兰的办法,是用资本主义的生产关系去改造其原有的生产关系,爱尔兰的无产阶级在资本主义生产中壮大。因此,马克思对那些没有发展到资本主义阶段的殖民地如印度,就既不提印度各民族,也不提印度无产阶级和英国无产阶级团结战斗的纲领,而只认为在大不列颠本国现在的统治阶级还没有被工业无产阶级推翻以前,或者在印度人民还没有强大到能够完全摆脱英国枷锁以前,印度人民是不能收获到大不列颠资产阶级在他们中间所播下的社会新因素的果实的。总之,马克思虽然将民族问题和殖民地问题联系起来,但是并没有提出被压迫民族和无产阶级团结战斗的纲领。这个纲领是列宁首先提出来的。

---

① 列宁:《帝国主义是资本主义的最高阶段》,人民出版社 1964 年版,第 9—10 页。

列宁认为,要将被压迫的、附属的、丧失主权的民族,和压迫的、剥削的、享有主权的民族区分开来,从而揭露资产阶级民主制的虚伪性;正是这种民主制的虚伪性,掩盖了金融资本与帝国主义时代的特有现象,即由极少数最富强的先进资本主义国家,对地球上极大多数人口所施行的殖民地奴役和金融奴役的事实;共产国际在民族与殖民地问题上的主要政策,应当是使一切民族和各国无产者与劳动群众团结起来,进行共同的革命斗争,去推翻地主与资产阶级的统治;必须向一切国家,特别是落后国家的最广大劳动者说明并揭露帝国主义列强一贯进行的欺骗政策,它们建立一些在政治上表面看来是独立的,但在经济上、金融上和军事上却完全依赖于自己的国家;当时必须实行这样的政策,就是将民族解放运动与殖民地解放运动同苏维埃俄国结成联盟,并根据落后国家或落后民族中工人和农民的资产阶级民主解放运动发展的程度,来确定这一联盟的形式。这就是列宁关于殖民地被压迫民族和无产阶级团结战斗的重要论述,这是他在 1920 年的《民族与殖民地问题提纲初稿》中提出来的。该提纲是为共产国际第二次代表大会而作的。

上面我对列宁关于殖民地和民族问题的理解,和斯大林对它的阐述有些不同。斯大林说:第二国际时期和列宁主义时期的民族问题不同:第二国际的活动家把"民族问题限制在主要和'文明'民族有关的问题的狭隘范围内",他们关心的是爱尔兰人、匈牙利人、波兰人、芬兰人、塞尔维亚人以及欧洲其他一些没有充分权利的民族的命运,而"那些遭受最粗暴最残酷的民族压迫的千百万亚洲人民和非洲人民,通常都不放在他们的眼里。他们不敢把白种人和黑种人,'文明人'和不'文明人'相提并论";列宁主义则揭露了这种现象,把"民族问题和殖民地问题联结起来了。于是,民族问题就由局部的和国内的问题变成了一般的和国际的问题,变成了附属国和殖民地被压迫民族摆脱帝国主义的世界问题"。[①] 认为第二国际的活动家不把东方被压迫民族放在眼里,这是正确的,原因前面已提过;认为列宁揭露了这种现象,把白种人和有色人种相提并论,从而使民族问题成为一个国际问题,这也是正确的。但是,由此认为,只谈论欧洲被压迫民族的命运,民族问题就只是国内问题,民族问题就不能和殖民地问题相联系,这就未必正确。说到

---

① 《斯大林全集》(第六卷),人民出版社 1956 年版,第 122 页。

底,这等于说爱尔兰不是大不列颠的殖民地,波兰等不是俄国的殖民地,它们被并入宗主国的版图后,它们的前途问题,只是国内问题。我觉得这不符合列宁的原意。

前面说过,马克思和列宁都认为爱尔兰是大不列颠的殖民地,列宁认为波兰和芬兰是俄国的殖民地;列宁明确指出,英国反动势力靠奴役爱尔兰来巩固和取得营养,正如俄国反动势力靠奴役俄国许多民族来取得营养一样[①];至于匈牙利,它曾被奥地利吞并,组成奥匈帝国,塞尔维亚曾被奥匈帝国统治,它们也是殖民地。因此,第二国际的活动家们即使把民族问题局限在欧洲被压迫民族,如果能从经济关系而不是从法律观点来考察问题,也能看出这些民族问题同时也是殖民地问题。虽然就范围而言,它不像东方被压迫民族和殖民地问题那样,是国际问题和世界问题,但绝对不是同国际问题和世界问题相对立的国内问题。

十一、对布哈林殖民地理论的影响

列宁的殖民地理论同布哈林的关系可以分为两方面:其一是,布哈林使其纳入自己原有理论的体系,即使其布哈林化;其二是,使布哈林提出自己原来没有的理论,即对布哈林有重大的影响。

1928年,布哈林在共产国际第六次代表大会上,作关于共产国际纲领草案的报告时谈到,报告中谈到的殖民地问题,是充分注意到列宁在第二次代表大会上的有关论述的。布哈林认为,"拿殖民地和工业国对比,前者是世界农村,后者是世界城市";因此,"从经济观点来看,我们同殖民地人民的兄弟关系取决于强大的工业中心和广大的农村两者之间的经济联系的绝对必要性。而从阶级观点看,在这方面就是在世界范围内提出工业无产阶级和……世界殖民地农民之间的相互关系问题"。[②] 经过这样的议论,他就认

---

① 列宁:《论民族自决权》,载《列宁全集》(第二十五卷),人民出版社2017年版,第226—288页。

② 《在共产国际第六次代表大会上关于共产国际纲领草案的报告(摘录)》,载《布哈林文选》(下册),人民出版社1983年版,第381页。

为："我们进行过多次争论的所有列宁主义的专门问题,现在在世界范围内向我们提出来了。"①其实,列宁并不认为宗主国同殖民地的关系,直接地就等同于世界城市同世界农村的关系,它们之间的经济联系,更不是工业和农业之间要有一定的比例关系那种联系;列宁更不认为世界无产阶级同殖民地之间的阶级联系,是他们同世界殖民地农民之间的关系,而认为是同被压迫民族之间的关系。很明显,布哈林将列宁的理论布哈林化了。

由于列宁的影响,布哈林提出了自己原来没有的殖民地理论。布哈林说："我想稍微解释一下无产阶级取得世界性胜利后的未来发展进程,并稍微发展一下列宁曾经谈到过的一个论点,即共产国际应当论证和证明所谓'不文明'民族非资本主义即社会主义发展的可能性问题"②;他努力说明这些民族的非资本主义发展,同取得胜利的无产阶级结成联盟的重要,以及如何结成联盟,因为列宁认为,如何结成联盟是很难解决的问题。

他认为应该区别两个问题。一个是,"在某些殖民地,资本主义已经相当发达,在这些地方我们提出关于无产阶级领导权的问题,但在这些地方无产阶级的内部力量仍然没有发展到没有外来的进一步援助就能推动社会沿着社会主义道路继续发展的程度"③,在这里,我们就要提出无产阶级已经取得政权的国家,对一个建设社会主义国家的无产阶级提供援助的问题,在经济方面落后的国家,问题就是这样。经济落后国家的无产阶级是领导着该国的农民的,通过援助,先进国即革命已经胜利的无产阶级,经过落后国的无产阶级,也就领导着落后国的农民。

另一个是,"在资本主义实际上还处于萌芽状态的地方,在还存在着前资本主义形态的地方,在资本主义还没有特别深入社会经济生活的地方,问题就不一样"④,因为这里的无产阶级只占居民中的极小部分,或者简直没有无产阶级。在这里,革命已经胜利的无产阶级,就要把上述那些"农民外围区纳入自己的影响范围"⑤,情况就像苏联工业城市影响苏联农村一样。他

---

① 《在共产国际第六次代表大会上关于共产国际纲领草案的报告(摘录)》,载《布哈林文选》(下册),人民出版社1983年版,第381页。
② 同上书,第385页。
③ 同上书,第332页。
④ 同上书,第382—383页。
⑤ 同上书,第383页。

认为,"在革命以后,在发达的无产阶级专政的条件下,我们将把所有这些地区通过联邦形式或者其他不同形式统一起来,那么,纯农民地区——原来的殖民地——在无产阶级专政的世界体系中就会像苏维埃在我国整个苏维埃体系中所起的那种作用"。①

很明显,布哈林的这种看法是受到列宁的影响之后才产生的,因为他原来从工业和农业生产要有一定的比例关系,工业国是世界城市,殖民地是世界农村的观点出发,认为只要殖民地起义,经济联系中断,资本主义工业国就灭亡,根本不需要探讨工业国和殖民地之间的联盟形式问题。但是,即使有了这些变化,只要将他所谈的联盟环节抽掉,实质上还是无产阶级和农民之间的联盟问题。他最后说:"如果我们谈论无产阶级和它在全世界革命中的领导作用问题,极重要的基本任务之一就是要解决世界无产阶级对世界农民的领导问题。"②这个提法,同列宁的无产阶级同被压迫民族团结战斗的纲领中不同。布哈林是在坚持自己的理论基础的前提下,受到列宁的影响的。

十二、对考茨基殖民地理论的批判

列宁特别着重地批判了考茨基的帝国主义定义和"超帝国主义论",这自然涉及考茨基的殖民地理论。

考茨基将帝国主义定义为:帝国主义是高度发展的工业资本的产物。它体现在每个工业资本主义国家的这种要求中:即征服和兼并越来越大的农业地区,不管其中居住着哪些民族。按照理论逻辑,这些农业地区就是殖民地。考茨基的帝国主义定义是从他的资本主义工农业生产不平衡,以及资本主义国家竞争剧烈理论产生的。他认为,资本主义工业越发展,农业就越落后,要取得农产品,有两种适用于不同条件的政策:当资本主义国家竞争不剧烈时,如像 19 世纪 70—80 年代前英国一国独霸世界时那样,可以用

---

① 《在共产国际第六次代表大会上关于共产国际纲领草案的报告(摘录)》,载《布哈林文选》(下册),人民出版社 1983 年版,第 384 页。

② 同上书,第 385 页。

自由贸易政策取得；当竞争剧烈时，如像 19 世纪 80 年代以来那样，就要用帝国主义政策取得，就是说帝国主义是一种政策，是取代自由贸易政策取得农产品的另一种政策。很明显，要在后一条件下，才产生现代的殖民地。考茨基说："对抗竞争的愿望成了资本主义国家把农业地区直接地当作殖民地或间接地当作势力范围来加以征服的新动机，这是阻止农业地区发展自己的工业，为了迫使它们只限于从事农业生产。"①

这样的殖民地只能是资本主义自由竞争时期工业资本的殖民地，而不能是垄断时期金融资本的殖民地，因为垄断的金融资本要攫取垄断利润，这样就不仅要将农业地区，而且要将工业地区甚至任何地区变成殖民地。正是这样，列宁在批判考茨基的帝国主义定义时，也批判了他的农业殖民地理论；他说："考茨基定义的错误是十分明显的。帝国主义的特点恰好不是工业资本，而是金融资本。在法国，恰好是金融资本特别迅速地发展……从上一世纪 80 年代开始，就使兼并政策（殖民政策）特别加紧地推行起来"；而"帝国主义的特点恰好不只是力图兼并农业区域，甚至还力图兼并工业极发达的区域（德国对比利时的野心，法国对洛林的野心）。"②

考茨基说："从纯经济的观点看来，资本主义不是不可能再经历一个新的阶段，也就是把卡特尔政策应用到对外政策上的超帝国主义阶段。我们当然必须像反对帝国主义一样激烈地反对超帝国主义，不过，它的危险不在军备竞赛和威胁世界和平这一方面，而是在别的方面。"③

列宁指出，考茨基称为超帝国主义的东西，就是霍布森比他早 13 年称为联帝国主义的那个东西。其实质就是"拿资本主义制度下可能达到永久和平的希望，对群众进行最反动的安慰，其方法就是使人们不去注意现代的尖锐矛盾和尖锐问题，而去注意某种所谓的'超帝国主义'的虚假前途。④ 这就是机会主义。为了揭露这种虚假性并针对殖民地问题，列宁指出：印度、印度支那和中国，是受英、法、日、美等几个帝国主义剥削的殖民地和半殖民地国家。假定这些国家组成几个彼此敌对的联盟，来保持或扩张它们在上述

---

① 卡尔·考茨基：《帝国主义》，史集译，生活·读书·新知三联书店 1964 年版，第 15 页。
② 列宁：《帝国主义是资本主义的最高阶段》，人民出版社 1964 年版，第 82 页。
③ 卡尔·考茨基：《帝国主义》，史集译，生活·读书·新知三联书店 1964 年版，第 17—18 页。
④ 列宁：《帝国主义是资本主义的最高阶段》，人民出版社 1964 年版，第 108 页。

国家的势力范围,又假定所有这些国家组成一个联盟,来和平分割上述国家,这些联盟都是超帝国主义。情况又怎样呢？永久和平实现了没有？列宁指出,垄断资本主义的发展是不平衡的,这必然导致它们之间的矛盾激化,必然使联盟成为两次战争之间的暂时休战;八国联军在镇压义和团时,是一个联盟,但是不久,联盟破裂,第一次世界大战就是由这个联盟分裂成的两个集团打起来的。因此,劳动人民和殖民地被压迫民族渴望在帝国主义统治下得到永久和平,这是幻想。

考茨基论证了超帝国主义的形式。他认为,垄断资本主义联盟,"可以采取多种多样的形式,它可以是一个由若干联盟组成的联盟。它表现为这样一种富于伸缩性的国家形式,它可以有无限的发展可能性,最终可以一直发展到世界联盟"。[1] 他还认为,"不列颠帝国之所以强大,应归功于及时把它的最强大和发展最快的殖民地变成联邦"。[2] 在这里特别值得我们注意的是,他认为英联邦内的殖民地,至少是他论述到的那些殖民地,再也不是殖民地了。他认为加拿大、澳大利亚和南非对英国工业和资本是很重要的。但这种重要意义"不是基于这三个地区作为殖民地的特性。严格说来,它们根本不是殖民地。它们是享有现代民主的独立国家,也即民族国家……它们实际上并不构成一种受支配的英国属地,而与英国处在一种联邦关系之中,与英国结成一种国家联盟"。[3] 应该说,在考茨基论述问题时,不仅南非,而且加拿大和澳大利亚,都是英国的政治经济学上的殖民地,同时也是英国的殖民地国家。考茨基否认它们是殖民地,所持的理由只是它们与英国处于联邦关系之中,与英国结成国家联盟。这完全是从资产阶级的法律形式看问题,因此认为在联盟之内,各政治实体的政治地位既然平等,就没有宗主国和殖民地的区别了。这正是列宁所揭露的资产阶级民主制的虚伪性。这种虚伪性掩盖了帝国主义列强对地球上绝大多数人口施行殖民压迫和金融扼制的事实。以后我们将会看到,第二次世界大战后垄断资产阶级的非殖地化论,有的就建立在殖民帝国采取了联邦和共同体的形式的基础上。

---

[1] 卡尔·考茨基:《民族国家、帝国主义国家和国家联盟》,叶至译,生活·读书·新知三联书店 1973 年版,第 77 页。

[2] 同上。

[3] 同上书,第 36 页。

第十一章　殖民地和宗主国的关系是
　　　　　相互帮助和后者帮助前者

——帝国主义辩护者的殖民地理论

一、概述

马克思和列宁的殖民地理论,揭示了资本主义宗主国对殖民地的剥削,不利于前者对后者的统治。作为它的对立面,一种为宗主国剥削殖民地进行辩护的理论产生了。这种理论最大的特点是,妄图用马克思的有关理论来达到这个目的。

这里论述的主要是社会民主党右翼领袖的有关论点。他们认为殖民地不仅对资本主义是必要的,而且对社会主义也是必要的。因为欧洲或宗主国要提高物质生活,就要靠殖民地,而殖民地要提高文化水平,就要靠宗主国;整个世界已成为一个经济统一体,它包括宗主国和殖民地;地球是属于人类的,为了人类的利益,任何人都可以利用其中的任何部分。

此外,还有一种论调是为日本帝国主义发动的侵华战争服务的。它认为中国存在着马克思所说的亚细亚生产方式,自己不能发展,要有外力帮助才能发展,日本发动的"圣战"就是这种力量。

二、伯恩斯坦的殖民地理论

伯恩斯坦是恩格斯逝世后的第二国际的领袖。他起初认为,社会民主党的政治地位,决定了它对德国今后是否需要殖民地的问题持否定的态度。

但是,他后来又认为,如果看一看现在德国每年从殖民地输入大量生产物的情况,就应该直言不讳地说,确实希望将来德国能从自己的殖民地输入这些巨额生产物的一部分,即希望德国能夺取更多的殖民地。基于同样的理由,他认为只要全世界尚未实现社会主义,已发生社会主义革命的国家,如德国这样的国家,是需要实行殖民政策的。为了说明这一点,他发了长篇的议论。现述评如下:

他说,从经济观点来看,较高的文化同落后的文化相比有这样的特点:较高的文化通过赋予土地或地球以较高的居住能力,比落后的文化能使数量更多的人生活在同一地区。我们记得,这是斯密论述现代社会之所以有两种不同的殖民地时谈论过的。伯恩斯坦不过指出其所以如此的原因,这就是部分地由于从技术上提高人类劳动的收益,部分地由于加强法律保护和劳动保护,以及由于经济组织的改善。这种分析是正确的。

由此,他就得出这样的结论:用这种尺度来衡量,在其他条件都相同的情况下,较高的文化同落后的文化相比始终有更大的权利,并在一定条件下使后者从属于自己的历史权利,甚至义务。我们实在不了解,运用上述尺度怎么会得出这样的结论。

前面谈到,在马克思看来,文化较低的民族(我这里使用的民族,其概念与斯大林谈的不同)统治文化较高的民族,会被后者同化,反之,较高的统治较低的,则相反;印度被异族统治的历史证明了这一点。① 但他绝不认为,文化较高的民族有权利甚至有义务使文化较低的民族从属于自己。至于权利和义务,马克思认为,在资本主义制度下,就是等价交换和按资分配。伯恩斯坦这种权利和义务观,不知有何理论根据。

他继续说,假设一个岛上住着两个部族,一个从事畜牧业和一些农业,另一个从事打猎,两者人数相等,但由于上述理由,前者占据全岛土地四分之一,后者占据四分之三。两者人数增加,都要扩大占有的土地,于是发生冲突。我们应该同情谁? 无疑应该同情畜牧部族。他们的胜利将意味着能够在岛上生活的人日益增多;如果打猎部族胜利,则会使人口减少,也就是使一部分人绝灭。这就是说,使全岛人都从事畜牧,就能多养活人口。如果

① 下面论述秋泽修二时,我们还要讨论。

说,这个岛就是全球,"冲突"不会伴随和导致奴役和压迫,也就是使全球都提高生产力,养活更多的人,那当然是对的。这就是"世界大同"。但这里谈的都是殖民地理论,这就错了。

他正是这样说的,对于我们这个时代来说,答案只能是这样的:当然应当尽可能地保护按照自己的特性进行发展的权利(按照前面所说,落后的只能从属于发达的,还有什么按照自己的特性进行发展的权利)。但是,在一定条件下,对于养活人的可能性的考虑,将会反对无条件地承认这种权利。还有其他考虑,包括对交往利益的考虑,也反对这样做。因为在国家和国家之间、文明区域和文明区域之间建立万里长城,是既不可能又不值得向往的,必须承认先进文化有权督促落后文化建立保障交往安全的机构。这里搬出一个养活人的可能性问题,其目的是说明宗主国养活不了这么多人,因此,要向外扩张土地,占领殖民地;人口稀少的落后国应该服从宗主国,建立一个保证交往安全的机构,即成为殖民地国家。

马克思说过,欧洲之所以建立北美这样的移民垦殖殖民地,原因之一是解决其过剩的人口;所谓过剩的人口,是对于资本来说的,即失业工人,并不是土地养活不了的人口;爱尔兰的人口在绝对减少,因为大量工人移到英格兰,但留在那里的爱尔兰人却更贫困。因此,问题绝对不是欧洲的土地养活不了其人口。

他终于撇开人口问题谈论夺取殖民地的必要性:如果发现,一个被野蛮部落或半野蛮部落占领的地区蕴藏着一种矿物,这种矿物在别的任何地方都没有发现过,但对文明世界的技术异常有用,那么,人们就不会允许那些本身并不知道怎样利用这些原料的有关部落永久地拒绝别人开采。

这些部落为什么拒绝别人开采? 我认为,第一,考虑到将来自己有用;第二,价格太低,近于劫夺。按照马克思的矿产品价值由最劣等生产条件生产所需劳动决定的原理,以及稀有矿产品其垄断价格由需求程度和支付能力决定的原理,只要根据这一原理支付价格,这些部落在自己不需要的前提下,则可以允许别人开采。但按这一原理办事,垄断资本家是得不到垄断利润的,即使对发展技术非常有用,他们会去开采吗?

伯恩斯坦最后强硬地说,地球不属于任何人,它是整个人类的财产和遗产。这就是说,不管是允许还是拒绝,先进民族总是要来的,因为这是人类的财产和遗产。但是,资本主义国家的宪法是要保护这些财产和遗产,不让别人侵犯,不视为人类共有的。这该如何解释? 如果说,应将土地收归全社会所有,那么,撇开哪一个机构可以代表全社会(全人类)这个问题不谈,这就等于 19 世纪 80 年代美国社会学家亨利·乔治的土地国有化的主张。这个主张有利于产业资本家(因为绝对地租消灭了,农产品价格从而货币工资可以降低),但行不通。原因是废除土地私有权,对于资本私有权毕竟是一种威胁。但是,我们不谈这一点,只谈土地社会化了,垄断资本家将如何呢!?

按照马克思的理论,土地私有权不存在,绝对地租就不存在;因经营的土地不同(肥沃程度和位置)和对同一土地连续投资的生产率不同所形成的超额利润,即级差地租的实体,就不归土地经营者而归社会所有。这样一来,垄断资本家不仅得不到垄断利润,也得不到这种超额利润,他还会去经营吗?

他终于承认,这丝毫不是理论问题,而是实际问题:今天欧洲人民的食品单中增添了许多富有营养的美味的热带产品,美洲和澳洲的牧草地有助于降低欧洲工人食用的肉类的价格,这些大陆的广阔田野有助于降低他们的面包的价格,为此,我们应该感激殖民事业。但是,这是不必借助殖民,只要通过贸易就可以得到的。

伯恩斯坦的殖民地理论的内容,太着重于占领土地了。这反映了他研究的是与土地不可分离的殖民地。其实,殖民压迫和剥削的对象并不是土地,而是人民。脱离了这块土地的人民,仍然可以是殖民对象。这一点下面就会谈到。

三、伦纳的殖民地理论

奥地利社会民主党领袖伦纳的殖民地理论以其经济统一体理论为出发点。所谓经济统一体,是指通过交换共同体的媒介,产生一个规模极大的劳动共同体和消费共同体,其内部分工越来越复杂,组织越来越巩固,因此,这是一个物质的而不是形式的共同体,是一个有机的而不是机械的共同体。

资本主义经济统一体有意识地汲取自然力,有意识地提高劳动力和消费能力,因此,当它在空间上猛烈扩展的时候,它本身也逐步稠密。这样,由于自然条件和劳动条件的不同,在热带和温带之间本来就产生一种分工,按照这种分工,热带提供大宗衣着和食品的原料,温带则适合成为世界工场。出口和进口应当同等程度地发展,于是,原料的进口和成品的出口就会相抵。日益发展的商品交换使国际贸易共同体的联系日益密切,自由贸易成了最好的国际分工、对一切人最丰富的供应、各民族的友谊和和平的媒介。

但是,他认为这是历史发展的趋势,是一个过程。在这个过程中,地球表面的各单个地区把自己作为特殊的经济区域封锁起来,把自己作为经济个体组织起来,一方面,和经济统一体相冲突;另一方面,在被经济统一体容忍的情况下力求存在和发展。这样,经济区域之间在依存中也有冲突。他认为,现代的冲突和过去的冲突不同。现在一个经济区域侵犯另一个经济区域是通过三方面进行的:商品、资本和劳动力。这就是外国经济区域被看成本国商品的销售市场、本国资本的投资地区和本国使用当地劳动力的地区(不适合于移民到外国)。由于这样,这些外国经济区域就成为殖民地。他将殖民地区分为农业殖民地、债务殖民地、商业殖民地和工业殖民地。

对这两种经济区域的关系,他也有分析。从商品交换来看,问题取决于出口和进口的是什么东西。谁输入成品和输出原料,谁为了购买包含劳动多的产品而出售包含劳动少①或仅仅包含非熟练劳动的产品,它在经济方面的地位就差,尽管它在政治上可能是一个大国,在经济上却是殖民地,例如,俄国就是这样。英国则输入包含少量劳动和非熟练劳动的产品,出口相反的产品,情况就不同。在这里起决定作用的从来不是单纯的出口价值总额或者单纯的决算盈余价值总额,而是民族劳动的决算。这样,处于有利条件的国家,工人阶级从利害观点来考虑,是会拥护这种贸易的。

但是,他认为帝国主义殖民政策的标志,不是商品输出,而是国外投资。它意味着一部分在国内创造出来的、从本国工人阶级那里取得的剩余价值外流了。欧洲工人的劳动产品有一部分进入外国。这些产品在外国变成资

---

①　包含劳动多和少是何意思,并不清楚。同下面相连,多可能指熟练劳动,少则指非熟练劳动。

本,对欧洲劳动市场的需求就减少了。英国资本家阶级有可能最后把所有的工厂都关闭,但仍旧能生活下去,因为其国外投资的利润和利息将会维持他们的富裕生活。对他们来说,本国的工人阶级失去了对于"民族"的生死攸关的重要意义,代替他们的劳动的是埃及农民、黑人和苦力。只要帝国主义者还在促使欧洲资本向其他各洲转移,它也就完全直接地威胁欧洲工人的利益。

他认为,殖民利益中的确有一部分被重新投放在宗主国,但是这一部分是很微小的;殖民地生产的商品中有不少是宗主国希望得到的,如谷物和肉类,但是帝国主义者的保护关税,使工人得不到这些东西;殖民地生产的棉花、橡胶、矿石和其他工业原料,扩大了欧洲宗主国的生产能力,但这是有期限的,几个世纪以前美国是欧洲的原料仓库,今天它是欧洲的强大竞争对手。

应该说,伦纳的分析,除了认为国际分工是由自然条件决定的以外,其余的还是正确的,"民族劳动的决算"这一提法,可以说是精辟的。现在的问题是,他由此得出什么结论。

他起初还认为,无产阶级应当在一切问题上极力争取同帝国主义者所争取的恰恰相反的东西;从上述分析中也可以看出,这也是合乎逻辑的结论。但是,他接着又相反地认为,绝不可能有某一个无产者对这样的事情发生兴趣,即自己对"自己"的资本实行怠工,因为对于民族资本的"进步",只要它还是自然的和自由的,工人也有共同的利益。正是从这里出发,他拥护殖民政策,断然地认为宗主国的国外投资将使殖民地建立工业,殖民地本身将在和平的交换中逐渐发展本国的资本,并且随着它们的自然而然的经济发展,作为自由的民族成熟起来,达到文化上的平等地位。为了实现这种殖民政策,他认为殖民地应该排除政治强制,并且按同等条件对一切民族实行门户开放。国际法的协定应当确定这些原则,具有执行权力的国际法庭应当监督这些原则的实行。通过逐步扩大国际法、国际规章、国际裁判和管理,就为达到如下的状况开辟了道路,即自由的民族融合成政治共同体,世界真正达到了和平。按照我们前面的分析,这个政治共同体就是殖民帝国。

最后,他对马克思主义者以教训的口吻说道,从邻人关系和单个国家的角度,当然会把这看成殖民政策和殖民剥削,统治和奴役等。这种看法固然是正确的,而从资本的本性来说,也是毫不奇怪的。但是,相当多和相当有名的马克思主义者,完全看不见在殖民政策的日常苦难和邻人敌对后面存在着世界经济一体化的百年大计,并且用一种无可奈何、愁眉苦脸的道德家的态度来对待它,这种态度大大落后于马克思的思想方式水平。他们中间的许多人把自己封锁在小欧洲的视野里,封锁在某种闭关自守的欧洲商业国里。这个商业国只需要以家长方式交换剩余产品以满足过多的需求,暂时把未开化的民族抛弃在荒野,自己走最短的特殊道路达到社会主义的天堂,然后,社会主义救世主再从漫游中回来,通过传教把社会主义的福音传播给野蛮人。用这种方式来当殖民制度的反对者,等于当世界历史的反对者,而不是当帝国主义的反对者,因为世界历史不是这样实现的。

在这里,伦纳显然违反了马克思的这一教导:在宗主国的统治阶级还没有被无产阶级推翻以前,或者在殖民地人民自己还没有强大到能够完全摆脱宗主国的枷锁以前,殖民地人民是不能收获到宗主国统治阶级在他们中间所播下的社会新因素成熟的果实的,因为伦纳认为历史的发展会自然地达这一点;也违背了恩格斯关于两种殖民地的发展不同的教导,因为他谈论的殖民地的经济发展的情况,只是对移民垦殖殖民地来说的,奴役土著殖民地的情况不是这样。

四、万—科尔的殖民地理论

荷兰社会民主党领袖万—科尔认为,历史发展给许多国家提供了与宗主国紧密联系的、在政治上根本没有自治习惯的经济殖民地,即使从国际关系的观点来看,让这些殖民地自行其是是不可能的:现代资本主义推动文明国家为寻找新的销售市场、为寻找使资本得以迅速增加的场所而不断进行扩张,这种侵略性政策往往跟暴行和掠夺分不开,对于这种政策,必须进行无情斗争;虽然这样,但是不应不分场合、时间和地点,对任何殖民统治进行谴责;工人阶级胜利后和工人阶级在经济上获得解放后出现的新的需要,将使殖民地在未来的社会主义制度下也是必要的,因为现代国家已无法脱离能够给工业和人类生活需要提供某些原料和热带产品的地区,在还没有可能通过以本地的工业产品的交换而取得一切必需品以前,没有这种地区是不行的。这就是科尔的殖民地理论的最主要的部分。

为了论证社会主义殖民政策的必要,他说,问题在于我们是放弃地球一半的土地,而听任那些还处于未成熟时期的、没有能力开发地下富饶资源和我们星球上最肥沃土地的民族为所欲为呢;还是应当为了全人类的利益而加以干预,使土地这种全人类的财产向全世界居民提供生活资料呢?我们所说的生产资料社会化,不正是指一切生活资料和劳动手段属于所有的人吗?这里所强调的土地是全人类的财产问题,前面已有所论述。

具体说来,他认为社会主义之所以需要殖民地是由于:第一,欧洲的过剩人口,应该在那些国家寻找安身之处;因为谈论是社会主义,所以这里的过剩人口指的就不是失业者,而是绝对过剩的人口。欧洲是否有和何时会有这个问题,我们暂且不论。但按照伯恩斯坦的有关理论,同样面积的土地,欧洲能养活的人应比其他地区多得多,它不应以此为理由将其过多的人口输到所谓的殖民地。如果其他地区同样也有此问题,那就应该协作解决,计划安排,即使有移民的必要,也不是殖民政策,因为这不包含奴役、统治的内容。第二,欧洲工业产品需要市场。这同样不需要殖民政策,贸易便可解决问题,即使他所强调的欧洲不生产的棉花、橡胶、咖啡、烟叶、茶叶等,也可通过贸易取得。

科尔有一个奇怪的逻辑:社会民主党人有义务使落后的民族获得较高的教育,就必须实行殖民政策或帝国主义政策。他说,社会民主党人要努力提高殖民地土著居民的文化水平,但是如果想得到他们的信任,就应该积极干预殖民问题。如果现在把一架机器带给中非的野蛮人,他们会拿它怎么办?或许他们会围着它跳舞,或对它崇拜。或许我们应该送去一些会开机器的欧洲人,但他们会把他打死,甚至吃掉。这样,就必须手持武器到那里去,这就被称为殖民政策或帝国主义政策。科尔站在"白种人优越论"的立场上,在对有色人种进行污蔑中提出一个如何帮助落后民族的问题。我们认为,如果不是欧洲殖民者在非洲长期实行捕捉黑人的政策,黑人是不会如此报复白人的。在这个条件下,一个胜利了的社会主义国家,帮助那里的居民提高文化教育水平,开始的时候是艰苦的,但只要是真正的社会主义者,实行的是国际主义,很快就会取得他们的信任。这样做,根本不是什么殖民政策。

　　科尔总结地说：在世界历史中，殖民地只是一种暂时的现象。当有色人种达到高度的文明水平和经济发展水平的时候，当工业和农业都发达起来，而按照契约进行交换成为可能的时候，他们将获得自治的权利，更确切地说，到那时他们已经享有自治。有朝一日，整个地球将成为一个生产力统一协作的世界同盟。但这是遥远的事。在社会主义时代没有到来以前，为了等待这种制度而不去扩大殖民地，那是一种空想。这就等于说，在全世界实现社会主义以前，欧洲某些国家取得社会主义革命胜利，同样要扩大殖民地，成为殖民帝国。

　　社会民主党右翼领袖的殖民地理论，除了重复宗主国要从殖民地取得农产品、矿产品的论调外，就是提出殖民地要靠宗主国才能提高文化水平的看法。这一点是从霍布森那里拿来的，他们的理论没有什么新花样。当然，社会主义殖民政策是新的提法，但正如列宁所指出的，这个概念本身是荒谬的。

五、秋泽修二的殖民地理论

　　日本哲学家秋泽修二为了证明日本帝国主义发动侵华战争是进步的，因为它帮助中国社会加速发展，而不是变中国为日本的殖民地，便歪曲马克思关于亚细亚生产方式的论述，并片面地利用马克思关于不列颠对印度统治的论述，提出一套披着马克思主义外衣的谬论。

　　秋泽修二认为，中国社会属于马克思所说的那种存在着亚细亚生产方式的社会；因此，按照马克思的论述，它自己是不能发展的，是长不出新的生产方式的。秋泽修二说，中国的商业、工业、农业，即全部经济生活都被亚细亚生产方式的基本经济要素结构"钉死"了，不能动弹，中国社会是个不能孕育胎儿的"石女"，要打破这种局面，只有靠外力的作用。这种论调事实上认为，日本帝国主义从九一八开始发动对中国的"圣战"便起了这种作用，七七事变以来，更是全面帮助中国发展，和同种同文的日本"共存共荣"，并进一步组成"大东亚共荣圈"。日本是为了"帮助"中国人民建立"王道乐土"，才不惜牺牲,从事"圣战"的。这种论调 40 年代初便遭到我国马克思主义理论家的有力批判。

我认为,秋泽修二完全曲解了马克思关于亚细亚生产方式的作用的论述,并将马克思置于自相矛盾的境地。马克思认为,亚细亚生产方式就是原始社会的农村公社,在原始社会崩溃后,即在私有制的社会里仍然大量存在,其特征是以血缘为纽带和自给自足。[①] 但是由此认为,凡农村公社就不会解体,就长不出新的生产方式,那就不能解释原始社会何以崩溃,私有制社会何以产生,即无法解释亚细亚生产方式的存在了。这是将马克思置于自相矛盾的境地。这是一。第二,马克思多次说过,商品交换最初是在共同体也就是公社之间进行的,但产品对外成为商品,由于反作用,对内也成为商品,由于商品生产的发展,公社就瓦解;在亚细亚生产方式中,公社生产的产品"变成商品的只是剩余的产品,而且有一部分到了国家手中才变成商品,从远古以来就有一定量的产品作为实物地租流入国家手中"[②],这种情况完全适合于中国。既然这样,这些自给自足的公社也要瓦解的,只不过过程较长。因此,秋泽修二认为,中国社会不能孕育新的生产方式,这是片面地利用马克思的理论,并将马克思置于自相矛盾的境地。

秋泽修二利用马克思分析印度被异族统治对其历史发展的作用,即在社会发展阶段上落后于印度的异族统治印度,结果被印度同化,相反的则促使印度变化,利用马克思这些分析来歌颂日本的侵华战争。他将日本的侵华战争比作中国历史上的武王革命中的周灭殷的战争。它的意思是说,既然中国马克思主义历史学家认为,周灭殷的战争是正义的、进步的,那么,他们就要承认日本的对华战争也是正义的、进步的,是"圣战"。这种论调是错误的。

首先,根据秋泽修二认为中国只有靠外力的作用才能长出新的生产方式的论点,他显然认为,在周灭殷的战争后建立的新社会制度是外力并且是暴力创造的。这是错误的。西周是奴隶制还是封建制社会,这是一个正在研究的学术问题。但撇开这一点不谈,有两个问题是清楚的:其一,周族原

---

① 马克思:《资本论》(第一卷),人民出版社 1975 年版,第 395—397 页。
② 同上书,第 395—396 页。

来就是殷灭夏的夏族回到西北后繁衍下来的一个分支,受殷的统治,后来周的经济发展起来,就推翻殷的统治。因此,这是内部革命,不是外力作用;其二,周灭殷后建立的新社会制度,是根据殷已有的经济因素和周自己的经济因素,将这两者结合起来而产生的。暴力只能加速或延缓一种社会制度的产生,不能创造一种社会制度。日本发动的侵华战争以及其扩大即太平洋战争,就是妨碍中国和东南亚各国的资本主义发展的战争。

第二,秋泽修二之所以选择周灭殷的战争,而不选择其他的如蒙古族灭宋建元、满族灭明建清的战争,其主要着眼点在于:前一种战争是由一种先进的生产方式,为了使比其落后的生产方式发展为先进的生产方式而发动的战争,后一种战争就不是这样。这就是说,日本的生产方式比中国的先进,它发动"圣战"就是使中国的生产方式从落后的变成先进的。这当然是错误的。周族的生产方式的社会性质问题,也是一个正在研究的学术问题。撇开这一点不谈,周灭殷的战争之所以是进步的,是由于它促进了新的社会制度的产生,促进了生产力的发展。日本的侵华战争以及其扩大即太平洋战争,对中国和东南亚人民来说,之所以是反动的,是由于日本的生产方式虽较中国和东南亚各国的先进,但它发动战争不是要完全摧毁这些落后的生产方式,解放和发展生产力,而是要和其劲敌英美帝国主义相争夺,排除它们,独霸中国和东南亚各国,将其变成它的殖民地,然后在此基础上同这些国家的落后的生产关系相结合,攫取垄断利润。

如果日本的侵略战争不是以失败告终,那么,它所标榜的"大东亚共荣圈"将是一个大殖民帝国。这就是从日本—中国台湾—朝鲜帝国,扩大为日本—中国台湾—朝鲜—满洲帝国,再逐步扩大为日本—中国台湾—朝鲜—满洲—蒙古帝国,然后以此为基础,建立大东亚帝国。

第二次世界大战后,实质相同的论调又出现。那就是认为发展中国家无法从内部找到发展的动力,一定要有外力的作用才能发展。以此为幌子,就可以在新的历史条件下实行殖民主义。

第三篇
第二次世界大战后的
殖民地理论

　　第二次世界大战后,随着民族解放运动的发展,原来的属于奴役土著的殖民地国家绝大多数陆续地获得政治独立,恢复国家主权;原来的属于移民垦殖的殖民地国家有的还没有获得完全的政治独立,尚未行使全部国家主权。在这种条件下,有的理论家就宣称殖民体系已瓦解。这反映了这些理论家的殖民地观是二元的:对某些殖民地从政治上判断其是否殖民地,对另一些殖民地则从经济上判断其是否殖民地,这就必然常常自相矛盾。例如,他们对加拿大和绝大多数获得政治独立的亚、非、拉民族独立国家是否殖民地的看法,就是矛盾的。我们知道,16世纪,英、法先后侵入加拿大,夺取印第安人的土地。1763年,英、法7年战争结束,加拿大成为英国殖民地。1867年,英国被迫承认加拿大为自治领,但自治权并不完整。到1926年和1931年,加拿大才取得外交和立法独立的自主权。它的经济地位的变化,是从第二次世界大战时开始的,现在是资本主义七大工业国之一,从经济上看,早已不是殖民地了。虽然直至1982年春,英国女王巡视加拿大时,才宣布它在政治上再也不是殖民地。因此,理论家们认为加拿大早就不是殖民地,早就不在殖民体系之中,那是从经济上着眼的。但是,他们认为民族独立国家再也不是殖民地了,则是从政治上着眼的。因为从经济上看,正如下面会谈到的,它们中的绝大多数仍然是殖民地。

　　由于原属于移民垦殖殖民地的国家,现在无论从经济上看还是从政治上看,都再也不是殖民地了,以后我们的论述就不包括它们了。

　　从第二次世界大战后到80年代中,原属于奴役土著的殖民地和半殖民地国家获得政治独立的情况,可以简述如下:从40年代后半期到50年代前半期,亚洲和中东的许多国家获得独立;从50年代中期到80年代初,民族独立运动席卷非洲,除纳米比亚仍被南非种族主义政权统治外,有 50 个国家获得独立;在这一期间,拉美国家也开展民族民主革命运动;70 年代以后,民族解放运动在加勒比海和南太平洋迅速扩展。到 80 年代中期,受帝国主义直接政治统治的殖民地国家已所剩无几。① 这类国家,第二次世界大战结束时,占世界土地面积的 27.3％,世界人口的 28％;1960 年,分别减为 9.8％和 2.8％;1983 年,又分别减为 0.7％和 0.2％。因此,从政治上看的帝国主义殖民体系可以说终于土崩瓦解了。

获得政治独立的原奴役土著殖民地和半殖民地国家,由于领导独立的政治力量不同,独立后走的道路也就不同,建立的社会制度、政治制度也不同,总的可以区分为两大类:由无产阶级领导的社会主义国家,这是少数;多数是由资产阶级、封建主、奴隶主领导的民族独立国家。政治上仍未独立的国家极少。在这新的历史条件下,那些认为殖民地只能是政治上的殖民地,即殖民地国家,而否认殖民地也可能是经济上的殖民地的理论家,便认为殖民地再也不存在了;与此相应,那些认为帝国主义就是宗主国占有殖民地的殖民帝国的理论家便认为,现在既然殖民地国家不复存在了,帝国主义也不存在了。但是,多数民族独立国家即使政治上独立了,由于种种原因,未能制订和执行一条正确的工业化和现代化的路线,在经济上未能独立,它们和发达资本主义国家的经济关系,同独立前相比,并没有发生质的变化,即原来的殖民地的经济特征并没有变化。由于这一切,战后以来,各种不同观点的理论家,就殖民地问题、殖民地和帝国主义或垄断资本主义的问题、发达资本主义国家和落后国家的经济关系问题,提出各种不同的看法。一些发达资本主义国家的政治家也提出一些看法。这些我们在下面分别予以论述。这里先谈其他问题。

为了从理论和方法论两个方面探讨一些民族独立国家的现代化困难重重的原因,意大利的翁贝托·梅洛蒂于 1972 年出版了《马克思与第三世界》一书,对马克思有关亚细亚生产方式的论述予以详尽的整理;并在编撰中提出个人看法。他认为,在存在着亚细亚生产方式的社会,发展是有的,但只是生产力的发展,因为占优势的生产关系有更大的灵活性,可以解决出现的

----

① 纳米比亚于 1990 年 3 月 1 日获得独立。至此,非洲已经没有殖民地国家。

任何矛盾,推迟社会革命时期的到来。因此,制度的结构保持不变,而且甚至意识形态也没有变化。但是这个制度的周期性更新、对国家管理不当的反抗、军阀主义的爆发、税源枯竭以及其他使它走向危机的种种不利因素,使亚细亚社会的进程几乎是一种起伏波动的发展,这可称之为循环式的发展。那么,出路何在呢?他认为,通过不同的道路,东方和西方都达到了彼此差别依然很大、但肩负同样主要任务的社会:要向社会主义过渡,这是解决它们内部矛盾的唯一办法。但是,亚细亚社会既然不可能发展,当然就没有无产阶级。这样一来,如何能向社会主义过渡?他认为,这要靠已经资本主义化的西方。这就是,如果工业先进国家发生一场社会主义革命的话,亚细亚社会就无须经过资本主义、官僚主义的集体制或对抗社会的某些类似形式而建设社会主义。这也是一种殖民地发展道路的理论。对此,前面已论述过。

在马尔科姆·考德威尔为《马克思与第三世界》的英译本写的编者前言中,有些内容可以说也是一种殖民地发展理论。他指出,战后以来,大量的西方经济学家都和新独立国家的政府有联系,向他们提供发展的意见,并协助制订国家经济计划。不发达国家未能从这种帮助和意见中得到益处,这必然使它们对于简单化地说明和解决不发达的问题失去兴趣。其结果是,到处出现一些更加精细的分析,每个著名发展经济学家都力求形成自己的一套新的全面理论。现在什么都逃不过他们的注意:气候、自然资源、宗教、遗传特点、心理、文化、语言等。但很少有人预见地注意到殖民主义作为"不发达"的先决条件的意义,也很少有人注意到在中国方式下革命作为摆脱"不发达"的重要先决条件的意义。至于那些注意到这一点的人们,则很少有人能一开始就超过殖民主义这一范围来说明当代的贫困问题,并认为那是相当充分的了;他们含蓄地提出或清楚地认为殖民时期以前存在着平等的发展。确实对这个问题讨论得较深的某些人,却又重新发现了经常提出的亚细亚生产方式。因为平等地发展而又落后,其原因就不是这时尚不存在的殖民主义,而是自己内部存在的因素,即亚细亚生产方式了。这种方法论是值得重视的。

第二次世界大战后,殖民地和帝国主义问题引起理论家们的争论时,卢森堡关于资本积累的理论也引起他们的注意。卢森堡的《资本积累——一个反批判》英译版编者肯尼思·塔尔巴克,在该英译版绪言中评介卢森堡的理论时,实质上提出了他本人的殖民地理论。他说,卢森堡指出,马克思的扩大再生产图式假设技术是不变的,资本有机构成是不变的,但是事实上它们是发展和提高的;"考虑了这些因素以后,卢森堡才得出结论:剩余将在第二部类中出现"。① 塔尔巴克说,按照卢森堡的思想,"这种剩余在假设的封闭体系内是不能被吸收的。这意味着,对资产阶级来说,要实现他们的全部剩余价值,就必须在两个阶级体系以外寻求市场。实际上,这意味着,只有在资本主义扩展到第三市场,即小商品生产、封建制度生产等基础上,才能产生积累"。② 应该说,卢森堡的理论是错误的,前面谈过,列宁将资本有机构成予以考虑,认为在资本主义内部积累和扩大再生产仍然是可以实现的。现在要指出的是,塔尔巴克对卢森堡的理论的解释是错误的。卢森堡不是考虑到资本有机构成提高后,才认为消费资料会过剩,才认为剩余价值要由"第三者"来实现,即使撇开这一点,她同样认为如此。这从前面的分析可以看得很清楚。此外,过剩消费资料的实现和全部剩余价值的实现在卢森堡的理论中不是一回事,塔尔巴克却把这两者混淆了。从根本上说,如果有单独的剩余价值实现的问题的话(剩余价值是在价值实现中实现的),那么,两大部类都有此问题,不仅仅消费资料有此问题,何况过剩的消费资料也不刚好等于剩余价值。但这不是我们要强调的。

现在要指出塔尔巴克由此得出的结论。他说:"卢森堡把'第三'市场当作这个过程中这样一个极为重要的因素,就把资本主义积累的基础从剩余劳动产生的东西改变为一种从外部来源吸收其主要营养的过程。换句话说,她是把对'第三'市场的剥削而不是把对工资劳动的剥削作为资本主义的推动力。根据这个前提,那就意味着先进资本主义国家的工资劳动者不再处于被剥削的地位,而同资本家阶级一起成了联合的剥削者!"③我实在不理解,这个结论是怎么得出来的。卢森堡谈的问题始终是剩余价值的实现,即资本主义的工人生产的剩余价值,要到非资本主义环境中去实现。这个

---

① 罗莎·卢森堡、尼·布哈林:《帝国主义与资本积累》,柴金如、梁丙添、戴永保译,黑龙江人民出版社1982年版,第37—38页。
② 同上书,第29页。
③ 同上书,第40页。

资本主义和非资本主义之间的交换,卢森堡认为是等价的。这样,怎么能说被剥削的是"第三者"而不是工人呢? 怎么能说工人和资本家成了"联合剥削者"呢? 布哈林非常了解这一点,他批评卢森堡的理论是将实现和剥削分开来。

在我看来,该书中译本《编者的话》存在着性质相同但程度更为严重的问题。它根本不提资本有机构成提高的问题,就直接得出这样的结论:卢森堡认为,"在资本主义扩大再生产的条件下,第二部类就会出现一种生产剩余,而工人却无力吸收"。① 这是一种歪曲;然后又重复了塔尔巴克的"联合剥削者"论,这是很不严肃的。

---

① 罗莎·卢森堡、尼·布哈林:《帝国主义与资本积累》,柴金如、梁丙添、戴永保译,黑龙江人民出版社 1982 年版,第 3 页。

第十二章　垄断资产阶级的
非殖民地化理论

一、概述

　　第二次世界大战后,如上所述,多数原来的殖民地国家成为民族独立国家,拥有国家主权,在政治上再也不是殖民地了,但由于经济不独立,没有实现工业化和现代化,在经济上事实上仍然是殖民地,它们和发达资本主义国家之间的经济关系,同独立以前相比,并没有实质性的变化。在这新的历史条件下,发达资本主义国家为了维持这种关系,以便维护自己的利益,而又要让经济落后的民族独立国家认为这种关系再也不是宗主国和殖民地的关系,以便将它们拴住,就提出种种非殖民地化的理论和措施。这里先谈理论措施,包括可能演变为措施的设想,我们留在下面再谈。

　　有必要指出的是,这里的种种理论自身无法构成严密的体系,同前人的理论也没有紧密的联系。

　　这里我们选择了英国费边派或工党的理论、法国戴高乐的言论和美国罗斯托的理论。它们各有特点:工党的理论以谈论社会主义的形式出现,因为工党的纲领是要实现社会主义;罗斯托的理论则以反对共产主义的奴役的形式出现,而共产主义的温床是贫穷,因此,发达国家的责任就是要对落后国家予以经济援助;戴高乐则不谈主义,只谈论变隶属为自治、变附属为合作等。

二、费边派或工党的殖民地理论

英国费边主义者赖塔·兴登在其论文《社会主义与殖民世界》中,表明英国工党对殖民地的看法。他首先指出,工党执政就继承了帝国这个历史遗产,因而就有一个如何对待这个遗产的问题。为此,他分析了在他看来的社会主义两个流派简史及其合流。一派具有人道主义感情,它有长久的历史,现在已经成为社会主义运动的指导思想。正如英国工党宣传家凯尔·哈迪所说,从根本上说社会主义是一个伦理或道德问题,它涉及个人与其同伴之间的关系应该是怎样的。另一派具有政治性和唯物主义思想,历史较短,它成长于19世纪产业革命所带来的矛盾和马克思及其弟子对这一矛盾进行的经济分析。根据马克思主义的观点,所有的历史,都是阶级斗争史;每一个时代的特点,即它的政治、文化和道德,都由当时的所有制和阶级关系决定。从根本上说,资本主义社会就是一种特殊的所有制的关系,它包含着不可调和的阶级斗争,除了由组织起来的无产阶级将它彻底推翻之外,别无出路。人道主义的社会主义流派倡导的改革、改良、博爱,都被马克思主义的社会主义流派所拒绝或鄙视。在后者看来,社会主义的目的只能是连根拔掉。现在的经济制度,取代它的是一种根本不同的制度。在这里,我们对兴登将马克思主义的社会主义,同人道主义、博爱、改革、改良等完全对立起来的错误,不予评论。

他继续说,在英国的社会主义运动中,人道主义的思想,由于马克思主义强调政治的战斗性和将工人组织起来,而得到加强。马克思主义连同它随着历史的发展而对个人的忽视,则由于英国传统的人道主义的作用而削弱。其结果就是在社会主义政策中一种二元论的结合物的产生,这个结合物的成分,由于各个提出者的气质不同而有不同的比例。社会主义者有时谈吐温良,是一个讲理的改革者;有时又口吐火焰。他们有时仅为一个有限的目标,如8小时工作日和生存工资而斗争;有时又是十足的革命者,拔出斧子向可恨的经济制度砍去,将改革斥为献媚,拒绝为修补资本主义提供任何东西。

由这两种思想流派导致的二元论观点,决定了英国社会主义者对待帝国主义的态度的特点。人道主义者对殖民地人民的看法已有长久的历史,并且超越政治党派的界限。这就是以斯密、边沁和穆勒等人为代表的言论。他们反对剥削殖民地,也反对给殖民地以低下的政治地位,他们抗议将殖民地仅仅作为喂肥母国的供养者的做法。

在20世纪中期,已经组成政党的社会主义者,抗议海外毫无援助的黑种人、棕种人和黄种人遭受的悲惨待遇。他们明确自己的责任不是摆脱帝国所应该负担的职责,而是改革这个帝国,使其适合于崇高的目标。他们中的有些人准备将自己奉献给被压迫的人民。"托管制"的思想是许多人的强烈要求,是社会主义思想中最好的。它已经由英国光荣地实现了。

叙述到这里我们就已经看到,兴登谈论的全是空洞的概念,丝毫没有理论,同斯密的殖民地理论是其经济理论中的构成部分相比,确有天壤之别。从中我们也看到,就在空洞的概念中,其有利于英帝国的倾向也是很明显的。但是,重要的问题还在后面。

他说,在马克思主义看来,帝国主义是腐朽的资本主义的最后阶段。资本家为了在苦难中拯救自己而进行的冒险是注定失败的。由于各国资本家之间的你死我活的竞争,它们之间就必然爆发战争。要减轻这种争夺是不可能的。唯一的出路是推翻这个体系,唯一的回答是所有殖民地立刻得到自由。

他很重视霍布森的帝国主义理论。他简述了这一理论之后特别指出,霍布森认为,帝国主义提出了这样的问题:在国内要提高英国人民的生活水平,在殖民地就只能给其人民带来灾难;此外,它又使列强之间发生战争,将包括它们在内的整个世界拖垮。霍布森是用控诉式的语言总结其著作《帝国主义》的,这就是:帝国主义是国家生活出于自私自利的卑鄙选择,这种自私自利引起一个国家从早期动物生存竞争中残存下来的贪得无厌和暴力统治的欲望。这是所有成功的国家易犯的罪恶,其应受的惩罚按照自然的规律是难于变更的。

经过这样的叙述,他就认为,由人道主义到"托管制",由马克思主义到霍布森,就决定了其后的社会主义者对待帝国主义的态度。一些人承担了援助和改革的责任;另一些人拒绝改革,只主张推翻。这两种不同的态度,有时甚至会在同一个人身上出现。即使像霍布森那样谴责帝国主义的人，也拥护"健全的、合理的帝国主义"，这和其后大家熟知的"托管制"没有什么区别。他本人认识到帝国主义可能带来恩泽，于是又为不知道以何物来代替它而担忧。至于那些人道主义者，则从改正对帝国主义的滥用、减轻苦难、振兴教育、医治疾病开始，到全面谴责这个体系结束。经过这些努力，他们中的一些人得到这样的认识，这就是说到底没有东西可以代替一个民族在自由和信赖中自己站立着。

在英国工党1919年的纲领，即《劳动与新的社会秩序》中，一种奇特的矛盾感情在英国社会主义思想中产生了。这是从纲领中有关帝国主义的部分摘录下来的文句。这就是："即使我们抛弃要求统治其他种族或将我们的意愿强加于英帝国其他部分的帝国主义，与此相应，也不能将我们对海外同胞——公民应负的特别义务、一个国家对另一个国家的公认责任、未成熟种族对我们的道义上的要求以及我们身为其一部分的世界应有的职责……置于不顾，而接受任何自私和保守的'不干涉主义'的想法"。为什么抛弃帝国主义就不能接受"不干涉主义"，"不干涉主义"的反面又是什么，这些问题到下面就会明白。

兴登就根据这样的理论认为："反对帝国主义？是的。但是，接受不干涉主义？不是。我们必须干涉，但它必须是为了他人的利益。我们必须是受托管者，而不是帝国主义者。唯一的困难就是确切地了解在何处一种作用结束而另一种作用开始，或者要使殖民地的人民相信这两者是有实质的区别的。"[1]

经过这样的说明，他就谈论英国工党对这一问题的态度。他说："反帝国主义或实行托管制，到底应是那一种？英国社会主义者在理论上从来没有对这一问题给予呆板的回答。根据有关的说明，他们强调的或者是坚持所有民族的独立权利，或者又自相矛盾地是帝国对殖民地各民族予与教育、帮助发展、提供劳务，为了殖民地的利益而牺牲自己。因此，在外人看来，工党的殖民地政策是模棱两可的和混乱的。"[2]

---

[1] Arthur Creech Jones ed. *New Fabian Colonial Essays*. London：Hogarth Press，1959，p.13.

[2] Ibid.

他继续说:"模棱两可是合理的。事实上,殖民地的问题是两个,而不是一个;每一个表面上都要求不同的解决方法。第一个是贫穷和落后问题;第二个是政治地位问题。贫穷及其派生的罪恶,不能用简单地结束帝国主义的办法来医治,事实上用延长帝国统治的办法,它可能较快地得到医治。确实,帝国主义加深了贫穷问题:掠夺这些国家的财富,占有人民的土地,征收赋税,强制劳动,榨取地力:所有这些结果都是来自粗心地剥削那些不能保护自己的人民和掠夺容易带来利润的资源。但是,这只是事实的一部分。"①

他特别强调:"实际情况是,即使在帝国主义列强进入之前,殖民地区就是贫穷和经济落后的。撤出的行动本身不会开辟繁荣的道路。另一方面……如果帝国主义的势力保留下来,至少保留一段时间,不掠夺土地,而作为受托管者,为了人民而帮助其发展和富裕,那么,贫穷和落后这些重要问题就一定能解决。新的民族就可能在我们给予的最强大的力量上站立起来,在现代世界中占有一个位置。如果'神圣的托管'被忽视,而社会主义者则简单地推却掉其责任,其结果将是回复到政治野蛮和经济混乱。"②

他列举了英国"社会主义者"为殖民地人民所做的好事后,得出结论说:"他们中许多人的工作,确实是神圣托管和十字军东征的体现,为此,英国人民已经准备拿出越来越多的财富,而不要求回报。"③这样说来,英国不仅不能从殖民地得到经济利益,反而只有损失了。这同事实,也同许多"社会主义者"所强调的欧洲提高生活水平要靠殖民地相矛盾。

殖民地的另一个问题是政治地位。他说:"这个问题托管制似乎忽视了,它越来越需要明确和彻底地加以解决。为殖民地人民'所做的'越多,他们在财富、福利和知识方面得到的越多,就越不满意处于被监护的地位,尽管这是仁慈的监护。由于得到利益而表示'感谢'已不存在,他们需要的是自由。自由的含义就是国家主权,就是一个国家的政治地位和世界上其他主权国家是平等的,就是有可能按照自己的方式生活。坚持这些要求,回答就只有一种,就是消灭帝国主义。不管帝国主义可能带来什么物质利益,当

---

① Arthur Creech Jones ed. *New Fabian Colonial Essays*. London: Hogarth Press, 1959, p.13.

② Ibid., pp.13—14.

③ Ibid.

人民准备将它用来换取自由和由此得到自尊时,尖锐的问题就惊人地和迅速地产生了。"①

由于殖民地有两个问题,他说:"如果殖民地的实质性问题可以归结为简单的选择,即或者是帝国主义或者是托管制,也就是或者是面包或者是自由,那么今天的社会主义者就不会有任何困难了。这说到底要由殖民地人民来选择。如果他们宁可选择自由的美酒,而抛弃在从属状态下得到的优质的面包,他们就会自食其果。如果他们要求我们作为一个受托管者留下来,我们凭良心也会这样做。他们甚至期望选择自由而又变成良好的面包被施予者。许多一度是殖民地的地区,在我们这一代从帝国的统治下获得解放,而生活水平没有任何明显的下降趋势。许多方法正在演变为较富国家和较贫国家之间的帮助,它再也不需要帝国这种关系的存在了。现在,殖民政策的全部辩论都倾向于自由,这和将托管制改变为新水平的自愿互助是相联系的。"②

在这一基础上,他提出英国的做法。这就是:"对英国来说,这可以表述为联邦这一概念,在联邦的条件下,所有的帮助,包括经济的、金融的、军事的、教育的和技术的,都可以得到发展,而不损害任何人基本自由的一根毫毛。殖民政策可以并入一个日益扩大的联邦政策之中,对那些有较多的国际思想的人来说,甚至可以并入一个日益扩大的联合国政策之中。整个问题急剧地改变了,从帝国统治的细节变为国际合作的技术。我们再也不是'殖民'强国,而我们仍然对那些依然需要我们帮助的人带来利益。"③

兴登进一步指出,相互对立的物质利益和自由并不是殖民政策的唯一问题。结束帝国统治之时,会有另一些困难产生。首先,有些殖民地居住着不同的种族,帝国的力量一旦撤走,它们就会发生冲突;因此,他认为:"英国社会主义者的两难选择可以简单地表述如下:'我们哪里敢从肯尼亚或坦噶尼喀或中非联邦撤出,而为重蹈南非少数白人统治的覆辙打开大门呢? 假如英国在布尔战争之后不准许南非独立而留在那里保护土著民族,南非的

---

① Arthur Creech Jones ed. *New Fabian Colonial Essays*. London: Hogarth Press, 1959, p.14.

② Ibid., p.15.

③ Ibid.

土著居民就果真不能更好一些吗?'帝国主义可能不是这么坏的,但又不敢这么说。"①此外,他认为有些殖民地只是地球上一个小点,根本不能自给和自卫,就很难解决其政治地位问题。总之,在他看来,在资本主义和帝国主义入侵前,所有这些殖民地上的居民是无法生活或无法和平地生活的;只有入侵才能解决问题,撤出只能使问题更为严重。

在他看来,这就是迟迟未能解决的帝国主义问题,是现在任何一个社会主义者不能简单地躲开的问题。他认为,从长远的观点看,西方帝国主义必然结束的时刻肯定要到来。对英国社会主义者来说,这个问题终归会得到解决;现在只是如何和何时解决。但这并不是说,在社会主义影响之下,这些年来,英帝国主义已经具有所谓不可忍受的剥削性和腐朽性;完全不是这样。马克思、列宁和霍布森的预言是错误的。殖民地已经不是英国过剩资本的宣泄地。恰恰相反,它们极其需要英国的资本,而英国却没有足够的数量供给它们,因为英国已经没有过剩的资本了。这就意味着英帝国主义的结束。

他还认为,从另一个角度看,帝国主义也要结束。这就是正在发展的强大的殖民地民族主义已经超过它们要服从协约的意愿。实行托管制的结果,即知识和财富的增加以及新机会的获得,已经使托管制不能继续实行。开明的殖民政策是英国的掘墓者。监护实行得越多,它们摆脱监护时,托管者在良心上就越不能拒绝其要求。正是托管制本身在逻辑上使自己结束,这就立刻并永久解决了殖民政策中的两难选择和结束了它的两重性。

但是,即使帝国主义时代结束了,帝国主义的再生时代仍然要跟随着我们。英国的统治撤走以后,有什么东西可以代替它呢?英国可以给肯尼亚人民留下什么安排,以便他们撤离之后,欧洲人、亚洲人和非洲人能够和睦地居住在那里?英国撤离塞浦路斯和新加坡之后,为了确保西方的防卫战略和维持英国联邦的生命线,英国能做些什么呢?英国结束了在加勒比的统治之后,怎样才能将10个分散的西印度属地统一为一个整体,以便产生一个强大的新政治力量呢?他认为这仅仅是现在要解决的一些问题。如果我

---

① Arthur Creech Jones ed. *New Fabian Colonial Essays*. London: Hogarth Press, 1959, p.16.

们要从教训中认识其重要性,以及认识对其忽视带来的悲惨结果,那只要想一想 1956 年的中东危机就可以了。一世代以前,英国是该地区的重要帝国力量,社会主义者要结束那里的英帝国主义霸权,中东国家有同样的要求。托管制实行了一段时间后,霸权实际上是结束了,但并没有代之以持久的稳定。小王侯在腐败中进行统治;石油公司施展诡计和行贿收买;大国政治要弄一个小国去反对另一个;鼓励它们的傀儡王朝,并以武器加以引诱。所有这些难道比旧的帝国主义更好些? 在某些方面它甚至更坏些。这样,兴登的分析就为帝国主义的再生时代的必要准备了条件。

经过冗长的分析,他得出的结论如下:"由于旧的帝国主义的瓦解,社会主义者现在对 20 世纪下半期提出的问题必须转变为新的世界秩序的形成,而不是其他。帝国主义连同它所有的缺点曾经是世界秩序的形式。英国统治下的和平曾经维持世界大部分地区的某种和平以及国际安全。一个国家接着一个国家摆脱帝国的枷锁之后,它们各自会不会毫无阻碍地实行自己宣布的民族主义? 它们会不会站到破坏国际协约的立场上,即如果地理条件和资源物产有利于它们,就霸占下来予以榨取;如果它们想干,就压迫少数民族(或多数民族),并且武装起来威胁邻国? 如果情况是这样,药物就同疾病一样糟糕。结果,必须有另一种国际体系来代替帝国主义,它是承认国家之间的法律规定的。英国社会主义者正在认识的是,不能简单地以驱逐罪恶来消灭弊端;历史仍然有一笔债等待着清偿。"①

兴登在这里谈论的问题都是似是而非的。所谓英国统治下的和平,犹如罗马帝国统治下的和平一样,都是压迫下的"和平",它本身就包含着不和平的因素,最明显的表现就是各殖民地人民的民族解放斗争。第二次世界大战后,民族独立国家奉行的民族主义,就是民族有独立为国家的权利和坚持国家主权,这正是它们用来反对垄断资本主义国家掠夺其资源的武器。至于各民族纷争,在历史上原是在资本主义产生和民族形成过程中,民族国家在建立过程中曾经发生过的。不论是建立单一民族国家,还是建立多民族国家,都会遇到如何形成一个不断扩大的市场问题。但是,在当今的条件

---

① Arthur Creech Jones ed. *New Fabian Colonial Essays*. London:Hogarth Press,1959,p.18.

下,民族纷争都有其国际背景,大多是由于"大国政治"的"耍弄",其目的是维护大国的利益。英国对印度次大陆实行"分而治之"的政策,就是印度和巴基斯坦纷争的重要原因。因此,问题的根源还是在大国身上。认为帝国主义是世界秩序的一种形式,它的结束就会带来世界混乱,因而有必要以另一种世界秩序或国际体系来代替,这种看法一方面是"罗马帝国统治下的和平"论的翻版,另一方面则是从政治上而不是从经济上考虑问题的。在我看来,只要民族独立国家尚未能从经济上结束帝国主义对其统治,无论哪一种世界秩序和国际体系都具有不平等的经济内容。要消灭这种不平等是不可能的。在这种条件下,帝国主义结束其对殖民地的政治统治后,要建立的世界秩序,最重要的就是防止帝国主义在政治上卷土重来和挑唆国家纷争、民族纷争,以便从中得利。为此,最重要的就是要强调民族主权、民族平等、国家主权、国家平等、和平共处。这种原则已反映在有社会主义国家和共产党人参加制定的《联合国宪章》上。当今的联合国不是第一次世界大战后的国际联盟,后者实质上是资本主义国家的世界政府。联合国安全理事会的职责就是根据这些原则维持世界秩序。

三、斯特拉彻的殖民地理论

英国工党的重要理论家斯特拉彻在《帝国的终结》(1960年)中说,如果像许多头脑比较简单的英帝国主义者所真正认为的那样,英国没有它的帝国就会挨饿,那么,他们现在就应该是接近于挨饿了。又如,按共产党人的说法,英国人民的生活水平在1945年以前的缓慢的、但无可否认的改善,是由于帝国主义对被奴役人民的剥削,如果是这样,那么,1945年以后他们的生活水平就应该猛降到仅能生存下去的水平了。因为,就1945年以前他们可能一直在剥削的每10个人来说,他们已经失去了剥削其中将近9个人的劳动的直接政治权力。然而,事实上,1945年以来的这14年,英国人民的生活水平较之过去任何时期都有更加持续不断的改善。

斯特拉彻是1959年说这番话的。这时,英国的经济已度过了战后初期的困难阶段。由于是从困难到恢复正常,他能够说"有更加持续不断的改善"。但我们不谈论这方面的问题。我们要指出的是,他显然认为,不以直接的政治权力统治殖民地,就不能从经济上控制殖民地,也就不能剥削殖民地了。这是错误的。以前我们指出,剥削殖民地的最根本的方法,是与之交换商品。对外贸易在英国的国民经济中占的比重很大,其中有很大部分是与原来的殖民地国家进行的,从中英国能得到巨额的垄断利润,因此,英国人的生活水平并没有由于原殖民地的政治独立而下降。至于英帝国是否就由此终结,下面就会看得很清楚。

他还用西德作为例子说明这一点。他说,今日的西德无可争辩地证明,在没有帝国属地的条件下,维持一个稳定、繁荣和进步的经济是可能的。西德在彻底崩溃以后,仅仅用了 14 年的时间,就成为经济大国,在世界上居于既有影响、又有十分重要的地位,这证明,帝国属地至少不是物质力量的必要因素。这一点也有力地令人感到,这种属地反而可能是个"脓疮",它会使国家的生命失去经济上和道义上的活力。同一般人的偏见恰好相反,一国的强弱今天可能正好同它的帝国属地的多寡成反比。

这里的问题同前面一样,就是认为政治上的殖民地的丧失,就是经济上的殖民地的丧失。西德一直都标榜它没有殖民史。因为在第一次世界大战中,它本想夺取更多的殖民地的,但因战败,原来占有的殖民地也丧失了;在第二次世界大战争中,它建立了地跨欧洲和北非的第三帝国,也因战败,帝国垮台。但它发动的两次世界大战本身却表明,这个后来居上而占有的政治殖民地又较少或全无的国家,随着经济地位的上升,是力图占有政治殖民地的。

四、戴高乐的殖民地言论

戴高乐曾分别于 50 年代担任法国政府首脑(第四共和国)和 60 年代担任国家元首(第五共和国)。他对殖民地的看法构成法国宪法相应部分的内容。

他首先指出,第二次世界大战后,殖民帝国已经消灭。他说,某些大国,法国、英国和西班牙,或者像荷兰以及在某种程度上还有比利时这些小国所建立的帝国已经被推翻了，作为帝国来说毫无疑问已经消灭了。如上所述，这是一般资产阶级理论家的看法，资产阶级政治家更是这样。基于这样，他根据法国的实际情况认为，法国的亚非属地发生争取独立的事件后，要想把法国的帝国保持得像过去那样，简直是一种赌博。特别是目前全世界各地的民族正在觉醒，而俄国和美国又在对它们竞相许愿，法国就更不能有这种梦想。为了使那些由法国负责的各国人民将来同法国站在一起，法国必须主动地使它们的隶属地位变成自治，把它们目前的附属关系变成合作关系。这就是说，法国允许殖民地自治，使其不附属于法国，而同法国结成合作关系。他坦率地承认，这种"非殖民化"符合法国的利益，这就是法国的政策。

他明确地表示，这些已经非殖民化的原法国殖民地，是不能脱离由法国本土和它们共同组成的法兰西联邦（或共同体）的。他说，法国以及同它相联合的各族人民共同进行的事业向人类文明提供一种前景，这种前景在世界上引起了各种不同的反对。首先，强大的苏联帝国主义到处推行颠覆活动，目的是要有一天把它的恐怖专政扩展到被颠覆的国家去。此外，美国要进行一种"哄抬市价"的竞争，这种竞争经常是被容忍而没有被排除，它会严重地损害法国的地位和行动。最后，欧洲在战略和经济上组织起来，无疑是必要的，但是，人们看到，由于其领导人的错误，过去曾遭到失败的某些欧洲国家却暗中怀着一种意图，即只愿意一个或多或少地同海外领地脱离关系的法国加入欧洲的组织，也就是只愿意一个限制在狭小范围内、大大削弱的法国加入欧洲组织。当然，这种种不怀好意的行为，从法国内部方面的叛乱、幻想和愚昧无知都可以得到帮助和配合。总之，从内外两方面都进行了不少的努力，要想毁坏刚刚诞生不久的法兰西联邦。可是，这样是不行的。法兰西联邦是一个整体，无论用宣传鼓动、用外国压力、用外交行动来破坏它，法国都不允许。

五、罗斯托的殖民地理论

华尔特·惠特曼·罗斯托曾任美国国家安全事务副特别助理。他在其《经济成长的阶段——非共产党宣言》(1960年)中，提出一套非殖民化的理论。这些理论是其经济成长阶段理论的组成部分。

他将经济成长分为五个阶段,这就是传统社会、为起飞创造前提条件阶段、起飞阶段、向成熟推进阶段和高额群众消费时代。划分的标准不是生产方式,有时是生产工具,有时是消费标准。这是不正确的,并且是二元论的。但在这里我们不谈论这问题。他认为,从一个阶段进入另一个阶段,都要有外力的作用。这样一来,他就无法说明第一个发展起来的社会其动力何在的问题。在他看来,这个社会就是英国;英国具备进入起飞阶段的必要和充分条件,是许多完全不相关的情况的结合造成的结果,这是历史上的偶然。自此以后,其他社会的发展都是由于受到比它先进的社会的刺激所致。根据这种历史哲学,在他看来,像美国这类发达资本主义国家已进入高额群众消费阶段,苏联处于成熟阶段,我国、印度、土耳其、阿根廷等处于起飞阶段,而更多的"南方"国家则处于起飞阶段以前的落后阶段。

这种历史发展外因论,正如一切历史发展外因论一样,完全可以将侵略说成是帮助发展,将奴役殖民地说成是帮助它变落后为先进,即殖民主义就是非殖民主义。罗斯托的理论也是这样。他的发明创造在于:为了拯救"南方"人民,使其免受共产主义疾病的毒害,"北方"的民主主义国家在道义上应对"南方"进行援助。

根据这种历史哲学,他认为历史上殖民主义的产生,一个原因当然是因为从 15 世纪以后,就有一个各种力量角逐斗争的世界舞台,欧洲的民族国家在海外各地争夺贸易,争夺在军事上有利的基地,争夺当时构成军事潜力的物资如金银和船舶物品等。但是,作为殖民主义本质的使用军事力量则还有另一个原因。它同欧洲无关,而同殖民地区本身的社会情况有关。最重要的就是将一个不能把自己组织起来的传统社会组织起来,从事现代的进出口活动,包括为出口而生产的活动。此外,在 1900 年以前的 400 年中,美洲、亚洲、非洲和中东的土著社会正处在一些不同的阶段,它们没有适合于同西欧做生意的结构和动机,也没有保护自己反抗西欧武力的结构和动机,所以,它们就被夺取过来和被组织起来。在他看来,殖民主义的作用就是促进这些社会的发展。他甚至说,在美西战争以后,美国由于占有菲律宾而感到很意外和为难。因为当时它发现,如果不将一个其社会尚未现代化的殖民地送到另一个殖民国家的手里,就不能放弃这个殖民地。这等于说,美国之所以占有菲律宾,是由于不这样后者就不能现代化。

他认为,第二次世界大战后,殖民主义实际上已经死亡。但是,正是在这种条件下,西半球、西欧和日本的资本主义正处于异乎寻常的成长中。这证明成熟的资本主义并不依赖殖民地。不论资本主义社会发生什么样的经济困难,这种困难主要不是由于对帝国主义政策的依赖。如果说有什么问题的话,在目前是由于它们不愿意充分关心不发达国家的世界,不愿意拿出足够的资源给这些国家。国内需求不是不够大,以致政府不得不注意国外,而是国内需求太大,因而政府不能拨出足够的资源供国外事务之用。

他特别指出,这样一来,就会为共产主义的胜利创造条件。因为共产主义的希望,现在不在于利用推销出口商品这种竞争所引起的混乱和危机,而在于资本主义世界过于注意国内市场,即不帮助落后国家的发展。

为什么会这样呢?原来他将共产主义污蔑为一种不合人情的政治组织形式,是一种病症。当起飞阶段在政治、社会和经济上还没有完成和巩固以前,即一个社会虽然已经积累了相当大量的社会经营资本和技术知识,但是在残余的传统分子和愿意使社会结构现代化的人之间存在着冲突,会发生政治混乱,在这时共产党阴谋夺取政权是最容易的。但是,共产主义决不是唯一有效的国家组织形式,不能用来巩固传统社会过渡过程中的前提条件,并使起飞阶段开始,把社会推向技术成熟阶段。因此,共产主义是例如日本的明治维新和土耳其的凯末尔主义之外的一种不合人情的政治组织,它能够在这样一种社会中推动和支持成长过程,即在创造前提条件时期没有产生为数众多的、有企业心的中产阶级,也没有在社会领袖中产生足够的政治上的一致意见的社会。如果一个过渡社会不能够有效地把它内部愿意进行现代化工作的分子组织起来,这个社会就会得这种病症。

按照罗斯托的理论逻辑,为了免得共产主义病症,这些国家的有企业心的中产阶级就要迅速成长壮大,以便在力量上压倒传统分子。但是,他又认为,第二次世界大战后,这些国家的人口增长率不仅比战前提高,而且高于欧洲各国处于相同历史阶段时的人口增长率;而积累率要超过人口增长率才能过渡,这样,这些国家要过渡到起飞阶段,其积累率就要比当时的欧洲高。根据他的计算,人口多增长1%,就要从国民收入中多拿出3%作为投资,因而这种较高的人口增长率造成了一种紧张的情况,提出了新的挑战。

其结果就是农业承受的人口压力特别大,没有什么剩余可供积累,运用资本从事生产的阶级不易产生。在这个条件下,不但不能过渡到起飞阶段,而且使共产党容易阴谋夺取政权,这是多么可怕的事情啊。唯一的出路就是,这些国家要接受先进国家的援助,造成强大的中产阶级,才能过渡到发动阶段,才能避免共产党夺取政权。

根据这种说法,这些国家是需要援助的,但是,先进国家为什么要加以援助呢?没有办法回答,他只好求救于道义、义务、拯救文明。他呼吁:除非在民主的北方的人们尽到其全部道义和义务,把全部精力和资源拿出来,正视和应付目前世界成长阶段所隐含的挑战,否则,剩下来需要保卫的文明可能就不多了。这就是说,如果"民主的北方"不对那些奴役土著的殖民地(南方)加以援助,那么,它们由于不能过渡到起飞阶段而被共产党夺取了政权,文明就近于毁灭了。这是以保卫文明为幌子,控制一些原殖民地国家。

按照他的计算,要使亚洲、中东、拉丁美洲进入正常的成长,使这些地区的人均收入每年增加 1.5%,每年就需要增加大约 40 亿美元的援助。当时(1959 年)哪个国家有此能力?唯有美国。因此,罗斯托的这些理论不但不是什么非殖民化理论,相反地,倒是美国要建立其美元帝国以取代英、法殖民帝国的理论。

第十三章 "没有殖民地的帝国主义"理论

一、概述

　　1969—1970 年,在英国牛津大学召开了有关帝国主义理论的讨论会,会后由罗杰·欧文和鲍勃·萨克利夫把会上讨论的内容编成《帝国主义理论研究》一书,于 1972 年出版。该书除欧文的概述和萨克利夫的结论外,共三大部分,收进 13 篇文章。目录如下:第一部分为帝国主义理论,共 5 篇文章:《马克思主义的帝国主义理论》(汤姆·堪普)、《马克思主义帝国主义理论批判》(巴勒特·布朗)、《工业增长和德国早期帝国主义》(汉斯-乌尔里希·韦利尔)、《某些非洲和第三世界的帝国主义理论》(托马斯·荷德金)、《基础不在欧洲的欧洲帝国主义:协作理论描绘》(罗纳德·罗宾逊);第二部分为当代帝国主义理论概况,共 2 篇文章:《没有殖民地的帝国主义》(哈里·马格多夫)、《帝国主义与第三世界的工业化》(鲍勃·萨克利夫);第三部分为帝国主义作用的实例研究,共 6 篇文章:《埃及和欧洲:从法国远征到英国占领》(罗杰·欧文)、《帝国主义和印度资本主义的增长》(普拉巴特·帕特内克)、《在几内亚的法国帝国主义》(R.W.约翰生)、《利奥波德国王的帝国主义》①(J.斯坦杰斯)、《法国在非洲的扩张:神话的理论》(A.S.甘亚-福斯纳尔)、《经济帝国主义和商人:1919 年以前的英国和拉丁美洲》(D.C.M.普拉特)。

　　从目录可以看出,会议讨论的虽然是帝国主义问题,但内容很庞杂,有帝国主义理论史,有历史上的帝国主义,有当今的帝国主义及其理论,也有

---

　　① 利奥波德二世为比利时国王。1884—1885 年在帝国主义国家柏林会议上,决定成立以他个人为宗主的"刚果自由国"。

各个国家的帝国主义。各与会者对帝国主义概念的理解也不相同,有的认为一个国家向外扩张就是帝国主义,因此,有各种不同历史条件下的帝国主义;有的认为资本主义总是向外扩张的,因而它就是帝国主义,就是说帝国主义不一定同垄断资本主义相联系;有的还对马克思的帝国主义理论和列宁的帝国主义理论①提出批评。与会者的专业也不相同,有经济学家、有经济史学家,也有历史学家。由此可以推断,讨论会不可能有一个共同认可的结论。评论这次讨论会是一项独立的任务。

这里我们只述评哈里·马格多夫的《没有殖民地的帝国主义》。马格多夫是美国《每月评论》的两位主编之一(另一主编是保罗·斯威齐),是《帝国主义时代——美国对外政策的经济学》和一系列关于帝国主义的论文的作者。

他的概括性论述如下:19 世纪末,几乎所有大国疯狂夺取殖民地的突发高潮,无疑是"新帝国主义"主要和显著的特性。它确实是这段历史的惹人注目的标记,但决不是新帝国主义的本质。实际上,像通常的那样,将殖民主义和帝国主义看成同一物,恰恰是研究这个问题的障碍,因为殖民主义在帝国主义的现代形式以前就已经存在,帝国主义在殖民主义消灭以后仍然存在。

殖民主义本身的历史很古老,最近五个世纪的殖民主义与资本主义的社会——经济制度的产生和成熟相关联。寻求和取得殖民地,包括在政治和经济上控制而不占有殖民地,是商业革命的重大特征,这一革命有助于瓦解封建主义和创立资本主义。在资本主义以前,散布在地球各处的地区性的贸易格局,并没有被市场的无情力量所打破。这种力量为更加优越的军事力量所取代,后者为从传统的贸易格局过渡到一个世界市场奠定了基础,这个市场代表了西欧的需要和利益。首先出现的是海军,这是以先进的火炮和能够装运火炮的船只为基础的,它产生用以兼并殖民地的威慑力量,开辟贸易港口,强行建立新的贸易关系,开发矿山和经营种植园。由于海上力量占优势,这种殖民主义主要限于在沿海地区实行,只有美洲除外,因为美洲的稀少人口只具有原始的技术,并且极有可能患上欧洲的传染病。直到 19 世纪为止,从欧洲的立场看,同这些殖民地建立的经济关系是适应其进口需要的:其特点主要决

---

① 从后面论述的马格多夫的殖民地理论中可以看出,他不同意列宁这种看法:资本输出的必要性是由于"有利可图的"投资场所已经不够了。

定于宗主国要得到只有在这些殖民地才找到的稀有商品和财富的愿望。在这些年中,在大多数情况下,作为征服者的欧洲人,在交换他们所需要的香料和热带农产品以及从美洲出产的贵金属时,自己提供的东西是很少的。

宗主国与殖民地的关系,由于产业革命和蒸汽铁路发展的影响而发生变化。这使土著工业衰落、经济渗透到内陆、国际银行发展到新阶段、输出资本的机会增加,其结果就是导致主要的利益从进口变为出口。进一步变化的产生,是由于建立在新冶金学上大工业的发展、有机化学在工业上的应用、新能源的发现、新交通工具和海洋运输的采用。

按照各殖民地的地理上和历史上的差异,以及在不同时代它们为之服务的不同目的,就不可避免地得出这样的结论,那就是如像某些历史学家和经济学家已经做过的那样,试图将所有的殖民主义塞到单一的模式中,是注定不能令人满意的。当然,在不同的殖民经历中有共同的因素,这就是为了主要中心国的利益而剥削殖民地。此外,殖民地和半殖民地世界发生的巨大变化,都是对技术先进的资本主义的扩大需要的变化的反应。虽然这样,如果我们从时代的观点去了解殖民地世界的经济和政治,我们就得去确认和区分伴随着商业资本主义、自由竞争产业资本主义和垄断资本主义而来的差别,正如我们得去区分主要中心国这些发展阶段一样,如果我们想了解资本主义发展的过程的话。

由此,马格多夫就得出这样认识:"将帝国主义和殖民主义看成同一的东西,不仅妨碍人们对殖民地—宗主国之关系的历史变化的了解,而且增加人们对资本主义世界体系最近的变形即垄断资本主义时代的帝国主义的认识的困难。产生这种障碍的根源,就是创立僵死、静止、超历史的概念模式,来应付复杂、变动的现象的那种做法。我建议研究以其为基础建立起来的这类模式的某些更常见的错误观念,是由于相信这将有助于阐明没有殖民地的帝国主义的论点。两个这种错误概念是特别常见的,两者都与资本输出所起的重大作用有关:这是在有关过剩资本的输出和先进资本主义国家利润率下降的讨论中产生的。"[①]

---

① Harry Magdoff, "Imperialism without Colonies," in Roger Owen, and Bob Sutcliffe eds., *Studies in the Theory of Imperialism*, London: Longman, 1972, pp.146—147.

应该说,马格多夫努力区分不同时期的殖民主义是非常正确的,特别是在某些历史学家和经济学家看不到这种差别,并由此认为凡有殖民主义就有帝国主义时,尤其是这样。但是,他对殖民地的认识是片面的,即只是政治殖民地或殖民地国家;马克思提到的那种经济殖民地,从而一国之内也可以有经济殖民地,这些他是不理解的。经济殖民地概念的阙如,使其"没有殖民地的帝国主义"理论不能没有漏洞。

马格多夫文章的编者非常理解和支持他的理论和方法论。编者的按语说:"将帝国主义和以政治统治形式表现的殖民主义形态视为同一物,是发生错误的一个根源,它困扰大多数的帝国主义讨论,本书有一种观点就是这样。正如马格多夫在这里论辩地指出的,马克思主义者的一个共同特点是,认为虽然世界领土的瓜分是19世纪末'新帝国主义'的某一部分,但是帝国主义在非殖民地化后仍能完整地存在。"①编者将马格多夫的思想表现得更明确:这里的殖民主义指的是以政治统治形式表现出来的,因此,等同于帝国主义的殖民主义,是统治政治殖民地,而不是经济殖民地。

下面我们按照马格多夫的理论逻辑予以述评。

二、过剩资本的压力问题

马格多夫首先指出,随着垄断资本主义时期新帝国主义而来的显著特征是资本输出的急剧增加。资本输出和帝国主义扩张之间的纽带,从投资者方面看,就是明显地要有一个安全和友好的环境。他接着提出这样的问题,为什么在19世纪最后25年以及一直到现在会发生资本流动的高潮? 通常看到的解释是先进资本主义国家于此时开始背上过剩资本的包袱,这些资本在国内寻找不到有利的投资机会,因而需要国外的宣泄地。虽然这种看法是有实例可以证明的,这就是垄断的增长导致增加投资的困难,但是不能说明资本输出的刺激主要来自过剩资本的压力。

---

① Harry Magdoff, "Imperialism without Colonies," in Roger Owen, and Bob Sutcliffe eds., *Studies in the Theory of Imperialism*, London: Longman, 1972, p.144.

在他看来,解决问题的关键在于:理解和认识资本主义是一种世界体系。强大的民族国家和民族主义的重要性导致掩盖全球资本主义体系的概念。但是,资本主义社会的民族主义是这个体系的国际主义的自我变化,胜利的资产阶级所以需要民族国家的力量,不仅是为了发展内部市场,建立适合的社会基础,而且同样重要的是,为了在民族国家竞争的世界中,取得和保护进行对外贸易和投资的机会,每个资本主义国家都要求保护自己、选择贸易渠道、在国际上自由活动。保护主义、强大的军备和外部市场的竞争是三位一体的东西。

马格多夫谈论的资本主义的国际主义表现为民族主义以及后者掩盖了前者的原因,无疑是正确的。他说的国际主义就是马克思说的世界主义。马克思说,正如货币发展为世界货币一样,商品所有者也发展为世界主义者。人类彼此间的世界主义的关系,最初不过是他们当作商品所有者的关系。商品就其本身来说,是超出于一切宗教、政治、民族和语言的限制的。它们的共同语言是价格,共同形式是货币。随着与国家铸币相对立的世界货币的发展,商品所有者的世界主义则变为行动,即崇尚实践,而与阻碍人类物质代谢的祖传宗教成见、民族成见相对立。在商品所有者看来,整个世界融化于一个高贵的观念,那就是一个市场;而民族性不过是总是保持着同一价值的金块,在流经不同的国家、变成不同国家的铸币时,所印上的国家标记而已。

马格多夫对资本主义的国际主义(世界主义)性格分析的正确性,并不能证明他认为资本主义是一种世界体系的看法是正确的。这是因为,这只表明他对资本主义的商品总是力求冲出国家的政治疆界的现象记录下来,但这个记录本身并不能揭示现象背后的本质。这样一来,就无法区别不同发展阶段的资本主义与国外殖民地的关系的特点。其实,正如我们已做过的那样,要从再生产的实现条件来区别这些特点。① 只有这样,才能从理论上分析处在哪一个发展阶段的资本主义在本质上是一种世界体系。马格多夫的方法论是无法进行这样的分析的。我们看他是如何进一步分析问题的。

他说:"从这方面看问题,资本输出就和国外贸易一样,是资本主义企业

---

① 陈其人:《论帝国主义是垄断资本主义的世界体系》,《光明日报》1989 年 4 月 10 日。

的正常职能。此外,资本输出的扩大是和资本主义的地理扩大紧密联系的。上溯到商业资本主义早期,资本就开始突破其起源的地理界限,到美洲和亚洲为种植园和矿山提供资金。由此而发展起来的国外银行业为对欧洲的贸易提供资金,并支持国外投资计划。即使在某些时候和某些地方,国内投资的机会减少,资本输出的主要动力也不是过剩资本的压力,而是资本的有效使用,即要取决于该地要有由当时的技术制约的有利投资机会的存在、其他国家的经济和政治条件以及母国的资源。例如,要强行得到许多这样的获利机会,军事力量就是必要的,短缺的人力和经济资源很快就会用在这上面,这样投资的机会就受到限制。"[①]这就是说,在他看来,资本输出是随着资本主义的产生而产生的,其原因不是资本过剩,而是获利机会的吸引力。这样一来,他就无法区别在资本主义发展的各个阶段资本输出有何特点,或者反过来说,无法从这些特点去认识资本主义各个阶段有何不同。

他接着说,由于产业革命和大量产品的生产,"资本主义的企业特别需要寻求用于出口的市场,但是海外地区却缺少用以交换的商品。结果,由于进口大于出口,许多向工业化国家购买商品的国家负了债。在这种条件下,主要中心国贷出资本的必要和机会都增加了。资本输出变成商品输出的重要支撑物"。[②] 这样一来,正如资本主义一旦产生,资本就会越出国界流动,就有资本输出一样,产业革命一旦发生,落后国就有贸易逆差,它就变成工业化国家的资本输出。问题同前面说的一样,这就无法区别资本主义各个阶段的资本输出有何不同。

由此他得出结论:"重要之点在于:资本输出有悠久的历史,它是这两者的产物:a.先进资本主义国家世界范围的运转;b.在资本主义成熟为一种世界体系中演变而来的各种机构和经济结构。它不是过剩资本的产物。这并不是说从来没有'过剩资本'问题(从海外流回的利息和利润有时会产生这样的问题),也不是说有时在这种过剩的压力下资本仍不流动。富有经验的国际货币市场一旦产生,它们就会被用于各种用途。例如,在一些市场上暂时发生的银根松或银根紧,作为反应,短期资金就会越过国界流动。货币的

---

① Harry Magdoff, "Imperialism without Colonies," in Roger Owen, and Bob Sutcliffe eds., *Studies in the Theory of Imperialism*, London: Longman, 1972, p.148.

② Ibid.

贷放通常是为了政治和经济的目的,为了一个国家影响和施恩惠于另一个国家。但是,为国际金融市场加强基础的是贸易和投资的国际网络,它的产生是由于先进的工业化国家为了满足自己的需要而在世界市场上经营活动。这样,虽然国内过剩的资本有时会成为资本流出国外的促进因素,但是在我看来,更为确切的解释,可以从先进资本主义国家的国内经济情况和它们的海外市场之间的关系中找寻。"①这就是说,在他看来,资本主义既然是一种世界体系,这个体系又是由金融网络加以编织的,那么,随着体系内各地金融情况的变动,即银根的紧和松,货币资本就必然跨越国界而流动。这就是资本输出的原因。

除了上述的不能说明资本主义各阶段中的资本输出有何不同外,这种说明还集中地表明马格多夫的看法中的方法论是存在问题的。这就是,他是以国家政治界限来观察资本输出的,认为凡是超越国界的资本流动就是资本输出,而不问这种流动是在资本主义范围内的还是资本主义和前资本主义之间的。我个人认为,正确的方法论应该将国界和两种不同经济成分结合起来观察问题。因为垄断资本主义是通过资本输出从落后的国家而取得垄断利润的,这是同其他阶段的资本输出相区别的。至于在资本主义范围内的资本流动,即使是发生在国和国之间,在方法论上应同上述的资本输出加以区分。这同卢森堡从经济成分的异同来区分国外市场和国内市场有点相似。

三、利润率下降问题

马格多夫指出,为了说明资本输出增加而提出来的第二个主要理由,是利润率的下降。这种理由是以资本积累为基础的,因为随着积累的进行,固定资本对于劳动的比例增加,导致平均利润率有明显的下降趋势。这种趋势驱使国内资本到劳动成本较低而利润较高的海外去投资。他认为,为了

---

① Harry Magdoff, "Imperialism without Colonies," in Roger Owen, and Bob Sutcliffe eds., *Studies in the Theory of Imperialism*, London: Longman, 1972, p.149.

现在的目的,目前没有必要去研究这一理论内部逻辑的一致性是否能由事实所证实;也没有必要去研究如果这是正确的,在垄断条件下这种趋势如何发生作用。这种研究之所以不必要,在他看来是由于在任何情况下,利润率的下降都不能解释国际资本运动的模式。换句话说,不论这一理论是否正确,从研究国际资本运动这方面看,它不是必要的前提。这一点可以由国外投资的两种形式来证明:购买国外债券和发展油田与矿山。但是,对这种看法加以说明之前,他认为有必要指出两个应予以区分的问题:我们这里考察的是帝国主义时代资本输出的原因;资本输出的结果对国内利润率的影响是另一个问题,虽然这无疑是重要的问题。

经过这样的说明,他再回到国际资本运动模式这一问题。首先,利润率下降的前提不适用于借贷资本。货币用于国外贷款的利率通常是有吸引力的,但是,由于它购买的是相对安全的债券,这种利率明显地低于产业利润率。这样,一个公司购买国外债券,对于利润下降就不能成为一种通常的抵销力量。

我个人认为,马格多夫在这里以利率和产业利润率相比较是不正确的;而应该分别比较国内和国外的利率和产业利润率。这就很明显。国外利率比国内的高,国外利润率比国内的高,因为经济规律是:经济越落后,利率越高,使用劳动越多,产业利润率越高,撇开垄断因素不谈,情况就是如此。这样,发达国家的资本(如折旧基金),暂不投在产业上时,便可以用来购买债券,尽管债券的利率比产业利润率低些。

其次,必须抛弃利润率下降的前提,才能解释对油田和矿山的广泛的直接投资。对这些产业的投资,主要不是取决于比较的利润率或国内利润率下降,而是取决于地质情况。决定的因素是由上帝安排的矿藏,以及将它们运送到消费中心的交通条件。当然,利润率通常已包括在内,它们往往是很高的。投资者也由于低工资而幸运地得到利益。但是,这种采掘工业的获利性不是以低工资而是以自然资源的丰富为基础的。

最后,第三种投资是对国外制造业的直接投资。它是验证利润率下降前提的唯一因素。在这里,人们期望看到资本对于普通的利润率差异,作为反应而发生的流动。那么,制造业直接投资的情况又是怎样呢?利润率支配所有的投资决定,这是不用说的;资本不断地要求得到最高的利润率,这是很清楚的。不论国内利润率的趋势是升还是降,只要在海外能得到较高的利润,人们就能预期资本外流。但是,刺激这种外流的,并不是海外可能得到的利润率必须高于国内平均利润率。影响投资者的,是国内和海外产业投资中的边际利润率的比较。从理论上说,海外新投资的利润率低于国内的平均利润率也是有吸引力的。例如,假设某制造业资本家在国内投资制造冰箱,得到的利润率是20%。他想继续增加投资,但发现在国内只得到15%的利润,但在海外却得到18%的利润。他必然投资到海外,尽管得到的利润比原在国内投资的低些。撇开统计资料的不精确不谈,这是那些将国内和海外制造业的平均利润率加以比较的资料之所以没有什么意义的原因。边际利润率对海外投资的作用,同国内投资平均获利性的降低并没有必然的联系。①

在我看来,马格多夫在这里谈论的正是过剩资本的形成及其存在是资本输出的原因,尽管他以前强调资本主义这个世界体系本身自然就存在着资本输出。过剩资本当然是指对于获取利润来说它是过多的,而且这种利润是边际利润。马克思对此有深刻的分析。他说:"只要为了资本主义生产目的而需要的追加资本=0,那就会有资本的绝对生产过剩。……只要增加以后的资本同增加以前的资本相比,只生产一样多甚至更少的剩余价值,那就会发生资本的绝对生产过剩;这就是说,增加以后的资本 c+Δc 同增加 Δc 以前的资本 c 相比,生产的利润不是更多,甚至更少了。在这两个场合,一般利润率也都会急剧地和突然地下降。"②马克思这段话不仅表明,在一定条件下增加资本(边际)会导致利润(边际)下降(甚至成为负数),而且表明这种下降虽然是一个企业的利润的下降,但会导致一般利润率下降。马格多夫将这两者割裂开来,应该说是不正确的。在这里我们也看到,他认为由边际利润率下降而导致的资本输出同平均利润率下降没有必然联系,也是不正确的,因为前者的发生会导致后者的加剧。

---

① Harry Magdoff, "Imperialism without Colonies," in Roger Owen, and Bob Sutcliffe eds., *Studies in the Theory of Imperialism*, London:Longman, 1972, pp.155—156.

② 马克思:《资本论》(第三卷),人民出版社 1975 年版,第 280 页。

四、垄断和对外投资

马格多夫的上述分析没有涉及垄断。现在他要谈论垄断对对外投资即资本输出的作用了；他要努力说明这是新帝国主义的核心问题。

他说："一种比利润率下降更为有用的前提，我相信是这样一种重要动力的影响，即在垄断条件下，资本运行的任务是以地球为范围进行直接投资。这种分析的内容包含对下列两点的解释：a.投资的主要对象是采掘业和制造业；b.在帝国主义时代中资本输出的逐步增加。其主要目的是要证明，资本输出增加的伴随物和垄断作为新帝国主义的核心这两者的内部关系。"①

他认为，企业的本质就是试图去控制它自己的市场，并且只要有可能，它就把整个地球视为其禁地而在其中活动。从资本主义时代开始以来，都是这样。但是，只要有许多竞争者在大部分工业中存在，控制市场的机会总是有限的。随着垄断条件（在每一种重要市场只由几个公司统治）的发展，控制力量的使用不仅是可能的，并且为了公司和资产的安全日益增加其重要性。

当然，力量的集中并不意味着竞争的结束。它只意味着竞争在新的水平上进行。最主要的就是，由于资本以世界为范围进行活动，企业就达成瓜分市场的协定，或为了争夺地球的绝大部分，几个巨头进行竞争性的斗争。

他认为，巨头企业之间的竞争性斗争产生了对外投资的动力。首先，对原料供应的占有，在促成价格控制、在对付那些也占有原料供应的竞争者以及在压制那些不占有原料供应的竞争者方面，都具有重大的战略意义。其次，控制和扩大市场是加紧输出资本的动力，对那些由于关税和其他贸易障碍而限制商品输出的地方来说，尤其是这样。这里的分析当然是正确的。

---

① Harry Magdoff, "Imperialism without Colonies," in Roger Owen, and Bob Sutcliffe eds., *Studies in the Theory of Imperialism*, London: Longman, 1972, p.157.

他强调说:"这种论辩绝不是否认利润动机的重要性。垄断控制的全部目的是对利润存在和增加的保证。利润动机和资本主义说到底是一个同一物。需要解释的是,利润动机是经常存在的,为什么从帝国主义阶段开始,以直接投资形式出现的资本输出会急剧增加。在这里,我提出要追溯垄断或更精确地说寡头的本质及其急剧产生的原因,这与利润率下降理论或前面讨论过的过剩资本压力理论相比,是一种更为有意义的解释。"①遗憾的是,他并没有根据其理论逻辑分析这种原因,以及它和帝国主义之间的关系。

他在另一个地方说:"为什么资本输出的突然高涨是伴随着现代帝国主义而产生的呢?……首先,新帝国主义的开始,是以有可能对英国在国际贸易和金融方面的霸权提出挑战的几个工业化国家出现为标志的。这些国家为了同样的目的而扩大其资本输出,即增加对外贸易和得到更好的市场。这样,英国这个资本输出的统治者就被其他几个国家所取代,在它们之中有些国家处于显著的地位,其结果就是资本输出总量大为增加。其次,随着几个先进工业化国家竞争激化而来的是保护关税壁垒的增长,跨越这些壁垒的办法就是对外投资(在国外生产——引者)。第三,资本主义新阶段是建立在其工业要取得新的大量原料供应的基础上的……这种取得不仅要有大量资本去勘探和开发国外的资源,而且要贷放资本给外国,使其有可能去发展必需的、配套的交通运输和公共设施。第四,集资公司、金融市场以及其他金融机构的成熟,为在海外和在国内的使用而动员资金准备了条件。最后,巨型企业的发展促使垄断的增长。这些企业控制市场的能力和愿望,为资本外流的扩大提供了另一种重要的动力。"②

从上述可以看到,除了最后一点与垄断有关外,其他各项都与垄断无关,而对最后一点的分析是很不够的。更重要的是,与垄断有关的资本输出的增加,为什么使垄断资本主义表现为帝国主义?马格多夫没有涉及这一重要问题。

---

① Harry Magdoff, "Imperialism without Colonies," in Roger Owen, and Bob Sutcliffe eds., *Studies in the Theory of Imperialism*, London: Longman, 1972, pp.158—159.

② Ibid., p.150.

五、没有殖民地的帝国主义

经过这样的分析，马格多夫提出他对第二次世界大战后帝国主义和殖民地问题的看法，认为这是没有殖民地的帝国主义。

他说："如果说没有殖民主义，现代帝国主义是可能的，那是错误的。但是，殖民主义的结束，绝不意味着帝国主义的结束。这种表面上看来是自相矛盾的解释，因为被看成直接运用军事和政治力量的殖民主义，对于许多附属国重建适合主要中心国需要的社会和经济机构具有重要意义。这种重建一旦建立，各种经济力量（国际价格、市场销售和金融体系）本身就足以使宗主国和殖民地之间的统治和剥削关系保持下去，并且加强。在这种情况下，殖民地就有可能享有正式的政治独立，而没有什么实质性的变化，甚至对原来导致征服殖民地的各种利益也没有严重的影响。"[1]在这里，我们再次看到，马格多夫论述的殖民地只是政治殖民地或殖民地国家。

他认为："这并不是说殖民主义是不攻自灭的。各种革命、群众反叛、革命威吓、对社会主义世界进一步扩大的畏惧、美国跻身于其他帝国的殖民领地，所有这些都为第二次世界大战后殖民主义的衰落开辟了道路。但是，重要之点在于，殖民地所要求的解除关系，是按照尽可能地保持宗主国的利益、避免前殖民地发生导致真正独立的社会革命的方式进行的。只要宗主国和殖民地的关系赖以维持的社会经济网络得以继续，那么，经过奋斗，就可以得到这样的机会，即大多数从殖民地控制中得到的利益可能不受损害。"[2]

在他看来，"这些考察并不适用于构成现代帝国主义特征的所有统治和附属关系。一些早就建立了相适应的社会和经济机构的独立国家，直接置于某一强国的经济统治之下，由此变成附属国，而没有经历过殖民地阶段。一些这样的经济附属国甚至也有自己的殖民地。例如，葡萄牙在一个很长

---

[1]　Harry Magdoff, "Imperialism without Colonies," in Roger Owen, and Bob Sutcliffe eds., *Studies in the Theory of Imperialism*, London: Longman, 1972, p.164.

[2]　Ibid.

的时间内是英国的附属国,葡萄牙帝国实际上是一个帝国之内的帝国(是英帝国之内的帝国——引者)。因此,帝国主义的历史表明,有形式和程度都极其不同的政治附属关系,这是不必惊讶的。同样,这也不难理解,为什么总的说来,帝国主义式样的主要方面,在赤裸裸的殖民主义衰落时代,竟也像在全部维持殖民主义时代那样存在着,因为帝国主义存留的决定因素是:a. 中心国大企业的垄断结构;b. 经济中心国控制和扩大原料来源和市场的必要性;c. 继续实行服务于主要中心国的需要的国际分工;d. 工业强国在各自对方市场和世界各地,为争夺出口和投资机会而进行国家间的竞争。此外,还有一个新的因素,即社会主义社会的成长和民族解放运动的扩展对帝国主义的打击,这些国家要求摆脱帝国主义的贸易网和投资网,这就对帝国主义造成威胁,使其比以前更迫切地维护帝国主义体系"。①

在这里我们清楚地看到,经济殖民地概念的阙如,使马格多夫不能像马克思将独立后的美国仍然视为英国的殖民地那样,将经济上受英国控制的葡萄牙视为英国的殖民地;并且为了自圆其说,认为它只受英国的政治控制。情况不是这样。列宁在《帝国主义是资本主义的最高阶段》中指出,葡萄牙是个独立的主权国家,但是实际上从争夺西班牙王位继承权的战争(1701—1714 年)起,这 200 多年来它始终处在英国的保护之下。英国为了巩固它在反对自己的敌人西班牙和法国的斗争中的阵地,保护了葡萄牙及其殖民地领地。英国以此换得了商业上的利益,取得了向葡萄牙及其殖民地输出商品尤其是输出资本的优惠条件,换得了利用葡萄牙的港口、岛屿、海底电缆等的便利。从原理看,认为政治控制没有经济目的是不正确的。

至于他提到的帝国主义存留的几个因素,具有决定性作用的是垄断结构的存在,因为其他因素是资本主义工业化以来都存在的。但是,垄断结构的存在就意味着要取得垄断利润,垄断利润的来源不在垄断结构本身,而在其他经济成分和社会成分,其中就有国外殖民地——经济殖民地和政治殖民地。第二次世界大战后,绝大部分政治殖民地已不再存在,而马格多夫又缺乏经济殖民地的概念,就不能深入地研究垄断结构的存在如何在经济上

① Harry Magdoff, "Imperialism without Colonies," in Roger Owen, and Bob Sutcliffe eds., *Studies in the Theory of Imperialism*, London: Longman, 1972, pp.164—165.

体现自己,即如何取得垄断利润。这样一来,他谈论的帝国主义存留因素事实上是同义反复,因为他认为帝国主义是垄断资本主义,所以,垄断结构的存在就使帝国主义存留下来。至于垄断资本主义由于要取得垄断利润,便要控制国外殖民地,并将它们和自己组成如像罗马帝国那样的帝国,这样它才表现为帝国主义。所有这些问题,都在他的视野之外。

他继续说:"当然,殖民主义的衰落对帝国主义中心国提出了严峻的问题,有的是旧的,有的是新的:a. 随着独立而产生多种期望,由于政治独立而有可能采用更多的灵活斗争手段,在这一条件下,如何才能更好地维持附属国的经济和金融的附属关系;b. 前殖民地占有国如何才能维持其优先的经济地位,并且不受其他竞争对手的侵犯;c. 美国如何扩大其影响,并且控制其他前殖民地占有国的优惠特权。"①

在这里,我们看得很清楚,他论述的实质上是如何巩固对经济殖民地的统治,以及如何夺取他国的经济殖民地。遗憾的是,他并没有认识到这一点。

他特别指出:"第二次世界大战以来,在新的环境下,维持经济附属关系的问题,由于苏联的竞争和某些新独立国家的急欲摆脱束缚而变得复杂起来。后者之所以这样做,一方面是由于群众的压力,另一方面是由于权贵们看准机会,要从行动中得到更多的份额。虽然帝国主义强国要用新的策略来解决这些复杂问题,经济附属关系的重要结构在没有殖民地的帝国主义时代仍然继续下来。要消除开始于重商主义时代、存在的时间很久、已经成熟了的附属关系,实非易事。在殖民地和半殖民地经济的贸易和经济联系发展的几个阶段中,半殖民地的经济结构作为主要中心国的补充物,越来越增加其适应性。价格构成、收入分配、资源配置,借助于军事力量和市场自发力量,不断地再生产着这种附属关系。"②

他继续说:"要掌握自己的命运,这些国家就要研究现在的国际贸易模式,并改变其产业和金融结构。没有这种根本改变,不论殖民地存在与否,经济和金融构造就依然存在,某些半殖民地国家所实行的有力的保护主义

---

① Harry Magdoff, "Imperialism without Colonies," in Roger Owen, and Bob Sutcliffe eds., *Studies in the Theory of Imperialism*, London: Longman, 1972, p.165.

② Ibid., p.166.

政策,不可能切断这种附属性的联系。当然,在某些方面,它们可以鼓励国内产业的发展。但是,在许多更为有利的领域,外国企业家可以绕过关税壁垒在那里开办工厂,并由此扩大外国经济的影响。"①

在我看来,这是一种很好的对经济殖民地的分析。

他明确地指出:"附属状况并不完全由已经发展的市场关系来维持和再生产。它也由附属国的政治和社会力量结构来支撑。用一般的概念来说,这些国家里的统治阶级由三部分构成:大土地所有者,其事务与外国商人利益相联系的商人集团,与外国商人集团很少或毫无联系的商人。尽管民族主义精神或多或少地会影响这三种人,但是他们之中没有人有足够的动力去支持为经济独立所需要的这样一种经济改革"。

因此,他认为,"前殖民地的经济与政治结构,两者都很适合于随着政治独立而使经济附属关系保留下来。在新的条件下,帝国主义的需要得到满足"。②

最后他指出:"在后殖民地时期,主要中心国仍然保持其影响和控制,这是需要特别注意的。其手法有旧有新,可以分为这几种:a. 在有可能的地方,在经济和政治上作出正式的安排,以维持从前的经济联系。这包括签订种种优惠的贸易协定和维持货币集团;b. 控制并支持当地的统治集团,以保持主要中心国的特别影响,并防止国内社会革命的发生;……c. 影响和控制经济发展的方向,尽可能地影响政府对资源分配的决策。……这些活动,除了影响经济发展方向之外,还能加深金融受援国对宗主国货币市场的依赖。"③

这实质上是对发达资本主义国家如何控制经济殖民地的分析。

我们将马格多夫的"没有殖民地的帝国主义"理论的最主要部分评述完了。我们从中可以看到,尽管他认为澄清资本输出是由于过剩资本的压力和利润率下降的错误观念,将有助于他提出新的理论,并且用很大的篇幅去说明这一点,但是,他要建立的理论与此并没有联系。他的想法不外乎是,

---

① Harry Magdoff, "Imperialism without Colonies," in Roger Owen, and Bob Sutcliffe eds., *Studies in the Theory of Imperialism*, London: Longman, 1972, p.166.

② Ibid., p.167.

③ Ibid., p.168.

资本主义本身是一种世界体系,在这个体系内存在的资本流动就是资本输出,而不管是否存在过剩资本的压力和利润率下降。至于在帝国主义时期为什么资本输出会达到高潮,他认为是由于 19 世纪末英国的世界霸权受到多国的挑战和垄断组织的对外投资。他还认为,垄断统治就是帝国主义,即使政治殖民地消灭了,只要垄断组织对附属国的经济和政治控制仍然被保留下来,帝国主义就仍然存在。这就是第二次世界大战后的没有殖民地的帝国主义。

从上述分析我们还看到,马格多夫对发达资本主义国家如何控制经济殖民地作了详尽的分析,尽管他不认为受到这种控制的就是经济殖民地。我曾经这样设想,如果他深入地研究一下殖民地理论的历史,他就会认识到,他的前人尤其是马克思和列宁都提出过经济殖民地的概念,这样,他对战后帝国主义和殖民地问题的认识就会相应地发生变化,一个科学的战后帝国主义理论体系就由他提出来。这是多么遗憾的事呵。

科学史上常有这样的事。恩格斯指出,普利斯特列和舍勒两人分析出氧气,但不知道他们分析出的是什么。他们为既有的燃素说范畴所束缚。这种本来可以推翻全部燃素说观点并使化学革命的元素,在他们手中并没有能结出果实。马格多夫的研究与此有相同之处,也有不同之处。相同的是,他虽然分析了殖民地,但是不认识经济殖民地,因为他受政治殖民地范畴束缚。不同的是,他的前人已提出经济殖民地的概念,但是他不知道或不加以利用。

第十四章　脱离地域而与经济、社会成分
相联系的殖民地

——瓦尔加、陈翰笙等人的殖民地理论

一、概述

　　在阶级对抗的社会条件下,随着经济条件的发展,新的殖民对象产生,与此相应,一种新类型的殖民地概念也产生了。新大陆和通往东方的新航路发现后,欧洲大量的劳动力首先流入美洲,其后又流入大洋洲,那里的资本主义经济慢慢地产生;欧洲一些资本家在东方经营种植园和矿山等企业。由于上述资本主义经济和企业的发展需要劳动力,东方某些国家的破产农民由于本国资本主义的难产而无法谋生,便流入这些需要劳动力的地方。因此,从 19 世纪下半期开始,有两股移民的浪潮:从欧洲移民到移民垦殖殖民地;从东方主要是印度和中国移民到地处热带(种植园)的奴役土著殖民地,也有少数移民到移民垦殖殖民地。这种移民现象在第二次世界大战后仍然存在,但是与此同时,又产生了新的现象:落后国家不仅移民到美洲和大洋洲,而且移民到欧洲。换句话说就是,这些国家的劳动人民不仅在本国受资本主义的剥削,而且在全世界都受资本主义的剥削。这就是脱离地域而与经济和社会成分相联系的殖民地产生的社会经济条件。

　　随着经济条件的发展,新类型的殖民地就随之产生。我们已经知道:希腊社会的殖民地是移民移民地,是国内殖民地;罗马社会的殖民地是征服殖民地,原是国外殖民地,但组成罗马帝国后又成为国内殖民地;日耳曼的殖民地和蒙古的殖民地,和罗马的殖民地相同。奴隶社会的征服殖民地,从取得奴隶这一点看,和其社会再生产有联系;封建社会的殖民地在于提供贡

纳,和其社会再生产无联系。资本主义有两种殖民地:移民垦殖殖民地和奴役土著殖民地,它们为宗主国提供粮食、原料和市场,从这一点看,和其社会再生产无本质联系;在垄断资本主义条件下,这些殖民地又为垄断资本主义提供垄断利润,它和垄断资本主义的再生产有本质联系。特别值得指出的是,列宁根据马克思关于殖民地的定义,认为资本主义存在国内殖民地,在俄国,高加索的某些地方和某些少数民族聚居地就是俄国的国内殖民地。以后我们将看到,列宁的有关论述成为一种新类型殖民地概念产生的思想渊源。

现在着重谈一谈理论家们对从奴役土著殖民地或落后国移民到宗主国或发达国家这一现象的看法。斯密和马克思生活的时代还没有这一现象。卢森堡看到了,她以其资本积累理论来解释,即先进国的剩余价值要由落后国的个体生产者来实现,先进国将由此得到的货币再向个体生产者购买生产资料和劳动力。按照这种错误的积累理论,落后国的劳动力是要流向先进国的。鲍威尔虽然反对卢森堡的资本积累理论,但是也认为先进国为增加劳动力所采用的方法,就是摧毁殖民地或落后国旧的生产方式,使破产者移民到先进国或在本国,为先进国的资本主义经济服务。按照这种理论,落后国的劳动力也是要流向先进国的。但是,这种看法显然同欧洲先进国存在过剩的工人,因而要向北美和大洋洲移民这一现象发生矛盾。考茨基认为,资本主义工业增长快于农业,要从农业地区(包括殖民地)取得粮食、原料和劳动力。布哈林则认为,资本主义新世界这个巨大的蓄水池吸收了欧亚两洲的破产农民和失业工人。列宁从帝国主义的寄生性在无产阶级中的反映来解释这一现象:垄断资本主义国家的工人也从垄断资本主义攫取的垄断利润中得到一些好处,因而产生一种鄙视体力劳动尤其是下等劳动的倾向。这样一来,就要从落后国移入劳动力从事这种劳动。这一现象和从先进国移民到北美等地从事高工资的劳动并不矛盾。列宁的解释无疑是正确的。

美国经济学家刘易斯对这一现象在第二次世界大战后的表现作了分析。他先指出:"19世纪下半叶,国际移民的两大潮流促使了农业国家的经济发展。约有5 000万人离开欧洲前往温带殖民地,其中约有1 300万人来到我们现在称之为温带殖民地的新兴国家:加拿大、智利、澳大利亚和南非。

大约同样数目的人——5 000 万——离开印度和中国，主要是去热带，在种植园、矿井或建筑工地当契约劳工。这两股移民潮流的出现，分别决定了热带农产品和温带农产品的贸易条件。"①他又指出，第二次世界大战后，"在经济迅速发展的国家里，享有保障的工作职位的数目，尤其是在制造业和高级服务业，增加的速度超过了劳动力的增加速度。因而，人们从低工资部门被招募到高工资部门，这就损害了低工资部门的利益。这就对低工资劳动力市场形成压力，造成非熟练劳动力的短缺，并且形成要高提高工资的威胁。第二次世界大战后，（这些国家）人口的增长几乎为零，工业增长的速度前所未有。农村劳动力迅速减少。小店主和易货商店的数目越来越少。西欧短缺护士、警察、公共汽车售票员、非熟练的工厂工人、非熟练的服务人员（旅馆职员、医院职员、佣人"，解决这些问题的方法之一，就是"从其他国家吸收大量低工资移民，南欧、亚洲和加勒比地区有数百万移民进入西欧"。②

应该说，刘易斯对 19 世纪下半期和第二次世界大战后的移民现象作了详尽的记述和某些解释。但是，他的目的是要说明先进国和落后国的贸易条件，而不是殖民地问题，因为他的任务不在这里。此外，他的视野是国际移民，因而对某些先进国国内不同民族或种族成员的移动就不在考察之内。如果不是这样，一种新型的殖民地的产生，就可能由他首先完整地予以揭示了。

二、瓦尔加的殖民地理论

苏联经济学家瓦尔加在其 1953 年出版的《帝国主义经济与政治基本问题》中明确地指出，美国资本在本土内对劳动者进行殖民剥削。这种剥削和地域并没有本质的联系。他是在论述美国存在国内殖民地时谈到这一点的。他的论述如下：

第一，"美国中西部的采矿地区在颇大程度上遭受着殖民剥削"，其原因

---

① 刘易斯：《国际经济秩序的演变》，乔依德译，商务印书馆 1984 年版，第 10 页。
② 同上书，第 24—25 页。

是"当地资本主义企业所产生的剩余价值主要是流往美国的东部,那边住着矿井的主人、美国的金融寡头。剩余价值中只有极小一部分投资在产生这种剩余价值的当地"。① 为什么这是殖民剥削,他没有说明。在我看来,这等于是东部的垄断企业所有者向中西部输出资本,再将攫取到的垄断利润送回东部,以发展那里的垄断企业。在这里,我是按照希法亭的理论,将资本输出理解为输出旨在攫取剩余价值的价值,这些剩余价值不留在当地,而要送回输出者那里。如果不送回,输出资本的垄断企业就不能用此法攫取垄断利润,来实现自己的扩大再生产,这就成为一般的资本流动了。瓦尔加论述的情况,和输出资本到国外殖民地相同。

第二,"各农业州的居民同样也在一定的程度上是垄断资本殖民剥削的对象"。② 他列举了新英格兰诸州和加利福尼亚州的人均收入比南部农业各州的人均收入高 3—4 倍。其原因是剥削了经济落后的、半殖民地的地区。但是,怎样剥削,他没有说明。在我看来,情况应是这样:南部自从摧毁种植园后,存在的多半是家庭农场,它们是个体经济,在压力下,其出售价格可以不包含 m 的部分;再加上新英格兰诸州以垄断价格出产工业产品;这样一来,就产生了如同宗主国和国外殖民地的剥削和被剥削关系。

第三,同我们现在论述的问题有密切关系的就是:"西欧来的移民逐渐为东欧国家来的移民所代替,后者由于农业人口过剩而提供了数百万廉价的半殖民性的劳动者去供美国资本的剥削"③;此外,"美国资本主义还利用着来自墨西哥、加勒比海各国以及……南方黑人的廉价劳动力"。④ 具体地说就是:"仍有封建残余和处于半奴隶状态中的黑种人口的美国南部,是殖民剥削的典型地区。……美国全部的纺织工业越来越多地迁到南方去,因为那边工人工资的水平是非常低的。"⑤这就是说,殖民对象首先是南方的黑人,剥削他们的方法是压低工资,这和剥削国外殖民地的劳动者实质相同;其次是利用黑人的低工资来压低白人尤其是在南方的白人的工资,这和英

① 瓦尔加:《帝国主义经济与政治基本问题》,王济庚等译,人民出版社 1954 年版,第 124 页。
② 同上书,第 125 页。
③ 同上书,第 123 页。
④ 同上书,第 124 页。
⑤ 同上。

国压低在英格兰的爱尔兰工人的工资,再压低英格兰工人的工资实质相同。

　　瓦尔加的论述着重说明的是美国存在国内殖民地。从这方面看,他的论述是能说明问题的。遗憾的是,虽然他论述了国内殖民的对象是非垄断的经济成分和如像黑人那样的社会成分,但是他并没有由此再进行理论概括,得出这样的殖民地是同地域相脱离,而只与经济成分和社会成分相连的新型殖民地。

　　应该指出,瓦尔加的这些论述除了有事实根据之外,还有思想渊源。这就是苏联于 20 年代就社会主义原始积累问题展开争论时,普列奥布拉任斯基主张社会主义工业用剥削和剥夺个体农民的办法来积累资金,恰如资本主义原始积累时资本主义工业用剥削殖民地的办法来积累资金一样。对此,他的反对者指责说,这种主张等于把农民看成工人国家的初期的殖民对象。这里我不评论正方和反方理论中所包含的经济和政治问题,只谈论其中涉及的方法论问题:以剥削和剥夺农民的办法来发展社会主义工业,被剥削的经济成分或社会成分就是殖民对象或殖民地,正如资本主义原始积累是用剥削国外殖民地,以积累资金来发展工业一样。这种方法论是正确的。在我看来,它对瓦尔加是发生影响的。

　　当然,这种方法论又受到列宁关于俄国存在国内殖民地这一理论的影响。列宁的理论前面已谈过了。

三、陈翰笙的殖民地理论

　　我国经济学家陈翰笙于 1955 年出版的《美国垄断资本》中指出:"工业榨取农业的利益原是资本主义的本色。美国东部的财团因此就一向压迫中西部各地,把这些地方看作它们的殖民地。"[①]前面在论述瓦尔加时,我们看到也有这种看法。

　　陈翰笙特别指出了东部工业的垄断财团榨取作为殖民地的中西部农业的办法。他说:"许多中部和西部的工厂和矿场是属于东部财团的,大多数

---

① 　陈翰笙:《美国垄断资本》,世界知识出版社 1955 年版,第 59 页。

铁路也是属于它们的。它们故意歧视中西部,把全国铁路运费的计算率按五个区域分别出来。如以东部各州的基数为100,则南部各州为139,西部干线所经各州为147,西部山区各州为171,而西南部各州为175。尽管是同样的距离,在东部运费便宜,而在西部或南部就要贵些。例如,用火车整批运工人的工作服时,从内布拉斯加州的俄马哈至俄亥俄州的马仑布斯共计748哩,每千磅要付价18.7美元;但从马萨诸塞州的费奇堡至哥伦布斯共计743哩,每千磅只须付15.2美元。"[1]这就使东部财团在竞争中占优势。

如果说,陈翰笙的这些分析还不能使我们清楚地看到东部的工业是如何榨取中西部的农业的,那么,瓦尔加的有关说明则回答了这个问题。他说:"铁路运费率是造成科罗拉多州缺乏工业企业的主要原因。假如将木材运往东部,那么运费率是非常合算的;但如果将木头锯成木板,那么运费率就将提高到使企业难以忍受的程度,更不必说去运送木质纤维或纸张了。"[2]这样,就能使科罗拉多州维持其农业州的地位,然后按照以前说过的剥削个体农业的办法对其榨取。

陈翰笙清楚地说明:"东部财团想尽各种方法以阻挠美国中西部的工业化。它们尤其不愿意看到西北或西南部有什么新的钢铁厂起来。中西部各地的钢铁一向仰给于东部,而且必须缴付比东部每吨要高6美元至20美元的价格。钢铁价格有如此差别,当然妨碍了西部,使其不能工业化。"[3]这种分析是能说明问题的。

在第二次世界大战中,西部的加利福尼亚财团利用战争的条件和基安尼尼银行的资本办了许多工业,但仍受东部老财团的排挤。这已是财团之间的矛盾的问题了。

四、其他

如果说前面几节论述的国内殖民地或殖民对象,即某些经济成分和社

---

① 陈翰笙:《美国垄断资本》,世界知识出版社1955年版,第59页。
② 瓦尔加:《帝国主义经济与政治基本问题》,王济庚等译,人民出版社1954年版,第127页。
③ 陈翰笙:《美国垄断资本》,世界知识出版社1955年版,第59页。

会成分,还是和一定的地域相联系的,例如,美国中西部的企业就和中西部相联系,美国南部黑人就和南部相联系,那么,现在论述的则和地域相脱离了。

《殖民体系的瓦解》的作者阿瓦林说:"借助民族的压迫,资产阶级保持了对少数民族的极高的剥削率,并减低了所有劳动者的工资。黑人、墨西哥人、印第安人以及其他美国的少数民族(包括侨民),是美国财政大王的国内殖民地。"①值得注意的是,根据阿瓦林的提法,美国的国内殖民地是社会成分即包括侨民在内的少数民族,它们并不和地域联系在一起。

这种思想,《造反还是革命》的作者克鲁斯表达得更为清楚。他说:"美国黑人一开始就是作为殖民地的人民而存在的。……美国黑人的地位不同于纯粹殖民地的地位的唯一因素是,他们是在统治种族的'本'国内保持这种地位的,并且和统治种族有着密切的接触。"②这就是说,美国的黑人的祖先是非洲殖民地的居民,其后代仍在非洲的,固然受殖民剥削;在美国繁殖下来的,虽经黑奴解放,但命运并没有根本改变,同样受殖民剥削,或者说成为国内殖民地。

我国的王明侠提出,美国的中国城(唐人街,China Town)是美国的国内殖民地,这种看法和克鲁斯的上述看法相同。大家知道,美国南北战争后,修筑贯通两大洋的铁路,需要大量劳动力,因此,从19世纪下半期开始,我国广东省南部一些无法谋生的劳动者便到美国干最笨重、最下贱的工作,他们的聚居地称为中国城。很明显,他们在祖国遭受殖民剥削,到了美国同样如此。在同样的条件下,他们的工资比白人低得多。他们的后代除了极少数人因发愤读书和经营有方而地位上升外,绝大多数仍同其祖辈一样,遭受殖民剥削。因此,王明侠认为中国城是国内殖民地是正确的。中国城在这里不是代表地域,而是代表从事的工作是笨重和下贱的。

从上面的分析可以看到,随着社会经济的发展,殖民地尤其是国内殖民地已和地域相脱离,它已由散居的被压迫民族、某些社会成员所构成,关于

---

①　弗·雅·阿瓦林:《殖民体系的瓦解》,水茵、正楷、金青等译,世界知识出版社1959年版,第32页。

②　罗伯特·L.艾伦:《美国黑人在觉醒中》,上海市五·七干校六连翻译组译,上海人民出版社1976年版,第6—7页。

这一点奥得尔说得很好,他说:"要说明什么是殖民问题,具有决定意义的是殖民机构所起的作用,领土仅仅是人们把历史上发展起来的超级剥削机构组成一种压迫体系的场所而已。"[①]

这样,一种与地域相脱离的新类型的殖民地就产生了。

五、释疑

人们要问,按照字义,殖民地总与土地相联系;与土地相脱离的殖民地应该是一个自我矛盾的用语,是不能成立的。其实不然。殖民地从其最初的含义来看,确实是移民垦殖,与土地相联系;但是随着社会经济的发展,越来越多的殖民不是垦殖土地,而是剥削土地上的居民;这些居民即使离开原来的土地,仍受同样的剥削;这种殖民和土地无关,但是人们仍称为殖民地,这很可能是用语或翻译上的问题。

我们已经知道,希腊奴隶社会的殖民地,确实是移民垦殖;罗马奴隶社会的殖民地,只是向居民取得贡纳;日耳曼帝国和罗马帝国的殖民地,也是向居民取得贡纳;资本主义的移民垦殖殖民地,对移民来说是自己垦殖,对宗主国来说,是为其提供原料、粮食、市场,资本主义的奴役土著殖民殖民地根本不存在移民垦殖,而只是提供原料、粮食和市场;在垄断资本主义条件下,这两种类型的殖民地都成为资本输出的场所,都提供垄断利润,受剥削的是非垄断的经济成分和一般的社会成分,与土地是没有关系的。

再从国内殖民地来看,随着资本主义商品经济的发展,统一的国内市场形成和扩大,一方面,各民族逐渐混居,单一民族聚居地趋于消灭;另一方面,某些国家新开拓地区的个体生产者和资本主义企业进入统一市场,这一切都使国内殖民地的经济内容发生变化。

首先,国内殖民地再也不同被压迫民族的聚居地相联系,但是仍然

---

① 罗伯特·L. 艾伦:《美国黑人在觉醒中》,上海市五·七干校六连翻译组译,上海人民出版社1976年版,第9页。

和被压迫民族相联系。前面谈到,列宁认为俄国少数民族聚居地是国内殖民地,与此相似,美国南部黑人聚居地也是国内殖民地。这种殖民地显然不是指土地,因为这种殖民不是垦殖土地,也不是将该土地上的居民赶跑并由移民来耕种,而是指奴役少数民族,只不过这种被压迫民族是聚居在一定地区内的,这样,这个地区便连同其居民成为殖民地。但是,随着资本主义商品经济的发展,各民族便逐渐混居。在英国本土,爱尔兰工人很多;在俄罗斯人居住的地方,非俄罗斯人也多起来;南北战争后,美国黑人公开地移到北部和东部,美国南部再也不是单一的黑人聚居地了。但是,所有这些到处移动的少数民族仍然受剥削,同以前没有本质的变化。这在理论上就表现为:少数民族成为国内殖民地。这种殖民地同地域相脱离。

其次,随着资本主义经济的发展,有些国家在广度上开拓国内市场,开垦荒地。这些荒地最初的开拓者是大量的个体生产者和一些资本主义企业,经营的多半是农业和矿业。由于经济发展水平的低下,他们必然受资本主义中心地区的资产阶级的剥削,从而这些经营者成为国内殖民地。从表面看来,这种剥削和被剥削的关系似乎和资本主义先进国和落后国的关系一样,但深入分析一下,就可以看出还是有所不同的。

不同之处在于:先进国和落后国的平均利润率不同,这样,先进国以其工业品,即资本有机构成高的、生产价格高于价值的产品,同落后国的农产品,即资本有机构成低的、生产价格低于或出售价格最高只能等于价值的产品相交换,便是小量劳动和大量劳动相交换,是一种剥削,在这种条件下,两国的资本家得到的利润也是不等的。一个国家内部,随着统一市场的形成,平均利润率便形成,这样,工业产品和农产品相交换虽然也是小量劳动和大量劳动相交换,但如果是按生产价格交换,那还不能说工业资本家剥削农业经营者,因为他们都得到了平均利润。但是,这些新开垦区存在大量的个体农民,他们出售商品的价格最低限是 c+v,在竞争压力下,m 或 p 便奉送给资本家。在垄断条件下,他们以垄断高价购买生产资料和工业消费品,情况就更为严重。很明显,这里的剥削对象是经济成分或社会成分,而不是占领土地本身。殖民地同地域相脱离了。

　　我对有关理论的解释可能很难使人同意。① 因为从语义上看,殖民地而又与地域相脱离,确实是自相矛盾的。此外,约定俗成也可能妨碍人们接受我的解释。如果是这样,将本章论述的殖民地称为殖民对象或类似殖民地的东西也是可以的。我想问题不在名词,而在内容。只要人们理解,本章有关的理论家提出的问题是殖民剥削问题,同以前论述的殖民剥削问题并无本质的不同,我的目的就达到了。

---

　　① 　陈其人:《帝国主义经济与政治概论》(复旦大学出版社 1986 年版),第七章第五节就是论述与地域脱离而与经济成分和社会成分相联系的殖民地的。有关的评论,对此没有提出意见。

第十五章　发达资本主义国家
如何剥削落后国家

——激进派经济学家的殖民地理论

一、概述

第二次世界大战后产生的民族独立国家,经济虽然有所发展,但是大多数没有实现工业化和现代化。在这种条件下,几十年来,发达资本主义国家和这些落后国家之间的经济差距不仅没有缩小,反而扩大了。对此,经济学家从历史、实际和理论进行分析。这可以分为两种。一种以马克思的有关理论为依据,揭示其中存在的剥削和剥削关系,人们称为激进派经济学家。虽然他们并不认为这就是宗主国和经济殖民地之间的关系,但在我看来,这就是我需要理解的宗主国和殖民地的经济关系。我在下面分别予以论述。一种以非马克思主义经济理论为依据,而有更大的独创性,不使用马克思的概念,不谈剥削和被剥削,只谈有利与不利。这种理论的代表人物,我看中的是美国经济学家威廉·阿瑟·刘易斯,他不属于激进派经济学家。我单独予以论述。但在论述这些理论家的观点之前,我先谈论一种认为落后国不必工业化就能得到工业化的好处的理论。

这种理论认为,已经工业化和现代化的发达国家,其劳动生产率提高得快,与此相反的落后国家,其劳动生产率提高得慢,因而按照劳动价值理论和价值制约生产价格的理论,前者生产的产品的价值和生产价格都下降得快,后者生产的产品的价值和生产价格都下降得慢。等价交换,两种产品的比价就越来越有利于落后国家,即落后国家的产品交换越来越多于发达国家的产品,它不必工业化却得到工业化的好处。如果确是等价交换,按照劳动价值理论,似乎应该是这样。其实不然。

这种理论谈论商品依以进行交换的标准时,应该加上货币的因素,即要将价值或生产价格用货币来表现,一旦考虑货币因素,我们就会看到,按照劳动价值理论,通过对外贸易,在世界市场上,发达国家货币的价值会下跌,它反过来使商品价格上升;落后国家货币的价值会上升,它反过来使商品价格下跌。由这个原因引起这两种国家的商品价格向相反的方向变动,使落后国家换得的发达国家的产品有减少的趋势。这就是说,它在一定程度上抵消了前面所说的趋势。

为了说明货币价值变动对价格的影响,我们先举一个经济史上的例子。美洲新大陆被发现后,在那里开采的富饶的金银矿,使金银的价值下跌,金银流入欧洲,欧洲劣矿退出生产。由于金银货币的价值下跌,欧洲物价上升,史称"价格革命"。这是一种情况。第二种情况是,印度缺乏金银,美洲金银流入印度,这种金银的价值比流入欧洲的高些,因为运输花的劳动多些,由于这个原因,同种商品的价格在印度比在欧洲高些。这一点,斯密在《国富论》中有详尽的论述。货币价值变动对物价的影响就是这样。

现在根据这个原理,说明通过对外贸易,发达国家的货币价值会降低,落后国家的情况则相反。和前例不同的是,不是在海外发现金银矿,而是发现一个市场,在那里,发达国家的劳动生产率高于世界的平均水平,因此,其产品就可以实现更多的价值,卖得更多的货币,即发达国家用生产商品的办法去换取货币,在国内市场花的劳动多,在世界市场花的劳动少,货币价值在国内高,在国外低,内外流通的结果,货币的价值比原来降低。由于这个原因,物价上升。落后国家的情况恰恰相反。

刘易斯以分析比较价格(贸易条件)来说明发达国家以工业制成品交换发展中国家的初级产品对谁有利。他认为国家间的利润率是均等的,价格由成本加上按成本计算的利润构成,成本由工资和其他耗费构成,工资取决于粮食生产率。发达国家的粮食生产率远远高于发展中国家,其工资因而也远远高于发展中国家,这样,比较价格(贸易条件)就有利于前者,不利于后者。前面曾说及他对19世纪下半期两大移民潮流的描述。他就以此为基础说明两类国家粮食生产率从而工资水平不同,以及其后的发达国家和发展中国家的贸易条件。他说:"就温带商品来说,市场力量确定的价格可以吸引欧洲移民;就热带商品而言,市场力量确定的价格可以维持印度契约劳工的生活。这两种价格水平迥然不同"。他进一步指出:"这种价格差别的主要原因,在于欧洲和热带地区的农业生产率有差别。在曾是欧洲移民最大一个来源的英国,1900 年的小麦产量,每英亩是 1 600 磅,而热带地区每英亩谷物的产量不过 700 磅。而且,欧洲的机器设备比较精良,每人耕种的土地也比较多,所以,每人的平均产量势必比热带地区高出六、七倍"。由于这样,"在 19 世纪 80 年代,种植园劳工的工资是每天 1 先令,而澳大利亚非熟练建筑工人的工资却是每天 9 先令。如果茶叶是温带作物而非热带产品的话,它的价格也许就会高四倍。如果羊毛为热带产品而不是温带作物的话,它的价格也许只不过是市价的四分之一"。①

由此他得出这样的结论:热带国家和温带国家,或发展中国家和发达国家,是同劳不等酬,而公道的价格应该是同劳等酬的,不公道的价格构成不公正的国际经济秩序。应该指出,能够指出并分析发展中国家的贸易条件是不利的,这表明刘易斯是一位诚实的经济学家。

由此他提出这样的主张:"热带国家无法通过提高出口商品的生产率来回避这些不利的贸易条件,因为这样做只不过降低这些商品的价格";也就是使其初级产品提高劳动生产率的收益,以降低产品价格的形式转入发达国家的手中。"只有提高热带国家的共同商品(国内粮食)的生产率,才能改善生产要素的贸易条件。"②这就是说,为了改善贸易条件,发展中国家一般地实现工业化和现代化是不够的,要特殊地实现粮食生产的工业化和现代化,才能达到这个目的。这种主张是新颖的,具有独创性。

我经过仔细考虑,觉得刘易斯理论中的有些问题还要研究。首先一个问题是,国家间的利润率是不是均等的。我们知道,斯密、李嘉图和马克思所处的历史条件,国家间的利润率是不均等的,他们分别对其原因作了解释,并由此展开他们的相应的理论。资本主义进入垄断阶段后,宗主国和殖民地之间的利润率也是不等的,这是某些经济学家据以分析资本输出的历史条件。至于殖民地占有国家和殖民地国家之间(殖民帝国内部)的利润率

① 刘易斯:《国际经济秩序的演变》,乔依德译,商务印书馆 1984 年版,第 10—11 页。
② 同上书,第 11 页。

是不是均等的,这是一个有待研究的问题,因为后者丧失主权,前者的资本可以不受法律限制流入后者,从这方面看,两国之间的均等利润率似乎可以产生;但是,随着垄断资本主义的产生,垄断资本主义的宗主国要向国外殖民地攫取垄断利润,这对殖民帝国内部平均利润率的形成有何影响,情况到底如何,应进一步研究。刘易斯论述的特别是第二次世界大战后的情况,其特点是原来的殖民地国家大多数成为民族独立国家,具有国家主权,有权力以法律限制外国资本的流入和流入后的活动,由于这样,我个人认为这两种国家之间的利润率不可能是无条件均衡的。

与此相关的问题是,如果这两种国家之间的利润率是均等的,我们以前分析的发达国家以其资本有机构成高的工业制成品,交换落后国家的资本有机构成低的初级产品和农产品,其内容是小量劳动和大量劳动相交换的原理,是否仍然适用?我认为仍然适用。因为这就等于在一国之内利润是均等的,以生产价格高于价值的工业制成品,交换生产价格低于价值的初级产品和价格最高才等于价值的农产品,其内容是小量劳动交换大量劳动一样。所不同的只是,在一国之内,投下劳动和实现价值两者相等;在两种国家之间,各自投下的劳动和实现的价值不等:有的多得价值,有时少得价值。

其次一个问题是,工资是不是由粮食的生产率决定。刘易斯在肯定这个问题时,将这一点和其双元经济结构理论联系起来。这个理论是指,在落后国家存在两种经济部门,一种是资本主义的工业部门,其劳动生产率很高,另一种是传统的农业部门,其劳动生产率很低,并且存在着隐蔽性的失业,即这些劳动者的边际生产率等于零。由于存在着这种隐蔽性的失业者,劳动的供给就是无限的,不因供求关系影响工资水平。这样,由于工业部门的生产率较高,其工资高于农业部门,隐蔽失业者向工业部门转移,并不影响两种部门的工资水平。待其消灭后,农业部门劳动者向工资高的工业部门转移的过程,就是其工资水平提高的过程。与此相应,资本主义工业的发展使农业革命也随着进行,传统农业发展为现代农业。粮食生产率提高,使农业工人和制造业工人的工资水平都提高。有的经济学家认为,刘易斯的双元经济结构理论是以古典派的发展理论为基础的。

我们就根据这个理论提出两个问题。第一,传统农业中的工资是不是由粮食的平均生产率决定。如果这些农业经营者是自己占有土地的个体农民,产品中扣除消耗的生产资料外,余下的可以视为其工资,虽然这时的工资是包括利润的。但是,租地耕种的个体农民就不是这样,因为他要缴纳地租。问题不在级差地租,而在绝对地租,即与土地投资的生产率无关,只与土地私有权有关的地租。这样,上述那部分"工资"就要扣除绝对地租之后才成为工资。由于不揭示地租规律,单纯地根据粮食生产率是无法说明工资的。这个问题的存在,刘易斯多少是感觉到的。他说:"古典经济学家通常认为工资取决于维持生活消费的需要,而且,有时这可能是正确的答案。但是,在大多数人是耕种自己土地的农民经济里,我们有一种更加客观的标准,因为可以得到劳动的最低工资,现在是根据农民的平均产品决定的。"但是,"农民如果要交地租,这个客观标准就又不存在了,因为他们的纯收入将要取决于他们所必须交纳的地租量,而在人口过剩的国家里,地租可能要调整到使得农民的收入仅够维持传统的生活水平"。① 这样说来,至少在发展中国家,工资不是由粮食生产率,而是由传统的生活需要决定的。在这种条件下,提高粮食生产率就不能改善贸易条件,而只能提高地租。

第二,随着隐蔽的失业者即过剩人口的消灭,双元经济结构变为一元的现代的工农业,资本主义的农业在提高农业劳动生产率的同时,又要求取得利润。在这个条件下,按照刘易斯的理论,工资再也不可能像存在着过剩人口时那样由维持生活的需要来决定,而单纯由粮食的生产率决定。这样一来,除了前述的不能说明地租外,现在又不能说明利润。如果认为利润是从流通中产生的,竞争就只能说明其均等化,而不能说明其高度。

此外还存在一些问题,这里就不一一列举了。

关于工资的决定,我始终认为马克思的说明是正确的。

关于改善贸易条件,根据马克思的分析,首先要改变外贸结构,即出口生产价格高于价值;其次,在这一基础上还要极力提高出口商品的劳动生产率,使其个别生产价格低于社会生产价格:这两者都要求实现工业化和现代化。

附带说一下,刘易斯是 1979 年诺贝尔经济学奖的获得者,他的新颖的见

---

① 刘易斯:《劳动无限供给条件下的经济发展》,载外国经济学说研究会编《现代国外经济学论文选》(第八辑),商务印书馆 1984 年版,第 56—57 页。

解引起我极大的兴趣,他的诚实的态度使我十分崇敬。但是,我仍然要指出,他虽然使用资本主义及与此相关的范畴,可是他的研究是脱离特定的资本主义的生产关系的。

那么,在资本主义生产关系中,提高农业或粮食的劳动生产率有何意义呢?首先,农业中的剩余生产物制约资本主义社会的非农业人口,包括工业劳动者,这一点刘易斯是看到的,他说工业规模的大小是农业劳动生产率的函数,工业革命以农业革命为前提或要求与农业革命同时进行,说的就是这个意思。但是,这一理论的思想渊源是 18 世纪的经济学家詹姆斯·斯图亚特,也就是"自由的手"的理论。马克思和列宁都有相应的论述。①

其次,刘易斯没有看到的是,它能增加全体资本家的相对剩余价值。马克思明确地指出,一定高度的农业或粮食的劳动生产率是剩余价值的自然基础。这是因为,如果农业劳动者全部生产物仅够自己消费,就不可能有资本主义生产,当然也不可能有资本主义工业。如果在这个自然基础上,使生产率再提高一步,那么,剩余价值就能增加,这就是相对剩余价值。在这种条件下,如果各国的平均利润率不等,它就提高该国的平均利润率;如果各国的平均利润率均等,它就提高各国的平均利润率。

我特别感兴趣的是,不论是该国还是各国的平均利润率提高了,对发达国家的工业制品和落后国家的初级产品的生产价格变动有何影响?我的看法是:前者原来已是生产价格高于价值,现在则更为严重;后者原来已是生产价格低于价值,现在也更为严重。② 这就是,这样一来,贸易条件更不利于落后国家。因此,不管刘易斯的主观愿望如何,其理论是不利于落后国家的。

经过这样的分析,我们就可以看到,尽管刘易斯的主观愿望是要建立一个由公道的价格构成的国际经济秩序,并认为不公道的价格是由于同劳不等酬,而要提高劳动报酬,对发展中国家来说,就是提高粮食的生产率,尽管这种愿望是很好的,但是他的主张导致的结果却是不利于发展中国家的。至于同劳等酬,我认为在资本主义条件下是不可能的,因为工资根本不是劳

---

① 《马克思恩格斯全集》(第二十六卷第一册),人民出版社 1972 年版,第二章《重农学派》;《列宁全集》(第三卷),人民出版社 1955 年版,第一章《工业人口增加农业人口减少》。

② 马克思:《资本论》(第三卷),人民出版社 1975 年版,第 225—226 页。

动的报酬,而是劳动力价值或价格的转化形式,劳动力价值取决于劳动者所必需的生活资料的价值和教育费用,历史和道德因素在其中也起作用。

二、巴兰的殖民地理论

保罗·巴兰于1957年出版其重要著作《成长的政治经济学》。该书试图以马克思主义的经济理论来解释发达国家和不发达国家(两者都不包括社会主义国家)的产生,以及它们之间的剥削和被剥削关系。他在解释中提出一系列新的观点。这些观点他尚未深入展开,而被后来一些经济学家所发展。从这个角度看,他在第二次世界大战后产生的激进派经济学中所居的地位是很重要的。1966年,他和保罗·斯威齐(和前面论及的哈里·马格多夫同为《每月评论》的主编)合著的《垄断资本》出版。这本书是斯威齐的《资本主义发展理论》(1942年)和巴兰的《成长的政治经济学》的直接继续;同时,又是他们对其以前著作的补充。我们就从这一角度来述评巴兰的理论。

巴兰用以建立其理论体系的重要经济范畴是经济剩余。他在《成长的政治经济学》中就提出这一范畴。在《垄断资本》中它被定义为:“一个社会所生产的产品与生产它的成本之间的差额。”它的意义在于:“剩余的大小是生产能力和财富的指标,是一个社会享有多大的自由来完成它给自己树立的任何目标的指标。剩余的组成部分表明一个社会是怎样利用那种自由的:它在扩大它的生产能量上投资多少,它以各种形式消费多少,它浪费多少,是怎样浪费的。”①这就是说,经济剩余相当于重农学派的纯产品、古典学派的纯收入、马克思的资本主义条件下的剩余价值。

有的经济学家对巴兰提出的经济剩余这一范畴持否定态度,认为它放弃和背离了马克思列宁主义的基本理论阵地。在我看来,这是不公正的,是出于某种误解。在解释为什么提出这一范畴时,巴兰和斯威齐指出:“在一个高度发达的垄断资本主义社会,剩余采取多种形式和伪装”,在他们看来,

---

① 保罗·巴兰、保罗·斯威齐:《垄断资本:论美国的经济和社会秩序》,南开大学政治经济学系译,商务印书馆1977年版,第14—15页。

除了利润、利息和地租这些具体的财产收入构成剩余（马克思的剩余价值）外，还有分配中的浪费即企业开支的纯粹流通费用，包括广告公司的费用；金融、保险、房产业和律师事务所的费用；政府吸收的剩余即政府的各种开支；由于这样，他们就"采用'剩余'这个概念，而不采用传统的马克思主义的'剩余价值'，因为后者在大多数熟悉马克思主义经济理论的人们的心目中，或许等于利润＋利息＋地租的总和。诚然，马克思在《资本论》和《剩余价值学说史》的一些分散各处的段落中，表明了剩余价值也包含其他的项目，例如国家和教会的收入、商品转变为货币时的支出（纯粹流通费用——引者）、非生产性工人的工资。但是，一般说来，他们把这些看作次要的因素，并将其排除在他的基本理论图式之外"。他们特别强调，"在垄断资本主义制度下，这种程序不再是恰当的了；我们希望，术语的更换将有助于实现理论见解的必要转变"。① 在垄断资本主义制度下，这种程序之所以不再是恰当的，他们没有明确地说，但暗含着的思想是有的，这就是现代大规模的企业即垄断企业，有必要取得最大限度利润即垄断利润②，而垄断利润的来源或实体不仅仅是剩余价值，即除剩余价值外，还包括非资本主义经济生产的部分价值。③ 这一点，在他们关于被垄断资本剥削的领域就构成一个"帝国"的论述中，看得很清楚。

进一步的问题是，经济剩余是怎样使用的。他们认为，在垄断资本主义条件下，剩余的量巨大，资产阶级用于个人消费的部分在其中占的比重下降，也就是说，他们接受最初由霍布森提出来，其后为凯恩斯发展的消费倾向递减的理论。余下的剩余，在垄断的条件下，用于投资的部分也相对减少。这样一来，为了再生产能够实现，最后余下的剩余便用于实现商品价值所需的纯粹流通费用，政府的民用支出，军国主义和帝国主义的支出；后者就构成他们的帝国主义和殖民地理论。

他们说，"资本主义从它在中世纪的最初萌芽时候起，从来就是一种国

① 保罗·巴兰、保罗·斯威齐：《垄断资本：论美国的经济和社会秩序》，南开大学政治经济学系译，商务印书馆1977年版，第14—15页。
② 同上书，第30、32页；我在1957年的《论资本主义基本经济规律》（上海人民出版社出版）作了同样的论证，见该书第36页。
③ 米克：《劳动价值学说的研究》，陈彪如译，商务印书馆1963年版，第324页；上述拙作第38页。

际制度。而且它从来就是一种等级制度,顶峰有一个或几个领导的宗主国,底层有居于完全从属地位的殖民地,中间有许多层的上级和从属关系";而"构成资本主义制度的各个国家的等级关系的特点是:有一整套复杂的剥削关系。处于顶峰的国家在不同程度上剥削所有处于下层的国家,直至我们达到最底一层再没有可供剥削的国家为止。同时,处在一定级别的每个单位,又力图成为在它下面为数尽可能多的单位的唯一剥削者。这样,我们就有了一个对抗关系网,其中,剥削者和被剥削者对抗,互相竞争的剥削者又彼此对抗。丢开法律范畴不讲,我们可以称处于等级制度顶峰或接近顶峰的单位为'宗主国',称处于底层或接近底层的单位为'殖民地'。某一宗主国剥削的领域就是它的'帝国',竞争者被或多或少有效地排除在外。处在中间阶层的有些国家可能被并入一个帝国之内,有的偶尔甚至还带着它自己的一个帝国一道(例如,葡萄牙和葡萄牙帝国是较大的两个附属单位)"。①

从上述分析可以看出,巴兰等人的经济剩余吸收或实现理论,从方法论方面看,同卢森堡的剩余价值实现理论相似:他们都认为资本主义是一种世界体系或国际制度,虽然卢森堡是从剩余价值的实现来论证这一点,巴兰等人则含糊地从经济剩余赖以吸收的军国主义和帝国主义来论证这一点,他们都认为军国主义和帝国主义是实现剩余价值或经济剩余的方式。因此,我们对卢森堡的批评也适用于对巴兰等人的批评。

现在要进一步说明,在巴兰看来,宗主国和殖民地或发达国家和不发达国家是怎样形成的?

巴兰认为,在欧洲实行殖民主义以前,世界上"到处都存在一种生产方式和社会政治秩序,可以简称为封建主义",各地区尽管存在着差别,但是这种秩序"发展到某一阶段,就进入瓦解和腐朽的过程"②,这就产生了资本主义发展的可能性。他的这种看法是不全面的,因为西欧的情况是这样,东方如印度和中国的情况不是这样。在这里,他忽视东方在社会发展上落后于西欧的事实,当然也谈不上探究其原因了。

巴兰提出产生资本主义的三个条件:农业生产的发展和农民脱离土地;

---

① 保罗·巴兰、保罗·斯威齐:《垄断资本:论美国的经济和社会秩序》,南开大学政治经济学系译,商务印书馆 1977 年版,第 168—169 页。

② Paul Baran. *The Political Economy of Growth*. New York: Penguin Books, 1973, p.268.

社会分工和商品生产的发展；商人和富裕农民积累的资本。他认为前两个条件是到处都存在的，因而第三个条件就具有决定性的意义。他认为，在欧洲，商业资本的发展是欧洲扩张的基础，也是欧洲资本从其他国家吸取剩余的基础。在这里，巴兰显然没有深究这个问题：中国农民之脱离土地始自秦汉时代，当时也有社会分工和商品生产，但商人积累起来的资本，并没有发展为资本主义意义上的资本，却用于充当高利贷资本以取得利息和购买土地以取得地租，因为这时的地租率由高利贷的利率来调节，远远高于经营任何工业的利润率。只要地租率高于产业利润率，任何积累起来的货币都不会转化为产业资本——巴兰没有研究这一制约资本主义产生的问题，在西欧和在东方有何不同。

就这样，巴兰认为，其出发点原来接近于平等的世界经济，由于剩余的重新分配，就区分为富国和贫国。这就是说，他把资本主义的发展看成在一个地区牺牲另一个地区的条件下进行的。

巴兰认为，经济剩余的使用，在发达资本主义的竞争条件下和垄断条件下，有不同的内容和作用。自由竞争的资本主义将工人的消费压到最低水平，鼓励资本家节俭，减少非生产性开支，剩余绝大部分转化为投资，因为竞争起了这样的作用。垄断的资本主义一方面经济剩余增大，另一方面垄断使竞争减少（这是希法亭的观点），投资减少，而消费倾向又在递减，于是，剩余的大部分便要用作前面提到的纯粹流通费用的支出、政府民用的支出、军国主义和帝国主义的支出。

这里特别谈一谈巴兰对帝国主义的理解。他广泛地使用这个概念，指的是扩张主义的一项政策和思想意识，而不是一个历史发展阶段，它不一定意味着外部的领土扩张政策，而且包括为了增加一个国家的公民和遍布全世界的巨型企业的利益所签署的政令，它不一定包含帝国主义的冲突。换句话说，他对帝国主义的理解，倾向于写作《世界经济和帝国主义》时的布哈林，而不倾向于列宁。

在巴兰看来，这些遍布世界的巨型企业需要本国政府支持其国外活动，也得到后者通过军事、经济、外交等形式对"东道"国政府施加压力所给予的支持。这样做，就需要在军事设施、经济援助、技术援助等方面耗费大量开支。帝国主义的真正意义，就在于以这种形式使用经济剩余。

巴兰的这种看法很值得注意。他强调的不仅是实行帝国主义经济活动的本身，不仅是从对外贸易和对外投资本身所能得到的收入和就业的增长，而且是从经济剩余的使用采取军事设施一类的帝国主义形式所能得到的收入和就业的增长。他认为后者远远地超过前者。正是从这里出发，他认为实行帝国主义政策，不仅有利于从事与此有关的经济活动，如从事对外贸易和对外投资的人，而且更有利于该国的劳动者，因为它能增加收入和就业。

从巴兰对不发达国家的论述中，可以看出他对殖民地问题的一般看法。

他认为自从世界划分为发达国家和不发达国家并且两者发生经济联系后，不发达国家的社会经济基本要素就是：一个巨大而十分落后、存在着小规模的农民生产和寄生的地主阶级为特点的农业部门；一个规模小而比较先进的、部分为外商所有、为狭小的国内市场进行生产的工业部门；一定数量的外国所有的出口初级产品的企业，以及一个巨大的贸易部门，既包括渗透到边远农村地区的小商贩，也包括控制对外贸易与外国资本有密切联系的大商人。

他从不发达国家的经济剩余问题开始进行研究。他认为这些国家的经济之所以落后，是由于缺乏生产性的投资。首先，剩余被转移到发达国家，缺乏投资来源；其次，没有转移的那部分剩余，由于投资刺激太少，也不会用于投资。

剩余如何被转移到发达国家，他对这个问题的研究并不深入。

没有转移的那部分剩余也不会用于投资。他的解释如下：就农业部门而言，在维持生存的农民耕作占优势的地方，由于生产规模小，生产方法落后，生产率极其低下，但是，一大部分产品却成为地租。由于剩余已被取去，农民无法投资，生产规模过小，不可能机械化，也限制投资。地主也不投资，因为无法保证能从更多的地租中得到补偿，他们得到的剩余，除用于个人消费外，或用于购买土地，或用于放债。在这里巴兰提出一个很重要的问题：地租率的高低会制约现代资本的产生，可惜他没有说明发达国家在历史上是怎样解决这一问题的。不发达国家也存在少数大农业生产，这里的雇佣劳动很便宜，而机器却比较昂贵，所以，从大生产来看，它可以使用机器，即要求投资；但从工资便宜来看，它排除使用机器，妨碍投资。

工业部门也缺乏投资刺激。因为来自国外的竞争妨碍了初生工业的发展,市场的狭窄也是这样,发展迅速的那部分工业形成了垄断,这也妨碍了它进一步发展。

总起来说,巴兰认为,由于发达国家向不发达国家吸吮经济剩余,后者的发展就不同于前者在历史上曾经走过的历程。这一点暗含着不同意马克思的这一论断:工业较发达的国家向工业较不发达国家所显示的,只是后者未来的景象。[①]

三、普雷维什的殖民地理论

发展中国家的经济学家研究这些国家发展问题的第一个学派是在拉丁美洲创立的。它是在联合国拉丁美洲经济委员会的关注下建立的。领导这个学派的是阿根廷经济学家普雷维什。他提出的"外围经济"理论后来在墨西哥、巴西、乌拉圭、智利以及许多亚非国家经济学家的著作中得到发展。

普雷维什50年代初曾主持过联合国会拉丁美洲经济委员会的工作。当时,拉丁美洲的知识分子正在争论拉美社会贫困和不发达的原因。普雷维什明确指出:西方的资产阶级经济理论不能解决这个问题;他说:"已发表的有关拉丁美洲国家经济的学术著作往往反映世界经济大中心的观点或经验,这并不奇怪。不能期望从这些学术著作中得到直接涉及拉丁美洲问题的解决方法。"[②]他反对那些认为发达国家和发展中国家之间的关系是互利的和相互依存的理论,针锋相对地提出"中心"剥削"外围"的理论,并在这一基础上提出著名的"普雷维什命题"。

普雷维什所指的"中心",是在国际经济体系中占统治地位的发达国家,"外围"是发展中国家。他说:"从整体上说,中心组织了这个体系,使之为自己的利益服务。而原料生产和输出国以其自然资源同中心发生联系,构成

---

① 巴兰和斯威齐在《垄断资本》中说:马克思这段话"是否把先进资本主义强国附属的不发达的殖民地和半殖民地也包括在工业较不发达的国家之内,似乎是值得怀疑的"。(见该书,商务印书馆1977年版,第17页脚注1)

② Raúl Prebisch. *The Economic Development of Latin America and its Principal Problems*. New York: United Nations Department of Economic Affairs, 1950, p.12.

了广阔而复杂的外围,以各自不同的方式和广度加入到这个体系中来。"①中心——外围体系固有的活动方式,使中心得以恶化贸易条件大量吮吸外围的收入。

普雷维什和联合国拉丁美洲经济委员会的其他经济学家认为,造成中心与外围的不平等的经济关系的主要因素有:

(1)中心和外围的劳动生产率增长不平衡。中心国家的劳动生产率增长较快,因此,加工工业的生产费用减少得较快。但是,"由于工业国家在工会的压力下保持着高水平的工资,并且组织工业生产的方式是卖主寡头保持高利润率,这些商品的价格并未按照劳动生产率的增长比例下降"②;

(2)两种类型国家的不同产品,同劳动生产率提高的关系不同,致使在劳动生产率提高的条件下,工业制品价格不变或上升,初级产品价格下跌。这是因为从一个产品看,劳动生产率提高,意味着使用较多的工具(物化劳动)以节省更多的活劳动,而使用的初级产品如原料,则不变或减少。由于这种需求关系不同,两者的价格变化就不同。

(3)根据上述,随着生产的发展,中心国从外围国进口原料等初级产品,其增长必然慢于外围国从中心国进口工具等工业制品。

这样,一方面,贸易条件越来越不利于外围国家,即从每次交换看,中心国向外围国吮吸的收入增大,不平等关系加深;另一方面,中心国向外围国出口的增长,快于从外围国进口的增长,再加上不平等关系的加深,从交换总体看,外围国将发生贸易逆差,如无其他例汇收入,将要成为债务国,要向中心国支付利息。

以上就是"普雷维什命题"的主要内容。由此他认为以原料价格下跌为特征的不平等贸易,正在使美国和其他工业化国家发财,而使拉丁美洲日益贫困。他认为,这种状况不完全是由拉美国家的内部结构决定的,而主要是由国际关系的结构,即中心——外围体系的结构决定的。

以普雷维什为代表的拉丁美洲经济学家根据这种情况,提出可能有助于改变中心——外围体系关系的两种办法。第一种是,通过由国家调节的

---

① 劳尔·普雷维什:《我的发展思想的五个阶段》,《世界经济译丛》1983 年第 11 期。
② 《联合国拉丁美洲经济委员会杂志》1977 年第 4 期,第 12 页。

工业化,改变发展中国家的经济结构;第二种是,改变国际市场的机制。

从上述可以看出,普雷维什关于在中心——外围体系中,中心如何攫取外围的收入,即关于不平等贸易的论述的思想是深刻的,但论证并不严密。最重要的是,第一,他认为贸易条件越来越不利于外围国,是由于工会要保持高工资和卖主寡头要保持高利润,致使劳动生产率虽提高,而工业制成品的价格却不下降。这意味着已有垄断价格在其中起作用,这以垄断形成为条件。因此,不能解释自由竞争时期的不平等交换。第二,他认为产品的特性不同,其价格变动也不同,对出口初级产品的国家十分不利。这不能说明同样出口初级产品,澳大利亚(出口羊毛)为什么比印度(出口农产品)富得多。这预示着他的继承者要提出新的理论。①

普雷维什还从资本输出方面分析中心对外围的扩张。这特别涉及跨国公司问题。他指出跨国公司作用的两重性:一方面,有创新的能力和高度的生产组织性,在技术和经济领域利用最有智慧的人;另一方面,对东道国采取粗暴的政治干涉方法。

最重要的是,他认为在外围,跨国公司的直接利益与社会利益是矛盾的。他特别指出,跨国公司对拉丁美洲社会"上层"进行投资,并没有在应有的程度上促进这些国家的资本积累。他说:"外国私人资本同外债一样,无疑能成为积累和技术转让的一个重要因素。但消费社会在外围有它的特点。这些金融投资通常分到各高级阶层。"②这是什么意思呢?这就是说,跨国公司在外围宣传中心的消费标准,给予某些有关的高级阶层以高收入以便推广这种标准,就地生产西方消费品借以改变外围的消费习惯,也就是仿效西方的消费。这样,跨国公司的经营本身,以及由它培养的落后国家的高消费,妨碍外围资本积累的形成,使其无法实现自身的工业化和现代化。他尖锐地说:"中心的消费标准的扩散直接损害了资本积累过程。我郑重声明,消费社会与根除消费不足的社会,目标是不相容的。"③我认为,这是一位诚实和正直的发展中国家经济学家的呼吁。

---

① 前面提到,刘易斯提出由农业劳动生产率不同决定的工资不同,再加上国际上存在统一利润率,来说明贸易比价的有利和不利问题。他不是激进派经济学家。

② 《拉丁美洲》1977 年第 6 期,第 47—48 页。

③ 《联合国拉丁美洲经济委员会杂志》1976 年第 4 期,第 10 页。

我特别借用刘易斯的类似论述,再谈一下这个十分重要的问题。他在谈论发展中国家工业化的阻碍因素时指出,其中的一个因素是:发展中国家的人民增加了对外国商品的需求,他们懂得宁可吃小麦而不愿吃甘薯,宁可用水泥而不用当地的建筑材料。在 19 世纪时,从英国进口而使生产招致破坏的产品大部分是纺织品和铁制品,这些产品和替代它们的进口产品没有什么根本的不同,只是消费者的偏好有一些不同,但是成本上的差别很大。"及至 20 世纪后,形势朝不同的方向发展,名牌产品在许多消费者市场上确立了自己的地位,即使是成本和质量都相同的国内产品,也都难以把它们从市场排挤出去。"[①]这里说的是从国外进口的,关税理应可以发挥一点保护国内市场的作用。而普雷维什论述的是跨国公司就地生产的,关税是无能为力的。

普雷维什还研究了中心向外围转让技术的问题。他对跨国公司的技术政策的评价包括两个方面:一方面,来自中心的技术渗透在外围的生产发展中起主导作用;另一方面,这虽然保证了劳动生产率的提高,但又把很大部分的国民收入转到国外。他还指出,利用外国技术的主要消极结果是,在国民收入的分配上有利于"高级阶层",加强了"仿造的"消费社会的缺点。

最后,普雷维什指出,跨国公司的活动无助于增加东道国工业品的出口,因为在生产和工业品贸易方面,跨国公司以对它们最有利的方式行事,其中包括跨国公司为了销售它们国外分公司制造的工业品,在有限的范围内利用世界工业中心的广阔销售市场。他认为,消费社会在国际化,而生产的国际化,对外围来说正遇到严重的障碍,中心国家对外围国家出口的商品建立关税壁垒便属于这种障碍。

四、伊曼纽尔的殖民地理论

希腊经济学家伊曼纽尔在《不平等的交换》中,运用马克思的价值转化为生产价格的理论,以及生产价格在绝大多数情况下和价值有偏离的理论,

---

① 刘易斯:《国际经济秩序的演变》,乔依德译,商务印书馆 1984 年版,第 16 页。

来解释在商品交换中发达国家如何剥削落后国家的问题。他的理论不涉及垄断经济的形成,因而可以视为适用于发达国家和落后国家之间的一般商品交换。

他认为,发达国家和落后国家交换商品,后者的部分剩余价值会转移到前者。其根本原因是前者的工资高,后者的工资低;其机制是生产价格和价值偏离。这就是说,在资本能在各国自由流动的条件下,各国统一的、平均的利润率,使前者的商品的生产价格高于价值,后者的商品的生产价格低于价值。按生产价格交换,后者的部分剩余价值便被前者攫取。这被称为不平等交换理论。他将不平等交换分为广义的和狭义的两种。

现将广义的不平等交换表解如下。

表5-2 广义的不平等交换表

国家类别	所用不变资本	所费不变资本	可变资本	剩余价值	价值	生产成本	利润率	利润	生产价格
发达国家	180	50	60	60	170	110	0.333	80	190
落后国家	60	50	60	60	170	110	0.333	40	150
两国	240	100	120	120	340	220	—	120	340

这就是说,发达国家资本有机构成比落后国家高:180∶60大于60∶60;但两者工资相等,都是60;剩余价值也相等,都是60;尽管两者所用不变资本不等,一为180,一为60,但所费的不变资本相等,都是50(其所以发生这种情况,是由于发达国家使用的固定资本远比落后国家多,但两者的折旧部分和其他不变资本如原料的耗费合起来相等);因此,两者的产品价值相等,都是170;两者的剩余价值总额为120,除以两者资本总额360(两者所用不变资本240和两者可变资本120之和),得出平均利润0.333;按所费不变资本和可变资本之和计算的生产成本,两者相同,都是110;但按所用不变资本和可变资本之和分配到的利润,两者不同,一为80,一为40,因此,由生产成本和利润构成的生产价格,两者不同,一为190,一为150,都分别与其价值不同;发达国家的资本有机构成高,其商品的生产价格高于价值(190>170),落后国家的资本有机构成低,其商品的生产价格低于价值(150<170),两种商品交换,生产价格相等时,价值就不等。这是广义的不平等交换。

现将狭义的不平等交换表解如下。

表 5-3　狭义的不平等交换表

国家类别	所用不变资本	所费不变资本	可变资本	剩余价值	价　值	生产成本	利润率	利润	生产价格
发达国家	140	50	100	20	170	150	0.333	80	230
落后国家	100	50	20	100	170	70	0.333	40	110
两国	240	100	120	120	340	220	—	120	240

所用概念和计算方法,和前表相同,不必再说,要说的是内容上的不同。在前表,两国可变资本和剩余价值都分别相等;在本表,两国可变资本和剩余价值都分别不等;但可变资本和剩余价值之和,即工人创造的新价值,两国相等,都是 120。这就是说,两国的工人有同样的劳动生产率,在相同的时间内创造出同量的价值(120),但对这价值的分配,即可变资本和剩余价值在其中占的份额,两表不同。在前表,两国完全相同,即两国工资相等,剩余价值也相等;在本表,两国完全不同,即发达国家工资高,剩余价值低,落后国家工资低,剩余价值高,尽管两国分别的工资(可变资本)和剩余价值之和相等。在这个条件下,两国交换商品,生产价格相等时,价值就不等。这是狭义的不平等交换。

伊曼纽尔认为,这两种不平等交换虽然都有剩余价值的国际转移,但两者有质的区别,只有由工资水平的差别而产生的剩余价值的国际转移,才是真正的不平等交换,即上述的狭义的不平等交换。他认为,这是因为广义的不平等交换也可以发生在国内,只要将两国看成两种生产部门,就有这种现象发生。在这里,他没有看到,一国之内,得失相抵,投下的劳动和实现的价值相等;国家之间就不是这样。他认为,狭义的不平等交换是由工资差别引起的,这种差别又是由历史上和制度上的因素造成的,只要劳动力在国家之间不能自由流动,这种差别及其不平等交换就不能消除。

伊曼纽尔的第二个表,有一项内容表面看来是不合理的,这就是落后国家与发达国家相比,资本的有机构成更高(100c/100c＋20v＞140c/140c＋100v),从而使剩余价值率更高(100m÷20v＞20m÷100v)。但仔细分析一下就可以看出,他的真正意思是:落后国家有些生产部门,如外资经营的石油业,其技术构成,即劳动生产率和发达国家一样,等量的劳动创造的价值相同,但落后国家的劳动力价值远远低于发达国家的劳动力价值,即两国同量劳动创造的价值都是120,它分解为可变资本和剩余价值,在落后国家是20和100,在发达国家是100和20。由于同量劳动力在两国表现为不同的可变资本,其结果就造成落后国家的资本有机构成反而比发达国家更高的不合理表现。伊曼纽尔说:"外围国家的人民能够利用现代化的生产工具,而远远没有要求现代化的享受"[①],说的就是这个意思。我认为这可以启发我们进一步思考一些问题。

如果我这种解释是正确的,那么,伊曼纽尔的第二个图表便是有缺陷的,那就是虽然所费不变资本两国相同,但所用不变资本两国都不相同。如上所述,外资在落后国家经营的石油业,所用不变资本应同发达国家的相同。如果我们将第二表的所用不变资本都改为120,即两国总和仍为240,也能得出相同的结论。

这可以表解如下。

表5-4　相同不变资本发达国家和落后国家:生产价格和价值关系

国家类别	所用不变资本	所费不变资本	可变资本	剩余价值	价值	生产成本	利润率	利润	生产价格
发达国家	120	50	100	20	170	150	0.333	73.26	223.26
落后国家	120	50	20	100	170	70	0.333	46.62	116.62
两国	240	100	120	120	340	220	—	120	340

我们可以看出,两国所用和所费资本相同,同量劳动创造的价值相同,但由它分割为可变资本和剩余价值不同,结果生产价格在发达国家高于价值,在落后国家则低于价值。两者交换,生产价格相等,价值不等。

以上我们举石油业为例,是为了说明道理,并不是说两国的石油产品交换。我们的目的,是就伊曼纽尔的图表所包含的意义作些说明,并提出修正的意见。根据这些方法论,再加上垄断价格理论,就可以说明许多现实问题。

综上所述,我们可以看到,伊曼纽尔和刘易斯关于发达国家和落后国家

---

① 伊曼纽尔:《现代化的问题》1963年第2期。

或发展中国家之间的商品交换问题,有相同的看法,那就是各国的利润率均等,两国工资不等,因此,贸易条件不利于落后国家。但是,他们又有根本的差别:伊曼纽尔从劳动价值理论出发,认为价值分解为可变资本和剩余价值,因此,不仅能说明平均利润率的形成,而且能说明其高度;刘易斯离开劳动价值理论,就只能从流通说明利润的产生,这样虽然可以从竞争说明平均利润率的形成,但不能说明其高度。

我曾根据马克思的价值转化为生产价格、生产价格在大多数条件下不等于价值的理论,说明发达国家和落后国家交换商品的关系,是前者以小量劳动交换后者的大量劳动,理由和伊曼纽尔提出的理由不相同。这一点,留在下面谈。

第十六章　世界体系和世界规模中的剥削

——激进派经济学家的殖民地理论(续)

一、概述

以上关于发达国家对落后国家的剥削的分析,涉及两个相互联系的问题:一个是剥削的机制,尤其是其中的商品交换产生的剥削机制的分析,在伊曼纽尔那里,已形成一个理论体系,其中的不完善处还有待于发展;另一个是剥削和被剥削的双方是怎样联结起来的,换言之,宗主国和殖民地曾经是或一直是怎样联结起来的。关于这个问题,前面已经述评过这样几种理论:马格多夫的资本主义是一种世界体系的理论。这个体系从一诞生就存在着对外贸易和资本输出,并且包含着剥削和被剥削的关系;巴兰和斯威齐的资本主义是一种国际制度的理论。这个制度同时也是一种等级制度,各等级之间存在着剥削和被剥削的关系,处于顶峰的是宗主国,处于底层的是殖民地,宗主国剥削的领域就是它的帝国;普雷维什的世界资本主义是由中心—外围组成的国际经济体系理论。中心恶化外围的贸易条件,以剥削外围。如果撇开这些理论中关于剥削机制的分析不谈,对于资本主义或世界资本主义是一种世界体系、国际制度和国际经济体系的论述,有一点是相同的,那就是将发达国家和落后国家或宗主国和殖民地之间的联结事实记录下来,但不曾对其中的原因和规律予以分析。于是,自由竞争和垄断统治的资本主义,同样都是世界体系和国际制度;从这个角度看,人们无法区别这两者有什么差别。在这个问题上,巴兰和斯威齐与其他人相比,可以说有一点不同。因为在他们看来,经济剩余的攫取在垄断条件下特别大,在这一条件下它的实现特别难,于是才需要实行军国主义和帝国主义政策。这样说来,资本主义这个国际制度是有历史性的。但是,他们又认为,资本主义从一诞生就是一种国际制度。这表明,他们的理论分析说到底还是被事实所俘虏。

卢森堡也认为资本主义是一种世界体系。但她的方法有所不同。我们记得,她不是将资本主义经济和前资本主义经济联结在一起的事实记录下来,就认为它是一种世界体系;而是努力揭示这种联结的规律,这就是资本主义生产的剩余价值不能由它本身来实现,而要由前资本主义经济(主要是个体经济)来实现,这就是说,资本主义的再生产规律使它必然和前资本主义经济联结在一起,资本主义经济形态是不能独立存在的。这就是她所理解的资本主义是一种世界体系。这从理论上看是错误的,因为资本主义的再生产,不需要前资本主义经济也能实现。但这从方法论上看,却启发人们思考问题,使人们去研究哪一种经济形态是不能独立存在的,即哪一种经济形态是一种世界体系。可惜的是,她没有用同样的方法,即从资本主义再生产的实现的角度去研究殖民地。根据她的理论,资本主义再生产的实现所必需的前资本主义经济,虽有国外的和国内的两种,但其作用是一样的,政治疆界在这里没有什么意义。正是从这里出发,她正确地区分了资本主义外部市场和内部市场:英国资本主义工业和德国资本主义工业的交换,是资本主义的内部市场;德国资本主义工业和德国个体农民的交换,是资本主义的外部市场。这样,她就应该用同一的方法,认为凡是为资本主义实现剩余价值的经济成分或社会成分,都是殖民地即经济殖民地,它可以分为国外的和国内的。但是,她不是这样。她不用这种方法,而采用将已有的事实记录下来的方法,认为用政治力量取得的国外前资本主义经济成分,借以实现剩余价值,这才是殖民地。其所以如此,是由于她缺乏经济殖民地的概念,更缺乏国内殖民地的概念,以至完全屈从于在现实生活中已出现的殖民地国家,即政治殖民地这一事实,以为只有它才是殖民地。由于她是从实现剩余价值的角度去说明殖民地的,这就不能说明殖民地是怎样被剥削的。

这一切说明,结合实际,扬弃已有的理论,建立较为科学的帝国主义和殖民地或发达国家和落后国家之间的关系的理论,是一项重要工作。

埃及经济学家萨米尔·阿明的世界规模的积累及在世界规模积累中的不平等交换理论,是对激进派经济学已有的有关理论的扬弃。但要说明这一点,就要先说明弗兰克和沃勒斯坦的有关理论。

十多年来,我在已有研究的基础上钻研了这个问题。在这里,我简要地提出个人的看法。

二、弗兰克的殖民地理论

德国的安德列·冈德·弗兰克在其《资本主义与拉丁美洲的不发达》中明确地写道:"我和保罗·巴兰一样,坚决地认为资本主义既是世界性的,也是民族性的,它过去造成了不发达,现在仍然在制造不发达。"①这是他考察不发达问题的指导思想。

他没有为资本主义下一个明确的定义。他实质上认为,资本主义是一个世界范围的交换关系的体系,其最重要的特征是垄断和剥削。从这里出发,他还认为通过交换,世界上任何一个受到资本主义制度影响的地方,都可以看作资本主义。

在弗兰克看来,建立在交换关系基础上的资本主义世界体系,包含着两个相互联系的部分:某些地区的发达和其他地区的不发达。不发达并不是原始状态。他认为,同资本主义未接触的是未开发状态。随着资本主义的发展,现在已经没有未开发状态了。

弗兰克理论体系中最重要的部分是:"不发达的发展"的产生,是由于资本主义世界体系是以中心——卫星的结构为特征的。中心剥削卫星,因此,剩余就集中于中心。卫星由于断绝了投资基金的来源,发展速度就放慢,就陷于贫困。更为重要的是,卫星沦为依附国,产生了一种特殊的地方统治阶层——游民资产阶级。由于不发达的存在与他们的利益相一致,他们就遵循一种"不发达的政策"。我们着重论述这些问题。

关于中心——卫星这一概念,弗兰克在分析拉美经济的不发达时指出:过去和现在,垄断资本主义结构与剩余的占有或占用引起的矛盾始终贯穿

---

① Andre Gunder Frank. *Capitalism and Underdevelopment in Latin America*. New York: Monthly Review Press, 1967, p.XI.

于整个智利经济中。随着经济的演变,在结成链条的关系中,"世界和国家中心"的资本主义就扩展到"地区中心",并占有"地区中心"的部分剩余,然后又从"地区中心"扩展到"地方中心",再从"地方中心"扩展到从小农和佃户那里剥削剩余的大地主和大商人,有时甚至扩展到层层受他们剥削的无地劳动者。在这个过程中,在链条的每一环上,上层相对少数的资本家对下层的多数人行使垄断权,剥削他们的部分或全部剩余,直到上层不再层层剥削,而留下一部分供下层自己使用为止。正是这种关系,导致少数地区经济发达和多数地区经济不发达。

很明显,这个被称为弗兰克重要贡献的中心——卫星概念,有着巴兰的这种思想:资本主义既是国际制度,又是等级制度,上级剥削下级。

我们来看一看弗兰克对这个问题的分析。前面谈到,他认为资本主义世界体系是一种交换关系;从这一观点出发,他又认为相对而言,每个中心都处于垄断地位,因为每个中心都有几个卫星,而每个卫星只有一个中心。这样,这个中心无论作为出售者还是作为购买者,它都处于垄断者的地位。在这里,我们看到英国现代资产阶级经济学的鼻祖马歇尔关于垄断的定义,即垄断是只有一个供给者的状态对他的影响。中心既然处于垄断地位,它就可以随意决定交换条件,从而攫取卫星的剩余。

这样,就涉及对垄断的理解。人们说,地主垄断土地,资产阶级垄断工厂,但他们分别得到的地租和利润是来源于生产即劳动,然后按照一定的规律,在分配中据为己有的。这里不存在随意性。从弗兰克的分析中可以看出,他看到的垄断有两种:一种是通常称为商业资本主义时期的商业资本的垄断,它到处欺诈生产者和消费者,攫取利润是不规则的,但这大体上已是历史;另一种是现代意义的垄断资本主义的垄断,包括跨国公司的垄断,其垄断利润的来源虽然是通过交换,从其他经济成分或社会成分中得来,但其来源仍然是劳动,也是有规律可循的。在这两种形式中,利润的攫取都与交换有关,这也许是他将资本主义世界体系错误地看成交换关系的原因。

经过这样的分析,他就认为这会导致中心的发达和卫星的不发达。关于中心从卫星攫取的剩余为什么不能用来发展卫星的经济,他的分析并不深入,而且多半是重复巴兰的看法。不过,他对于不发达的原因还有一种解释。

他以依附论和游民阶级论来说明。依附这一概念在弗兰克的思想里有两种含义：一种是某些国家的经济是以它们所依附的另一种经济的发展和扩张为条件的，当一些国家能扩张，而其他国家仅仅作为对这种扩张的反映而进行活动时，互相依赖的关系就采取了依附这种形式，这是激进的拉丁经济学家的一般认识；另一种是这种依附国家的统治阶级被束缚在交换关系的链条上，他们的统治地位就依赖于维持这种链条。游民阶级论与后一含义的依附的关系更为密切。

他认为，不发达国家的统治阶级拥有的地位，取决于他们在中心——卫星这条链条上的位置。因此，维持这个链条对他们是有利的。在分析拉美经济问题时，他写道："殖民性的阶级结构，为资产阶级统治阶层很好地确定了明确的阶级利益。资产阶级利用政府内阁和国家的其他机构，为拉美人民和国家制订了经济上……的不发达政策。"[1]

弗兰克的这些论述，确实描绘出一个非常值得深入分析的现象。先师王亚南教授在其《中国半封建半殖民地经济形态研究》中，不仅描绘了这一现象，而且揭示其本质。他先用高利贷资本——商业资本——土地资本这三者可以相互转化，而由高利贷的利息率来调节商业利润和土地地租的公式，来概括中国地主封建制的经济关系；然后以此为基础，再分析外国资本主义如何通过这种关系，对中国人民进行资本主义其表、封建主义其里的剥削；并指出："一个社会的半殖民地性格，是由它的落后的封建生产关系引出的，是通过它的各种封建剥削造成的。而一切原始剥削，又是把封建土地制作为其骨干或核心。这就是为什么对土地这一生产条件所付太高的封建代价，竟成为破坏其他生产条件（如农具、畜力、劳动力）甚至地力本身的根本症结，诸种原始资本不能流用到农村乃至都市生产事业上去，最先也是由于购买土地太有'权''利'可图，而整个都市的中外大小权势者的寄生基础，即使是通过了买办商业资本、高利贷资本一类的中间剥削榨取环节，最后终归是'斧打凿，凿入木'地要落在土地上。"[2]这里的分析既精辟深入，又生动形象。

---

① Andre Gunder Frank. *Lumpen-Bourgeoisie and Lumpen-Development: Dependency, Class and Politics in Latin America*. New York：Monthly Review Press，1972，p.13.

② 王亚南：《中国半封建半殖民地经济形态研究》，人民出版社 1957 年版，第 277 页。

三、沃勒斯坦的殖民地理论

美国经济学家伊曼纽尔·沃勒斯坦在其《世界资本主义统治》中提出资本主义是一种世界体系的理论,来解释发达国家对落后国家的剥削问题。他表明,他提出这一理论,是为了综合地解决战后发生的关于社会经济发展问题的三大争论,即联合国拉丁美洲经济委员会提出的中心和外围的关系的理论,这后来发展为依附论;关于马克思的亚细亚生产方式理论的再度讨论,这集中为社会发展是否分为五个阶段这一问题上;关于封建主义如何过渡到资本主义的问题,这个讨论主要在英国的多布和美国的斯威齐之间进行。

沃勒斯坦的理论和弗兰克有许多相似之处。现简介如下:

在他看来,任何社会制度都不是封闭的体系,因为社会体系中的各部门、各地区都要依赖于同其他部门、其他地区的经济交往。从这个意义上说,资本主义是一种世界体系,因为资本主义经济是一种由市场交换联结起来的世界经济。资本主义和世界经济是一枚硬币的两面。

他认为资本主义世界体系内的国家可分为三个层次,即中心国、次外围国和外围国。首先是中心国和外围国。它们两者之间的关系,涉及不平等的交换关系、不平等的地理关系、垄断和自由竞争的关系。越靠近中心的越有垄断权,越靠近外围的越是竞争得厉害。中心化和外围化是两极分化的结果。次外围处在联系中心和外围的地位。中心能从次外围产生,次外围又是中心地区衰落的归宿。资本主义世界体系有一套与其相适应的政治上层建筑,这就是由主权国家组成的国际体系。

从起源上看,沃勒斯坦认为,中心国和外围国的产生,以及它们之间的不平等交换的发生,是由于前者的生产容易形成垄断,后者则否。他认为,生产者必想赢利,想赢利必求垄断,从这一点看,垄断是常态。但是,由于地理条件的不平等,从历史上看,西欧专门从事制造业和畜牧业,这需要较高的技术,并且由薪金较高的劳动者来经营,这样的结构能够操纵市场,易于形成垄断;拉丁美洲从事开发矿藏,波罗的海以东的欧洲从事粮食生产,这需要较低的技术,资本家是使用强制的劳动来经营的。这样一来,通过交换,西欧就从拉美和东欧取得剩余价值。交换的结果是:前者的力量增大,后者的力量削弱;前者成为中心国,后者成为外围国。

中心国——外围国的划分一旦出现,这种关系就会维持下去,中心国既有强大的经济力量,又有强大的政治力量,它就能操纵这个体系的运转,以满足自己的需要。中心国蓄意削弱或用武力征服外围国,并实施各种垄断性的限制,改变市场运转机制,以保护它们自己的工业,而对外围国,则反对其实行相应的经济保护政策

从以上的分析我们可以看到,弗兰克和沃勒斯坦都同样认为,资本主义经济事实上是一种世界体系,它主要由两部分构成,一部分对另一部分攫取剩余价值是通过垄断进行的,这种攫取同这两部分的生产结构并无必然的联系。换言之,他们不能从价值规律发生作用的形式来说明这种攫取。这是他们将资本主义的世界体系看成交换体系的必然结果。下面的经济学家力图克服这些缺点。

四、阿明的殖民地理论[①]

阿明的理论是对激进派经济学家理论的扬弃。从方法论上看,它要从世界规模的积累中考察与发达相联系的不发达。我们先谈他的理论中的方法论问题。

同资产阶级发展经济学的理论相反,阿明认为,第三世界的不发达状态是资本主义在世界范围内发展的结果,离开对资本主义在世界范围内运动的分析,就不可能说明不发达经济结构形成的原因、基本特征、存在条件以及它是如何再生产自身的。同弗兰克和沃勒斯坦从交换关系来说明发达国家和不发达国家的关系不同,阿明找到了研究发达国家和不发达国家的关系的一个基本点,这就是发达国家的积累是世界规模的积累,生产和交换作

---

① 这一部分的写作,曾参考陈峰的手稿《论萨米尔·阿明的不发达理论》。陈峰是我指导的硕士生。该文是他的博士毕业论文。

为同一积累过程的两个方面,同时对发达和不发达经济的形成产生影响。

阿明考察资本积累的角度和马克思有所不同。马克思的资本积累理论是对纯粹资本主义条件下积累过程的分析。与此同时,他也指出资本主义生产向非资本主义环境扩张的必然性。但按照马克思的理论,资本对非资本主义环境的扩张,是资本主义生产发展的结果,而不是其生产存在的条件。马克思认为,在资本主义生产扩张的过程中,非资本主义环境也会资本主义化,全世界的资本主义将是同质的。对于马克思的资本积累的方法论,阿明完全理解,不表疑义。但他认为,如果考察产业革命、甚至资本原始积累以来的资本主义对世界历史发展的影响,就应该有另一种方法论。阿明认为他所分析的世界规模的积累,是马克思考察过的那种积累的必然产物,而不是那种积累在世界范围内的简单放大,这个产物有自身的特点。他认为,马克思的积累理论提供了研究世界规模积累的方法,却没有提供这个理论本身。

最重要的是,同马克思预期的相反,阿明指出,中心资本扩展到外围时,产生的并不是一个同质的资本主义世界体系,而是资本主义和一个非同质的经济结构一体化的世界体系,它由中心资本主义和外围资本主义构成,后者其实是各种前资本主义经济成分的混合体。之所以如此,是因为世界体系的形成,并不是由于中心的资本主义在全世界普遍摧毁前资本主义经济成分,而是使后者从属于前者。这就是说,他明确地反对马克思关于"工业较发达的国家向工业较不发达国家所显示的,只是后者未来的景象"的预言。这已为历史所证实。但首先对这一问题予以详细论述的是布哈林。

从世界规模的积累的角度来观察不发达现象,阿明既反对正统发展经济学关于不发达的解释,按照这种解释,不发达或贫困的原因说到底还是贫困;也不同意激进派经济学家中生产方式派的解释,这种解释认为,如果坚持历史唯物论,就要从生产方式内部去找寻不发达的原因。他认为,指出非西方社会特殊的社会结构无疑是重要的,但认为这就是不发达的原因,就有失偏颇了。这是因为,不发达不是社会闭塞的状态,而是指在外部因素作用下产生的一种特殊的发展。它同中心国家的积累有着历史和逻辑的联系。

这种联系,在阿明看来,主要是国际贸易和资本流动;前者是双向的,后者是单向的,即发达国家对不发达国家输出资本。阿明认为,国际贸易对外围国家的冲击,使外围国家从传统社会向"外围资本主义"过渡。他特别指出,外围资本主义的起点与中心根本不同,它开始于外国产品的侵入。但是,作为中心资本主义积累的产物和补充物的贸易,使外围不能像中心那样发展资本主义。这是因为,一方面,廉价的外国商品的输入,使传统手工业迅速崩溃,大量手工业者破产使地方农业失去传统的出路,而对外贸易的需要则使地方农业转为生产中心需要的原料和粮食,也就是使这一生产过程纳入中心资本积累的轨道;另一方面,由于手工业者的大量破产是在民族工业尚未建立的时候发生的,破产的手工业者很难转化为工人,而只能返回土地,这既阻碍了农业劳动生产率的提高,又为以后压低工资水平创造了条件。由于这样,外围经济就产生了外向性和依附性的特征,外围就成为为中心服务的农业国或原料国。阿明进一步认为,虽然国际贸易使外围的经济结构具有依附性的特征,但是使这一结构定型并成为中心积累过程附属部分的,却是中心对外围的资本输出。

现在我们看看阿明怎样说明中心与外围的贸易中的不平等交换。阿明对不平等交换问题的论述,在其理论体系中占有十分重要的地位,它论证的不仅是不平等交换是如何发生、如何实现的,而且还说明它的基础是什么,即论证中心和外围剥削和被剥削关系的一般基础和资本主义世界体系不平衡发展的一般基础。

阿明的不平等交换理论,就其中的主要问题来看,是受到伊曼纽尔的影响的。这就是说,他也运用马克思的生产价格和价值有偏差的理论,也认为国与国之间的利润率均等,中心和外围的工资不等:这就能说明不平等交换。他认为,在相同的生产率下,如果 A 国的工资仅是 B 国的 1/5,A 国的较高剩余价值率就会提高 A+B 的平均利润,较低工资水平的 A 国的具有相同生产率的劳动总量在国际交换中的所得,要比其贸易伙伴 B 国的同样劳动总量的所得少。他还用事实证明这一理论:1966 年,第三世界出口总额的 3/4 是由现代化的资本主义产业(石油、矿产、现代化种植业)提供的。这些部门的生产率不低于发达国家,但这一年仅以现代产业来说,不发达国家向发达国家转移的价值就达 800 亿美元,其原因就是工资差异。

对工资差异形成的说明,阿明与普雷维什不同。普雷维什用 19 世纪末以来发达国家的工会运动来说明其工资较高;阿明反对这种观点,他认为中心和外围的工资差异,是由它们的不同资本积累模式决定的。在中心,生产力水平与工资水平有联系。因为工资下降到某一水平,这个制度的生产能力就超过消费能力,再生产的实现就被破坏。此外,中心从外围得到的好处,也使其工资水平有可能较高。外围不是这样。它们的大部分现代化产品不在国内实现,外向型的经济结构决定其积累的实现不在内部,出口部门生产力水平的提高,并不要求工资水平也提高,以便使再生产得以实现。也就是说,外围的积累模式排除了工资增长的必要性。此外,外围的破产手工业者的大量存在,也使其工资较低。

阿明认为,还有一种不平等交换,是由于两国的资本有机构成不同(剩余价值率可同可不同)而发生的。这可分为两类:一类是由于资本从发达国家资本有机构成高的部门,流向不发达国家资本有机构成较低的部门,从而形成利润率平均化和生产价格,按生产价格交换,剩余价值就在两国之间重新分配,情况和前面分析过的相似;另一类是在国际生产价格尚未形成的条件下发生的。如果两国生产同种商品,但两国的资本有机构成不同,即生产率不同,假定没有发生因资本流动而引起的利润率平均化,两种商品带着本国的生产价格同时进入世界市场,这样,它们就要受到世界市场价格的支配,而世界市场价格不外乎就是发达国家的价格。例如,1 小时的劳动,A 国能得到 60 单位产品,B 国能得到 90 单位产品,如同时进入世界市场,A 国 30 小时劳动就只值 B 国 20 小时劳动,换言之,A 国要换取 B 国 30 小时劳动,就必须付出 45 小时劳动。他认为这种情况大多发生在发达国家的先进部门和不发达国家的传统部门之间。在这里,他认为国际市场价格的形成过程包含价值转移。

应该说,如何统一地、有机地说明世界划分为发达国家和不发达国家,以及存在于它们之间的剥削和被剥削的关系,是一项极其困难的任务,即使在马克思主义者内部也有不同的看法。阿明的理论体系中有许多问题值得探讨。

我先提出一点看法,它和阿明的看法完全对立。[①]　他认为如果两国生产

---

①　陈其人:《马克思对世界市场上价值规律的作用的研究》,《复旦学报》(人文科学版)1983 年第 1 期,第 8—14 页。

同种商品,但有机构成不同、生产率不同,而在世界市场上由发达国家的生产价格决定市场价格,通过这一价格,不发达国家便被剥削部分剩余价值。我认为这是不对的。首先,从同种商品的交换来说明价值转移是没有意义的,因为国际贸易主要不是同种商品交换;其次,两国商品在世界市场上形成相同的价格,这分明是个别(国别)价值转化为社会(国际)价值,而价值指的应该是社会价值,这等于说,在同一时间内,不发达国家生产的价值比发达国家小,例如,前者 30 小时生产的价值和后者 20 小时生产的价值相等,它们相互交换,是价值相等的交换,不能视为剥削和被剥削。很明显,一国之内也有这种情况。但没有人认为这里存在着剥削和被剥削的关系。

五、我的看法

我对殖民地问题的看法当然是要谈的,但在哪里谈却有些犹豫。经过考虑,决定在有关激进派经济学家这一章里谈。但是,我不谈我的全部看法,因为关于殖民地的基本理论,尤其是关于资本主义自由竞争阶段的殖民地理论,我除了复述或整理斯密和马克思的殖民地理论外,没有提出我自己的看法,所以在这里就不谈了。[①] 这里只谈我对资本主义垄断阶段的殖民地的看法,并且突出这一章所论述的世界体系和不平等交换这两个问题。当然,有时也涉及殖民地的基本理论。

在我看来,一般的资本主义经济并不是一种世界体系或国际制度。我们不能由于看见资本主义经济是要向与其并存的前资本主义扩张,并与之发生联系的事实,就认为它是一种世界体系。在这一点上,我认为卢森堡论证资本主义经济是一种世界体系,虽然从理论上看是错误的,因为资本主义生产的实现并不以非资本主义经济的存在为条件,但从方法论上看却是有启发作用的,那就是她认为如果一种经济成分的再生产条件要由其他经济

---

① 如果个别人对此有兴趣,可参阅下列拙作,陈其人:《马克思对殖民地的研究及其在当代的意义》,载《马克思主义研究中的几个问题》,复旦大学出版社 1983 年版;陈其人:《斯密的殖民地理论及其对马克思和列宁的影响》,载《马克思主义来源研究论丛》(第七辑),商务印书馆 1986 年版;陈其人:《帝国主义经济与政治概论》,复旦大学出版社 1986 年版。

成分来提供,它就是一种世界体系。根据这种方法论,我认为奴隶制经济,由于其基本劳动力奴隶不是让奴隶成立家庭,从而自然繁殖来提供,而是由向其他经济成分捕捉成年劳动力来提供,它是一种世界体系,由于垄断资本主义经济的资本有机构成很高,导致社会平均利润率下降,又由于垄断使企业支出特别巨大,它的再生产的实现条件就不能只是取得平均利润,而要攫取垄断利润。[1] 关于垄断利润的来源,虽有不同看法,但根据劳动价值学说,我认为它只能来自非垄断经济成分。[2] 这就是说,垄断资本主义是一种世界体系。认为一般资本主义不是,而垄断资本主义却是一种世界体系,就能克服前述的世界体系或国际制度论的缺点,这个缺点就是不能从再生产的实现条件来区别一般的和垄断的资本主义。

垄断资本主义据以攫取垄断利润的经济成分就是它的经济殖民地,这既可以是国外的,又可以是国内的。这就是说,它和卢森堡论述的外部市场和内部市场相类似。帝国主义就是垄断资本主义的世界体系。这是因为垄断资本主义争夺殖民地,必然导致将殖民地和宗主国在政治上联结起来,组成如像大英帝国那样的帝国。[3] 在这种条件下,经济殖民地就成为政治殖民地或殖民地国家了。

现在论述宗主国对殖民地的剥削。这种剥削有几种渠道,这里只谈贸易中的不平等交换。

最初提出这个问题的是李嘉图。前面说过,他认为在一国内部,利润率是均等的,商品交换就是等量劳动的交换;国家之间的利润率是不均等的,商品交换可以是不等量劳动的交换。对此,他没有也不可能作具体的解释,因为他混淆了价值(只由劳动决定)和自然价格(生产价格,由生产成本和平均利润构成),而这两者在绝大多数情况下是不相等的。马克思论述李嘉图的不等量劳动交换原理时说:"不同国家劳动日的关系,能够像一国之内熟练的复杂的劳动和不熟练的简单的劳动的关系一样。在这个场合,富国会

---

① 我第一次提出这种看法是在 1957 年出版的《论资本主义基本经济规律》(上海人民出版社)中。从那时以来,我一直坚持这种看法。巴兰和斯威齐在 1966 年出版的《垄断资本》中,有类似的看法。见该书中译本,商务印书馆 1977 年版,第 30 页。

② 英国的米克在其 1956 年出版的《劳动价值学说的研究》中就提出这看法。见该书商务印书馆 1963 年版,第 324、331 页。

③ 陈其人:《论帝国主义是垄断资本主义的世界体系》,《光明日报》1989 年 4 月 10 日。

剥削贫国。"①有人就根据这一点,认为贫国 3 小时的劳动创造的价值,和富国 1 小时的劳动创造的价值相等,它们交换,就产生后者对前者的剥削。这虽然根据马克思的话来说明,但马克思这些话是同他的劳动价值学说矛盾的。他明确指出:在价值形成上,复杂劳动是倍加的简单劳动;个别价值要转化为社会价值,熟练劳动创造的社会价值大于不熟练劳动。社会价值既然是这样形成的,贫国 3 个劳动日和富国 1 个劳动日交换,就是平等交换,而不是不平等交换。

在我看来,根据马克思的产业革命使世界划分为工业国和农业国,前者成为宗主国和后者成为殖民地的理论,以及生产价格和价值在大多数情况下有偏离的理论,就可以说明工业国以制成品和农业国的原料、粮食相交换是不平等交换,因为前者的产品的生产价格高于价值,后者的产品的生产价格低于价值,现表解如下。

表 5-5　宗主国:生产价格和价值

宗主国				
资本	剩余价值	价值	平均利润	生产价格
Ⅰ 90c＋10v	10	110	20	120
Ⅱ 80c＋20v	20	120	20	120
Ⅲ 70c＋30v	30	130	20	120

表 5-6　殖民地:生产价格和殖民地

殖民地				
资本	剩余价值	价值	平均利润	生产价格
甲 70c＋30v	30	130	40	140
乙 60c＋40v	40	140	40	140
丙 50c＋50v	50	150	40	140

以上我们假定两类国家的平均利润率不等,并且宗主国的低于殖民地的,这至少符合斯密、李嘉图和马克思那时的情况。在上述条件下,如果宗主国以

---

① 　马克思:《剩余价值学说史》(第三卷),郭大力译,人民出版社 1972 年版,第 112 页。

资本Ⅰ的产品(如重工业产品)和殖民地资本丙的产品(如农产品)相交换，1单位资本丙的产品(140)便要和1.166单位资本Ⅰ的产品(120×1.166＝140)相交换，这时生产价格相等，但价值却不等，即资本Ⅰ以128.3或110×1.166和资本丙的150相交换。这就是生产价格虽相等而价值却不等的交换。

现在我们可以论述李嘉图关于一国之内的交换只能是等量劳动的交换，国家之间的交换却可能是不等量劳动的交换的命题了。李嘉图认为，不同国家的利润率不等，并且混淆了价值和生产价格。这样，根据上表就可以看到，虽然生产价格最终要受价值所制约，但每一种生产价格只由耗费的资本和平均利润构成，只要耗费等量资本，就有相等的生产价格，而不问资本的构成即c和v的比例如何，即使不合理地认为资本全部为c或全部为v，其生产价格也是相等的。在李嘉图的理论中，就有两个等量资本全部为v，而按相同的利润率计算，其生产价格就相等的例子。[1]由于这样，他就认为，既然一国之内的利润率是均等的，那么等量资本不论由什么构成，总有相等的价值(其实是生产价格)，它们的交换就是等量劳动的交换；既然国家之间的利润率是不均等的，那么等量资本不论由什么构成，总有不等的"价值"(其实是生产价格)，要按相等的生产价格交换，它们各自的价值即商品包含的劳动就应该是不等的。[2]其实，只要我们区别了价值和生产价格，根据上表就可以看出，生产价格相等条件下的交换，其中包含的劳动，无论国内交换还是国外交换，都可以是不等的。但是在国内，得失必然相抵；在国家之间，得失不能抵消。170年来，对李嘉图这一命题有各种解释，我的解释就是这样。

殖民地和宗主国之间的不平等交换，生产价格和价值之间的偏离是机制，其形成原因除资本有机构成不同外，还有资本周转时间不同。周转越慢，等量资本中在同样时间内可以使用的v就越少，因此，越接近于高位资本

---

[1]　大卫·李嘉图：《政治经济学及赋税原理》，郭大力、王亚南译，商务印书馆1962年版，第27页。

[2]　为了说明这一点，我们根据李嘉图的思想举例子。甲乙两国某生产部门全部垫支资本均为v，或100万元，平均利润前者为20万元，后者为40万元，即生产价格在前者为120万元，后者为140万元，两者交换，前者就要以1.166单位商品(1.166×120＝140)和后者1单位商品交换，即以116.6万元支配的劳动和100万元支配的劳动相交换。

有机构成;反之,则相反。这样,如果殖民地用麦秆制品和宗主国超音速飞机交换,前者因有机构成既低周转时间又短两重原因,其生产价格更低于价值,后者则因有机构成既高周转时间又长两重原因,其生产价格更高于价值,交换中的不平等更为严重。此外,外贸中的航运工具是资本有机构成高的部门的产品,航运业本身也是资本有机构成高的,海运业资本周转时间长,由于这些原因,运费(生产价格)高于它的价值。从历史上看,它们多半是宗主国经营的,这也构成不平等交换。

以上分析主要适合于自由竞争时期,作为一种基础,也适合于垄断时期。在这个基础上,垄断资本主义国家以垄断高价出售产品给殖民地,而以垄断低价购买殖民地的产品,其中的不平等交换是易于理解的,不必多谈。问题在于:怎么看出是垄断高价和垄断低价? 统计数字本身不能回答这个问题。我认为要加上理论来解决:宗主国劳动生产率的提高快于殖民地。因此,前者的产品价值下降快于后者。货币价值(以黄金为代表)的变化对两者有同样的作用。因此,如无垄断在其中作用,商品的比价就应越来越有利于后者,即殖民地的产品换取宗主国的产品应逐步增多。但大量的统计资料说明情况恰恰相反,即比价越来越不利于殖民地的产品,这说明有垄断因素在其中发生作用。

从上面的分析可以看出,撇开垄断因素不谈,宗主国或发达的工业国以其工业品,交换殖民地或落后农业国的农产品和初级产品,有一种纯经济的关系,使前者以小量劳动交换后者的大量劳动,即前者剥削后者。但由此不能得出这样的结论:后者什么利益都得不到,因此,只要有可能,倒不如闭关自守更好一些。马克思不是这样看的。这个问题在第五章论述马克思的殖民地理论时已简要地谈过。这里再重申一下。分析了这种关系后马克思说,富国会剥削贫国,纵然贫国也会由交换得到利益[1];贫国所付出的实物形式的物化劳动多于它所得到的,但是它由此得到的商品比它自己所能生产的更便宜。[2] 这应如何理解呢? 假设发达工业国生产一架飞机,花的劳动是30万单位劳动,落后农业国为交换这架飞机,所需的农产品是 50 万单位劳

---

① 马克思:《剩余价值理论》(第三卷),人民出版社 1975 年版,第 112 页。

② 马克思:《资本论》(第三卷),人民出版社 1975 年版,第 265 页。

动生产出来的,因为生产价格在前者高于价值,在后者低于价值。在这一交换中,农业国被剥削了 20 万单位的劳动,这当然是损失。但如果农业国闭关自守,不进行这种交换,以落后的技术和管理生产这种飞机,每架可能耗费 70 万单位劳动。这样,倒不如用 50 万单位的农业劳动去交换飞机有利,这个利益是 20 万单位劳动。因此,这里有一个如何处理这种既被剥削而又得益的问题。正确的做法应该是:在发展这种交换中,努力进行工业化和现代化。

第四篇
我对当代殖民主义的看法

　　第二次世界大战结束后至今 40 多年,前述那种政治殖民地即殖民地国家几乎全部获得独立,成为主权国家。其中的少数成为社会主义国家,多数成为民族独立国家。这就产生两个问题:一个是,这些主权国家,至少是其中的民族独立国家,会不会重新沦为某一垄断资本主义国家的政治殖民地;另一个是,如果说一般情况下不会重新沦为政治殖民地,那么经济殖民地或者其他形式的殖民地,即新形式的殖民主义是否存在。这些问题的侧面是:垄断资本主义国家如何夺取和瓜分外部市场。

　　先谈第一个问题。战后许多原属奴役土著殖民地的国家的政治独立,是在德、日、意战败,英、法等削弱的条件下获得的。原属于它们的殖民地,自然不可能很快又重新被它们剥夺国家主权。美国原来拥有的政治殖民地不多,经过战争,它的经济力量超过上述几个国家;撇开原来的殖民地和社会主义国家的反对这个问题不谈,单从美国方面看,它是想取代原来最大的殖民帝国,统治除社会主义以外的世界的。但是,它无须将其都变为政治殖民地,除了在某些国家建立军事基地外,它用经济力量(特别是用美元)就能建立并且也建立过美元帝国。这是新的殖民帝国或殖民主义。只要美国一国的经济实力还在资本主义世界居于首位,世界的这个部分说到底是受其控制的,它不必像从前的英、法等国那样建立政治殖民地。

　　另一方面,从原来的殖民地国家和社会主义国家来说,都反对垄断资本主义国家重新建立政治殖民地的做法。前者的联合行动就有社会主义国家的参与,也得到社会主义国家的支持;有的社会主义国家参加《联合国宪章》的制定,并任联合国安全理事会常任理事国,具有否决权。总之,联合国不是第一次世界大战后的国际联盟。由于这一切,垄断资本主义国家妄图重建政治殖民地是不可能实现的。这就是美国的经济地位其后受到日本和西欧的挑战,争夺世界市场的矛盾逐渐加剧,但是没有哪一个国家能够成功地建立政治殖民地,以确保自己的利益的重要原因。

再谈第二个问题。根据前面论述就可以认识到,只要有垄断资本主义的存在,就必然有国外的和国内的殖民地,国外殖民地可以从经济殖民地发展为政治殖民地,现在政治殖民地不存在了,经济殖民地当然仍然存在。但是,第二次世界大战后,在原有的基础上产生了新的特点。

这里,我们可以看到第二次世界大战后至今,帝国主义国家虽在争夺外部市场和国外殖民地,但是没有爆发帝国主义国家之间的战争的原因。大体上可以这样说,70年代以前,美国一国在经济上独霸资本主义世界,这一条件使这部分世界出现如像罗马帝国统治下那样的和平;70年代以来,一些垄断资本主义国家恢复和发展了,和美国的矛盾深化,但是,发展中国家的力量,社会主义国家的力量,尤其是它们在联合国中的力量已大为加强,它们反对帝国主义为争夺殖民地而发动的战争。在这一条件下,用经济力量,争夺和建立经济殖民地,就成为当代殖民主义的特点。①

---

① 下面所谈的只是我个人特有的看法。有些虽是殖民主义,但已被很多人论述过,我就不谈了。

第十七章　采取联邦、共同体和联系国形式的殖民帝国

一、概述

　　第二次世界大战以后，随着政治殖民地的消失，相应地，某些殖民帝国也消灭了。当然，深入分析一下就可以看出，其中有一些只是形式上发生变化，本质并没有变。这里主要分析形式发生变化的殖民帝国。在谈论这个问题之前，先谈一下大不列颠及爱尔兰王国及其改组为大不列颠及北爱尔兰联合王国的问题。

　　爱尔兰原来并无南北之分，于12世纪成为不列颠的殖民地。从不列颠的角度看，它是国外殖民地。1801年，组成大不列颠和爱尔兰联合王国。从联合王国的角度看，大不列颠和爱尔兰似乎是两个平等的组成部分。其实不然。爱尔兰不过是从国外殖民地变为国内殖民地，它的受剥削和被奴役同以前相比，并无质的变化。由于这样，爱尔兰的民族解放运动、独立运动虽屡受镇压，但仍不断地进行。第一次世界大战末期，独立运动高涨，英国政府改变了统治手法，于1921年签订英爱条约。据此，爱尔兰南部26个郡成立自由邦，享有自治权，北部6个郡和大不列颠组成大不列颠及北爱尔兰联合王国。1937年，爱尔兰自由邦宣布成为独立的共和国，但仍留在英联邦内；1948年12月，宣布脱离英联邦。1949年4月，英国承认爱尔兰完全独立。

　　根据以前的论述可以看出，联合王国、联邦这些政治形式并不能改变殖民帝国的原有内容。需要指出的是，如同将某一国外殖民地纳入联合王国，不过是将它变成国内殖民地一样，将某些国外殖民地纳入联邦、共同体，同

样是将它们变成国内殖民地。但从形式上看,经过这一变动,似乎内容也变了,它们再也不是殖民地了。明白这一道理,战后新形式的殖民帝国就完全可以理解了。

二、从联邦到共同体

前面我们曾经谈到法国政府首脑和国家元首戴高乐关于法兰西联邦的言论对法兰西宪法的影响。现在我们进一步谈论从法兰西联邦到法兰西共同体,其实是以非殖民地化为幌子的殖民帝国。为了举一反三和加深理解,有时我们也谈论英联邦。

前面谈到,面对第二次世界大战后日益高涨的殖民地解放运动,法国宗主国宣布要对其殖民地(大部分在非洲)实行非殖民地化的政策,即让它们自治或独立,结束其殖民地的命运,但要和法国宗主国组成法兰西联邦。1946年法兰西第四共和国宪法规定:"法兰西联邦由包括法国本土及海外各省与属地之法兰西共和国与各成员国家及地区组成之。"

我们将英联邦和法兰西联邦作一比较。前面谈过,英国的殖民地爱尔兰和大不列颠组成联合王国,只是从国外殖民地变为国内殖民地。与此相似,法兰西共和国是由法国本土和海外省与属地组成,这就是说由宗主国(本土)和海外省与属地(殖民地)组成,同联合王国相同。英联邦则由联合王国和其他原为英国的殖民地组成,这些殖民地在联邦内是国内殖民地。与此相似,法兰西联邦由共和国与各成员国及地区组成,各成员国及地区原来也是法国的殖民地。

法兰西联邦并不能麻痹法属殖民地人民争取完全独立的斗志。法国只好炮制海外领地"根本法",给它们以半自治的地位,对联邦加以"修饰"。1958年第五共和国宪法将法兰西联邦改称为法兰西共同体,参加共同体的成员国,可以成为共和国,政府总理由当地人担任,但对外政策、国防、货币、共同的财政经济政策、司法监督等,都是共同体的职权。共和国的总统就是共同体的总统。

总之,将原来的国外殖民地和宗主国组成联邦或共同体,但经济关系没有本质的变化,这只是将国外殖民地变成国内殖民地。联邦和共同体是新形式的殖民帝国。

三、联系国

根据《欧洲经济共同体条约》的有关规定,共同体可以将同共同体的成员国维持着特殊关系的国家和地区纳入共同体联系的范围,这些国家就是共同体的联系国。起初,这些联系国大多是一些原属共同体某些成员国的殖民地和海外领地,主要在非洲。联系关系的内容主要有:a.共同体成员国对来自联系国的进口商品,和联系国对来自成员国和其他联系国的进口商品,逐步取消关税及限额;b.共同体成员国都在联系国享有与原来宗主国同样的投资、利用资源和劳动力的权利;c.共同体设立欧洲开发基金,用作对联系国经济开发的援助,基金由成员国按比例分担。

从上述不难看出,联系国制度是在战后条件下原来的殖民帝国的变形。如果说有所不同,那就是这些国家可以具有主权,也不是受某一国控制,而是受共同体控制,当然,共同体各成员国在控制联系国的问题上是有矛盾的。但它们在同美国、日本等争夺势力范围上却有一致的地方。

随着形势的变化,联系国制度在发展。共同体由于同美、日等竞争激烈,对联系国的联系内容有所变化。现以 1975 年 2 月签订的《洛美协定》为例加以说明。该年 2 月,共同体在多哥首都洛美,同非洲、加勒比地区和太平洋地区 46 个发展中国家,签订为期 5 年的经济、贸易协定,即《洛美协定》。主要内容是:共同体成员国在免税、不限量的条件下,接受上述地区国家的产品,而不要求互惠;共同体提供一笔基金,用于在原料价格下跌的情况下,补偿上述地区国家的损失;共同体向上述地区国家提供总额为 39.9 亿欧洲计算单位的经济援助。条件之优惠,使有些人觉得不可理解。其实,第一,这是由于和美国、日本竞争;第二,欲要取之,先要予之,让这些地区的国家按照共同体的需要发展生产,然后双方交换,根据前面说过的道理,仍然是不平等交换,程度甚至更为严重。这就是问题的实质。

联系国的成员在增加,《洛美协定》以 5 年为期已签订 4 次,但共同体和联系国结成的经济关系的实质并没有变。

四、太平洋经济圈

1979 年 11 月，日本大平政府作为国策提出"太平洋经济圈设想"。此时的日本已是一个仅次于美国的经济大国，其产品三分之一供出口，其重要资源的 80%—90%靠进口，设想中的参加者包括太平洋区域的先进国和落后国。从这里就不难看出，这个经济圈实质上是试图恢复和扩大日本因战败而崩溃的"大东亚共荣圈"。

我们知道，太平洋经济圈除日本外，包括苏联的远东地区、朝鲜半岛、中国沿海地区、中国台湾地区、中国香港、中国澳门、菲律宾、印度尼西亚、文莱、新加坡、中南半岛诸国、马来西亚、大洋洲诸国等；这些地区和国家虽有不同的制度，但经济水平远远落后于日本；此外，主要还有美国太平洋沿岸的地区，这些地区经济水平很高，并且发展速度超过美国大西洋沿岸的地区，虽然这样，但它和日本相比，发展相对落后，况且从历史上看，日本和西太平洋地区的关系比美国和这些地区的关系密切得多。由此可以说明，日本设想建立这个经济圈，是企图再建立一个由其统治的殖民帝国。至于美国能不能利用这个经济圈，即取代日本而由它来统治，我不予分析。因为这已是垄断资本主义国家之间的矛盾。美国会不会组织一个什么共同体与之相争，日本怎样用经济办法至少已经购买了夏威夷的许多地产和企业，我也不予论述。

其实，日本这个设想已部分地成为现实。它正沿着发动太平洋战争时走过的道路，用商品、资金、技术重新走下去。菲律宾的外交部长罗慕洛，当时是世界上担任过外交部长的人中最年长的，根据历史经验忧心忡忡地表示，他担心"大东亚共荣圈"再度出现。

第十八章　当代殖民主义

一、概述

　　现在我们研究战后以来,垄断资本主义国家以何种办法将其他国家、尤其是落后国家的人民,作为殖民对象予以剥削的问题。在我看来,这和战前相比有不同的特点。其原因是:战后以来,垄断资本主义国家内部和落后国家内部的经济结构相应地发生变化,国际分工和它们之间的关系也相应地发生变化。

　　先谈垄断资本主义国家经济结构的变化。我个人认为,第二次世界大战对垄断资本主义国家来说有一种特殊意义,那就是大规模地实践国家垄断资本主义,即由国库为垄断资本提供一个有保证的市场,使其从30年代大危机中爬出来。在战争中发明的新技术,促使战后新的生产部门的产生,其特点可以概括为高、精、尖,即资本有机构成极高、所需原材料极少、所需知识极高。随着经济的发展,垄断利润增加,生产与消费之间的矛盾日益尖锐,为了避免发生大的经济危机,这就要增加国库支出,这包括购买劳务、商品、军火和宇航工具;增加纯粹流通费用支出,这包括金融业和广告业;增加寄生性消费的支出,这主要是兴办各种高级的享乐场所,也就是所谓的销金窝。后两者构成第三产业。这就是战后以来,上述国家高精尖生产部门从产生到发展和第三产业迅速发展的原因。

　　这些国家农业的发展也非常迅速。美国农业资本的有机构成已超过社会资本的平均构成,欧洲经济共同体的农产品不仅自给,而且有余。战后以来,这些国家特别扶植农业尤其是个体农业的发展。这是因为,农业劳动生产率的一定高度是剩余价值的自然基础;战前,西欧的农业落后,它可以向殖民地低价购买粮食等农产品,其价格仅够补偿 c＋v 即可;战后,殖民地大多成为主权国家,再加上下面谈到的人口问题,垄断资本主义国家再想像过去那样向殖民地取得大量的廉价粮食,已不可能。

这是垄断资本主义国家经济结构变化的情况。这是一方面。另一方面,战前很久便已存在的工人轻视"下等"劳动的倾向,战后不仅没有消除,反而更为严重。由于这样,农业部门腾出来的劳动力虽然增加,但是他们和"下等"部门和低工资部门的工人,却尽可能地流向高级服务业部门和高精尖部门。由于这样,随着经济的发展,垄断资本主义国家缺少非熟练的工厂工人和服务人员、公共汽车售票员、护士和警察等。就我们研究的题目看,解决这个问题有两种办法:一是从落后国家输入劳动力,这在战前已经存在,战后以来的规模更大;二是从落后国家进口耗费大量不熟练劳动和低工资的产品,以便使本国的非熟练劳动力脱出来,转到其他部门。这就涉及劳动力国际流动和国际分工的变化。

再谈某些落后国家经济结构的变化。某些民族独立国家制订的发展战略,一般都经历着从实行进口替代战略到改行出口导向战略的过程。撇开其他问题不谈,单从市场看,实行进口替代战略,即自己生产过去要从发达国家进口的工业制成品,其发展很快就受到国内市场狭小的限制,因为落后国家存在着大量生产率很低下的个体经济,尤其是个体农民,其购买力极低;实行出口导向战略,即逐渐改变过去那种出口的主要是原料等初级产品的格局,增加出口在本国生产的工业制成品,面向国外市场。前面谈到,这些工业制成品有些发达国家已不生产,因此,至少有较长的时间没有如像国内市场那样的市场问题。从个别国家看,如果它先行一步,或竞争力特别强,情况则更好。总之,制造工业的发展,使某些落后国家的经济结构开始发生变化。

同某些发达国家农业迅速发展、农产品自给有余的情况相反,某些落后国家的农业问题尤其是粮食问题严重,有的已从粮食出口国变为进口国——向发达国家进口粮食。粮食问题严重,主要是由于农业生产增长很慢,而人口增长较快。在资本主义经济统治的条件下,越是贫穷的国家和地区,出生率越高,因为它的婴儿和儿童夭折率高,劳动力死亡率高,寿命短,劳动力一代一代更替的时间短,这就要早婚和多育。战前,由于医药条件差,死亡率高,因此,人口增长率比战后低;战后,由于医药条件稍有改进,再加上其他条件,人口增长率比战前高。这就使一些国家发生粮食问题。

总起来说就是:世界划分为出口农产品、进口制成品的发展中国家和出口制成品、进口农产品的发达国家的局面已发生了很大的变化。

二、从落后国家输入劳动力

资本主义初期的殖民主义,是从发达国家向落后地区输出劳动力;战后的殖民主义,则是发达国家从落后国家输入劳动力。后一现象在垄断资本主义时期已发生,但战后以来具有新的特点。首先,从前是帝国主义的寄生性在无产阶级身上的反映的结果,即垄断利润的攫取使无产阶级也得到一些利益,从而鄙视下等劳动,要从殖民地输入劳动力去从事这些劳动;这个原因现在仍然发生作用,但还有一个更重要的原因,那就是随着经济结构的变化,要输入数量更多的非熟练劳动力。其次,随着发达国家和落后国家经济差距的扩大,各自的劳动者的生活水平的差距也扩大,落后国家的劳动力在发达国家,其工资虽然被故意压低,其生活虽远远不如发达国家的劳动者,但比落后国家或其祖国的劳动者却好得多,这一问题从前也有,但不如现在尖锐。这样就容易使人们认为,他们在发达国家没有被剥削,更没有特殊地被剥削。最后,从前多半是殖民地国家的劳动力输出到发达国家,现在绝大多数是民族独立国家的劳动力作这样的输出;虽然多数民族独立国家仍然是经济殖民地,但政治独立却使人认为它再也不是殖民地,这样,从这些国家输出劳动力到发达国家,人们更不会认为这是新的殖民主义;但根据以前的分析,从经济关系看,这确实是一种殖民主义。

三、由落后国家生产劳动密集型的产品

根据前面关于战后以来国际分工的某些变化的说明,就可以了解,虽然发达国家仍然生产一些传统工业品,即资本有机构成较低,使用活劳动较多

的产品,落后国家仍然生产粮食等农产品,但前者多半以高精尖的产品和粮食同后者的劳动密集型产品和初级产品交换,如何说明这种关系中的殖民主义?

由于两大类型国家经济结构的变化,各种生产部门的资本有机构成与平均构成的差距,即产品的生产价格和价值的偏离也发生变化。在发达国家,高精尖的产品和粮食都是资本有机构成高的部门的产品,生产价格高于价值,高精尖的产品还可按垄断价格出售;在落后国家,初级产品是资本有机构成低的部门生产的,生产价格低于价值;两方交换,被剥削的是落后国家,这是清楚的。但是,劳动密集型的产品,在发达国家是资本有机构成低的部门生产的,可是,在落后国家,同生产粮食和初级产品的部门相比,它却成为资本有机构成高的部门,其生产价格高于价值,对方以产品和它交换,不能简单地认为是剥削。

让我们进一步研究这个重要问题。

许多落后国家兴办这种产业在资金上有困难。因此,相当数量的企业是借外债办的,有些企业是由外资直接办的。这里有一个被发达国家剥削利息和利润的问题。这当然是一种殖民主义,但属于资本输出的范畴,并且是自垄断以来就一直存在的,不必再谈。我们要谈的是这种产业本身,或者说由落后国家自己办的这种产业,与发达国家实行殖民主义有何关系。

前面当我说落后国家这类产品的资本有机构成较高,因而生产价格高于价值时,我是以资本不能在国家之间自由流动,因而国家之间的平均利润率不同为前提的。但是,前面我已经谈到,在垄断资本主义阶段,在各个殖民帝国的范围内,宗主国的资本可以自由地流到殖民地,撇开垄断资本要攫取垄断利润这一点不谈,一定范围内的平均利润率是可以形成的。当时我曾从这一角度述评伊曼纽尔的不平等交换模式。战后以来,绝大多数的殖民地国家成为主权国家,原来意义的以政治军事力量统治的殖民帝国不复存在,像从前那样由某一宗主国对殖民地进行完全排他性的绝对统治不复存在,而民族独立国家,尤其是实行出口导向战略的民族独立国家,对外大都采取自由贸易的政策。在这一新的条件下,在我们论述的范围内,撇开垄断利润的因素不谈,国家之间的利润率是倾向于均等的。这样,由伊曼纽尔创立、阿明发展的不平等交换模式,就完全可以用来说明,由于落后国家的工资水平低,其一部分剩余价值通过平均利润率的作用,被发达国家剥削了。

但是,我仍要指出,落后国家出口这种产品比出口初级产品较为有利,即被剥削少些。因为在上述条件下,生产价格由所费资本加上按所用资本计算的平均利润构成,而与所费的活劳动无关。假设这种产品和初级产品所费的工资即活劳动相等,在活劳动相等的条件下,前者所用的不变资本比后者大,前者所用资本和所费资本的差额(这是不变资本中的固定资本的特点)比后者大,这样,两者的活劳动创造的价值相等,两者在其中占有的工资相等,但因按所用资本计算平均利润,前者占有的平均利润比后者多,即被剥削的剩余价值较少。

全部情况可表解如下。

表 5-7 相同平均利润率发达国和落后国:生产价格和价值关系

国家	产品	所用 c	所费 c	v	m	价值	平均利润率	平均利润	生产价格
发达国	高精尖	8 000	800	3 000	1 500	5 800	0.2976	3 273.6	7 073.6
	农畜	7 000	1 400	4 000	2 000	7 400	0.2976	3 273.6	8 673.6
落后国	工业	6 000	1 900	4 500	4 500	10 900	0.2976	3 124.8	9 524.8
	初级	5 000	1 900	4 500	4 500	10 900	0.2976	2 827.2	9 227.2
总计	—	26 000	6 000	16 000	12 500	34 500	—	12 500	34 500

在这里我们看到,在国家之间平均利润率形成的条件下,两大类型国家由于工资水平不同和资本有机构成不同这双重原因,发达国家的产品生产价格都高于价值,落后国家的情况则相反。这样,即使撇开垄断条件不谈,两国产品交换,落后国便被剥削。但是,同样是落后国的产品,也就是工业制品和初级产品,即使是耗费同量的活劳动和生产资料生产的,有相同的价值,包括剩余价值,但有不同的生产价格,因为两者所用的不变资本以及它和所费不变资本的差额不同,而所用的不变资本要参加分配剩余价值,因此,工业制品分配到的多于初级产品。

由此可以看出,垄断资本主义国家对于落后国家实现像这种只制造一般工业制品的工业化,可以不反对,反而支持,但不能像它们那样发展为生产高精尖产品的工业化即现代化的工业国家。谁要这样做,它们就设置重重障碍。这是当代最重要的殖民主义。

从落后国之间的关系看,如果甲国向更落后的乙国输出工业制品,以换取对方的初级产品,则甲国有利。

上述是重大的理论和实际问题。我认为当前的新兴工业化国家和地区,就是从 60 年代开始生产发达国家不大生产的工业制品逐步发展起来的。分析它们和发达国家和其他落后国家之间的关系,是十分重要的,下面将谈及这一问题。

四、对落后国家垄断高科技

发达国家为了使落后国家继续处于被剥削的地位,从经济方面考虑,最好的办法是让它们之中的一部分实现上述那种工业化,而不能让它们有现代化的高精尖工业。为此,发达国家就对落后国家实行垄断高科技的政策,极力不让自己拥有的高科技扩散到落后国家。

它们根据目前国际上实施的《保护工业产权国际公约》,在法律上确保其对技术的垄断,限制和阻碍落后国家的技术发展。在这样做的时候,跨国公司在其中起着重要的作用。

垄断资本主义兴办的跨国公司,就是实行殖民主义的一种形式。跨国公司根据最佳选择,分别在不同的国家进行研究、设计产品、生产部件、组装、销售和储存资金,其战略目的就是攫取最大的垄断利润。它的子公司分布在各国。这里我不谈论它如何控制和剥削落后国家,使它们成为经济殖民地的问题,只谈论它在垄断高技术方面的作用。

跨国公司通常只将一些先进技术转让给它在东道国的子公司,而不出售给东道国的当地企业,使当地企业不能掌握这些技术。对于已经扩散的技术,跨国公司在向东道国当地资本转让时,不仅索取高额费用,而且常常拒绝转让制造产品的关键技术,使落后国家在技术上属于从属地位。

由最主要的发达国家组成的输出管制统筹委员会(巴黎统筹委员会)也间接地起着这样的作用。成立于 1950 年年初的该委员会的任务,是对社会主义国家实行战略禁运,日常工作是编制和增减禁运货单,确定禁运方法,加强转口管理,讨论例外程序和交换情报。它要求成员国不向社会主义国家出口军事装备、原子能方面的技术和设备以及军民两用的工艺技术和产品。由于这些做法给成员国带来经济损失,它们之间的矛盾加深,更由于这个战略更激发了社会主义国家的自力更生和团结互助的精神,在原有的科技基础上,许多高科技创造出来了,筹委员的禁运日渐松动。但是,它认为最关键性的高科技仍然是禁运的。这样一来,一些落后国家虽然可以从社会主义国家那里获得某些新科技,但仍受发达国家的控制,差距仍然很大。

五、从货币制度方面剥削和控制落后国家

从货币制度方面实行殖民主义,我认为最值得落后国家注意。

第二次世界大战后,根据布雷顿森林体系,战后的国际货币制度是以黄金为货币,但美元直接与黄金挂钩(35 美元换取 1 盎司黄金)、其他参加这一体系的国家的货币则同美元挂钩,即同美元保持固定的汇率。这样,如果美元贬值,例如,贬为 40 美元购买 1 盎司黄金,持有美元的国家就要蒙受损失。战后以来,美国的经济地位下降,国际收支日渐变成逆差,无法再维持 35 美元换取 1 盎司黄金的比率,从 1971 年年底开始,美元两次贬值,其后更与黄金脱钩。持有美元的国家换取黄金要越来越多的美元,最后只能按照市场价格购买黄金,由此蒙受损失。美国则因多印刷美元纸币得益。这可以说是美国一度建立的美元帝国。

美元与黄金脱钩,意味着布雷顿森林体系瓦解,以美元形式出现的世界货币不复存在。本来,充当世界货币最理想的材料是黄金,但是 1976 年的牙买加会议决定,黄金不再作为货币定价标准,即在法律上宣布黄金不再是货币而是商品(我个人认为黄金在经济上仍是货币)。这样,就有必要寻找新的世界货币。这就是国际货币基金组织分配给会员国的在原有的普通提款权以外的特别提款权。我个人认为这是法律上的世界货币,是人为合成的世界货币。特别提款权有一个如何计值的问题,因为只有这样才能和各会员国的货币发生比价关系,即汇率。计值的办法多年来虽有变化,但是有一条总的原则,即由在世界商品和劳务出口总额占 10% 以上的国家的货币

单位值加权构成,与此相应,使用和持有特别提款权所受授的利息,其息率也由这些国家的利息率加权构成。① 换句话说就是,富国、大国在其中举足轻重,贫国、小国毫无作用。

目前,特别提款权发行的数额不多,实际作用不大。但从其定值和计息办法来看,它可以成为发达国家控制和剥削落后国家的工具。例如,美国可以视需要改变利率,以利率影响汇率,这就可以影响特别提款权的单位值和利率。这样,美国就可以从这方面影响特别提款权,以控制和剥削落后国家。

我认为,这种人为合成的世界货币的潜在危险就是:它可以成为最大、最富的发达国家实行殖民主义的工具。

六、反对国家主权和民族主权,宣扬世界主义或全球意识

对垄断资本主义来说,推行殖民主义最大的障碍,就是民族独立国家维护民族主权和国家主权。因此,虽然资产阶级是以主权理论为武器,从封建主那里夺取政治统治权,并以民族为基础建立由海关保护市场、由军队保卫疆土的国家,但是垄断资产阶级却千方百计地反对民族主权和国家主权。为此,其思想家大肆宣传世界主义,认为为了全球的利益,应建立一个世界政府。这种理论在西方作家论述战后世界政治与经济问题的著作中常有出现,评述的也很多,这里不谈。

现在谈的是以战后高科技发展为理由而宣扬世界主义的理论。这就是《第三次浪潮》(几年前发生过很大的影响)的作者宣扬的全球意识。该书作者托夫勒将文明分为三个时期:第一次浪潮的农业阶段,第二次浪潮的工业阶段和目前正在开始的第三次浪潮,构成它的基础的新工业,是在量子电子学、信息论、分子生物学、海洋工程学、原子核学、生态学和太空科学的综合科学理论上发展起来的。总之,它相当于我们前面说的高科技。

在这一条件下,托夫勒认为,一种新型的全球经济问世了,对于这种经济,民族国家这个政治容器已经过时了。新的全球经济是被大的跨国公司

---

① 这些国家是美、德、日、英、法,看来,相当长的时间也将是这些国家。

控制的,跨国公司的意识形态不是自由放任主义和马克思主义,而是全球主义,即全球意识。这表示民族主义和国家主义已过时了。全球主义作为一种意识形态,远远不止为一个有限的集团服务。正如国家主义主张为整个国家说话一样,全球主义主张为全世界说话。由此得出的结论就是:当许多穷国正在竭力争取建立一个国家,并借助国家进行工业化的时候,那些早已完成了工业化,即那些超越了工业主义的富国,却认为要削弱国家,要由别的东西代替国家,也就是组织一个世界机构来管理全球。

不难看出,宣扬全球意识是在第三次浪潮的条件下推行殖民主义的理论工具。

七、民族独立国家的发展战略

从上述可以看出,战后原殖民地国家获得政治独立,成为拥有主权的民族独立国家,它们之所以仍然受发达国家殖民主义的控制和剥削,重要的经济条件是历史上演变下来的世界分工格局并没有发生质的变化。在此格局中,发达国家居于有利地位,民族独立国家居于不利地位。因此,这种殖民主义的终结,从民族独立国家方面看,最重要的条件就是改变在世界分工格局中的地位,即实现工业化和现代化,从缩小到消灭在经济发展水平上同发达国家的差距。

战后以来,民族独立国家大多数都制订发展战略。一般说来,最初实行的是进口替代战略,即自己生产以前从发达国家进口的工业品。这是因为,它们感到进口的工业品同进口的农产品和初级产品之间的价格差日益扩大,应该自己生产工业品。由于这类国家的政权由剥削阶级掌握,独立后的阶级关系没有根本变化,他们和富豪们消费和享用的原舶来品,首先成为自己生产的对象。这样一来,不仅机器、原料要进口,从而产生外汇危机,而且很快就遇到国内市场狭小的限制,对国民经济发展并无裨益。这一战略归于失败。

这些国家和某些地区从60年代起,陆续改为实行出口替代战略,即减少农产品和初级产品的出口,而将其加工为工业品或另外生产工业品出口,以夺取国外市场为导向,促进国民经济的发展。前面所述的发达国家将一些传统的或劳动密集的工业转移到落后国,其产品再出口,民族独立国家允许这样做,也是由于实行这种战略。如果将实行这种战略的各民族独立国家作为一方,这就等于世界分工发生了这样的变化,即原来由发达国家生产的一部分工业品,现由民族独立国家生产,其产品一部分卖给发达国家,其余部分在这些民族独立国家之间相互买卖,即以民族独立国家自己为市场,这个市场从前是由发达国家占领的,现在则由民族独立国家自己拥有了。这样,从宏观看,如果民族独立国家同时实行这种战略,就等于各自生产出口产品而又以自己为市场,当然不可能全部获得成效。

事实上,它们不是同时实行这种战略的。由于条件不同,条件较好而又起步较早的,就能够取得显著的成效。这就是说,从宏观看不可能的,从微观看有的却是可能的。我认为目前的新兴工业化国家和地区,如拉美的巴西、智利、墨西哥和亚洲的"四小龙"等,就属于这种情况。

这些国家和地区的国民生产总值和人均收入都增长很快:不仅打破自己的纪录,而且高于同期的世界上的水平。从研究的角度看,这些成效的经济内容是什么呢?

我个人认为,由于它们生产了过去由发达国家生产的某些工业产品,因此,一方面,它们以这种产品去交换发达国家的更为高、精、尖的产品,较之过去以农产品和初级产品去交换,有相对的利益,即虽然仍然是以大量劳动交换对方的小量劳动,但其差额比过去的小;另一方面,它们以这种产品去交换比它们落后的国家和地区的农产品和初级产品,即取代了原来由发达国家进行的交换,则有绝对的利益。其中的理论问题,只要我们回过头来想一想生产价格与价值发生偏离与资本有机构成高低的关系,便可回答。我们可以作这样一个比方:现在资本主义世界事实上包括三个层次的国家和地区:发达国家、新兴工业化国家和地区、落后国家,它们各自的资本有机构成的平均水平不同,因而各自的产品的生产价格和价值的偏离不同,它们之间的交换必然是发达国家仍然得益最大,新兴国家变受损为相对得益,落后国仍然受损最大。

人们对目前的新兴工业化国家和地区是否已进入发达国家(地区)的行列感兴趣。我个人认为,不能单纯地以人均收入的数字来回答问题。如果这样看,海湾国家尤其是阿联酋就应该是发达国家。可是人们并不这样看。

我想最重要的问题是它们能否打破发达国家对于高科技的垄断。从目前看，它们还不能做到。

对于其余为数众多的民族独立国家来说，我认为不能指望实行出口替代战略而都获得成功。道理前面谈过了。即使是那些已获得成效的新兴工业化国家和地区，其进一步发展也会受到国外市场的限制。很明显，它们要扩大在发达国家的市场，就要受到对方经济增长的制约；它们要扩大在落后国家的市场，也是这样。在这种条件下，新兴工业化国家和地区自己相互间的竞争将日渐激烈，结果是你长我消。这就是说，作为总体看的出口替代战略，不可能使每个落后国家都实现工业化和现代化。它不是终结殖民主义的普遍战略。

那么，民族独立国家的正确发展战略是什么呢？我认为这个问题，发展经济学家刘易斯的看法值得注意。他说："经济增长的动力应该是技术变化，国际贸易是润滑油而不是燃料。达到技术变化的途径是农业革命和工业革命。国际贸易不能代替技术变化，所以，依赖国际贸易，把它作为主要希望的那些人必然要受到挫折。促进经济发展要考虑的最重要的问题，在于改变粮食生产的状况，使农产品有剩余，可以养活城市人口，因而为国内工业和现代服务业奠定基础。如果我们能在国内进行这种变革，那么，国际经济新秩序就会自然而然地产生。"①这就是我所理解的殖民主义的终结。

当然，刘易斯的理论存在一个重大缺点：把农业革命看成只是一个技术问题，而不理解它首先是一个生产关系变革的问题。因此，对于多数民族独立国家来说，发展国民经济、终结殖民主义的重要前提，是反对封建主义，包括封建的土地制度。这样，就有一个广阔的国内市场，它是工业化的重要条件。

其实，这个问题就是 19 世纪末，列宁和俄国民粹派就俄国的资本主义发展而发生争论的问题。民粹派说，俄国是个迟来者，国外市场早已被先进国占去，俄国农民又在破产，因此，资本主义在俄国不能发展。列宁批评说，不对，正是农民的分化、破产，就形成国内市场，有了这个市场，资本主义就能发展。列宁批判民粹派的最重要的著作——《俄国资本主义的发展》，其副题就是《大工业国内市场的形成过程》。

---

① 刘易斯：《国际经济秩序的演变》，乔依德译，商务印书馆 1984 年版，第 52 页。

附录
旧中国半封建半殖民地
经济研究

第一篇　关于旧中国社会性质和改造问题的两条战线斗争

第一章　斗争概述

一、马列主义传入前对社会经济性质不可能有科学的认识

旧中国社会经济的性质,从鸦片战争发生以后,便发生了巨大的变化,即从地主型封建社会变为半封建半殖民地社会,与此相应,地主型封建经济也就变为半封建半殖民地经济。但对社会经济性质的这种变化的认识,即真正认识到旧中国的经济,已从封建主义的经济变为半封建半殖民地的经济,则是在这种变化发生以后很久,直到马列主义传入中国后,经过多次论战才达到的。

这里面有两个原因。其一,要认识一种经济的性质已经发生变化,这种性质已经发生变化的经济趋于成熟,这样,人们才能认识它,揭示它的本质和规律,这是人们认识客观世界的规律所决定的,适用于认识任何事物;其二,最重要的是,马列主义传播到中国前,对旧中国社会经济的性质不可能有什么真正的认识。人们认识社会经济的性质,目的之一就是要改造社会。这样,这种认识就不仅受这种社会经济成熟程度的限制,而且受人们的立场、观点和方法的限制。封建制度下的农民,因受小生产生产方式的束缚,就提不出以资本主义代替封建主义的要求,他们能提出的只是封建主义的延续或以空想的农业社会主义来代替封建主义,这反映了他们对封建主义的社会经济性质并没有真正的认识,因而也不能进行改造。资本主义制度下的资产阶级也是这样。当他们要推翻封建主义的统治时,他们觉得资本

主义和封建主义是有区别的,社会发展是一个历史过程;但在他们建立了资本主义制度后,便觉得资本主义应该是天长地久的,从此社会发展再也不是一个历史过程了,这反映了他们对资本主义的社会经济性质并没有真正的认识,当然也不能进行改造。至于进行社会经济改造时,不仅要认识它的性质,而且要从改造政治上层建筑入手,因为上层建筑是保护经济基础的,这就要以历史唯物主义为指导,这种哲学也不是农民和资产阶级所能接受的。无产阶级认识社会经济的性质,不存在来自小生产生产方式和生产资料私有制的限制,但是当无产阶级尚未产生自己观察世界的工具——马克思主义并以它来武装自己时,无产阶级对社会经济性质的认识也是不正确的,改造社会的运动都陷于失败。这个原理也适用于对旧中国社会经济性质的认识和改造。

从鸦片战争到中国共产党成立前后的这段时间里,中国发生的太平天国运动、洋务运动、戊戌新政和辛亥革命,都说明了这一点。鸦片战争后大约十年发生的太平天国运动,是中国历史上最后一次规模巨大的农民运动,其领导人对中国社会经济的性质没有真正的认识,因而提不出改造旧社会、建设新社会的纲领;他们所提出的天朝田亩制度是不可能实现的农业空想社会主义。因此,撇开太平军定都天京后,太平天国的领袖们政治上倾轧、生活上腐化不谈,作为改造社会经济的运动,太平天国运动必然是失败的。太平天国运动动摇了清王朝的统治,其后在这一历史条件下产生的洋务运动,即认为可以不作任何社会改革,就可以直接从西洋输入工业和技术以发展经济的运动,撇开其阶级目的不谈,从历史唯物主义原理看,它也是必然失败的,因为不改变旧的生产关系和维护它的政治上层建筑,新的生产力是无法发展的。戊戌新政是在洋务运动实质上已经失败、清王朝在甲午战争中又遭惨败的条件下发生的,其领导者理应总结以前的社会改造运动的经验,从认识社会经济的性质入手,制定改造社会的方案,但是,由于前面说过的原因,他们认为只要在政治上消除保守顽固的人物,改革便能成功,结果也归于失败。

孙中山先生领导的辛亥革命,情况有所不同。1905 年,他在《民报发刊词》中首先提出民族、民权、民生三大主义,不仅反对清王朝的统治,反对帝国主义的侵略,并且认为效法欧美资本主义是不能解决民生问题的,这表明他对社会经济问题已有进一步的认识。但他认为民生问题即社会基本问题应该怎样解决呢?1906年,作为国民党前身的同盟会,在其《军政府宣言》的文告中,提出"驱除鞑虏,恢复中华,建立民国,平均地权"四大纲领,企图用平均地权来解决民生问题。平均地权的办法,是核定天下地价,现有地价仍属原主所有,因社会进步而增的地价则归国家、为国民所共享。将社会经济问题归结为土地问题,这是解决封建社会基本矛盾、建立资本主义社会所必需的。这样看来,孙中山先生似乎对旧中国社会的封建主义性质已有认识。但从平均地权的具体办法看,这又是解决资本主义社会土地问题的方法,例如,英国经济学家约翰·穆勒从其生产不变、分配改进原则出发,提出地价增殖部分归公的土地纲领,美国社会改革家亨利·乔治提出的使土地成为公有财产的土地纲领,就是这样。解决封建社会土地问题的方法,应该是建立资本主义土地所有制或个体农民土地所有制,这两者都是私有制,实行何种土地私有制,则由发生资产阶级民主革命时各国的经济和政治条件决定。从这里就可以看出,孙中山先生对封建主义的和资本主义的土地问题的本质差别没有真正的认识,也就是对旧中国封建社会经济的性质没有真正的认识。因此,辛亥革命没有解决中国的社会问题。

二、关于旧中国社会经济性质和改造问题的两种对立理论概述

十月革命后,马克思主义传入中国,中国的先进分子开始用无产阶级的宇宙观认识中国的社会经济性质,情况就完全不同了。在这里,中国共产党的成立是个转折点。

中国共产党经过反复的认识和实践,认识到旧中国社会经济的半封建半殖民地性质,提出了要由中国无产阶级来完成中国资产阶级无法完成的民主革命的历史任务;并在这个基础上帮助孙中山先生改组国民党,将"旧三民主义"发展为"新三民主义";在第一次国共合作下,进行第一次国内革命战争——北伐;在蒋介石背叛革命后,领导土地革命,进行第二次国内革命战争;在日本加紧侵略中国时,促成第二次国共合作,进行抗日战争;在蒋

介石消极抗日、积极反共后,坚持抗日战争,直至胜利;当蒋介石妄图夺取胜利果实,消灭革命力量时,进行解放战争,推翻代表封建主义、帝国主义、官僚买办资本主义的反动政权,并经过土地改革运动,彻底改变旧中国社会经济的半封建半殖民地性质。

中国共产党在这个伟大的认识和改造过程中,提出的理论和由此制定的政策,损害了某些阶级的利益,因此,总要受到这些阶级的代言人的反对。这些反对的理论,如将其手法和语言结合起来考察,可以分为三大类:一是运用马克思主义的词句的;二是运用封建主义的词句的;三是运用帝国主义的词句的。国民党极右派的理论,则是后两者的结合。这里我们先作概括论述,下面再分别论述。

1923 年,陈独秀在《前锋》第二期上发表《中国国民革命与社会各阶级》一文,指出中国革命是殖民地或半殖民地的革命,同资产阶级的民主革命以及无产阶级的社会革命不同,是国民革命,它"含有对内的民主革命和对外的民族革命两个意义"。这时是中国共产党发表宣言,促进民主主义的联合战线成立之后,反对帝国主义和军阀统治的北伐战争之前,论文所起的积极作用是很大的。

由于这样,代表帝国主义尤其是美帝国主义利益的胡适便首先起来反对这种理论。胡适是一个复杂的人物,但从政治上看,他在中国革命的各个阶段都站在革命的对立面,以其哲学观点为基础,提出理论来反对革命,这个问题留在下面再谈。

在中国共产党的影响下,1924 年,孙中山先生改组中国国民党,提出新的"三民主义",其中,将民生主义中的"平均地权"改为"耕者有其田",这反映了孙中山先生在中国共产党的帮助下,对旧中国封建社会的土地问题的性质的认识有了质的飞跃。以此为基础,孙中山先生在有中国共产党人参加的中国国民党第一次全国代表大会中,提出了"联俄、联共、扶助农工"的三大政策。这样,在国共合作下,北伐战争便开始了。

这一切都触犯了帝国主义和封建主义的利益,因此遭到它们的政治代表国民党右派的反对。对此,毛泽东在北伐那一年(1926 年)发表的《中国社会各阶级的分析》中作出了回答。毛泽东明确地指出,中国社会经济的性质是半殖民地,中国"地主阶级和买办阶级完全是国际资产阶级的附庸,其生存和发展是附属于帝国主义的。这些阶级代表中国最落后和最反动的生产关系,阻碍中国生产力的发展。他们和中国革命的目的完全不相容"。[①] 在这里,社会性质和革命对象都说得清清楚楚。

这次国民革命,由于敌人力量强大,再加上中国共产党领导机构政策上的错误,归于失败,蒋介石篡夺了政权。中国共产党为了总结教训,纠正错误,使革命走上正轨,便在以前认识的基础上,加深对中国社会经济性质的认识,而为了达到这个目的,便有必要进而研究中国农村社会经济的性质,得出的结论就是:中国是半封建半殖民地社会,革命的任务是反对封建主义和帝国主义,是进行民主革命和民族解放的斗争,但软弱的资产阶级无力领导这场革命,要由无产阶级来领导。

这种革命理论受到国际共产主义运动中托洛茨基派的反对。在中国拥护托派观点的人,搬弄马列主义的词句,论证中国不仅城市经济是资本主义的,而且农村经济也是资本主义的,中国已是资本主义社会,应由资产阶级领导革命,蒋介石取得政权,就是资产阶级革命的胜利——要等资本主义发展一段时间后,才能进行无产阶级革命。这样一来,反对封建主义和帝国主义的任务便被取消了。关于这场中国社会性质和中国农村社会性质问题的论战,也留在下面再谈。

蒋介石取得政权后,便要消灭中国共产党,中国共产党转入农村,建立根据地,进行土地革命,蒋介石则派军队实行反革命围剿。在这一过程中,作为土地革命的对立面,所谓的乡村建设运动便兴起。这个运动包含许多派别,其领导人的哲学观点和政治主张也不尽相同,其中最值得注意的是梁漱溟先生。梁先生站在中国封建主义的一面,并且用封建主义的词句来反对中国革命,在中国革命的各个阶段都有所表现。这一点留在下面再谈。

在抗日战争时期,为了动员和团结国内和国际上一切可以动员和团结的力量,消灭最主要的敌人——日本帝国主义,毛泽东在 1939 年发表了《中国革命和中国共产党》,在 1940 年发表了《新民主主义论》,这两文都分析了

---

① 《毛泽东选集》(第一卷),人民出版社 1969 年版,第 4 页。

中国社会的性质和各种矛盾，以便制定抗日的路线、纲领和具体政策。毛泽东在前文中指出："自从 1840 年的鸦片战争以后，中国一步一步地变成了一个半殖民地半封建的社会。自从 1931 年九一八事变日本帝国主义武装侵略中国以后，中国又变成了一个殖民地、半殖民地和半封建的社会"①；在后文中指出："现在的中国，在日本占领区，是殖民地社会；在国民党统治区，基本上也是个半殖民地社会；而不论在日本占领区和国民党统治区，都是封建半封建制度占优势的社会。"②在上述认识的基础上，毛泽东在 1940 年年底为中共中央写的对党内的指示《论政策》一文中，对国内国际各种政治力量都作了分析，要求在区别上建立相应的政策，以便集中一切力量，打倒日本帝国主义。

在正确的路线、纲领和政策的指导下，中国共产党在抗日战争中壮大起来了，解放区也日益扩大了，自从 1938 年武汉沦陷后，便消极抗日、积极反共的蒋介石，虽然掀起了几次反共高潮，但都达不到他希望达到的目的，于是就抛出他的系统的理论，再来一次反共，这集中地表现在 1943 年出版的《中国之命运》上。这些国民党右派的理论，用的是封建主义和帝国主义（法西斯主义）相结合的词句，留在下面再谈。

1947 年，毛泽东在《目前形势和我们的任务》一文中，根据中国社会经济的性质，提出由无产阶级领导的资产阶级性质的民主革命，即"新民主主义的革命任务，除了取消帝国主义在中国的特权以外，在国内，就是要消灭地主阶级和官僚资产阶级（大资产阶级）的剥削和压迫，改变买办的封建的生产关系，解放被束缚的生产力"③，因而"没收封建阶级的土地归农民所有，没收蒋介石、宋子文、孔祥熙、陈立夫为首的垄断资本归新民主主义的国家所有，保护民族工商业"，"就是新民主主义革命的三大经济纲领"。④ 这就是反对帝国主义和封建主义，以及反对它们两者和国家政权相结合的产物即垄断资本主义；而垄断资本主义的国有化，又为从新民主主义革命发展为社会主义革命准备了充分的物质条件。

---

① 《毛泽东选集》(第二卷)，人民出版社 1969 年版，第 589 页。
② 同上书，第 625 页。
③ 《毛泽东选集》(第四卷)，人民出版社 1969 年版，第 1198 页。
④ 同上书，第 1197 页。

第二章　关于中国经济性质和中国农村性质问题的论战

一、概述

1927 年国民革命失败后,中国革命处于低潮。由于总结经验教训、寻求革命道路、解决革命领导权问题的需要,中国理论界就展开了中国社会性质问题的论战。时间大约是 1929 年至 1932 年。

第一个问题是讨论中国社会性质,但集中讨论的是中国经济性质,这已经包含社会性质是由经济性质决定的这种方法论。我们知道,这是马克思主义的方法论,它和那种由政治制度的性质决定社会性质,由思想文化的性质决定社会性质,即由政治上层建筑或由思想上层建筑的性质决定社会性质的方法论完全不同。这表明,马克思主义传入中国后短短几年,中国马克思主义者运用这种方法论研究中国社会性质问题,已经产生了很大的影响,以致一部分反对用马克思主义进行研究,认为用这一方法就必然得出中国是半封建半殖民地社会的结论的人,也自觉或不自觉地用这种方法进行研究。当然,正如下面会谈到,也有一部分反对马克思主义的人,不仅反对这种结论,而且也反对这种方法论。

第二个问题是,决定社会性质的经济性质又由什么决定。持有中国经济是资本主义经济观点的人,认为决定经济性质的是生产力、是劳动资料,他们引用马克思说的话作为根据。马克思在《哲学的贫困》中说过,用手推的磨子产生了封建主的社会,用蒸汽的磨子就产生了工业资本家的社会;在《资本论》中也说过:“劳动资料不仅是人类劳动力发展的测量器,而且是劳动借以进行的社会关系的指示器。”[①]持有中国经济性质是半封建半殖民地经济观点的人,则认为经济性质应由生产关系或生产方式决定,并引用马克思说的这段话:“不论生产的社会形式如何,劳动者和生产资料始终是生产的因素。但是,二者在彼此分离的情况下只在可能性上是生产因素。凡要进行生产,就必须使它们结合起来。实行这种结合的特殊方式和方法,使社

---

① 马克思:《资本论》(第一卷),人民出版社 1975 年版,第 204 页。

会结构区分为各个不同的经济时期。"①应当说,正确的是第二种方法。根据这种方法论,资本主义社会是用自由买卖这种方法,使生产资料和劳动力结合起来的。劳动力的自由买卖,在旧中国,不仅在农村,而且在城市,都是凤毛麟角,农村中的以人工抵牛工,城市中的养成工、包身工,凡此种种,都从反面说明中国经济不是资本主义经济,而是半封建、半殖民地经济。

论战以《新思潮》《读书杂志》和《动力》等杂志和刊物为阵地展开。大体上前两者代表中国共产党内马克思主义者的观点,当时被称为干部派或新思潮派。影响较大的文章有王学文的《中国资本主义在中国经济中的地位其发展及其将来》、丘旭的《中国的社会到底是什么社会?》、潘东周的《中国经济的性质》和思云的《中国经济的性质是什么?》等;后者代表共产国际中托洛茨基派的观点,当时被称为反干部派或动力派,影响较大的文章有严灵峰的《中国是资本主义的经济还是封建制度的经济?》《再论中国经济问题》和任曙的《反修正主义论》等。简单地说,中国经济在新思潮派看来是半封建半殖民地经济,在动力派看来是资本主义经济。

以上论战主要集中在中国城市经济性质的问题上。由于看法分歧,为了解决问题,就发生两种论战:一种是中国社会史论战,其内容包括中国历史是否有规律可寻、它如何划分阶段、这些阶段的性质是什么、亚细亚生产方式是什么、它和中国历史发展有什么关系等,关于这些问题,这里不拟论述;另一种是这里要论述的中国农村性质的论战。根据同样的道理,论战也集中在农村经济性质上。时间大约是 1933 年至 1937 年。

论战主要集中在《中国经济》和《中国农村》两个定期刊物上。从思想渊源上说,大体上前者的观点和动力派有关,后者的观点和新思潮派有关。属于前者并影响较大的文章有王宜昌的《论现阶段的中国农村经济研究》、《关于中国农村生产力与生产关系》、张志澄的《关于〈中国农村经济研究方法〉》和王景波的《关于中国农村问题研究之试述》;属于后者并影响较大的文章有陶直夫的《中国农村社会性质与农业改造问题》、余霖的《中国农村社会性质问答》、薛暮桥的《研究中国经济的方法问题》、周彬的《中国农村经济性质问题的讨论》、钱俊瑞的《现阶段中国农村经济研究的任务》和赵冪僧的《关

---

① 马克思:《资本论》(第二卷),人民出版社 1975 年版,第 44 页。

于中国农村经济研究之我见》,此外,陈翰笙的专著《广东农村生产关系与生产力》、孙冶方的论文《财政资本统治与前资本主义生产关系》、千家驹的论文《定县的实验运动能解决中国农村问题吗?》和《中国的歧路》也属于这方面的。简单说来,前者认为中国农村经济是资本主义经济,后者认为中国农村经济是半封建半殖民地经济。

二、关于中国社会经济性质的论战

新思潮派中的王学文和潘东周都认为,中国经济是帝国主义侵略下的半殖民的封建经济,在中国经济中占优势的、占统治地位的是半封建经济。王学文明确指出:所谓打倒封建势力,是欺人的口号,事实上"封建的(半封建的)的经济关系、剥削方式和其他阻碍资本主义发展之封建的束缚,现在依然存在";所谓打倒帝国主义,是欺人的标语,事实上"不惟不能并且不敢打倒帝国主义而反投降帝国主义之下","中国资本主义在这种状态压迫之下,无论如何得不到发展条件,不能向上发展,如果向上发展,非先打破这二重束缚不可",而幼稚的中国民族资产阶级,国民革命失败后已走上反动的道路,无法完成这种历史使命,"唯独中国无产阶级能领导革命,打倒封建的势力和帝国主义,转变社会的经济走向非资本主义的前途"。① 潘东周认为,"论封建关系在中国经济中占着优势,绝不是说中国没有资本主义,中国不独在城市中已经受了财政资本主义帝国主义的统治,及在农村中已开始了资本主义的分化。但无论如何,在中国的全国国民经济中,封建关系仍然占着极强度的优势",说到中国的资本主义,"我们不能不记住帝国主义是占着绝对的优势"。②

从上述可以看出,王、潘的结论,是建立在区别封建主义和资本主义,区别民族资本主义和帝国主义即垄断资本主义的基础上的。他们绝不认为,凡商品经济就是资本主义经济,凡资本主义经济就非殖民地经济。

新思潮派的论点对封建主义和帝国主义十分不利,但代表封建主义和帝国主义利益的国民党右派又无法提出可以堪称为理论的东西来与之论

---

① 潘肃编《中国经济论战》,上海长城书店发行 1932 年,第 75—77 页。
② 同上书,第 22 页。

辩,当讨论是按照经济性质决定社会性质的方法论进行时,尤其是这样。因此,托洛茨基派在中国的应声虫便担负这个任务,援引马克思的词句,硬说中国已经是资本主义社会,要等世界革命到来时去革资本家的命。这样一来,地主阶级、帝国主义和买办资产阶级都不是中国革命的对象了。他们的方法,是将小商品生产和资本主义生产相混淆,将帝国主义在中国的企业和中国民族资本主义的企业看成自由竞争的大小企业,将帝国主义和中国封建主义看成势不两立的。严灵峰说:"不成器的马克思主义门徒……最可笑的便是不懂国民经济的本质是什么? 他们以为中国境内的帝国主义的一切工厂、矿山、银行、铁道等都不是属于中国整个国民经济系统以内",因此,"一见某部分民族工业受打击或发展缓慢,于是便结论说:中国国民经济不能够发展,甚至说受帝国主义的束缚不能发展! 他们不了解在中国整个国民经济中的帝国主义企业和民族企业就像各分立的企业的相互关系"[1],即在竞争中整个国民经济是发展的,这就是资本主义发展。他又说:"不肖叛徒们最反动的理论便是武断地断定帝国主义在中国维持封建势力使中国资本主义经济不能发展";他认为"帝国主义本身是代表高度的资本主义势力,它对于封建的经济制度完全处于不可调和的矛盾地位"[2],这样,帝国主义和封建主义都不必反对了。

任曙对中国经济的性质说得很简要:"(一)资本主义已经破坏了封建制度而代替它支配全国的经济生活,取得了优势。(二)资本主义已达到1864年前的欧洲,1917年以前,确切地说,大战以前的俄国。(三)资本主义已遍布了全国,乡村隶属于城市,隶属于中心,合之则构成一交换经济网。(四)资本主义之在全国大体上以东南为中心,即沿海沿江一带占优势,为其中心的上海是中国第一中心,其他各区域中心乃至全国'都受上海的影响'。"政治结论就是:"现在可以做反资本主义的革命,将来可以做非资本主义的建设。"[3]

论战的双方,谁是谁非,我们已从方法论上作了说明;中国革命的实践也作出了结论。

---

①　潘肃编《中国经济论战》,上海长城书店发行 1932 年,第 229 页。
②　同上书,第 230—231 页。
③　同上书,第 290 页。

现在来看 40 多年前的这场论战,就觉得尽管新思潮派的论点是正确的,动力派的论点是错误的,但是应该说,双方的水平都不是很高的,其表现就是只在一些有关的范畴上作注释性的说明,如什么是封建主义、资本主义、帝国主义、殖民地等,未能深入经济关系的内部进行研究,这反映了对中国社会经济的研究还处于开始的阶段。

三、关于中国农村社会经济性质的论战

论战的双方都认为,中国农村社会性质要由它的经济性质决定。以陈翰笙、钱俊瑞、薛暮桥为代表的一派,认为中国农村经济是帝国主义侵略下的半封建经济,即半殖民地、半封建经济;以王宜昌、张志澄、王景波为代表的一派,认为从世界范围看帝国主义国家是城市,殖民地是农村,两方构成资本主义,中国农民是世界资本主义的"外在工人",因此,中国农村经济是资本主义经济。论战涉及三个问题。

第一,帝国主义对中国农村经济的影响。前一派的观点可以以余霖的文章为代表。它认为,帝国主义一方面"摧毁中国农村中的自然经济体系,促成农业和手工业的分离,更进一步地发展农业本身中的商品生产"。这样,它就使"中国的农业生产直接或间接地从属于世界市场……就能通过复杂的市场体系而来控制中国的农业生产";另一方面"削弱了资本主义农业经营发展中的必要条件,如能够获得丰富利润的市场价格、资本和进步技术的供给等",对"农村劳动大众的政治上和经济上的榨取,阻碍了农业资本的蓄积,这使农业的再生产一般不能扩大,甚至于连原有规模上的简单再生产都很难持续",与封建势力相勾结,"利用它来榨取中国农村劳动大众,会使资本主义农业经营的发展更为困难"。①

后一派的观点可以以王景波的文章为代表。它认为"假如我们的研究不以中国农村的生产方式为主体,而以帝国主义统治为主体,我们就应该承认,'中国身受国际资本的支配,那就是资本主义生产方式之在中国已经占了优势'。因为这个资本主义生产方式先用枪炮把中国的大门打开,后即以大量的商品输进来,并从中国输出原料;由于这样的商品流通,再加上金融

---

① 中国农村经济研究会编《中国农村社会性质论战》,新知书店 1935 年版,第 39 页。

资本主义制度,它便在中国从城市到乡村,造成了以它为主体的整个商品生产的体系。这样的商品经济(不是单纯的商品经济)与原有的商业资本结合起来,使乡村地主布尔乔亚化,同时又使城市布尔乔亚'土地化'";不过,"这个资本主义化不是农业生产'本身'之'内在的'化,而是'外在的'化。这'外在的'化竟把'农业的生产关系'从'主体'化成'附体'"。① 将这些话译成我的语言,如撇开其中关于乡村地主和城市资本家相互转化这一点不谈,这就是在帝国主义的影响和压迫下,中国农村经济日益商品经济化,并成为帝国主义的附庸。这就应理解为殖民地经济,而不是什么资本主义经济。

第二,中国农村内部的经济关系。前一派认为,"在中国农村中间,封建性的生产形态虽还多少存在,同时,资本主义的生产形态虽然相当发展;可是占优势的都是过渡性的生产形态。这是我们时常叫它半封建的农村生产关系的主要根据"。② 帝国主义的经济侵略,是通过这种生产关系来进行的,并使它虽然在破坏,但又不能成长为资本主义的生产关系。

后一派认为,资本主义的发展首先由于国内市场的形成,而"国内市场之形成是以社会劳动的分工、工业与农业的分离、农民的分化与转变、小生产者的破产及雇佣劳动之成立等为条件。我们看这些条件在中国是不是具备的呢?无疑的是具备了"。③ 他们还认为,"农村经济资本主义化之一般的表征可概括为:(一)土地自身亦变为商品,可以出卖、出租及抵押……(二)农业不能自足自给,并举行内部的分工,其生产物一般的都变成商品;(三)破产的农民依靠出卖劳力过活,充当雇工、月工,移住城市或寻找副业等。这些现象在中国是否普遍存在呢?早就存在的"。④ 在从两方面指出中国农村已是资本主义生产后,便认为这是在外国资本支配下的资本主义生产,但它对"创造商品生产的体制仍是一般无二"。⑤

这里暂且撇开将殖民地经济视为正常的资本主义经济、将小商品生产视为资本主义商品生产、将自然经济的瓦解过程的特点加以抹杀等错误不

---

① 中国农村经济研究会编《中国农村社会性质论战》,新知书店 1935 年版,第 159—160 页。
② 同上书,第 43 页。
③ 同上书,第 167 页。
④ 同上书,第 168—169 页。
⑤ 同上书,第 167 页。

谈,着重谈谈这一派认为农村有雇工就是资本主义的问题。这就要回到作为商品的劳动力,要按照怎样的条件和生产资料相结合进行生产,这种生产才是资本主义生产的问题。我们知道,这种条件就是自由。我们的农村雇工有多少是按照这个条件被雇的? 这正反映了我们的农村生产的非资本主义性质。

第三,中国农村问题的实质。前一派认为是土地问题,即废除封建土地所有制;后一派认为是资本问题,"中国的地主早已商业化了",因此,"中国农村最重要的问题已不是一个铲除封建秩序的土地问题"。①

这样,就有两种对立的政治主张:前一派认为,中国要进行反对帝国主义和封建主义的新民主主义革命;后一派认为,中国不存在反封建主义统治的任务,目前也没有反对帝国主义的任务,要等资本主义发展了,在世界革命到来时,再进行社会主义革命。

第三章　旧中国社会改造的歧途

一、乡建派取消土地改革,借以维护封建主义统治

从 30 年代初到抗日战争爆发,在旧中国掀起了一个所谓乡村建设浪潮。其原因有两个:其一,这时,资本主义世界发生经济大危机,殃及中国,民族资本的工业陷于绝境,金融业把资金从城市暂时移到农村,以便发展农村经济,开拓国内市场,这就引起人们对乡村建设的注意;其二,这时,中国共产党领导的土地革命运动正在开展,作为它的对立面,必然会兴起一个乡村建设的浪潮,其目的就不是发展农村经济和开拓国内市场,而是妄图取消土地改革,借以维护封建主义的统治。

乡村建设运动包括几个不同的派别,其背景、目的、哲学观点(如果有的话)也各不相同。影响较大的有:晏阳初先生领导的平民教育促进会在河北省定县进行的实验;梁漱溟先生领导的乡村建设研究院在山东省邹平县进行的实验。对于参加乡建工作的人,我们十分崇敬,因为他们绝大多数是知

---

① 中国农村经济研究会编《中国农村社会性质论战》,新知书店 1935 年版,第 174 页。

识分子,能够深入农村,与农民共同生活,这是难能可贵的。乡建工作也能给农民带来某些好处,例如识字之类。但将乡村建设看成旧中国社会改造的道路,亦即对指导乡村建设的理论,我是不同意的。这是因为,他们都否认中国存在着帝国主义和封建主义的压迫,或者虽然看到中国存在着封建主义,但认为封建主义是世界上最好的文化(广义的,包括经济),非但不能反对,而且要发扬光大,然而痛心的是,这个宝物正在受到摧残。因此,急切的任务是保护它,恢复它的活力。

先谈晏阳初的乡建理论。他认为,中国的问题在于愚、穷、弱、私,这在农村尤为严重。因此,他就提出要实行文艺教育以救愚,生计教育以救穷,卫生教育以救弱,公民教育以救私。其实,这四者只是症状,而不是病根;穷在这四者中是主要的,而穷的根源在于帝国主义和封建主义的压迫和剥削,这当然不是进行四大教育所能解决的。

晏先生在定县的实验,每年的经费约 20 万元,来源于外国、尤其是美国的捐款。抗日战争胜利后,他又得到美国的资助,签定《中美复兴农村协定》,成立农业复兴委员会。从这一背景,我们也不难了解以教育为中心的这种乡建运动的目的是什么。

1948 年,他总结以前的经验以便更好地推广时说:"30 年来许多同志、同道深入农村研究实验从事工作,且都有相当的成就,尤其是在方法与技术方面,如识字教育、乡村卫生、农业推广、经济合作、农民自卫以及整个的县政建设,都有极可贵的心得提出来。抗战之前,这类工作曾普遍于南北各省,形成一个全国性的社会建设运动;抗战期间,在有过乡建工作的许多地方,更充分表现了农民力量的伟大! 这些事实加强了我们的自信心,博取了国际的同情,给知识分子为民众服务开辟了一条崭新的大路。"[1]

由此可见,当如火如荼的解放战争预示着新中国即将诞生时,晏先生仍然认为乡村建设是旧中国的出路。他明明看到:"中国的农民负担向来最重,生活却最苦:流汗生产的是农民,流血抗战的是农民,缴租纳粮的还是农民,有什么'征',有什么'派'也都加诸农民,一切的一切都由农民负担。"[2]按

---

① 晏阳初:《开发民力 建设乡村》,原载上海《大公报》1948 年 8 月 14 日,现载罗荣渠主编《从〈西化〉到现代化》,北京大学出版社 1990 年版,第 966 页。
② 同上书,第 965 页。

照正常的思维逻辑,他就应该分析一下其根源何在。这样,他首先就应指出封建地租,从而指出封建的土地制度。再分析下去,他就应该指出反动的政权和帝国主义。但是,他却只字不提这些根源。这种做法,我认为只能从晏先生的乡村建设实验的背景中去理解。当时,费孝通先生就指出其目的是取消土地改革。①

再谈梁漱溟的乡建理论。和晏阳初的乡建理论不同,梁漱溟的乡建理论是有其哲学基础的。这就是梁所理解的东西方文化的不同。梁从1921年发表《东西文化及其哲学》时起到1988年逝世,其论点始终不变。这里值得注意的是,梁所说的文化是广义的,包括经济。这是1921年的说法:"据我们看,所谓一家文化不过是一个民族生活的种种方面。总括起来,不外乎三方面:(一)精神生活方面,如宗教、哲学、科学、艺术等。……(二)社会生活方面,我们对于周围的人……之间的生活都属于社会生活一方面,如社会组织、伦理习惯、政治制度及经济关系是。(三)物质生活方面,如饮食,起居种种享用,人类对于自然界求生存的各种是。"②据此,他将文化定义为生活中解决问题的方法或生活的样法,并将世界文化分为三种:一是努力取得所要的东西,这是西洋文化,以产业科学和民主为特征;二是不改变局面而求得自我满足,这是中国文化,以调和、融合、折中为特征;三是取消问题而实行禁欲主义,这是印度文化,以后退、超脱、清静为特征。他认为最落后的是西洋文化,它不能解决问题,要向中国文化乃至印度文化发展;最先进的是印度文化;中国文化居中。但是,他又认为,人类的本性不是贪婪,也不是禁欲,而是顺其自然地生活。因此,中国文化是最好的,应推广于世界,作为中国对世界的贡献。可以看出,他不是以生产关系来划分社会形态,而是以他所理解的文化来划分,和我们不同。

他认为崩溃前的中国文化,之所以是不改变局面而求得自我满足,其原因有二:一、"中国社会构造本身……非常富于妥当性,调和性。因其本身妥当调和,所以不易起变动,因其不变动,乃更走向妥当调和里去。愈不变,愈

---

① 费孝通:《评晏阳初的〈开发民力 建设乡村〉》,载罗荣渠主编《从〈西化〉到现代化》,北京大学出版社1990年版,第973页。

② 梁漱溟:《东西文化及其哲学》,载罗荣渠主编《从〈西化〉到现代化》,北京大学出版社1990年版,第55—56页。

调和,愈调和,愈不变……相延已久的老文化,盖有极高的妥当调和性"。① 这里他事实上是用玄学的语言,描绘存在于旧中国的、马克思称为亚细亚生产方式的因素;二、"中国文化在人类所能有的文化里,其造诣殆已甚高。所以它能影响于外,传播于远,而它则从不因外面影响而起任何变化。甚至为外族武力所征服,却仍须本着它的文化来行统治,其结果每使外族同化于它。如是,它的文化势力圈的扩大与其文化寿命的绵长,成了相关系的正比例。卒之,成了又大又老、又老又大的文化体。……此其文化里面必有高越于人者在,亦可从知"。② 这里表面看来,有一部分是在重复马克思在《不列颠在印度统治的未来结果》提出来的命题:野蛮的征服者自己总是被那些受他们征服的民族的较高文明所征服。那么,如此老大高超的中国文化是怎样破坏的呢? 中国的问题在哪里呢?

他认为中国的问题,"有人说是在'帝国主义与军阀',又有人说是在'贫、愚、弱、私',这二说都不正确,前一说好像中国此刻就多了这两样东西,没有这两样东西就好了。后一说又好像中国此刻就在这四样(克服方法)的缺乏。添补起来就好了"。③ 在他看来,"外界问题(帝国主义)虽是有的,但中国的内部问题大过外界问题,个人的不健全也是有的(贫、愚、弱、私),但社会的不健全大过个人的不健全"。④ 他认为中国社会崩溃解体的原因在于:"近百年世界大交通,西洋人过来,这老文化的中国社会为新环境所包围压迫,且不断地予以新刺激,所发生的变化而落到的地步。"⑤所谓变化,"就是学一点西洋"。"不料这变化竟是变不得的。因其文化自身既达到极高度的妥当调和,改变一点,则其所以为妥当调和即不如初。……这些变化的结果,除了让自身失其原有的调和外,不能有何正面的积极的成功。"⑥

现在进一步就我们的论题,分析梁先生关于帝国主义对中国经济的作用的看法。他说,在今天的国际大势下,中国"土货出口,惨遭排斥……外货

① 梁漱溟:《乡村建设理论》,载罗荣渠主编《从〈西化〉到现代化》,北京大学出版社 1990 年版,第 864 页。
② 同上书,第 865 页。
③ 同上书,第 863 页。
④ 同上书,第 865 页。
⑤ 同上书,第 864 页。
⑥ 同上书,第 866 页。

出口,转见激增……农业工业皆支持不住,受祸惨重者首在农村。盖今日中国农村已非几十年前的中国农村。从前的时候……差不多还在自然经济自给自足的样子,压迫不着它。海通以后,一面是农产品日益商品化,地里出的东西都要换成钱;一面是手工业破坏,而所需多代以外货,一切都要拿着钱买。初时,丝茶等项外人未曾讲求到,自然畅销,而他们的工业亦要采取中国农产原料。这时,手工业虽受摧残,农业却还不坏。但到今日,一向为出口的大宗农产品输不出去(梁认为欧战后各国着眼于自给自足,农业工业并重,并以关税防止外货输入——引者注),同时更有大量农产入口,农业乃继手工业而破坏。农民所产既换不出钱来,而所需仍要拿钱买,惨苦不堪言状……农村经济乃大崩溃,工商业亦从而陷于绝境。……一些工业制品原无外在国内行销,当此农村破产,都市亦无所托之时……又向哪里销去呢?"①

应该说,梁先生的描绘是真实的。那么,出路何在呢?他认为在于:"农村生产力之恢复与增进,因而增进一般购买力,而后民族工业以需要刺激而兴起"②,即不触动封建主义,不改革土地关系,而妄想发展农村生产力。具体言之就是:A. 中国农业有基础,而工业没有,故恢复农业生产力当较兴起工业生产力为简便迅捷;B. 农业生产所需条件是土地,这在我们为现成的,而工业生产所需条件是资本是指机器一切设备,适我所缺,工业后进国须以农产出口易机器,而后工业可兴;C. 农业技术容许我们徐图进步,而工业竞争激烈,势不可许;D. 在农业技术前进的过程中,引起对工业的需求;E. 生产抬头,购买力才得抬头,许多工业因需要之刺激而兴起;F. 如是生产力购买力辗转递增,农业工业叠为推引,而产业乃日进无疆。③

他这里说的,无非就是从生产力方面看农业生产是国民经济的基础,农业生产从生产比例方面引起工业生产。但是,这内部的生产关系问题,他却只字不提。"土地在我们是现成的"——这句话是完全错误的。我们的土地是有主人的,在封建的土地制度下,无地的农民不缴纳地租,是不能种地的。

① 梁漱溟:《乡村建设理论》,载罗荣渠主编《从〈西化〉到现代化》,北京大学出版社 1990 年版,第 860—861 页。
② 同上书,第 861 页。
③ 同上书,第 861—862 页。

在买地收取封建地租较之办厂赚取资本利润更为有利的条件下,资本主义工业尤其是机器工业是不能顺利发展的;在外来资本主义商品的刺激下,封建地主收取的地租越来越高,租地农民无法负担。这一切说明,不反对封建的土地关系,所谓的从发展农村生产力开始来振兴国民经济,只能是一句空话。

我们再看看 30 年代中期他在山东省邹平县是怎样从事乡村建设的,就很清楚了。整个工作以乡农学校来进行;它兼有平民学校和行政机构(取消区公所和乡公所)两重性质,是社会学校化的体现;它由乡村领袖、成年农民和乡建运动者三种人组成;它的职能是对村内各种人进行教育,并倡导社会改良运动,如禁烟、禁赌、放足等;它的领导机构是学董会,由村中有身份的人组成,并推举"德齿并茂""群情所归"的人为学长,另由政府派一人为理事,此外,还有教员。建设从一村一县做起,然后推广到全国。

梁先生认为中国文化之不同于西洋文化,在于它不以个人而以伦理为本位,不存在阶级对立而只存在职业分工(他称为职业分途),他的乡建运动就是要恢复这种文化。上述乡农学校形式上将乡村居民看成无阶级差别的一群人,实质上由地主豪绅这些"德齿并茂"者操纵一切,要一般农民接受其教育,恢复和维系原来的伦理关系。说到底,这就是维护梁先生不称为封建主义的封建主义。

在当时土地革命运动正在开展的条件下,乡建运动的具体作用是什么?梁先生明确地指出,乡民愚昧而有组织,且为武装组织,其危险最大。因此,第一,要开导他们,要他们向开明、进步的方向发展;第二,要谨防他们为人所利用,闯出祸乱,这是最不容易对付的,只能用软功夫,不能用强硬手段来解决。目的已说得很清楚了。

梁漱溟的乡村建设的根本目的,根据他于 40 年代初发表的《中国以什么贡献于世界》中的说法,就是要建立或恢复"人生向上、伦理情谊"的社会,并以此作为向世界贡献的礼物。"人生向上"正如当时的王亚南指出的,比"仁爱、忠孝、信义、和平"还要抽象,不易理解;但"伦理情谊"他是有说明的。前面提到,他认为中国文化以调和、融合、折中为特征,我们说这是在描绘亚细亚生产方式的因素。他又认为,和西方社会是个人为本位不同,中国社会是以伦理为本位的。他认为在伦理本位社会,夫妇、父子情如一体,财产是不分的,有时祖父在堂,则祖、儿、孙财产不分,父母在堂,则兄弟财产不分,这是一种共财或共产,不过其程度取决于伦理关系的亲、疏、厚、薄。由于自家人、兄弟乃至亲戚朋友在经济上彼此照顾,互相负责,就没有贵族与农奴阶级、资本家与劳工阶级的对立,生产资料不被一部分人所独占,而形成所谓职业分途的社会。他认为这是最好的社会。西洋社会以个人为本位,轻经济上的平等,重政治上的自由;苏联社会以社会为本位,轻政治上的自由,重经济上的平等;以伦理为本位的中国社会,有两者的优点,而无其缺点。在我看来,这仍然是强调亚细亚生产方式,即在私有社会里继续存在农村公社的某些因素,并妄图加以巩固,来维护他不称为封建主义的封建主义。

乡建运动不解决土地问题,当然归于失败。

抗战末期,梁漱溟曾到延安参观访问,归来仍然认为其乡建理论是正确的。

二、西化派主张西方化我,导致加深帝国主义统治

西化派包括不同的流派,主要有以胡适为代表的一心一意西化派和以陈序经为代表的全盘西化派。

先谈胡适的西化论。胡适终生美化美国对中国的侵略。1917 年,他在美国留学期间,就发表了《美国能如何协助中国之发展》的演讲。37 年后,1954 年,美蒋签订《共同防御条约》,他对此十分满意,尤其称赞它"将适用于经共同协议所规定的其他领土"。现简述他如何为帝国主义尤其是美帝国主义辩护。

在国民革命之前的 1922 年,胡适发表了《国际的中国》,认为中国共产党在宣言中列举的事实,即中国的军阀混战,都有帝国主义作后盾,帝国主义不希望中国统一,是"乡下人谈海外奇闻。几乎完全无事实上的根据"。他认为,外国投资者大多数是希望投资所在之国享有安宁与统一的,这有两种办法:一是征服他们;一是让他们的人民早日做到国家的和平与统一。从前外国投资者用第一种办法,没有结果,现在都用第二种办法,因此,"现在中国已没有很大的国际侵略的危险了",日本、美国、英国"都不能不让中国人民来解决本国的政治问题,来建设本国的统一国家"。在这里胡适抹杀了两件事:其一,当几个帝国主义国家争夺中国时,它们是不希望中国统一的,因

为这有利于它们的侵略。例如,混战的军阀都有一个帝国主义国家做后台,这是事实;其二,当某一个帝国主义国家看来有可能独吞中国时,它们是要通过其工具来统一中国的,因为这同样有利于它们的侵略和统治。例如,日本对汪精卫政府、美国对蒋介石政府,都寄予这种希望。这恰好是最大的国际侵略危险。

胡适特别赞美美国帝国主义。1920 年,由美国发起,美、英、日、法四国组成新银行团,向中国贷款,这是第一次世界大战后,美国与英、日等国竞争,对中国进行经济侵略的重要步骤。中国共产党称四国新银行团是"四国吸血同盟",是完全正确的。但胡适却认为,四国新银行团起了"阻止某一国单独借款给中国政府"的作用,因而"美国资产阶级对中国……未必全怀恶意"。

为了愚弄中国人民,让他们去感谢帝国主义,胡适作了两个对比:不愿意使中国和平统一的人,究竟是几年来还没有贷过款给中国政府的四国新银行团呢,还是那些贷款给北京政府的无数高利贷主呢? 当小商人和老百姓看到一只江西瓷碗运到北京,所用的钱十倍二十倍于从欧洲和日本运来的瓷碗,他们埋怨的是洋人控制的关税制度呢,还是那万恶的厘金制度呢? 在这里,我们要指出,帝国主义国家控制中国关税制度,是有利于它们的商品倾销的,因此,从胡适的论述中理应得出是既要反对帝国主义、又要反对封建主义的结论。

但是,胡适认为不是这样,不仅帝国主义是可爱的,而且封建主义根本不存在,因此,中国没有反对帝国主义和封建主义的历史任务。1930 年,他在《我们走那条路》中认为,中国的"五大仇敌"即"五鬼"是"贫穷、疾病、愚昧、贪污和扰乱",在这"五大仇敌中,资本主义不在内,因为我们还没有资格谈资本主义。资产阶级也不在内,因为我们至多有几个小富人,哪有资产阶级? 封建势力也不在内,因为封建制度早在 2000 年前崩坏了。帝国主义也不在内,因为帝国主义不能侵害那'五鬼'不入之国"。在这里要指出的是,他所说的"扰乱",是包括革命运动,如太平天国运动、国民革命运动和土地革命运动在内的;而他在前面所说的万恶的厘金制度,则不属封建主义,而只是"卡员"个人的问题。

这样说来,"五鬼"是从哪里来的呢? 他认为这是"祖宗积的德,造的孽",现在的人要对过去负责;1932 年,他在《惨痛的回忆与反省》中说:"我们的老祖宗造孽太深了,祸延到我们今日","自己如不长进,如不铲除病根,打倒帝国主义什么都说不上"。其实,"五鬼"不是病根,而只是病症,讳言病根,怎能治病? 因此,他终于说出了帝国主义最爱讲和最爱听的话:中国人是"又愚又懒的民族","一分像人九分像鬼","中国不亡,是无天理"。

中国亡给谁最好呢? 当然是亡给美国最好。这一点不仅从他赞美美蒋《共同防御条约》中可以看到,而且从他歌颂美国的民主经济中也可以看到。1948 年即全国解放前夕,他在《民主与反民主的观念体系的冲突》中指出,美国有五种经济并驾齐驱,不分轩轾,最为民主。这五种是:传统资本主义组织,如个人所有的商店、农场、洗衣店和茶店等;大公司的经济组织;公共事业的经济组织;邮政局和田纳西河流域管理局等公共团体的经济组织;各种"私人的集合主义",如大学、教会、消费合作社等。在这些不同的组织中,并没有人企图按一个格式把它们整齐划一,这样就不会走上压制个人发展的道路,云云。换句话说,除了如像教会、学校这些严格说来不是经济组织(学店是经济组织)之外,胡适所说的,就是我们分析过的资本主义生产关系的部分质变的体现,所不同的只是,他认为这些经济组织是没有矛盾、没有剥削的极乐世界,要把中国人民超度到这个世界之中。

再谈陈序经的西化论。我将胡适和陈序经在西化论中加以区别,认为前者是一心一意西化论,而不是全盘西化论,着眼点不仅是胡适后来作出的解释,而且是胡适的"整理国故"的行动。陈序经是经济学家,从其经济思想可以看出,他是全盘西化论的重要代表。

陈序经是在谈论中国文化的出路时主张中国全盘西化的。这里的文化是广义的,包括经济。1934 年,他在《全盘西化的理由》中认为,中国必须全盘西化,理由有二。第一,西洋文化无论哪一方面都比我们进步。他说:"假使文化发展上的比较,尚不能彻底使我们明白欧洲文化的确比我们的文化为优,我们再把文化的成分来分析而比较,则我们所得的结论也是一样。"[①]他继续说:"衣、食、住差不多是人生物质生活的要件。没有到过外国的人,也许不觉得我们生活的简陋,然一到外国的人,总免不得要觉得我们

---

① 陈序经:《全盘西化的理由》,载罗荣渠主编《从〈西化〉到现代化》,北京大学出版社 1990 年版,第 389 页。

自己的生活,若不客气来说一句,还是未完全开化的生活。这不过是从经济方面来说,若从农、工、商业来看,那么我们比诸西洋人更有天渊之别。说起农业,中国现在有什么出产是值得和世界相媲美的呢? 说起工业,一个这么大的广州,数不出五支烟筒,与从比利时入德国以至柏林那条路上的数不尽的工厂,有什么好比呢? 说起商业,中国人不但没有法子去在世界市场上竞逐,连在国内也比不上外人。"这里说的都是事实。但是,他并没有分析其原因。这个原因在我看来是,中国比西欧较早地从封建领主经济进入封建地主经济,其原因不在于商品经济的发展,因而不利于资本主义的产生;后来又由于受到西方资本主义经济的压迫,经济发展就更为落后。这个问题我在另一篇文章里谈过。①

第二,西洋的现代文化是世界文化的趋势。他说:"我们不要在这个世界生活则已,要是生活,则除了去适应这种趋势外,只有束手待毙。"②他多次谈论这样的问题:美国的印第安人,为什么到这般田地呢? 就是因为他们不愿意接受新时代的文化,而要保存他们自己的文化。结果,不但他们的文化保存不住,就连他们自己也保存不住。反之,美国的黑人能够蒸蒸日上,不外乎是由于能够适应新时代的文化。平心而论,美国白种人之仇视和压迫黑人,比诸印第安人厉害得多,但一则以存、以盛,一则以衰、以灭。他认为,这种例子可以为中国不愿意接受西洋文化的良药。他最后指出:"要是我们看看我国的黎人、苗人的历史,已足为我们殷鉴。比方,在海南数百年来,耗过无数金钱,费过无数头颅,去征伐黎人,然到今,我们一谈到海南,总会谈到扶黎救黎。其原因也不外乎是因为黎人不愿意接受我们的文化,结果他们的情况日弄日蹩。我们若不痛改前非,则后之视今,恐犹今之视昔。"③这里的分析单就经济这种文化中的一种成分,并且从一般的社会发展规律,即封建主义经济要发展为资本主义经济来说,认为西洋文化(经济)是一种趋势,是可以的。但由此认为,中国就应该并且必须全盘西化,即中国人民必

---

①　见本卷第六部分《帝国主义经济与政治概论》第九章第二节《中国地主型封建制对资本主义产生的不利作用》。
②　陈序经:《全盘西化的理由》,载罗荣渠主编《从〈西化〉到现代化》,北京大学出版社 1990 年版,第 390 页。
③　同上。

须像美国黑人那样接受白人的文化,这种论调我认为是完全错误的。因为这不是中国发展的大道,而是中国沦为完全殖民地的歧途。

上述全盘西化论的两点理由,可以归结为一点,从我们论述的角度看就是:取代封建主义经济的是资本主义经济;我们是前资本主义或封建主义,西方是资本主义;因此,从发展趋势看,我们应该欢迎并要求西方化我。这种理论是似是而非的。这是因为,我们论述的不是历史上继起的封建主义和资本主义的关系;如果是这样,如像欧洲的启蒙运动那样,呼唤资本主义代替封建主义,就是完全正确的;我们论述的是空间上并列着资本主义甚至帝国主义和封建主义或前资本主义,并且前两者正对后两者进行剥削和压迫,在这种条件下,要求西方化我,不是甘心沦为殖民地吗? 全盘西化论出笼时,就有人指出:它不是使中国西方化,而是使中国殖民地化,这种批评完全正确。

陈序经先生说:"我们若以为帝国主义是西洋文化的产物,我们若想要打倒可恶的帝国主义,决不能以王道来打倒它,却反过来要用帝国主义去打倒帝国主义。"[①]这话只有一半是对的。我们当然不能以王道,不能以礼、义、廉、耻,不能以仁政来打倒帝国主义,也不能以义和团来打倒帝国主义;但也不能用帝国主义去打倒帝国主义,因为我们即使全盘西化了,只能化为完全的殖民地,不能化为帝国主义。再说,以帝国主义来打倒帝国主义,帝国主义也是存在的;明治维新后的日本,就是想用它发展起来的帝国主义打倒其他帝国主义,结果如何,不必再说。

最后,附带谈一谈陈先生关于美国的黑人和印第安人,旧中国的黎人和苗人问题。在我看来,美国白种人对印第安人和黑人都实行殖民统治,它们都要反抗。但印第安人是土著,他们对白人的反抗是以整个社会组织进行的。因此,白人对其驱逐、剿灭后,长期以来又将残留者围在"保留地"里,这就被陈序经斥为拒绝接受白人文化。黑人最初是白人在非洲实行殖民主义时抓来的,他们离开社会组织,成为奴隶,装运到美洲,途中大量死亡,残存的戴着镣铐,放在种植园和矿山里,从事牛马劳动……他们及其后代的反

---

① 陈序经:《全盘西化的理由》,载罗荣渠主编《从〈西化〉到现代化》,北京大学出版社 1990 年版,第 373 页。

抗,就不可能像印第安人那样以社会组织来进行,这就被陈序经赞美为接受白人文化。按照他的说明,从那时以来的黑人运动就是不可理解的。明白这个道理,旧中国黎、苗等少数民族反对汉民族的统治,就不会被斥为落后的行动。

三、国民党右派为巩固封建主义和帝国主义的统治进行辩护

国民党右派代表帝国主义和封建主义的利益,反对共产主义,在当时尤其反对中国共产党的新民主主义革命路线,对共产党污蔑、谩骂、杀害,务必全部消灭而后快。但是,中国共产党帮助孙中山先生提出"新三民主义",并且对"新三民主义"身体力行,因此,国民党右派在理论上也要反对"新三民主义",借以反对共产党。然而,他们还打着国民党的旗帜,就不便正面反对孙中山先生的"新三民主义",因此,对它解释时就用曲解和阉割的办法,来达到反对的目的。新三民主义,根据孙中山先生所亲手校订的《国民党第一次全国代表大会宣言》的说明,就是:民族主义有两方面:"一则中国民族自救解放;二则中国境内各民族一律平等";民权主义不是近世各国的所谓民权制度,往往为资产阶级所专有,成为压迫平民的工具;而是"为一般平民所共有,非少数者所得而私";民生主义也有两方面:"一曰平均地权,二曰节制资本";平均地权的办法,则是"耕者有其田",因为"中国以农立国,而全国各阶级所受痛苦,以农民为尤甚。国民党之主张,则以为农民之缺乏田地沦为佃户者,国家当给以土地,资其耕作"。不言而喻,三大主义相互间有密切的关系,例如,不实行民权主义,即以工农为主体的平民不掌握政权,在中国的条件下,所谓实行民族主义和民生主义,就只能是一句空话。这是国民党执政的全部历史证明了的。但为了我们现在的目的,这里只侧重谈国民党右派如何对待"新三民主义"中的民族主义和民生主义,并着重谈前者中的"中国民族自救解放"问题和后者中的"耕者有其田"问题。国民党右派中,我们以戴季陶、叶青和蒋介石为代表。

1925 年,戴季陶在其《国民革命与中国国民党》中,除了对 c.p 和 c.y.进行最恶毒的攻击,为国民党右派在组织上消灭共产党、在肉体上消灭共产党人作舆论准备外,对民族主义和民生主义还作过理论解释。该文有一节"三民主义的帝国主义观",实质上是谈民族主义的。在他看来,帝国主义不过

是"食"和"色"的产物；食欲产生的社会经济问题，使资本主义冲破一国界限，成为帝国主义；性欲产生的人口增加问题，支配由食欲产生出来的经济问题，发生血统竞争和民族竞争，也成为帝国主义。他将他信奉的这些"理论"，安到社会主义者的头上，然后再指责他们，认为他们分析帝国主义产生的原因，只谈社会经济方面的，不谈人口和民族方面的，是一种不完全的理论。他认为"三民主义"的民族主义不是这样，"三民主义"表明，民族的生存是民生问题中最重大的问题。因此，要振作精神，振兴民族，使中国民族的"血统"在世界种族的大混合中，"得到多的分量和永久的时间"。我们且不说，从马克思列宁主义看来，这种理论是多么荒谬。因为帝国主义根本不是由"食"和"色"这种人类的欲望产生的，如果是这样，帝国主义就永不会消灭；我们只要指出，这种理论是对孙中山先生的民族主义的恣意曲解，因为民族主义对外是"自救解放"，即推翻帝国主义对中国的统治，而这种理论却将问题说成是保存和强化中国民族的"血统"，使其在世界种族混合中占有重要的地位。这就根本上取消了民族主义中的反对帝国主义的任务，而将民族主义说成是要中国民族在"血统"上同化其他种族！

从戴季陶将民族主义解释为民族的生存，即民族的"血统"是民生问题中最重要的问题，就可以预料他对民生主义将作何解释了。他的文章有一节是"中国的民生问题是什么"，但只字不提"耕者有其田"问题，却毫无根据地指责中国共产党，认为他们要在文化和经济落后的中国，要用阶级斗争的方法，建立工业的无产阶级专政，来达到革命建设的目的，这是办不到的。这是对孙中山先生的民生主义的阉割，也是对中国共产党的污蔑。

戴季陶就这样取消了反对帝国主义和封建主义的任务。

叶青反对孙中山先生关于"民族主义是健全的反帝国主义"的基本原则。他在《中国政治问题》中竟然认为，日本对中国，在中国未统一时，往往采取缓进政策，绝不施行军事侵略和进攻；但在中国走上统一之路时，因为这对日本不利，它就不能坐视，而要破坏统一，就采取直接的军事进攻的政策。前面在评论胡适的思想时，我曾指出，他认为帝国主义国家希望中国统一，以便有一个安全的投资环境，这种看法是错误的。现在，叶青认为日本不希望中国统一，这岂不证明他的看法是正确的吗？他们两人的说法虽然相反，但都是错的。正确的说法是：当某一帝国主义国家未能独吞中国时，它希望中国分裂,并支持军阀战争;当某一帝国主义国家看来可能独吞中国时,它就要通过其爪牙统一中国。但叶青的错误不在这里,而在于:帝国主义国家总要侵略落后国家和殖民地,至于它采取哪一种政策,是缓进柔和的还是明火执仗的,那要取决于政治经济条件和斗争形势。认为中国统一是原因,日本军事侵略是结果,这是汉奸的理论,这和日本帝国主义认为中国排日是原因,日本不能坐视是结果的实质相同。

叶青反对实行"耕者有其田"。他认为中国不存在封建剥削,没有土地问题。他在《中国政治问题》中认为,第一次世界大战后,中国便发展到资本主义初期阶段,根本不是什么半封建。关于土地所有权,现在大半已商业化,即土地已自由买卖,像法国革命和俄国革命以前那种根据特权占有土地的情况非常少,土地所有权本来就不存在问题,不予解决,亦无关系。① 这样,所谓"耕者有其田"便可以让无地的农民自己通过商业途径去解决,这就取消了反对封建主义的历史任务。在这里,我们看得很清楚,叶青利用了中国地主型封建经济的某些特点,尤其是自由买卖土地,来抹杀中国土地问题的存在,并取消反对封建主义的任务。

蒋介石不是理论家,将他作为代表,是着眼于以他的名字发表过《三民主义之体系及其实行程序》(1939 年)和《中国之命运(1943 年)等文章。从这些文章中可以看出,他是怎样取消反对帝国主义和封建主义的任务的。文章除了宣传最反动的唯心主义哲学即力行哲学以外,所谈的问题都是空空洞洞的。关于民族主义,如果一定要找,只有这么一句:"我们现在正和倭寇作战,教育的成败,也就是我们抗战的成败最大的关键。"②这种无关痛痒的说法,正是国民党右派积极反共、消极抗日在纲领上的表现。关于"耕者有其田",根本不提;关于平均地权,则只有它"为一切经济建设之中心工作"这么一句,并且将它和办理地方自治联系起来。所谓地方自治,是蒋介石提出来的社会建设的基础。蒋介石认为,国家建设有五方面:心理建设、伦理建设、社会建设、政治建设和经济建设,而这五项建设的基础,则是以地方自

---

① 陈序经:《全盘西化的理由》,载罗荣渠主编《从〈西化〉到现代化》,北京大学出版社 1990 年版,第 309 页。

② 蒋中正:《三民主义之体系及其实行程序》,载吕希晨、于铁柱编《中国现代资产阶级哲学资料选辑》(第三辑),吉林大学哲学系 1982 年版,第 411 页。

治为中心的社会建设,即新生活运动。他认为地方自治的重要性在于:中国古来建设国家的程序,是由身到家,由家到族,由族而到保甲和乡社,由乡社到县,由县到省,由省到全国,所以,国家建设的基础在于乡社。为了建设乡社,就要有乡社自治员和保甲长,有志于建国的人士,就要勇于担任自治员和保甲长的职务。这是不折不扣的巩固封建主义的统治和实行法西斯统治,在这种条件下,所谓的反对帝国主义和封建主义,岂非笑话!

第二篇　旧中国半封建半殖民地的经济关系

本篇内容详见本卷第六部分《帝国主义经济与政治概论》第九章。

第三篇　怎样改进中国半封建半殖民地经济的研究

——纪念《中国经济原论》出版四十周年

先师王亚南教授的《中国经济原论》初版于 1946 年,1957 年第五版(增订版)时改名为《中国半封建半殖民地经济形态研究》(以下简称《研究》)。

《研究》是我国第一本运用马克思的政治经济学理论,对自鸦片战争以来的旧中国经济关系进行系统研究、揭示其经济规律的著作。对于鸦片战争以前的中国经济关系的性质,王老师认为它是从秦朝开始的地主封建制度,以区别于从西周开始的领主封建制度。将中国封建社会划分为这两个阶段,并与西欧封建社会相比较,来说明中国社会经济发展史上的重要问题,是王老师的另一重要贡献。由于《研究》是王老师运用马克思的经济理论,对他本人有着深刻认识的中国地主经济和外国资本主义经济接触后,发生哪些变化,进行科学分析的结果,它就成为一本具有重要科学意义的著作。

在肯定《研究》的巨大成就的同时,也应该看到,即使根据它写作和增订时所具备的思想材料来看,它也有不足之处。这主要有两个方面:第一,它用马克思分析资本主义经济关系的方法,即从分析商品开始,来分析半封建半殖民地经济关系,从方法论看,这是一个需要研究的问题。这一点,王老师感觉到了,但未能解决;第二,它虽注意到鸦片战争前的中国经济是地主经济,但是,并没有如像亚当·斯密、马克思和恩格斯那样,将西欧资本主义控制下的北美、澳大利亚和新西兰这些移民垦殖殖民地,同亚洲、非洲和拉丁美洲某些国家和地区这些奴役土著殖民地区别开来,指出其发展的不同,然后同移民垦殖殖民地相比,分析中国这种实质上的奴役土著殖民地经济发展的特点。

写作本文的目的,就是在述评《研究》的贡献和不足的基础上,提出一个研究中国半封建半殖民地经济的提纲。我想这是纪念《研究》出版四十周年的最好的方法。

第四章 《研究》的重要贡献

王老师在《研究》的初版序言中说:"如其是在十年以前,像我这样一部不完备的东西,也许根本就无法产生出来。"①这就是说,《研究》是以前人的成果为其思想材料的。但我在这里要指出的是:《研究》的最重要贡献,是建立了研究中国半封建半殖民地经济的体系。

我们知道,1927 年大革命失败后,在中国论坛上曾展开过中国社会性质问题的论战,因为只有解决了这个问题,才能解决革命的领导权问题。这次论战涉及两大问题。一个是中国经济性质问题,这已暗含着社会性质是由经济性质决定的这种方法论;与此相关的另一个问题是,决定社会性质的经济性质,又由什么决定。以王学文为代表的马克思主义者认为,决定经济性质的是生产力和生产资料结合的方式,资本主义是用自由买卖劳动力和生产资料的方式使这两者结合起来的,中国缺少这种自由,在农村中的以人工抵牛工,在城市中的养成工、包身工,凡此种种,都说明中国经济不是资本主义经济,而是半封建半殖民地经济。他们的论敌则认为,决定经济性质的是生产力、是使用哪种劳动资料,并指出中国已使用蒸汽机,因而中国经济就是资本主义经济,这里撇开谁是谁非这个实践已作了回答的问题不谈,正如王老师在《研究》中指出的,"我在此着意的,毋宁是他们研究出他们那种命题或支持他们的论点所采取的方法。不论他们抑是他们的反对者,都似乎只在'资本主义''民族资本''半殖民地'及'封建经济'一类名词上反复作注脚式的说明,分别撇给一些中国经济上的表象,拿来与名词相比合"。② 这就是说,论战集中在方法论问题上,这当然重要,但停留在这一点上,就不能解

---

① 王亚南:《中国半封建半殖民地经济形态研究》,人民出版社 1957 年版,第 15 页。
② 同上书,第 26 页。

决问题。

这次论战由于未能解决问题，并且只集中在中国城市经济性质上，因此就发展为两种论战，一是中国社会史论战①，二是中国农村社会性质论战。这里只谈后者。按照同样的道理，论战集中在中国农村的经济性质上。以陈翰笙为代表的马克思主义者对这一问题的看法是：帝国主义一方面摧毁农村中的自然经济，使其逐渐变成商品经济，并从属于受帝国主义控制的世界市场；另一方面阻碍农业中资本主义的发展，并与封建势力相结合，榨取中国农村劳动大众，使资本主义发展更为困难；农村中的封建生产形态还多少存在着，资本主义生产形态虽然存在，但不能正常发展；中国农村问题的实质是土地问题，即废除封建土地所有制：这就是半封建半殖民地的中国农村经济。他们的论敌则认为：中国身受国际资本的支配，就意味着资本主义在中国已占了优势；农村中的土地可以买卖，出租和抵押，农产品变成商品，破产的农民出卖劳动力；中国农村问题的实质是资本问题，中国的地主早已商业化了，不存在废除封建土地所有制的问题：这就是资本主义的中国农村经济。论战的谁是谁非也是清楚的。针对这次论战，王老师在《研究》中指出：与前一次论战相比，"论争的内容与方法，显然是进步多了。但美中不足的是，他们对于方法论的论难，仿佛是在所研究的对象的中国经济、中国农村经济以外来进行，而所论难的有关农业上的诸经济范畴，又仿佛各自孤立着，而没有全部系统地连贯起来"。② 这就是说，要将马克思的经济理论和中国经济、中国农村经济的实际结合起来，并在经济规律和经济范畴的基础上建立一个理论体系，这样才能解决问题。

《研究》就是这样做的。王老师不仅在导论第二部分《中国的传统封建制及其关系近代买办官僚资本形成的若干特点》中，勾勒出他有深刻研究的中国地主封建制及其对中国近代封建买办官僚制形成的影响，而且以此为基础，建立起一个研究半封建半殖民地经济的理论体系，那就是大体上像《资本论》那样，依次研究中国社会的商品与价值形态、货币形态、资本形态、

---

① 这次论战涉及的问题包括：中国历史是否有规律可循；如何划分阶段，这些阶段的性质是什么；亚细亚生产方式是什么；它和中国历史发展有何关系等。这些问题，王老师都有深刻的研究和专著，本文不拟论述。

② 王亚南：《中国半封建半殖民地经济形态研究》，人民出版社1957年版，第28页。

利息形态与利润形态、工资形态、地租形态、经济恐慌形态,正面地说明它们不是资本主义性质的,反面地说明它们是半封建半殖民地性质的,最后在结论中揭示出中国半封建半殖民地经济变化的倾向——这样,就理论体系而言,确实是第一次建立起来了。

《研究》用"三位一体"的公式,即高利贷资本——商业资本——土地资本三者可以相互转化,而由高利贷的利息率来调节商业利润和土地地租的公式,来概括中国地主封建制的经济关系。以此为基础,它又分析了外国资本主义如何通过这种关系,对中国人民进行资本主义其表、封建主义其里的剥削,并指出:"一个社会的半殖民地性格,是由它的落后的封建生产关系引出的,是通过它的各种封建剥削造成的。而一切原始性剥削,又是把封建土地制作为其骨干或核心。这就是为什么土地这一生产条件所付太高的封建代价,竟成为破坏其他生产条件(如农具、畜力、劳动力)甚至地力本身的根本症结;诸种原始资本不能流动到农村乃至都市生产事业上去,最先也是由于购买土地太有'权''利'可图;而整个都市的中外大小权势者的寄生基础,即使是通过了买办商业资本、高利贷资本一类中间剥削榨取环节,最后终归是'斧打凿,凿入木'地要落在土地上。"①这是马克思主义的分析,使读者对殖民地经济有了本质的认识。

第五章　《研究》的不足

王老师对于《研究》的方法非常重视,但并不完全满意,希望能够改进,但未能实现。他在初版序言中说:"如其是在十年以后,它的内容和体制也许会更完备一些。"②该书初版后,杨奎章同志就发表文章,认为它用马克思分析资本主义经济的方法来分析半封建半殖民地经济是不妥的。对此王老师除了当时就著文解释外,在解放后的增订版中还明确表示:《资本论》的体系,"是不适用于封建社会经济形态的,因为在封建社会,有关地租或租佃的

---

①　王亚南:《中国半封建半殖民地经济形态研究》,人民出版社1957年版,第277页。

②　同上书,第15页。

生产关系,是说明全部经济活动的出发点或基础",可是,"到现在为止,以地租或租佃的生产关系为出发点和中心的有关封建社会经济的经济学体系,还没有建立起来",即使建立起来了,"也不能机械地用它来说明中国现代的生产关系,因为我们现代的封建生产关系,毕竟已在解体的过程中,毕竟只是作为原始积累的基础;大小封建地主、封建军阀不仅是大买办、大官僚或四大家族的附庸,并且还是帝国主义的爪牙"。① 就是说,他要改进方法,但又认为研究封建经济的经济学体系尚未建立,缺少思想材料,无法提出研究解体中的封建经济的经济学体系(加上半殖民地的特点),因此,一时还不能有很好的交代"。②

由于这样,30 多年来,我常常思考这个方法问题,但觉得很难解决。直至 1985 年我有机会读到由商务印书馆组译的、18 世纪爱尔兰经济学家理查德·坎蒂隆于 1732—1734 年写成的《论商业的性质》的中译稿时③,在思想上才感到豁然开朗。《论商业的性质》仿佛就是王老师盼望的那种经济学体系。它以分析土地关系为基础,来分析刚从封建主义中产生出来的资本主义的经济关系。它给我最大的启示,就是可以用这种方法来分析中国半封建半殖民地经济。而这一点,又是同王老师的思想相吻合的。关于如何从分析土地关系开始,去设想一个研究半封建半殖民地经济的提纲,这个问题留在本文第三部分谈。

现在我要提出来的,就是按照马克思分析资本主义经济的方法,来分析半封建半殖民地经济,《研究》的方法也要改进。这就是对工资的分析,应紧接在对资本的分析之后,而不应放在利息与利润的分析和地租的分析之间,即该书第六篇《中国社会的工资形态》应改为第五篇,而原第五篇的《中国社会的利息与利润形态》应改为第六篇,紧接着的第七篇就是《中国社会的地租形态》。这是因为,工资是资本主义的经济范畴,它应该在分析了资本以后就加以分析。此外,作为分配论中的工资,和它相照应的是利润和地租,

---

① 王亚南:《中国半封建半殖民地经济形态研究》,人民出版社 1957 年版,第 48 页。

② 同上书,第 2 页。

③ 写于 1732—1734 年,出版于作者身后的 1755 年。其后曾失传一百多年。我为该书写了一篇中译序言;又利用序言中的思想材料,写了一篇题为《一种以分析土地关系为基础的经济理论》的文章,刊登在商务印书馆出版的《马克思主义来源研究论丛》(第八辑)(1987 年)上。

在这三者中,工资未经说明,利润就无法说明。

其实,对于这一点王老师是感觉到了的。他说:"在中国,为外人所经营的产业,一般是能获得超额利润的;生息资本和商业资本,是能获有使人难以置信的利息率、利润率的;地租率是高到使人难于想象的。这种种事实,自然须从多方面予以说明,但最基本最本质的,却须在我们的劳动形态和工资形态上得到理解。"①这就应该在分析了工资之后再分析利润和地租。那么,他为什么将工资的分析放在利润和地租之间呢?看来,这是由于他要在分析了资本之后,紧接着就要分析左右着资本运动的利润这种为了说明便利的需要②,而不是由于理论体系上的方法论的需要。

现在,我想指出《研究》在内容方面的不足之处。的确,它极其难能可贵地抓住了地主经济这个中国封建制的特点,作为分析中国半封建半殖民地经济的起点和基础,但是,在这样做的同时却没有将中国置于世界历史这个视野下,即按照斯密、马克思和恩格斯关于资本主义有两种殖民地,它们的发展是不同的这一理论,将中国半殖民地社会划入其中一种殖民地,同另一种殖民地对照地加以分析研究。由于这样,《研究》的广度和深度都受到一定的限制。

斯密在《国富论》中将资本主义初期的殖民地分为移民垦殖殖民地和奴役土著殖民地两种③;马克思受斯密的影响,在《资本论》(第一卷)中,将殖民地分为真正的或自由的(自由地获得土地)殖民地和以种植园为特征的殖民地两种④,前者如北美、新西兰和澳大利亚,后者如印尼、菲律宾等亚、非、拉国家和地区,在《剩余价值学说史》(第二卷)中,更集中地论述了这两种殖民地⑤;恩格斯受斯密和马克思的影响,在致考茨基的信中⑥更具体地指出,作为欧洲人的移民垦殖地的殖民地能够发展为独立的资本主义国家,而奴役土著的殖民地则不可能。在我看来,这已包含这样的意思:前者因为存在的

① 王亚南:《中国半封建半殖民地经济形态研究》,人民出版社 1957 年版,第 196 页。
② 同上书,第四篇《中国社会的资本形态》最后一段话。
③ 亚当·斯密:《国民财富的性质和原因的研究》(下卷),郭大力、王亚南译,商务印书馆 1983 年版,第七章《论殖民地》。
④ 马克思:《资本论》(第一卷),人民出版社 1975 年版,第 833 页注(253);第 821 页。
⑤ 《马克思恩格斯全集》(第二十六卷第二册),人民出版社 1973 年版,第 338—339 页。
⑥ 《马克思恩格斯全集》(第三十五卷),人民出版社 1971 年版,第 353 页。

是欧洲资本主义生产关系的延伸,资本主义生产关系在这里生根;后者因为欧洲资本主义在这里并不生根,并且和当地的封建主义相勾结,阻碍这里的资本主义发展。历史的发展已证明,这样的理论是正确的。

其实,王老师在《研究》中是遇到这个问题的。他分析外国在中国的投资时指出,1931 年,外国在华投资总额为 130 亿元,其中,约 32 亿元为政治贷款,28 亿元为产业资本,16 亿元为银行资本,其余约 56 亿元,"大体可以说是八千家洋行、大大小小的外国商店、旅馆乃至各种娱乐场所、各种交易所所拥有的商业资本"①,产业资本仅占投资总额的 21%。这表明外国资本主义主要在流通领域统治中国经济,它在这里并不生根,剥削得到的利润和垄断利润,除供挥霍外,是汇回或用军舰护送回本国的。它们有时也办一些交通生产事业,但主要是为其剥削提供物质手段,并不是为了生下根来并发展资本主义。因此,如能从两种殖民地发展不同的理论来分析问题,那就更好了。

第六章　以《研究》为基础,设想一个提纲

以王老师的《研究》为基础,参照坎蒂隆的《论商业的性质》中以分析土地关系为基础研究刚刚产生的资本主义经济关系的方法,我侧重从方法上设想了一个研究中国半封建半殖民地经济的提纲。它的内容绝大部分是采用《研究》的成果。这个提纲如下。

一、外国资本主义入侵前的中国经济——向资本主义缓慢地发展的封建地主经济

这里谈 3 个问题。(1)地主封建制下的地租、自然经济和商品经济。由于商业资本——高利贷资本——土地资本这个公式的作用,商业利润率和地租率都由高利贷利率来调节,地租就可能突破剩余劳动的界限;农工生产结合体逐渐瓦解,农产品逐渐商品化,主要原因是农民要用货币缴纳日益增

---

① 王亚南:《中国半封建半殖民地经济形态研究》,人民出版社 1957 年版,第 121 页。

多的捐税,地主要享用越来越多非其佃农生产的奢侈品。(2)乡镇和城市的商品经济。这里根据最初可能是由坎蒂隆提出来的"自由的手"的理论,说明居住在乡镇和城市的人口及其消费水平,是由农民提供的剩余生产物即地租和捐税决定的;由于资本主义的难产,这些城镇是消费性的,它们的高消费要以农民的低消费为条件。(3)资本主义在难产中。说明中国从秦朝就建立的地主封建制,其产生原因和西欧从 14、15 世纪建立的地主封建制不同,它对资本主义的产生有不利的作用,资本主义的产生很缓慢。

二、外国资本主义怎样使中国经济成为半封建半殖民地经济

这里谈 5 个问题。(1)加速破坏自然经济,但维持封建生产关系的基础。破坏自然经济是由于外国资本主义要开拓市场和为世界市场提供廉价的土地产品,在这个过程中又极力维持封建土地所有制。(2)进一步阻碍土著资本主义的发展。自然经济的加速破坏,客观上有利于中国的资本主义发展,但外国资本主义又从关税、金融、技术等方面阻碍它的发展。(3)主要在流通领域控制中国经济,它本身并不发展资本主义生产。和北美、澳大利亚、新西兰这些移民垦殖殖民地不同,外国资本主义在中国这个奴役土著的殖民地里并不生根,它控制中国经济,除用政治手段外,主要通过银行和洋行,即金融业和商业来进行。(4)以封建土地所有制为基础进行剥削。直接剥削对象是工人、农民和一般消费者,但大部分剥削最后要直接地或间接地落到农民的身上。要减少工资劳动者的必要劳动时间,在不提高劳动生产率的条件下,主要是压低农产品的价格;为世界市场提供廉价农产品也是这样;而封建土地所有制下的大量个体农民,但求温饱,不望积累,只求收回商品价值中的成本部分,剩余部分只好奉送,也为这种剥削提供了条件;外国资本使地租提高、高利贷利率提高之所以可能,也是这个原因。(5)资本主义列强的统治及其矛盾。列强都要统治中国的矛盾,使中国没有沦为一国的殖民地;它们分别和大封建主相勾结,维持封建割据,一个统一的国内市场无法形成。

三、外国资本主义影响下的封建的商业资本、高利贷资本和土地资本

这里谈 4 个问题。(1)外国资本开始时通过商业资本和高利贷资本取得

农产品。一般说来,中国不存在通常在奴役土著殖民地里的那种种植园,原因在于外国资本入侵时它的农产品商品率相对地较高,外资可以通过买卖的方法取得农产品。这些产品一般是工业原料,一供外资在华加工生产,如河南许昌的烟叶用以生产香烟;一供世界市场,如生丝、黄麻、桐油,它最初是通过中国商业资本和高利贷资本取得的,它从中取得巨额的利润。(2)农业为市场生产后,地租剥削加重。在生产使用价值的条件下,地租的剥削还有可能受到土地所有者消费范围的限制,在生产价值的条件下,这种可能的限制必然被突破。(3)地租率的提高又反过来促使商业利润率和高利贷利息率的提高。斯密写《国富论》时,利息率伦敦为5%,北美为6%—8%,中国约为12%。抗战前,中国的高利贷利息率为24%,特殊情况下为300%,与此相应的地租对地价的比率约为10%,而英国在产业革命时的相应数字是4%—5%。(4)地租率和其他封建主义剥削率特高,妨碍土著资本主义的发展。地租高,经营农业就不如出租土地或放债取利,因此,经营地主和富农都相对较少,即或有,多半是兼营封建主义的商业和高利贷业。

四、农村中封建性的商品经济和货币制度及其对商品价值实现的影响

这里谈5个问题。(1)农产品商品化的条件是封建主义的。是为外资提供市场(为买而卖)、为世界市场、为间接满足地主的奢侈需要而商品化。(2)农村副业独立化中有一部分也商品化。农民因种种剥削、尤其是地租剥削加重而日益贫困,便要经营和发展副业以资弥补,有些副业产品也商品化,这种副业发达是农民贫困的表现。(3)个体生产者的商品价值,如用 c+v+m 来表示,他们在经济压力下,如能收回 c+v 就很好了。(4)自耕农的商品价格,可以不包含任何地租。个体农民出售农产品的价格,应分解一部分出来缴纳地租,但自耕农是土地的所有者,不存在这个问题,在相同的经济压力下,农民之间的竞争使农产品的价格更低。(5)封建性的货币制度使商品价格的支付对农民不利。在价格已定的条件下,在支付上最使农民吃亏的,除度量衡方面的欺诈外,是封建性的货币制度。国家、各封建军阀、各大小商行都能铸造和印刷货币,在货币成色、货币兑换上,在滥印纸币时,农民都大为吃亏。

五、离开土地的劳动力的生存费用和供过于求

这里谈4个问题。(1)生存费用大大低于欧美等地的劳动力。这有两个原因,首先,外国的资本主义入侵中国时,它们处于资本主义发生和发展时期,中国则处于地主封建制末期,前者的劳动力生存费用因而高于后者;其次,在北美等移民垦殖殖民地,有一段时间移民中的工人很容易获得土地,成为个体生产者,劳动力曾严重供不应求,其工资水平因此又高于欧洲的劳动力。(2)劳动力供过于求。在种种剥削下,大量的农民离开土地,在地主封建制下,他们可以出卖劳动力,但由于资本主义很不发达,劳动力供过于求,工资之低令人吃惊,以致在农村出现用人力代替畜力的情况。(3)农村中落后的劳动形态——外出的工资作业。离开土地的农民如当不成工人,便自己出卖"劳动",一种形态是在家等雇主,称为自宅工资作业;另一种形态是携带工具外出找雇主,即外出工资作业。(4)从某种意义上为资本主义提供养料。这种极其低廉的劳动力为各种资本主义都提供了生存和发展的条件。

六、外国资本主义的统治及其如何取得巨额利润

这里谈4个问题。(1)外国资本主义在经济上主要通过流通领域统治中国经济。这有两大渠道:外商洋行——买办商业——土著商业资本——生产事业;外商银行——新式银行业——钱庄——高利贷业;此外,也有少数外资经营的工交业。(2)怎样攫取高额商业利润。由高利贷利率调节的封建商业利润率本来就比欧美的高,外商洋行用从国外买进工业品、奢侈品在中国高价出卖,从中国低价买进农、矿产品在国外按价值出卖的办法,取得高额利润。(3)怎样攫取高额贷款利息。中国的高利贷利率本来就比欧美的利率高,外商银行大可以高于其本国的利率贷款给中国各级金融机构,取得高额利息。政治贷款亦然。此外,中国经济落后,工业中的固定资金额少,周转时间短,折旧基金少,社会上能用于长期贷放的资金少,发展土著资本主义又需要这种资金,因供求关系,长期借贷利息率很高。(4)怎样取得高额产业利润。落后国的资本有机构成低,社会利润率本来就比欧美的高;外商工业因技术先进、工资较低、低价买原料、高价卖产品,取得高额利润。

七、买办资本主义和官僚资本主义的社会性质及其获利方法

这里谈 3 个问题。(1)买办资本主义。这是移民垦殖殖民地所没有的,它是外国资本渗入中国经济时,在这两者间的媒介,是土洋结合的产物,它获利的方法是用两本账(价格二重化)以及收取佣金。(2)官僚资本主义。就其具有的封建主义的因素来说,它也是移民垦殖殖民地所没有的。它的前身是中国地主封建制的政治上层建筑,即中央集权官僚国家办的国营盐铁业。它的产生是鸦片战争失败后,在洋务运动中兴办的现代工、矿、兵工企业和官督商办企业,总之,同封建官僚有不解之缘。它的获利方法是用政治权力劫夺。(3)买办资本主义和官僚资本主义的合流。它们两者都不能发展社会生产力。外国资本的入侵,中国在沦为殖民地的过程中,政权为外国资本主义通过大买办所控制,从这时起,买办资本主义和官僚资本主义就结合在一起,直至发展为"四大家族"的畸形的国家垄断资本主义或新的官僚资本主义。

八、在夹缝中图生存的民族资本主义及其利润来源

这里谈 4 个问题。(1)在夹缝中的民族资本主义。在地主封建制下难产着的土著资本主义,又遇到外国资本主义、买办资本主义和官僚资本主义的压迫,真是举步维艰。移民垦殖殖民地与此不同,它的工资劳动者容易获得土地的时代终于结束后,土著资本主义就发展了,它只和外国资本主义有矛盾。(2)它无法解决高利贷利率高和产业利润率低之间的矛盾。资本主义的产业利润率理应低于封建主义的高利贷利率,这似乎无法解释资本主义何以能够产生,在西欧,它是用在资本原始积累中以暴力攫取暴利,以及当资本主义发展起来后,资本循环中形成的借贷资本的利息率必然低于产业利润率,在这种条件下国家就压低高利贷利率的办法来解决的,中国缺乏这些条件。(3)封建性的劳动和工资形态。民族资本主义之所以取得利润,主要是由于利用大量廉价的劳动力,在这一条件下,它的劳动和工资形态具有浓厚的封建性。(4)典型的工业是工场手工业。劳动力价格低廉,与其大量使用机器,不如大量使用劳动;在这种条件下,固定资本小,经营方向可以随时改变,便于同外资周旋。

九、以大量劳动换小量劳动的国外贸易和有利于外资的货币制度

这里谈三个问题。(1)以农、矿产品交换工业品。以资本主义经济范畴说,前者的资本有机构成低,生产价格低于价值,后者相反,两者如按生产价格交换,前者就要用大量劳动交换后者小量劳动;落后国家中存在着大量个体生产者,在某种压力下,其出售价格可以仅取回成本;外国资本主义发展为垄断资本主义,垄断因素使上述以大换小的问题更为严重。(2)外贸中的运输业。进、出口商品都要有运载工具,这在从前是外国制造的,它是资本有机构成高的重工业的产品;运输业是由外资经营的,它也是资本有机构成高的;这两重原因使外资收的运费高于价值,如是垄断经营,问题就更严重。(3)从外贸看的货币制度。从同外资接触到 1935 年,中国用银作为本位币。美洲富饶银矿开采后,欧洲劣矿退出生产,美洲银币同时流入欧洲和亚洲,因运费关系,亚洲的银价高于欧洲的银价,这一因素使亚洲的物价降低、欧洲的物价上升,对中国的外贸不利。19 世纪 70 年代,欧美主要国家实行单一金本位制,从这时起银对金的比价下跌,中国支付因不利贸易条件产生的逆差所用的银便越来越多。货币是许多世纪来的社会劳动的积累,这也是中国用大量的过去劳动支付外国小量的现在劳动。

十、国民资本积累的困难和畸形的社会再生产

作为结论谈四个问题。(1)各种剥削收入很难积累为国民资本。"三位一体公式"的收入很难变为产业资本,它们间或兴办的产业多半是封建性的,外国资本不生根且多半在流通领域,买办、官僚资本不发展生产力,民族资本主义在挣扎。(2)剥削收入的运动。农村最缺少资金,但农民一般不敢借高利贷,于是,资金反而流向利率较低的城市,城市生产事业不发达,资金除用于挥霍外,便在流通领域投机,社会矛盾引起的危机感,更使部分资金流到国外。(3)畸形的社会再生产。农业生产衰敝,农民贫困到只用人力耕田;大城市畸形发展,民族资本主义弱小,大城市是消费性的,是各种剥削者、权贵们的销金窝,耀眼的商业在执行其"广搜各地土产,统办全球货物"[①]的半封建半殖民地

---

① 　王亚南:《中国半封建半殖民地经济形态研究》,人民出版社 1957 年版,第 336 页。

的职能。(4)矛盾的解决:进行新民主主义革命,推翻封建主义、外国垄断资本主义和官僚资本主义的统治,解放生产力。

＊　　＊　　＊

改进已有的中国半封建半殖民地经济的研究方法,使它对研究一般的半封建半殖民地经济起着方法论的作用,具有重要的理论意义和现实意义。因为现在世界上还存在大量的半封建半殖民地经济,马克思曾说:"工业较发达的国家向工业较不发达的国家显示的,只是后者未来的景象"。[①] 这一论断并不适用于奴役土著殖民地。所以,有必要在马克思主义的指导下,根据恩格斯指出的方向,进一步研究这一具有世界意义的问题。我提出自己的看法,旨在引起讨论。

---

① 马克思:《资本论》(第一卷),人民出版社 1975 年版,第 8 页。